历史-人类学译丛

行者诡道

一个16世纪文人的双重世界

〔美〕娜塔莉·泽蒙·戴维斯（Natalie Zemon Davis）著
周兵 译

北京大学出版社
PEKING UNIVERSITY PRESS

著作权合同登记号　图字：01-2013-8211

图书在版编目(CIP)数据

行者诡道：一个16世纪文人的双重世界／（美）娜塔莉·泽蒙·戴维斯著；周兵译. —北京：北京大学出版社，2018.11
（历史—人类学译丛）
ISBN 978-7-301-29735-3

Ⅰ.①行…　Ⅱ.①娜…　②周…　Ⅲ.①阿尔—瓦桑—生平事迹　Ⅳ.①K834.165.4

中国版本图书馆CIP数据核字（2018）第176825号

TRICKSTER TRAVELS: A SIXTEENTH-CENTURY MUSLIM BETWEEN WORLDS
By NATALIE ZEMON DAVIS
Copyright © 2006 BY NATALIE ZEMON DAVIS
This edition arranged with JEAN V. NAGGAR LITERARY AGENCY, INC
through BIG APPLE AGENCY, INC., LABUAN, MALAYSIA.
Simplified Chinese edition copyright:
2018 PEKING UNIVERSITY PRESS
All rights reserved.

书　　　名	行者诡道：一个16世纪文人的双重世界 XINGZHE GUIDAO: YIGE 16 SHIJI WENREN DE SHUANGCHONG SHIJIE
著作责任者	〔美〕娜塔莉·泽蒙·戴维斯　著　周　兵　译
责任编辑	陈　甜
标准书号	ISBN 978-7-301-29735-3
出版发行	北京大学出版社
地　　　址	北京市海淀区成府路205号　100871
网　　　址	http://www.pup.cn　新浪微博:@北京大学出版社
电子信箱	pkuwsz@126.com
电　　　话	邮购部 010-62752015　发行部 010-62750672 编辑部 010-62750577
印　刷　者	北京中科印刷有限公司
经　销　者	新华书店 890毫米×1240毫米　16开本　8彩插　27.75印张　542千字 2018年11月第1版　2019年11月第2次印刷
定　　　价	86.00元

未经许可，不得以任何方式复制或抄袭本书之部分或全部内容。
版权所有，侵权必究
举报电话：010-62752024　电子信箱：fd@pup.pku.edu.cn
图书如有印装质量问题，请与出版部联系，电话：010-62756370

中文版序言

在21世纪,远在中国的读者居然可以手捧本书,阅读一位16世纪穆斯林旅行家的故事,想来真是令人倍感欣喜。哈桑·瓦桑这个人物之所以引起我的关注,正是因为他曾经历过世界各地不同的文化——先是作为菲斯苏丹的使臣游历于北非各地以及撒哈拉以南的非洲地区,然后又被基督教海盗们劫掳去了意大利。在被迫改宗基督教后,他小心翼翼地把关于非洲和伊斯兰教的风土人情介绍给欧洲读者。历史之趣,真是令人感慨!当其著书之时,不论是基督教世界的君主,还是奥斯曼土耳其的苏丹们,都在野心勃勃地筹划着各自征服世界的大业。尽管瓦桑最终回到了故乡北非和伊斯兰世界,他的《非洲志》却在欧洲成为一部畅销著作,利奥·阿非利加努斯这个基督教名字为世人所熟知。除了他本身的形象之外,我竭尽所能地为读者重塑其人:一个博学多才的阿拉伯和穆斯林探险家。

终其一生,瓦桑未曾踏足阿拉伯半岛以东的世界,但借助于阿拉伯语文献,他对中国却也并非一无所知。在12世纪伊德里斯的地理学中,在伊本·赫勒敦《世界通史》(1377)所描述的世界体系里,尤其是在14世纪摩洛哥人伊本·白图泰的游记当中,均不乏关于中国的描述。通过伊本·白图泰,瓦桑可以了解到元朝末年中国的社会生活,包括穆斯林居民在城市中获得"尊重",不仅有独立的居住区,也能不受干扰地进行礼拜祷告。① 中国的读者一定会由其联想到"七下西洋"的郑和,在1417—1419年间的第五次航行中,郑和船队到达过被称为"非洲之角"的非洲东北部,其随员马欢、费信等对此均有所记述。②

  瓦桑还有另外一个与众不同的形象。其早年在摩洛哥周边的行程,时常带有为苏丹收缴贡赋的使命,但在非洲的大部分旅行则另有目的。他有着难以满足的好奇心,自始至终支撑着他的漫漫旅程,即便在被掳到地中海另一边时也未见动摇。他隐藏身份,写就了一部关于非洲世界的伟大著作。他并不是像我所写过的马丁·盖尔故事里冒名顶替的假丈夫那样,改头换面之后摇身一变,有了另一个身份;而是在置身于两个宗教世界之间时,有意识地隐藏了自己的立场。瓦桑的机敏巧计当然不能同孙悟空千变万化的神通相比拟,但他把它们融入了有趣的故事里。尽管它们有着诸多相异之处,但对于16世纪的读者来说,哈桑·瓦桑的游记同《西游记》有着同样的吸引力。对于今天的读者来说,瓦桑有着更大的吸引力,在我们业已扩展的世界里充满着文化的差异,亟待相互理解。

娜塔莉·泽蒙·戴维斯
2016年9月1日于多伦多

---

① Ibn Battuta, *Voyages*, trans. C. Defremery and B. R. Sanguinette, ed. Stéphane Yerasimos, 3 vols. (Paris: Librairie François Maspero and Éditions La Dècouverte, 1982-1987), 3: 315, 323-24.

② Edward L. Dreyer, *Zheng He. China and the Oceans in the Early Ming Dynasty, 1405—1433* (New York: Pearson Longman, 2007), 87-89. 关于中世纪的跨文化信息交流,参见 Hyunhee Park, *Mapping the Chinese and Islamic Worlds. Cross-Cultural Exchange in Pre-modern Asia* (Cambridge: Cambridge University Press, 2012)。

再一次献给钱德勒·戴维斯,一如既往

目 录

中文版序言 …… 001

引　言　交错盘结 …… 001

第一章　伊斯兰世界 …… 013

第二章　生逢乱世 …… 049

第三章　意大利的写作 …… 081

第四章　非洲与欧洲 …… 101

第五章　想象非洲 …… 117

第六章　伊斯兰教与基督教 …… 143

第七章　好奇与联系 …… 181

第八章　翻译、传述与距离 …… 213

第九章　返乡 …… 237

后　记　似是而非 …… 253

注　释 …… 265

译名与日期说明 …… 353

参考书目 …… 355

致　谢 …… 385

索　引 …… 389

图片来源 …… 419

译后记（周兵）…… 423

引言　交错盘结

1514年，葡萄牙国王曼努埃尔一世（Manuel I）敬献给教皇利奥十世（Leo X）一头印度白象。罗马城为此举行了一场盛大的欢迎游行，大象被取名为安侬（Annone），又称汉诺（Hanno），国王意在通过大象向教皇表明其要将自北非至印度的辽阔疆域归于基督教一统的雄心。汉诺在罗马的象栏里度过了三年时光，成为各类公共活动和节日庆典的常客，是教皇和罗马公众的宠儿。它被诗人、神话收集者和讽刺作家记于笔下，被绘制成素描、油画和木刻版画，被描摹于喷泉装饰、浅浮雕和彩陶盘上。画家拉斐尔亲自为象陵设计了悼念壁画。[1]

1518年，西班牙海盗船在地中海上成功洗劫了一支穆斯林船队，他们也向这位教皇敬献了一名俘虏——来自菲斯（Fez）的北非旅行家和外交官哈桑·瓦桑（al-Hasan al-Wazzan）。教皇希望由此获取有价值的情报，为正在筹备的向奥斯曼土耳其和伊斯兰教发动的十字军圣战做准备。1453年，土耳其占领君士坦丁堡之后，已然成为基督教世界面临的最大威胁。这名外交官的押解和囚禁在一些日记和外交通信中均有记载。15个月后，他在圣彼得大教堂的洗礼更是一时之盛。有一位图书馆员还记下了他的图书借阅记录。但是，比起大象汉诺，哈桑·瓦桑在意大利的九年生活并没有被那些见过他的人一一录诸笔端，他的出现也没有成为那些他曾效忠或结交者的长久记忆,他的样貌更没有被一再描摹,他重返北非的事情只在很晚才被人提到,且含糊不详。只有少数几位对阿拉伯文学和游记深感兴趣的欧洲人,在记忆里还残存了些许有关其生平的片段,经口耳相传而得以流传,并在多年后被记载下来。

在北非,有关的记载同样令人失望,几乎是空白。哈桑·瓦桑曾作为菲斯苏丹的代表往来于大西洋沿岸的摩洛哥城镇,可是不论是葡萄牙的军官还是行政官员,在他们呈送给曼努埃尔一世的各种报告里,对此人都未见有只言片字的提及。当他出使开罗时,埃及和黎凡特(Levant)的宫廷书记员,虽然详细记录着马穆鲁克(Mamluk)君主每日的起居,但也没有留下任何关于他的记载。

不过,哈桑·瓦桑在意大利却保留了几部手稿,其中一部于1550年出版并成为畅销书。数百年来,他的书引起了世界各地读者和学者的强烈好奇。早在初版刊行时,关于他甚至他的姓名便已是谜团丛生。编者乔瓦尼·巴蒂斯塔·拉姆西奥(Giovanni Battista Ramusio)给书定名为《非洲志》(*La Descrittione dell'Africa*),用了作者受洗后的教名"乔万·利奥尼·阿非利加诺"(Giovan Lioni Africano),并在题记中略述了作者的生平。于是,在随后几个版本里,该书作者便以此为世人所知,拉姆西奥还将此书作为其在威尼斯编印出版的《远航行记》(*Navigations and Voyages*)系列丛书的第一部。在陆续翻译出版的其他欧洲语言的译本中,作者名字也有一些细微的变化:法文版(1556)为"非洲人让·利昂"(Iean Leon, African);拉丁文版(1556)是"约安尼斯·利奥·阿非利加努斯"(Ioannes Leo Africanus);英文版(1600)作"摩尔人约翰·利奥"(Iohn Leo, a More);直至德文版(1805)的"非洲人约翰·利奥"(Johann Leo der Africaner)。这部书对于欧洲人非洲观的构建产生了重要的影响,可能主要便是因为它出自一位长期生活在非洲并曾在各地旅行的当地人之手。[2]

同一时期,西班牙埃斯科里亚尔(Escorial)图书馆的一位叙利亚马龙派(Maronite)基督教学者,偶然发现了瓦桑用阿拉伯文写的另一个主题的手稿。落款中,既有他的伊斯兰名字,也有基督教名字,图书馆员将该书收录在其编印的书目(1760—1770)里。一百年后,著名的法国东方学家查理·谢弗尔(Charles Schefer)将《非洲志》收进《航海记选集》(*Recueil de voyages*),在导言中提到了这个阿拉伯人的名字;在英国权威的世界交通史学会(Hakluyt Society)出版的游记文献丛书中,该书封面标明:"作者为摩尔人哈桑·伊本-穆罕默德·维扎兹·法西(Al-Hassan Ibn-Mohammed Al-Wezaz Al-Fasi),受洗名为乔瓦尼·利奥尼(Giovanni Leone),但多以利奥·阿非利加努斯为人所知。"[3]

对于作者其人,依然只有一个模糊的形象。20世纪初,有些研究者开始采取不一样的路径来考察该书及其作者。新兴的法国"殖民地科学",主要以非洲的地理、历史和人种志为研究对象,在这一背景下,年轻的路易·马希侬(Louis Massignon)在索邦(Sorbonne)大学完成了关于"非洲人利奥"笔下16世纪摩洛哥的论文。通过对文本的细致解读(这一方法在其日后对苏菲派神秘主义和诗歌的研究中被广泛采用),马希侬竭尽所能,整理了摩洛哥的地理,以及瓦桑的生平和旅行,尤其是分析了其信息的来源、观察和分类的方法。马希侬认为,瓦桑作品的结构"非常欧洲化",但"其核心又是非常阿拉伯的"。马希侬的研究成果于1906年发表,正值摩洛哥被法国吞并为保护国的多事之秋。[4]

历史地理学家安吉拉·柯达奇(Angela Codazzi)对马希侬的著作相当了解,并相信瓦桑的原始手稿有朝一日终将被发现。由于能够接触到意大利各大图书馆的馆藏,她于1933年宣布发现了一份《非洲志》的意大利文手稿,比较拉姆西奥的印刷版,二者之间确实大异其趣。与此同时,著名的闪米特语言学和文学研究者乔尔乔·列维·德拉·维达(Giorgio Levi della Vida)也取得了重要发现。1931年,由于反对法西斯主义失去了大学教职,他转而受梵蒂冈图书馆之邀为所藏阿拉伯文手稿进行编目。作为犹太人,他于1939年出于安全考虑启程前往美国,但适时完成了关于梵蒂冈东方藏书的专著。在大量重要发现之中,也为我们提供了许多关于哈桑·瓦桑阅读、写作及签名方式的信息。战后重返意大利后，列维·德拉·维达协助柯达奇翻译了两部她所发现的由"乔瓦尼·利奥尼·阿非利加诺"（Giovanni Leone Africano）所写的其他主题的手稿。[5]

殖民时代关于非洲人让－利奥的最后一项重要成果是阿历克西斯·埃帕拉尔（Alexis Épaulard）完成的一部新的法文翻译校注本。在法国保护领摩洛哥担任医生和军官期间，埃帕拉尔便被《非洲志》一书在历史学和地理学上的"独特价值"所吸引。他的书以马希侬和柯达奇的研究为基础，但又另辟蹊径。虽然1939年埃帕拉尔在罗马使用了意大利文的手稿（柯达奇曾计划将手稿公开出版，可惜一直未能实现），但他的书实际上是一个大杂烩，既使用了拉姆西奥的版本，偶尔也对照手稿原文翻译，并对16世纪的法文译本进行了现代的修订。然而，他所忽视的一个问题是，文本之间的区别可能反映了在观点和文化情感上更大的差异。

与马希侬的书一样，埃帕拉尔的版本也利用了书本外的证据对《非洲志》中的论断进行了比较，从各地间的距离到历史事件的演进，并在必要的地方对瓦桑做了修订。原书中的地名得到了考证，书中引用的阿拉伯作者被一一核实确认。在研究中，埃帕拉尔集合了一支由法国学者组成的撒哈拉以南非洲研究的团队，其中两人当时在位于达喀尔的法国北非学院就职，又咨询了许多北非民俗学和历史编纂学的专家。书中的注释非常实用，但他们仍未能回答马希侬所提出的问题，即相对于瓦桑所描写的世界以及他为之写作的世界，文本或作者所持的立场究竟是什么？差异再一次被抹掉了：埃帕拉尔更倾向于认为"让·利奥"从未离开过他作为基督徒在意大利的生活。

埃帕拉尔未能在去世前见到项目的最终完成。他的研究团队继续了他的事业，1956年，《非洲志》由摩洛哥学高等研究院在巴黎出版，这一年恰值摩洛哥独立建国。[6]

埃帕拉尔研究团队所设定的读者主要是非洲史家，此后不久，撒哈拉以南非洲的研究者们开始对瓦桑作为一个见证者的可靠性提出了看法。

20世纪的后几十年间，来自欧洲、非洲和美洲的专家们将其书中对黑非洲的描述与其他证据及后人的记载进行了比较：有人声称他对一些鲜为人知的社会和王国提供了可靠而宝贵的细节，也有人认为他只是在廷巴克图（Timbuktu）道听途说了一些离奇故事，其本人从未真正到过更南部的地界。这边某个统治者的名字刚刚被确认，那厢某次征战就被证伪了，此处某种贸易的方式取得了印证，彼处却发现某场火灾的记录仅有瓦桑这一条孤证。所有这些研究方法，都一味地追求对原始材料"严谨细致"的分析，但却将《非洲志》拆得支离破碎，未能充分考虑到其整体性或者作者的写作习惯。[7]

当非洲学家们激烈争论的时候，哈桑·瓦桑迎来了生长在后殖民时代的新一代读者。其中最重要的一位，当属乌迈尔巴宁·志日（Oumelbanine Zhiri），志日个人的人生轨迹曲折离奇，她一路从故乡摩洛哥来到法国，又漂泊至美国。1991年，她出版了《欧洲印象中的非洲：文艺复兴时期非洲人让·利奥的财富》（*L'Afrique au miroir de l'Europe: Fortunes de Jean Léon l'Africain à la Renaissance*）一书，展示了让·利奥的文本在印刷出版后，对欧洲人的非洲观，尤其是他们对非洲风土人情、历史地理的理解，产生了哪些具体的影响。她的研究视野开阔，文学、历史和地理无所不包，她详尽考察了欧洲作者们摘抄或重写《非洲志》的内容细节，以及偶尔又是如何略而不述的。她以一种新的方式将欧洲以外的世界置于文艺复兴时期的意识当中。与早期研究成果中欧洲人对土耳其人的态度全然不同，志日的作品实现了一种互通和交流，正是北非人让·利奥为她带来了这样的变化。目前，志日已在续写这个故事此后几个世纪的演进，并转向手稿本身的种种问题。[8]

对利奥·阿非利加努斯的第二项重要研究来自另一个不同的世界，采取了另一条不同的路径。德国职业外交官迪特里希·拉亨伯格（Dietrich Rauchenberger）曾在摩洛哥和突尼斯工作多年，他也被哈桑·瓦桑的传奇深深吸引，一头扎进了对他的研究中。他尤其关注其留存在罗马的论非洲的手稿，以此为基础完成了巨著《非洲人约翰尼斯·利奥》（*Johannes Leo der Afrikaner*，1999）。拉亨伯格详细描述了约翰尼斯·利奥的生平、写作及当时意大利的历史背景，揭示了其作品在德语世界鲜为人知、缺乏反响的原因。拉亨伯格研究的一大亮点，是深入探讨了瓦桑有关撒哈拉沙漠以南非洲的一些后来产生争议的内容。通过比较手稿与诸印刷版本之间的出入，他评估了瓦桑作为一位观察者和旅行家的可靠性，并将此判断置于撒哈拉以南非洲风土人情的绚烂画卷之中。他不无赞同地借用埃帕拉尔研究团队中一位非洲史专家的话作为结论："我们很幸运，利奥·阿非利加努斯的著作是写于欧洲且面向欧洲公众的。试想如果他的写作对象是阿拉伯的读者，许多有价值的细节毫无疑问将被一笔带过，因为它们是众所周知的常识而已。"[9]

阿拉伯学研究者和来自摩洛哥的阿拉伯学者事实上也在日渐关注哈桑·瓦桑及其论非洲的著作。1995年，阿拉伯文学专家塞拉芬·范居尔（Serafin Fanjul）重新将拉姆西奥版的《非洲志》翻译成西班牙语出版。某种程度上，他是想要拉近阿拉伯研究同欧洲研究之间的距离；另一部分的原因，是他想要证明出生在格兰纳达的"胡安·利奥"（Juan León）及其作品也是属于西班牙的"文化遗产"。[10]

范居尔对于胡安·利奥是否真心实意地皈依基督教存有怀疑，利奥的改宗从一开始便令来自摩洛哥的学者们大为困扰。在1935年的一项开拓性研究中，穆罕默德·马赫迪·哈吉维（Muhammad al-Mahdi al-Hajwi）认为，哈桑·瓦桑作为一名俘虏迫于无奈而被迫改宗，但他始终忠于自己的人民和宗教，并对教皇施以影响。四十五年以后，瓦桑论非洲的著作于1980年在拉巴特（Rabat）出版了第一个阿拉伯文译本。译者穆罕默德·哈吉（Muhammad Hajj）当时刚刚在索邦大学通过了关于16、17世纪摩洛哥知识生活的博士论文答辩，成为拉巴特大学的历史学教授。哈吉由埃帕拉尔的法文本翻译，恢复了瓦桑的穆斯林身份，坚持认为他只是假装皈依基督教，《非洲志》里的某些特征，如作者使用"我们"一词，乃是在表明其内心始终信奉伊斯兰教。[11]

  2003年在巴黎召开的"非洲人利奥"的学术讨论会，聚集了来自马格里布、欧洲和北美各地对这位神秘人物感兴趣的学者，这些问题得到了重新整合。在那时，将他重新划归摩洛哥已经变得不那么敏感了。在一定程度上，扫除障碍的并不是某项学术发现，而是一部生动而广为传诵的小说——由阿明·马鲁夫（Amin Maalouf）所写的《非洲人利奥》（*Léon l'Africain*，1986）。马鲁夫出生在黎巴嫩，父母分别来自不同地区，家庭内部宗教信仰混杂，他曾在阿拉伯媒体担任记者，内战爆发、国家分裂后移民法国。在先后获得了经济学和社会学的学位之后，他为介绍非洲独立运动和新兴国家的《青年非洲》（*Jeune Afrique*）杂志担任撰稿人和编辑，在1983年分别用法语和阿拉伯语出版过一本小书，内容是关于阿拉伯世界对十字军的观念。

  三年后，马鲁夫转型成为一名历史小说家，用法语写作阿拉伯和伊斯兰世界的历史故事，他创作了利奥·阿非利加努斯/哈桑这个人物，完美地再现了其个人的人生历程，如何超越语言、宗教和民族等狭隘的、排他的身份认同。在小说开头，主人公自述道："我并不来自于任何一个国家、任何一座城市、任何一个部落，我是大路的儿子，我的国家就是行走其上的商队……所有的语言、所有的祷告都为我所拥有。"马鲁夫曾经这样形容他自己："我有着我出生的国家和那些接纳我的国家里所有的文化维度。"接着又说："我来自地球上的一处沙漠，来自其中永远在游牧之中的一个部落。我们的国家是逐水草而居的一座座绿洲，我们通过默念着同一个名字，跨越世代、跨越海洋、跨越语言的巴别塔而互相联系在一起。"是路途，而非根柢。马鲁夫在利奥·阿非利加努斯的身上所看到的，是一个在地中海世界的历史中整合了"多元文化"的人物。[12]

  历史学家可能会在马鲁夫对瓦桑的描绘中发现许多天马行空的地方，认为书中的趣味、立场和敏锐性显得肤浅造作，但它确实打开了一扇探寻新问题的大门。在2003年的讨论会上，来自马格里布的同行们对于瓦桑的文化定位持不同观点，但都认识到这是一个应该认真面对的问题。哲学家阿里·本玛赫鲁夫（Ali Benmakhlouf）认为瓦桑的写作艺术具有严谨的欧洲语境；历史人类学家侯艾里·图阿蒂（Houari Touati）发现其对非洲动物的处理与之前阿拉伯人的文学建构是有联系的；在艾哈迈德·布沙贝（Ahmed Boucharb）看来，瓦桑对葡萄牙与摩洛哥之间战争的描写是某种阿拉伯历史写作风格的延续，但表现出的公正客观则显示其已抛弃了作为阿拉伯人所带有的个人感情色彩；此外，阿卜杜勒马吉德·卡杜里（Abdelmajid Kaddouri）分别从阿拉伯和欧洲的写作风格入手，对瓦桑的《非洲志》进行了解读。[13]

马格里布同行们对于文化定位和流动的兴趣与我自己关注的问题最为接近。我最早是在四十多年前接触到哈桑·瓦桑的《非洲志》，当时刚刚完成有关 16 世纪里昂的新教与印刷工人的博士论文。其中有一位里昂的新教徒出版商让·坦普拉尔（Jean Temporal），他将《非洲志》翻译成法文，在 16 世纪 50 年代中期印刷出版。我惊叹于坦普拉尔兴趣的广博，以及由其妻弟所雕刻的插图中对非洲的想象。[14] 不过，我当时的注意力并不在此，而是聚焦在一座法国城市丰富的社会生活内部工人与雇主、普通人与教士之间的对抗，这是 1950 年代尚未受到重视的研究主题。而《非洲志》所潜藏的欧洲与非洲的邂逅，在那时还显得非常遥远且尚不迫切。我试图厘清的仍是从天主教向新教的信仰转变，或许正是由于这种变化是发生在小人物们（menu peuple）的心灵和精神之中，才特别令我着迷。在"非洲人让·利奥"的生平和写作中，或可观察到伊斯兰教与基督教之间持续的相互作用，但似乎还只是一个普通的宗教问题，并不值得去分析。

1990 年代中期，欧洲与非欧洲的人种之间的关系开始成为研究者们的关注中心，二元对立的思考方式受到了挑战。霍米·巴巴（Homi Bhabha）

等学者在对印度的殖民者与被殖民者之间文化关系的分析中,用"杂交性"取代鲜明的"差异性"和"他性"来进行界定。虽然统治与反抗对于理解历史仍然至关重要,但美国历史学家理查德·怀特(Richard White)却由此在美洲土著与在其祖先领土上定居的英国人之间所发生的外交、贸易和其他各种形式的交流之中,标识出了一个"中间地带"。保罗·吉尔罗伊(Paul Gilroy)在《黑色大西洋》一书中谈道:"超越民族与离散迁移视野之间的二元对立,动态地讨论黑人政治文化,……将黑色的大西洋世界置于一个地方与全球交织的网络之中。"我自己在写作"边缘中"的欧洲妇女时,也是在重新思考这个大西洋世界,思考她们与魁北克的易洛魁族和阿尔冈昆族妇女之间、与苏里南的加勒比人和黑人妇女之间的联系。[15]

似乎是时候转回到非洲人让·利奥身上来了,我开始更多把他叫作哈桑·瓦桑,因为其一生中的大部分时间用的都是这个名字。我个人如今也同世界这一隅——摩洛哥和突尼斯——有了家庭的联系。通过瓦桑的案例,可以考察一个人是如何穿越在不同的政治体制之间,如何利用不同的文化和社会资源,或深陷其中或置身于外,进而生存、发现、写作、交友,以及思考社会和自身。我想要试图去发现,这些过程是易如反掌还是奋力挣扎,带来的是喜悦还是沮丧。同我写过的其他人物一样,哈桑·瓦桑是一个极端的个案,大部分北非穆斯林从未有过被基督教海盗抓获的经历,就算被俘虏,也不会交由教皇去处置,但是一个极端个案所揭示出的模式,通常也能够适用于更为寻常的经验和写作。[16]

有一次在里昂演讲时,一位来到法国的非欧洲裔移民向我提了一个问题,令我突然意识到一个更为严峻的危险。他想让我谈谈政府对待外来人口的严苛政策以及对移民的经济和性剥削,而不是谈论文化交流和新来者的适应策略,当然所谓剥削可能只是隐性的。我非常认真地接受了他的警告,统治的关系和交流的关系总是以某种方式相互交错,在我对于哈桑·瓦桑的描绘中,需要时时注意他乃是被掌握在某个主人或捕获者或统治者控制中的具体情境。

瓦桑所生活的年代，也就是15世纪末16世纪初的几十年间，弥漫着政治和宗教的剧变与冲突。在穆斯林世界的东部，奥斯曼土耳其大举扩张，不仅征服了波斯的什叶派诸邦，更击溃了叙利亚和埃及的逊尼派统治者。在马格里布地区（通常指伊斯兰世界的西部），尤其在摩洛哥，苏菲派宗教运动以及与其结盟的部族首领正在挑战原有政治统治的权力基础。在基督教欧洲，哈布斯堡王朝的君主势力正在崛起，通过精明的政治联姻，西班牙被纳入神圣罗马帝国的统治范围。法国的君主则每每在关键时刻对其发起挑战，既垂涎于其日益扩张的海外帝国，又意在争夺欧洲尤其是意大利的霸权。在强盛的天主教力量为西班牙王室的统治注入新动力的同时，路德派新教运动也在德意志萌芽并成燎原之势，撼动了教皇在基督教会的统治地位。穆斯林和基督教徒不仅各自内部斗争激烈，两股宗教力量之间也发生了猛烈的碰撞，西班牙和葡萄牙在伊比利亚半岛和西地中海地区节节取胜，土耳其人则在巴尔干和东地中海地区不断扩张。然而，正如历史上常常发生的悖论一样，在这些年代里，也活跃着各种跨越边界的交流——贸易、旅行，以及思想运动、书籍和手稿，不断变换的同盟关系也使得仇敌化为临时的盟友。本书的主人公便处在这样的世界当中，我们将对它们进行细致的考察。

我尽可能全面地将哈桑·瓦桑置于16世纪北部非洲的世界中，那里聚居着柏柏尔人、安达卢西亚人、阿拉伯人、犹太人和黑人，而欧洲人正一步步在边境蚕食渗入；尽力阐明他去意大利时所怀有的对外交、学术、宗教、文学和性别的观点；揭示他对基督教欧洲社会的反应——他所学到的、他的兴趣和困扰、他所做的事情、他是如何改变的，尤其是他在欧洲时是如何写作的。我所描绘的肖像是这样一个人，他具有双重的视野、维系着两个文化世界、时常想象面对两种类型的读者、运用由阿拉伯和伊斯兰文化中习得的技巧并以自己特殊的方式融入欧洲的元素。

当我在追踪哈桑·瓦桑其人时，同时代记录中的空白以及其文本当中偶尔出现的矛盾或神秘之处常常令我困扰。举个例子，每当打开某位瓦桑在手稿里准备题献的保护人所留下的信札档案,我总是屏息凝神,想要从中发现他的名字,但每每在合上文件时失望于一无所获;再如,如果发现他的旅行时间或生平记录中存在矛盾或不合情理的地方,我总费尽心机,想看看能否解决这些问题,但常常是失败与成功兼而有之。当看到他在一些我认为可能贴近其心灵的问题上却不发声,我总要咂舌摇头以示不满。最终,我意识到沉默以及偶尔的矛盾与神秘正是瓦桑的特点,我应该坦然接受它们并将之作为理解他及其立场的线索。怎样的一个人会对自己生活的社会和时代缄默无语?怎样的一位作者会留下一部充满神秘、矛盾和虚构的文本?

我的办法是由那些有充分证据确定或显示其所知晓的人物、地点和文本入手,通过相关的进一步证据构建他可能的所见、所闻、所读、所为。在这个过程中,我不得不使用一些条件语——"应该会""也许有""可能是",以及推测性的词,如"或许""大概"等。这些是我向读者发出的邀请函,让我们跟随当时的资料,追踪再现一个最为合理的人生历程。瓦桑的写作是本书的主体,不仅指其中的内容,更有从其手稿和语言中推断出的作者的思路和心态。在《非洲志》印刷版本中所出现的文本改变,反映了欧洲人心目中对于作者的态度和希望。

伴随着哈桑·瓦桑一路迤逦远行至此,我还想要弄清,当他南渡地中海、再一次回到非洲之后的故事是如何结尾的?他的人生和传奇会有怎样的结局?滔滔的地中海虽然隔绝了北方与南方、基督徒与异教徒,但通过在隐昧、演绎、翻译,以及对和平启蒙的追求等方面一些双方相类似的策略,是否也暗暗地将它们联系在一起了呢?

第一章　伊斯兰世界

925/1519 年，一个被关押在罗马监狱里的穆斯林阶下囚，决定在一部从梵蒂冈图书馆借来的手稿上用阿拉伯文写下自己长长的三段式姓名：哈桑·伊本·穆罕默德·伊本·艾哈迈德·瓦桑（al-Hasan ibn Muhammad ibn Ahmad al-Wazzan）（图 1）。我们由此得知，他的父亲名叫穆罕默德，祖父是艾哈迈德·瓦桑。他还继续写了"法西"（al-Fasi），按照阿拉伯语的习惯，这表示他"来自菲斯"，不过在其他有些地方他会插入"加尔纳提"（al-Gharnati），以表明自己生于格兰纳达（Granada）、长在菲斯。[1]

这位哈桑·瓦桑有没有像这样直截了当地说过自己的生日年份呢？在其伟大的《非洲志》一书的手稿里，他仅仅透露了一点暗示，当他第一次造访大西洋沿岸的摩洛哥城镇萨菲（Safi）时还是"一个十二岁的孩子"，第二次是在"大约十四年后"（依字迹显示或为"大约四年后"？）——乔瓦尼·巴蒂斯塔·拉姆西奥在编辑该书的第一个印刷版本时，将这个关键数字认作"十四"，这可能出于上下文，也可能是根据另一份手稿抄本。在第二次访问时，瓦桑随身携带了两位苏丹致萨菲的一位柏柏尔（Berber）贵族的书信，后者委身于葡萄牙国王属下为官。[2] 瓦桑详细描述了柏柏尔人的军事行动和贡赋税收等，根据葡萄牙当局对柏柏尔人一举一动严密的监视记录，这大约发生在 918—21/1512—14 年间，最有可能的时间是 918/1512

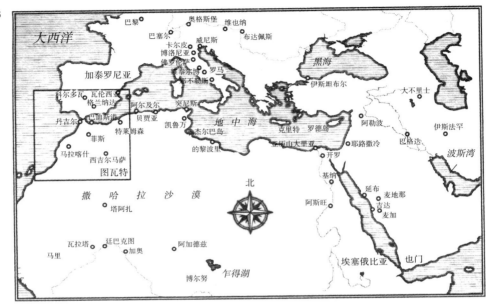

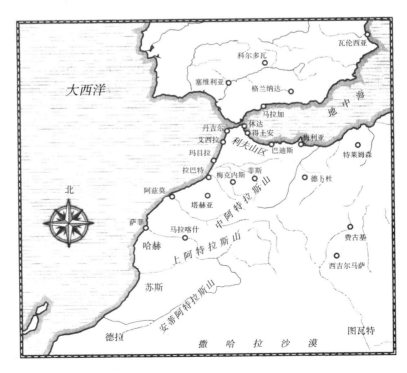

年初夏。[3] 由此可知，格兰纳达的穆罕默德·伊本·艾哈迈德·瓦桑的妻子生下本书主人公的时间，大约是在891—93/1486—88 年间，这与他在其他地方对自己的描述基本吻合。[4]

哈桑·伊本·穆罕默德对于格兰纳达的亲身体验不过几年时间。格兰纳达地区很早即被并入古代罗马的拜提卡行省（Baetica），7 世纪初随着阿拉伯人和信奉伊斯兰教的柏柏尔人渡过直布罗陀海峡征服了基督教西班牙地区，方才逐渐重要起来，阿拉伯语中格兰纳达被称作加尔纳塔（Gharnata）。11 世纪，格兰纳达是一个柏柏尔小公国的中心；13 世纪，基督教大举反攻开始收复西班牙，伊斯兰教的安达卢西亚国家（al-Andalus）的政治权力全面崩溃，格兰纳达成为奈斯尔王朝（Nasrid）苏丹的王国首都，也是穆斯林文化在伊比利亚半岛上硕果仅存的一个中心。瓦桑出生前二十年，一位埃及旅行家曾赞美"拥有阿尔罕布拉宫（Alhambra）的格兰纳达是伊斯兰世界最伟大和最美丽的城市之一"，楼宇恢宏、园林掩映，诗人、学者、法学家、艺术家们，名流荟萃、灿若星河。不过，他也嗟叹其周边强敌环伺、异教徒们虎视眈眈，安达卢西亚的很多地方均已被占领。[5]

哈桑·伊本·穆罕默德出生时，格兰纳达有约 5 万人口，其中大部分为穆斯林，也有一些犹太人和基督徒，但是在 15 世纪 80 年代后，城内蜿蜒曲折的街巷便日渐人满为患，挤满了因信奉基督教的卡斯提尔（Castilian）侵入马拉加（Málaga）和其他格兰纳达城镇而流离失所的穆斯林难民。瓦桑的家族应当颇为殷实，可能并没末代奈斯尔苏丹布阿卜迪勒（Boabdil）的亲信们那么显赫，但无疑也拥有相当的财富和地位。他们可能生活在达若河（Darro）两岸的某一个繁华街区，周围遍布着工匠作坊和商铺，包括美丽的大清真寺在内的许多清真寺和神殿星罗棋布。由那里可以眺望到山丘上雄伟壮观的阿尔罕布拉宫，建筑群中包括宫殿、堡垒、清真寺、店铺和园林，那是苏丹及其后宫和高官显贵们的华贵居所。

瓦桑，意为司秤，可能继承了哈桑的父亲和祖父的部分姓氏。他们可能曾经担任过市场监督官穆赫塔希（*muhtasib*）的助手，该职务负责监管格兰纳达各市镇的商业道德和市场管理事务；如果猜测确实的话，他可能跟随着市场监督官的左右，在凯瑟里亚（Al-Caiceria）市场里负责核验面包和其他必需品的重量。[6]

阿拉伯语是哈桑自小学习的母语，父亲也许还教过他一点简单的西班牙语。格兰纳达市井乡里的阿拉伯口语中混杂了不少西班牙语词源的单词和语音，反映了阿拉伯和西班牙两种语言的相互影响。高官显要和学者贤达，一般也会说或读古阿拉伯语，通常也掌握足够的西班牙语以应对基督教商人、俘虏和使节等，还能用阿拉伯字母拼写拉丁语。[7] 哈桑可能从父母和亲戚的议论中听到各种零星的消息：卡斯提尔军队兵临城下和格兰纳达负隅抵抗；发生在苏丹布阿卜迪勒及其亲属之间的宫廷恶斗；某些有名的穆斯林背教改宗基督教；以及越来越多的格兰纳达居民正逃往北非。

在城市陷落之前，穆罕默德·伊本·艾哈迈德可能便已收拾停当，带领全家逃离了格兰纳达；或许他一直坚守到897/1491年末的初冬时节，城里的街道上已满是饥肠辘辘的乞丐；或是直至1492年1月，当时胜利的卡斯提尔人用十字架替代了阿尔罕布拉宫塔顶的新月，在塔伊本清真寺（al-Ta'ibin）举行一场又一场的基督教施洗礼。具体时间不论是什么时候，穆罕默德·伊本·艾哈迈德显然更想在属于穆斯林自己的土地上养家糊口。事实也证明，基督教统治者向穆斯林许诺的宗教自由，在几年内便已难以兑现。变卖家产之后，瓦桑一家也加入到逃离格兰纳达的难民之中，随大量难民涌向了菲斯。[8]

哈桑·瓦桑可能依稀存有些许格兰纳达的印象和记忆，如釉面瓷砖，后来他在马拉喀什（Marrakesh）一所清真寺学堂里见到类似瓷砖时不禁睹物神伤；再如独特的垂至膝盖的白色面纱，他的母亲也许常穿戴着这样的面纱带他上街，到菲斯以后可能仍然保持着这样的装束（图15）。有关割礼及仪式之后的宴会，肯定是父母告诉他的，因为在格兰纳达和马格里布，通常在男孩出生后第七天施行割礼。[9] 至于其他的事情，如穆斯林安达卢西亚的历史、名人、诗人和神学家、清真寺和历史遗迹等，大概都是从故事、书籍以及长辈的回忆中渐渐了解到的。

许多安达卢西亚来的移民对新环境不能适应、怨声载道：他们在摩洛哥无以谋生，渴望回到格兰纳达去。这引起了博学的菲斯法学家艾赫迈德·万沙里斯（Ahmad al-Wansharisi）的不满，批评他们信仰不坚定。另一些移民则逐渐安居乐业。来自格兰纳达的伊斯兰教神学家"乌里玛"（*ulama*）与在菲斯的同行长期都有密切的联系，其中不少有名学者在安达卢西亚的清真寺里担任教职，有的甚至进入了城中最重要的卡拉维因清真寺（al-Qarawiyyin）。[10]

哈桑·伊本·穆罕默德一家适应得较为顺利。他的叔父可能在更早些时候已迁居至此，担任苏丹穆罕默德·沙伊赫（Muhammad al-Shaykh）的外交官，这位苏丹终结了马林（Marinid）王朝两百年的统治，是新的瓦塔斯王朝（Wattasid Dynasty）的开国之君。有这样身居高位的亲戚，肯定对于瓦桑一家顺利安顿并开始新的生活大有帮助。穆罕默德·瓦桑可能成为菲斯司秤官员的助手；也可能转而开始从事欧洲羊毛织物或丝绸的买卖，这一行业在菲斯多为格兰纳达移民所把持。哈桑的父亲在北部利夫（Rif）山区购置了葡萄园，并在菲斯北边的山上租下了一座城堡和地产，但家族的主要生活还在城内。[11]

菲斯城区有约 10 万居民，是格兰纳达的两倍，各族杂居，有阿拉伯人、柏柏尔人、安达卢西亚人、犹太人、土耳其人，以及许多来自欧洲和撒哈拉以南地区的奴隶。沿菲斯河两岸，市场繁荣，周边广大地区的商人们携带纺织品、金属和食品等各类商品进城交易。城内数百座清真寺不时地召唤人们前往祈祷，最著名的是坐落在西岸、有着上百年历史的卡拉维因清真寺。它的学校和图书馆里，聚集着来自整个马格里布城乡各地的无数学生和学者。瓦桑一家可能居住在上游东岸的安达卢西亚人聚居区，数百年来，渡过直布罗陀海峡来到这里的移民和难民大多选择在此安家。年轻的哈桑渐渐长大，耳濡目染于菲斯的群山、房屋、花园和城市生活。[12]

他在附近的某所学校开始学业，孩子们被教导整篇背诵《古兰经》和读书写字。哈桑·伊本·穆罕默德曾回忆，父亲们为了庆祝儿子熟记整部经书会举办宴会：少年们骑在高头大马上，一路唱着赞颂真主和先知荣耀的赞词。[13]

之后他进入更高层次的宗教大学马德拉沙（madrasa）继续求学。瓦桑可能参加过卡拉维因清真寺以及附近著名的阿布伊南经学院（Bu'Inaniya）（图16）的课程和研讨。课程的核心内容包括文法、修辞、伊斯兰教教义和费格赫（fiqh，伊斯兰教逊尼派教法），以马立克法学派（Malikite）解释的伊斯兰教法学在马格里布地区堪称首屈一指。[14]

在瓦桑求学期间有两位主要的学者声誉最盛：博学的伊本·加齐（Ibn Ghazi）和法学家艾赫迈德·万沙里斯。后者在当时刚刚编辑完多卷本的安达卢西亚和马格里布地区的法官裁判集。前者写作和讲授的题目涵盖从《古兰经》"圣训"（Hadith，有关先知的言行录）和"费格赫"到历史、生物学和诗律等。从这些老师那里，哈桑得以了解到当时马格里布地区伊斯兰教法学家们所关心的主要问题，这对他日后人生的起伏转折有着重要的影响。对待伊斯兰教内部的其他宗派、对待犹太人和对待叛教者时，应该采取怎样的态度？对于未得到《古兰经》和教法认可的"革新"（bid'a），应如何看待？著名的摩洛哥苏菲派学者扎鲁克（Zarruq，逝于899/1493）所谴责的异端革新中，既有过度的禁欲苦修和狂热的宗教表述，也包括在祈祷中强制使用拜毯和装饰精美的赞珠串等；因为这些均不关乎伊斯兰教法（shari'a）或以先知言行所确立的"逊奈"（Sunna）。然而，是否仍有一些革新是可以被接受的呢？例如在利夫山中饮酒消闲，或是男女共舞时的不当举止，或是其他教法所禁止的放纵行为。诸如此类的过当情形在苏菲派各处集会场所和宣教机构仍时有发生。

特别值得注意的是，此时恰值葡萄牙人大肆在地中海和大西洋沿岸对穆斯林城镇攻城略地的时期，应当如何界定所谓"圣战"（jihad）的责任呢？瓦桑肯定听说过伊本·加齐关于圣战的言论，若干年后也曾亲眼见到过其本人，919/1513年时，年过七旬的加齐曾随侍过菲斯苏丹，当时穆斯林正试图从基督教手中收复丹吉尔（Tangier）南部的大西洋沿岸城市艾西拉（Asila），却一无所获。[15]

　　学生时代的哈桑·伊本·穆罕默德还有一些其他的特殊经历。作为学生，当时已无法像过去那样从宗教大学得到长达七年的全额资助。虽然有一些虔诚的捐助者会设立基金（ahbas，awqaf）用于支持教育，但是经过15世纪末马林和瓦塔斯两个王朝的王权之争，大多数基金业已亏空殆尽，或是被财政匮乏的苏丹所侵吞。为了贴补学业所需，瓦桑在菲斯一所专门治疗患病旅人和精神病人的医院做了两年的公证人。这是一个责任颇为重大的职位，由法官（qadi）任命，负责评估证人证言的可靠性。多年后，瓦桑依然对那些被绳索捆绑的疯癫病人记忆犹新，他们常常骚扰访客、抱怨命运不公，吵闹时便要受到责打。[16]

　　不过，瓦桑还是有时间与同学结交，如他与一位来自马拉喀什的教职人员的兄弟结成了好友，两人结伴参加了几次穆斯林教义的讲课。[17] 他也爱好钻研诗歌，这一文学形式在法学家、教职人员、年轻恋人、商人、武士、沙漠牧民等中间极为流行。瓦桑在宗教大学学习过诗体格律，许多重要的宗教教义常以韵文诗体讲解，并可能跟随也是诗人的叔父学习过。公共场所常常举办诗歌朗诵会，当时菲斯一年中的盛事之一便是在纪念先知生日的圣纪节（Mawlid an-Nabi）举行的赛诗会。所有本地诗人于首席法官的院子里济济一堂，在其驾前高声朗诵各自创作的诗歌以赞美先知。获得桂冠的诗人被推举为当年的诗歌王子，不过瓦桑并没有提到过自己是否曾经获胜。[18]

✢

　　哈桑·伊本·穆罕默德很早便开始了旅行。除了定期北上前往位于利夫山区的家族葡萄园和去菲斯北部租住的城堡消夏之外，父亲带着还是孩子的瓦桑参加过每年斋月（Ramadan）后的游行，从菲斯一路前往中阿特拉斯山（Middle Atlas）的一座先贤墓，山脉位于城市以南，有多处伊斯兰古迹。12岁时，他跟随父亲或叔父的商队访问了大西洋岸边的港口城市萨菲，那里聚集着许多本地的穆斯林和犹太商人，以及远来的葡萄牙、西班牙和意大利商人。除了销往伊比利亚半岛的谷物外，还可看到在萨菲工场中染色的皮革制品，以及成捆的由萨菲妇女编织的彩色条纹布，这在撒哈拉以南极受当地妇女欢迎。在那里他还第一次见识到葡萄牙人暗中挑拨穆斯林各派之间的斗争。[19]

瓦桑自称，在"少年时"还曾远游过许多其他的地方，包括波斯、巴比伦、亚美尼亚以及中亚的鞑靼人国家。或许他确实曾随叔父有过这样的远行，但即使是真的，在其现存的作品中亦鲜有记载。他是否有意夸大了年轻时代的冒险经历，以与几百年前著名的地理学家兼历史学家马苏迪（al-Mas'udi）相提并论呢？[20]

另一个更为生动可信的描述，是他曾经到菲斯境内的陵墓去搜寻拓印苏丹和其他显贵墓碑上的诗文碑刻。910/1504年，大约16岁时，他将收集的诗文结集敬献给了新任瓦塔斯苏丹穆罕默德·布图加利（Muhammad al-Burtughali）的兄弟穆莱·纳西尔（Mulay al-Nasir）。前任苏丹穆罕默德·沙伊赫此时刚刚去世，瓦桑借这一文集来吊唁慰问。[21]这样一件特殊的礼物，当然令他得到了王室的注意。

在差不多同一时期，瓦桑的政治生涯和外交训练开始起步，他跟随叔父代表菲斯的新苏丹穆罕默德·布图加利出使廷巴克图和加奥（Gao）。穆罕默德·布图加利的目的，大概是想要了解撒哈拉沙漠以南重要的桑海帝国（Songhay）的商业、政治和宗教形势。当他们往南穿越上阿特拉斯山脉（High Atlas）时，当地的一位酋长获悉使节能言善辩，便派人发来邀请。由于时间所限，叔父派了侄子与两位随从带着礼物和一首新作的赞美酋长的诗歌，代为前往拜会。瓦桑优雅得体地呈上了礼物，并朗诵了自己创作的一首诗歌，在自己的阿拉伯语和主人所使用的阿特拉斯柏柏尔语之间转换自如。"他当时仅十六岁"，因此得到了主人的刮目相看。带着回赠的礼物，他与叔父会合，继续跟随驼队进行穿越沙漠的惊险旅程。一路之上，是一队队排成单列的鸵鸟，远望去如同前来突袭的马队；他还会得到叔父的提醒，留心沙漠中的毒蛇；他也会欣慰于找到沿途用骆驼皮保护的水井，每一处水井之间往往间隔五到七天的路程。沿路常有死于断水的商人尸骨，他们的商队因遭遇沙漠的风暴而无处觅寻珍贵的水源。[22]

多年以后，哈桑·瓦桑开始独立踏上这样的旅程。贸易通常是主要的目的：他长年同穆斯林和犹太人的商队一起穿越撒哈拉沙漠或沿着北非海岸旅行，对于市集、商家、货物和价格等有着非常敏锐的眼光。在撒哈拉沙漠的一处盐井产地，他在那里逗留三天"以装运食盐"销往廷巴克图。他本人可能也参与了买卖。[23] 他也曾在一次商贸旅行中死里逃生，当时为了赶在冬季来临之前走出沙漠返回菲斯，商队满载椰枣翻越阿特拉斯山脉，却不幸遭遇暴风雪。在一支阿拉伯马队的邀请或逼迫下，他和一个犹太商人被挟持。因为担心可能遭到洗劫或谋杀，瓦桑假装小便，偷偷地将身上的钱埋了起来。之后的遭遇险象环生，先是在严寒中被剥去衣服搜身（他谎称钱款都委托给了商队里的一个亲戚），两天的暴风雪将他与那些半信半疑的同伴们一起困在一处牧羊人小屋里，雪止之后方才发现整个商队均已葬身风雪之中，而他的钱在埋藏处得以保全。[24]

除了商人之外，他还常常以菲斯苏丹的密使、臣属、战士、探子和使节等身份前往各地。新苏丹名叫穆罕默德·布图加利，幼时曾在葡萄牙作人质，与其父一样，他为了将势力由菲斯周边地区扩张至摩洛哥北部，不时同北方的敌人作战。柏柏尔和阿拉伯的部族及军事首领在北非地区长期存在，他们通过结盟和武力控制着大量城镇、山区村寨和游牧部落。根据瓦桑的记载，苏丹在这些地区的总督和代表既不能保证税收贡赋的有效征收，也不能提供骑手加入王室军队。武力和政治联姻等因素有时甚至会倾覆瓦塔斯王朝苦心维持的势力均衡。904/1498—99 年，中阿特拉斯山脉东部的德卜杜（Debdou）发生严重的反叛，穆罕默德·沙伊赫不得不率领火枪队对付叛军的弩弓手，方才获胜。在叛军投降后，苏丹将两个女儿嫁给了投诚的泽纳塔部（Zanata）柏柏尔酋长的儿子们。921/1515 年，当瓦桑访问德卜杜时，老酋长仍然效忠于菲斯。[25]

与此同时，葡萄牙人几十年来一直沿着地中海和大西洋沿岸不断侵扰。他们通常先与某一城镇谈判，使之接受葡萄牙国王的保护，随后高筑堡垒，形成贸易飞地，天主教传教士也紧随其后而来。如果本地居民不配合，或是因内讧分裂，葡萄牙便立即派兵征服，如 913/1507—08 年在萨菲和 919/1513 年在阿兹莫（Azemmour）。在此之后，由葡萄牙总督直接统治和开展贸易，收取贡赋，抓捕柏柏尔和阿拉伯奴隶回国，国王曼努埃尔一世曾得意地致信新当选的教皇利奥十世，表示将占领整个菲斯和马拉喀什，一统于基督教。[26]

瓦塔斯王朝抵御葡萄牙的战争零星松散、少有胜绩。柏柏尔和阿拉伯部族往往利用一切机会抵制来自菲斯的控制。葡萄牙的每一次征服都能得到当地穆斯林和某些犹太派别的支持，以在与基督教的合作中获取一些至少是临时的经济或政治利益。穆罕默德·沙伊赫本人亦是通过与葡萄牙结盟才得以巩固瓦塔斯王朝在菲斯的统治，但据瓦桑所言，其子穆罕默德·布图加利却一心想向葡萄牙人"复仇"。[27]

柏柏尔人叶海亚-尤-塔夫特（Yahya-u-Ta'fuft）是这种政治乱局中的一个突出的例子，哈桑·瓦桑对此人颇有了解。912/1506 年末，叶海亚与朋友一起刺杀萨菲的穆斯林镇长。接着，他与同伙发生内讧，甚至暗中密谋勾结葡萄牙人，事败后不得不逃亡至里斯本。几年后，他作为葡萄牙总督的副手回到萨菲，因为当地居民要求派遣"一个穆斯林担任穆斯林与基督徒之间的中间人"（或据哈桑·瓦桑记载，是因为"总督对当地习俗一无所知"）。叶海亚-尤-塔夫特一方面在战场上连败瓦塔斯苏丹的兄弟穆莱·纳西尔以及马拉喀什的苏丹军队，深得国王曼努埃尔一世的欢心；另一方面却以自己而非基督教当局的名义发号施令、征收赋税。对于穆斯林酋长们，叶海亚声称自己暗中支持他们并等待时机对葡萄牙反戈一击；对于曼努埃尔一世，他则大表忠心。与此同时，他在萨菲东部和南部地区的村镇部落中大力扩张个人势力。事实上，他颁布法令惩办不法，俨然将自己的权威凌驾于菲斯的马立克法官之上。[28]

918/1512 年初夏时节，哈桑·瓦桑携苏丹穆罕默德·布图加利的信件拜访了这位势力强大的野心家，以图了解叶海亚对葡萄牙的真实态度。[29] 在传递信件时，瓦桑还代表了另一位自称"苏斯（Sus）和哈赫（Haha）埃米尔的先知后裔"。这就是萨迪王朝（Sa'diyan）的奠立者穆罕默德·卡伊姆（Muhammad al-Qa'im），人称"沙里夫"（sharif），意为先知后裔。在摩洛哥南部地区，包括萨迪家族兴起的安蒂阿特拉斯山脉（Anti-Atlas）以南的德拉（Dra'a）地区的沙漠和谷地，安蒂阿特拉斯山脉与上阿特拉斯山脉之间以农业为主的苏斯平原，以及附近的位于大西洋沿岸、贸易和牧业发达的哈赫地区，穆罕默德·卡伊姆凭借显赫的血统得到了不少支持，几乎已超越了瓦塔斯王朝的权力基础，后者的部落网络显得不堪一击。瓦塔斯苏丹们通过如伊本·加齐、艾赫迈德·万沙里斯等学问高深的马立克法学家及其弟子们维护法统，以诅咒和申斥等方式施行宗教权力。与之相反，萨迪王朝的合法性来自于圣者无穷的神秘力量，预言"救世主"马赫迪（Mahdi）将带公道正义来到世间。

苏菲派神秘论者贾祖里（al-Jazuli，逝于 869/1465）是一个典型的例子，他在其信徒和摩洛哥南部的乡间会所中极受尊崇。在马林王朝末期和瓦塔斯王朝初年反抗苏丹的起义中，他的追随者们一直携带其遗骸四处奔走，最后安葬于哈赫的一处村落阿弗哈尔（Afughal）。为了同贾祖里及其精神和政治传统相联系，穆罕默德·卡伊姆在 919/1513 年将宫廷也迁至阿弗哈尔，923/1517 年去世后，亦被安葬在这位先贤的墓地旁。[30]

对于萨迪王朝的沙里夫来说，向基督教发动圣战是当务之急，地方的隐士（murabitun）及各农村和城镇的苏菲派会所均对其寄托了类似的期望。虽然能够接受与西班牙、热那亚和葡萄牙商人的贸易，但基督徒对所谓"和平之邦"（Abode of Peace）的伊斯兰教世界（Dar al-Islam）的领土占领却是无法容忍的。正当瓦塔斯王朝在萨菲和其他地方节节败退的时候，穆罕默德·卡伊姆却在南方与葡萄牙人的争夺中捷报频传。正是出于这一原因，瓦塔斯苏丹开始试图与其结盟，于918/1512年和920/1514年两次派哈桑·瓦桑传信以促成联合的军事行动。921/1515年春，瓦桑作为使团成员之一由菲斯出发与萨迪朝沙里夫会合，联合出兵救援葡萄牙对马拉喀什城及其苏丹的威胁。双方军队并肩战胜了基督教军队。[31]

不过，萨迪朝沙里夫的野心却并不仅止于驱逐基督教的势力，他于915/1509年自封"卡伊姆"，意为"受真主之命"。据推测他可能相信了一个预言，认为其子孙将受天命。事实上，到16世纪中叶，萨迪王朝通过惨烈的战争推翻了瓦塔斯王朝，统治了日后被称为"摩洛哥"的整个地区。卡伊姆的儿子兼继承于931/1525年占领马拉喀什，可以看作是统一进程的重要一步。但是，在哈桑·瓦桑担任外交使节的时候，这两个王朝之间仍维持着时断时续的同盟；918/1512年，穆罕默德·布图加利向穆罕默德·卡伊姆的儿子们授予象征高级军官的白旗和战鼓，他们都曾在菲斯的一所宗教大学学习过。[32]

瓦桑不仅为菲斯苏丹联络穆罕默德·卡伊姆，还曾有一两次同时代表这两位君主对外谈判，在沙里夫的宫廷盘桓过一段时间，随其前往摩洛哥南部。甚至还为其办过一些小差事，如同他的一位大臣一起在苏斯地区的某个市场采购撒哈拉以南地区来的黑人女奴。

与瓦塔斯朝中的许多大臣一样，瓦桑对于萨迪朝沙里夫的信仰也持保留意见，尤其是其坚持贾祖里一脉宗教传统的做法。贾祖里的门徒萨耶夫（al-Sayyaf）曾起兵反叛瓦塔斯王朝前任的苏丹，在瓦桑眼中，他乃是一个否认伊斯兰教法的异端叛逆。瓦桑肯定也对贾祖里的另一位追随者伽兹瓦尼（al-Ghazwani）心存不满，后者于919/1513年前后曾在菲斯盘桓数年。据说有一次伽兹瓦尼听到一位妇人向苏丹布图加利高呼以表敬意，便严词申斥道："我乃此世及来世之苏丹。"伽兹瓦尼最终离开了菲斯，携着自己的神圣力量和追随者们一起投奔至萨迪朝沙里夫麾下。[33]不过，在瓦桑随侍穆罕默德·卡伊姆的时候，他恐怕只能把批评的态度暗暗藏在心底。

瓦桑的使命大多是奉菲斯苏丹的命令。[34]他曾在两次使命中,骑马从沿海至山区,横穿摩洛哥北部和中部地区,遍访沿途的城镇、村庄和部落。在井水灌溉的北部地区、地中海边的利夫山区、中阿特拉斯山脉北麓及附近平原,夏令时节处处可见丰收成熟的葡萄、无花果和各色水果,以及橄榄树等。如果正逢春末雨季,他便与当地居民一起庆祝,领受真主赐福的"生长之水",收入小瓶存于家中。沿中阿特拉斯山往上则要艰难许多,山林中狮豹四伏;处处山涧峡谷,必须迂回绕道山口或桥梁方能前行。瓦桑特别回忆起中阿特拉斯山一个心灵手巧的部族,他们在塞布河(Sebou)上架设了一座"神桥":一个异常坚固的大篮子,可以乘坐十人,用滑轮拉动连接峡谷两岸。原本骑在马上逍遥自在的瓦桑,半路上竟听说篮子因超载而使乘客坠入深谷,"不禁毛骨悚然"。[35]

瓦桑参加过多次军事行动:被葡萄牙占领的艾西拉,穆罕默德·布图加利屡次出兵始终不能收复,瓦桑曾多次出使该城;915/1509 年在上阿特拉斯山脉北坡的特夫扎镇(Tefza),瓦桑与当地反叛的居民谈判,使其重新归顺菲斯苏丹;921/1515 年在大西洋沿岸的玛目拉镇(al-Ma'mura),葡萄牙人曾试图修建要塞驻防,却惨败于穆罕默德·布图加利及其兄弟的军队。瓦桑对战斗的场面记忆犹新,尤其是瓦塔斯军队炮轰葡萄牙船舰的强大威力,他写道:"整整三天,海面上的血水波浪滔滔。"[36]

在其他时候,他或是作为穆罕默德·布图加利的随从,或是跟随一个使团,或是独自一人带队,携带苏丹的信件和指令,去探望并结交某位酋长(shaykh)、镇长或地方领袖。[37]

918/1512 年,在穿越摩洛哥的一次旅程之中,瓦桑于初夏时分代表苏丹在萨菲拜见叶海亚-尤-塔夫特,之后又历时两个多月穿越撒哈拉沙漠前往廷巴克图。他由萨菲向南到达马拉喀什,再向东南翻越上阿特拉斯山和安蒂阿特拉斯山,到达沙漠边缘的绿洲城镇西吉尔马萨(Sijilmasa)。西吉尔马萨曾是一座城墙高耸的美丽城市,是早期几个柏柏尔人王朝的政治经济中心,但在 16 世纪初只剩下几处布防严密的村落,各有酋长首领,有柏柏尔人、犹太商人和工匠,以及来自北非各地的商人,横穿撒哈拉沙漠的贸易非常忙碌。瓦桑细心探听价格和关税的情报,检视当地作坊铸造的钱币,观察阿拉伯马队收纳贡税,等待天气好转时再随驼队出发。[38]

早在八年前随同叔父南下的首次沙漠之行时,瓦桑便已熟谙外交事务;这次更是全权独立出使桑海帝国。15世纪中叶以后,桑海已取代马里帝国,统治着所谓"黑人之国"(Bilad al-Sudan)的苏丹地区。马里帝国由曼德族(Mande)的一个分支所建立,势力从尼日尔河中游的加奥城一路扩张至大西洋。随着马里国势的衰微以及加奥城的陷落,桑海的桑尼·阿里(Sunni'Ali)起兵在尼日尔河中游地区四处征服,据地方史志记载,桑尼·阿里"孔武有力、强悍无比,是一个杀戮无度的屠夫"。瓦桑访问时期,阿斯基亚·穆罕默德(Askia Muhammad)在位,此人对伊斯兰教信仰狂热、麾下兵精粮足,这一多民族的帝国以加奥和廷巴克图为中心,向西跨尼日尔河,几近大西洋沿岸,向东绵延数百英里至阿伊尔苏丹国(Aïr,位于今天的尼日尔),与豪萨(Hausa)王国毗邻。阿斯基亚·穆罕默德向北征服最终达到了撒哈拉沙漠边缘的产盐区塔阿扎(Taghaza),距廷巴克图约二十天的路程,不过在哈桑·瓦桑第二次访问廷巴克图时,盐价仍然居高不下。[39]

哈桑·瓦桑对于阿斯基亚·穆罕默德的故事非常熟悉:他曾深得桑海帝国统治者桑尼·阿里的信任,于898/1493年反叛桑尼·阿里之子兼继任者,自立为王;数年后,为表信仰虔诚并为自己的篡位寻求合法性,他率领大队士兵和学者、携带无数珍宝礼物前往麦朝觐。910/1504年,哈桑·伊本·穆罕默德随叔父第一次到访"黑人之国"时,这次朝觐以及由此产生的巨额债务仍是街头巷尾热议的话题。[40]

他和叔父肯定也听到廷巴克图的法学家们谈论马格里布法学家马吉利(al-Maghili)刚刚访问加奥的消息。马吉利宣扬以最严厉的方式排斥异教徒,尤其是犹太人、伊斯兰叛教者,或是塔赫利(*takhlit*,源于*khalata*)——即同时遵奉伊斯兰教与异教的信仰和崇拜的人。在他的煽动之下,撒哈拉沙漠北部绿洲图瓦特(Tuwat)的穆斯林不仅切断了犹太人向南的贸易路线，且砸毁犹太会堂、劫掠财产、肆意屠戮。瓦塔斯苏丹等北非王朝对其敬而远之，无意追随其主张。在沙漠上大肆屠杀犹太人之后不久，马吉利曾至菲斯传道，但却激怒了本地的法学家和苏丹，被逐出菲斯城。

马吉利义无反顾地一路往南，来到"黑人之国"，约于903/1498年在加奥见到了刚从麦加朝觐归来、正蒙真主之福（baraka）的阿斯基亚·穆罕默德。经过一系列的问答，两人一拍即合，马吉利建议这位狂热的君主当机立断处置"异教徒"和"罪人"们。其分类的理由相当宽泛：以桑尼·阿里并非真正的穆斯林且支持多神论为理由，支持阿斯基亚·穆罕默德充没桑尼·阿里的财富；建议阿斯基亚·穆罕默德以是否为真正的穆斯林为标准释放桑尼·阿里的奴隶；还表示支持其未来征讨其他王国，即便是穆斯林君主，只要他们非法攫取百姓财产，就不可饶恕。[41]

哈桑·瓦桑的两次黑非洲之行，所到之处都能见到宗教狂热的严重后果。阿斯基亚·穆罕默德在征伐中俘虏无数，有些异教徒因为不是穆斯林而沦为奴隶，有些女奴则是因为丈夫不是穆斯林。他注意到阿斯基亚·穆罕默德在被征服的土地上课征重税，观察写道：

> 廷巴克图苏丹是犹太人不共戴天的死敌，犹太人在他的领地上无立锥之地。更有甚者，如果有人在北非海岸巴巴利（Barbary）贸易中与犹太人交易，或是同犹太人合伙，一旦被苏丹知悉，……他便没收其货物钱财收入国库，使他们血本无归。[42]

我们的外交官瓦桑的任务，当然是要回到菲斯向穆罕默德·布图加利汇报所见所闻。维持同桑海的贸易往来至关重要：纺织品（有些原产自欧洲）、铜制品、手抄本、椰枣、马和马具等，由菲斯、马拉喀什等地向南经由西吉尔马萨至塔阿扎或图瓦特绿洲，最终到达廷巴克图和加奥；来自撒哈拉以南整个地区的黄金、奴隶、皮革、胡椒和其他香料，由廷巴克图和加奥出发沿相同路线源源不断地运往北方。除了商品和价格的情报之外，菲斯苏丹需要掌握关乎这一贸易的各种威胁，也需要有关"黑人之国"政治和宗教形势的第一手情报：哪些王国被阿斯基亚·穆罕默德吞并以及如何受其统治？当地有哪些学者和法律？柏柏尔王朝与这一地区有数百年的往来，在瓦桑之时，菲斯与廷巴克图两地之间学者和书籍的交往极为频繁。[43]

哈桑·瓦桑并没有留下其在黑非洲游历的具体行程，但对第二次出使过程中停留过的一些地方做了详细的描述。在廷巴克图的宫殿，阿斯基亚·穆罕默德第一次接见了他，瓦桑得知宫殿是由某个安达卢西亚建筑师在两百年前设计建造的。阿斯基亚·穆罕默德的主皇宫位于加奥，但同欧洲王室一样，他也喜欢带着侍臣们四处巡幸，在各地处理朝政。觐见时须行礼跪拜，在头部和肩部铺洒尘土，"即便是最伟大君主的使臣"也必须屈尊如此行礼。一个半世纪之前，著名的旅行家和作家伊本·白图泰（Ibn Battuta）亲眼见过马里皇帝的大臣们如此行礼，好奇于他们的眼睛怎么能不被尘土蒙瞎。[44]

瓦桑同阿斯基亚的对话，不论是用桑海语还是阿拉伯语，都须通过一名翻译转达。瓦桑在邻近的卡巴拉港（Kabara）时，曾同当地的最高长官有直接的交流，这名官员的身份是一位皇亲，瓦桑颇为难得地称赞他是"正人君子"。在廷巴克图和卡巴拉，瓦桑显然还见过不少来自尼日尔河上游的马里城镇和村落的商人们，有些人甚至从西南两百英里外尼日尔河支流上的大城市杰内（Jenne）及其腹地远道而来，桑尼·阿里在几十年前吞并了这些地区。看着廷巴克图的商人们用小船满载货物溯流而上，瓦桑也由此听到了不少当地的轶事。随叔父第一次来黑非洲时，他可能便去过这些地区，这一次瓦桑却绕道折向东行，进入桑海帝国的统治中心加奥，加奥人口众多、富商云集、市场繁荣。在华丽的皇宫里，宏大的庭院以及阿斯基亚·穆罕默德接见宾客的长廊令他印象深刻；来自菲斯的使臣可能再一次得到了皇帝的接见。[45]

离开加奥，瓦桑可能随商队向东北到达了阿加德兹（Agades），由此往北是图瓦雷克族（Tuareg）苏丹们统治的阿伊尔王国（位于今天的尼日尔境内）。十一年前，桑海的入侵迫使苏丹们向阿斯基亚·穆罕默德臣服进贡，尽管如此，来自其土地的税收和关税仍足以负担。瓦桑注意到，当地各色人种杂居：阿加德兹受柏柏尔人统治，即来自撒哈拉沙漠的移民后裔图瓦雷克族上层，但军队的士兵及在阿伊尔南部饲养牛羊的牧民则都是黑人，奴隶也由黑人所构成。[46]

在这里，他肯定听说过所谓"塔赫利"，一种在阿伊尔王国盛行的混合的宗教信仰和习俗。在非图瓦雷克人中间，有许多人不是穆斯林，即便是先知的追随者中，也有许多人继续"崇拜偶像并向它们献祭"。有趣的是，阿加德兹苏丹们听从了博学的埃及人苏尤提（al-Suyuti）的建议，这位法学家的观点较之马吉利要灵活宽容许多。苏尤提陈请苏丹们以先知的精神和伊斯兰教法施行开明的统治，而他对"无伤大雅"的符咒并不主张强行禁止。[47]

哈桑·瓦桑接下来的旅程是向南远行，到达了说卡努里语（Kanuri）的博尔努王国（Bornu），尤其是位于乍得湖以西数英里外的首都纳札加姆（Ngazargamu）。[48]博尔努远在桑海的势力范围之外。当时的玛伊（mai）或苏丹为伊德里斯·卡塔卡尔玛比（Idris Katakarmabi），据瓦桑及博尔努编年史和史诗的记载，这是一位成功抵御邻国加涅姆王朝（Kanem）布拉拉人（Bulala）长期入侵的勇士。同时代记录其事迹的法学家，赞誉玛伊伊德里斯"公正、敬神、虔诚、英勇和无畏"，他也曾前往麦加朝觐。瓦桑注意到其财政精明务实、喜好炫耀。博尔努处在一条横穿沙漠的商路的最南端，该路线相对较为安全，伊德里斯让商人从马格里布远道采购马匹，迟迟不肯清算结账，而是让他们等上几个月、甚至一整年的时间，要等他征伐俘获足够的奴隶时再行支付。瓦桑听到商人们的抱怨和不满，而事实上伊德里斯·卡塔卡尔玛比的宫廷里黄金遍地：金碗、金盆、黄金马具和马刺，甚至还有镶嵌黄金的束狗带。[49]

在博尔努逗留一个月后，瓦桑继续穿过"高加"（Gaoga）王国，据今天的历史学家考证，这一神秘国度的中心位于今苏丹境内。根据瓦桑的描述，穆斯林统治者霍玛拉（Homara，又称作胡玛尔［'Umar］或哈玛拉［'Amara］）素以慷慨著称，收到礼物后常常加倍回赠。他的宫廷里经常有来自埃及的商人，渴望与其进行交易，瓦桑很有可能便跟随他们的商队穿过努比亚前往埃及，来到了尼罗河边的这个古老国度。瓦桑曾经三次到过埃及，这大概是他第一次前往。一路险象环生，在一个绿洲，他们的向导不幸迷路，整个商队靠着仅够五天的饮用水坚持走完了十天的路程。不过，到达目的地后的见闻的确令瓦桑深感不虚此行。[50]

在开罗这座"人口稠密的伟大城市"，瓦桑的足迹遍及大街小巷。不过，作为外交官，他还必须探知老迈的马穆鲁克苏丹坎苏·扎维利（Qansuh al-Ghawri）宫廷的政治气氛和一举一动。坎苏的王朝有着古老而辉煌的传统：他已是这一世系中的第二十二位统治者，他们大多为切尔克斯人（Circassian）的后裔，使用土耳其语，均为军事奴隶出身（在阿拉伯语中，马穆鲁克［mamluk］的意思是"为人所有"），并抛弃与生俱来的基督教信仰；王位继承并不是根据世袭原则，而是由权术、关系和军事实力所决定。帝国领土囊括了埃及和黎凡特，后一地区就是被称为"沙姆"（al-Sham）的叙利亚，圣地（Holy Land）也包括在内。对被称为希贾兹（Hijaz）的阿拉伯半岛中西部地区，其亦主张拥有主权，并修筑要塞堡垒拱卫麦加、麦地那及周围其他城市。在源源不断汇入马穆鲁克国库的财富中，有相当一部分来自于由其所控制的同印度的香料和木材贸易。[51]

坎苏·扎维利的出身本是前苏丹凯特贝（Qaytbay）的切尔克斯奴隶，继位后也继承了前任热衷宏伟建筑的做派。908/1502年，苏丹在帽市大兴土木，用大理石建造了经学院和清真寺，旁边是其为自己修建的陵墓。开罗居民虽对富丽堂皇的建筑赞不绝口，但对大肆收缴大理石、挪用公产的做法多有怨言。瓦桑对于著名的开罗大城堡内的宫殿建筑更是叹为观止，赞其"辉煌雄伟"。苏丹经常在此举办奢华的盛宴，接见大小官员、总督和使臣。[52]

有趣的是，瓦桑作为菲斯使节虽然在开罗停留了几个月，但似乎一直没有得到坎苏·扎维利的正式接见。苏丹御用的编年史家穆罕默德·伊本·艾哈迈德·伊本·伊亚斯（Muhammad ibn Ahmad ibn Iyas）擅长记录各类宫廷琐事和细节，但对某位来自菲斯的使臣却是只字未提。某种程度上，这是因为 919/1513 年并不是一个觐见的好年份，该年一月/3月，开罗瘟疫流行，之后三四个月里，许多人感染瘟疫而死。苏丹当时也正罹患眼疾，直到八月/10月才重理朝政。[53] 另一部分的原因，可能是哈桑·瓦桑手头拮据，拿不出像样的礼物敬献给马穆鲁克君主。前一年突尼斯苏丹的使节入朝觐见时，献给坎苏·扎维利的礼物中有贵重的布匹、马格里布的骏马、武器等许多精美的物品，坊间传言价值数万第纳尔（dinar）。[54] 对于任何一位外国使节来说，朝见令人敬畏的"两大洲两大洋的统治者"，当然必须出手阔绰。但是，在刚刚经历了"黑人之国"长达数年的长途跋涉后，此时的瓦桑恐怕已经是盘缠所剩无几、囊中羞涩了。

不过，坎苏·扎维利对马格里布地区并不陌生。有不少马格里布人生活在开罗和亚历山大里亚，包括水手、士兵、商人及其家眷。913/1507 年，苏丹甚至命翻译赎回了一些被基督教海盗俘获囚禁于罗德岛等地的马格里布人。苏丹即位之初，马格里布的君主们曾派使臣觐见坎苏·扎维利，向其控诉西班牙人在格兰纳达对穆斯林的迫害，马穆鲁克苏丹则表示如果局面不好转的话，他将向圣地的基督徒进行报复。其后在 916—17/1510—11 年间，坎苏·扎维利也曾为穆斯林在特莱姆森（Tlemcen）和杰尔巴岛（Djerba）对基督徒所取得的胜利而欢欣鼓舞；的黎波里（Tripoli）的陷落也使他深以为憾。但是总的来说，他并未对这些地区传来的消息过于分心旁顾。事实上，918/1512 年来访的突尼斯使臣是其在位十五年里正式接见的唯一一位来自马格里布的使节。[55] 当务之急是在红海和印度洋上出现的葡萄牙舰船，它们干扰了埃及与叙利亚在这一地区的贸易，而尤其令他关切的是另两位东方君主的政治野心和宗教企图：什叶派的波斯国王萨法维·伊斯迈尔一世（Isma'il Safawi）和新继位的奥斯曼土耳其苏丹塞利姆（Selim）。[56]

虽然哈桑·瓦桑没有得到苏丹的亲自接见，但从其他大小官员那里还是获得了不少消息，且得以经常出入大城堡。他可能拜见过苏丹的达瓦达尔（dawadar），或是被其称为在大臣中位居次席的国务大臣，或是某个下属官僚。在这些交往中，瓦桑可能得知坎苏·扎维利已派使臣前往伊斯坦布尔，祝贺塞利姆继位并商谈和约；与此同时，苏丹也在开罗接纳了塞利姆的侄子们——他们的父亲在争夺王位的兄弟之争中失败被杀。伊本·伊亚斯在日志里做了详细的记录，或许瓦桑在宫廷的走廊里对这些事情也有所耳闻：“奥斯曼苏丹翦除了其他兄弟，如今终于可以调转枪头对付欧洲人以保卫国土。”或许，瓦桑希望能使马穆鲁克苏丹的官员们对菲斯正在地中海另一端进行的抗击基督教的战争有所了解。[57]

终于是回去复命的时候了。根据后来的回忆，瓦桑似乎于919年十月/1513年12月前回到了菲斯。在外多时，他有许多情况要向苏丹穆罕默德·布图加利汇报。对南方的政策，他肯定会建议要同日益强大的桑海统治者阿斯基亚·穆罕默德保持友好关系；而在东方，则应联合奥斯曼苏丹塞利姆，而不是老迈不决的坎苏·扎维利，以共同对抗基督教。[58]

而且，也该回菲斯成家立业了，假如他之前早已娶妻的话（这种可能性非常大），也应该回到妻子和家人身边了。阿明·马鲁夫的小说《非洲人利奥》的特色之一，就是他设想在哈桑·瓦桑生命中出现过的女人们，其中就包括一位在菲斯家中的妻子，同时也是他的表妹。瓦桑本人的作品中并没有就这一方面给历史学家或小说家任何直接的提示，但我们的北非主人公有家有室这一点应该是确定无疑的。对大多数穆斯林男女来说，婚姻是人生的必经之路。虽然几百年前曾有早期苏菲派主张放弃婚姻、独善其身，但并没有太多人真正遵从。同先知本人一样，诸如贾祖里等马格里布圣贤们也都娶过妻、生过子。法律、教义学和文学领域的学者，一般都希望子嗣能够继承自己的事业。与瓦桑几乎同时代在菲斯听过伊本·加齐讲课的法学家伊本·易卜拉欣（Ibn Ibrahim），在 21 岁时便有了第一个儿子。[59]

如今，瓦桑已经是一名大约 25 岁的法基赫（*faqih*，受过法学训练的学者），当然也到娶妻生子的时候了。最理想的结婚对象，应该是一位同样来自格兰纳达难民家庭的年轻姑娘。他日后对菲斯地区的婚礼场面曾有非常细腻的描写，显然应该是来自于亲身体验，而不只是一般的观察：经过公证的婚约中，详细列出了男方的聘礼（*mahr* 或 *sadaq*），包括金钱、一个黑人女奴、丝织品、精致的拖鞋、漂亮的头巾、梳子和香水等；女方准备的嫁妆有衣物、地毯、被褥和壁毯等；送亲的队伍吹吹打打，把新娘送到夫家；新婚夫妇的洞房之夜，次日展示染有新娘处女血渍的内衣；婚礼的宴会和歌舞，庆祝也分男女两家分别进行。这些年里，瓦桑或许已为人父，男孩出生后第七天高兴地庆祝过他的割礼，他在后来曾对此有非常详细的描述：父亲的朋友们一个个上前将硬币放在教士助手的脸上，后者大声报出每个人的名字，婴儿的包皮同时被割下；之后，男女分别跳舞庆祝。当然，也许是一个女儿，"那样便没有太多喜庆了"。[60]

可以想象，瓦桑所写的烹饪、缝补、纺纱等细节，大多来自于某位贤惠的菲斯主妇。可以想象，从她口中所讲述的，是站在家里装饰精美的平台上，自上而下地俯瞰所见，那是一座内宅中属于她和其他女眷的女性空间，她们在里面缝缝补补、操持家务。可以想象，酷热时节他在家中的浴池中沐浴消暑，浴池中间有喷泉，妻子和孩子们与他一起嬉水，多年以后瓦桑依然对此记忆犹新。可以想象，他看着妻子在出门前精心打扮，按照当时菲斯的习俗，她戴着饰有宝石的金耳坠和手镯，但都严严实实地藏在面罩后面，蒙脸布上只留出眼睛的一点空隙。[61]

成家立室并不妨碍男人长期远行在外，但他必须得让家中妻儿衣食无虞。声名显赫的伊本·赫勒敦（Ibn Khaldun）在 20 岁时，便在家乡突尼斯第一次结婚；作为政治顾问、法官、使臣、学者，其足迹遍及突尼斯、菲斯、格兰纳达、比斯克拉（Biskra）以及开罗等地。有时候妻子和孩子们会与他结伴而行；但其他时候他则把他们送往君士坦丁堡的妻弟家中暂住。在自传里，赫勒敦记录道，妻子和孩子们在赶往埃及与其团聚途中不幸遭遇船难溺亡，消息传来后他陷入"极度的悲伤"。[62] 725/1325 年，21 岁的伊本·白图泰离开故乡丹吉尔，作为朝觐者、学生、法官、政治顾问、使臣和敏锐的观察者，开始了长达 24 年的旅行。他的办法是与沿途的当地妇女结婚，其第一位妻子是在穿越利比亚时同行的一位朝觐者之女。在大马士革（Damascus），他又娶了一位马格里布学者的女儿，三个星期后便取消了婚约。在马尔代夫群岛，他按照穆斯林的习俗一共娶了四个妻子，但她们也都在不久之后被抛弃了。[63]

那么瓦桑有没有也在旅途当中娶妻呢？在读到其所记录的位于突尼斯西南大约 400 英里的撒哈拉城镇吐古尔（Touggourt）时，可能会不禁有此疑问。当地富庶的工匠和贵族素以好客闻名，包括留宿瓦桑的年轻酋长阿卜杜拉（'Abdulla），为人十分慷慨。当地居民"更乐意将女儿嫁给外地人而非本地人，在嫁妆方面也像欧洲许多地方的习俗一样，会将财产赠予女婿们"。或许，受到这种好客的气氛影响而且可以有机会获得一片作为嫁妆的椰枣林（这与男方给女方提供聘礼的菲斯及一般伊斯兰习俗相反），瓦桑又在当地举行了婚礼，当要启程离开时，只需要连说三遍"塔拉克"（*talaq*），即可解除婚约轻松上路了。[64] 这样的联姻想来一定非常有趣，但其中有太多推测的成分，这不像同样是我们所推测的其在菲斯的婚姻生活，后者是一个像他这样年轻的穆斯林法基赫通常的人生轨迹。

从开罗回来以后，除了一般的家庭事务，瓦桑重新在摩洛哥周边执行苏丹的各种外交和军事使命，包括出使沙里夫穆罕默德·卡伊姆，以维持结盟共同对抗葡萄牙人。瓦桑有关精力充沛的新任苏丹塞利姆的报告肯定备受重视，因此就有了不久之后的再一次使命。穆罕默德·布图加利当时正在为 921/1515 年夏天对葡萄牙所取得的胜利而欢欣鼓舞，因此决定再次派遣瓦桑作为其特使前往觐见其他马格里布统治者，最终的目的地则是伊斯坦布尔的奥斯曼宫廷。[65]

当时在马格里布中部，有两个柏柏尔王朝，分别位于特莱姆森和突尼斯，相比于瓦塔斯王朝，它们更是在王国内部竭力维持着对各个部落和城镇的控制权。阿尔及尔处在半独立的状态，统治者为一位阿拉伯的部落酋长；地中海沿海的许多城镇也在极力谋取自治。然而，两个新的因素正在打破地区的势力平衡，这也是哈桑·瓦桑出使的原因之一。西班牙一方面为了捍卫基督教，另一方面企图从诱人的撒哈拉贸易中分得一份利益，正在地中海沿岸加紧攻城略地，向被占领地区课收捐税，同时修筑堡垒驻军屯兵。早在 903/1497 年，他们便占领菲斯苏丹的领地梅利亚（Melilla）。至 916/1510 年，海盗出身的佩特罗·纳瓦罗（Pedro Navarro）及其他将领向斐迪南国王（King Ferdinand）献上了位于沿海的狭长地带：自东由戈梅拉岛（Peñon de Velez，位于摩洛哥巴迪斯城外地中海上的礁石小岛，筑有西班牙堡垒，西班牙与摩洛哥至今仍对其有领土争议）经中部的贝贾亚（Bejaïa）西至的黎波里。面对这样的形势，阿尔及尔的统治者被迫向斐迪南进贡，并割让城外的一座小岛供西班牙修筑要塞。第二年，位于特莱姆森的扎亚尼德王朝（Zayyanid）苏丹也宣布成为附庸，向斐迪南效忠。

反抗西班牙的斗争主要由来自密提林（Mytilene）的穆斯林海盗阿鲁日·巴巴罗萨（'Aruj Barbarossa）及其兄弟们领导。在突尼斯苏丹穆罕默德·伊本·哈桑（Muhammad ibn al-Hasan）的支持下，阿鲁日从位于突尼斯以北的基地拉古莱特（La Goulette）和杰尔巴岛出发，不断攻击西班牙商船，并将所抢获的战利品分与苏丹，他利用一切机会与西班牙人作战。917/1511 年，他击退了西班牙对杰尔巴岛的进攻，基督教一方死伤惨重，坎苏·扎维利为此在开罗也进行了庆祝。正是在西班牙不断进逼、其他君主纷纷缴械、阿鲁日的势力正盛的形势之下，突尼斯苏丹当初才会遣使前往开罗，尽管似乎并未取得任何成效。[66]

在菲斯苏丹派哈桑·瓦桑前往这些地区的时候，阿鲁日及其弟卡伊尔·丁（Khayr al-Din）刚刚试图从西班牙人手中收复贝贾亚而未果，阿鲁日因此失去了一条手臂，一心谋划报复。穆罕默德·布图加利显然要求他的使臣能够尽量到处走走，其中特莱姆森的扎亚尼德王朝苏丹是一个必访之人。在那里，瓦桑得到了苏丹阿布·阿卜杜拉·穆罕默德（Abu ʿAbdulla Muhammad）的接见，据说后者一向只接见"最重要的朝臣和官员"。不过，菲斯使臣注意到当地商人对苏丹臣服西班牙之后陡然增加的赋税非常不满。由于不得不向基督徒缴纳大量赋税，很快就引发了一场反对苏丹继承人的暴乱，海盗阿鲁日趁机占领了城市。[67]

阿尔及尔是另一个必去的地方。瓦桑在这里了解到本地王公投降斐迪南国王的种种细节，因为他所投宿的人家便曾是前往西班牙媾和的使臣。对于向基督徒进贡的不满在这里也是随处可闻，尤其是在安达卢西亚移民的社区当中。数月之后，即在1516年斐迪南国王去世后不久，阿尔及尔的居民向阿鲁日·巴巴罗萨开门投降，以结束对西班牙的臣服：阿鲁日杀死了他们的阿拉伯统治者，自立为埃米尔（amir），并在钱币上铸上自己的名字。瓦桑对此评论道："由此揭开了巴巴罗萨王国的统治。"[68]

事实上，根据哈桑·瓦桑的自述，在阿尔及尔被占领的前几个月，他便见到了阿鲁日。借助突尼斯苏丹的援军，阿鲁日当时正试图第二次收复贝贾亚，瓦桑在其围攻西班牙人要塞的前线拜访了他。进攻失败后，阿鲁日退兵至邻近的吉杰尔镇（Jijel）集结，瓦桑写道："当地居民忠心耿耿地追随着巴巴罗萨。"在会面中，瓦桑似乎与阿鲁日达成了某种共识，因为在两年之后，当阿鲁日兄弟政治基础日益巩固之后，这位海盗王便尝试与瓦塔斯王朝结盟以共抗西班牙。这一协议的达成与921/1515年他与瓦桑在贝贾亚的这次会面肯定不无关系。瓦桑事后对阿鲁日的评价褒贬杂陈：虽然他在杀害马格里布当地统治者时"傲慢残忍",但其对抗西班牙人的军事才能却着实令人钦佩,所采取的较为宽厚的税收政策也值得称赞。[69]

外交任务的最后一站是"伟大的"突尼斯城。同在开罗时一样,瓦桑参观了马德拉沙、清真寺、市场和浴场等各处;由于使命所系,他在朝廷中结识了不少高官显贵。两百多年来,突尼斯哈夫斯(Hafsid)王朝的苏丹们素以奖励文艺学术著称:他们依循马立克法学派治理国家;鼓励在清真寺和马德拉沙中研习"圣训";宫廷中重视学者和艺术家。哈桑·瓦桑称时任苏丹穆罕默德·伊本·哈桑对其"恩赏有加",但他也发现这位君主沉溺声色,身边满是奴隶、宠妾、音乐家和歌手。这里的音乐风格受到安达卢西亚音乐很大影响,这在我们生于格兰纳达的使臣耳中肯定非常熟悉。[70]

在瓦桑离开突尼斯时,时局中已显现出新的不安因素。虽然突尼斯苏丹授权对西班牙舰船进行海盗袭击,并资助阿鲁日·巴巴罗萨反西班牙的战斗,但随着阿鲁日政治势力的不断扩张,这位海盗开始令人不安起来。哈夫斯王朝的一位王子甚至投靠西班牙人求助。将来苏丹本人会不会也步其后尘呢?[71]

大约在922/1516年左右,瓦桑搭船启程前往伊斯坦布尔。据推测,菲斯苏丹是希望同"伟大的土耳其王塞利姆"及其宫廷结成联盟,以更好地抵抗基督教世界。

❧

哈桑·瓦桑前一次访问开罗的时候,坎苏·扎维利便已经遣使与塞利姆修好,此后,地中海东部的力量均衡已发生了转移。塞利姆并没有像伊本·伊亚斯所预料的那样"守卫国土、抵御欧洲",而是出兵征服波斯的伊斯迈尔国王,指后者威胁要"消灭伊斯兰教、铲除穆斯林",且危险程度较之基督教有过之而无不及。虽然坎苏·扎维利也属逊尼派,但在伊斯坦布尔的逊尼派和大不里士（Tabriz）的什叶派之间的角逐中，他决定两不相帮而作壁上观，希望塞利姆和伊斯迈尔两败俱伤。920年斋月/1514年10月，奥斯曼军队大胜伊斯迈尔的捷报，足以令坎苏·扎维利开始担心塞利姆的下一步行动将会剑指埃及了。921/1515年，奥斯曼苏丹侵占了马穆鲁克在安纳托利亚东南部的属国，并将其国王和宰相（vizier）的首级送往开罗。坎苏·扎维利愤怒地质问塞利姆的使臣："这究竟是谁的人头？难道是欧洲王公贵族的吗？"[72]

哈桑·瓦桑抵达伊斯坦布尔时，塞利姆已领军进入叙利亚，其兵力优势远胜于坎苏·扎维利的马穆鲁克军队。在伊斯坦布尔，瓦桑一定听说坎苏·扎维利暗中联络"异端"的伊斯迈尔，遣去的密使被塞利姆截获。坎苏·扎维利部下军容不整、溃不成军，922年七月（Rajab）/1516年8月在阿勒波城（Aleppo）北部的玛基·达比齐（Marj Dabiq）战役中，麾下军官变节投降，大势已去的坎苏·扎维利在战场上心脏病突发而死。塞利姆的大军旋即横扫大马士革，直取加沙（Gaza），于923年一月（Muharram）/1517年1月乘胜占领了开罗。马穆鲁克苏丹在埃及长达267年的统治，就此告终。[73]

由于塞利姆领军外出，不在伊斯坦布尔，接待菲斯使臣的可能是奉命留守的某位重臣或其他官员。瓦桑虽然没有详细描述有关的谈话和仪式，但这次见面显然为奥斯曼苏丹不久之后与瓦塔斯王朝结盟做了铺垫。[74]

瓦桑接着决定去亲眼看一看埃及政权更迭的情况，于是搭船前往开罗。他可能并未赶上923年一月8日/1517年1月31日开始的四日屠城。但是沿途还是能看到奥斯曼帝国禁卫军（janissary）不顾塞利姆的三令五申，洗劫了一些圣地的宝藏，如圣女娜菲莎（Saint Nafisa）的墓地，许多私人住宅也未能幸免。对马穆鲁克官员的即决审判、关押和处决，时有耳闻、常常目睹。每周五清真寺的主麻宣讲中，伊玛目们口中诵念祈福的君主，如今也由坎苏·扎维利改成了塞利姆。塞利姆率军行进在开罗街道上时，女人们躲在窗子后呜咽不止。大城堡宫殿的大理石石材被拆下来运往伊斯坦布尔，塞利姆要像坎苏·扎维利一样修建一座雄伟的马德拉沙——前一次访问开罗时，瓦桑曾对开罗的马德拉沙叹为观止。许多重要人物被驱逐流放到伊斯坦布尔，有宗教法官和朝廷官员、包括马格里布商人在内的许多富贾巨商、犹太领袖、店主商贩，以及征用修筑新马德拉沙的木匠和石匠。五月（Jumada-l-Ula）/6 月，塞利姆亲自监督将这些人从亚历山大里亚押往伊斯坦布尔，回程中在拉希德城（Rashid，即罗塞塔 [Rosetta]）停留，正好与瓦桑不期而遇。瓦桑称自己和苏丹一样，也十分欣赏当地剧场精致细腻的建筑风格。[75]

对于局势，菲斯使臣的感受似乎颇为复杂。他后来向俘虏自己的意大利人讲道，"（苏丹）在叙利亚和埃及的大捷令人鼓舞"，但是在《非洲志》的手稿中，有关奥斯曼占领开罗的记录则显得相当冷静客观。[76] 在拉希德城，他可能正式觐见了塞利姆，或是拜会了其手下的某个朝臣。总之，奥斯曼帝国与瓦塔斯王朝之间由此正式建立起了官方的联系。

苏丹塞利姆于八月（Sha'ban）/9 月返回伊斯坦布尔，埃及则由其任命的总督治理。大约在同一时期，瓦桑搭船溯尼罗河前往上游的阿斯旺（Aswan），沿途在多地停留。返程时，他在基纳（Qina）弃船登岸，这是尼罗河沿线距离红海最近的一个富庶城镇。瓦桑注意到，许多商人和朝觐者由此穿过沙漠去古赛尔港（al-Qusayr）坐船，然后南渡红海前往麦加和麦地那附近的港口。[77]

他走的一定也是这一路线。对于马格里布的穆斯林来说，基纳是往麦加朝觐途中极有吸引力的一站：苦行者阿布德·拉伊姆（'Abd al-Raim）埋骨于此，他生于 12 世纪末的摩洛哥休达（Ceuta）一带，后在麦加居住多年，之后成为在埃及最受尊崇的圣徒之一。伊本·白图泰路经基纳时，曾经探访过其墓地，瓦桑肯定也曾前往瞻仰，对于所谓在墓地祷告和绕行便可治病的传说，他一定颇为好奇。[78]

瓦桑写道，从基纳出发后，"笔者穿越沙漠到达了红海，渡海来到了阿拉伯半岛的港口延布（Yanbu）和吉达（Jeddah）"。接着，瓦桑到了圣城麦地那，朝觐瞻仰了先知的陵墓、清真寺，以及埋有伊斯兰教早期英雄人物遗骸的陵园。为了接着去麦加，他显然是折返回到延布，再渡海到吉达，此地距离穆罕默德的出生地不过数百里之遥。假如他准备完成更为隆重的朝觐功课，也就是一年一度的正朝（Hajj），则需要预先规划，在923年十二月（Dhu-l-Hijja）8日/1517年12月23日之前抵达麦加，先后完成受戒、驻"阿勒法"山，并前往黑石（Black Stone）所在的圣殿克尔白（Ka'ba）绕行七圈等朝觐仪式。此后五天里，在这个世上至尊的中心之地，严格地进行一系列有定规的活动、祷告和仪式。在麦加期间，他可能也曾尝试过一些外交活动，设法拜见沙里夫巴拉卡特（Barakat），后者此前不久刚刚被苏丹塞利姆封为麦加的统治者。

当然，他肯定见到了成百上千的朝觐者，他们一年一度由埃及沿红海东岸往南迤逦而行。著名的埃及大帐（mahmal）由领头的骆驼驮载，此时的旗帜已改换成奥斯曼的征服者。来自马格里布和黑非洲的朝觐者往往夹杂在埃及的队伍里，虽然时局动荡，瓦桑仍然可能在队伍中见到一些家乡的同胞。[79]

哈桑·瓦桑大概跟着他们的队伍一起回到开罗：朝觐者在924年一月28日/1518年2月10日抵达开罗，沿途经历了种种艰辛，如断粮、疾病、骆驼死亡、暴雨，以及遭到贝都因人（Bedouin）的袭击等等。[80]瓦桑也有可能走了另外一条路线，如回渡红海或是前往阿拉伯福地①。他甚至有可能再次前往伊斯坦布尔。不过，瓦桑并未留下任何明确线索。唯一可以确定的是，他在924/1518年夏天，由开罗搭船启程，准备返回菲斯回复主命。

✳

哈桑·伊本·穆罕默德·瓦桑的外交活动和廷臣身份，要求他必须能

---

① Felix Arabia，源于托勒密，指今天阿拉伯半岛上的也门一带。——译者注

言善听、长于笔墨,并且通晓宫廷礼仪、饮宴和礼物交换的规矩(图21)。随着在非洲和近东各地的一路旅行,他必须体察各地风俗、了解制度之间的细微变化,相应调整自己的言谈举止。许多外交活动的形式,与一百多年前马格里布的法学家、外交官和历史学家伊本·赫勒敦自传中所描述的情况基本相似。其他方面,如日益重要的身份证明文书等,则要较为晚近才出现。瓦桑曾经在经过西吉尔马萨南部阿拉伯人的关卡时,无法拿出相应的证明文件,为了证明自己的身份不同于商队里的众多犹太商人,不得不背诵了一段穆斯林的祷文——因为所有犹太人在过关时必须缴纳一项特殊的费用。不过通常他随身都会携带一封由苏丹穆罕默德·布图加利的大法官签发的安全通行证或其他证明。[81]

　　瓦桑有时候在旅行中会携带随从,921/1515年前往马拉喀什时,他率领了一支包括仆人在内共九人的使团,但一般只有一两名贴身的仆人随行。在这方面,瓦塔斯苏丹可能是在有意示弱,与此呈鲜明对比的是,918/1512年法国国王派往开罗觐见苏丹坎苏·扎维利的使团,多达五十人之众。同一年,突尼斯使臣也在马穆鲁克王宫受到接见,不过伊本·伊亚斯的日志中对是否有随从部属只字未提。[82]

　　瓦桑在旅行中常常随遇而安,通常借住在当地的贵族、伊玛目(imam,即阿訇)、法基赫或圣裔的府中,或者在馆驿旅舍下榻。在上阿特拉斯山脉的一个城镇,当地一位富裕的格兰纳达移民作为安达卢西亚同乡,盛情邀请他及随从的八名同伴和仆人一起到家中休息;而在从特莱姆森至突尼斯的路上,瓦桑时常只能让仆人在野外搭帐篷过夜。一旦到达目的地准备拜会当地的统治者或某位高官时,主人一般会安排,有时是在主人家留宿,如年轻时拜见上阿特拉斯地区的酋长及后来与叶海亚-尤-塔夫特见面时那样;有时由主人安排在某个住处,如在阿尔及尔时便在前任驻西班牙使臣家下榻。[83]

　　接下来,使臣便须设法获得君主的接见。每一个宫廷都有自己专门的礼仪官。瓦桑曾写道:"(菲斯)苏丹有一位专职典礼官,每逢苏丹临朝或接见宾客,他便坐在苏丹脚边,根据来宾的身份和等级安排座次排位及发言顺序。"他本人在特莱姆森、突尼斯和开罗也都见到过类似的官员;在阿斯基亚·穆罕默德位于加奥和廷巴克图的宫廷中,有专人负责与阿拉伯人和柏柏尔人的关系,接待马格里布使臣,称作考瑞-法玛(koray-farma),意思是"执掌白人事务"。[84]如果使臣们事先不悉礼仪,便通过这样的专职人员练习觐见时应有的举止:拜见阿特拉斯山区的酋长们只需行一个吻手礼,面对菲斯苏丹时要亲吻其脚下的地板,在开罗朝见马穆鲁克苏丹时要深鞠三躬并吻其前面的地毯,而在黑非洲的桑海皇帝面前,则需跪在地上并向自己头上洒尘土。[85]当然,使臣及其随员在接见时的服装也至关重要,代表了自己主上的身份尊严,也是为了向对方表示尊敬。当马穆鲁克苏丹所接见的使臣服饰特别华丽时,伊本·伊亚斯会在日志上特别加上一笔,而赠送给一位离任外交官的回礼中常常会有一件精致的长袍。[86]

交换礼物有时在接见之前便进行,使臣们会收到国君赠送的食物。753/1352年,伊本·白图泰发现马里苏丹赐予的"款待"只是些粗茶淡饭时,不禁难掩失望之情;918/1512年到访开罗的法国使臣及其使团,在抵达之后不久,便收到了苏丹坎苏·扎维利赠送的几只绵羊,他们当即以幼鹅、小鸡、黄油、糖、蜂蜜和水果作为回礼。[87]瓦桑一直记得当年叔父派其前往上阿特拉斯山区拜访当地酋长时所交换的礼物,他代表叔父向主人赠送了一副摩尔风格装饰的马镫;一些漂亮的马刺;两卷金线缠绕的丝绳,颜色分别是孔雀蓝和天蓝色;一部新装订的书法精美的手抄本,内容是马格里布地区圣徒、先哲的生平事迹,这类题材在当地极受欢迎。[88]他还献上了叔父所写赞颂酋长的诗,并当场朗诵了自己创作的小诗,作为"口头的小礼物"。酋长慷慨地回赠其叔父八百金币、三名奴隶和一匹骏马;给瓦桑五十金币和一匹马;两名仆人也各得到十枚金币;酋长还表示当他们由廷巴克图返回时将赠送更多的礼物。[89]可想而知,这一次会面在菲斯苏丹与山地酋长之间建立起了良好的关系。

交换礼物的目的，并不像这些歌功颂德的诗歌那样，总是旨在建立起友好亲善的关系，其所传达的信息相当复杂。920/1514 年，奥斯曼的使臣在开罗向坎苏·扎维利赠送了毛皮、丝绒、银瓶和男性奴隶等大量礼物，但其所带来的书信中却是苏丹塞利姆即将大举来袭的坏消息。[90] 哈桑·瓦桑在代表苏丹布图加利会见下辖的某些部落酋长或摩洛哥境内的敌对势力时，在礼物之外往往也会带去一些不那么令人愉快的消息。

外交信息的内容不论是喜是忧，都须以雅致的文字书写和表达，并以得体的方式呈送给对方。在菲斯，官方的书信由首相官署起草，写在马格里布流行的红色或粉色的纸上。信中除了对重要人物常用的尊称敬语之外，行文之中不时会摘录一些宗教祷文。信文以最精美的马格里布字体誊写，经（被瓦桑称为）"忠心耿耿的大法官"用瓦塔斯王朝历代沿用的方式确认信件真实无误之后，再由苏丹本人以其专属的花押（tughra）骑缝签署，最后折叠密封。[91]

哈桑·瓦桑本人并不是大法官属下，但他曾在疯人院担任过几年的公证人，在外交生涯中也一定要经常起草信件文书。915/1509 年，在上阿特拉斯山的特夫扎镇，经苏丹的卫队长准许，瓦桑曾假托菲斯苏丹的名义写过一封信，劝服当地民众停止反叛，接受苏丹号令。[92] 因此可知，他非常熟悉相关的书信体例、外交辞令，并且擅长书法。

正式的公函文书通常采用"韵文"体（sadj'），它有数百年的历史传统，历来被高度重视，它有固定的节律，亦有谐韵、头韵和间韵等其他形式。伊本·赫勒敦在自传中，曾举了一些自己所写的外交文书的示例；但是有一次，在回复一封格兰纳达的来信时，他却因为担心自己的文采不如对方而不敢用韵文来直接回复。[93] 毫无疑问，瓦桑在外交信件中也使用过韵文体（事实上他后来在意大利用阿拉伯文写一些重要信件时，仍然使用了韵文），而在外出访途中为一些统治者所写的节律诗，则是采用颂赞体（al-madh）。[94]

整个旅行途中，口头使用的语言基本上是阿拉伯语，许多统治者及各地的法基赫们都通晓阿拉伯语。尽管阿拉伯语的口语在城乡及各地之间略有差异，但在交流中瓦桑似乎并不需要专人传译。旅行、贸易和外交中的不断交流，看来已使得像他这样的人能够灵活地适应各地的方言土语。只有在利夫山区，他才说本地的柏柏尔语，很有可能是从前在其父的葡萄园度假时学会的。[95] 他所到访的许多城镇和宫廷可能使用另一些种类的柏柏尔语（即便在柏柏尔人中，所用语言亦因部落及接受阿拉伯语词汇的程度不同而存在巨大差异）或撒哈拉以南的非洲语言，这种情况下，瓦桑就必须通过翻译才能进行交流。颇为惊人的是，可以担当翻译的人到处都有：瓦桑在上阿特拉斯为酋长朗诵的颂诗，便是由当地的一个书记员传译的；在撒哈拉沙漠，游牧的桑哈扎族（Sanhaja）的一位部落首领曾宴请瓦桑及其同伴，首领的随从中便有一名翻译。[96]

哈桑·瓦桑对自己的语言能力颇为得意，喜欢欣赏和回味听来的优美诗句，常常取笑那些不善言辞的使臣们。他曾回忆，有一位来自人口稠密的安蒂阿特拉斯山区的使臣，当地的酋长派他前来向"伟大的朋友"菲斯苏丹赠送贵重礼物，包括一百名黑奴、十名阉人、十二匹骆驼、一头长颈鹿、十只鸵鸟、十六只麝猫，以及龙涎香、麝香、六百张羚羊皮、椰枣、埃塞俄比亚胡椒等等，但这位使臣却是"又矮又胖、皮肤黝黑、言辞粗俗"。酋长的书信糟糕地用"古代演说家的风格"写成，使臣本人的陈辞更是词不达意。在场的每个人都尽力屏息忍笑，不过苏丹仍然很有风度地向他致谢，礼数周全地接见了使臣和他的大队人马。[97]

作为使臣的生活并不仅仅只有典礼、演说和探察机密，还要面对各种阴谋诡计、危机险境和背信弃义。伊本·赫勒敦记述了自己作为参事、书记、大使和法官的生涯，斡旋于从安达卢西亚到叙利亚各地明争暗斗的君主之间，有时不得不见机行事地改换门庭，这一危险的营生使他不止一次身陷牢狱之灾。在瓦桑的时代，政治局势变得更加恶劣。921/1515 年，开罗马穆鲁克朝廷的使臣胆战心惊地带着令人不快的消息去见苏丹塞利姆，惴惴于随时可能降临的杀身之祸。次年，当塞利姆大举入侵马穆鲁克国土之前，他将坎苏·扎维利的信使锁上镣铐、穿上羞辱性的衣服、绑在一匹老马上送了回去。[98]

瓦桑自然也听闻过这类事情，也注意到在伊斯兰政治世界中所发生的剧变，包括有些地方转投基督教君主。他本人是否受到过这样的诱惑，已无从知晓。不过，除了菲斯苏丹之外，他也曾效劳于其他的穆斯林君主。如前已提及，瓦桑曾为萨迪王朝沙里夫购买过女奴，并带回摩洛哥；此外，他还为特莱姆森的扎亚尼德王朝苏丹帮过一个大忙。

一位圣裔在距离特莱姆森两日骑程的平原地区自立为酋长。他身边妻妾众多、子嗣环侍，他教导弟子们在每日的祷告中以许多特别的名号称颂真主安拉之名。（这显然是追随某些苏菲派大师的做法，即在《古兰经》或一般伊斯兰传统中安拉的九十九个尊号之外通过语法或词源的文字变化增加称呼。）作为回报，追随者们为他耕种土地、放牧牛羊、献奉金银。可是，这些钱没有一分一厘能够收进扎亚尼德王朝的税金箱里，更严重的是，这位圣裔的声名鹊起"令住在特莱姆森的苏丹坐立不安"。这样的宗教领袖支持武力对抗基督教、推崇海盗阿鲁日的政治主张，反对苏丹的让步和妥协政策。为此瓦桑专程前往拜访，三天后得到了令苏丹宽心的结论，认为他只是一个徒有虚名的"术士"而已。[99]

北非的外交官并不总是严格地按照日程行事，瓦桑的行程常常因为其他活动的需要而打乱。至少有过两次，瓦桑来到没有法官仲裁的地方临时充当法官或卡迪，根据马格里布通行的马立克法学派原则断案裁决。尽管瓦桑并未经苏丹正式任命为法官，但在旅途中他肯定随身带有一份法学教授签署的证件（*ijaza*），证明他曾研读过某些书籍并有资格转授他人。这份文件或其作为法基赫的资历，对于上阿特拉斯山区的边缘村民来说就已足够权威了。他们挽留瓦桑在村子里住下，处理地方上的各种纠纷并记录在案；在光秃秃的地板上睡了九个晚上之后，瓦桑收到了许多洋葱、大蒜、鸡，还有一头老山羊作为酬劳，不过在离开时他分文未取。在特莱姆森王国的一座城镇，既没有苏丹委任的官员，敌对的巴巴罗萨一方也没有派人接管，瓦桑停留了整整两个月，审判各类案件，因此获得了居民的礼遇和丰厚的报酬。之后，他才启程前往突尼斯，继续完成菲斯苏丹所委派的使命。[100]

旅行为瓦桑开启了一条四通八达的探索之路。在"少年轻狂"时的一次早期旅行中，可能是在与叔父结伴同往廷巴克图途中，他试着从桑哈扎族柏柏尔人那里借来了一头公羊，跨上后跌跌撞撞地骑行了四分之一英里。[101] 成年之后，他仍然保留了年轻时的热情，在菲斯王国各地收集碑刻铭文，前往位于拉巴特附近的舍拉古城（Chella），抄录马林王朝苏丹和后妃陵墓的碑文（图17），并对之赞叹不已。他也曾在突尼斯周边的古代废墟上细细察看那里的拉丁铭文，在一位信奉伊斯兰教的西西里人帮助下尝试解读。在更往南去的一些陵墓周边，曾见到许多古代纹章上的文字和图像，只是苦于无人能够为其释疑。[102]

此外，旅行沿途许多借宿的主人家中，往往都有不少珍贵藏书：在马拉喀什西部哈赫地区的一座山区小镇，一位富有的贵族收藏了许多非洲编年史；在阿尔及尔，城中一位刚刚出使西班牙拜见过斐迪南国王的使臣在瓦伦西亚购置了数百种阿拉伯文手抄本。在哈赫的另一座城镇，一位阿拉伯领拜者挽留瓦桑在家中盘桓了近一个月，为其诵读一部关于修辞学的阿拉伯文手抄本。[103] 由此，不难想象瓦桑在廷巴克图和开罗的大马德拉沙见到那里丰富的图书、手抄本时的喜悦心情。

每到一地，瓦桑总是热情地参与讨论、积极提问、认真聆听。多年以后，他回忆起在上阿特拉斯山脉西端的山区小镇埃达乌（Aït Daoud）参加的一次辩论。当地居民大多为改宗伊斯兰教的犹太人后裔，熟识律法，常常在夜晚展开各种辩论，瓦桑目睹了其中的一次活动，议题是以民众的名义出卖本应用作慈善的公用基金是否正当合法？在菲斯，瓦塔斯朝廷便曾肆意攫取马德拉沙的公共捐款用于军费，瓦桑对此素持反对意见，因此在上阿特拉斯见到这样的讨论，他深有感触、兴趣盎然。[104]

瓦桑对于了解各地的政治情报和陈年往事从不知满足。在哈赫，他从一位萨耶夫的旧门徒那里，详细地询问了这位在15世纪对抗瓦塔斯王朝的反叛者的生平，包括他的教义和各种丑闻：萨耶夫最终成为一名暴君，因为与继女私通而被一位妃子暗杀。从萨菲政治纷争的亲历者口中，瓦桑获悉冲突的起因乃是当地加伊德（qa'id，市长、总督）的女儿爱上了其父的政敌，最后葡萄牙人乘虚而入完全控制了萨菲。在日后的写作中，他借用这个故事"说明党派之争和女人是如何毁掉了哈赫的国土、民众和宗教"。[105]

瓦桑对日常生活中的一切都充满了好奇。在大西洋边的一个城镇，一位犹太老者向他解释为何海滩上会有如此多的鲸鱼尸体，是因为海上有一段绵延两英里的锋利礁石群，而据当地人迷信的说法，乃是同《圣经》里从鲸鱼腹中逃生的约拿有关。在阿特拉斯山区，流传有一种神奇的撒马克（Sarmak）植物，服用后有助于提高男性的性能力，甚至从这种植物旁边走过时，男性便会勃起，女子便会失去贞洁。（瓦桑对此颇不以为然，认为这样的故事只是为了掩盖某桩实际发生的通奸行为。）在德拉沙漠，他热衷于谈论椰枣的市值；在廷巴克图，则是当地市场上买进卖出的马格里布手抄本；在加奥的市场，记录奴隶的价格；在尼罗河畔的一座小镇，他注意到当地人向苏丹缴税以获准开办糖厂、雇用工人。从开罗的一个街头艺人那里，瓦桑知道了他是如何教骆驼跟随手鼓的节奏跳舞的。[106]

不论在山间马道、沙漠篷车，还是横渡地中海的客船上，哈桑·瓦桑的行囊里总是带着书和文具。事实上，在旅途（rihla）之中学习和记录各种见闻，是一项古老而重要的伊斯兰教传统。沿尼罗河坐船前往基纳的路上，瓦桑在夜深人静时坐在船舱里"秉烛夜读"，而其他同船的乘客早已沉入梦乡了。[107]

  所有的这一切在 924/1518 年的夏天戛然而止，他搭乘的由开罗返回菲斯的船遭到了基督教海盗的袭击，瓦桑沦为俘虏。他的生命旅程和无尽的好奇心由此转向了一个全新的方向。

第二章　生逢乱世

哈桑·伊本·穆罕默德·瓦桑对于横行地中海的基督徒海盗们一向深为忌惮。早前一次坐船往返开罗与突尼斯的航行中，他便担心遭到西西里人或罗德岛的医院骑士团（Hospitallers of Rhodes）的袭击，这些宗教骑士们是东地中海地区基督教的主要军事力量。有传闻说，在摩洛哥巴迪斯港（Badis）以西捕鱼的柏柏尔渔民，对西班牙海盗历来是闻风丧胆，一旦远远看见海面上出现船只的桅杆，便划上岸去躲进利夫山里。俘虏瓦桑的是地中海上臭名昭著的西班牙海盗堂·佩德罗·德·卡布雷拉·伊·博巴迪拉（Don Pedro de Cabrera y Bobadilla）。[1] 关于瓦桑的船只具体在何处遭劫，有多个版本的说法。其手稿的编辑者拉姆西奥和一些东方学家后来认为是靠近突尼斯的杰尔巴岛附近，这是从开罗前往菲斯航程中的必经之地；教皇的一位书记官则说是在罗德岛以东数百英里处。有威尼斯人曾提到，博巴迪拉于1518年6月截获了一艘载有"60名土耳其人"的拉古萨船（Ragusan），瓦桑可能便在其中。[2]

不论具体情况如何，大获全胜的海盗们从容地继续航行，先是在几年前已被西班牙基督徒占领的的黎波里靠泊，瓦桑看到了西班牙人新近加固的城堡，并且可能在那里被短暂关押。接着，海盗船又先后在罗德岛和其他一些岛屿停泊。与此同时，博巴迪拉根据海盗的规矩对俘虏们一一审讯，以确定哪些人质可以索要赎金，哪些人直接变卖为奴。当他发觉哈桑·瓦桑的真实身份时一定喜出望外！海盗头子肯定立刻意识到一个与奥斯曼帝国有联系的北非使臣的重要价值；毕竟他的一位兄长乃是居住在罗马的萨拉曼卡（Salamanca）主教，且与教皇关系密切。[3] 俘虏一名北非使臣的消息肯定也传到了罗德岛的医院骑士团，他们专门收集各类有关"不忠于基督教信仰的敌人们"的情报，并以教皇的名义从事海盗劫掠活动；他们显然也希望善加利用瓦桑这样一名俘虏。于是博巴迪拉决定将瓦桑作为礼物献给教皇利奥十世，据说其信中称之为一件"奉献的祭礼"，为其海盗生涯的行径求得宽恕。另一些被俘虏的穆斯林也被送给了几位枢机主教。[4]

　　1518 年 10 月末，俘虏一名穆斯林使臣的消息成为罗马教廷热议的话题，尽管当时并不十分清楚他究竟是哪一位苏丹的臣属（瓦桑本人的含糊其辞可能也是造成混淆的原因之一）。一名居住在罗马的法国教士记载道："抓获了大苏丹派去出访突尼斯国王的一名土耳其使臣。"驻罗马的威尼斯大使的报告则说，他是"特莱姆森国王的说客（orator，在意大利一般即指'大使'）"，在接受教皇问询时，该人自称曾在土耳其苏丹的宫廷"庆祝苏丹在叙利亚和埃及取得的大捷"。11 月底，梵蒂冈的一位图书馆员终于弄清楚了，他提到有一部手抄本被借给了"圣天使堡（Castel Sant'Angelo）的囚犯、菲斯国王的说客法基赫哈桑（*assem facchi, oratoris regis fezze*）"。[5]

　　圣天使堡是梵蒂冈的一座古老的堡垒建筑；当时城墙和塔楼刚刚被重新加固过，地牢里长年关押着教廷及天主教信仰的各种敌人（图 23）。瓦桑一定对这被称为"萨玛拉可"（Sammaraco）或"萨玛罗"（Samalò）的恐怖地牢有所耳闻，一些传说更是令人不寒而栗，一般只有最重要的囚犯才会被关押于此，底层潮湿的牢房里不见一丝光亮。一年多前，修士波那文图拉（Fra Bonaventura）在此羁押至死，他曾诅咒利奥十世之死、预言土耳其人将入侵意大利，并自封为"天使教皇"（Angelic Pope）和"世界救主"，称法国国王乃是上帝派来人间改造土耳其人的信仰、使其皈依基督教的使者。[6]

瓦桑可能也听说过波那文图拉的预言，以及1517年发生的五位枢机主教阴谋向教皇下毒的事情。其中两名主教及其属下就被关押在圣天使堡，接受审讯和拷打；他们的首级被砍下后，一直悬挂在城堡高墙上。被认作主犯的佩特鲁奇枢机主教（Cardinal Petrucci）在牢房中被一名穆斯林黑奴（"一个力大无比的巨人"）受命用丝带缢死，因为对一位高级教士来说，如果经由基督徒之手公开处死，通常被认为是一种奇耻大辱。[7]

圣天使堡里还有许多寝室、礼拜堂以及教皇的藏宝库，利奥十世经常在这里用餐或驻歇，尤其是在炎热的夏季，他更喜欢从梵蒂冈的宫殿搬到这里消夏。从城堡的窗户向外眺望，教皇可以清楚地看到游行的队列；在寝殿里，有一座由拉斐尔设计的舞台专供音乐表演之用；城垛下的护城河水排干之后，可以进行各种比赛、竞技和比武大会，1519年狂欢节时，曾举行了一场扔橘子的赛会。[8] 作为阶下囚的瓦桑，也许不能亲临盛会，大概也听说过不少相关的闲谈趣闻。

无论如何，瓦桑应该不会被囚禁在暗无天日的萨玛拉可地牢里。如今，前使臣可能还能享受一定的行动自由，这同日后也一度被囚于圣天使堡的金匠本韦努托·切利尼（Benvenuto Cellini）非常相似，切利尼回忆道："（城堡守卫）允许我在这个地方自由走动"，与守卫及其他囚犯攀谈，甚至建了一个工作室。[9] 瓦桑的待遇应该也不算特别糟糕，因为在1518年刚来不到一个月时，他便获允从梵蒂冈图书馆里借阅阿拉伯文手抄本了。梵蒂冈的阿拉伯文献收藏起始于15世纪中叶的教皇尼古拉五世（Pope Nicholas V）的宗教和学术兴趣，此时又得到了利奥十世的进一步支持，虽然称不上丰富，但足以满足瓦桑的阅读需要。11月，他借阅了苦修的叙利亚"柱上隐士"圣西门·斯泰莱特（Simeon Stylites）的传记；12月，借阅了埃及隐士圣帕科缪（Pachomius）的传记，帕科缪早年是埃及神塞拉匹斯（Serapis）的信徒，后创立东方隐修派；此外还有一部关于三位一体和其他教义的手抄本；一部批驳犹太教义、宣扬基督教神学的论稿。到1519年春，瓦桑已阅读的内容包括：马龙派、雅各派（Jacobite）和聂斯脱利派（Nestorian）等东方基督教信仰；论犹太教和穆斯林的谬误；及《哲学家的目的》（*Maqasid al-falasifa*）。最后一部书乃是伟大的哲学家兼法学家安萨里（al-Ghazali）早年所作论阿拉伯新柏拉图主义的著作。基督教学者早在12世纪就经一个拉丁文节译本对其学说有所了解，瓦桑在此看到的是一个来自埃及的全本，是梵蒂冈保存的少数阿拉伯语伊斯兰文献之一。显然，利奥十世此时已认为让囚禁中的法基赫阅读其本族的书籍并无大碍了。[10]

与此同时，瓦桑的意大利语和拉丁语能力也在不断提高，不论初来时他究竟懂得多少，他可以交谈的对象包括看守他的城堡卫兵、同狱的犯人（瓦桑入狱不久，便有一位破产的罗马金融家也被关了进来[11]）；梵蒂冈的图书馆员和其他教士；甚至利奥十世本人。如我们所知，他可能自幼便学过一点西班牙语，不过书写时用的也许是阿拉伯语注音（*aljamiado*）而非拉丁字母。他可能还懂葡萄牙语，那是苏丹穆罕默德·布图加利所授；另外，通过在菲斯和突尼斯与来自热那亚及意大利其他地区商人的谈话，他对意大利语可能也并不陌生。此外，在与这些商人、在开罗时遇见的意大利使臣、地中海航船上的水手和旅客们的交流中，他甚至有可能还学会了一点当时通行于地中海及其沿岸港口城市、混杂了阿拉伯语和意大利语词汇的混合语。[12]

可以想见，在与圣天使堡总管、萨卢佐（Saluzzo）主教朱利亚诺·托纳布尼（Giuliano Tornabuoni）的交流中，瓦桑的意大利语有了突飞猛进的进步。托纳布尼还兼任其佛罗伦萨同乡利奥十世的智囊和顾问。曾经囚禁在城堡里的主教们的故事，可能便是托纳布尼告诉他的。此外，他与时任图书馆馆长的多明我会修士泽诺比·阿西乌里（Zenobi Acciaiuoli）一定也有所交往，瓦桑所借手抄本正是通过城堡总管或是由其亲自送交的。于是乎，瓦桑有机会练习一下自己的拉丁语，热衷于预言中基督教世界复兴的阿西乌里，也非常乐于借机与一位穆斯林近距离交谈。显然，图书馆馆长对于法基赫在归还的手抄本上签上自己的阿拉伯名字并不是太介意，瓦桑写道:"赞美神。神的仆人哈桑·伊本·穆罕默德·法西,已阅此书。"[13]

这期间,与利奥十世的对话无疑是最为重要的。瓦桑一定对两人的会面印象深刻,甚至诚惶诚恐;曾经见过苏丹塞利姆的他,如今面对的是基督教世界的最高精神领袖。按照推测,他应该知道教皇乃是富裕而强大的洛伦佐·德·美第奇(Lorenzo de'Medici)之子,对利奥热心赞助艺术家、学者及其宠臣的事情有所耳闻,教皇的财政也因此时常捉襟见肘。穆斯林俘虏可能还听说过,1518 年秋天利奥曾派遣一位枢机主教北上前往奥格斯堡(Augsburg),想要规劝一个叫作马丁·路德的人放弃异端思想,却无功而返。[14](事实上在当时,路德的抗教行动仍只是被看做是一件德意志的地方事务。)

但瓦桑一定很清楚教皇对伊斯兰教的态度。1513 年即位以来,利奥便致力于发动一场十字军东征,讨伐土耳其,使穆斯林全部皈依基督教。1514 年,他特意举行弥撒,庆贺葡萄牙国王曼努埃尔在"称为摩洛哥(Marochius)的非洲某地"取得了对异教徒的胜利。两个月之后,一支浩浩荡荡的队伍由葡萄牙启程到达罗马,为教皇献上了曼努埃尔的礼物和战利品。珠光宝气、华服盛装的葡萄牙使臣带着"利比亚、毛里塔尼亚、埃塞俄比亚、阿拉伯、波斯和印度"出产的奇鸟异兽走过罗马的街道,令人目不暇接,最令围观民众、枢机主教和教皇叹为观止的,是一头印度白象,象背上负着一座银塔,由两名穆斯林象奴——一个黑皮肤"摩尔人"和一个名叫法拉布(al-Farab)的"撒拉森人"(Saracen)指挥,不断舞动象鼻向人群致意。象奴法拉布随后一直住在教皇宫和圣天使堡附近负责照看白象,1516 年 6 月白象病死,囚禁中的预言家波那文图拉曾经预言过它的死亡。教皇亲自为白象撰写了墓志铭:"于此山之下吾埋骨／曼努埃尔王所赠巨象／他曾远征东方／于教皇利奥十世座前献礼。"[15]

菲斯的俘虏来到罗马已是两年之后了,但无疑也从圣天使堡的老住客那里听到过白象的故事。此时,利奥十世征服伊斯兰教的计划已有所推进。埃及被苏丹塞利姆占领的消息传来时,罗马的气氛一度异常紧张:据教廷礼仪官的报告，1517—1518 年冬，在罗马及各地出现的闪电和其他异象，预兆了土耳其将要发动的大举入侵。为了显示决心不为敌所动，教皇命拉斐尔为自己画了一幅肖像，肖像中他的手置于《约翰福音》的开篇诗文上：受洗教名为乔瓦尼·德·美第奇（Giovanni de' Medici）的他，誓将追随与其同名的施洗者约翰，见证新时代的曙光，以信仰统一人类世界。利奥更为切实的举措，是在 1518 年 3 月，派四位枢机主教分别拜见了英国、法国和西班牙的国王与神圣罗马帝国的皇帝，以促成一个为期五年的休战协定，共同支持组建一支远征土耳其的十字军。（同时，这也可以保证他们不对意大利动武。）同月，他为此目的举行了一场宗教游行。整整三天里，罗马街头挤满了平民、教士和信徒，为基督教君主们的团结和圣战祈祷，利奥十世发布书面教旨呼吁："扑灭穆罕默德信徒们对抗天主教神圣信仰的魔焰。"[16]

菲斯苏丹穆罕默德·布图加利的使臣恰在此时此刻落到了这位教皇的手中。一直以来，有关奥斯曼和穆斯林统治者的情报源源不断传到罗马，尤其是威尼斯。威尼斯一方面积极应对奥斯曼土耳其对其地中海帝国的蚕食，另一方面极力维持着与黎凡特地区的贸易往来，他们在开罗、伊斯坦布尔和伊斯兰世界各地均派有"说客"；1518 年，有情报称塞利姆正在读亚历山大大帝的传记，有意步其后尘一统非洲、亚洲和欧洲。1518 年，土耳其向威尼斯派出使臣，是一个会说拉丁语的禁卫军官，也就是苏丹亲信的奴隶；苏丹塞利姆本人偶尔也会写信给威尼斯总督。威尼斯依然对与土耳其达成和约以保障商业活动抱有希望，而无意于参与发动一场十字军圣战，当然他们并没有公开反对利奥的计划。尽管塞利姆也曾经给教皇写过一封信，但总体而言，利奥所能获得的关于塞利姆及其他穆斯林君主的情报，很少来自直接的渠道。[17]

哈桑·瓦桑随身携带的文件立刻被从阿拉伯语翻译给教皇，其中包括不少有用的内部情报，比如菲斯与海盗国王巴巴罗萨的接触（就在瓦桑遭擒之时，阿鲁日也刚战死，其弟卡伊尔·丁继位），以及菲斯与伊斯坦布尔的苏丹塞利姆之间的联系。瓦桑肯定不断地受到审问，以交代他个人的活动情况及对整个伊斯兰世界统治者和政策的看法。例如，突尼斯苏丹派使臣于1519年春和初夏来到威尼斯，以寻求（按苏丹致总督信中原话）"重建你我之间的和平"，瓦桑是如何看待这类问题的？[18]

如果毫不妥协、拒绝合作的话，瓦桑会有怎样的命运？他一定深思熟虑过这个问题：是坐穿牢底、终身受禁；还是像其他穆斯林俘虏一样质身为奴？幸运的话，也许能当一名家务奴隶，或是放马喂牛、耕田种地，或是划船摇桨。至于在审讯中瓦桑究竟是如何作答，已不得而知。他也许认为突尼斯苏丹穆罕默德·伊本·哈桑联合基督教威尼斯的举动，是出于双方对穆斯林卡伊尔·丁势力扩张共同的担忧？他可能也好奇突尼斯使臣有没有打听过瓦桑其人，因为他被囚禁于圣天使堡的消息应该在数月之前就已不胫而走？如果他真的问过这样的问题，自己的近况也许有希望传回菲斯、传到他的苏丹和家人那里？[19]

翻阅记录，查看利奥十世在1519年时对"土耳其王"（il Signor Turco）所做的种种反应，可以发现哈桑·瓦桑所提供的情报是否产生了任何作用。在2月，教皇已趋于冷静，安抚教众无须担心土耳其来年的进攻；而主要关注于苏丹塞利姆入侵匈牙利的可能性。

不论瓦桑的政治情报究竟有何作用，在他身上教皇至少可以利用一样东西：灵魂。1519年4月，一个女预言家自称获得天启，在圣彼得大教堂发布预言，称土耳其大军终将胜利地兵临罗马，在大教堂圣坛前饮马饲草；不过，奇迹发生了，战马不肯进食，土耳其人也因此改宗皈依了基督教。这一幕虽然并未真正出现，但一场规模较小的奇迹倒的的确确在那匹臆想中的土耳其骏马拒绝进食的圣坛前发生了，在这里哈桑·瓦桑接受了洗礼。[20]

❧

在教皇的命令下，教廷主仪官帕瑞德·格拉西（Paride Grassi）及另外两名主教对哈桑·伊本·穆罕默德·瓦桑进行了长达几个月的考察和审讯。格拉西是佩萨罗（Pesaro）的主教，毕生倾心于教会的公共事务，负责教廷的礼拜、庆典和论辩，其日记中对此有详细的记录。瓦桑从格拉西那里，获知了许多教会仪式方面的情况。另两位主教分别是卡塞塔（Caserta）主教乔瓦尼·巴蒂斯塔·邦齐亚尼（Giovanni Battista Bonciani），来自佛罗伦萨，曾是利奥十世的老师，后负责教廷的唱诗队；都拉佐（Durazzo）大主教兼卡斯特罗（Castro）主教加布里埃尔·福斯科（Gabriel Fosco），是一位奥斯定会修士、教皇的圣器司事，当时刚刚为筹措东征土耳其的十字军军费从西班牙回到罗马。[21]

在这几位教士眼中，哈桑·瓦桑是一位颇为特殊的博学之士。格拉西的日记记录道："此人学识出众，据他本人所言，精通哲学和医学，曾有不少哲学家和医学家专程向其求教讨论。他曾纠正过许多阿拉伯手抄本中的谬误，因此备受赞誉，这些手抄本在翻译中出现了非常愚蠢的错误和缺漏。"[22] 我们迄今所知的哈桑·瓦桑，如教廷图书馆员所提到的，有着法基赫的头衔，熟知法律和宗教，而且还非常热爱诗歌。不过，他在哲学和医学上的成就恐怕有些言过其实了。此后在罗马生活的那些年里，这一点竟一直没有被人揭穿。

毫无疑问，参加质询的主教们知道他正在从梵蒂冈图书馆借阅阿拉伯语的基督教文献，尤其是关于三位一体等争议问题的讨论。不过，他们与瓦桑的讨论话题涉及范围广泛，包括伊斯兰教教法与教会法的比较等。这样的对话究竟产生了怎样的效果？瓦桑最终表示自己信奉基督教或多或少是一项迫不得已的决定：否则的话，继续被囚禁甚至变身为奴是他唯一的下场。当然，这其中也含有其他一些更为复杂的考虑、感情和好奇等因素，后续章节中将会进一步分析和讨论他身为穆斯林的主体性、信仰和行为方式。

1520年1月6日主显节，利奥十世在格拉西的协助下，在圣彼得大教堂举行盛典，为哈桑·伊本·穆罕默德·伊本·艾哈迈德·瓦桑施行洗礼，当时的圣彼得大教堂虽然尚未经重修而达到16世纪末的宏伟壮观，但在摇曳的烛光和精致的银烛台的映照下仍是金碧辉煌。[23] 这一景象一定让瓦桑联想到某位重要的基督徒男子自愿皈依伊斯兰教时所举行的仪式,在通行的阿拉伯语中,被称为向安拉"屈服"或"降服"。改宗者一般身着北非人或"土耳其人"的装束和头巾,坐在马上跟随众人穿街走巷,行至某处清真寺,然后高举起右手食指,在众多见证人面前大声诵读三遍信仰誓言(shahada):"我谨立证,万物非主,惟有真主;我谨立证,穆罕默德为安拉之使。"之后便举行盛大的宴会,他还要接受割礼,通常还会取一个穆斯林名字。[24]

参加哈桑·瓦桑受洗为基督教徒仪式的,有圣天使堡的总管——他看守的囚犯由此重获自由,还有由教皇亲自慎重挑选的三位教父,他们均与反伊斯兰教的使命密切相关(图2)。第一位是西班牙人贝尔纳迪诺·洛佩斯·德·卡瓦哈尔(Bernardino López de Carvajal),圣克罗齐(Santa Croce)枢机主教兼领耶路撒冷宗主教区大主教,他一直是教会改革的支持者。(1511年,曾因推动分裂派改革会议反对教皇尤里乌斯二世 [Julius II],而被教皇盛怒之下革除了枢机主教职位,之后由利奥十世恢复。)早在1508年,卡瓦哈尔便在布道中鼓吹伊斯兰教即将因其错谬而招致灭亡。重新征服格兰纳达便是一个开端,一系列预言的征兆指向了穆斯林的皈依改宗和基督教会的终极喜乐。瓦桑被俘虏之时,他的这位未来的教父正作为教皇枢机会议的重要成员参谋筹划联合基督教徒共抗土耳其的大计。[25]

第二位教父桑蒂卡特罗(Santi Quattro)枢机主教洛伦佐·普奇(Lorenzo Pucci)也是教皇枢机会议的成员。普奇是利奥十世的主忏悔师,掌握着出售教皇赎罪券的收入,因而也有欺诈和盗窃的恶名。马丁·路德反对赎罪券的神学主张,便是针对像普奇这样的教士(德国修道士在1517年宣称:"教皇赎罪券并不能消除罪责"),即便在天主教徒中,他的声名也令人敬而远之。曾有一首讽刺诗流传于世,诗中用利奥十世病死的大象的口吻,将大象的下颌骨献给"最可敬的枢机主教迪·桑蒂卡特罗,这样他就能吞没基督之国的全部钱财"。不过,教皇对普奇仍是宠信有加,他既是教皇的佛罗伦萨同乡,也是一位出色的教会法律师。在第五次拉特兰会议(Fifth Lateran Council,1512—1517)上提出的改革措施中,教皇任命普奇负责审查犹太人假意改宗基督教的问题。[26] 他可能也希望这一次普奇能够对刚刚由伊斯兰教皈依的瓦桑加以鉴别。

对瓦桑的未来最为关键的一位教父是埃吉迪奥·达·维泰尔博(Egidio da Viterbo)。埃吉迪奥曾长期担任奥斯定会的教长,1517年起出任位于伊索拉(Isola)的圣巴托罗缪(Santo Bartolomeo)枢机主教,他素以在教皇、大公会议、国王、皇帝和总督面前敢言善辩而著称。他在布道中宣称一个新的黄金时代即将来临,如其于1518年完成并题献给利奥十世的手稿《二千年史》(*Historia XX Saeculorum*)中,预见了文艺的复兴、《圣经》研究的不断深入,以及基督教在教皇领导下一统世界——土耳其人被击溃,犹太人、穆斯林和新世界的印第安人纷纷皈依真信仰。1518—1519年,他作为教皇使节一直在西班牙活动,游说哈布斯堡家族的国王查理加入对土耳其的战争。[27]

围在哈桑·伊本·穆罕默德洗礼池周围的人们,无不迫切地期待着他与生俱来的宗教信仰自此可以彻底被抹去。依着为他洒圣水的教皇的名字,他被重新取名为约安尼斯·利奥(Joannes Leo),于是乎依照教会法中对施洗教士与被施洗者关系的规定,两人之间在精神上有了至为亲密的联系。原先的穆斯林还需要一个新的姓氏,根据格拉西的记载(图2),教皇又把自己的家族姓氏"德·美第奇"(de Medicis)送给了他。这种赐名并不意味着法律上的收养:在此前三百年里,佛罗伦萨的诸家族中并不存在正式的收养行为。相比之下,这更近似于在佛罗伦萨和威尼斯通行的用主人姓氏为改宗后的奴隶起名的做法,奴隶的主人一般在洗礼中充任教父的角色。虽然瓦桑只是一个俘虏而不是奴隶,但是美第奇的姓氏使他与这个伟大家族之间形成了某种依附关系,其意义如同仆役和家臣穿着家族制服。

有趣的是,改宗者此后并没有用过"德·美第奇"这个姓氏指称自己,只有一次自称是"美第奇的仆人"(*servus Medecis*),这个词甚至还拼错了

（图4）。别人也没有用这个姓氏称呼他。对于那个时代的基督徒来说，他自此以后的身份就是来自非洲的约安尼斯·利奥，即乔瓦尼·利奥尼[28]，至于我，将会更多地用他在改宗之后给自己所起的阿拉伯语名字称呼他：约安拿·阿萨德（Yuhanna al-Asad），即狮子约安拿。这显示了此后在意大利生活的七年中，他所经历的价值、观念和人格的重重矛盾。[29]

受洗后，约安拿·阿萨德便重获自由，离开了圣天使堡。当他穿过台伯河沿河边漫步的时候，一定会将罗马同他曾到访过的其他城市、尤其是最为熟悉的菲斯做比较。当时罗马的人口只有菲斯的一半稍多一点，但作为欧洲禁欲宗教体系的中心，成千上万来自不同国家的人们涌入梵蒂冈；约安拿·阿萨德可以在街道、广场和庭院等各个地方听到除拉丁语和意大利语之外的无数种语言。不同于苏丹的新菲斯城将政府宫殿建筑均集中在城内一处，在罗马，梵蒂冈与卡比托利欧山（Capitoline Hill）相距甚远，山上是古代罗马市政管理机构元老院的所在地。虽然罗马有许多辉煌的古迹遗址，历史可远溯至菲斯建城的千年之前，但它们大多已破败不堪；罗马圆形竞技场的石头被大量拆走。瓦塔斯王朝并未在菲斯大兴土木或对原有的华丽清真寺做进一步的扩建；城市规划的主要问题是想方设法为来自西班牙的穆斯林和犹太难民创造空间。而在文艺复兴时期的罗马，约安拿·阿萨德随处可见的，是城市正在进行的大规模建设，罗马在数十年后焕然一新，成为欧洲最壮观的城市之一。尤里乌斯二世和利奥十世兴建了许多新的街道，包括距离埃吉迪奥·达·维泰尔博所主持的修道院不远处的利奥尼纳街（Via Leonina）。许多新建宫殿被纳入建筑计划，尽管它们的进展速度快慢不一：拉斐尔曾参与的圣彼得大教堂的重建在16世纪20年代被延缓，每到夜间，梵蒂冈的宫墙外仍能听到狼群的嚎叫声。[30]

利奥十世似乎想给新生的乔瓦尼·利奥尼安排一个职位或收入来源，至少威尼斯驻罗马的大使在洗礼之后是这么听说的。[31]恐怕难以想象约安拿·阿萨德会出任教皇私人或教廷的秘书或书记工作，因为这必须要掌握欧洲语言及拉丁字母的书写。对教皇以及枢机主教和世俗贵族来说，瓦桑所熟悉的阿拉伯语与对伊斯兰世界手抄本和心态的了解，是其最大的价值所在。因此，他的主要工作，也许是为朱利奥·德·美第奇（Giulio de' Medici）枢机主教所主管的教宗法庭和其他教皇秘书们翻译一些阿拉伯语文件。[32] 也许他还为新任的梵蒂冈图书馆馆长、人文主义者吉罗拉莫·阿莱安德罗（Girolamo Aleandro）做过一段时间的顾问。阿莱安德罗通晓希伯来语和希腊语，在一位希腊学者的协助下，很快着手将梵蒂冈收藏的希腊语手抄本书目进行了整理。他对阿拉伯语也颇有兴趣。在1520年夏天奉教皇命令离开罗马前往对抗路德之前，阿莱安德罗可能让乔瓦尼·利奥尼协助手下的两位馆员处理阿拉伯语文献：1511—1512年的一份书目仅包括其中部分文献，而在1518—1519年，仅仅将其笼统地归在一份未作细分的"其他语种书籍"目录之中。[33]

利奥十世本人对于利用东方语言在东方教会中宣扬拉丁基督教义有浓厚的兴趣，意图藉此将它们统一于西方，争取穆斯林们的改宗皈依。早在1514年，他便支持将一部在罗马编写的《每日祈祷书》翻译成阿拉伯语出版，这被认为是在欧洲印刷的第一部阿拉伯语图书。1516年，热那亚的多明我会修士阿戈斯蒂诺·朱斯蒂亚尼（Agostino Giustiniani）敬献给教皇一部由其编写的《诗篇》（Psalter），采用拉丁语、希腊语、希伯来语、阿拉姆语（Aramaic）和阿拉伯语等多种翻译文本并列排版。他将传教热情用于将西方与东方集于一体：如《赞美诗》第19首所言："他的量带通遍天下，他的言语传到地极。"朱斯蒂亚尼还在脚注中补充了克里斯托弗·哥伦布（Christopher Columbus）的生平，称其"受上帝之选以实现预言"，将另一个世界纳入基督教的王国。如果利奥十世能以其"崇高的权威"恩准的话，朱斯蒂亚尼甚至准备制作一部多语言版本的《圣经》。[34]

教皇可能同他的菲斯法基赫一起谈论过这些版本。利奥十世酷爱托斯卡纳诗歌，或许也曾与他的同名者一起谈论过诗词歌赋，后者继承了阿拉伯文人的习惯，能将日常的所思所想即兴地咏成诗歌。利奥可能还从约安拿·阿萨德身上回忆起更早时候教皇阶下的另一位穆斯林客人：奥斯曼王子杰姆（Djem），他在 1481 年土耳其苏丹的王位争夺中败给了兄长巴亚泽（Bajazet）。在法国被软禁多年后，杰姆于 1489 年被转至罗马交给了教皇英诺森八世。与普通的外交官瓦桑不同的是，杰姆王子入城时骑着教皇所赠的骏马，跟随一众罗马的显贵列队而行，在其被禁的六年中，一直住在教廷的华丽寝宫中。利奥十世在 1492 年曾亲眼见过其本人，当时他才刚刚作为年轻的乔瓦尼·德·美第奇来到罗马履任枢机主教之职。他对当时的情景记忆犹新，因为这个"灵魂傲慢的穆斯林"拒绝改变信仰皈依基督教；两相比较，教皇一定对约安拿·阿萨德的明智大加赞赏。[35]

1521 年夏，利奥十世可能还曾就埃塞俄比亚的形势询问过乔瓦尼·利奥尼的意见。当时，葡萄牙国王曼努埃尔来信报喜，葡萄牙船队在埃塞俄比亚发现了欧洲人在东方寻觅数百年的祭司王约翰（Prester John）的基督教王国。曼努埃尔与此国王达成协议，接受罗马天主教会的管辖，并像许多中世纪故事中所说的那样，为消灭穆斯林异教徒而协同合作。利奥为此主持了一场弥撒以示庆祝，并公开发表了曼努埃尔的信件，但是一些枢机主教对此事半信半疑。根据约安拿·阿萨德几年后所写的文字判断，他也心存怀疑。尽管他没有亲身到过这一地区，但在被欧洲人称为"埃塞俄比亚"的地区确实存在一个基督教王国。这个王国也的确由一位身兼教俗权力的"大教长"统治，但所谓"祭司王约翰"的名字恐怕是欧洲人加诸他头上的。并且他还更为准确地补充指出，在欧洲人所知的埃塞俄比亚，有相当一部分地区实际处于某位穆斯林君主治下。[36]

除了上述这些交流之外，教皇也认识到这个穆斯林改宗者能为教廷的各种仪式庆典增添光彩，是其门下众多诗人、教士、弄臣之外的又一道风景。为教皇弹奏鲁特琴的，也是一位改宗的德国犹太人，来自佛罗伦萨，教名为乔万·马利亚（Giovan Maria），他不仅是教皇的亲信，而且也被赐姓"德·美第奇"。[37]

1521 年 12 月，利奥十世遽然辞世。约安拿·阿萨德此后可能更多地接受其教父贝尔纳迪诺·德·卡瓦哈尔的庇护。卡瓦哈尔曾请基督教马龙派教徒伊莱亚斯·巴尔·亚伯拉罕（Elias bar Abraham）以叙利亚语（Syriac）根据拉丁文通行版《圣经》（Latin Vulgate）抄录《福音书》[38]；他是否也曾让教子乔瓦尼·利奥尼用阿拉伯语从事类似的神圣工作呢？这位西班牙枢机主教一生致力于剿灭伊斯兰教的使命：1521年夏，他致贺信给新当选的查理五世皇帝，感谢其在沃尔姆会议（Diet of Worms）上谴责异端的奥斯定会修士马丁·路德，并请求其进而关注另一个更为重要的使命——消灭土耳其的威胁。卡瓦哈尔积极参与教皇选举，试图亲自实现教会乃至世界的复兴，但在选举中败于乌特勒支的阿德里安（Adrian of Utrecht）。他于1523年去世，生前的诸多预言均未能实现。[39]

✦

除了教皇本人之外，我们还能够考察到约安拿·阿萨德最有可能为另外两位重要人物服务过，他们追求基督教信仰和学术的宏伟目标也需要这样一位通晓阿拉伯语的人。一位是卡尔皮（Carpi）亲王阿尔伯托·皮奥（Alberto Pio），与当年的瓦桑一样，他也是一名外交官，而且更加位高权重（图25）。他曾先后作为使臣为曼图亚（Mantua）和法国国王路易十二（Louis XII）短期工作过，之后成为马克西米利安（Maximilian）皇帝派往教廷的代表。1519年马克西米利安去世，其子查理当选继位以后，皮奥旋即转投查理的对手、新即位的法国国王弗朗索瓦一世（François I），担任法国驻教廷的大使。约安拿·阿萨德可以通过卡尔皮亲王的外交生涯，看到基督教和欧洲政治生活中所发生的改换门庭、变节投靠的例子，这与其在北非和黎凡特所看到的伊斯兰世界的政治并无二致。[40]

阿尔伯托·皮奥也是一位人文主义者，是亚里士多德思想的追随者，酷爱收藏希伯来语、阿拉伯语和叙利亚语的各种宗教、医学和天文学著作。约安拿·阿萨德为其抄录过一部"保罗书信"的阿拉伯语译本，原稿为皮奥由梵蒂冈图书馆所借。927年二月/1521年1月，约安拿·阿萨德在手抄本的末页，用阿拉伯语以仅在伊斯兰世界常见的极度夸张的颂辞体写道，此抄本乃是为"最高尚、最强大、最尊贵和最崇高的亲王阿尔伯托·迪·卡尔皮伯爵的图书馆"所作。亲王可能还曾让他翻译或整理过自己收藏的其他一些阿拉伯语藏书，如阿威罗伊（Averroës）、阿维森纳（Avicenna）和安萨里等人的论著。[41]

在阿尔伯托·皮奥位于鲜花广场（Campo di Fiori）的家中，约安拿·阿萨德还有机会遇到几个像他一样的外国人或外来者。犹太人亚伯拉罕·本·迈尔·德·巴尔梅斯（Abraham ben Meir de Balmes）此时正在为亲王翻译希伯来文手稿。马龙派信徒伊莱亚斯·巴尔·亚伯拉罕也在为皮奥抄录叙利亚语文献，包括《福音书》等，如其曾为卡瓦哈尔所做的一样，他还给约安拿·阿萨德所抄的"保罗书信"的封面画了一个装饰边框。他们可能还互相交流过两人来到意大利的不同方式，1515年伊莱亚斯作为马龙派使团成员应利奥十世之邀来到罗马，约安拿·阿萨德则是被关在博巴迪拉的海盗船里前来的。他们也许一起追忆起伊莱亚斯的家乡黎巴嫩和叙利亚，约安拿·阿萨德在几年前刚刚旅行至这些地方。他们也会一起讨论一些神学问题：罗马所宣扬的三位一体教理；伊莱亚斯在安条克（Antioch）所学习的耶稣基督的唯一神性；伊斯兰教关于耶稣作为至高先知和救世主的作用等。[42]

如果到1522年，约安拿·阿萨德与阿尔伯托·皮奥仍有往来的话，他可能还会在他家里遇见来自安达卢西亚的胡安·德·瑟普贝达（Juan de Sepúlveda），后者新译的亚里士多德著作得到了亲王的热心赞助。多年之后，瑟普贝达用亚里士多德学说号召向野蛮不开化的土耳其宣战，捍卫"基督教王国的自由和救赎"。[43]

约安拿·阿萨德抄录"保罗书信"时，住在罗马战神广场（Campo Marzio）的圣奥古斯丁教堂和奥斯定修道院，或是附近一带（图24）。这里也是其教父埃吉迪奥·达·维泰尔博的住处，后者的长期影响较之阿尔伯托·皮奥要更为显著。除了改革奥斯定会、担任教皇使节、擅长演说辩论之外，埃吉迪奥枢机主教还是一位诗人和人文主义者，是一位熟读柏拉图著作的新柏拉图主义者，其哲学观点不同于阿尔伯托·皮奥的亚里士多德主义。此外，他也逐渐相信犹太神秘哲学"卡巴拉"（Cabala）中潜藏的智慧，认为像他这样有学识的基督徒可以取代顽固的以色列人对其做出正确的解释。埃吉迪奥延请犹太学者为其进行顾问和翻译工作，于1515年邀请了天才的犹太文法学家——按希伯来语名为伊利亚·本·亚瑟·哈列维（Elijah ben Asher Halevi），其以拉丁语自称伊利亚·勒维塔（Elia Levita），本书在此称之为以利亚·勒维塔（Elijah Levita）——抄录犹太神秘哲学的文本。两年后又把勒维塔及其犹太妻子和孩子接到了自己在罗马的家中。勒维塔一直在此住到1527年，完成了有关希伯来语文法和词典及阿拉姆语的多部著作，对希伯来语《圣经》中的文本传统进行了长篇的分析，为枢机主教解释《圣经》中的字词与意义。[44]

在伊斯兰教方面，埃吉迪奥认为，尽管穆斯林书籍中不少"异端邪说"，但仍可在基督徒手中善加利用，以促进虔诚的神学研究和理解神的启示。特别是这些文本有助于归化异教徒的神圣使命和征服土耳其强敌。1518年，他在西班牙时便曾让一位来自特鲁埃尔（Teruel）的约恩斯·加布里埃尔（Joannes Gabriel）抄录了一部阿拉伯语版《古兰经》，并翻译成拉丁语。几个月后，他又让一个来自托斯卡纳的修士弗兰西斯科（Francesco）编了一本阿拉伯语字母的入门书，供自己练习书写（图26）。更为幸运的是，1519年夏天回到罗马后，他便遇到了正在接受质询、研习教理的哈桑·瓦桑，并在主显节这个摩洛哥人的洗礼上，成为三位教父之一。于是，约安拿·阿萨德成了埃吉迪奥学习阿拉伯语的老师，当时通晓阿拉伯语并致力于"在基督徒中推进阿拉伯研究"的欧洲学者人数极少，埃吉迪奥很快成为这个领域的重要成员。[45]

此后多年里，教父与改宗者之间一直保持着密切的联系。1525年，约安拿·阿萨德在枢机主教位于维泰尔博（Viterbo）的家中，对埃吉迪奥由西班牙带回来的《古兰经》抄本及其拉丁译本进行修订和注释，为其"可敬的主人"解释晦涩的文句、改正翻译的错误。[46]

埃吉迪奥·达·维泰尔博也是文艺复兴时期罗马人文主义者群体各项活动的积极参与者,在这个小圈子里至少有三个人应该会对枢机主教的这位北非来的阿拉伯语老师另眼相看。[47] 安吉洛·科罗齐(Angelo Colocci)在自己别墅中主持着其中一个团体。担任教皇秘书的科罗齐是一位博学的学者,应该会非常高兴能从一位熟悉内情的人那里,了解阿拉伯人在计算和符号中所使用的数字、阿拉伯世界的度量衡等。科罗齐一直有意撰写一部关于古代和现代度量衡的巨著,以破解上帝构造世界的要义,因此一定会全神贯注地倾听乔瓦尼·利奥尼描述(如其以后所写的)非洲人是如何估测两地间距离以及阿拉伯神秘科学中数字的使用方法。我们的北非主人公注意到,盎司的重量在意大利和马格里布地区基本一致,但是意大利的"磅"(libbra)重 16 盎司,而摩洛哥的"拉特尔"(ratl 或 rethl)则重 18 盎司。在这两个热衷于世界各地度量单位的人之间,可能还有一些联系,因为科罗齐藏书中有一部手抄本——《阿拉伯螺旋》(Vite de arabi),很可能就是乔瓦尼·利奥尼所著传记辞典的抄本之一,对该书我们将会在下文中再予讨论。[48]

诗人兼神话作家皮埃里奥·瓦雷里亚诺(Pierio Valeriano)则可能会有兴趣同乔瓦尼·利奥尼讨论动物的象征问题,当时瓦雷里亚诺正在用拉丁语编写《象形文字》(Hieroglyphica)一书,其中涉及许多古代埃及的传说故事。两人之间也有许多共同点:瓦雷里亚诺也是美第奇家族的"仆人",是担任利奥十世公证人一职的枢机主教朱利奥·德·美第奇的一位秘书,还是教皇的两位侄子艾波利多(Ippolito)和亚历山德罗·德·美第奇(Alessandro de' Medici)的私人教师;此外,其早前的研究也得到过埃吉迪奥·达·维泰尔博的公开支持。瓦雷里亚诺因此将其有关鹳鸟的章节题献给埃吉迪奥枢机主教,以示感谢。1525 年 4 月,埃吉迪奥在致瓦雷里亚诺的一封回信中,将神话作家重建埃及古老智慧和神秘宗教的写作,与"土耳其君主"塞利姆新近在埃及对古代遗址和建筑所做的"恶魔般的"破坏进行了对比。[49] 埃吉迪奥的信也许就引用了乔瓦尼·利奥在埃及所目击的场景。

瓦雷里亚诺特别执着于探寻动物身上所隐含的寓意，常常引用老普林尼（Pliny the Elder）的研究以支持自己的解释；而来自北非的法基赫在大部分著述中，主要描述的是动物的习性、猎捕它们的方法，以及它们吃起来是什么味道，并认为在介绍阿拉伯传统方面，广为人知的普林尼所谈论的非洲，存在许多小问题。尽管有两人略有分歧，但相互的交流中一定也有许多共鸣。瓦雷里亚诺在讨论无礼的言行时，把猿猴不知羞耻地袒露生殖器官的做法与人类的类似行为进行了比较，"今天尼罗河一带的埃及人，以及摩尔人和土耳其人反而以此为荣，相信此乃与生俱来的单纯和质朴，是一种虔敬之举，可藉此募集钱财"。此处，他的消息来源显然就是乔瓦尼·利奥尼，后者曾写到在菲斯、突尼斯和开罗街头所见的"骗子们"，他们赤身裸体、"袒露私处"，甚至男女公然苟和，而仍有愚蠢的信众上当受骗，尊他们为圣贤。[50]

历史学家保罗·乔维奥（Paolo Giovio）则另有一些紧要问题要从乔瓦尼·利奥尼身上获得解答。乔维奥当时是朱利奥·德·美第奇的医生，在枢机主教于 1523 年成为教皇克莱芒七世（Clement VII）后一直随侍左右，并已着手写作《其时的历史》（Histories of His Time）。与他的另几部著作《论土耳其人之事务》（Commentaries on the Affairs of the Turks）、《利奥十世传》（Life of Leo X）和人物传记《颂辞》（Eulogies）一样，《历史》一书要到多年以后才付梓印刷。然而他不懈地收集各种史料，包括苏丹塞利姆刚刚发动的对波斯国王伊斯迈尔的战争及对马穆鲁克埃及的征服。由于土耳其正是基督教的敌人，因此要求历史学家对其有更充分的了解。乔维奥向商人和旅行者广泛询问，还曾向威尼斯使臣艾尔维斯·莫塞尼戈（Alvisi Mocenigo）了解情况，后者于 1517 年前往开罗对塞利姆进行了一次"友好而和平"的访问。[51]

当来自菲斯的前外交官到达罗马效力于埃吉迪奥·达·维泰尔博门下

时，乔维奥一定迫不及待地想要利用这个机会对他进行访谈。可以想见，他向北非人提出了许多问题，想要了解各种重要人物：战败身亡的马穆鲁克苏丹坎苏·扎维利、取得胜利的塞利姆、海盗王阿鲁日·巴巴罗萨，这些人物约安拿·阿萨德都曾亲自接触过、并出现在了乔维奥的著作中。[52]

比起同神话作家瓦雷里亚诺的交流，改宗者在与乔维奥的谈话中，一定更加出言谨慎。1520年9月，苏丹塞利姆死于瘟疫，其子苏莱曼（Suleyman）继位；基督教君主们一度为此欢欣鼓舞，如乔维奥所记，他们相信"狂暴的雄狮留下一头温和的羔羊为继任者"。然而不久之后，土耳其军队便在1521年攻陷贝尔格莱德，1522年又从海陆两路攻占罗德岛，原来的妄想顿时消散。约安拿·阿萨德听到这些消息时的感受，恐怕与乔维奥不同，毕竟在被带往罗马的途中，他曾经一度关押在罗德岛，而对乔维奥的提问他必须小心翼翼。乔维奥日后对塞利姆的描绘中，强调了他凶暴残忍的一面，"其统治的八年里充满血腥，远甚于苏莱曼的三十年"，不过也提到了他的显赫权势、军事才能和实现公正统治的努力。关于马穆鲁克苏丹们，乔维奥对于王位继承中后宫的阴谋诡计饶有兴趣，他认为这种选举制度类似于枢机主教团的教皇选举。他不仅想知道坎苏·扎维利的个人情况，也想要了解其前任兼主人凯特贝的事迹。乔瓦尼·利奥尼是否知道，凯特贝曾经赠送给洛伦佐·德·美第奇一头长颈鹿和吉安·加莱亚佐·斯福扎（Giangaleazzo Sforza）一头猛虎？在米兰的城堡里，他可能还亲眼见到过后者的画像。[53]

如果有过这些谈话——我相信应该是确有其事的，还是必须注意到，不论是瓦雷里亚诺或乔维奥，都从未在他们的诗歌、书信或其他文字中，直接提到过某位"乔瓦尼·利奥尼"。瓦雷里亚诺在写大象这个条目时，特意提到了教皇的大象汉诺，但是在给枢机主教埃吉迪奥的题献信里，却只字没有提及他的北非教子。乔维奥将其有关苏丹塞利姆的信息来源归功于出使过土耳其的威尼斯使臣，却也没有提到前任的菲斯外交官。[54]

这种讳莫如深的缄默究竟意味着什么？它意味着约安拿·阿萨德实际

上处在这些精英的人文主义者圈子的边缘。虽然他能够提供有用的情报、讲述有趣的故事,但是还不足以被接纳进入这些团体的核心,或者说,在他真正著书立说之前,除了关于其当初被俘虏和改宗的事情之外,人们还不会公开引用他的言论。此外,他尚未完全掌握意大利和拉丁语;在这些崇尚高雅文学趣味的人眼中,他仍然是微不足道的。(他们甚至曾经以过于"野蛮"为理由,拒绝一位来自比利时的人文主义者进入教廷。)北非人的改宗皈依,是基督教的一次胜利,但他究竟是否出于真心实意呢?从约安拿·阿萨德的言行举动看来,也似乎是模棱两可的。[55]

大部分时间里,约安拿·阿萨德都待在枢机主教埃吉迪奥的家中,作为其随从和仆人同其他外国人和外来客们生活在一起,如他在阿尔伯托·皮奥府中时一样。马龙派的伊莱亚斯·巴尔·亚伯拉罕也在此为埃吉迪奥抄录叙利亚文书,他此前也曾为阿尔伯托·皮奥和卡瓦哈尔效力;不过其最后一个有落款的文本是在1521年,其后他可能返回安条克的修道院了。[56] 特别要提到的是,埃吉迪奥的希伯来语老师以利亚·勒维塔也在那里。他们互相之间用意大利语交流,以利亚可能向约安拿·阿萨德回忆过自己在德意志度过的童年生活,以及1496—1515年间与妻儿一起在帕多瓦(Padua)和威尼斯教学、写作和出版的日子。约安拿·阿萨德可以与他分享自己在格兰纳达和菲斯的童年,以及在北非遇到过的犹太人。他们也许还在一起讨论过以利亚当时正在抄写的安萨里论亚里士多德逻辑学的著作《知识标准》(*Mi'yar al-'Ilm*)的希伯来语译本。显然,约安拿·阿萨德非常熟悉这部由伟大的穆斯林神学家和语言学家所写的作品;当他知悉这部书的中世纪译者雅各布·本·马基尔(Jacob ben Makhir)是一个格兰纳达犹太家族的后裔时,不知是否会为之莞尔?另外,不知道约安拿·阿萨德对布尼(al-Buni)的手抄本《安拉之九十九尊名》(*al-Asma al-Husna*)有何感想?

这是一部根据九十九尊名研究占卜和辟邪的著作。据约安拿·阿萨德日后所记，这是在罗马时一位"来自威尼斯的犹太人"给他看的，也许他所说的犹太人便是以利亚·勒维塔。[57]

根据文学脉络来推测，勒维塔可能还向他推荐过由意大利语翻译改编为意第绪语（Yiddish）的史诗，如讲述布尔沃公爵（Duke Buovo）功勋的骑士传奇。（在其众多事迹中，有一则故事讲到主人公被一位穆斯林公主所救，从其父巴比伦苏丹手中侥幸逃生。）勒维塔还会向他解释自己所研究的希伯来语法学、辞书学和诗歌当中的精妙之处。这些都是约安拿·阿萨德本人非常喜爱的问题，他应该会以自己所作的诗歌来回应，并介绍阿拉伯的韵文和诗律。

两人在语言方面是否也有所交流呢？在日后一部讨论希伯来语与阿拉姆语中非常用词汇的著作中，勒维塔列举了一些同阿拉伯语相近的词汇为例：如希伯来语中"手写草体字"（maschket）一词的词源，"多年前有人向我指出，这原本是一个阿拉伯语词汇，意思是细瘦和延展"。对此最有可能的推测，正是约安拿·阿萨德向他介绍了阿拉伯语中具有这些含义的两个形容词 mamshuqana 和 mashiq。[58]

1524 年 2 月，另一位外国人登临枢机主教埃吉迪奥的府邸，他像阿拉伯人一样身穿丝质长袍，骑一匹白马，带着一批犹太随从：这个"深色皮肤的小个男子"自称名叫大卫（David），是所罗门（Solomon）的后代、国王约瑟夫（Joseph）的兄弟，后者在阿拉伯半岛上的《圣经》所载的沙漠地区哈波尔（Habor）统治着两个半以色列的失落部族。[59]（后来的犹太编年史中称其为流便支派 [Reubenite] 的卢温尼 [Reuveni]。）作为其兄的信使，大卫宣称将组建一支犹太大军，配合基督教军队与土耳其进行决战。这项计划所寓含的末世象征深得埃吉迪奥枢机主教的欢心，于是将这位犹太王子引见给教皇克莱芒七世。大卫还自告奋勇，要在皇帝查理和法国国王之间进行和平斡旋，并要求提供船只和武器。对此，教皇谨慎地答复，将这项任务交给新即位的葡萄牙国王约翰三世（John III）来处理要更为妥当。

在等待葡萄牙王室给教皇回信的几个月里，大卫与埃吉迪奥枢机主教有过几次见面，由于他声称只会说希伯来语和一点阿拉伯语，因此以利亚·勒维塔和约安拿·阿萨德一定作为翻译参与了他们的会谈。如果大卫向埃吉迪奥复述过其日记中所写的一些事情，约安拿·阿萨德必定会提出许多疑问。大卫自称从阿拉伯半岛渡过红海、到达过位于东非某处的"库什国"（Kush）。约安拿·阿萨德自己虽然从未到过库什，但肯定对犹太人的描述充满好奇，据说那里的穆斯林国王阿玛拉（Amarah，或为'Umar之误？）的妃嫔们赤身裸体，满身金饰：臂环、手镯、脚镯，腰间还系一条金链。他还讲到，生活在库什的以色列失落部族的青年曾赠送他两头幼狮，他于1523年携带幼狮沿尼罗河到达开罗，把它们作为"礼物"送给了海关官员，后者又将狮子进贡给伊斯坦布尔的苏丹苏莱曼。[60]

与此同时，大卫还在1525—1526年间策划与菲斯苏丹及萨迪王朝年轻的埃米尔沙里夫阿拉杰（al-A'raj）通信，阿拉杰是已故的埃米尔沙里夫穆罕默德·卡伊姆之子，瓦桑在出使期间对其父非常熟悉。与前菲斯使臣之间所进行的交谈，可能促使大卫寄希望于能够同梅克内斯（Meknes）和菲斯，甚至黑非洲的犹太人建立起联系。[61]

1530年，哈波尔王子的真面目终于被揭穿了，他因伪造所谓的"王兄约瑟夫国王"的来信，在曼图亚被当场抓获。[62] 但是对于1524年的约安拿·阿萨德来说，他不过是又一位非洲的圣人或者政治救主，在他从前的旅行中，对这类似是而非的功绩已是屡见不鲜，他也多持负面评价。

以上，便是藉由文献所能探查到的约安拿·阿萨德在罗马的社交圈。我们也可以推测出其他一些可能的交往活动。萨拉曼卡主教弗兰西斯科·德·卡布雷拉·伊·博巴迪拉（Francisco de Cabrera y Bobadilla），或许对其海盗兄弟所抓获的俘虏会感兴趣。在正式被关入圣天使堡前，这名俘虏最早羁押在主教位于罗马的府邸中，如今成为乔瓦尼·利奥尼之后，他或许再次去过。如果真有其事的话，他可能会听说、甚至遇到过正意气风发的年轻金匠本韦努托·切利尼。博巴迪拉对切利尼的才能非常欣赏，尽管在酬劳上略有异议，但曾在 1523—1525 年间向切利尼订制了几副烛台和一只银制花瓶，教皇、枢机主教和来访的西班牙客人们无不为之称羡不已。[63]

另一种可能性更加令人兴奋，但也更危险，约安拿·阿萨德可能还与同样生活在罗马或途经此地的其他穆斯林或穆斯林改宗者有过接触。可能他很快就认识了其中的某些人，比如曾经于 1517 年受命在圣天使堡的囚室中缢死佩特鲁奇枢机主教的穆斯林黑奴。罗马的贵胄家庭里有许多奴隶和仆从，大多来自于非基督教国家和地区，保罗·乔维奥曾描述新任枢机主教艾波利多·德·美第奇的内宅："如同真正的深宫一样，有努米底亚人（Numidian）、鞑靼人（Tartar）、埃塞俄比亚人、印度人、土耳其人等，他们加起来会说至少二十多种语言。"奴隶们对主人言听计从，跨种族所生的子女有时也能因出身高门大户而非富即贵。约安拿·阿萨德一定听到过传言，称艾波利多的弟弟亚历山德罗·德·美第奇的生母便是美第奇家中的"摩尔奴隶"（schiava mora），他的发肤也显示其有非洲血统。据说，他的生父并非洛伦佐·德·美第奇二世，而是教皇克莱芒七世本人。[64]

不同于船上划桨的公用奴隶，在意大利，家务奴隶通常被要求改宗基督教。不过，受洗并不意味着自动获得自由之身。关于将改宗的基督徒继续收作奴隶是否合乎法律的问题，一直要到 16 世纪 20 年代才被提出，而且主要是针对在新世界被征服地区的美洲土著居民，而不是在意大利被俘虏的穆斯林。在罗马，主人可以将奴隶送上洗礼池，而不必放弃所有权。[65]（约安拿·阿萨德对此肯定会想到，若改宗伊斯兰教而成为穆斯林，意味着奴隶毫无疑问地重获自由。信仰是决定奴隶身份的一项绝对条件：唯有非穆斯林，才能够在被俘虏后名正言顺地成为穆斯林所拥有的个人财产。约安拿·阿萨德一定会记起，狂热的北非神学家马吉利曾要求桑海帝国的皇帝承认，即便其俘虏或奴役的穆斯林信仰并不纯正，也应享有这一权利。）[66]

比起乔瓦尼·利奥尼在圣彼得大教堂接受的特殊洗礼，一般意大利奴隶的受洗仪式要简单得多。（同样在北非，基督徒奴隶改宗伊斯兰教的过程，通常也只需诵念信仰誓言 [shahada]，在主人家中举起食指向见证人起誓。当然男子在这之后都要接受割礼。）在 16 世纪 20 年代的罗马，家务奴隶和获得自由的改宗者不太会认识约安拿·阿萨德或了解他原有的地位。他们也不太可能阅读过安萨里的艰深著作。在约安拿·阿萨德居住过的战神广场区，939 个家庭中有 5 个家庭的主妇是信奉基督教的有色人种，她们原先的身份可能就是奴隶。在城内另一处，还住着一位"土耳其公主"（Fillia del Gran Turcho），也是一个非常有趣的特例。[67] 虽然约安拿·阿萨德在获释后并未接触过这些妇女，但至少对她们的存在也有所耳闻。

在崇尚苦行的荷兰籍教皇阿德里安六世（Adrian VI）短暂的统治期间，同其他许多美第奇家族的附庸一样，约安拿·阿萨德与教廷的关系想来不会非常密切。不过，在 1523 年底，枢机主教朱利奥·德·美第奇经过一场激烈的选举当选新教皇之后，约安拿·阿萨德可能再次被起用。教皇克莱芒七世立刻成立了两个枢机主教委员会，一个设法阻止路德派扩张，另一个致力于联合基督教君主们对抗土耳其。后一个任务比起克莱芒的堂兄利奥执政时期显得更为艰巨：法国和神圣罗马帝国再一次将意大利变成角逐的战场（弗朗索瓦一世甚至秘密通知苏丹苏莱曼，促其伺机进攻双方此时共同的敌人查理五世）；土耳其人在匈牙利取得了一系列可观的胜利；来自突尼斯和其他穆斯林地区的海盗们甚至出现在台伯河口劫掠教皇的船队。约安拿·阿萨德熟悉马格里布地区的政治事务，或许会因此受到重视，例如如何应对海盗王卡伊尔·丁·巴巴罗萨可能对西西里发动的进攻。[68] 也许，他再次为教皇的属臣翻译阿拉伯语信件。至少在梵蒂冈图书馆，有一位新任的馆员就对伊斯兰教教义饶有兴趣，他可能曾向约安拿·阿萨德咨询过有关问题，但在这几年里并未启动任何新的手抄本编目工作。[69]

1525—1526 年，梵蒂冈图书馆馆长吉罗拉莫·阿莱安德罗回到罗马，留下了一段可能与约安拿·阿萨德有关的对话记录，这在许多东方学研究者中流传广泛。其中的一个版本，将对话双方设为埃吉迪奥·达·维泰尔博与一位来自非洲的犹太神秘哲学家。[70] 在另一些版本中，则是吉罗拉莫·阿莱安德罗与一位改宗的阿拉伯法基赫，这与约安拿·阿萨德的身份十分吻合。后一种说法的来源比较可靠：吉罗拉莫的堂弟皮特罗·阿莱安德罗（Pietro Aleandro），这位年轻的教士当时作为吉罗拉莫的代表住在罗马。对话中谈论到为何鱼恰好是天堂宴席上的一道菜肴，知识渊博的阿拉伯人询问阿莱安德罗为何基督特别钟爱这一食物。阿莱安德罗有一大段回答，引述基督在复活后将鱼分给众门徒（《约翰福音》21：9—13）。阿拉伯人认为这只是"一个玩笑"，"在我看来，弥赛亚是不想让期盼盛宴的门徒们感到失望而已"。即便约安拿·阿萨德并没有说过这样的话，这个故事至少说明，当时的人们认为可以将他置于这样的对话情境之中。[71]

到 16 世纪 20 年代中期，约安拿·阿萨德得以将阿拉伯语教学、抄书、翻译和写作的工作与在罗马及其周边以外地方的旅行结合起来。离开罗马后，沿途所见的高架引水渠一定让他联想到三百年前阿尔摩哈德王朝（Almohad）哈里发曼苏尔（al-Mansur）将清水引入拉巴特的工程。他最北曾去过威尼斯，那里的水路航道让他想起尼罗河泛滥季节的开罗（"在那些日子里，开罗成了威尼斯"）。在佛罗伦萨，黑色的铺路石使他想起突尼斯王国加夫萨（Gafsa）的街道。在那不勒斯，虽然只是一个异乡的过客，他却遇到了 1520 年穆斯林战胜西班牙、收复利夫海岸的戈梅拉岛战斗的亲历者：岛上的基督徒指挥官被手下一个与其妻子有染的西班牙士兵所杀，菲斯苏丹的军队乘机一战而胜。在此期间，约安拿·阿萨德新学会了许多当地词汇——关于纺织品、工具、鱼、农产品等。[72]

在罗马以外，他最主要到过的地方是维泰尔博和博洛尼亚（Bologna）。距离罗马不远的维泰尔博，是埃吉迪奥枢机主教的家乡，他在那里加入奥斯定会并开始修行。多年间，埃吉迪奥经常回到家乡，尤其是在 1523 年 12 月被克莱芒七世任命为主教并委以重任之后。[73] 1525 年，他的教子曾经随他一起返乡，约安拿·阿萨德在维泰尔博完成了对约恩斯·加布里埃尔《古兰经》译本的修订工作。

同年，埃吉迪奥在其教区布道。约安拿·阿萨德如果在场聆听或读到布道词的话，一定会被那强有力且深入人心的讲道所震撼，即便是外国人恐怕也不例外，另一方面主教对待伊斯兰教的态度也令他深感不安。埃吉迪奥在巴尼亚亚（Bagnaia）告诉信徒们，以实玛利（Ishmael）及其穆斯林后代反对希伯来人和基督徒，是最可怕的复仇者，因为亚伯拉罕（Abraham）的罪转到了以实玛利之母夏甲（Hagar）的身上。[74] 约安拿·阿萨德知道在伊斯兰传统中有另一种说法：以实玛利（Isma'il，易司马仪）可能就是亚伯拉罕（易卜拉欣）献祭的儿子以撒（Issac，易司哈格），是对其敬服上帝的奖赏，亚伯拉罕后来在成为麦加城的地方见到了以实玛利，一起建造了天房克尔白（约安拿·阿萨德在埃吉迪奥的《古兰经》抄本上纠正约恩斯·加布里埃尔所译的"寺庙"，根据穆斯林传统中"克尔白"的原意改译为"天房"）。[75]

《古兰经》中关于以实玛利及其兄弟以撒的段落（2：136）记道：

> 你们说："我们信我们所受的启示，与易卜拉欣、易司马仪、易司哈格、叶尔孤白和各支派所受的启示，与穆萨和尔撒受赐的经典，与众先知受主所赐的经典；我们对他们中任何一个，都不加以歧视。我们只顺真主。"

埃吉迪奥的讲道所强调的则是分歧，他向巴尼亚亚的信众们质问道："是谁霸占了亚洲？是穆斯林！谁霸占了非洲？是穆斯林！是谁霸占了欧洲那些富饶美丽的地方？是穆斯林！……夏甲和以实玛利还将继续霸占这些广袤的地方到几时？"[77] 约安拿·阿萨德一定无法苟同这些愤愤之言。他对于《古兰经》的解读，能否改变埃吉迪奥对以实玛利传说的态度？

一年半之前约安拿·阿萨德访问博洛尼亚的情形要简单得多。博洛尼亚此时已并入教皇国，1523年时市场繁荣。他可能会走进商店里看一看那里的丝织品，在摩洛哥时他便对格兰纳达难民引进的丝织工艺极有兴趣。令他印象更加深刻的可能还有这里的大学，其在医学和法学方面师资雄厚。他访问了为西班牙学生专设的学院，或许其中也有来自故乡格兰纳达的学生，他可能还去旁听了一些课程。[78] 在1524年去世之前一直在博洛尼亚教授哲学的是亚里士多德学派的皮特罗·彭波那齐（Pietro Pomponazzi），此人曾在1516年因提出根据自然理性无法证明灵魂不灭论而令当时的学界大为震动。在之后的争论中，彭波那齐发表了两本小册子顽强地以理性捍卫自己的观点，但同时又声明自己在信仰上全身心地相信教会关于复活和恩典使灵魂不灭成为可能的教义。多年以前，彭波那齐曾向阿尔伯托·皮奥传授过亚里士多德主义，并不断得到亲王的赞助和关注。在罗马为阿尔伯托·皮奥处理手抄本时，约安拿·阿萨德可能就对彭波那齐有所耳闻。与此同时，他也听到过埃吉迪奥枢机主教对彭波那齐的批评，指责其对灵魂不灭缺乏虔信，"厚颜无耻"地以理性否认上帝在来世的奖善惩恶。[79] 虽然对彭波那齐的观点持支持态度，但约安拿·阿萨德在其教父面前并未有丝毫流露。

他在博洛尼亚结识的最重要的人，是犹太医生、著名的翻译家雅各布·曼蒂诺（Jacob Mantino）。雅各布·本·萨缪尔（Jacob ben Samuel）的家族从加泰罗尼亚逃亡到意大利的时间，与瓦桑家族逃离格兰纳达到菲斯的时间大致相当。在帕多瓦学医（意大利的大学允许犹太人接受医学教育）后，曼蒂诺在博洛尼亚开业行医，当地有一个很大的犹太社区：有银行家、商人、学者、丝织工、医生，以及他们的家庭。他同时还开始根据希伯来文献将有关亚里士多德的评注翻译成拉丁文，尤其是著名的穆斯林哲学家和法学家科尔多瓦（Córdoba）的阿威罗伊（即伊本·拉希德 [Ibn Rushd]）的希伯来文译本。如其在1521年题敬给教皇利奥十世的献词中所说，阿威罗伊的作品只有一些希伯来语译本或是由阿拉伯语转译而来的"粗野的"、难以理解的拉丁译本。对阿威罗伊没有优秀的拉丁文翻译，就不可能理解亚里士多德"非凡的天才"。[80] 对于阿威罗伊对亚里士多德的评注是

"最出类拔萃的"（*praestantissimus, notissimus*）这一观点，约安拿·阿萨德一定会深为赞同，他也会告诉雅各布·本·萨缪尔自己曾经在马拉喀什探访过阿威罗伊最早的埋葬地（595/1198）。[81]

犹太学者可能是主动与罗马来的法基赫联系的。曼蒂诺一直希望学习阅读阿拉伯语，早在16世纪20年代初，他就表示有意编写一部阿拉伯—希伯来—拉丁语词典，多年后在前往大马士革的一次航程中也说到过。他接触约安拿·阿萨德的办法并不复杂：不仅利奥十世认识他们两人——曼蒂诺曾在1521年献书给教皇，而阿尔伯托·皮奥也读过曼蒂诺的译本，埃吉迪奥·达·维泰尔博虽然不赞同犹太人关于阿威罗伊价值的观点，但也认为他是全意大利"最博学的希伯来人"。[82]

约安拿·阿萨德一定非常高兴看到雅各布·本·萨缪尔在编一部阿拉伯—希伯来—拉丁语词典。语言的传译在其外交生涯中始终是一个现实问题，在意大利的日常生活中更经常受此困扰。词典也是阿拉伯语学术翻译中的一项重要传统：9世纪巴格达的阿拔斯哈里发王朝便通过编写词典翻译希腊语文献，约安拿·阿萨德对此深有同感；此外，10世纪科尔多瓦的哈里发王朝在拉丁语翻译中也编写过词典。他回忆"自己惊异于由拉丁语翻译的（阿拉伯语）文献数量之多，而这些文献的拉丁语版在其他地方（欧洲）早已不存"。[83]

利用自己熟悉多种语言的能力参与其中，无疑是一种特殊的经历。在中世纪西班牙，已有基督教徒编写过一些阿拉伯—拉丁语和阿拉伯—西班牙语词典，可能也有犹太人编过阿拉伯—希伯来语词典，但是曼蒂诺一定告诉过这位说阿拉伯语的人，这类手稿在当时的意大利多么稀少。[84] 约安拿·阿萨德当然非常熟悉在伊斯兰世界传承数百年的阿拉伯辞书学，事实上他刚刚向曼蒂诺介绍过8世纪的文法学开创者卡里尔·伊本·艾赫迈德·法拉希迪（al-Khalil ibn Ahmad al-Farahidi）。他在阅读和旅行中，可能也用过阿拉伯—波斯语或阿拉伯—土耳其语的词典或词汇表。但是，也许从未见过成文的阿拉伯—拉丁语或阿拉伯—希伯来—拉丁语词汇表。[85]

词典的最终手稿并未真正完成，但却十分有趣（图 5）。阿拉伯语一栏是由约安拿·阿萨德手书：收录了约 5500 个词，比起流传甚广且有百多年历史、收录 60000 个词条的阿拉伯语《字典》（Qamus）要少得多，编者虽然经验不足，但也一定费尽心思。选词的范围相当广泛：日常用品、制度机构、人物角色、行为动作、抽象概念、亲属关系、动物等等。所有的字母均抄写仔细以利于辨认，根据阿拉伯语词汇（并不完全根据词根）首字母及其后字母的顺序排列。这并不是阿拉伯语词典编纂的唯一体例，例如《字典》便是依照韵脚，即最后一个发音排序的。约安拿·阿萨德选用了当时马格里布地区通用的特殊的字母顺序，也更好地适应了欧洲人的习惯。[86]

约安拿·阿萨德在手稿卷末的说明中，签上了自己的基督教教名和穆斯林—阿拉伯语名字。希伯来语和拉丁语部分并未完成：其中曼蒂诺只写了 170 个希伯来语词汇；在 438 个拉丁语词汇中，约有一半出自曼蒂诺之手，另一半由他人补充。[87] 据我猜测，可能是约安拿·阿萨德突然受命返回罗马，卷末的签名日期是在 1524 年 1 月底，而流便支派的大卫王子正好于 2 月抵达罗马，此后曼蒂诺便已无信心、也没有足够的阿拉伯语知识继续将词典编下去了。

不过，最后谦恭的题跋证明约安拿·阿萨德仍然信心十足，他写道："良师和名医雅各布·伊本·沙蒙（Ya'qub ibn Sham'un，原文如此，即 Samuel），是值得信赖的以色列人，愿上帝以恩典护佑他。"他们的词典与已刊印的西班牙—阿拉伯语词典形成鲜明的对比，后者全部为拉丁字母，由佩德罗·德·阿尔卡拉（Pedro de Alcalá）编写于 1505 年，敬献给格兰纳达的首席大主教。佩德罗的词典及其所写的阿拉伯语文法书，是为了帮助那些"误信"了穆罕默德的"错误学说"的改宗者。[88] 对于约安拿·阿萨德所编写的词典，"值得信赖的以色列人"可能另有他用，比如用于对阿拉伯语手抄本的译解。

还有一些迹象显示两人之间存在某些进一步的交流。两人都对伟大的波斯医生和哲学家阿维森纳（即伊本·西纳 [Ibn Sina]）有浓厚的兴趣。约安拿·阿萨德称其是众医之首（ra'is），批评翻译其著作的拉丁语译者对于"阿拉伯语文法一无所知，不懂得基本的名词形式"。几年后，曼蒂诺也做过类似的评论，认为其"在精于医术的阿拉伯人中名列第一"，但是"他所使用的阿拉伯语习惯用语，对于以拉丁语为母语的人来说是不易理解的"。鉴于阿维森纳的拉丁文译稿错误百出，曼蒂诺借助他从希伯来语翻译的阿维森纳《医典》的部分章节，做了一些勘误。[89]

此前，曼蒂诺已在进行对摩西·本·迈蒙（Moses ben Maimon，即迈蒙尼德 [Maimonide]）所著《伦理八章》（Eight Chapters on Ethics）的翻译，这篇道德论吸收了亚里士多德和诸如法拉比（al-Farabi）等阿拉伯哲学家的思想，以及犹太拉比神学的教义。[90] 不久，约安拿·阿萨德也称摩西·本·迈蒙是一位伟大的犹太医师、哲学家和神学家，并且融合阿拉伯和犹太的传统编了一个故事，将迈蒙尼德描绘为阿威罗伊的学生和朋友。约安拿·阿萨德写道，阿威罗伊在晚年被指责为异端，被阿尔摩哈德王朝哈里发曼苏尔下令放逐，住进了科尔多瓦的犹太人聚居区。因为在前往清真寺祷告时被孩童扔掷石块，阿威罗伊不得不逃亡到菲斯，他的学生迈蒙尼德当时也流亡在此。迈蒙尼德担心自己会因两人的关系而遭到质询，甚至被迫透露阿威罗伊的藏身之处，因此举家逃往埃及。[91]

今天，当代的研究者并未发现迈蒙尼德与阿威罗伊之间有任何个人联系。直到586/1190年，前者才在由开罗寄出的一封信中第一次提到了后者的名字：迈蒙尼德当时刚刚得到阿威罗伊关于亚里士多德的全部著作，认为它们"极其准确"。虽然两人都曾遭到阿尔摩哈德王朝的迫害，但是迈蒙尼德的父亲举家逃亡至菲斯，之后迈蒙尼德又去了开罗，这比阿威罗伊被哈里发曼苏尔贬斥放逐的时间（590/1194）要早了几十年。不过，这两位哲学家在思想上有着许多平行和共通的地方，两人都出生于科尔多瓦，相隔仅十三年，对于中世纪的读者来说，想当然地认为这位犹太人曾经直接受业于穆斯林哲人的观点并不出奇。此外，迈蒙尼德在菲斯度过青年时代并进行早期著述的住所已是一处圣地；围绕着这一圣地，不同人物的命运交织在一起演变为某种传奇，尤其是如果对年代学弄不清楚的话。[92] 在曼蒂诺轻松的家庭气氛中，没有改宗和十字军征伐的阴谋，约安拿·阿萨德一定高谈阔论，向他的主人介绍这样一种穆斯林与犹太人间的特殊联系。

曼蒂诺还计划翻译阿威罗伊论亚里士多德《诗学》的论文，这对意大利的修辞学家极具吸引力（图27）。约安拿·阿萨德对此也可以提供一些帮助：阿威罗伊年轻时写过许多诗歌，包括道德训诫和情诗等，但晚年却将之付诸一炬。幸运的是，其中有两首得以存世，约安拿·阿萨德能凭记忆背诵几句："年轻时，我不得不违心背意；当岁月蹉跎、年华老矣，我方能够随心所欲。但愿我能生而即老！"[93]

在现代的学术研究中，一般认为阿威罗伊擅长研究诗歌而非作诗，但约安拿·阿萨德的回忆有一定的可能性，特别是在那几百年间，阿拉伯文学正经历由散文向诗歌的转变。无论如何，这样的故事一定会令曼蒂诺非常兴奋，他正忙于翻译阿威罗伊对不同类型阿拉伯诗歌的评价：年轻人须得警惕情诗，因为这会诱惑人做出有罪和违禁的举动，应当听从先贤的教诲、效仿忠义的言行。[94]

这样的谈话也促使约安拿·阿萨德开始写作另一部书稿：论阿拉伯语文法和阿拉伯语诗律。离开博洛尼亚回到罗马后，他或许给雅各布·曼蒂诺送去一个抄本，或是答应日后再赠送，显然这会对"值得信赖的以色列人"将来的学术活动有所帮助。[95] 对于曾经的哈桑·伊本·穆罕默德·瓦桑、如今的约安拿·阿萨德来说，这部书也意味着一个新的开端。他与犹太医生的相识和交往，使得来自北非的法基赫确信，自己在意大利的时光仍然可以大有所为：不仅是抄录、不仅是评论、不仅是翻译，而是使自己也跻身为一名作者。

第三章　意大利的写作

在为雅各布·曼蒂诺所写的阿拉伯语文法和韵律学的手稿完成两年之后，约安拿·阿萨德先后又写了四部书稿。即将完成的一部，是关于非洲地理和世界的巨著，作者在字里行间多次借故向读者介绍自己的其他几部作品：历史著作《穆斯林编年史略》（*The Epitome of Muslim Chronicle*）；《马立克法学派之穆罕默德的信仰与律法》（*The Faith and Law of Muhammad according to the Malikite School of Law*）；以及群传《阿拉伯学者列传》（*The Lives of Arab Scholars*）。[1]

这些著作无一不是约安拿·阿萨德跨越地中海两岸的人生缩影。它们一方面反映了阿拉伯文学中的各种形式，包括早期史籍摘编（*mukhtasar*）[2]，在被海盗俘虏时，哈桑·瓦桑的行囊中可能就有一些读书的笔记。作为诗人，他热心在各处采风收集诗文，一路之上也许就记了不少对诗律的评论；他曾经在旅途中两次独立担任法官，可能随身也携有马立克司法审判的摘记。

另一方面，这些著作是在向欧洲的读者介绍伊斯兰世界。例如关于阿拉伯韵律学的文稿，现存的版本是 1527 年经一位意大利人文主义者之手"根据原稿"抄录的。[3] 该书为拉丁文，但不乏错讹，显示出作者尚未完全熟练掌握他所用的语言。（誊抄者相当认真，将文本中的错误也悉数抄录。）

开篇介绍的是阿拉伯韵律学以及阿拉伯文法学的创始人——"虔诚敬主"的卡里尔·法拉希迪（al-Khalil al-Farahidi）。约安拿·阿萨德讲述了卡里尔在阿拉伯世界中广为流传的故事，卡里尔的兄弟有一天看到他在家里胡言乱语地念诵一些莫名其妙的音节，以为他发了疯病，惊慌失措地逃出了家门。事实上，那是卡里尔用来确定韵律格式的押韵词，约安拿·阿萨德在之后的写作中大量使用了这些词汇。[4]

约安拿·阿萨德为读者翻译了几篇卡里尔的诗文。如卡里尔不愿背井离乡离开巴士拉（Basra），拒绝接受一位阿拉伯君主所许诺的高官厚禄，他写道："我对祖传的这一小笔遗产心满意足。如果只求富贵，终将一无所得；如果弃之而去，财富反会随你而来。"[5] 品味卡里尔诗句的时候，约安拿·阿萨德一定想到了自己全然不同的人生选择。

约安拿·阿萨德定义了九种阿拉伯语韵脚，将之与拉丁语中相对应的扬抑格律相比较，指出二者在元音音节上的差异。显然，此时他对于欧洲语言的掌握已大有进步。接着，他又介绍了不同诗歌所用的七种韵律格式，第一种就是他最喜爱的塔维体（al-tawil）。他用拉丁字母音译阿拉伯语的节律，举了卡尔布·伊本·祖海尔（Ka'b ibn Zuhayr）的诗为例。约安拿·阿萨德称其为"我们阿拉伯的诗人"，将卡尔布作为前伊斯兰教时代的诗人，他曾反对先知，但之后又写诗臣服，其中一句便在此被引用——"如同以筛取水"（图7）。誊抄者在手抄本中留出了空格，以便插入某些阿拉伯语词汇，在这个抄本中约安拿·阿萨德填了两个词。[6]

这部手稿当然可以供欧洲的读者初步了解阿拉伯韵律学，中世纪的学者对于这门学问鲜有论述。不过，比起作者另外专门写给阿拉伯读者的书稿，这肯定已是大为精简了，如果面对阿拉伯读者，他可以通过分析卡里尔的诗歌介绍其他一些同样非常重要的韵律学方法。而且，他也可以举出更多的例子，甚至将内容从韵律扩展到隐喻与体裁之间的关系等，如9世纪时萨尔拉卜（Tha'lab）的诗论中所讨论的类似问题，在受洗后不久他曾从梵蒂冈图书馆借阅过这部书。[7]

再来看他另一本有关著名学者的列传集。这也有一部拉丁文手抄本存世，誊抄者于1527年"根据原稿"抄录，书名为《论阿拉伯人中的杰出人物》（*De Viris quibusdam Illustribus apud Arabes*），以及增补的一节《论犹太人中的杰出人物》（*De quibusdam Viris Illustribus apud Hebraeos*）。由书名可知，这是作者自己所写的一个原为阿拉伯语文本的翻译（*ex ea lingua maternam traductis*），属"塔巴卡"（*tabaqat*）文体的一种，即数百年来受到阿拉伯和伊斯兰学者钟爱的传记概略。列传集所选择的人物遵从一定的标准，如职业或出生地，将他们作为过去知识的传承者和创造者，评估人物的真实性和可靠性。因此，每一位传主的条目都尽量收录全名，从中可以了解其家世和籍贯；其受业师长的名字；有关旅行、交往和著述的信息，以及传记作者所使用的资料来源。（有些传略还会收录一些以圣德或学识闻名的女性人物。）[8]

约安拿·阿萨德的《名人传》具有"塔巴卡"的一些特点（图8）。同伊斯兰世界中收录有成百上千人名的传记辞典相比，这部列传集中的人物要少得多：只收录了28个阿拉伯人，其中还有3人属基督教的聂斯脱利派或雅各派，以及5名犹太人。[9] 不过按照年代排列的传记条目，基本涵盖了一些一般的信息：籍贯和家族、职业、著述、个人轶事，以及语录摘引；通常还会包括以前传记作者的姓名和观点。大部分人物是医生或哲学家，有些则涉足神学、天文学、地理学或是法学领域，许多人同时也是诗人，这在阿拉伯世界的文人中是极为常见的。因此，例如在哲学家法拉比的传记中，约安拿·阿萨德抄录了两句诗，这在他自己手写的阿拉伯语手稿和拉丁文译本中均有保留：

> 淡饭、清泉、布衣，安享清平
> 胜过穷奢极欲、戴罪终老。[10]

记录 11 世纪在开罗行医并著有多部医书的雅各派教徒马萨维·马里迪尼（Masawayh al-Maridini）的传记中，有一则农夫求医的荒诞故事。一个农夫因为阴茎疼痛前来求医，自述是在同自家毛驴交媾时，把阴茎插进了毛驴的肛门。马里迪尼的治疗方法是重重地敲打阴茎，排脓去疮、缓解疼痛，并且警告道："别再把你那话儿再往什么屁股洞里乱放了。"[11]

在传略中插入这样一则不雅的小故事，并不新奇。13 世纪著名的传记作家伊本·赫里康（Ibn Khallikan）曾经用诗歌体记录过发生在一位巴格达医生兼博学的翻译家与大宰相之间一段戏谑的对话，讲述前者服用泻药灌肠通便所经历的一个夜晚。[12]

同时，《名人传》中体现出约安拿·阿萨德在意大利生活及针对欧洲读者而写作的痕迹。他所记载的阿拉伯名人师承及授徒的情况，大多较为简略，只有在伊本·拉希德（阿威罗伊）的传略中列出了一个比较完整的名单。而在穆斯林传统中，这些信息是证明一个人有能力传承某种神学、法学或哲学传统的必备条件。因此在北非，作者必须竭尽所能地掌握或回忆一个学者的"传述世系"（isnad），也就是将之置于一个因应传承的序列之中。但在欧洲，他完全不必去编排这样一个世系：面对欧洲的读者，只需要简单地评价某位学者是个"大哲学家"（maximus Philosophus），或是在医学、哲学或神学方面"独一无二"（singularissimus），或是"在所有学问上知识渊博（doctus）"。[13]

其次，约安拿·阿萨德对书中人物除了详细而珍贵的细节描写之外，也夹杂着大量在时间（常常仅根据伊斯兰教历）、地点、事件和头衔等方面的错误，或是换言之，它们同其早年在北非所掌握的文本和传统存在出入。这在一定程度上也是可以理解的，因为仅凭记忆的描述肯定是不够全面的，不论是梵蒂冈图书馆，还是阿尔伯托·皮奥或埃吉迪奥·达·维泰尔博的藏书，都不可能像在任何一所马德拉沙的图书馆里那样，可以随手查阅阿拉伯语的传记辞典。[14]

但是在另一方面，这些出入又是一种不可明说的创造，许多跨越多个世界的作者都有过类似的做法。比如，他传记中所写到的著名医生兼哲学家艾卜·伯克尔·拉齐（Abu Bakr al-Razi）。拉齐的一些医学和炼金术手稿已有拉丁文译本在欧洲流传，但其生平却鲜为人知。约安拿·阿萨德从9世纪拉齐在波斯出生写起，沿袭了伊本·赫里康等早期传记作家的标准写作风格。之后，约安拿·阿萨德描写到拉齐来到开罗，声名鹊起，并受到位于科尔多瓦的倭马亚（Umayyad）哈里发国的宫廷大臣和大权在握的统治者、某位曼苏尔的盛情邀请，于是拉齐西行前往安达卢西亚的伊斯兰王国中心，获得了非常显赫的地位和荣誉。他在那里完成了其广为流传的医学著作《曼苏尔书》（*Kitab al-Mansuri*），度过了余下的人生岁月。约安拿·阿萨德引用11世纪编年史家伊本·赫扬（Ibn Hayyan）的作品，记述了曼苏尔与拉齐之间一次引人入胜的对话，在谈话中前者相信医师有起死回生的能力，拉齐则解释称只有真主才能做到，他自己只是通过医术救死扶伤。[15]

来自伊斯兰世界的学者在读到这段文字时一定会大为吃惊，因为存世的各种有关拉齐的传记，都未曾提到拉齐曾经离开巴格达西行，其医书也是敬献给波斯的曼苏尔·萨曼尼（Mansur al-Samani），他晚年终老于家乡雷伊（Ray）。此外，真正的科尔多瓦曼苏尔的统治年代大约是在医师拉齐去世后五十年左右；在西方确有其人的某位"拉齐"，只是当地的一位历史学家，名叫伊萨·拉齐（'Isa al-Razi），他有书赞颂过科尔多瓦的君主，因此被伊本·赫扬错误地记录了下来。可以肯定，伊本·赫里康对《曼苏尔书》究竟是题献给哪位曼苏尔是存有疑问的，但他并没有细查究竟是哪一位以此为名的波斯君主。（曼苏尔一词意为"[以真主之名]获得胜利"，曾被许多君主用于名字中。）伊本·赫里康总结了一条可以在伊斯兰世界通行的原则，在证据不充分的情况下"真主最清楚真伪曲直"。[16]

约安拿·阿萨德从未在其传记中引用这句话，因为他的欧洲读者不会对其中的真实性产生疑问。当记忆出现缺漏、信息不全的时候，他就简单地将两个不同的人物拼凑成一篇有趣的传记故事，并将之归于某位实实在在的历史学家之口。雅各布·曼蒂诺曾向他介绍过新近在威尼斯、博洛尼亚和帕维亚（Pavia）等地印刷的各种版本的《曼苏尔医书》(*Liber Almansoris*)，或许约安拿·阿萨德是想借拉齐伟大的医学成就为自己祖上安达卢西亚穆斯林添上一点光彩。[17]

约安拿·阿萨德塑造了许多学者的生动形象，借助记忆以及他随身带到意大利的一些笔记，进一步丰富内容，还不时地添油加醋、甚至凭空编造。其将真实与虚构杂糅而成的作品，倒也为欧洲人开启了另一片知识的天地，丰富了他们对于哲学家兼神学家安萨里原有的片面理解，介绍了许多闻所未闻的人物。他们由此知道了图哈拉伊（al-Tughra'i），《名人传》里的波斯药剂师、诗人和历史学家（逝于约515/1121）。也知道了伟大的利山·丁·伊本·卡提布（Lisan al-Din ibn al-Khatib，逝于776/1374），历史学家、诗人、医生、哲学家，曾在格兰纳达王国担任高官。伊本·卡提布的韵文体书信以风格华丽著称，在菲斯等地的法学图书馆中均有收藏。[18]

此外，由于呈现给欧洲读者的《名人传》采用的是一种并不为他们所熟悉的伊斯兰和阿拉伯文体"塔巴卡"，藉由其中的部分文法形式，使欧洲人了解到穆斯林学者引经据典的方法，以及所列举的许多传记作家。例如："编年史家伊本·鸠勒（Ibn Juljul）曾在《哲人传》中说过，许多亚洲的王公贵族派人求访（法拉比），邀请他去他们的宫廷，并许以重金"；"……西班牙历史学家伊本·阿巴尔（Ibn al-Abbar）……说过，有人曾向阿威罗伊问起在受到控告时的感想。他的回答是既欣喜又不屑。"可以肯定，许多引述均是出于作者的伪托。有一则声称是出自伊本·赫里康笔下的故事，讲到阿维森纳（伊本·西纳）论证应该用银器而不是铁来套拴他的骡子，但在伊本·赫里康的文集中并未见记载。[19] 不过，"塔巴卡"的文本样式却极有价值，欧洲读者从中可以发现穆斯林学者是如何记录对话和发挥才智的。并且，与其之前所编阿拉伯—希伯来—拉丁语词典一样，传记中的内容并没有涉及宗教论争，因此可以看到，不论是基督徒还是犹太人，他们与诸多穆斯林神学派别一样，处于共同的学术架构内。手稿的一个抄本似乎在埃吉迪奥·达·维泰尔博的藏书之列，不知枢机主教对此有何看法。[20]

✿

约安拿·阿萨德创作这些作品时经历的喜悦惶恐，恐怕都无法与其在意大利所完成的最重要作品的写作过程相提并论，那就是《非洲寰宇地理书》(*Libro de la Cosmographia et Geographia de Affrica*)。1526 年 3 月 10 日，他落笔写下了最后一行文字。关于该书，最为明确无误的信息来自于目前存世的唯一一部手稿抄本：一部 16 世纪初的意大利语手抄本，凡 936 页，现存于罗马的国立中央图书馆。[21] 它以非常清晰且生动的意大利语写成，但语法较为简单，用词常常不够准确且缺乏统一；在风格上，他同演说家和诗人们在阿拉伯语写作中惯用的词语转换、引申词汇和头韵体散文均有差异。

书中的拼写也留下了不少线索。在 16 世纪初的意大利，字词拼写仍然千差万别，就手抄本中的拼写来看，尽管没有出格的，但并不像是一个本地的母语使用者，而更接近于某些习惯于阿拉伯语元音发音的人，且并不能十分明确地区分意大利语、西班牙语和拉丁语之间的差异。约安拿·阿萨德便符合这种情况。例如，他倾向于用"*el Re*"而不是"*il Re*"，"*el patre*"而不是"*il padre*"，"*el populo*"而不是"*il popolo*"，"*el templo*"而不是"*il tempio*"，"*el thesaurero*"而不是"*il thesoriere*"，以及"*la abundantia*"而不是"*l'abbondanza*"。在提到沙漠上的绿洲城镇时，他经常用"*dattoli*"指椰枣，虽然这是威尼斯常用的叫法，但这个词更接近于西班牙语中的"*dátiles*"或拉丁语中的"*dactyli*"，在意大利语中一般常说"*datteri*"。而近似拉丁文的短语，如"*dicto*"和"*prefato*"（意为"前述"），不时地突然出现在文本当中。[22] 所有这些用法，以及其他的许多地方，都在威尼斯出版商乔瓦尼·巴蒂斯塔·拉姆西奥 1550 年在威尼斯印刷的《非洲志》一书中做了修改：句法改得更加复杂，词汇也多样化了，风格变得更加华丽和高雅，拼写也与当时所推行的文字改革趋于一致。

约安拿·阿萨德是如何着手写作手稿的呢？在书末的结语中，他用让人联想到古代口述传统的语气写道："由于记忆有限，作者已难再作赘言了……因而就此沉默，结束他的讲述。"此处的"讲述"是一种比喻，是一个重要的文学表达方式，正如约安拿·阿萨德在《名人传》中引述某位作者时每每都会用到动词"说"（dicere）一样：它产生了一种直接传达的效果，尽管内容其实只是书面形式的文字。[23]

在伊斯兰社会中，数百年来一直有作者口述再由他人记录的传统，以后又增加了作者写作手稿再亲自或者由抄写员、学生或圈子里的其他人誊抄副本的做法。有时口述与写作同时进行，作者不仅凭借记忆讲述，还会直接念诵事先准备的草稿。确切可查的例子，如伊本·白图泰于757/1356年在菲斯口述其远行的游记，记录者是才华横溢的作家兼法学家伊本·朱赞（Ibn Juzayy），后者对文本进行了编辑并加上了自己的感受。苏丹们则向书记员口述信件大旨，在一些书籍的版本中也会使用学生们的课堂笔记。在瓦桑生活的时代，较为普遍的做法是由作者向抄写员提供手稿。15世纪，马克里兹（al-Maqrizi）所写论开罗地形的一部初稿中，有作者在审读抄写员记录稿时留下的大量涂改和修订的痕迹。瓦桑的老师万沙里斯命一位弟子在编辑某本书时，把他自己在法律文献上所做的旁注一并抄录在内。[24]

如果一直留在北非的话，年轻时曾担任过公证人的哈桑·瓦桑也定会采取这种方式进行写作。意大利的生活经历使他更进一步明确这一选择，诸如薄伽丘、彼特拉克等作家均是亲自写作手稿的。当然，像阿尔伯托·皮奥等达官显要们也会口述外交文书。事务繁忙的埃吉迪奥枢机主教的一些作品和布道词，是通过向秘书口述完成的，但许多重要的文本仍由他本人事先亲手书写而成，其中不少书页写满了他漂亮的书法。[25]大多数地位略低的学者，一般都是在忙碌的教学活动、神学通信或行医治病的间隙亲笔写作,然后再把手稿委托给誊抄员制作抄本或直接交付书商印刷。[26]

鉴于《非洲寰宇地理书》所用意大利语的众多特点同约安拿·阿萨德的语言经历高度吻合,显然这是由他本人亲自写作完成的一部终稿,他一定花费了大量时间才掌握自左往右书写的拉丁字母。之后,手稿被交给了一位誊抄员,由后者将带着独特的单词拼写方式的这部著作,用略带装饰花样的斜体字重新抄录了一遍。[27] 手稿的前四分之一可以发现一些细小的修改之处,大多数是誊抄员的笔迹,有的修改可能出自作者之手,但并不能完全确定。[28] 不过,约安拿·阿萨德似乎并没有全文校读过这个抄本。因为如果他仔细读过的话,一定会改正在书稿后半部出现的两段明显的抄写错误(均出现在页面正中,而非装订错误):一处是在讲到瓦桑结束在阿尔及利亚城镇麦迪亚(Médéa)的访问时,他曾在城中担任临时法官,书稿的文字与对附近另一处小镇的描述混在了一起;另一处是在几页之后,原来描写阿尔及尔的段落中突然插入了有关另两座城镇的内容,接着又在句中折回到阿尔及尔。[29] 作者对这样的错误一定不会漏过。

拉姆西奥在《非洲志》的印刷本中纠正了这些段落的次序,也许他只是根据对文中意思的理解自行所作的编辑,但几乎可以肯定,他手中一定还有另一部出自被其称作乔瓦尼·利奥尼·阿非利加诺之手的手稿抄本。1526 年时,约安拿·阿萨德至少制作了两部手稿的抄本。[30] 由证据可知,这两部手稿非常相似,仅一处重要区别:拉姆西奥的印刷本里有一个关于受诱惑的妻子和轻信的丈夫的故事,但在罗马国立中央图书馆的手稿中却并没有(稍后的章节中将对这个故事作进一步的讨论)。

除了这一区别外,印刷本中出现的许多变化,如更为复杂和书面化的意大利语、细微的增删、词语的替换等,事实上基本都是拉姆西奥所为。虽然这些修改通常仍能反映出作者的原有意图,但是有些则改变了他的原意和自我表现的方式,这不仅违背了其自北非带来的阿拉伯—伊斯兰观念,也不符合他在意大利多年生活中所逐渐形成的态度和感受。[31]

乔瓦尼·巴蒂斯塔·拉姆西奥出身威尼斯名门,早年曾任大使出访法国及欧洲各地，后担任威尼斯元老院和议会秘书。(拉姆西奥曾负责质询大卫·卢温尼，后者于1530年到达威尼斯，依然自称哈波尔的犹太王子，要"率领离散的希伯来民众重返圣地乐土"。拉姆西奥对其所言信以为实，认为他"熟知犹太法典和所谓卡巴拉的科学"。当王子的身份后来被揭穿，发现只是一个冒名顶替的骗子时，他一定大为吃惊。[32]）拉姆西奥对人文主义有着广泛的兴趣，尤其热衷地理学和地图，在晚年他转而印刷出版自己所收藏的游记见闻著作，第一部便是乔瓦尼·利奥尼关于非洲的手稿。[33]由于未能揭穿来自阿拉伯半岛的犹太人的假面具，拉姆西奥自然不愿意让这位重要的非洲人在欧洲读者面前缺乏说服力。因此，他对文本进行了相应的编辑和修订。

于是，《非洲寰宇地理书》便成为一部宝贵的导引。本书印行时拉姆西奥或者译者们不时所作的改动，为我们展示了约安拿·阿萨德在意大利生活期间所承受的种种压力，以及他的欧洲译者们是如何试图对其加以重新塑造的。

《非洲寰宇地理书》共分九个"部分"：一个关于地理、气候、风俗、经济和文化的总论；之后七个部分分别描述非洲某一地区的城镇、乡村、山岳和沙漠，以及居住在那里的人民；最后是结论部分，概述河流、矿产、植物、鸟类和动物。非常有趣的是，该书混合了伊斯兰文化中历来所重视的多种不同的文学形式。

地理学是最主要的一个部分，具有多样目的、方法各异。[34] 影响巨大的历史学家兼地理学家马苏迪（al-Mas'udi，逝于346/957），有着百科全书式的广泛兴趣，其笔下的记述远及伊斯兰地区以外，关注地形景物、各地居民以及他们的历史。除了对各种资料和传统叙事采取严格的批判态度之外，他还坚持认为旅行乃是地理学家的必备经历，并批评那些从未亲身走访其笔下地点的学者。他本人曾经由家乡巴格达出发，到过印度、安达卢西亚和桑给巴尔（Zanzibar）等地。他写道："讲到我自己，可以有诗为证：'他到过世界的四面八方……深入过驼队从未涉足的遥远国度。'"[35]

几十年后，穆卡达西（Al-Muqaddasi）从故乡耶路撒冷出发，足迹同样遍及四方，他在各地行商贸易、访问图书馆、见到过从学者和苏菲派信徒到说书人在内的各色人等，"我研究过税收……品过空气、鉴过水"。他的地理著作《各地区知识的最佳划分》（Best Divisions for Knowledge of the Regions）在时空范围上较之马苏迪略有缩小：限定在自安达卢西亚到印度河下游的人民、语言及伊斯兰地区，集中于穆卡达西自己所处时代的情况和事务。不过，他的观察非常细致生动，行文结构也一如其标题所称，井然有序。[36]

穆卡达西对当时的菲斯并无好评（"居民野蛮无知，鲜有学者，战乱不断"[37]），但时隔两个世纪后，伊斯兰世界西部也涌现了不少重要的地理学家。贝克利（al-Bakri，逝于487/1094）曾作为诗人和外交官为塞维利亚的埃米尔效力，对其时代穆斯林所知的各个王国进行过一个概览。他所述及的北非相当一部分地区与约安拿·阿萨德《非洲寰宇地理书》在空间上有不少重合，不过他采取的仍是较为传统的查找、考察、征引图书文献的方法。贝克利从未离开过安达卢西亚，其书中不同地区间的转换也不是基于地理体系的划分，而是根据路线路程，例如从菲斯到西吉尔马萨需要耗时多少天。[38]

12世纪中叶，大名鼎鼎的伊德里斯（al-Idrisi）为其地理著作取名《环球畅游》（The Recreation of Him Who Yearns to Travel across the World）。有研究者认为，其行程西起家乡安达卢西亚，东至小亚细亚，北达英格兰；也有人认为其旅行仅限于西地中海地区，去过当时诺曼人位于西西里岛的基督教王国以及北非，由于曾受过医学训练，他对于各地的植物及其药用功能有独到的关注。书中其他的大量内容，多出自于早期的地理学文本和王室档案。

伊德里斯将书题献给鲁杰罗二世（Roger II），其父由穆斯林手中征服了西西里岛，他本人则非常重视保护阿拉伯文化，在伊德里斯眼中是一位哲学家国王。他的地理书涉及作者当时所知的全部世界，对城镇及其历史遗迹时有非常细致的描述。虽然常常用旅行的里程和路线标记方位，但主要仍是根据传统七个气候带进行地理划分，自东而西将各个地区统一起来。其所谓的气候带（aqalim，希腊语为 klimata），即托勒密根据正午太阳在至日当天的高度所划分的纬度地带。阿拉伯世界东部的某个地理学派便采取这种天文学方法，重新计算托勒密的数据并改进了地球表面的经纬度值。[39] 不过，伊德里斯并未完全照搬这种方法：他在前言中解释指出，尽管气候带的划分是根据天文学的观察所得，但他仍是根据自然特征及居住状况确定的，"自西开始是第一气候带，即西部被称为'幻影海洋'（大西洋）的大海。"他还在文本中插入了一幅世界地图（图 11）和许多区域地图，由此形象地将它们之间的空间关系和气候带展现了出来。[40]

对许多阿拉伯地理学家来说，不论是否结合天文学的计算，地图始终是一个非常重要的工具。穆卡达西在《最佳划分》一书中的区域地图上，采用不同的色彩作为标记：红色表示道路，黄色表示沙漠，绿色表示海洋，蓝色表示河流，棕色表示山脉。以后伊德里斯等人著作中的地图，也采用了这种或与之相类似的方法。[41]

约安拿·阿萨德引用了以上的三位作者——马苏迪、贝克利和伊德里斯。（在其《名人传》中对最后一位专列了一章以示敬意。[42]）对穆卡达西的名著，他可能也略有所知。在书中，他自视为那些把旅行作为地理学写作关键的学者们的继承者，此外，还需要进行口头调查和文献查阅。他的《地理书》限定了一个虽然非常广阔但却相对单一的空间范围，并没有涵盖已知的全部世界或伊斯兰世界的所有国家，不过在内心之中他可能仍以此为念，希望有朝一日能够把亚洲和欧洲也包括在内。

尽管约安拿·阿萨德将书称作"寰宇""地理书"——当时刚刚印行的托勒密著作的拉丁文译本书名也用了这两个词[43]——但并未采用托勒密

的经纬度标记地点，甚至也没有借用任何天文学的方法。（在我看来，其实直接以《地理书》来简称其著作要更加合适。）他也没有像贝克利和伊德里斯那样用日程来计算距离。而是采用"里"（mile，阿拉伯语中为 *mil* 和 *amyal*）为单位，估算不同地方之间的距离，例如写到位于摩洛哥哈赫地区的一座城镇时，他描述道："埃达乌是非洲人在高山深处所建的一个古老的村落。……有700多户人家，距离塔格特萨（Tagtessa）约15里。"再如，"艾斯尤特（Asyut）距离开罗大约250里，是埃及人在尼罗河边所建立的一座古老城市"。[44]

约安拿·阿萨德的手稿中并未附地图。如果他是在北非写书的话，一定会附上地图，可能不是像伊本·赫勒敦《历史绪论》（*Muqaddima*）里那样的世界地图，也不是如土耳其海军上将皮里·雷伊斯（Piri Reis）敬献给苏莱曼苏丹的《航海书》中所附的地中海地区港口、浅滩、河口等的地形图（图13），而更可能是如穆卡达西《最佳划分》中一样，是分区域的地图，以帮助旅行者和君主们了解不同地区间的联系。[45]但是如今身在意大利，他一定会寻思这样的地图对读者究竟有什么用处：欧洲的商人大多集中在北非的各个城市据点里；被俘虏的欧洲人大多身陷囹圄，或是失去了人身自由。至于欧洲的士兵，为什么还要帮助他们在伊斯兰世界里横行无阻呢？

此外，他对欧洲的制图方式也并不熟悉。在意大利，绘制地图也相当困难，即使如德国人雅各布·齐格勒（Jacob Ziegler）这样功成名就的地理学家，也要有画家随行，沿途帮助其绘图，齐格勒曾于16世纪20年代初到过罗马。当然，约安拿·阿萨德也许可以找到一位像威尼斯人吉亚科莫·加斯塔尔迪（Giacomo Gastaldi）这样的制图师，后者在四十年后绘制了一幅精致的非洲地图（图14），刊印在拉姆西奥的《远航行记》里。但是，约安拿·阿萨德又能去哪里寻访到这样一个人，谁会替他支付报酬呢？尽管学识渊博，但不论阿尔伯托·皮奥还是埃吉迪奥·达·维泰尔博，对地图都不感兴趣。历史学家保罗·乔维奥曾自己手绘过地图，可能也认识一些类似的人,但他自己本是个大忙人,也不是我们这位改宗者的保护人,克莱芒七世曾向乔维奥了解俄罗斯的情报,包括地理情况,但他却似乎未曾向乔瓦尼·利奥尼寻求过任何有关非洲的图像资料。[46]于是,约安拿·阿萨德也就仅仅专注于用一门外国语言来进行文字的描述。

地理书中的旅行者,不仅是一种证据形式,而且也反映出作者的生活方式。自9世纪开始,旅行成为穆斯林学者一种探索世界的方式,不仅是为了寻访异域风情,更是意在发现伊斯兰教本身的意义和真谛。旅行还是一项考验,路途中的艰辛处处是苦行的磨炼:在高山、沙漠深处,或许还能遇访到神迹的显现。最后,学者们沿途记录下自己的行迹和见闻,便称为游记(rihla)。[47]安达卢西亚的伊本·朱巴伊尔(Ibn Jubayr,逝于614/1217)所著的游记享有盛誉,他从格兰纳达出发,经过了埃及、叙利亚和伊拉克等地,前往麦加朝觐,回程中又经过了耶路撒冷的拉丁王国和西西里的诺曼王国。即便是在他对后两个地方的描述中,也充满了许多引人注目的细节:

> 在真主的眼里,一个穆斯林没有任何理由在异教徒的国家里盘桓停留,除非是因为它正好横亘在穆斯林的国土之间不得不借道经过。……心灵将受到蒙真主圣恩的他(穆罕默德)的诅咒而备感困苦。……那些地方充满了种种污秽不洁、甚至与猪接触混杂,还有其他许多禁忌的东西。[48]

我们对于伊本·白图泰的游记早已有所了解,他从故乡丹吉尔出发,向东到达中国,往南到过摩加迪沙(Mogadishu)。每到一处,他都要尽力寻访穆斯林的知名人士,虽然他并没有急于离开那些异教的国土,但也有过类似的描述:

> 虽然中国非常美丽,但我并不喜欢。相反,我心里一直在想,这

个国家被异教信仰所控制。每当离开住处外出时,就会看到许多应该受到谴责的事情。我为此非常困扰,以至于大多数时候都留在房中,不到万不得已绝不出门。在中国,每当遇见别的穆斯林,感觉就像见到了亲人一样。[49]

在《地理书》中,约安拿·阿萨德的个人探险经历并不像游记那样是完整连续的。而是穿插在整个的叙述当中;读者时而跟随着他实际的旅行路线,时而岔开到了别处。但是伊斯兰教旅行的精神和游记的文学特性,是其解释和写作个人旅行记录的基础,这一旅程却在中途突遭打断,把他带到了一片异教徒的土地上。

约安拿·阿萨德关于非洲的著作中也包括了许多历史,这与马苏迪和贝克利的地理著作相同。例如,在关于马拉喀什的描述中,他回顾了百多年前阿尔摩拉维德王朝(Almoravid)的统治;关于突尼斯的描述,首先概要地追述了自迦太基衰落以后的历史变迁。摩洛哥各地最近的史事,则常常是通过旅行中的访谈收集而来,这在前文中已可知悉。他所采用的文献,最重要的当属伊本·赫勒敦的伟大著作《世界通史》(Kitab al-'Ibar),这部通史涵盖了柏柏尔和阿拉伯文明中各方面的科学成就、生活环境的描述以及作者本人的自传;在菲斯的卡拉维因清真寺中,存有作者签名题赠的多卷本原著。(《通史》显然也是由约安拿·阿萨德所著、现已佚失的《穆斯林编年史摘要》一书的主要参考文献之一。)《地理书》在一定程度上继承了伊本·赫勒敦的社会观点,尤其体现在对城市生活方式的推崇方面。[50]

除了杂糅地理、游记和历史的体裁外,约安拿·阿萨德的文本中还穿插了许多其他的主题。书中处处可见其个人自传的痕迹。也有有关苏菲派教义的离题讨论,介绍逊尼派的四大法学派别,以及伊斯兰教的其他各个宗派。在突尼斯王国一处略带敌意的城镇停留时,作者在书中引用了马拉加(Málaga)"非凡的"诗人达巴格(al-Dabbag)所写的一段对当地批评责骂的诗文，后者也像他一样在此地受到了冷遇。约安拿·阿萨德进而解释了这类批判诗（hija'）的写作手法，将达巴格的诗与格兰纳达的伊本·卡提布赞颂同一城镇的诗歌进行了对比。并且，还为自己的意大利语译文难以传达阿拉伯语原诗中的"典雅"而深以为憾。[51]

这类轶事插话在《地理书》中处处可见，有一些在《名人传》里已有所谈及。在这方面，约安拿·阿萨德采用了长期沿袭的所谓"艾达卜"（adab）的原则：这既指适用于宫廷之上的端庄、得体、高雅的行为举止；也指适用于"世俗文学"的斯文、谐趣、博洽多闻的表达方式。除了书中关于穆斯林信仰和马立克法学的叙述之外，约安拿·阿萨德大部分的写作风格都可归于这一广义的范畴之中。由于他仍只能用非常简单的意大利文写作，因此难以奢求多么典雅的文风，但至少可以吸收"艾达卜"文学的另一项基本要素，即活泼有趣而富有教益的逸闻趣事。无论如何，一本书不应该是枯燥乏味的。不过，对于受过教养的意大利人来说，他们也许正在或即将阅读巴尔达萨雷·卡斯蒂利奥内（Baldassare Castiglione）的《廷臣论》（Courtier），对此肯定也会颔首赞同。[52]

约安拿·阿萨德在书中多次申明自己"所言皆实"。他不断地向读者保证，自己只是在将亲眼所见或是从当地人口中亲耳所闻的事情原原本本地记录下来。例如在写尼罗河沿岸城镇的时候，他写道："作者声明，他曾亲眼看到过这些城镇，有些还进入城中，有些只是经过，但他总是想方设法在同当地居民和载他由开罗前往阿斯旺的船夫们的交谈中充分了解情况。"他又进一步对马苏迪所记载的尼罗河发源地的说法提出了怀疑：尽管在当地山区发现祖母绿一事确实可信，但马苏迪声称那里的野人们会像山羊一样奔跑，可能只是他的众多"谎言"之一。[53]

约安拿·阿萨德之所以发表这种评论，是因为他将自己的著作与历史、地理和游记著作的求真精神联系在了一起。伊本·赫勒敦在《历史绪论》的开篇即申明，在历史记录中有一些"不真实"是难以避免的，并举了许多数百年来广为流传的无稽之谈为例（包括马苏迪作品中的许多"谬误"），进而提出历史学家应当采取社会和政治分析的方法以"探寻通向真理和正确之路"。伊本·白图泰也指出,游记作品除以八卦取悦读者之外,同时还应该提供真实而有用的知识。[54]

在强调真实性之外,约安拿·阿萨德的想象力还受到了"麦卡玛特"(*Maqamat*)虚构故事形式的影响。在这类作品中,最著名的代表当属其首创者波斯的哈马达尼(al-Hamadhani,逝于398—399/1008),以及伊拉克的哈理利(al-Hariri,逝于516/1122)。他们所写的"麦卡玛特"被长期传抄,在安达卢西亚地区有许多模仿者。这些故事以押韵散文写作,间以格律韵诗,内容通常是由一位学识渊博的旅行者向同行的学者和商人们讲述自己的冒险故事,其中尤其会出现一位擅于装扮成不同身份的传奇角色,他在伊斯兰世界各地的城市中现身,或是乞讨,或是辩论、讲道、恳求,讲故事的人会不断引述人物口中吟诵的诗歌,最后在结束时,他兀然起立,心悦诚服的听众们纷纷上前献上礼物和施舍。不论这个角色怎样乔装改扮,讲故事的人总能把他认出来:在哈马达尼的"麦卡玛特"中,是亚历山大里亚的酋长阿布·法斯(Abu-l-Fath);在哈理利的笔下,是苏鲁奇(Saruj)的阿布·扎伊德(Abu Zayd)。约安拿·阿萨德在讲述自己的故事时,既把自己设置为旅行中的讲故事者,又是那变化莫测的流浪者。[55]

✿

在我们这位旅行家的全部作品中,他最有可能写作的,就是一部关于非洲的著作,即便其从未被迫离开伊斯兰世界。在整个旅行途中,他一直在记笔记,并且尽可能地查阅手抄本文献;也许自一开始他便有写书的计划,在被俘虏时或许已经用阿拉伯文写了部分初稿,记述自己的旅行见闻。[56]不过,直到到意大利以后,他才真正成为一名作家,不仅是《非洲寰宇地理书》最终版所使用的语言,许多地方也都留下了他居留此地的印记。由于在罗马和博洛尼亚鲜有阿拉伯语手抄本可咨查阅,他不可能获得资料验证引述的文本和历史、地理中的许多事实。尽管在传记写作中，他对这一缺憾有所掩饰，但在《地理书》中他却坦然承认，"我已经有十年没有看过一本历史书了"，因而不得不依靠"有限的记忆"，例如，鉴于无法查阅"伊本·赫勒敦所写的阿拉伯历史"，他只能大略拼凑出"柏柏尔族阿拉伯人"的起源和世系。[57]

事实上，记忆确实常常不够可靠：有些与事实不符，有些引述毫无出处。当然，即使是身在北非的学者，也可能会有类似的错误；甚至伊本·赫勒敦伟大历史著作开篇的《历史绪论》中，也存在着一些不可靠的引用。[58] 除了记忆的缺失之外，对于一个严重依赖权威引述的学术体系来说，在转述过程中有时候也会需要一些技巧性的发挥。因此，当一名法基赫远离故土在意大利进行写作的时候，这种诱惑恐怕要更大。

在某种意义上，约安拿·阿萨德在写书时虽然内心中设定有两个不同的对象，他最主要的对象还是在意大利。为了意大利的读者，他搜罗了各种对应的词汇来说明重量、尺寸、货币、食品和其他各种实物。为了他们，他想方设法用意大利语翻译出没有适当对应的名词，如酋长（*shaykh*）、法官（*qadi*）、斋月（*Ramadan*）、哈里发（*khalifa*）、阿訇（*imam*）、部落（*qabila*）和宗教基金（*waqf*）等。例如，他将意为"部落"的 *qabila* 翻译成"民族"（*populo*）或"种族"（*sterpe*），把哈里发（*khalifa* 或 *caliph*）译成"教皇"（*Pontefece*）。为了他们，他竭尽所能地将阿拉伯语的人名、地名等转化成罗马字母。于是乎，我们今天所说的伊本·赫勒敦（Ibn Khaldun）被译成 Ibnu Calden 和 Ibnu Chaldun；布尼（al-Buni, 逝于 622/1225）及其所著关于圣物秘闻的百科全书式的作品《真灵的太阳》（*Sams al-ma'arif*）被译为 El Boni 和 *Semsul meharif*。同样为了意大利的读者，书中在介绍动物时，只收录了"欧洲没有的或是与欧洲动物略有差异"的物种。[59]

尽管如此，在写作过程中约安拿·阿萨德还是多少考虑到了非洲、至少是北非的读者和听众。他一定也想到了他们中的有些人可能会读到这部意大利文的手稿，更多人将会成为未来经过修订后的阿拉伯文版的潜在对象。那么,对于受过教育的马格里布人和君主来说,是否会对一部包括了奥斯曼占领前夕马穆鲁克埃及以及桑海帝国统治下的黑非洲等重要内容的著作有兴趣呢?此外,有关马格里布地区宗教冲突和政治阴谋的种种细节和逸闻,恐怕也可使他们读来有所收获。(后来拉姆西奥的印刷版中,对这一类内容略有删节,以免欧洲的读者生厌。[60])

构想出这样两个读者群,会带来怎样的问题和困难呢?从穆斯林的立场来说,约安拿·阿萨德此时生活在非伊斯兰地区,即所谓"战争之地"(Dar al-Harb),与异教徒们厮混在一起。而与奥斯曼帝国维持外交和贸易往来的威尼斯,可以被认作"盟约之地"(Dar al-'Ahd)。约安拿·阿萨德可能记得,在西班牙占据北非沿岸城市之前,巴迪斯港的瓦塔斯朝埃米尔与威尼斯人曾订有和约:双方互相保证维持和平状态,不能因为犯罪或债务等原因抓捕或扣留对方国民为奴隶。[61]

但是,罗马、博洛尼亚和维泰尔博自然不在和平相处的范围内。约安拿·阿萨德在意大利的身份是一个基督教改宗者,他与意大利的关系不是敌对的,也不完全是和平相处的。写作《地理书》的过程中,他不得不谨慎地注意哪些该说,还要考虑到哪些不能说,唯恐因此冒犯到自己在意大利依附为生的某些人。约安拿·阿萨德也许会想到当年生活在诺曼人统治下的西西里王国的沙里夫伊德里斯,其地理著作是敬献给基督教国王鲁杰罗,不过须知道这位前辈的境遇要比他好得多:伊德里斯被允许保持信仰,修行伊斯兰教的"五功"(Five Pillars),鲁杰罗国王称赞其为托勒密再世(约安拿·阿萨德在所著传记中如是记述)。[62]

同样,对于潜在的北非或穆斯林读者,约安拿·阿萨德也必须小心谨慎。在《地理书》第八部分的结尾,他宣称还有意写作一部关于自己曾到访过的亚洲和欧洲部分地区的著作,对此他决心"一旦蒙主的恩典,他可以安然无恙地结束在欧洲的旅程回到故乡,便将开始着手写作这样一本书……并与本书合订在一起"。[63] 约安拿·阿萨德所写的关于非洲的著作,即便是落到如奥斯曼帝国驻威尼斯使臣这类能够阅读意大利文的某位穆斯林权贵手中，或是在经过翻译之后，也不至于显得过于冒犯无礼。他现在所写的关于非洲的著作，还须确保他有朝一日回家之后，能安稳地继续写作另一本新书。

"在欧洲的旅程"（*viagio de la Europa*）——所特指的这段经历，始于被俘以及一年多的牢狱之灾——是约安拿·阿萨德在写作中谨小慎微的一个例证。为了取悦基督教的读者，他必须对被海盗俘虏一事感激涕零，因为这使他之后得以受洗皈依；而为了取悦潜在的穆斯林读者，他又不得不对这一暴行予以谴责。因此，他在书中非常明智地对海盗博巴迪拉只字不提，也没有借用其他故事中的海盗名字以作暗示和讥讽。在哈马达尼的"麦卡玛特"中，讲故事的旅行者伊萨·伊本·希沙姆（'Isa ibn Hisham）便用这样的方式引出过一个乔装改扮的流浪者的故事："因为意外所得的财产而遭到了怀疑，让我不得不避祸远逃……一直跑到了一处沙漠里。"伊萨·伊本·希沙姆关于逃亡的全部讲述仅此而已。[64] 对于约安拿·阿萨德来说，他有更多的理由需要谨慎行事。

第四章　非洲与欧洲

《非洲寰宇地理书》是一部夹叙夹议的著作,作者有意识地在欧洲与非洲之间、在非洲不同的文化与政权之间、在伊斯兰教与基督教之间来回游走。约安拿·阿萨德为我们留下了一些线索以解释他的双重视野。

第一条线索出现在全书开头部分。他在概述非洲的民族和风俗之后,对非洲人的"善"与"恶"做了一番总结,包括生活在地中海沿岸、沙漠游牧社会和黑非洲各地的非洲居民。在其他阿拉伯地理学著作中,也有类似的正反比较,但是约安拿·阿萨德却有些不同寻常的思考:"作为一个在非洲生长、被认为是纯洁的人来说,作者在此揭露非洲的各种缺点和丑恶时,不免羞愧和彷徨。但是为了按照真相如实书写,这却是必须要做的。"[1]

在《故事百篇》(*Nel libro del cento novelle*)中,有一则讲述行刑者的故事,约安拿·阿萨德自认为必须"在自己的写作中坚持同样的原则"。他接着耐心地介绍了这个关于责任的故事。某人被判罚接受鞭刑,行刑者恰好是他的好友,因此不免期待他能够手下留情。但行刑者反而下手格外重。被鞭笞者大声叫喊道:"我的朋友啊,你对自己的朋友也太狠了吧!"行刑者回答道:"我的朋友,忍一忍吧。我不得不忠实地履行自己的职责。"[2]

不过,在履行职责之时,约安拿·阿萨德是否如读者们所想的那样只是在一味揭露非洲人的恶行,认为他们鲜有美德呢?考虑到可能会带来这样的疑问,他又用另一个故事来解释责任的问题;这也是摘自《故事百篇》。从前,有一种既能在陆地又能在水里生活的鸟。他最初和其他的鸟儿一起住在天上,但当鸟类的国王要向他征税时,他便从天上飞到海里,对鱼儿们说道:"你们认识我吧。我一直跟你们是一样的。怠懒的鸟王居然要问我收税。"鱼儿们欢迎他一起在水中"自由安乐"地生活,一直到鱼类的国王也开始四处征税。他便又立刻飞离大海、回到鸟儿中间,重复着同样的故事。如此以往,他得以不必交税,继续自由地生活。

> 作者由此推断,人总是追求自己的利益。……我也像这鸟儿一样……如果非洲人遭到非议责难,(本作者)可以有理由说他不是生在非洲,而是格兰纳达。如果受到批评的是格兰纳达人,他就可以说自己并不是在格兰纳达长大成人的。[3]

通过行刑者和鸟儿这连续的两个故事,约安拿·阿萨德为读者提供了一个解读其作品的关键:尽管他是在"按照真相"而陈述事实,但在实践当中,并不会将自己固定在某个一成不变的位置上。作为作者,他可以自由地在不同文化立场之间见机行事、变换位置。

鸟儿的故事不仅讲述了计谋和变通,它本身也是经过计谋和变通而被创造出来的。在16世纪初,并没有一部名为《故事百篇》的阿拉伯故事集。[4]似乎约安拿·阿萨德所指的是著名的古代波斯山鲁佐德(Shahrazad)故事集,一般以《千夜》(*Alf layla*)或《一千零一夜》(*Alf layla wa-layla*)等不同版本流传于世。但在这些手抄本当中,都找不到与鸟儿或忠于职守的行刑者在内容或故事类型上相近的故事。不过这无足轻重,约安拿·阿萨德时代的欧洲人不仅根本不知道《一千零一夜》的确切书名,也不了解其全部的内容,仅对个别的故事或主题略有所知,例如 12 世纪初著名的佩特鲁斯·阿方索(Petrus Alfonsi)由阿拉伯语译成拉丁语的一些故事,它们之后又被翻译为西班牙语和其他一些欧洲语言。[5] 约安拿·阿萨德不必费心多加解释，随手捏造一个阿拉伯的来源即可。

所谓的《故事百篇》同时也可以联想到两部意大利语的故事集。一是薄伽丘（Boccaccio）《十日谈》里的一百个故事，15 世纪 70 年代后，从意大利各地的印刷厂里源源不断地生产出大量的印本。此外，还有另一部著名的意大利故事集，其不同的手抄本可以推溯至 13 世纪，于 1525 年在博洛尼亚印刷出版，书名为《古代故事百篇》（*Le Ciento Novelle Antike*）。约安拿·阿萨德很可能听说过这本书：印刷所用的范本来自 1523 年为枢机主教彼得罗·本博（Pietro Bembo）所制作的一个抄本，他同约安拿·阿萨德最主要的庇护人枢机主教埃吉迪奥·达·维泰尔博为挚友。不过，虽然《十日谈》里记录了许多招摇撞骗和阴谋诡计，但在该书和《古代故事百篇》（或其早期手抄本）中，也都找不到与行刑者或两栖鸟相近的故事或故事类型。[6]

于是，约安拿·阿萨德为自编的这两个故事发明了一个出处，也许他是希望藉此让读者既感受到来自阿拉伯世界的渊源，又能联想到流行的意大利故事集。之后，他继续编写自己的故事。

关于那个忠于职守的行刑者的故事，并未能找到约安拿·阿萨德所引用的具体出处。但与其笔下秉公执法的行刑者相反，在阿拉伯和欧洲传统中，却有着许多"同情体恤的行刑者"故事，他们出于各种原因饶恕了受刑者；以及受刑者如何通过乔装改扮、冒名顶替等办法逃脱惩罚的故事。[7]

至于鸟的故事，则可能是约安拿·阿萨德根据某个阿拉伯传统故事改编而成的。在波斯和阿拉伯文学中，鸟类常常以能说会道、统治、劝告、探索、争吵等形象出现。它们最早出现在发源于印度、8 世纪由波斯文翻译成阿拉伯语的《卡里来和笛木乃》（*Kalila and Dimna*）故事中；13 世纪初苏菲派诗人阿塔尔（'Attar）所著《百鸟大会》（*The Conference of the Birds*）里，将鸟类寻找百鸟之王凤凰的经历比喻为人类心灵的精神探索；13 世纪苏菲派圣徒鲁米（Rumi）的《玛斯纳维》（*Mathnawi*）中，有许多歌颂鸟儿的优美诗句。在 13 世纪一部名为《奇谋妙计》（*Subtle Ruses*）的书中，可能就记载有一种工于计谋的两栖鸟类，可惜书中关于"动物计谋"一章已经佚失不存了。[8] 此外，瓦桑度过幼年时代的马格里布地区民间流传的故事中，可能也有这样一种狡猾精明的鸟儿。[9]

在我看来，约安拿·阿萨德所选取的来源是 9 世纪伊拉克博学家贾希兹（al-Jahiz）的著名作品《动物之书》(Kitab al-Hayawan)，其中记有一个广为流传的故事。在书中，一只鸵鸟借口"我是鸟"而拒绝驮载货物，又以"我是骆驼"为理由不愿意飞行。贾希兹评论道："人们以谚语的形式，用这个故事来形容那些总是找理由逃避工作的人。"[10] 这个故事世代流传，鲁米在一首诗中引申道：

> 好似鸵鸟：当人们喊你"展翅高飞吧！"你却说：
> "我是骆驼。泰伊（Tayy）的阿拉伯人啊，骆驼怎能飞上天？"
> 当重担压身时，你又说："不，我是鸟儿。
> 鸟儿怎堪重负？"[11]

根据类似的主题，约安拿·阿萨德自创了一个动物的故事，它通过不同身份的变换逃避责任和过失。如果他在意大利读到《伊索寓言》的拉丁文译本，发现其中也有类似故事，一定非常高兴。在阿拉伯传统中，对于伊索只知其名，他的一些寓言故事（并不包括我们将要讨论的这一则）被归于传说中的智者鲁格曼（Luqman）名下。[12] 在意大利，有一部敬献给洛伦佐·德·美第奇的印刷版《伊索寓言》，另有一部插图版的手抄本存于美第奇家族，也就是说，该书流传于 16 世纪 20 年代约安拿·阿萨德一度效力过的社交圈中。在伊索的故事中，狡猾的主角是一只蝙蝠，当一只痛恨飞鸟的黄鼠狼要吃他时，他辩称自己只是会飞的老鼠而不是鸟，因此得以逃命；不久当碰到另一只吃老鼠的黄鼠狼时，他又改口称自己不是老鼠而是鸟儿。[13]

通过鸟的故事，约安拿·阿萨德将自己与阿拉伯—伊斯兰文化中对于

"希拉"（hila，即计谋、欺骗、策略之意，"用机智的办法让自己摆脱困境"）的观念和叙述结合在了一起。这种方式具有多重的意义，在有些场合是被允许的，有时候则会受到谴责。《奇谋妙计》一书讲述了天使、魔鬼、先知、苏丹和法官等使用的各种计谋。在马格里布地区，有两个最受人喜爱的精于诡道的故事人物，聪明的傻蛋吉哈（Djiha）和老妇人拉巴（La'aba），他们既有善意的巧计又会使"邪恶的阴谋"，可以随心所欲、为所欲为，或是揭露身边的一些错误和恶行。[14]

《古兰经》中也用到不少与"希拉"相似的词汇，如 makra（策略、计谋、欺诈）、khada'a（骗哄、作弄）、kaid（策略、计谋）等，兼指异教徒和真主的行为："他们用计谋，真主也用计谋，真主是最善于用计谋的"（3:54）；"伪信者，的确想欺骗真主，他将以他们的欺骗回报他们"（4:142）；"他们必定要用计谋，我也要用计谋"（86:15—16）。[15] 约安拿·阿萨德在写鸟的故事之前不久，正在为埃吉迪奥收藏的《古兰经》拉丁文译本细心斟酌这些段落。修订的文本中，他用于对应翻译阿拉伯语"设计""欺骗"的拉丁语动词是"*decipere*"（欺骗、圈套、蒙骗）。原译者约恩斯·加布里埃尔即采用这样的译法，约安拿·阿萨德予以认可；但当前者试图采用例如"安排"等更为平和的动词时，约安拿·阿萨德又把它改成了"*decipere*"。[16]

在意大利，约安拿·阿萨德也遇到了不少有关伪装、计谋、策略和欺骗的观念和故事，有时会有所批评，但更多时候是表示赞赏。除了伊索和薄伽丘的故事之外，在为阿尔伯托·皮奥抄写"保罗书信"的阿拉伯文译本时，他可能就注意到使徒在致哥林多人（Corinthian）的信中，提到了"诡诈"和心机。一方面（《哥林多后书》11:3），保罗希望他们不要因邪恶的传道者"像蛇用诡诈诱惑了夏娃一样"而"心或偏于邪"：约安拿用"*makr*"来翻译"诡诈"（subtilty）。另一方面（12:16），保罗又表示自己也是靠"诡诈"（being crafty）赢得哥林多人的支持，即"用心计牢笼你们"。此处，约安拿·阿萨德写到保罗的"诡诈"时，也用了"*makir*"，"心计"（with guile）则是"*bi-l-hila*"。[17]

另外，约安拿·阿萨德还有可能多少知道一点 16 世纪 20 年代初的罗马政坛，教皇利奥十世和克莱芒七世的亲信近臣们是如何描写诡道之术的。巴尔达萨雷·卡斯蒂利奥内此前不久刚刚在《廷臣论》问道，一个完美的廷臣是否也需要"一点谨慎的韬晦"。尼科罗·马基雅维利（Niccolò Machiavelli）和弗朗切斯科·圭恰尔迪尼（Francesco Guicciardini）正在深刻地反思，伪装、诡诈和开诚布公在政治生活中的作用。马基雅维利向等待"改变命运"的君主建议，成大事者必须违背信仰、不顾宗教的指令，尽管在表面上还是要公开地表示顺从；圭恰尔迪尼指出，欺骗仅在"极少数重要情况下"才有用，但是一个公民要能够"尽力 [在暴君面前] 隐藏 [他的] 秘密想法，而 [暴君] 则要尽力发现它们"。[18]

于是，约安拿·阿萨德所创造的出典——《故事百篇》，以及他笔下那只机灵的鸟儿所想的诡计，在地中海的两岸都能够引起读者的共鸣。藉此他为自己构建起了一座桥梁，可以同时向两个方向跨越。他也用行刑者和两栖鸟的故事，告诉意大利的读者们，不应将他的身份严格地限定为某种类型，不应以此作为他能否如实叙述的条件。

第二条可以说明约安拿·阿萨德具有双重视野的线索，来自于其对北非地区的占卜家、巫师和各种穆斯林宗派的一段冗长而带有批评的记述。他告诉我们，有一种被称为"扎伊拉贾"（za'iraja）的"秘法"（cabala），它不是以书写的形式存在，而是存于自然之中，占卜者藉此能发现所要探寻的秘密和预知未来。其算法非常艰深，只有最杰出的算术家和占星家才能顺利地施行。

他本人曾经阅读过贾马尔·丁·马贾尼（Jamal ad-din al-Marjani）和伊本·赫勒敦的相关评论。特别是他还曾亲眼看到过"扎伊拉贾"的施行：一次是在菲斯的伊南清真寺（Bu' Inaniya，图 16），由三位大师进行；另一次是在突尼斯，那位"最卓越的大师"是大名鼎鼎的马贾尼的后代。在菲斯，大师们在大理石地板上画上许多同心圆和直径线，在特殊位置上标记罗盘的指针、行星、黄道十二宫、月相盈亏、一年中的月份和日期、阿拉伯字母符号、阿拉伯数字和其他这类记号。然后，提出一个问题。经过漫长而复杂的过程（在菲斯，正逢夏季，整个过程持续了一整天），问题所用单词的各个字母被拆开又不断重新组合，并根据"扎伊拉贾"所设定的具体位置被替换为一些特别的数字。经过繁复的计算，再与所处时刻黄道坐标的角度相关联，重新将之转换为字母。然后根据阿拉伯独特的韵律格式"塔维体"，对所得出的答案进行编排，约安拿·阿萨德曾在其诗论著作中具体描述过这种格律。"用这种方式得出的诗句，从中可以获知对所提问题的真实解答。……这种占卜，从未有过失误。真是非常神奇！据作者所言：这样的事情，他在自然世界中闻所未闻。"[19]

不过，在对"扎伊拉贾"大加赞叹之后，约安拿·阿萨德话锋一转，态度急转直下：

> 作者必须坦言，他曾经有机会学习、并有大师愿意无偿教授以上所说的这一法门，但他婉言谢绝了，这并不是出于怠惰。更主要的理由是，据穆斯林经学家所说，这样的方法和科学可视为一种欺诈，并几近异端，应予以禁止。经文所言，一切测字占卜都是无用的。除了真主之外，无人能够通晓未来及其奥秘。宗教审判官有时会监禁并处置那些与这门科学有牵连的人。[20]

毫无疑问，约安拿·阿萨德非常清楚，介绍"扎伊拉贾"会是一个非常好的话题。精通希伯来"卡巴拉"的埃吉迪奥·达·维泰尔博以及其他一些学者，难道不想要认真听一听有这方面学识的穆斯林是如何施行秘术的吗？它属于阿拉伯神秘主义科学中最为复杂深奥的一种，五百多年来激发了大量的相关讨论，其中包括伊本·赫勒敦在《历史绪论》中的长篇论述。对于"扎伊拉贾"最后得出的令人惊奇的诗文，伊本·赫勒敦声称自己洞悉了其中的"奥秘"：从一开始，它就是以一篇塔维体诗篇为模板的。伊本·赫勒敦进而指出，从其中并不会发现任何超自然的东西；因为"未来之事属于超自然的现象",其知识仅属于真主所有。不过,伊本·赫勒敦还是表示"扎伊拉贾"是"一件非凡之事、一桩奇妙之功",从中可以发现话语与话语之间、问题与答案之间的联系。据马贾尼回忆,第一次向伊本·赫勒敦传授此法时,当后者的问题"扎伊拉贾是古老的还是晚近的科学?"得出答案之后,伊本·赫勒敦高兴得手舞足蹈。[21]

约安拿·阿萨德所讲述的"扎伊拉贾"的故事,顺利地跨越了地中海,传达了不少关于其作者的重要问题。在鸟的故事里,约安拿·阿萨德可以在必要时运用策略、自由而巧妙地在两种不同文化间变换位置。在"扎伊拉贾"的故事里,他对于那些难以言传又令人称奇的文化现象极为好奇;他虽然想要对它们细加观察并试作说明,但在意识到危险后便立刻止步。这些故事能够引导我们去理解约安拿·阿萨德其人,这位伊斯兰世界的前外交官和旅行家,是如何描述自己在欧洲和非洲之间、在基督教与伊斯兰教之间、在非洲本土的不同地区之间的活动的。

在非神学的问题上,约安拿·阿萨德可以更加自如地在欧洲和北非之间穿梭往来。有的时候,他将它们等而视之,比较双方在光彩华丽和肮脏无序等各方面的相似之处。他写道:"努米底亚(Numidia)[沙漠]上的阿拉伯人大多颇具诗才,能够用长诗描述他们的战斗和狩猎,还能以非常优雅而甜蜜的语言歌咏爱情。他们的诗歌韵律与欧洲方言诗有异曲同工之妙。"[22]

在更近地中海的地区,流传着许多关于某位赫鲁尔(Hellul)的诗,他是来自利夫山北部山地的著名武士,当地男子常常渡过直布罗陀海峡前往格兰纳达同西班牙人作战。约安拿·阿萨德写道,609/1212 年,阿尔摩哈德王朝哈里发纳西尔(Al-Nasir)率军在安达卢西亚的鹰堡(al-'Uqab)与西班牙交战,摩尔人损兵折将达 6 万人,赫鲁尔便战死于此。基督教世界自此之后节节胜利,直至斐迪南国王在 285 年后收复了格兰纳达城。尽管遭到惨败，约安拿·阿萨德仍然认为赫鲁尔是一个永恒的传奇："在非洲和倍提卡（Baetica，西班牙东南部地区的古罗马旧称），人们用诗歌和散文反复传唱着他的战斗故事，就像是拉丁俗文学中罗兰（Roland）的传奇故事一样。"[23]

虽然基督教—伊斯兰教之间的力量平衡发生了重大转变，而且对他个人的人生也带来了根本性的影响，约安拿·阿萨德仍然认为欧洲和北非的诗歌创作与民间记忆是可以相互对应的。从许多例子来看，其中似乎确有呼应之处。这个赫鲁尔究竟是什么人？赫鲁尔是约安拿·阿萨德根据阿拉伯语人名希拉勒（Hilal）音译而来。伊本·赫勒敦在其关于柏柏尔和阿拉伯人的历史巨著中，曾提到来自某个"素以武士英勇善战闻名"的地区的部落酋长希拉勒·伊本·哈米旦（Hilal ibn Hamidan），不过其领地远离利夫山脉，而且在大败于鹰堡战役多年以后，希拉勒·伊本·哈米旦仍然在世，还曾率部族叛乱，反抗哈里发的兄弟。距此次战役发生时代较近的其他历史学家，也从未提及任何一个名叫希拉勒的英雄人物，他们将失利大多归因为军队缺粮断饷所导致的士气低落，以及哈里发部下大臣的指挥和战略失误。[24]

不过，"希拉勒"的名字却可能与另一部长篇史诗《巴努·希拉勒之歌》（Sirat Bani Hilal）有关，其内容是关于 11 世纪巴努·希拉勒（Banu Hilal）的阿拉伯游牧部落向马格里布地区入侵和迁徙的故事。伊本·赫勒敦在《历史绪论》中收录了其中的一些篇章，这些诗歌数百年来在马格里布被世代传唱。（今天的歌者在朗诵中有时会高喊道："那就是希拉里亚人！"好像是在讲述一件千真万确的事情。[25]）看来约安拿·阿萨德也许是从一部在北非家喻户晓的史诗中借用了一个人名，虚构了一位在格兰纳达战争中抵御西班牙的英雄人物。[26]

那么，这与基督教文化中的罗兰又有什么关系呢？161/778 年，在其叔父查理曼（Charlemagne）与萨拉森人（Saracen）的战争中，罗兰战死于隆塞斯瓦耶斯（Roncesvalles），此后经过无数的传奇故事和诗歌，他化身为这场震惊世界的战役中的英雄。约安拿·阿萨德早年阅读马苏迪的地理和历史著作时，可能就读到过"查理曼"的名字，在自己的《地理书》中他引用了马苏迪的作品，不过听说"罗兰"的名字应该是在来到意大利以后。正是在意大利，随着发动新十字军远征土耳其的呼声甚嚣尘上，卢多维科·阿里奥斯托（Lodovico Ariosto）广受欢迎的作品《疯狂的奥兰多》（*Orlando Furioso*）先后于 1516 年和 1521 年出版了两个最早的印刷版，尽管在阿里奥斯托书中陷入狂热爱情而不能自拔的奥兰多与中世纪传奇里的骑士罗兰不尽相同，但是抗击萨拉森人的英雄功绩仍是诗歌的中心内容。可能是从阿尔贝托·皮奥和雅各布·曼蒂诺等他在意大利结识的人那里，约安拿·阿萨德听说了这部书以及奥兰多背后的故事，不过最有可能的源头是以利亚·勒维塔，如果我们还记得的话，他本人也曾用意第绪语创作过中世纪传奇故事。[27] 可能就是在两人的谈话过程中，约安拿·阿萨德构想出了"希拉勒"与罗兰的二元对应。

在其他一些关系的处理中，也有类似的两相对应。据约安拿·阿萨德称，菲斯的旅店规模宏大，尤其是卡拉维因清真寺附近，大多建有喷泉和排水系统，足以供应 120 个甚至更多房间。"在意大利，除了博洛尼亚的西班牙学院和罗马的圣乔治宫，无一能与之相媲美。"（事实上在 16 世纪 20 年代，由于人口增长，罗马出现了严重的供水问题；直到 1561 年以后，随着教皇的一系列措施，它才成为一座以喷泉著称的城市。[28]）约安拿·阿萨德又坦言，菲斯的一些旅店还成为那些肆意乱性之人经常出入的地方：

> 他们打扮成女人的模样，剃去胡须，像女人一样讲话、纺纱。这些令人憎恶的旅店住客，每人都会另找一个男人作为丈夫，而且据说他们之间会做出在欧洲妓院里妓女们才会做的行径。

不论是地中海的哪一边，都存在性问题上的混乱和不端。[29]

甚至对于葡萄牙基督徒与马格里布穆斯林之间的战争，其中有些他本人还曾目睹,约安拿·阿萨德也能保持在叙述中的相对公允。不过,他偶尔也会在不经意间流露出一丝夸赞之情,如在讲述同为格兰纳达流亡者的阿里·曼扎里('Ali al-Manzari)的英勇战绩时。曼扎里在格兰纳达被占领前,因抗击西班牙而名声大噪,他重建了之前被葡萄牙破坏的塔土安(Tatouan)的堡垒和村镇,以此为据点在休达和丹吉尔附近积极抵抗西班牙军队:

> 他精通各种武器、久经沙场,率领格兰纳达的三百骑兵在城外所向披靡,俘虏了许多基督徒。他驱使基督徒战俘修筑城防,肆意虐待。笔者曾目睹有三千多名基督徒奴隶,衣衫褴褛,锁镣缠身,栖身在壕沟里。不过(曼扎里)对路经其领地的陌生人却极为慷慨。[30]

尽管如此,在描述葡萄牙与菲斯苏丹的军队在玛目拉的战役时,他几乎未显示出任何偏向性,虽然其本人在921/1515年亲临现场的时候,肯定是为穆斯林一方助威的。他以马基雅维利式的坦率分析了当时的军事形势,马基雅维利的《论战争艺术》(*The Art of War*)和《佛罗伦萨史》(*History of Florence*)正写作于约安拿·阿萨德在意大利生活的时期,这种坦率的写法也是许多优秀的伊斯兰战争史作品的重要特点。约安拿·阿萨德评论指出,葡萄牙的失利是因为人数上的巨大劣势;他们应该对这个事实有更充分的认识。他们还试图联合卡斯提尔的军队,但不可避免地出现战略上的分歧。获胜的穆斯林军队则非常残忍("摩尔人是不讲理的野蛮人"),对葡萄牙人肆意屠杀,或是任其溺亡而不愿俘虏为囚。而基督教一方取得胜利后,也毫不心慈手软,例如他们在15世纪末占领艾西拉后,便将当地大部分人口役为奴隶。[31]

在北非和意大利之间进行的其他比较中,他有时候会评价一个地区要比另一方好一些,不过这种赞誉并不总是单一指向的。例如关于餐桌礼仪,约安拿·阿萨德对于自己生长的土地表达了强烈的保留意见。他在对比了普通人的粗茶淡饭和富人们的锦衣玉食之后，评论道：

> 相比欧洲的贵族们，非洲的生活似乎惨不忍睹，不仅是因为食物数量有限，而且饮食风俗也杂乱无章。吃饭时，人们围坐在一张没有桌布的矮桌前。没有人会用餐巾。在吃蒸粗麦粉（couscous）或其他食物时，大家都不用勺子，直接用手从锅子里抓。汤和肉煮成一大锅，每个人各抓一大块肉，不用刀，全靠手和牙齿撕咬。人人都是风卷残云、狼吞虎咽，填饱肚子之前也不喝任何东西。饭后才喝上一杯或一瓶水。这是一般的吃饭过程，尽管生活质量较高和有学识的人要稍微斯文一点。总之，一位普通意大利绅士的生活也要比非洲的权贵豪族更为文雅精致。[32]

约安拿·阿萨德所描绘的，是一个有着自己独特的饮食习俗的社会，其中既有本地的、也有来自马立克法学和宗教仪式的习俗。饮食必须按照法律教义使用右手。只能伸手从最靠近自己的盘子里取食，不允许对着食物呼气。必须仔细咀嚼后才能咽下。喝东西严禁大口暴饮，每喝一口就要把杯子从嘴边拿开，以免呼吸进入其中，喝完后再把杯子传给自己右侧的人。吃饭时不能架起手肘。在进入清真寺之前，不能吃韭菜、大蒜或生洋葱。除了这些规定之外，还有一类专门讨论饮食礼仪的文学形式，其历史可以追溯到贾希兹，他曾讥讽过暴饮暴食和吃公用大锅时的自私行为。[33]

在被俘以前，约安拿·阿萨德似乎就不认为这是一种行之有效的饮食习惯，深感本地的风俗还不够完善，可以从其对北非知识阶层和上层家庭的精致生活所做的介绍中略见一斑。意大利的生活令他对马格里布大锅共食的饮食习惯愈生反感。欧洲的精英阶层此时刚刚摆脱大锅共食的风俗，意大利人尤其坚持使用刀叉以使饮食更加"文雅"。虽然伊拉斯谟（Erasmus）的《男孩的教养》（*On Good Manners for Boys*）在1530年方才出版，但他所告诫的一些观点——"把手伸进带有汤汁的盘子是粗鄙野蛮的，应该用刀叉取用食物";"吮吸油腻的手指是极不礼貌的,应该用餐巾擦手"——在多年之前,已有类似的说法在意大利的望族豪门中出现。约安拿·阿萨德所接受的,正是他在贵族和主教们的餐桌上观察到的礼仪举止。[34]

但在另一方面,他大量记录了穆斯林贵族的热情好客,即便是非常偏远的山村部落亦是如此,并且认为,就这一在阿拉伯地区被高度重视的品质而言,他们要远胜于欧洲。例如,上阿特拉斯山区某个柏柏尔人部落的酋长,一位"极其慷慨"(grandissimo liberale)的人。多年以前,16岁的哈桑·伊本·穆罕默德被派往其座前以重修旧好,他随身携带着担任苏丹使臣的叔父所写的一首诗和其他礼物,以及自己创作的一首颂诗。招待年轻使节的美食佳肴令他日后一直记忆犹新:用类似意式千层面的面条包裹着的各式烤肉、蒸粗麦粉和其他食物。为了感谢他的赠诗,酋长赠送给哈桑·伊本·穆罕默德丰厚的礼物,我们不妨再复述一次,赠给其叔父八百金币、一匹骏马和三名奴隶;给瓦桑五十金币和一匹马;其他随从每人十枚金币;并且许诺日后还有厚赠。"这个故事是想要告诉本书的读者们,像这位山地酋长这样的贵族在非洲各地比比皆是。"[35]

约安拿·阿萨德还描绘了菲斯、突尼斯和开罗等地繁华热闹的城市生活:数不胜数的大小市场,各色商品一应俱全(如开罗),从玫瑰香水、烧肉到精美的纺织品、香料、珠宝和价值连城(grande richezza)的金器;技艺高超的工匠;清真寺和马德拉沙;公共浴室;街头的市集和各种娱乐表演;如云的美女和华服的男子;知识渊博的学者;以及宫廷。在菲斯,"有五十座建筑精美的大清真寺,装饰以色彩斑斓的大理石和其他材料,每一座清真寺里都有一个用最漂亮的大理石和其他在意大利闻所未闻的石材建造的精美喷泉";在菲斯,有众多美丽的园林、喷泉、亭台、鲜花和果树布陈其间,宛似"人间天堂"(paradiso terrestro,他所描绘的画面可能既是指《圣经》里的伊甸园,又是《古兰经》里的天园 [al-Janna])。"不论是在非洲,还是亚洲或意大利",没有一个市场能与菲斯郊外的集市相媲美,能够见到如此众多的人和琳琅满目的商品。至于说到开罗,"开罗的名声远播四海,是一座非常伟大而壮观的城市"（*una cipta grandissima et mirabile*）。[36] 在意大利所见到的城镇，都无法与它们相提并论。

❧

在约安拿·阿萨德的叙述中，他对一项欧洲特有的神奇事物只字未提，那就是印刷术。他一定早就从阿尔贝托·皮奥那里听到过对印刷术的赞叹，后者是威尼斯伟大的人文主义印刷商阿尔多·马努齐奥（Aldo Manuzio）的赞助人，并在自己位于卡尔皮的领地上创办过一家印刷工场。教皇利奥十世一定也曾送给与自己同名的乔瓦尼·利奥尼一些题献给自己的印刷品，例如1516年出版的拉丁语、希腊语、希伯来语、阿拉姆语和阿拉伯语等多语种的《诗篇》（Psalter），或是1519年出版的《埃及人的神学或神秘哲学》（*Theology of Mystical Philosophy according to the Egyptians*），该书是编者根据在大马士革发现的一部（异想天开地）伪托亚里士多德之名的阿拉伯语手抄本整理印刷的。

约安拿·阿萨德也一定到印刷工场参观过：在罗马，可能跟随以利亚·勒维塔前往距离埃吉迪奥·达·维泰尔博住处不远的犹太人印刷作坊；或是在博洛尼亚，应雅各布·曼蒂诺之邀去看其翻译的阿威罗伊作品的重印。甚至可能有人还为印刷阿拉伯语图书专门向他求教过。[37]

但是，《非洲寰宇地理书》并没有提到替代了传统笔录手抄的印刷技术，作者详尽描述了在伊斯兰世界受到高度重视的书法艺术。约安拿·阿萨德大概也同其他穆斯林学者和权威人士一样，有着宗教方面的顾虑（无论是哲学还是视觉呈现上），这些顾虑使得将阿拉伯文字付之于印刷在伊斯兰世界并不是一项受欢迎的技艺。他一定了解，文本中的错误在伊斯兰世界会导致更为严重的后果。关于先知从真主那里获得《古兰经》并最终抄录的过程，有着广泛的记载，同时也有许多论述强调《先知言行录》（"圣训"）对资料来源可信度的重视，在传统中要求严格忠实于文本，并对真实性和准确性细加考辨。有许多流传数百年的故事，讲述学者们因为誊抄中出现的错误，把手稿付之一炬或是扔到水中，以免它们误导将来的读者，许多内容甚至与宗教无关。当然，大多数作者都会将手稿抄写复制，不过在公开示人之前，作者本人或其他人都会对每一部抄本进行细致的校对，以求准确。

雕版印刷在几个世纪前就在穆斯林地区出现了，但仅限于印刷世俗的护身符咒和朝觐证书等。活字印刷术问世后，被禁止用于阿拉伯文的印刷：921/1515 年，苏丹塞利姆在奥斯曼帝国境内明确颁布了这一禁令，不久之后哈桑·瓦桑便出使来到了其宫廷；在马格里布，可能也有过类似的抵制。"乌里玛"，即宗教学者，以及遍布伊斯兰世界的无数誊抄员自然非常欢迎这种抵制。在伊斯兰地区生活的犹太人获准可以从事印刷：16 世纪初就有西班牙来的流亡者在伊斯坦布尔创办印刷厂；大约 922—28/1516—21 年，一个叫做塞缪尔（Samuel）的犹太人与其子艾萨克（Issac）就用他们从里斯本带来的活字模，在菲斯印刷了《塔木德经》（Talmud）的小册子。但是犹太人被禁止使用阿拉伯语或土耳其语进行印刷。究竟有什么可担心的呢？对于宗教典籍来说，粗制滥造的印刷品在广为传播之后所造成的有害影响要远比一个离经叛道的抄写员所制造的单一文本严重得多。事实上，1537 年左右，威尼斯的一家印刷工场印刷了一部阿拉伯文《古兰经》，似乎还有意将印本输入奥斯曼帝国境内，但由于其中错误百出，最终几乎全部被销毁了（图 30）。[38]

约安拿·阿萨德肯定听以利亚·勒维塔讲起过印刷中出现差错的问题，后者曾为其希伯来文语法书在伊斯坦布尔印刷的版本中出现"无数错误"而大发雷霆——"居然没有人校对勘误"。此外，他可能也会自问，阿拉伯文书法的复杂和优美究竟能否在印刷的书页中得到体现，书法本身就是《古兰经》神圣经文的一种视觉呈现（图 29）。虽然犹太教也坚持"摩西五经"（Torah）的书卷必须是手写的，但在印刷其他书籍时，印刷者仍可被视为"一项圣功的施行者"。以利亚·勒维塔曾指出，犹太人用"*daphos*"这同一个词，来指称上帝根据自己的形象复制人类和印刷工印制书籍的工作。但是，穆斯林却只让用笔书写的人来从事这项神圣的任务。[39]

可以看到，对于《地理书》的作者来说，能够读书识字的社会和目不识丁的社会之间，是截然不同的。在他足迹所到之处，书是其作出判断的一个重要标准。例如在中阿特拉斯山区，当地居民用"精美的字体"抄写书籍，然后送往菲斯的书店销售；在廷巴克图的市场上看到大量来自马格里布的手抄本，也令他感到赏心悦目。[40]

约安拿·阿萨德对于北非长久以来的书籍传统心存敬畏，因而直接避开了印刷这一敏感的话题。但是他一定也曾自忖，自己将要留在意大利的手稿日后是否会付之于印刷？如果是的话，他在写作《地理书》时所设想的欧洲读者，将会有更多不知名的陌生人，数量将远远超过他所接触过的学者和保护人的小圈子。更有甚者，书籍的印刷是不是会使得穆斯林有更大的机会得以看到他的这本书？笼罩在地中海上空的这些不确定的因素，令他迂回往复的写作策略接受着巨大的挑战。

第五章　想象非洲

"在阿拉伯语中，非洲被称为'艾弗里齐亚'（*Ifriqiya*），"约安拿·阿萨德在《地理书》的开篇这样写道，然后又对其做了两种解释。他的第一种解释与传统伊斯兰教地理和历史著作相比，显得不同寻常。"非洲"（他通常拼写为"Affrica"）源于阿拉伯语的"法拉卡"（*faraqa*）一词，有"分离"之意，即"由于地中海而与欧洲及亚洲部分地区相隔断的大地上的一部分地区"。第二点是其对伊斯兰世界常见理论的一种解释：艾弗里齐亚得名于"也门王艾弗里科斯（Ifricos）"，因受到亚述（Assyrian）的驱逐，不得不背井离乡、率领部众渡过尼罗河，迁移至迦太基地区。"因此，阿拉伯人所说的非洲仅指迦太基一带，非洲的其他地区被他们称为西部 [即马格里布，在阿拉伯语中 *magrib* 意为西方]。"[1]

事实上，不论是阿拉伯的地理和历史著作，还是通常的说法中，艾弗里齐亚都仅限于突尼斯及附近迦太基、凯鲁万（Qairouan）和马赫迪耶（Mahdia）等城市的周边地区。偶尔也有学者用"阿法里卡"（'Afariqa）作为地名并指称当地居民：如伊德里斯曾写道："加贝斯（Gabes）是阿法里卡人的一座城市"；更为新奇的是，9 世纪的一位埃及历史学家曾记载："阿法里卡人之所以得名，是因为他们是贝萨尔（Bayssar）之子法里克（Fariq）的子孙，其曾占有巴卡（Barqa）至艾弗里齐亚之间的土地。"[2]

数百年来，被欧洲人依据古代罗马行省称为"阿非利加"（非洲）的这片土地，地域范围不断扩大，但在阿拉伯传统中却很少以单一的地名来标识。不妨来看一下托勒密曾用过的不同名称。在《地理学》中，这位古代的天文学家和制图师（如在他之前的斯特拉波和老普林尼一样）曾用"利比亚"（Libye）来指除埃及以外的非洲大陆。2世纪希腊文的托勒密著作抄本，直至15世纪初才被翻译为拉丁文，在15世纪末的印刷版中，"非洲"已取代了"利比亚"成为统称：如书中的"非洲全览""非洲四地图"等。因此，约安拿·阿萨德可能见过托勒密的著作，如1508年的罗马版或1511年的威尼斯版（图12）。[3]

不过，在更早之前他就知道一个阿拉伯文的版本，在《非洲地理书》中他曾三次提到托勒密。9世纪就曾出现托勒密《地理学》的阿拉伯文译本，许多著作便以此为基础，例如数学家花剌子模（al-Khwarizmi）的《世界图集》（*The Book of the Picture of the World*）。虽然花剌子模书中的非洲部分以经纬度标示出了许多城市、山脉、河流和岛屿，但从未专门提到过一块叫作"艾弗里齐亚"或"卢比亚"（Lubiya，即阿拉伯语中的利比亚）的大陆。[4]

在大多数阿拉伯地理书中，也并不把欧洲称作为"欧洲"。虽有"欧卢发"（Awrufa）一词，但在9世纪的一位波斯地理学家那里，它包括了西班牙、法兰克王国、斯拉夫王国、拜占庭帝国，以及除埃及以外的整个非洲地中海沿岸的广袤地区。一般来说，欧洲更多地被称为"罗马（Rum）国"，或是"法兰克国""基督教国"等，仅对其中特定的王国、地区和城市进行描述。如伊德里斯写道："从罗马到比萨（Pisa）……其路程约四十里。罗马为基督教的支柱之一，乃教廷之所在。……[其]地界广阔无边。"[5]

在中世纪的地图上，可以清晰地看到欧洲人和阿拉伯人对"大陆"（continents）在定义上所存在的差异。（在英语和法语中，直至16世纪这个词才被赋予地理学的意义。）欧洲的"世界地图"（*mappaemundi*）采用符号三分法的形式分别标示亚洲、欧洲和非洲三大地区；以后虽然不断有新的地区和其他许多地理特征被添加上来（如绘于 15 世纪的一幅地图），但亚洲、欧洲和非洲仍然以大写字母明确注明。当然，基督教地理学家也非常关注真信仰的空间分布，某位制图师曾注明："红点表示基督徒的城市，黑点实际上是表示异教徒的城市。"这样或那样通过描述所做的区分，并不妨碍人们根据独立的大片陆地来构想世界的习惯做法。随着新大陆的发现以及麦哲伦（Magellan）在 1519—1521 年的环球航行，所谓第四块"大陆"的概念进一步强化了欧洲人关于大陆的观念。[6]

阿拉伯的世界地图则强调其他的差异和联系。10 世纪伊拉克旅行家伊本·豪盖勒（Ibn Hawqal）的世界地图，按照南北和东西两条轴线排列，以此展开对伊斯兰世界的描述：他提醒读者，东起药杀河（Jaxartes River）西至马格里布和安达卢西亚，全程需三百多天。伊德里斯以及之后又为伊本·赫勒敦所沿用的世界地图（图 11），依据托勒密的传统将世界分为七个气候带，按纬度涵盖了全部陆地。丹吉尔在地图上被标为博尔努（Bornu）；威尼斯则被标为布列塔尼（Brittany）；但是它并没有标出大陆的名称。[7]

在意大利期间，约安拿·阿萨德知道了"非洲"和"欧洲"的名称，并将之与阿拉伯地理学叙述结合在一起。他的双重视野在此得到了进一步的发挥。为了意大利的读者，他必须采用他们的分类方法。但是，这种做法对他思考和描述曾经亲自到访过的地区，也产生了一定的影响。无论多么勉强，面对这一广阔地域的诸多差异甚至怪诞之处，能不能把它视作一个整体呢？当想到这本书有朝一日可能会翻译修订为阿拉伯语，他是不是需要为另一批读者呈现一个带有全新意义的"非洲"呢？

❧

约安拿·阿萨德写道："根据我们的学者和宇宙学家的说法，非洲分成四个部分，即巴巴利、努米底亚、利比亚和黑非洲。"[8] 这些"部分"首先都是依据纬度划分的气候带，伊德里斯和伊本·赫勒敦均以此来展开各自的描述，不同的是，伊德里斯进一步将其所谓第七气候带（iqlim）的地域向北越过地中海延伸至英国和挪威一线；伊本·赫勒敦所说的第三气候带则由阿特拉斯山脉经红海一直推至中国。Aqalim 的意思也可以仅指"地区"，如"弥斯尔（Misr，埃及的阿拉伯语名称）地区"等政治地理单位，穆卡达西便用此词来形容整个伊斯兰帝国。[9] 约安拿·阿萨德在书中则兼采这两种说法。

在约安拿·阿萨德笔下，有时会采用狭义的"非洲"概念，如所谓"非洲人"仅指生活在非洲西北部的古代居民，即柏柏尔人。但在诸如"古代非洲人的信仰"这样的概论部分，他又包含了"巴巴利的非洲人"（li Affricani de la Barbaria）、"努米底亚和利比亚的非洲人"（li Affricani di Numidia et Libia）以及"非洲黑人"（li Affricani nigri）。[10]

巴巴利东起突尼斯王国，经阿特拉斯山脉沿北非直至大西洋。这是"非洲最为高贵的地区"：有多个王国，而王国的存在也是阿拉伯地理学文献中一个重要的划分标志，还有许多城镇，居民为"白种人且有理性"（li Homini bianchi et rationabili）。努米底亚位于巴巴利以南地带，从埃及的瓦哈特（Al Wahat）绿洲向西延伸至大西洋；这个地区略逊于前者（de mino conditione），遍植棕榈，但没有王国，只有一些零星的城镇。利比亚是再往南的地带，主要是游牧部落生活的沙漠，仅有少量村落。而被称为"黑人之国"的黑非洲则恰恰相反，有三个重要王国及许多规模较小的国家，有的地方"居民富足、技艺高超，国家治理井然有序"，有的地区仍处于"茹毛饮血、如同禽兽"的状态。虽然他从廷巴克图的商人那里了解过一些有关尼日尔河以南至大西洋沿岸地区的情况，但并未亲眼见到过。[11]（他并未提及 893/1488 年葡萄牙航海家所发现的连接大西洋和印度洋的航线，次年一位阿拉伯航海家在所著《航海第一要则》[First Principles and Rules of Navigation] 一书中，曾对好望角有过专门的描述。[12] 下文我们将会再来分析他对此事的缄默态度。）

在非洲四大部分的划分之外，约安拿·阿萨德还增加了第五个部分——"闻名遐迩（famosissima）的埃及行省"。在这里，他在地理学家、甚至是他曾提到的"非洲学者"之间的激烈争论中表明了自己的立场，在争论中，对于埃及是否"属于非洲"，有学者存在不同意见，他们主张将尼罗河作为非洲和亚洲的分界线。这些学者都是谁呢？其实，没有任何一位重要的穆斯林地理学家在意严格的划分；他们把埃及视为伊斯兰世界不同地区之间的纽带，而不是边界，他们在描述尼罗河时也只是将之置于纬度气候带之中。然而，文明古国埃及的地位一直是困扰欧洲人的一个难题，在基督教世界的"世界地图"的绘制者们看来，非洲和亚洲的边界是一个重要的问题：究竟是尼罗河还是红海？约安拿·阿萨德似乎主要是在回应一个欧洲的命题。他决定将尼罗河东岸看作是亚洲的一部分，而未将边界定在红海。同理，埃塞俄比亚也划归亚洲。而尼罗河以西的埃及部分，则"属于非洲"。[13]

除了根据地域对非洲进行的描述，约安拿·阿萨德还根据其居民的不同来说明其特性。他写道，黑人是非洲最古老的居民。黑非洲以北的地区数千年来一直无人定居。他坦言自己对于黑人的起源和人种结构所知甚少。但是，根据在桑海和高比（Gobi）所闻，他证明其语言多种多样。[14]

柏柏尔人是最早的"白种非洲人"。关于他们的起源，历史学家有不同的意见：其祖先可能是巴勒斯坦地区的非利士人（Philistine），或是也门的塞巴人（Sabaean），也有可能是由更东方经过希腊到达非洲的民族。（伊本·赫勒敦考察了更多说法，最终结论认为大多数柏柏尔部落是非利士人的后裔，而包括扎纳达 [Zanata] 在内的另两支部落，则源于也门。）由于散居北非各地，并分裂为许多"族群"（populi），也就是部族和世系，柏柏尔人的生活方式有着明显的地区差异。他们在北非兴建了许多城镇，建立了一些伟大的统治王朝：由桑哈扎族的分支累姆图纳人（Lamtuna）建立了阿尔摩拉维德王朝；扎纳达人的一个分支开创了马林王朝。[15]

对于各种各样的柏柏尔语，约安拿·阿萨德注意到它们各自在发音和词汇上的差异，但仍然将之看作是同一种语言：说这门语言的人称之"阿瓦尔·阿玛希语"(*awwal amazig*),即"非洲的本土语言",是"高贵或重要的语言";而阿拉伯人仅仅称之为"柏柏尔语"(*la lengua Barbaresca*)。约安拿·阿萨德指出,阿拉伯语中的动词 *barbara*,意思就是像动物号叫一样"叽里咕噜地说话"(babble),不过这一结论并不完全是他自己得出的(与之相反,如穆卡达西等早期作家则解释为"不可理解的")。他更加关注的,是在众多不同的柏柏尔社群中,还有哪些仍然保留着更为"纯正"的语言,以及在古代是否曾有过书写的文字形式。[16]

约安拿·阿萨德认为,随后而来的是阿拉伯人,在7至11世纪间,阿拉伯人随着一波接一波的征服和移民潮进入北非。他们分成三个主要的部落和诸多世系,散居于北非各地,其风俗习惯因所生活的不同沙漠、居住的帐篷、城镇和山区而千差万别。大部分以游牧为生("离开沙漠的阿拉伯人就像是离开了水的鱼一样"),有些形成非常富足的社区,骏马、骆驼成群,帐篷流光溢彩,妇女满身珠翠。定居于阿特拉斯山脉与地中海之间的居民开始尝试农耕生活;更往南的是游牧部落,每年穿越沙漠前往廷巴克图;还有一些则穷困潦倒,以偷盗劫掠为生。有些向菲斯的苏丹进贡,或为特莱姆森的苏丹提供军事服务;有些却拒绝任何附庸依附关系,依靠向柏柏尔人或其他阿拉伯社群收取贡税或搜刮劫掠为生。约安拿·阿萨德观察到,不论他们采取何种生活方式,"定居北非的阿拉伯人因为与外族共居,又都被称为'穆斯塔贾姆阿拉伯人'(*Arabi Mustehgeme*,阿拉伯语为 *a'rab musta'jam*),意为'野蛮的阿拉伯人'(*Arabi inbarbarati*)。"[17]

除此之外,还有埃及人,或至少是科普特人(Copt),也就是古代埃及居民的后裔。约安拿·阿萨德在书中对埃及的讨论单独成章,虽然他并没有将科普特人在非洲居住的时间长短与黑人进行比较,但可能将他们视为同时代的。他写道,大多数埃及人的皮肤呈棕褐色,在城市有时也能见到白皮肤的人。早在10世纪,穆卡达西就曾指出,"生活在乡村的大部分人都是科普特人",其中有不少还是基督徒,并使用科普特语。到瓦桑的时代,情况已经发生了变化:大部分人口已改宗伊斯兰教,并"与阿拉伯人和非洲人相混血"。[18]

最后，约安拿·阿萨德提到了生活在北非各地城市、乡村、山区村落和沙漠绿洲上的犹太人。他们有的是行商坐贾；有的是金匠、铁匠、染工和皮匠；有的酿制美酒佳酿；而在阿特拉斯山区的一些地方，也有武装精良、作战英勇的犹太骑兵，主要为非希伯来族、却信仰以《圣经》为根本的犹太教卡拉派（Karaite）信徒。关于非洲犹太人是否有独立的民族起源问题，他仅讲了一个例子：位于上阿特拉斯山脚下的埃达乌镇，虽然仍有许多经营手工业的犹太家庭，但"据说在穆斯林占领这一地区、居民改信伊斯兰教之前，当地犹太人中仍有着大卫王的血统（de la stirpe de David）"。至于其他地方的犹太人，他认为主要是在几百年前皈依犹太教的柏柏尔人以及黑人的后裔。后来他们之中又增加了一些新的犹太移民，如在他那个时代，就有来自西班牙的犹太难民加入到新菲斯（Fas Jadid）古老的犹太人社区中。根据伊斯兰世界对"圣书之民"（People of the Book）的规定，他们属于"非穆斯林"阶层（dhimmi），必须穿戴特别的服装和头饰，遵守不同的风俗习惯，并向苏丹缴纳贡赋或人头税。[19]

虽然存在如此复杂的多样性，约安拿·阿萨德还是肯定了其中的共性：非洲的众多人群，不论肤色是黑、是白、还是棕褐色，都是挪亚（Noah）的后裔，大多数出自于其子含（Ham）一系，也有一些是其子闪（Shem）的子孙。黑人则是含之子古实（Cush）的后裔；科普特人是含的孙子、古实之子麦西（Mizraim）的后代；柏柏尔人则或是古实之子麦西的后裔（源于非利士人的一支），或是古实之孙、拉玛（Raamah）之子塞巴（Saba）的后裔（源于也门人的一支）。"有着大卫王的血统"的古犹太居民是由以撒（Isaac）一系而来，因此其祖先也可由亚伯拉罕（Abraham）上溯至闪。关于迁移到北非的阿拉伯人，他只给出了部分的世系：两个主要的部落源于亚伯拉罕之子以实玛利，因此最终也可溯至挪亚之子闪；另一个部落的祖先为塞巴，即含的曾孙、古实之孙、拉玛之子。他告诉读者，这一整套血缘谱系出自于伊本·赫勒敦的"巨著"，但其中的细节他已记不清了。事实也确是如此,伊本·赫勒敦关于阿拉伯人的复杂谱系均推溯至含的某个儿子,除了其中以实玛利的一支是出自于闪。[20]

约安拿·阿萨德对于血缘的追根究底,也是伊斯兰世界的典型做法。伊斯兰教的谱系与《圣经》的记载并不完全一致,例如约安拿·阿萨德所说的古实之子麦西,根据《创世记》10:6 的记载,与古实乃是兄弟关系。对于挪亚的诸子散落于世界各地并成为各民族祖先的问题,在伊斯兰学者与中世纪欧洲学者之间,意见也不统一。在代表基督教观点的中世纪"世界地图"中,将闪归在亚洲、含在非洲、雅弗(Japhet)在欧洲。他们并没有像伊本·赫勒敦和约安拿·阿萨德那样,把非洲的两位先祖含和闪混置于同一个地理空间中。

令约安拿·阿萨德的意大利读者惊讶的是,他对有关挪亚诅咒含之子迦南却又祝福闪的记载未置一词:"迦南当受咒诅,必给他弟兄作奴仆的奴仆……闪的神是应当称颂的,愿迦南作闪的奴仆。"(《创世记》9:25—26)基督教文献进一步将这一诅咒延伸到闪的全部子孙,最终他们肤色变黑、沦为奴隶,但是在伊斯兰教传统中,这一诅咒更多样,且不那么重要。《古兰经》中对此只字未提:挪亚(努哈)唯一一位犯错的儿子只是个无名的异教徒,他因拒绝同父亲一起登上方舟而在洪水中溺亡(11:42—43)。据 9 世纪末的历史学家塔巴里(al-Tabari)的说法,虽然挪亚对含(哈穆)做了诅咒,并涉及肤色变黑和沦为奴隶的说法,但"后来挪亚对含的态度有所缓和,并祷告其能够得到兄弟们的同情"。几十年后,在塔巴里所著编年史的波斯文节略本中,诅咒的对象除了含之外,还有雅弗,两人都因嘲笑父亲赤身裸体而获罪;在含的国土上,所有居民和水果都因此变成了黑色(即黑葡萄的起源),但其中并没有奴隶之说。12 世纪,博学的贾沃齐(al-Jawzi)认为黑肤色的诅咒一说是"毫无证据,且是错误的"。伊本·赫勒敦虽然提到了《圣经》中奴隶的诅咒的确是落在了含的后代身上,但并没有就此得出他们日后世代为奴的结论。他认为把诅咒作为黑色皮肤的解释实属无稽之谈,在"摩西五经"(Pentateuch)中完全找不到任何依据。伊本·赫勒敦认为，皮肤的颜色完全是由气候，即人类所居住的气候带所决定的。[21]

约安拿·阿萨德对于这些争论非常熟悉，在其青年时代，著名的埃及学者苏尤提新增了一条穆罕默德的箴言——先知说：神在创造亚当（阿丹）时，从世界各地采集泥土，其后代因而生出各种不同的肤色。在7世纪后，随着撒哈拉以南非洲成为马格里布地区奴隶的最后来源地，许多宗教学者谴责奴隶贩子和奴隶主在辩解中引用含的神话。人之所以成为奴隶，只是因为他们是坚持异端的异教徒，或是如"乌里玛"所言："任何人只要依然坚持其原本的异端思想，不论是含还是其他人的子孙，都可被（作为奴隶）占有。"[22]

约安拿·阿萨德的文本中虽然对非洲诸人种错综复杂的祖先谱系做了描述，但并未明言其与奴隶或肤色之间存在必然的联系。

非洲诸民族各不相同，但是在讨论其相互关系时，约安拿·阿萨德注意到了他们在社会与文化上的"混杂"。他指出，蛮族化的阿拉伯人"不仅自己的语言发生了退化，还改变了风俗习惯"，其中语言的变化尤其令他关注。事实上，他在描述中使用了"阿贾姆"（a'jam）一词，原意为"说非标准阿拉伯语的人"，其次才引申为"蛮族"或"非阿拉伯人"之意。柏柏尔人和阿拉伯人在语言上都出现了变化。与阿拉伯社群相邻以及与其有密切商业往来的柏柏尔人的语言中，吸收了大量阿拉伯语词汇；许多柏柏尔部落甚至只会说"败落的阿拉伯语"。与此同时，在征服之后的数百年间，许多阿拉伯人定居于柏柏尔人城镇中，

> 而且他们开始与非洲人混居……以至于阿拉伯语逐步衰落……从地中海沿岸的港口城市到阿特拉斯山脉，每个人说的都是败落的阿拉伯语，仅有马拉喀什王国是例外，那里还在使用真正的柏柏尔语。

再往东的努比亚王国中，混杂（mischia）使用的是阿拉伯语；"迦勒底人"（Chaldean）说的是埃塞俄比亚语；"埃及人"则说科普特语；在阿斯旺以南的尼罗河上游地区，使用的"混合语"（lengua misculata）是阿拉伯语、科普特语和埃塞俄比亚语。[23]

约安拿·阿萨德在此所用的"败落"（corrupt）一词，乃是指不符合《古兰经》所用的尊贵的阿拉伯语——它在整个伊斯兰世界被看作是一种神圣的语言，是纯正阿拉伯语的典范。数学家兼历史学家比鲁尼（al-Biruni，逝于442/1050）出生在中亚，阿拉伯语并非其母语，而是后来习得的，他曾经描述道：

> 只要……站立在伊玛目身后成排的信徒念诵那以清晰易懂的阿拉伯语所书写的《古兰经》，那令人振奋的启示在清真寺中被宣讲……伊斯兰世界的团结就坚不可摧……来自世界各地的知识都被翻译成阿拉伯人的语言，华丽典雅、魅力无穷，语言之美渗透在那些国家人民的血脉之中……对于这两种语言（阿拉伯语和波斯语），我都是一个外来者……但我宁愿被人用阿拉伯语责骂，也不愿听波斯语的恭维。[24]

根据约安拿·阿萨德的观察，最初起源于汉志（Hijaz，位于阿拉伯半岛中西部，为伊斯兰教发源地）的阿拉伯语，随着阿拉伯人与其他民族的不断接触已发生了许多变化。穆卡达西很早便发现，在埃及所使用的阿拉伯语"错误而松散"。伊本·赫勒敦在《历史绪论》中对这种"败落"有过长篇论述，介绍了为支撑这一语言最佳标准而兴起的各门科学——文法学、辞书学、语法学、文学批评等。[25]如果能够找到已经散佚的约安拿·阿萨德所著阿拉伯语法手稿的话，肯定能听到他对于这个问题的更多阐述。

此外，语言的融合汇通并不一定就是文学的灾难。伊本·赫勒敦就认为："以元音结尾对修辞无甚影响"，他进而还以马格里布和其他贝都因社群的阿拉伯语诗歌作为力证。约安拿·阿萨德也肯定地指出，在特莱姆森和突尼斯以南沙漠地区繁衍生息的阿拉伯游牧部落,"尽管他们的语言如今业已败落,但诗歌和日常会话都极为精致文雅……他们的一些诗人因为优雅而纯净的诗歌而得到酋长慷慨的奖赏"。[26] 在谈到"败落"的阿拉伯语时,约安拿·阿萨德一定自嘲地想到了自己的境遇,他正是杂居于外族之中,用"败落"的意大利语写作其著作。

约安拿·阿萨德还注意到另一种混杂的情况——性,既突破了宗教的界线,也跨越了肤色的差异。关于这一问题,长期以来有过大量法律层面的讨论,至少在像西班牙和安达卢西亚等有违法性行为和族群冲突的地区,更是如此。根据伊斯兰教法,在合法婚姻关系或奴隶所有权以外的性关系都是有罪的,是"齐纳"(zina',通奸乱伦的罪行)。但是,穆斯林男子仍可以纳娶自由的犹太妇女和基督教妇女(即所谓"圣书之民"的女子)为其合法的四个妻子之一,同时他们也可以同作为其奴隶的犹太和基督教妇女发生性关系,不过所生子女必须作为穆斯林抚养成人。但是,穆斯林妇女则只能与同信仰的男子结婚,自由的穆斯林妇女不得与他们的奴隶发生性关系。[27] 与之相反,在犹太教和基督教法律中,性的禁令则严格地适用于全部人等。希伯来律法严禁与任何非犹太教徒性交或结婚。教会法和基督教权威也禁止任何与非基督徒之间的性交或婚姻。[28]

但在实际生活中,这些界线常常被逾越。在中世纪的阿拉贡王国,穆斯林是处于基督教统治下的少数民族,因此尽管有伊斯兰教法所赋予的特殊权利,穆斯林男子并不可能娶犹太和基督教妇女为妻室。不过,仍然存在着许多跨宗教的性行为个案,大部分都是发生在穆斯林妇女(奴隶、妓女、女性自由民)与基督教或犹太男子之间。偶尔,某个自由的基督教或犹太妇女也会有穆斯林的情人。三个宗教的权力当局虽均有相应的惩戒措施,对越轨的妇女尤其残酷,但类似的情况仍然屡禁不止。[29]

在约安拿·阿萨德的故乡、穆斯林统治下的格兰纳达,及其童年生活的菲斯,娶犹太教或基督教妇女为妻的穆斯林丈夫并不鲜见。此外,尽管穆斯林和犹太教的法律对此均明令禁止,生活在菲斯的犹太男子有时也去妓院光顾穆斯林妓女。[30] 更为有趣的是，约安拿·阿萨德所认定的逾越宗教禁令的性行为中还有一个颇不寻常的个案：犹太妇女与穆斯林男子之间的性行为。他详细描述了梅毒传入并在北非传播的情况，同意大利一样，梅毒在马格里布也被称为"法国病"（the French disease）。他相信意大利读者对这个问题一定饶有兴趣，会生出骇人的脓疱和产生极度疼痛的梅毒病例在意大利的最早出现，与1495—1496年间法国国王征服那不勒斯的军事行动有着密切的联系。正当其著书之时，这一疾病已影响到了包括枢机主教在内的意大利社会各阶层；教皇的医生们和其他不少意大利人都写有论著，讨论"梅毒"（*Morbus Gallicus*）的病源和症状，1515年利奥十世专门重建了圣贾科莫（San Giacomo）医院，收治梅毒病人。[31]

在北非，约安拿·阿萨德指出，最初并没有任何"法国病"的病例，直至

> 西班牙国王斐迪南（Don Fernando）将犹太人驱逐出西班牙以后，许多从西班牙来到巴巴利的犹太人……携带着这种病。一些不幸的摩尔人与犹太女子混交，日积月累，仅十年间，已找不到一户人家能够幸免于此病之害。它最初被诊断为麻风病，病患因此被逐（出住所），不得不与麻风病人混居在一起。之后，随着感染者的与日俱增，才发现在西班牙很多人都有此病。于是被逐的病人才得以回家。

约安拿·阿萨德继续写道，巴巴利地区受此影响惨重，尤其是在城市和沿海地区；突尼斯和埃及两国也受到极大的损失。不过，阿特拉斯山区的乡村并未受太大影响；阿拉伯游牧部落及生活在沙漠和黑非洲的人们也未被波及。被传染的病人为了治病，大量前往努米底亚或黑非洲，去呼吸那里的新鲜空气。[32]

犹太学者亚伯拉罕·阿德鲁提（Abraham Adrutiel）在1493年仅十一岁时随家人逃亡到菲斯，其关于被驱逐离开西班牙的一段记载表明，约安

拿·阿萨德所说的摩尔男子与犹太妇女的"杂交"其实就是强奸：在往菲斯逃亡途中，有的是遭到葡萄牙基督徒的强奸，有的是被阿拉伯人所奸淫。被拉布·亚伯拉罕称为"瘟疫"的这种病，随着犹太人在新菲斯犹太区的艰苦环境中落脚之后，才逐渐暴露出来。同时代卡斯蒂利亚的另一项记载也述说了同样的故事，根据的是抵达北非后不堪虐待而重回西班牙要求接受洗礼皈依基督教的犹太人的报告。[33] 虽然约安拿·阿萨德对这些事件做了重新加工，但更有可能的是，多年后发生的另一件事情令他始终难以忘却。

不论事实究竟如何，今天的研究者一般认为，在15世纪末和16世纪初将传染病和梅毒等由伊比利亚半岛携入摩洛哥的，既有穆斯林难民，也有犹太难民。[34] 约安拿·阿萨德仅把犹太人作为梅毒的最初携带者。这虽然是想要免除其格兰纳达同胞们的罪责，但更为重要的是，他在叙事中对世事伦常的颠覆忧心忡忡。穆斯林男子与犹太妇女性交；文明的城市较之高山、沙漠更加危险；"高贵的白人"之国还不如黑非洲健康卫生。新疾病的感染者被迫搬到菲斯郊外，同麻风病人和其他不治之症的患者混居在一起。随着其叙事的结束，紧张感得以释然。原来，这并不是犹太人的疾病，而是来自西班牙的疾病。

约安拿·阿萨德在这里的叙事与圣康提（Sigismondo de' Conti）有显著的不同，后者曾是教皇亚历山大六世和尤里乌斯二世御用的历史学家和诗人，他将梅毒与麻风病视为同一种病，声称并不是法国在入侵那不勒斯时带入的，而完全是由被逐出西班牙的犹太人携带而来。他认为，麻风病是犹太人自古以来生活缺乏节制的标志。[35] 而在约安拿·阿萨德看来，梅毒是一种新的疾病，不是麻风病的变种；病患可以不必隔离，而在家休息养病。

约安拿·阿萨德在描述不同肤色间的性行为时，并无丝毫责难或焦虑。他在具体的例证中指出，异族间的通婚仅仅是由于地理上的邻近，"（阿斯旺的）居民几乎人人都有着棕褐色的肌肤，是因为他们与努比亚人和埃塞俄比亚人混居（*sonno mesculati*）"。[36]

有些时候，其叙事以有色人种的奴隶为中心。如前所述，男性的穆斯林奴隶主有权与他的女奴发生性行为；所生的孩子完全由其支配。假如奴隶主正式承认自己为孩子的生父，孩子们便可获得自由，成为其继承人之一；身为奴隶的母亲也因此获得了一个特殊的法律地位，在奴隶主死后即可获得自由。此外，奴隶本身，不论男女，都可以在主人许可之下成婚；事实上，主人们一般可以根据自己的意愿决定奴隶们的嫁娶。[37]

如约安拿·阿萨德在旅途中的所见所闻，伊斯兰律法的这些特征，为有特殊肤色的后代们提供了生存的空间。在阿特拉斯山脉以南，以德拉河为界的沙漠地区，

> 女子样貌美丽、体态丰腴、性格可人，有很多妓女。当地人拥有许多黑人奴隶，有男有女，并且相互通婚。主人们将奴隶不论父子一并留作役使。由于混杂（*misculatione*）若此，大多数人的肤色非黑即褐，白种人极少。[38]

在绿洲城市瓦加拉（Warjala），有许多能工巧匠以及在巴巴利和黑非洲之间从事贸易的商人，他写道：

> 居民大部分都是黑人，不仅是由于当地的气候（根据伊本·赫勒敦所支持的古老论点，肤色因气候而异），还因为他们有众多黑奴，并与其杂交生子。大约有五分之一是白人，其余肤色都是黝黑或棕褐色的。人们非常慷慨、和蔼，对陌生人也很好客。[39]

显而易见，杂交通婚丝毫无损于人们的品行。

对于约安拿·阿萨德来说，外貌的决定因素并不是气候的长期作用，而是当前的社会行为和习俗。在用到意大利语中关于"混合"的不同词汇

mescolanza 或 *mescolata* 时，他似乎是想要找到一个可以与阿拉伯语中带有褒义的 *mizaj*（混合、融合、混杂、配置）相对应的词，而不是语义更为强烈且略有轻蔑意味的 *khalit*——其中所含"混合"的意义很容易转向乱交、混乱、无序的混沌以及疯狂等意思。[40]（前文曾提到马吉利使用过"塔赫利"一词，慷慨激昂地谴责前伊斯兰教的仪式习俗对伊斯兰教纯洁性的消极影响。）在约安拿·阿萨德看来，即便混合可能会带来语言的"败落"或疫病的流行，但无损于诗歌之美，也不妨碍邻里间的和谐相处。

❧

  约安拿·阿萨德是如何评判非洲不同地区的呢？全书开篇，他把自己所生活的巴巴利地区称为"非洲最为高贵的地区……居民为白种人且有理性"，似乎接下来的叙事中会有所偏袒。不过，他又向读者承诺"按照真相如实书写"，也就是说要描写每个地方的善与恶，包括家乡左近的地方。

  在早期伊斯兰地理学和游记文学中，也可看到这种平衡。穆卡达西写到，在巴士拉有一次学者聚会，争论世界上哪座城市"最为崇高"。他认为便是"我的故乡"，进而大加赞美耶路撒冷的美丽、富足和卓越。接着，虽然其他同伴亦为之鼓舞，"赞同其所论不虚"，穆卡达西还是为读者列举了耶路撒冷的种种"不是"——脏乱的浴室、昂贵的食物以及对文人的不敬。[41]

  借助鸟的故事，约安拿·阿萨德认识到自己的双重背景更易秉持超然和坦率的立场。但事实上，他对价值的判断仍有高下之分，对好恶的或褒或贬大多根据自己在非洲各地的经验而来。同伊本·赫勒敦一样，他对大城市情有独钟，比如菲斯、突尼斯和开罗等地的名胜。不过城市也有其"弊病"，尤其遭到其强烈谴责的，是性方面的毫无节制。在突尼斯，居民常有吸食大麻（*el hasis*）之习，小小的一盎司就能带来骤然的欢悦、旺盛的食欲和奇妙的男女之欢。[42]在开罗，肆无忌惮的言行在家庭内部也难以避免：父亲会问儿子前一天晚上跟儿媳有过几次交合；儿子也会用同样的问题询问父母的床笫之事；母亲会向儿子抱怨父亲在性事上的力不从心，甚至以此向法官控诉。[43] 根据北非盛行的逊尼派法律（马格里布地区的马立克法学派以及开罗的马立克和罕百里 [Hanbalite] 法学派），妻子有权向丈夫提出适量的性生活要求。这类问题甚至可以对簿公堂，性也是开罗城内街谈巷议的永恒话题，同前文提到的政治事件和仪式庆典一样，屡屡见诸伊本·伊亚斯的日志之中。作为接受过法学训练并有过法官实践经验的瓦桑，可能便曾与开罗的某位法官有过交流，甚至观摩过现场的审判。这可能也令他想到了哈马达尼"麦卡玛特"中的场景，流浪的骗子兼诗人阿布·法斯有一次便被两个妻子告上了法庭，其中一人指控其性能力不足。[44]

约安拿·阿萨德对整个非洲，哪怕是再小的地方，都满怀深情。阿特拉斯山区深处的小镇塔格达斯特（Tagodast），盛产水果、葡萄和橄榄，农民们终年辛劳忙碌；还有许多能工巧匠；商贩们远行至菲斯、梅克内斯和沙漠各地的城镇售卖他们的羊毛、毛皮及其他产品；美丽的姑娘们披金戴银；在宗教领袖和法官们的治理下，政事清平。再往南边的另一个山区小镇埃达乌，不仅有许多犹太工匠——鞋匠、金属加工匠、染工和金匠，还有不少通晓法律的穆斯林。约安拿·阿萨德记得一次与这些法基赫讨论法学问题，直至深夜。[45] 位于努米底亚沙漠中的绿洲村落费古基（Figuig），椰枣成林，妇女们能织出如丝绸般精美的呢绒，在马格里布各地的市场上价格不菲；男子"聪慧异常"（de grande inguenio），有些人去黑非洲经商，有些人到菲斯学习，回到沙漠后成为当地的宗教领袖和传道士。[46] 在黑非洲的马里，王国的中心是一座巨大的农村城镇，有大约六千户人家，许多传道士和学者在寺院讲道授课。谷物、肉类和棉花充盈；商人地位尊崇；与杰内和廷巴克图的贸易令当地居民丰衣足食。[47]

约安拿·阿萨德对许多品质赞誉有加：如经济的活力和社会的繁荣；赏心悦目的外貌长相；文化知识；由法官、宗教领袖和传道者所带来的良好秩序和统治。而对在这些方面一无是处的地方，他则嗤之以鼻。他有时会写道:"浑不讲理、无法无天",意指不读书、无人布道,也没有正式的宗教领袖和法官。位于上阿特拉斯山区达蒂斯山(Dadès)的小村子是他在非洲各地所见最讨厌的地方。当地人衣衫不整,女子相貌丑陋,只会像驴一样干活;房屋污秽肮脏,散发着山羊的臭气;男子好逸恶劳、性格粗暴、阴险狡诈、易怒好斗,袭击劫掠过往商旅;在那里,当然也没有任何法官和宗教领袖。在马格里布以及黑非洲的高加等地的山村中,他也曾有过类似的观感。[48]

还有一件令约安拿·阿萨德觉得最不可原谅的事情,就是不能殷勤待客。由于人的贪婪、乖戾和猜忌,破坏了不同地区民族之间相互交流和信任的根本原则。因此,突尼斯王国境内的古代罗马城镇泰贝萨(Tebessa)便曾被行吟诗人达巴格无情嘲讽;那城里除了胡桃树、城墙和清澈的河水尚差强人意之外,一无是处;居民毫无德行可言,浑不如猪。[49]

与此相反,热情好客能够弥补其他方面的不足。在描写撒哈拉沙漠里的柏柏尔游牧部落时,瓦桑先是说他们缺衣少食和"没有理性",但当桑哈扎族的部落首领执意邀请瓦桑和他的商队来营地做客,在接下来的两天里主人们大摆筵席、礼貌周到,令客人的态度大为改观。用来自黑非洲的香料腌制而成的大量肉食、美味的面包和椰枣,不断地被呈上来。酋长通过翻译和气地向客人表示,该地并不出产粮食,从外地购进的粮食是专为烘焙面包招待外乡客人以及在斋月和宰牲节(Feast of the Sacrifice)食用的。[50]

同样,有诗歌也能够在一定程度上弥补读书和学问的不足,虽然写诗并不代表武士们会就此放下干戈。[51]

☙

在对"非洲"的这些评价中,他是如何看待肤色问题的呢?这一方面,伊斯兰传统中存在三种不同的观念。第一种援用了七种气候带的理论。"气候"不仅能如前文所及可用于在地图上标示地区的纬度分布,区分人种肤色，而且受希腊人体液论的影响，还可以用来解释体格外貌、性情气质、风俗习惯和政治体制等。马格里布、叙利亚和西班牙等地所处的温带，被认为是最好的地带。头发鬈曲的黑人生活的最炎热的第一区和肤色苍白的斯拉夫人与日耳曼人生活的最寒冷的第七区，则是最差的地带。伊本·赫勒敦对第一区有过如下的总结：

> 黑人们基本上都有轻率、易兴奋和非常情绪化等特点。听到音乐，他们就想要跳舞。其真正的原因是……欢乐喜悦均源于动物情绪的膨胀和扩张……炎热使得空气膨胀、变得稀薄、进而蒸发，温度也进一步上升……如今，黑人便生活在热带……因此，他们可以较为迅速地进入到喜悦状态，也更加快乐。容易激动兴奋就是直接的后果。

地带之内也有所变化，尤其是在靠近温带地区；有些变化促进了人种的改善，如马里王朝的崛起。但是再往南，就"不存在真正意义上的文明"。伊本·赫勒敦借用阿拉伯文学中数百年来所塑造的形象，将他们描述得接近动物而非人类，离群索居地栖身洞穴丛林之中，茹毛饮血，甚至同类相食。[52]

在第二种传统中，有的是以虔诚敬神的名义淡化人们在外貌或地位上的差异，有的则转而对黑人身上的一些品质给予较为积极的评价。《古兰经》称，真主接受一切"语言和肤色"（30:22）。安拉关心的不是表面的归属，而是内心的奉献：

> 众人啊！我确已从一男一女创造你们
> 我使你们成为许多民族和宗族，
> 以便你们互相认识。
> 在真主看来，你们中最尊贵者，

是你们中最敬畏者。(49:13)[53]

在一篇经常被引用的"圣训"中，先知教导穆斯林们："真主嘱咐你们要照看好那些黑皮肤、卷发的人，因为在他们之中有你们的父母和家人。"所谓"父母"，是因为易司马仪（以实玛利）的母亲、即先知的祖先哈吉尔（夏甲），也是黑人；所谓"家人"，是因为真主的使者本人便有一个妻妾是埃及人。另一个版本中则记载道："因为在他们之中有天堂之民的三位主人"，即黑人圣人鲁格曼和很早就支持伊斯兰教的两位重要的埃塞俄比亚人。生活在10世纪的一位安达卢西亚学者甚至拓展了这一论述："真主圣命有云，最虔诚者即最高贵者，即便其是黑女人的私生子。"[54]

几乎同一时期，甚至可能更早，前文曾提到著有论动物和餐桌礼仪作品的贾希兹，在其另一部诙谐作品《黑人胜过白人颂》(Boasts of the Blacks over the Whites) 中倒转乾坤，讽刺有些波斯人的自以为是。例如，在马苏迪和其他许多作者那里，都颇有成见地认定东非的桑给人（Zanj）是相貌丑陋、野蛮蒙昧的黑人，但贾希兹却说："地球上没有哪个民族像他们这样慷慨大度。"还赞扬他们能歌善舞、口齿伶俐。他们强壮而勇敢，温和的性情并不是因为气候炎热造成的，而是"高贵品质的体现"。[55]

第三种传统，来自于地理学家和历史学家从到访过的撒哈拉以南地区的穆斯林那里所获得的第一手情报，以及伊本·白图泰等旅行家写下的亲身游记。尽管在游记作品中，对苏丹草原（the Sudan）广大地区的描绘多少都带有一些偏见，对于外貌、举止、制度和事件等细节的描述也五花八门，并且常常与这些等级分类毫不相干或自相矛盾。例如，伊本·赫勒敦对马里王国的历史描述中，提到曼沙穆萨（Mansa Musa）治下的太平盛世，称其为"一个正直的人、伟大的君主"，这与其在《历史绪论》中所说的第一气候带使得黑人轻率易兴奋的论断完全相悖。其生动细致的描绘来自于亲历者的访谈，其中包括一个法基赫、一个法官和一个武士。[56]

约安拿·阿萨德在《地理书》中兼采以上三种方法。[57] 黑人的负面形象出现在书的开始部分（尽管并未照搬气候带的理论），他列举了所有非洲民族共有的"恶性"：

> 黑非洲的居民们……毫无理性……没有智谋、不通应变。他们不谙世事，像动物一样生活在没有法律和秩序的世界里。在他们之中，满是娼妓和戴绿帽的愚夫们。（约安拿·阿萨德用同样的"恶性"描述巴巴利地区的乡民和山民，以及努米底亚和利比亚的人，称他们是"野蛮的""无知的"。）唯有在一些大城市才稍有例外，那里还残存了些许的理性和人性。[58]

同样，手稿第七部分开篇对黑非洲早期历史的复述中，他又重提了这些陈词滥调。"根据非洲宇宙志研究者的观点"，黑人之国的民众曾经"像动物一般艰难求生，没有君主、没有领袖、没有国家、也没有文明。他们甚至连如何种植谷物都一无所知"。他们没有固定的妻子，在一天的耕作放牧之后，十或十二个人一群挤在兽皮窝棚里过夜。有些民族崇拜太阳，每天清晨向其鞠躬俯身。还有的崇拜火，如瓦拉塔人（Walata）。在黑非洲的最东部，有基督教徒定居，如埃塞俄比亚人。[59]

多年后，拉姆西奥在编辑这些文字以付梓出版的时候，为了进一步突出黑人野蛮不开化的特性，特意把这些段落修改为现在时态，以后的法文和拉丁文译者也采取了同样的做法。[60] 约安拿·阿萨德手稿里仅有一处提到，在其生活的时代，还有一个特殊的黑人部族依然处于这种生活状态中——博尔努的可怕的山地居民，不过他自己并未亲眼见过这些人：

> 夏天时，他们几乎全身赤裸，仅以一块兽皮遮羞；冬天则羊皮裹身，睡觉时也用它。他们是没有信仰的民族，既非基督徒或犹太教徒，也不是穆斯林，在这一点上，可以说是如同禽兽。妻子是共有的，女人跟男人一样劳作，他们像一个大家庭一样共同生活在一

起……据一位懂得这些山民语言并曾与他们有过交流的商人对笔者所言,他们甚至没有也不会起名字,而只是根据某些特征来相互称呼……比如"高"……"矮"。[61]

在野蛮蒙昧的图景之外,约安拿·阿萨德对撒哈拉以南一些民族的外貌描写也充满了鄙夷之情:"扎姆法拉人(Zamfara)个子很高,但非常黑,脸盘宽得像野兽一样";在卡齐纳(Katsina),"所有人都很黑,长着巨大的鼻子和嘴唇"。[62]在这里,他沿用了柏柏尔人和阿拉伯人传统中常见的歧视肤色的语言,尽管当其写作之时,在游记文学和其他作品中对黑人外貌的赞扬已非常普遍了。这可能也与身份的转换有一定关系,因为对美丽外貌的赞扬通常是用在女奴或阉人之上的。伊本·白图泰就曾描绘过塔卡达(Takkada,即阿泽里克 [Azelik])女奴的"美貌",甚至想要为自己买一个,塔卡达地处加奥最东部,位于今天的尼日尔境内。他也曾在马里都城见到过一个衣着整齐的"英俊"青年:脚上的锁链已不是奴隶的象征,反而代表其全心研习《古兰经》的决心。[63]

约安拿·阿萨德也常常对各地柏柏尔和阿拉伯妇女的外貌发表议论,或美或丑。前文已提到他对德拉地区妇女"样貌美丽、体态丰腴、性格可人"的评价,当地居民多为柏柏尔人与黑人的"混血"。但是,他对黑非洲妇女的外貌描述,却并不多见。他在廷巴克图注意到,自由人妇女通常面纱遮面,而女奴则不戴面纱,但这已是非常鲜有的观察了。在多年前他曾为萨迪王朝沙里夫在市场买过女黑奴,但对外貌却未置一词,须知在女奴买卖中,美貌通常是一个重要的考量因素,关系到其是否能够取悦主人,甚至将来母因子贵而获得特殊身份。[64]

不论其依据的来源如何,肤色在约安拿·阿萨德对黑非洲的最终评判中并不是决定性的因素。前文曾提到桑海帝国的法官艾卜·伯克尔,约安拿·阿萨德对他的评语是:"他肤色很黑,但是一个品质高贵的人,聪明而正直。"[65]他不仅在手稿开卷罗列了各种"恶性",也对非洲各地居民的美德一一道来：

> 黑非洲的居民们是正直而虔诚的人。他们对外乡人满怀善意，总是用快乐的舞蹈和盛宴来招待客人。他们心中不怀任何恶意，对所有学问渊博和信仰虔诚的人都推崇备至。在笔者在世界各地所见到的非洲人和民族中，他们最会享受生活。[66]

此处，如贾希兹的《黑人颂》一样，约安拿·阿萨德或是强调他们某些良好的品质，或是转而对某些品性采取正面的评价，如快乐的歌舞，而在伊本·赫勒敦那里，这却被当作易于兴奋的证据。

他记录下了在黑非洲旅行途中所见的其他各种喜闻乐见的事情，尤其是那些他曾停留驻足、能够用阿拉伯语或通过翻译进行交流的城镇或宫廷。我们已经了解到他对马里的富庶、贸易和学问的赞美。"大村子"杰内凭借周边乡村的丰富物产而贸易繁荣，商人、传道士和学者等居民穿着讲究、彬彬有礼（civili）。廷巴克图有一座金碧辉煌的清真寺和宫殿，忙碌的工匠和商人们贩卖世界各地的货品，百姓生活富裕，喜好乐器和舞蹈，苏丹的宫廷治理有序。学者、传道士和法官，人才济济、广受尊敬。在廷巴克图，买卖手抄本比其他行业都要更加有利可图。即便在描述廷巴克图西北方向桑海的穷乡僻壤时，他虽然称当地居民"又黑又脏（vili）"，但依旧补充道，"他们非常和善，特别对外乡人更是如此"。[67]

因此，对于城市的创建和长治久安、经济的繁荣、宗教和法律的学问以及待客之道来说，皮肤的颜色并不重要。约安拿·阿萨德也不认为黑人可以被肆意奴役。如前所述，伊斯兰教法规定，任何在正当情况下所俘获的异教徒即可成为奴隶。居住在伊斯兰世界并交纳特殊赋税的"圣书之民"——基督教徒和犹太教徒——作为"被保护的民族"可以免受沦为奴隶的命运；但只要是在边境之外被抓获，就会成为奴隶。[68] 根据约安拿·阿萨德的描述，在马格里布的城镇中，有相当数量的奴隶为白人基督徒，包括担任保镖和士兵的男性奴隶，以及同其他肤色的奴隶一起在菲斯、特莱姆森和突尼斯等地苏丹后宫中成为侍妾的白人女奴。[69] 此外，他也知道在埃及马穆鲁克王朝和奥斯曼帝国都有浅肤色的奴隶从事军政事务（如禁卫军），非穆斯林奴隶也可以改宗皈依。在向意大利的读者描述埃及时，他便这样写道：

> 马穆鲁克骑兵是来自黑海北面高加索地区的基督徒。鞑靼人通常航行至此，私掠男孩和男人，把他们带至卡法（Cafa）贩卖给奴隶贩子，后者又将他们带到开罗。苏丹买下他们后，立刻使其放弃（自己的信仰）。他们学习阅读和书写阿拉伯语以及说土耳其语，并且逐渐获得越来越高的身份和地位。[70]

对于一个"理性""有序"和"文明"的社会来说，宗教信仰在约安拿·阿萨德看来即便不是唯一的条件，也是必不可少的。伊斯兰教自然是最完美的，即便不信仰伊斯兰教，但至少是某一种得到伊斯兰教认可的具有神圣经典和先知的信仰。博尔努山民们最受其苛责的地方，是他们"没有信仰……既非基督徒或犹太教徒，也不是穆斯林"。黑人通过接受伊斯兰教信仰，逐渐从最初"如同禽兽"的生活状态发生了转变。据其推测，这一过程始于柏柏尔人与黑人之间跨越沙漠的贸易和交流。11世纪，在力行佩戴面纱之后，提倡苦行禁欲的阿尔摩拉维德王朝在马格里布地区巩固了政治统治并推动宗教改革，逐渐将注意力转向黑非洲。（约安拿·阿萨德将此归功于功绩显赫的君主优素福·伊本·塔什芬[Yusuf ibn Tashfin]，与优素福同时代的贝克利则将改宗的年代推溯到更早的时代和其他的统治者身上。）约安拿·阿萨德补充道，随着许多传教士的大举南下，"大部分黑人成为穆斯林，并开始学习法律、礼仪和基本的手工艺"。来自巴巴利的商人们接踵而至，由此马格里布与黑非洲之间形成了活跃的商贸往来。

约安拿·阿萨德进而评论马里的居民,"他们是整个黑非洲最文明和聪明的(civili e ingeniosi),也是最早皈依成为穆斯林的。"[71]文明开化与伊斯兰教信仰是相生相伴的。

❧

不同于其伊斯兰和阿拉伯的前辈,约安拿·阿萨德通过与欧洲人的交流和自己广泛的阅读,借用"非洲"一词来概括这一特定的地理范围。贝克利关于马格里布和黑非洲的描写,是其内容丰富的《商路与广域之书》(Book of Routes and Realms)中的重要部分;伊本·赫勒敦卷帙浩繁的《通史》中,也只有一部分内容关于非洲。作为一部专门集中讲述非洲大陆的著作,约安拿·阿萨德必须注重主题的一致性。虽然在行文中他也借用气候带来组织论述,但并没有受所谓气候体液论的影响将笔下的非洲割裂得支离破碎。开篇所陈述的"善"与"恶",散见于其所知的各个地区;社会繁荣或是"缺乏理性",从北方的白人社会到南部的黑人世界,亦是普遍存在的现象。

由于语言和民族的多样性,其所叙述的非洲通过贸易关系、政治关系(包括战争、统治和朝贡等)、人口的流动和融合(包括语言和通婚)等整合为一体。也许是因为他本人出生于移民家庭,与柏柏尔或阿拉伯部落之间没有紧密的联系,因此更容易发现这些跨地区的纽带。再者,哈桑·伊本·穆罕默德·瓦桑毕竟曾经亲身往来于这片非洲大陆上的各个世界之间,如今作为约安拿·阿萨德,他主要通过这样一些途径在自己的想象和写作中将它们融合在一起:通过其作为外交使臣、偶尔作为商人的活动、技艺和口才;通过在各个地方接触到的政治制度和迎宾待客的方式;通过其对诗歌的热爱,得以深入到使用阿拉伯语的许多不同地区;或许还有可能是通过男女之间的交往。

构成一致性的一个最为重要的因素,就是伊斯兰教的信仰,在非洲不论所到何处几乎都能看到伊斯兰教的普及，即使在有些地方可能还未尽善尽美。因此，在这一意义上来说，《非洲寰宇地理书》为他实现了作为穆斯林云游四方所要追求的一个经典目标：理解伊斯兰教的真谛。身在非伊斯兰世界、穿着基督教徒的外衣进行写作的过程，或许更利于达到这一宏大的理想。

1526 年所完成的手稿中，他所呈现给欧洲人的非洲世界，迥异于他们在古代和中世纪文献中因袭而知的非洲。对欧洲人来说，那里一直是"世界的第三个部分"。他们对于这一地区的了解，尤其是埃及、埃塞俄比亚及北非诸城市，还停留在几百年前斯特拉波和老普林尼的叙述中。虽然又新增添了一些由基督教商人、士兵和曾被俘虏过的人等所提供的有关北非的细节，葡萄牙航海家也对西北非沿岸有一定的介绍，但直到 1520 年约安尼斯·博埃米奥（Joannes Boemus）所著各地人类风俗的著作里，仍在引用希罗多德（Herodotus）关于非洲的描述；他书里的埃及人还在崇拜猫、鳄鱼和其他动物，埃及的西面仍然生活着穴居人（Troglodytes）和亚马逊人（Amazons）。在欧洲人的想象中，埃及以外的非洲是一片两极分化的大陆：既有贫瘠干旱的不毛之地，又有肥沃富饶的土地。那里的动物品种丰富，"令人惊叹"，而居民的语言简单如动物一般，生活方式野蛮粗暴、以游牧为生、蒙昧不化。正如一句源自古代希腊、至今仍在欧洲流传的谚语所说："非洲总能令人耳目一新、见所未见。"不过，有些新事物恐怕会超出自然常理，令人讶然，例如根据普林尼的说法，非洲之所以会有那么多奇怪的物种，是因为雌性动物同各个种类的雄性动物交配所生。[72]

神奇、怪异、不断让人耳目一新的非洲大陆，在约安拿·阿萨德的笔下变得生动而真实，他所娓娓讲述的，是那里的城镇、村庄、山峦和沙漠，是那里的王朝和部落、残酷的战争，是日常生活里嘎吱作响的纺车和叮当敲打的铁锤。

在《地理书》中，约安拿·阿萨德对非洲的一则重大消息居然略过未提：那就是非洲大陆最南端的海角，1488 年葡萄牙人绕过此地，印度洋航海家伊本·马吉德（Ibn Majid）在 895/1489—90 年间的一部手稿中，也做过独立的描述。瓦桑当然了解、也曾提到过葡萄牙在几内亚（Guinea）沿岸的出没情况，在其出使各地的旅程中也能听闻他们进一步探险发现的消息，尤其是在开罗，葡萄牙船只在印度洋上的航行是当时热议的一个话题。923/1517 年，资深的土耳其海军上将皮里·雷伊斯在开罗向苏丹塞利姆展示的地图上，清晰地标示了葡萄牙船只正在驶向海角；瓦桑当时也恰在开罗。皮里·雷伊斯的情报直接源于葡萄牙的水手。到意大利后，瓦桑肯定也会发现关于好望角几乎人尽皆知。1525 年，在斯特拉斯堡印刷的托勒密《地理学》中，非洲地图上仍然画着传统的无头人的图案，但其中一幅地图上，已明白无误地增加了好望角及沿海许多城镇的地名。[73]

约安拿·阿萨德在此略而不谈的原因，可能是因为他对于海岸线周边地区相对而言并不是十分关注，除非是受到海盗侵袭的港口：他不会像一个航海家那样需要一幅绘有每一处海湾、岬角的海图。他所做的地理考察，集中在内陆空间、居民和陆上的距离路程。[74] 不过，出于印刷出版的考虑，他的沉默也有可能是一种策略。葡萄牙人为了传播基督教，在摩洛哥沿海地区攻城略地，这才是其叙述的核心。前文业已谈到，在描述葡萄牙与摩洛哥的攻守交锋中，他慎重地维持着两者之间的平衡。避而不谈遥远的非洲之尖，便可以不必纠结于将发现之功归于哪一方的航海家了——葡萄牙基督徒或是阿拉伯穆斯林。他选择了沉默，正是出于保护非洲及其广袤大地的目的，他相信，非洲是属于穆斯林和非洲人的，而并不属于欧洲的基督徒。

第六章　伊斯兰教与基督教

约安拿·阿萨德的《非洲寰宇地理书》中，有一个极其尴尬的位置变换的问题，他在穆斯林的身份和改宗基督教者的身份之间常常进退维谷。在此，可以看到，在他自己的内心深处、在他与所想象的读者之间，基督徒与穆斯林之间的对立和冲突，达到了最为紧张的状态。他所采取的"希拉"的写作手法，即"用机智的办法让自己摆脱困境"，谈何容易。用一种相对公正的态度描述这两种宗教，在那个时代本身就是一个不同寻常的做法。在其创作的文本中，保留了一些穆斯林的印记，对伊斯兰教，既表示了欣赏，但又不是完全赞同其信仰和论调，从而为由其他角度出发的不同观点提供了空间。

"他们是没有信仰的民族，既非基督教徒或犹太教徒，也不是穆斯林。"约安拿·阿萨德在谴责博尔努的山民时曾有上述评论。此处他对这三种经典宗教的推崇，也可以从《古兰经》的经文中得到支持："信道的人、犹太教徒、拜星教徒、基督教徒，凡确信真主和末日，并且行善的人，将来必定没有恐惧，也不忧愁。"（5:69）后来印刷版本的意大利语编者和法语、英语的译者们，都没有对这段文字进行改动，因为他是用这些宗教同异教信仰进行对比，而非相互比较。[1]

不过，在对非洲早期宗教史的总体回顾中，约安拿·阿萨德对犹太教徒、基督徒和穆斯林的论述也保持了中立的语气。最初，巴巴利、努米底亚、利比亚和黑非洲的居民都曾是偶像崇拜者，"耽于他们的幻想而未得到先知的指引"。经过一段时间之后，

> 他们之中的有些人成为犹太教徒，在很长时间内始终恪守信仰；而黑人中的一些王国皈依了基督教（并且一直如是），直到穆罕默德的崇拜到来之时。在伊斯兰教历268年，利比亚人在传道士的指引下成为穆斯林。这使得利比亚为此与黑人之间发生了多次战争，其结果是与利比亚交界的黑人王国都成了穆斯林。如今，虽然还有一些王国信仰基督教，但犹太教徒的（国家）都已被基督徒和穆斯林消灭了……
>
> 巴巴利的人在很长一段时期都崇拜偶像，直至穆罕默德诞生之前的250年。在这个时期，巴巴利沿海地区的所有居民都成为基督教徒。突尼斯和的黎波里地区受到来自阿普利亚（Apulia）和西西里的领主们的统治，凯撒里亚（Caesaria）和毛里塔尼亚（Mauritania）沿岸则在哥特人（Goths）的统治之下。许多基督教贵族为躲避哥特人，由意大利逃亡来到迦太基，在那里开疆拓土、建立统治。巴巴利的基督教徒并不遵从罗马基督教的仪式或号令，而更倾向于阿里乌斯派（Arian）的统治和信仰。其中包括圣奥古斯丁（Saint Augustine）。
>
> 当阿拉伯人到来并占领巴巴利时，便遭遇到当地的基督教领主。他们之间发生了多场战争，阿拉伯人最终成为胜利者，阿里乌斯派信徒则返回了意大利和西班牙。大约在穆罕默德去世10年（此处有一处誊写错误，应为200年）后，几乎整个巴巴利地区都皈依了伊斯兰教。[2]

约安拿·阿萨德接着又提到了柏柏尔人反抗阿拉伯哈里发的起义，以及后者派军队前来镇压。穆斯林"分裂派"来自于东方（即反对哈里发的哈瓦利吉派 [Kharijites]），但对此他似乎又是想要指出，他们事实上推

动了伊斯兰教教义的传播。(此处他所提出的暗示与今天研究者的观点不谋而合,即哈瓦利吉派不仅领导了 8 世纪的柏柏尔人起义,而且也在逊尼派学者尚未来到柏柏尔部落之前,发挥了教育和传教的作用。)"至此,伊斯兰的信仰在巴巴利地区日渐深入人心,尽管仍有许多异端邪说不时出现。"[3]

如果说,约安拿·阿萨德对伊斯兰教传播过程的简述基本上沿用了其他非洲同胞的记录,那么其关于基督教进入北非的故事显然不是从埃吉迪奥·德·维泰尔博等人那里听来的:他的教父埃吉迪奥·德·维泰尔博一定言之凿凿地向他介绍过,早在 4 世纪前、在哥特雇佣兵和汪达尔人(Vandal)到来之前,基督教真信仰已在罗马的非洲行省广为传播了。[4] 但这不重要。我们在此更加关心的,主要是其叙事中的语气,而非他的了解是否丰富全面。在谈及圣书之民的宗教信仰时,约安拿·阿萨德秉持了不偏不倚的态度。

翻译其著作的一些基督徒对这种公允的态度难以容忍,因此在译本中常常借作者之口增加许多反伊斯兰教的夸张话语。有意思的是,拉姆齐奥在这方面对文本内容和语调的改动倒并不多,只是在约安拿·阿萨德仅表述为"基督教"的地方,加上了神学意味更强烈的"基督信仰"(faith of Christ)一词。[5] 不过,拉姆西奥版的法文译者让·坦普拉尔认为,语气实在不够强烈,这位里昂的出版商站在中产阶级的立场上对于新教改革有一定的兴趣。在坦普拉尔看来,黑人诸王国是长期信奉基督教的,

> 直到伊斯兰教历 268 年,穆罕默德教开始到处传播。穆罕默德的门徒来到这些地方传教,……蛊惑了非洲人的心神,因而相信了他们的外道。

最终,沿海的巴巴利地区也受到了"传染"。[6] 1556 年约翰·弗洛里安(John Florian)的拉丁文译本和 1600 年约翰·博瑞(John Pory)的英译本,都采

取了类似的做法。博瑞的译本中写道："某个穆罕默德的门徒蛊惑了（非洲人），令他们脆弱的心神为之屈服。"[7]

信奉基督教的读者在读有关伊斯兰教的描述时，可能难以接受约安拿·阿萨德的折中做法。更受欢迎的，是充满恶意的仇恨，如瓦伦西亚王国的另一位改宗者所写的那样，这位改宗者的父亲是学识渊博的法学家阿卜杜拉（'Abdallah），其本人也曾是一名法基赫，于892/1487年受洗成为基督徒，更名为胡安·安德雷斯（Juan Andrés），此后他"在上帝的帮助下，使异教的摩尔人中的许多灵魂改变了信仰"。他也曾在格兰纳达传教，可能就在瓦桑一家背井离乡之后不久。作为曾经的"撒旦（Lucifer）的奴隶"，他在1515年出版了一部书，专门揭露"穆罕默德教……"[8]

在《地理书》中约安拿·阿萨德并未直接谈到自己改变信仰的事情，也因此避免了必须对此做出评论的尴尬，他也没有提到自己被基督教海盗俘虏的经历。唯一可能暴露身份的地方，是他在手稿末尾留下的姓名："格兰纳达的约安·利奥尼（Joan Lione Granatino）"，即"约安尼斯·利奥"。[9]

与他所采取的这种置身事外的立场截然相反的，是一位法国人在游记中对伊斯兰教表现出的义愤填膺。吉约姆·波斯特尔（Guillaume Postel）是一位颇有远见和学识的东方学家，著有《土耳其人的国家》（*Republic of the Turks*），记录了他在1535—1537年和1549—1551年两次进入奥斯曼帝国（Sublime Porte）境内旅行的见闻，他对沿途的所见所闻一般都颇为欣赏，例如慷慨的布施和公益的赈济，以及很少有"吸血盘剥的高利贷者"。在16世纪50年代，他还是"约安尼斯·利奥·阿非利加努斯"所著阿拉伯语文法书的热心读者。然而一旦提到《古兰经》和伊斯兰教教义，波斯特尔便进行严厉批评。类似言辞强烈的攻击也常见于其他基督教的游记作品中。[10]

在战火纷飞的16世纪，穆斯林文献中对于基督教的描述同样毫不手软。奥斯曼历史学家和法学权威（mufti）霍加·萨阿德丁·埃芬迪（Hoca Saduddin Efendi）在描写攻占君士坦丁堡的胜利时，慷慨激昂地写道：

异教徒们……的钟鸣已无声无息了,如今回响的诵经之声,是穆斯林们的虔心祷告,是追求所信之道的崇高仪式,一日五次。……异教的庙宇变成了虔信者的清真寺,异教徒们长期占据所带来的黑暗,终于被伊斯兰教的荣光彻底扫除。[11]

后世曾有一部名为《近闻》(*Fresh News*)的奥斯曼地理学和历史著作,其中谈及格兰纳达失陷于西班牙时,写道:"数以千计的穆斯林和虔信者……落到了异教徒手中。……他们高举着虔诚的双手向真主(祷告)道……撒下圣战的种子……将愤怒的地狱之火烙在他们充满邪恶的胸膛上。"可惜的是,如今与马格里布的大好河山相邻的地方,"充满了异教的罪恶和过错。"[12] 对此,我们的格兰纳达主人公内心究竟做何感想,已无从知晓,但他至少克制住,没有发出这样的议论。

✦

约安拿·阿萨德在《非洲寰宇地理书》中对伊斯兰教有大量叙述。书中几乎所有的事件,均采用伊斯兰教历法纪年,如"伊斯兰教历 24 年""穆斯林纪年的 918 年"。只有不多的几处,同时采用了两种纪年方式,例如基督教西班牙开始起兵收复摩尔人地区的著名战争的时间(尽管并不完全准确),是"伊斯兰教历 609 年,根据基督徒的算法是 1160 年(原文如此,应为 1212 年)"。他在被西班牙人俘虏后,路经的黎波里的时间是"基督诞生之后的 1518 年",这是其手稿中唯一一处如此字斟句酌地表述时间的地方。[13]

他通常把穆罕默德的名字拼写为"Mucametto",誊抄者沿用了这一特殊的拼法,不同于当时意大利语中通行的拼法 *Macometto*(例如 1547 年版的《穆罕默德古兰经》[*L'Alcorano di Macometto*])或 *Maumetto*(拉姆西奥较常用此拼法,有时也作 *Mahumetto*),或是西班牙语中的 *Mahoma*。[14] 这种拼法使其中元音的发音更接近于阿拉伯语，但又保留了些许差别——我们会看到，对于这点差别他还另有深意。

但是，"穆斯林"和"穆斯林们"在意大利语里又该怎么写呢？该如何准确地指称"那些拜服于真主的人们"呢？源于阿拉伯语、意为"归属于伊斯兰教"的穆斯林（*Musulmano*）一词，第一次出现于意大利语中是在1557年，且直到17世纪才开始流行。[15] 约安拿·阿萨德当时所能用的意大利语词汇中仅有 *Macomettani* 或 *Maumettani*，与英语的"穆罕默德信徒"（Mohammedan）一样，它们所指的都是一种基于将创始人神化而建立起来的宗教。诚然，苏菲派神秘主义也有所谓"穆罕默德形象"（Muhammadan Image）和"穆罕默德道路"（Muhammadan way）的说法，但并没有将之提升至神的高度，而只是一个具有完美人性的人类，他将真主的气息遍施于世人，受感召的圣人们全心全意地效仿先知。[16] 约安拿·阿萨德最后采用了特殊的"*Mucamettani*"一词，这种自创的拼写虽然也不免将穆罕默德神化之嫌，但多少能够缓解一点由此带来的不安。[17]

不论用怎样的拼写，约安拿·阿萨德一般所指的只是穆罕默德这个名字。他也用到过伊斯兰教中的名号"先知"，例如在菲斯学童们的宴会上，他们"唱歌称颂安拉及其先知穆罕默德"，但仅有几处而已，他并没有使用诸如"立法者"（Lawgiver）、"安拉的使者"（Messenger of God）或"引路的旗帜"（The Banner of Guidance）等尊称。[18] 在伊斯兰教宗教用语中通常紧随穆罕默德之名的祷文，如"愿真主保佑他，并授予他和平"，也被省略了。

事实上，宗教祷告词见于各类阿拉伯语文献著作当中，包括地理学、游记和历史等，但在约安拿·阿萨德的意大利文手稿中却十分少见。伊德里斯的地理学著作的开篇便是一长段祷告词，之后在每一个纬度气候带的结尾处，他都会写道："赞美安拉——如蒙安拉允可，之后将是（下一个）气候带。"穆卡达西的《最佳划分》开篇写道："以最宽厚仁慈的安拉之名。助我完成使命。……赞美创造世界的安拉。……愿安拉慷慨地赐福于他最完美的创造和最高贵的人——穆罕默德。"在谈到"伊斯兰帝国"时，高呼道："愿最高贵的安拉看护它。"他不断地提醒读者，人类的所知是有限的："在看似适当的地方，我只能用推测来想象，但在安拉看来，一切都是当然的。"在伊本·赫勒敦的《历史绪论》中，同样的形式贯穿始终，以一长段祷文开篇，每一部分结束必会提到安拉，如"安拉乃我主"，有时则是引用一句《古兰经》的经文，"真主必使他所意欲者误入迷途，必使他所意欲者遵循正道。"[19]

约安拿·阿萨德的《地理书》中并没有出现这样的写法。他在全书开头部分提到自己从前在非洲的经历，"当他青春正盛时，曾经不顾饥渴，冒着危险四处旅行，以真主之名考察万物"（col nome de Dio，显然这是阿拉伯语祷词"太斯米"[basmala]，即"奉至仁至慈的真主之名"的一种节译）。书中后来又写道，他希望有朝一日结束欧洲之行后能够返回非洲，"凭借真主的恩典，平平安安"（con la Dei gratia，这里可能更接近于基督教的祷词形式，而非阿拉伯语中的"真主保佑"）。当他坐船航行在尼罗河上时，一个老者从船上伸手入水，去拿一块看似木板的东西，不料却是一条鳄鱼，后来被咬死了，约安拿·阿萨德为此"感谢真主"、深感侥幸。只有在全书最后的部分，紧随目录之后出现了一段稍微完整的祷告词，似乎可以看到某种伊斯兰教的文本结构，但是仅就内容来看，也不能确定它究竟是穆斯林的还是基督徒的："由前述约安尼斯·利奥所著本书的目录到此顺理成章地结束，向万能永恒的神赞美、祝福和致敬，阿门。"[20]

书中唯一有明确宗教立场的一段祷文，由于在宗教的界线间难以模棱两可，乃是借其苏丹穆罕默德·布图加利之口而说的，苏丹在一众大臣和教长面前向安拉祷告：

啊，真主！请您相信，我来到这片荒野之地的目的，只是为了帮助和解救杜卡拉（Duccala）的百姓，使他们摆脱不信神的阿拉伯叛匪的掌握、免遭基督教仇敌的毒手。如您发现任何违背之处，那就惩罚我一个人吧。[21]

在书中只有两次，约安拿·阿萨德使用了从伊斯兰教的观点看来可能是不可饶恕的词汇，两处都出自关于埃及的章节，位于全书后半部分。在对麦西（Misraim）之地的信仰变化做了一番较为中允的叙述之后，他又接着讲了故事的另一个版本：

> 基督诞生之后，埃及人就成了基督教徒，在罗马帝国时期一直如是。罗马帝国灭亡之后，君士坦丁堡的皇帝们继续统治着这个王国。……当穆罕默德的 *pestilencia*（瘟疫）到来之后，（埃及）国王被穆斯林所俘虏，为首的将领名叫阿斯之子阿穆尔（'Amr son of al-'As）。（阿穆尔）率领了一支由第二任哈里发欧麦尔（'Umar）所派遣的阿拉伯大军。在征服王国全境后，哈里发让人民继续保留本来的信仰，只要顺从地缴纳贡赋……穆斯林军队到来以后，在王国中部建立起统治；他们认为两个群体（基督教徒和穆斯林）可以相互和平共处，但如果他们靠近沿海地区，就会担心受到基督教徒的攻击。

在这段相对宽容且和平的阿拉伯人征服埃及的历史叙述中，难以被接受的当然就是"*pestilencia*"一词。不过，法文版的译者坦普拉尔觉得这还不够激烈，更加严厉地一吐满腔仇恨。[22]

翻过几页之后，约安拿·阿萨德转而开始描述亚历山大里亚的景象："在城市正中，一片废墟里，有一处类似神殿的小房子……据说这便是亚历山大大帝的陵寝，根据《古兰经》中穆罕默德的 *pazia*（不明智）的见解，他被尊为先知和君王。"[23] "*pazia*"一词突兀而令人震惊：约安拿·阿萨德的作品中从未出现过这样评论《古兰经》的说法。我们要设法弄明白，他在使用这些词汇的时候到底是怎么想的。

在约安拿·阿萨德的作品中，他大多数时候对伊斯兰教都是持赞扬的态度，包括其宗教人物和认知感悟等。如前所见，他的《名人传》中包括了许多宗教哲学家。在《地理书》中，他认为伊斯兰教通过法律和知识将非洲联合在一起。安蒂阿特拉斯山有一位独眼贤哲，是"一个善人，博学且慷慨"，是地方矛盾的调解人，"当之无愧于对其公正的种种赞誉"。研习《古兰经》"圣训"和伊斯兰教法的学者们，都是"具有大智慧的博士"，"名副其实的博士"。伊斯兰教是包容穆斯林"全部世界"（*lo universo mundo*）的一种宗教，被东方的什叶派异端和叛教者长期分裂和破坏的一种宗教，如今更因什叶派波斯国王伊斯迈尔的统治而饱受侵害，而伊斯兰教在埃及的推行是最行之有效的。[24]

尼罗河沿岸的穆斯林们，可以在逊尼派的马立克、哈乃菲（Hanafite）、罕百里和沙斐仪（Shafi'ite）四大法学派（*madhahib*）中选择遵行任意一种。约安拿·阿萨德解释指出，它们在仪式、祷告和法律上各有不同，但它们博学的创始者各自所悟得的真谛均来自于《古兰经》的"普世法则"，且受到了"法学之王"艾什尔里（al-Ash'ari）的指引。这四个法学派均由一名卡迪担任教长，率领几位法官和顾问组成一个领导团队。沙斐仪派卡迪由于得到马穆鲁克王朝的支持，被尊为四派之首，但穆斯林只接受其本人所追随的法学派的法律判决。约安拿·阿萨德特别赞同消除各派普通信众之间敌意的做法。在开罗，学者们虽然可以就法律的不同解释展开争论，但绝不允许对四派的创教者妄加非议，"对于信仰，他们人人平等。"[25]

在此，四大法学派间的关系多少有一些言过其实：当约安拿·阿萨德于 919/1513 年动身离开开罗时，担任沙斐仪派教长助手的一名法官被发现与另一名辅佐哈乃菲派教长的法官之妻私通，两派之间就处罚方式产生了激烈的争执，马穆鲁克苏丹一怒之下裁撤了全部四位教长及其随从人员。在约安拿·阿萨德专心写作《地理书》之时，新的奥斯曼统治者从其所青睐的哈乃菲法学派中，任命了一名法官担任总教长。[26]

不过，他凭借自己的印象呈现给欧洲读者的，仍是伊斯兰教信仰在开罗实现了平衡而普遍的原则。我们不免好奇于他对自己家乡马格里布的情况究竟是什么看法,在那里唯有马立克学派方被允许教授学生并裁判信众。当地的法基赫们虽然了解其他法学派的主张,瓦桑本人就可能在马德拉沙学习时有过这方面的阅读,但是自 13 世纪马林王朝起,在菲斯的学校、法庭和清真寺中占绝对地位的便是马立克派的法律规定和评注疏论。[27] 他所赞美的在普世范围内的宽容,难道是对自己在意大利个人经历的某种反应——或积极、或消极,先是作为一个穆斯林、然后是一名改宗的基督教徒?

约安拿·阿萨德向读者保证,他在另一本书《据马立克派所见之穆罕默德的信仰与法律》(*The Faith and Law of Muhammad according to the Malikite Rite*)中,对伊斯兰教的教义、法律和仪式等有更多实质性的介绍,可惜这部手稿已经散佚。不过,在《名人传》和《非洲地理书》的字里行间,他早已流露出许多对于伊斯兰教的情感,这或许是因为他还记得自己曾是一个穆斯林,抑或是即使在受洗之后,他也未尝改变初心。

上述这些书稿的作者,通常向穆斯林的法律及法学家们,寻求作为穆斯林的信仰崇拜和道德行为的引导,而非苏菲派大师们所教导的要追求内在的虔信、秘传的知识和秘法的结合。当然,如前文刚刚提到过的那位隐居安蒂阿特拉斯山的苏菲派修士,瓦桑对其深怀敬意,认为其"神圣"之处在于与真主的亲近并能运用自己的精神力量(*baraka*)去调解纠纷。他肯定也了解主要活动于摩洛哥的苏菲派温和派,他们也均有深厚的法学修养;其中一位代表人物扎鲁克曾向追随者训示:"你们要首先成为一名法律的专家,然后才是做一个苏菲派信徒。"

不过,扎鲁克本人也曾批评过一些 15 世纪末苏菲派门徒的极端做法,其中包括声望如日中天的贾祖里的弟子们:

> 他们大举招募那些无知、粗鄙的男女，这些人内心空虚、头脑幼稚。他们灌输的错误信仰是……忏悔须得削发剃头、狂饮暴食、聚会饮宴，还要大声叫喊祷告、披斗篷、转念珠，丑态毕现，要坚信只有某某人才是他们的师尊，除其之外无人能够拯救世人……他们让无知的民众们相信乌里玛会阻碍通往真主之路……因此，使他们与博学者和求知者为敌。[28]

除了在政治上对苏菲派贾祖里反叛对抗瓦塔斯王朝有所不满之外，约安拿·阿萨德对其宗教形式也深感不安。他向意大利的读者介绍道："在菲斯，有些人被称为苏菲派。他们的学者和精神导师遵循着某些超乎穆罕默德律法之外的规则……并将穆罕默德律法明令禁止的一些东西变得正当而合法。有些神学家认为自己代表了正统，有些则对其不以为然，但普通人却往往把他们尊为圣徒。"[29]

他本人对于苏菲派极端观点的描述，非常接近于扎鲁克的批评：

> 大约一百年前，愚昧无知的人们开始加入这一宗派，至今依然，（苏菲派）不要任何教义或学问，但是在圣灵的引导下，心灵纯净者仍能修得正果……他们抛弃了那些多余无用的清规戒律，……而在正当合理的戒规约束中泰然自得。

约安拿·阿萨德接着详细描述了苏菲派声称"正当合理"的一项活动——宴会，"他们唱着动听的情歌，一起载歌载舞。有些人跟随歌中的唱词，扯开衣服，放荡地互相抚摸。……有些人一边跳着舞一边就滚到地上。"他们宣称，叫喊和撕扯衣物都是在圣爱的感召下爆发的冲动。不过，约安拿·阿萨德认为这些都是暴饮暴食的后果："每个人都要吃三个人的分量。"（伊本·赫勒敦也有饱暖思淫欲的观点。）在这一部分的结尾处，他描述了一位苏菲派大师及其弟子应菲斯城内学者和诚实市民之邀出席一场婚礼宴会，之后所发生的乱性的淫荡场面。[30]

　　这种行为举止令我们的作者深感不安，因为在此前数百年中，苏菲派运动曾吸引了许多圣德、雄辩和博学之士加入其中。作为其叔父的信使，多年前他便曾亲自将有关马格里布地区苏菲派圣徒事迹的书稿呈送给上阿特拉斯的酋长。如今在《地理书》中，他认为早期苏菲派创教者和领袖们都是"品格高尚"的人，如（9 世纪初的）哈里斯·伊本·阿萨德·穆哈西比(al-Harith ibn Asad al-Muhasubu)，便著有"一部杰作"。伊本·赫勒敦在《历史绪论》中有相当篇幅描写和评价苏菲派教义学说和神秘主义，不过约安拿·阿萨德所做概述的核心，是苏菲派大师与法学专家之间的关系问题。他讲到一个故事，或许只是一个普通的圣徒传说：一个未具名的苏菲派圣徒及其众多弟子被法学家们向哈里发控告。法官要求将他们作为异端判处死刑，苏菲派大师向哈里发请求与法学家进行一场公开的辩论。大师通过对《古兰经》的旁征博引，进行祷告和辩论，使哈里发听得声泪俱下，当场皈依信奉了苏菲派。所有被捕的苏菲派教徒都得以获释，哈里发还立志支持苏菲派的神圣事业，兴办了许多供祷告和修道所用的道场（ribat）。[31]

　　在苏菲派和法学家之间，居间调停、贡献最著的当属安萨里（逝于505/1111），"一个在各门科学中均才能超群的人"。在《地理书》和《名人传》中，约安拿·阿萨德都描写了安萨里戏剧性的人生故事：他在巴格达城由大宰相波斯人尼扎姆·莫尔克（Nizam al-Mulk）兴办的马德拉沙教授法学，数百名听众为之全神贯注；之后他改变了人生，放弃了教书事业，披上隐士长袍，像一名苏菲派修士一样，专注于朝觐和学问。安萨里一生笔耕不辍，著作内容包括法学、认主学、哲学、祈祷文、灵修学（spirituality）和诗歌等。约安拿·阿萨德年轻时就能够背诵许多他所写的诗，称"其阿拉伯文至为典雅"。在他最为重要的作品中，安萨里借助亚里士多德逻辑学，将先知律法和理性神学与苏菲派神秘主义感知融为一体。约安拿·阿萨德在叙述的结尾部分，讲了一个或许是杜撰的喜庆宴会的故事。大宰相命人在一群法学家面前当众朗读安萨里有关和解的著作，令他们无从反驳。于是，法学家和苏菲派共同参加了一场盛大的宴会；他们一起用餐，一起参加为和解而举行的布道，"人人都不再有怨言"。[32]

约安拿·阿萨德还指出，安萨里支持、甚至强化了伟大的艾什尔里（逝于324/935）所建立的法学体系。这两位学者的贡献，都在于他们解决了伊斯兰教逊尼派内部不同教派之间的严重纷争，在几近异端的两个极端之间找到了一个中间地带。约安拿·阿萨德在《名人传》中写道："当其时，穆斯林在关于信仰、神圣理性和《古兰经》等问题上，各执一词，已达到了极致。"例如，唯理主义的穆尔太齐赖派（Mu'tazilites）就宣称《古兰经》只是被创造出的主张，可以由推理而成。反对者则针锋相对地认为，《古兰经》是自在而永恒的，必须通过信仰、逐字逐句地去理解。由艾什尔里的自身经历中，便可看到这一矛盾冲突，他最初便是一名穆尔太齐赖派信徒，其后"脱离了他们，乃尊（《古兰经》）为真主本体的无始言语"。

艾什尔里公开肯定《古兰经》是永恒的，是保存完整、非创造而成的真主的原话，尽管其在人类文字中的表现形式经过了一定的历史变迁。对于《古兰经》为何既是被创造的又是非创造的这一问题，艾什尔里的回答颇为与众不同："有信仰，毋须问。"这便是在对立观点之间所进行的调和，约安拿·阿萨德对此一直十分欣赏：尽管凡人难以捉摸真主的意志，但对于《古兰经》和"逊奈"（圣行），仍然可以通过人的理性来加以认识和解读。当坐在意大利的书桌前写到艾什尔里之时，约安拿·阿萨德一定回忆起当年在学校里读过的诸多艾什尔里的著作以及记忆中的散文和诗歌（图8）。[33]

在对待身体的态度上，约安拿·阿萨德也遵循着一条中间道路。这方面的一种极端做法是禁欲苦行的"斋功"（suuach 或 saum），即节食禁欲：斋戒中禁忌食物的范围要远远超出斋月和宰牲（halal）的规定，后者仅禁止猪及未经教法屠宰的畜肉。他还提到，有些隐士居住在摩洛哥的深山丛林中，与世隔绝，仅靠吃野生的植物和果实充饥。[34]

更有意思的是那些通过斋戒以追求更高理想的人，例如生活在几个世纪前的"最杰出和雄辩的"波斯学者苏哈拉瓦迪（al-Suhrawardi）。约安拿·阿萨德并没有讨论苏哈拉瓦迪在《东方神智学》(*Oriental Theosophy*)中提出的混合了柏拉图与琐罗亚斯德(Zoroaster)观点的光照派教义(illuminism),而是指出,这些人相信通过"禁食、特殊的斋戒和认真的工作"可以使心智纯净、臻于完美。于是,他们的一切罪孽都将会得到真主的宽恕,由此获得自我的满足。约安拿·阿萨德虽然向其意大利的读者谈到,在一些法官和法学家看来,这便可视作为异端,不过他并未进一步补充苏哈拉瓦迪的最终命运——他因为受到异端指控而死于阿勒波的监狱之中。[35]

他本人对这种夸张的禁欲主义丝毫没有兴趣。在《地理书》里,充满了非洲各地的各种肉食,尤其是羊肉和羔羊肉,有的是在市场上售卖的,有的是为了宴会和仪式而烘烤的。当想起菲斯市场上色香味美的烤肉,突尼斯的粗面粉烘焙的"最美味的白面包",开罗集市上用糖或蜂蜜制作的不同于欧洲的各种甜食,一定令他不禁垂涎欲滴。[36]

不过,不仅仅是针对菲斯的苏菲派宴会,他对于过度的纵欲都不赞同。他在《地理书》里提到,穆斯林法律明令禁酒。在中世纪,有医生会在草药中掺酒制作麻醉剂,但马立克法学派的观点认为,即便是用于治疗这也是不允许的。但是,根据瓦桑的老师万沙里斯所收集的教令来看,在马格里布地区酒类的贩卖和"穆斯林饮酒者"一直没有根除。[37] 由于他的读者是意大利的基督教饮酒者,因此约安拿·阿萨德采取了不同的方式回忆这些饮酒者。一方面,他认为公开贩酒主要集中在菲斯郊区的底层社区,那里娼妓聚集,赌博和舞会通宵达旦。很多名人也因为饮酒过度和吃了太多鸡肉,而罹患痛风症。在另一方面,他又描写到在菲斯王国各地均有酿酒和饮酒的风俗,例如利夫山区的一处城镇,几乎人人饮酒,包括那些表面声称要禁酒却也在私底下饮酒的法基赫们。在巴迪斯港,人们用地中海上的小船运送葡萄酒,畅快地饮酒、唱歌;在塔扎(Taza),"当地最好的葡萄酒"是由犹太人酿制的,而穆斯林和犹太人都爱喝酒。听上去,他似乎也深知其味。[38]

虽然《古兰经》严禁在今世饮酒(2:219,5:90—91),但在天堂里却有着清水、牛奶、美酒("饮者的乐事")和蜂蜜汇集的河流(47:15，56:18—19，83:22—25)。酒在人间会使人相互仇恨、背弃真主，但在天国的花园里，却是永生者宴会上的必备。在修订《古兰经》拉丁文译文时，约安拿·阿萨德在描述这一圣水时加上了"纯净"一词。[39] 在苏菲派教义中，酒象征着在知晓安拉和呼唤其名字时的狂喜，是在真主与信仰他的人们之间涌动的挚爱，如伊本·法里德（Ibn al-Farid）所创作的充满神秘主义色彩的《酒歌》中所描写的那样。对于伊本·法里德，约安拿·阿萨德特别写到其寓言诗的高雅和优美，三百多年来一直在宗教集会上被传唱。《酒歌》的韵律也是他最钟爱的诗体之一，在滞留意大利期间，当看到基督教弥撒仪式中葡萄酒的重要作用以及日常生活中的饮酒习俗时，他一定常常想起这首诗来。[40]

对于另外两项在一名有学识的法基赫看来可能有碍伊斯兰教正统性的文化习俗——占卜和奇迹，约安拿·阿萨德也采取了含糊其辞的办法。在伊斯兰教思想中，真正的预言和阿拉伯人长期沿袭的占卜是有一致性的。人们相信先知的预言直接来自于真主，并且一贯准确：在穆罕默德的启示中，真主是与其同在的。占卜者（kahins）一般至多能得到天使的帮助，求助于神灵（djinns）或鬼怪（spirits）则有时灵验、有时不准，而最糟糕的就是听从魔鬼的错误指令。有些卜者（'arraf）通过仔细考察自然、天体或人体的形状以发现秘密。他们的灵感并非来自于真主，而是得自某种特殊能力或天赋，或是自己的胡编乱造。他们的预言是不可靠的：如先知在致其妻阿伊莎（'A'isha）的一则"圣训"中所言："他们所谓之真言，据说是来自神灵在耳边的低语，就像鸡一样咯咯碎语；其实里面掺进了一百句的谎话。"

不过，《古兰经》和"圣训"都未完全禁止占卜算命，只要它们能够保持在一定适度的范围内即可。自然，所谓的适度是很难界定的，马苏迪很早以前就曾指出，法基赫和宗教学者是不可能认同占卜技艺的价值的。伊本·赫勒敦也曾写道："人类灵魂的特性之一，就是想要了解事情的结果、想知道将要发生的未来……生或死、善或恶。"他认为各种类型的占卜者和预言家不同程度地满足了人们的这种愿望,他们之中有的"应受谴责",有的"真真假假"含糊其辞。人如果真的能够获得某种超自然的知识,那也不是因为人自身的能力,而是真主在他们睡梦中或冥想时(如苏菲派的精神修炼)给予了启示。[41]

当从意大利回望北非人的占卜算命时,约安拿·阿萨德的反应与伊本·赫勒敦非常一致。有些占卜者简直荒谬可笑,例如他们把油滴入水中,透过镜子察看出现在液体中的魔鬼,然后魔鬼就用手势或眼神回答问题。只有粗鄙无知的人才会相信这些鬼话,并把钱白白交给这样的占卜者。有些占卜者还要恶劣,例如在菲斯有妇女宣称自己与红、白、黑等不同肤色的魔鬼都有往来,能用特殊的香水召唤他们附体,然后模仿魔鬼的声音,回答那些善男信女的问题,后者为此要留下不菲的礼物。甚至有传言,有些女人因此上当受骗而失身于恶魔的淫威之下。[42]

不过,当占卜与知识相结合时,便引起了我们这位作者的极大兴趣,甚至为之肃然起敬。他解释道,有些人掌握了研究字母和词语的姓名学('*ilm al-huruf*'),他们并非"秘法术士"。他们斋戒禁食,按照特殊的时间间隔进行祷告,身戴用避邪的字母和数字制成的护身符,于是"善良的幽灵现身并告诉他们世间万物的消息"。这一派最伟大的宗师便是布尼(逝于622/1225),约安拿·阿萨德读过他的多部著作,"一位来自威尼斯的犹太人"曾给他看过布尼论九十九尊名的珍贵手稿。[43]另外,他也非常推崇"扎伊拉贾"之术,认为它是占卜之中最"奇妙"和博大精深的一种形式,令他心驰神往,甚至称其已几乎侵犯到安拉通晓未来的无上权威了。[44]

对于奇迹,穆斯林神学家有时也有不同的解释,如伊本·赫勒敦就认为:占卜行为对奇迹的发生一般至关重要,但先知或圣人在此究竟有没有什么贡献呢?约安拿·阿萨德在周游非洲时,一直细心观察各地盛行的宗教习俗,他所提出的问题略有不同:所谓的奇迹是真实的还是骗人的?如果是骗人的,他便会批评人们轻信盲从,有时还归咎于当地的统治者。例如在突尼斯，不仅普通百姓会愚蠢地相信赤裸着身子在街上扔石头、叫喊的疯子是圣人，甚至连苏丹也信以为真，还为其中一人写了篇优美的演讲词。[45]

圣女娜菲莎的祖先是先知的侄子，其位于开罗的陵墓便常常有奇迹发生。约安拿·阿萨德曾亲眼见到过那里的银烛台和丝地毯，以及来自远近各地的众多游客。开罗的妇女蜂拥来到神庙，希望娜菲莎的遗体能够奇迹般地解除她们的病痛；路过的商人在回商船或商队之前，都会到墓前瞻仰敬拜。他们都会供奉丰厚的祭品，之后便被先知穷困潦倒的后代和神庙的守护人分享。约安拿·阿萨德虽然承认娜菲莎"善良而贞洁"，但认为在墓地周围出现的奇迹完全是"无知乡民和守墓人的胡编乱造"。[46]

不过，他对民间信仰的批评也不是绝对的，至少有一项宗教热情得到了他的认可。阿布·亚扎（Abu Ya'za）是一位12世纪的柏柏尔圣徒，葬于中阿特拉斯山脉的小城塔吉亚（Taghya，即今天的穆莱布阿扎 [Moulay Bouazza]）。他因为展示奇迹降服了周边森林里聚居的狮群而声名远扬，他的墓地是菲斯男女老少一年一度朝拜的圣地。约安拿·阿萨德幼时便跟随父亲去过那里，后来又在塔迪利（al-Tadili）著名的圣人传记中读到了他的奇迹故事，认为应当对他的这些奇迹认真看待，至少是"某种神奇法术的结果或是（圣人）具有某种降服狮子的神秘力量"。在自己的旅行中，他曾经有过两次狮口逃生的经历，因此后来又曾多次瞻仰其陵墓，也许已是身为人父、带着自己的儿子同行了。[47]

在写到伊斯兰教内部不同的教派和教义时，约安拿·阿萨德时常持批评甚至蔑视的态度，但他从未主张要对它们采取暴力手段予以镇压。其最激烈的谴责是针对什叶派而发的，认为什叶派的波斯国王试图"通过武力"将其教派凌驾于其他穆斯林之上，是破坏穆斯林世界团结的"害群之马"。

可能是在 920/1514 年，他作为菲斯的大使，曾经为苏丹塞利姆对伊斯迈尔国王所展开的攻势而欢欣鼓舞，不过并未在《地理书》中提及。他表示会另写一本书《穆斯林的信仰与法律》（*Muslim Faith and Law*），单独解释什叶派的"异端"关于伊玛目（Imamate，即先知之后的一支精神领袖的世系）资格的问题。[48]

对于伊斯兰教内部存在的各种教派和异端，他最初的想法是要对它们分别进行描述和加以分类。约安拿·阿萨德写道："由穆罕默德的信仰中衍生出了七十二种主要的教派，每一个派别都认为自己是真实而正确的，能够实现最终的救赎。"此处的引用略有微瑕，因为根据先知的说法这个数字应该是七十三种。数百年来，一些穆斯林历史学家据此来证明伊斯兰教中存在不同宗派和革新者已有悠久的历史渊源。其中，沙赫拉斯塔尼（al-Shahrastani，逝于 548/1153）最为重要，他补充了先知原话的剩余部分："在七十三派中，只有一派是确信能够获得救赎的。"接着又写道：

> 我自认为有义务根据每个教派的所作所为对它们做出不偏不倚的评价，不去评论它们正确与否、真实或虚假；尽管对于通晓知识的头脑来说，对于真理其实一眼就能识破，而谎言的气味也不难发现。真主将是我们的指引。[49]

事实上，沙赫拉斯塔尼偶尔会用到"异端"一词，不过其在《穆斯林的宗派和分裂》（*Muslim Sects and Divisions*）的写作中并无意主张暴力。约安拿·阿萨德推荐了一部类似的著作，作者是 14 世纪的百科全书作家伊本·阿克法尼（Ibn al-Akfani）。[50]

我们由此可知，在写作《非洲寰宇地理书》之时，约安拿·阿萨德并未受吉哈德或圣战的感染而情绪激动，这也是他一贯固有的态度。早在菲斯的时候，他似乎就不赞成将所谓"斗争"和"奋斗"（动词 *jahada* 一词的核心意义）的责任解释为某种扫荡清除和末日降临。

在非洲，身为苏丹的臣子，瓦桑对各种圣战的形式并不陌生。最为显著的，是与基督教葡萄牙一决胜负的号令，当时摩洛哥位于大西洋和地中海沿岸的许多城镇均已被葡萄牙所占领。马立克法学派中有评论认为："对付敌人，最好不要首先采取敌对行动，而是要先召唤他们皈依伊斯兰教，除非敌人负隅反抗。"瓦桑青年时代在菲斯的马德拉沙求学时，这种圣战观点最为激烈的鼓吹者，当属苏菲派法学家兼诗人塔兹（al-Tazi，逝于920/1514）。876/1471年苏丹穆罕默德·沙伊赫与葡萄牙人屈辱议和之后，瓦塔斯王朝得以暂时继续固守菲斯城，塔兹为此大声疾呼：

> 信仰真主的人啊！你们的心头怎么能够放下这样的疏忽大意？……难道你们不知道，你们的敌人……正在想尽一切办法兵临城下？……你们却四分五裂，只顾着对付自己的穆斯林兄弟，毫不关心安拉的宗教正在被人践踏、虔信真主的崇拜者正沦为阶下囚徒。……[这个国家的人民]将会被锁上镣铐。……他们将倾家荡产一无所有，他们的女人们将会被夺走，……而且[异教徒们]将会诱惑他们背离信仰……穆斯林兄弟们啊！你们怎能如此掉以轻心？

马格里布需要"一个公正的领袖"，他将"带领[穆斯林们]投入战斗……信使已宣布：'[出鞘的]战刀已遮天蔽日'"。[51]

苏丹穆罕默德·布图加利对此给予积极的回应，如前文所见，瓦桑是支持苏丹的计划并为之尽心尽力的。不过，塔兹所想的"公正的领袖"并非瓦塔斯王朝现实的君主，而是某个具有更为宏大的道德革新计划的统治者。瓦桑曾认为萨迪王朝的沙里夫穆罕默德·卡伊姆就是这样一个抱负远大和魅力超凡的君主：他对葡萄牙不懈地发起圣战，自己作为先知的后代能紧循贾祖里和其他苏菲派圣徒所提倡的正道（Straight Path）而行，同时根据预言的启示为子孙开朝立代、奠立王朝。瓦桑作为使臣促成了沙里夫与穆罕默德·布图加利之间的联盟，共同投入抵抗基督徒的圣战，不过，令他和他的苏丹均深感不安的是萨迪王朝所理解的圣战背后潜藏的扩张性。931/1525 年,沙里夫的一个儿子率军从原来的部落首领手中强占了马拉喀什,瓦塔斯王朝苏丹不得不承认萨迪王朝在摩洛哥南部地区的统治权。如果消息传到罗马,约安拿·阿萨德听到自己的担心被不幸言中,不知做何感想。[52]

瓦桑也知道其他一些利用圣战进行扫荡扩张的事例,尤其是狂热的马格里布学者马吉利号召在撒哈拉沙漠内外对犹太人进行的圣战。马格里布的一些重要的法官,包括特莱姆森、突尼斯和菲斯的穆夫提们,都不支持马吉利的主张,认为图瓦特等绿洲城镇的犹太人谦卑恭顺,应保留当地的犹太会堂,因为那是他们通过缴纳人头税(dhimmis),在合法获得的土地上建造的,以此试图保护"有经典的人"。马吉利对此回应称"只有冒名顶替的骗子才会发布这样的教令",并通过广泛的学术辩论获得了他所期望的裁决:犹太人的行为肆无忌惮,触犯了着装等多项规定,他们的会堂是非法建造在"伊斯兰教土地"之上。于是乎,马吉利组织了一场针对绿洲上的犹太会堂以及犹太人的武装袭击,参与屠杀的人都可获得赏金。犹太会堂是对真主使者的侮辱性建筑,捣毁它的人可以进入天堂,反对者则会遭到烈火的煎熬。他的鼓动振振有词:"起来,杀死犹太人。他们是最可恶的反对穆罕默德的敌人。"

不久以后,马吉利遭到法学家们的抵制,被驱逐出菲斯。虽然包括瓦桑的老师万沙里斯在内的许多法官也赞成拆除犹太会堂,认为它们不能建造在穆斯林兴建的城镇中,但更令他们不安的是由此可能导致的流血杀戮,以及马吉利所声称的任何反对他或是仍与犹太人有买卖往来的穆斯林都是"异教徒"。在抵制马吉利扩张性圣战的主张中,法学家引用《古兰经》中的经文和马立克法学文本中的观点,即只有当犹太人拒绝改变信仰又拒绝缴纳人头税的情况下,才能向被保护民宣战。因此,悍然进攻绿洲上的犹太人,乃有悖于伊斯兰教法。[53]

圣战还针对哪些其他的对象呢?早在数百年前,伊本·拉希德(阿威罗伊）就在所著法学手册中称："学者们一致认为，一切多神论者都须予以反对。"不过即使如此，他仍然补充指出，至少根据马立克学派的观点，如果他们拒绝皈依改宗，还可以采取收取人头税的办法。至于通过宣称某个穆斯林君主为异教徒（*kafir*）然后加以攻击的做法，在伊斯兰世界也是司空见惯的。如前文中所提到的，马吉利在鼓吹反犹圣战的数年之后，向接受其主张的桑海君主阿斯基亚·穆罕默德授权，支持其向其他穆斯林君主发起进攻，理由是指控对方"混教"或是允许臣民将异教的信仰和仪式与伊斯兰教相混杂。不过，对此同样存在许多不同的意见。例如对于饱受谴责的护符和符咒等，在著名的埃及学者苏尤提看来，"只要它们无伤大雅"，就可以接受。马立克学派的一部手册中写道："用符咒保护不受恶魔之眼或诸如此类的伤害，或是念念护身的咒语，都无可指摘。……在脖子上佩戴刻有《古兰经》经文的护身符也是可以的。"[54]

虽然约安拿·阿萨德对那些缺乏伊斯兰教真正信仰的社群有激烈的批评，但在他看来，他们需要的是宗教领袖和法官——伊玛目和卡迪，而不是圣战的战士。[55] 至于犹太社群，《地理书》中对犹太人的描述有好有坏，但始终认为他们是属于非洲的一部分，他个人也与这个群体有着密切的往来。他在商队中曾与犹太人结伴而行，在旅途中也常常与犹太人攀谈。在阿特拉斯山见到卡拉派犹太武士时，他为之赞叹不已，尽管在对非穆斯林的法律规定中，骑马是被严令禁止的。（卡拉派也的确被其他非洲犹太人视为异端，因为他们拒绝承认拉比 [rabbi] 的权威，而依照自己的理解解释"摩西五经"。）他认为"犹太人在菲斯完全无足轻重"，写到他们脚上只穿藤编的拖鞋而没有正式的鞋子，他也注意到穆罕默德·布图加利曾在宫廷接待由葡萄牙流亡而来的犹太富商，其中一位还随使团于 914/1508 年前往拜见葡萄牙国王。犹太难民不是还被认为是将梅毒从西班牙传入非洲的罪魁祸首？其实，格兰纳达的穆斯林难民也传染了这一病毒。阿兹莫的犹太人不是被指控向葡萄牙人献城投降？但在邻近的萨菲，通敌的叛徒则是穆斯林。[56]

作为《阿拉伯名人传》的附录，约安拿·阿萨德还撰有一篇《犹太名人传》，收录了五个人物，包括迈蒙尼德（Maimonides）和诗人易卜拉欣·伊本·萨尔（Ibrahim ibn Sahl）等，他们还常被看做是医生和哲学家，在阿拉伯传记辞典的编纂传统中常作为犹太人而被收录，且均与北非和安达卢西亚有某些联系。[57]

《名人传》的最后一篇是犹太人哈伦·本·舍姆·托夫（Harun ben Shem Tov）的传记，他是马林王朝末代苏丹阿布德·哈克（'Abd al-Haqq，逝于869/1465）的大宰相。根据约安拿·阿萨德的说法，哈伦"生于菲斯的犹太上层社会"，本是一位占星家，穆斯林君主常常借助占星术以决定未来。阿布德·哈克自幼权力旁落，朝政被一名穆斯林宰相所把持。哈伦向苏丹建议杀死宰相，夺权成功之后，犹太人取而代之，被任命为新的宰相。约安拿·阿萨德认为，这在一定程度上是一种愤怒的姿态，以使菲斯百姓安守本分。哈伦任宰相执政六年，但在苏丹有一次出城时，"菲斯人借机造反并屠杀犹太人。消息传到[苏丹]营帐，军官和贵族们也哗变反对苏丹，杀死了哈伦"。众叛亲离的阿布德·哈克被绑在一头骡子上带回菲斯游街示众，之后被割喉杀害。[58]

对于权力斗争以及导致反叛的不满情绪，约安拿·阿萨德并没有做过多细节的描述：例如，控制阿布德·哈克而专权的宰相，实际出自瓦塔斯家族，他们的后代正是瓦桑和他的叔叔作为外交官所效力的苏丹们；再如，造成菲斯的沙里夫们不满的主要原因，是哈伦剥夺了他们及其家族的免税权利。[59] 需要注意的是，他根据一贯秉承的中立态度，既没有明确反对屠杀的行为，也没有提到伟大的苏菲派学者扎鲁克，后者在当时曾坚决反对攻击菲斯的犹太人。不过，对于屠杀他也没有表示任何明确的支持。

此外，如果把犹太宰相之死和刺杀在位苏丹这类血腥事件联系起来的话，自然会讨论到暴力行为是否正当的问题。暴乱发生期间正在马格里布旅行的一位埃及法学家，有过不尽相同的一段记述："这个犹太人生命的终结，是因为他在菲斯王国攫取了发号施令这些本当被禁止的权力。……这个该受诅咒的人毫无顾忌地胡作非为、滥用权力。由于他的所作所为，犹太人在菲斯都爬到穆斯林的头上了。"埃及人继续写道，哈伦的亲属曾经侮辱和攻击一位拒交税款的沙里夫的妻子，当时便有教士在卡拉维因清真寺呼吁在每个星期五抵制犹太人，有人冲上街头高呼："为了真主起来反抗，否则就是罪恶或不虔诚。圣战！圣战！"[60]

在《地理书》中，约安拿·阿萨德仅用了寥寥数语，就将二十八年前马吉利在图瓦特和邻近的古拉拉（Gurara）等绿洲城镇所点燃的宗教狂热一笔带过："在[古拉拉]和图瓦特等地方，……来了一个从特莱姆森来的传教士，布道反对犹太人。人们群情激愤，对犹太人大肆烧杀抢掠，他们的大部分财产都被教士收入了囊中。"考虑到他的欧洲读者，约安拿·阿萨德还联想到了他们的暴力史："这一事件发生的同一年，[犹太人]也在西班牙和西西里遭到了驱逐。"[61]

约安拿·阿萨德对于反犹太圣战所持的保留态度，与菲斯及其他地方不少法学家的立场是一致的，随着在意大利的经历，包括同以利亚·勒维塔和雅各布·曼蒂诺等人的交往，又有了进一步的加强。不妨回想一下他在与曼蒂诺合编的阿拉伯—希伯来—拉丁语辞典的末页结语中对后者的赞誉："良师、名医……值得信赖的犹太人。愿上帝以恩典护佑他。""值得信赖"（wafa'）是一个阿拉伯语的赞美词：用于表示某人能够坚守承诺和准确忠实地传承传统，如曼蒂诺在编订阿威罗伊著作时所做的。当然，约安拿·阿萨德希望曼蒂诺能够成为《名人传》和《地理书》的读者，可以想见后者在读到手稿时忽而点头称道、忽而蹙眉不悦的神态。

圣战的思想内容丰富、包罗万象，其与末世论的结合尤其具有深刻的意义，瓦桑对此也有所接触。末日来临之前，将会出现一位真主所选定的世界征服者（World Conqueror），并建立一个大一统的帝国，迎接救世主马赫迪（Mahdi），即"蒙受引导者"（guided one），他是先知同族的后代，将摧毁世间一切错误信仰、伸张正义和恢复伊斯兰教信仰，使得伊斯兰教一统天下。有观点认为征服者和救世主这两个角色也可以是一体的；也有人认为马赫迪的同伴就是尔撒，后者并未死在十字架上，而是被真主接到了天堂。[62]

在瓦桑生活的年代，对末世将至的急切期待有着非常巨大的影响，因为根据预言，将在伊斯兰纪元（希吉拉，Hijra）的第十个世纪迎来世界末日。苏尤提在898/1493年提到，随着伊斯兰教历900年的临近，埃及的学者和民众中出现了非常热烈的关于"圣训"的讨论；他声称自己将成为"穆贾迪德"（mujaddid），即在每个世纪末出现并复兴宗教的最重要的学者。不过，他同时又预测，末日要到1450/2028年才会到来。对于迫切盼望末日降临的人们来说，各种迹象纷至沓来：857/1453年，被称为第二个罗马的君士坦丁堡被攻陷，预示着穆斯林即将占领真正的罗马；二十年前格兰纳达的陷落，是另一个末世将临的象征。学识渊博的比斯塔米（al-Bistami，逝于858/1454）是专长于字母和姓名研究的学者，曾写过一篇专论分析救世主即将到来的各种预言：宗教改革者伊本·突麦尔特（Ibn Tumart）早已预言过救世主的名字，即"来自奥斯曼（'Uthman）一系的能人"——萨利姆（Salim）。他将是一位自北而来、征服埃及的君主。之后，马赫迪将占领罗马城。[63]

瓦桑在开罗和伊斯坦布尔的时候，这些预言被用以借指苏丹塞利姆对波斯国王伊斯迈尔和马穆鲁克王朝的胜利，以及其统一安纳托利亚、叙利亚和埃及的一系列功绩（图20）。923/1517 年，就在瓦桑在拉希德城的浴场见到塞利姆的同一年，有一份波斯文献将苏丹颂扬为"真主派来的救星"和"顺应天时的霸主"，称他将一统天下。在写给塞利姆报捷的文书中，也常常尊其为马赫迪和世界征服者。[64]

对于甚嚣尘上的末日论，瓦桑有何观感呢？在刚刚被俘时，他向审讯者表示自己"为[苏丹]在叙利亚和埃及的胜利而欢欣鼓舞"。[65] 毕竟，瓦塔斯王朝的外交策略是寻求奥斯曼帝国的支持以对抗基督教世界。但是，开罗惨遭洗劫的记忆令他不胜困扰，他也无法接受世界征服者的预言所昭示的图景——整个北非都将被塞利姆所占领。

当然，瓦桑到达罗马后，另一种世界末日的预言也正在盛行，只不过是内容截然相反的一场圣战——征服土耳其和伊斯兰教。在意大利舆论中，任何"怪胎"的降生或不同寻常的天体相合，一般都被认为是需要忏悔、整肃教会和征伐异端的征兆。围绕着1519 年神圣罗马帝国的皇帝选举，各种预言和征兆漫天飞舞，新皇帝被认为将会"让全世界臣服、改革教会和建立新秩序"。贝尔纳迪诺·德·卡瓦哈尔，也就是新近成为基督教徒的约安拿·阿萨德的教父，在基督徒征服格兰纳达之后一直在做关于末日的布道；埃吉迪奥·达·维泰尔博则把土耳其人比作启示录之兽（Beast of the Apocalypse），宣称在教皇利奥十世的领导下，他们终将被战胜并全体皈依基督教。（后来，埃吉迪奥又将这个至高无上的使命赋予了克莱芒七世。）约安拿·阿萨德也许还知道一点犹太教有关末日狂热的情况，尤其是他可能接触过那个自称来自哈波尔沙漠的大卫王子的冒名顶替者。埃吉迪奥一度信以为真，把这个人认作黄金时代将至的又一个预兆，尽管约安拿·阿萨德或许已从雅各布·曼蒂诺处听到了一些怀疑。[66]

到着手写作《非洲寰宇地理书》的时候，约安拿·阿萨德当初对于圣战末世论的不同观点又有了进一步的加强。他提到，在一般信仰中对于马赫迪最终降临的观点是：这样一个人物应该是"穆罕默德在经文中所预言的公正无私的哈里发"。[67] 但是马赫迪究竟将在未来哪个无法确知的时间降临呢？约安拿·阿萨德认为，那些有生之年一直在翘首期盼他早日来到的人是愚蠢无知的。他写道，位于大西洋沿岸的一个摩洛哥柏柏尔城市马萨（Massa）的城外，有座清真寺是"伟大崇拜"的一个中心，因为人们相信马赫迪将降临在这座寺院中。伊本·赫勒敦也曾对马格里布地区各种荒谬的马赫迪信仰加以嘲讽，并提到过位于马萨的这座苏菲派道场，称"头脑愚蠢的人们"居然远行至此希望亲自迎候"蒙受引导者"。14 世纪初，一位修道者"利用"人们的信仰宣称自己就是马赫迪，在柏柏尔人中赢得了无数信众，直到最终被部族首领所杀。[68] 约安拿·阿萨德进一步揭露了当地人的轻信盲从，因为马萨据说也是约拿（Jonah）从鲸鱼腹中逃生的地方，当地人相信任何经过这个圣所的鲸鱼都会受到神力的作用而在海滩上搁浅。（清真寺建筑的托梁即使用鲸鱼骨。）[69]

在《地理书》中，约安拿·阿萨德并没有直接讨论狂热的末世论在当时的世界冲突中可能会产生怎样的危险，但他通过对历史中两个所谓的马赫迪的追述，间接地表达了自己的疑问。在马林和瓦塔斯两个王朝的历史记忆中，对这两个重要政治人物的态度都是存有怀疑的。第一位是穆罕默德·伊本·突麦尔特（Muhammad ibn Tumart，逝于 524/1130），出生于安蒂阿特拉斯山区。他在外求学游历回到马格里布后，提倡非常强烈的一神论思想，不同意阿尔摩拉维德王朝的经学家们为真主所赋予的神人一体的特性。他宣称唯有《古兰经》和先知及其同伴的言行才是律法的真正来源，主张对马立克法学派后来所增补的内容及在法律上的误读进行净化。他也没有忽略当时的风俗习惯：在布道中严厉谴责饮酒、妇女不戴面纱并与男子一起走在马拉喀什的街道上，以及演奏乐器等行为。在伊本·突麦尔特声称自己是先知后裔之后不久，其追随者便尊其为受真主引导的全体穆斯林的马赫迪。这场政教运动以上阿特拉斯山区为中心，马赫迪作为领袖派其同宗的马斯穆达（Masmuda）部落以"真主派"（Party of God）的名义出兵进攻阿尔摩拉维德王朝。他去世以后，他的一个亲信门徒阿卜杜勒－穆敏（'Abd al-Mu'min）继续反叛，并最终成为建立阿尔摩哈德王朝的首任哈里发。此后数十年中,每逢星期五的礼拜,都会响起马赫迪的名字,在阿尔摩哈德王朝也铸有马赫迪字样装饰的钱币。[70]

约安拿·阿萨德没有写到任何马赫迪所宣扬的具体教义:可能在其关于历史和穆斯林教义学的其他散佚书稿中会有单独的论述,他肯定会对伊本·突麦尔特对马立克派法学的敌视进行反驳。但在《地理书》中,他只是将马赫迪看作是一个马斯穆达部落的柏柏尔人、一个传道者、一个有着众多忠诚追随者的山地战士,丝毫没有把他看成是先知可能的后代。伊本·突麦尔特根据部落习俗被推选为阿尔摩哈德哈里发,被称为"穆罕默德法律的一个新举措",这种说法通常指带有贬义的创新(bid'a),并受到法学家们的批评。

马赫迪活动的中心及其墓地位于上阿特拉斯山区的廷马拉镇(Tinmallal),在描写该地时,约安拿·阿萨德对伊本·突麦尔特的主张敬而远之。他记述道,虽然清真寺建筑精美,但当地人却自认为熟知伊本·突麦尔特的教义思想,狂妄自大地与意见相左的外乡人争执不休;事实上,他们的教义是"异端和有害的"。在此,同伊本·赫勒敦一样,约安拿·阿萨德显然认为,伊本·突麦尔特所谓"绝对正确的伊玛目"的主张并藉此自称为马赫迪的做法,带有什叶派教义和异端邪说的特点。[71]

约安拿·阿萨德还写到了另一位带有救世主色彩的战士——奥贝德·阿拉·赛义德('Ubayd Allah Sa'id,逝于322/934),他是属什叶派分支之一、崇尚二元论的伊斯玛仪派(Isma'il)的宗教领袖。该教派得名于伊斯玛仪,后者因为早亡而未能成为第七位伊玛目,此后两百年间,该派一直盼望在其后代中某个隐遁的伊玛目能够出世成为真主所指引的哈里发。奥贝德·阿拉便以此自居,称自己是先知之女法蒂玛(Fatima)的后代。他从叙利亚来到马格里布,与本派教友一起成功地使库塔玛(Kutama)柏柏尔人皈依其信仰,并从逊尼派穆斯林统治者手中征服了大片土地。在自称马赫迪之后,奥贝德·阿拉成为运动的领袖,在突尼斯建立马赫迪耶城(Mahdia),以此为中心建立起一个信奉什叶派信仰的王国,马立克派学说被禁止。在其去世时，法蒂玛王朝（Fatimid）尚未能最终获得对马格里布西部的控制，但其继任者曾经一度征服了埃及。[72]

在描述马赫迪耶的堡垒时，约安拿·阿萨德称奥贝德·阿拉为"异端哈里发"，与其他前辈学者一样，质疑他的血统世系。[73]他写道，奥贝德·阿拉假扮成朝觐者来到突尼斯的凯鲁万，并使当地人相信他是穆罕默德的后代。为了获得他们的信任，他宣称自己是"马赫迪，真正受指引的哈里发"，人们因此起义推翻了原来的总督，尊其为君。约安拿·阿萨德在叙述中质疑其所谓"真正受指引"之处。这位马赫迪曾经被西吉尔马萨的统治者抓捕入狱，后由曾被其本人尊为哈里发的另一位武士（最早的伊斯玛仪派传教者）所救；在安全回到凯鲁万后，他便阴谋害死了自己的救命恩人。因此，这个所谓的马赫迪是一个"卑鄙恶毒的人"，他所建立的政权是"暴虐而不义"的。[74]

约安拿·阿萨德对于救世主们的质疑，也可见于其在《非洲地理书》中对亚历山大大帝语出惊人的评价："根据《古兰经》中穆罕默德的不明智的见解，亚历山大大帝是先知和君王。"[75]在伊斯兰教传统中，亚历山大是一个非常重要的人物，在基督教和犹太教传统中同样如此。在穆斯林看来，伊斯坎达尔（Iskandar，即亚历山大大帝）是世界的征服者，他为伊斯兰教的启示奠定了道路。尽管宗教学者并不完全赞同，但在民间想象中，有时他也被认作是左勒盖尔奈英（Dhu-l-Qarnayn），即"双角人"（he of the two horns）或"两世人"（he of the two Ages），可参见《古兰经·山洞章》（Qur'anic Sura of the Cave，18:83—101）。左勒盖尔奈英受真主的委派，循路先到了世界的最西端、再到最东端寻找不同的人们，直至遇见了"一种几乎不通语言的人"。他们请求其保护以免受雅朱者（Gog）和马朱者（Magog）的侵扰。他筑起一道铜墙铁壁以作守卫，直至世界的末日，号角响起，不信道者的面前迎来了一片火狱。[76]

穆斯林地理学家认为这座铜墙铁壁的壁垒位于中亚地区。宗教学者把它解读为律法或伊斯兰教法的一种隐喻。不论是哪一种解释，左勒盖尔奈英都为脆弱的人类社会提供了保护，使其免受纷乱的外部强权的侵扰。因此，对于把伊斯坎达尔与左勒盖尔奈英视为一体的人来说，这位希腊君主不仅是世界的征服者，可能也是一位先知，至少肯定是可以与马赫迪以及再次降临于世时的尔撒相并列的人物，当时间走到尽头时，他们都将在世界末日的跌宕剧情中扮演核心的角色。[77]

下一章中，我们将会谈到神学家"乌里玛"们对于伊斯坎达尔的能力和地位的争论，不过在此请容我强调这样一点：约安拿·阿萨德的怀疑一定程度上是源于他对圣战将要扫荡一切的末世观所持的保留态度，这种保留随着他在意大利的所见所闻而进一步得到了加强。查理五世在当选为神圣罗马帝国皇帝后，被人称为查理曼再世，被寄希望于能够实现预言、建立普世的基督教世界；他也誓言要"对抗异教徒"，并且有朝一日收复耶路撒冷的圣墓。苏丹塞利姆在征服埃及之后，也被尊为亚历山大一样的征服者，将实现伊斯兰教一统世界的预言。根据威尼斯使臣的报告，塞利姆在924/1518年间读了亚历山大大帝的传记，一心步其后尘。[78] 没人知道，世界将会走向何处，一切将如何结局？

尽管约安拿·阿萨德没有让自己的叙事中充满以圣战之名发生在基督徒与穆斯林之间或穆斯林之间的战争，但在描写12世纪阿尔摩哈德王朝哈里发阿布·优素福·雅库布·曼苏尔（Abu Yusuf Ya'qub al-Mansur）时期帝国的"辉煌盛世"时，似乎有意犹未尽之处，当时帝国占有从安达卢西亚到北非的广阔领土，但不久至其子纳西尔时，悉数落入基督教势力的控制之下。但是，他并没有讨论谁是谁非的问题。如之前所见，他在记述基督徒与穆斯林势力后来在马格里布所发生的战争时，一直采取相对中立的态度。他仅仅是把它们作为政治和军事事件来描写；如果为了取悦将要面对的读者而在宗教问题上妄加评论，就不明智了。尽管如此，他在现实斗争中有必须效忠的一方，也明白在穆斯林对圣战的律法中，是坚决支持抵抗侵略的。他和他的父亲无疑也希望格兰纳达有朝一日能够失而复得。这种立场通过一种温和无声的形式得以表现，如赞美一名格兰纳达指挥官在抵抗西班牙战争中的"英勇无畏";责备马林王朝苏丹阿布·赛义德·奥斯曼（Abu Saʻid ʻUthman）的"罪不可恕",他在818/1415年葡萄牙攻占休达的消息传来时,居然沉溺于歌舞饮宴而拒不派兵救援。[79]

不管怎样,对于几个世纪来的宗教暴力和生灵涂炭,约安拿·阿萨德的语气中始终充满哀伤和惋惜。他总会在字里行间遗憾地提到毁于战火的建筑、城墙和住宅,以及饱受苦难的生灵,不论是被阿拉伯人征服的基督教迦太基、以伊斯兰教名义反对哈里发的哈瓦利吉派柏柏尔人叛乱、衰落的阿尔摩哈德王朝苏丹与新兴的马林王朝间的权力斗争,或是葡萄牙对摩洛哥沿海城市的占领等。在旅途中经过的处处废墟和凋零的城镇,令他每每怅然若失,在抚今追昔间潸然泪下。[80]

约安拿·阿萨德在一段文字中谈到了宗教中的破坏偶像运动,将之置于特定的背景当中,认为所有的征服者都想要消灭原来的文化。他提到在罗马人占领巴巴利地区后,有一种原用于碑刻记事的早期柏柏尔铭文彻底消失了,他写道:

> 他们的敌人罗马人,如今成了他们的主人。他们除去了在建筑上记录下的文字和值得纪念的事件,代之以他们自己的,除了记忆之外已一无所存。哥特人对罗马人的建筑同样如此,阿拉伯人也是这样处置波斯人的建筑。因此,土耳其人也如此这般地消灭基督徒们的记忆,将他们在教堂里绘制的精美图像尽数毁去。而在我们现如今,可以看到某个教皇耗费数以千计的达克特（ducat）去修建一座宏伟的建筑,未待落成便已身故。于是,下一任教皇不费吹灰之力地坐享其成,把前任的纹章和所有其他印迹统统抹去,虽然前任在这个建筑的建造中居功至伟。[81]

932/1526年,当在罗马写下这段文字时,萦绕在曾经名叫哈桑·伊本·穆罕默德·瓦桑、如今已是约安拿·阿萨德心头的,不是凯旋后的道德净化，而是战争带来的浩劫。

✥

从《非洲寰宇地理书》和《阿拉伯名人传》中，我们了解到约安拿·阿萨德作为穆斯林的过去和现在，但却很少有其成为基督徒后的情况。他在提及非洲早期基督教派别阿里乌斯派时，称他们"并不遵从罗马基督教的仪式或号令"，但是并没有进一步解释他们的具体教义。这是一种有趣的缄默：阿里乌斯派认为耶稣只是一个被造者，即凡人中的最高者，并不具备神性，因而更接近于穆斯林对于耶稣（尔撒）的认识，而有别于教会在"尼西亚信条"（Nicene Creed）中的解释。《名人传》开篇所写的第一个人物，是9世纪的聂斯脱利派基督徒约安拿·伊本·马萨维（Yuhanna ibn Masawayh）——巴格达哈里发玛蒙（al-Ma'mun）的宫廷医生兼希腊语翻译家，但未就聂斯脱利派教义中关于耶稣在人神之间的二元论观点作任何评论。反倒是特别强调了玛蒙在宗教上的宽容态度：如有人问哈里发，为什么放心地将翻译亚里士多德著作的重任委托给一个基督徒，玛蒙回答："我既然放心将存放我精神和灵魂的身体交给他诊治，为什么不能信任地把其他人所写的文字交给他呢？其上所载的，既不是他的信仰，也不是我们的信仰。"同样地，约安拿·阿萨德提到过不少生活在亚历山大里亚的基督教雅各派信徒，但却丝毫未涉及他们的教义，他们与在叙利亚的其他教众一样，数百年来一直坚信基督的单一神性。对于雅各派遍布埃及城中的修道院，他赞誉有加，但仅限于描写他们对待外乡人的热情好客和对贫苦教众的赈济。[82]

约安拿·阿萨德仅在一处提到了基督教的祷告，在谈到努比亚王国的一种毒药时，称其毒性强烈，以至于"只需说一句'我们的圣父'（Pater Noster）的时间"便会毒发身亡（拉姆西奥在印刷版中将这段文字替换为"突然"）。他也在无意间提到了基督最后的晚餐，据说耶稣最后用过的那张镶嵌珠宝黄金的餐桌原藏于托莱多（Toledo）的一座教堂，他写道，在北非的穆斯林军占领西班牙的西哥特（Visigothic）王国后，获得了这件珍宝。此外，他也谈到了几项基督教仪式，但也仅仅是因为它们与后来仍在菲斯通行的一些民间习俗有渊源关系，例如戴着面具的儿童在儒略年（Julian year）元旦唱歌乞食——可能是与耶稣诞生有关，以及在施洗者圣约翰节烧火的习俗。[83]

约安拿·阿萨德对待圣奥古斯丁的认识颇为新奇，他似乎将其看作属于阿里乌斯派之列："巴巴利的基督教徒并不遵从罗马基督教的仪式或号令，而更倾向于阿里乌斯派的统治和信仰。其中包括圣奥古斯丁。"作为奥斯定会前任教长的教子，约安拿·阿萨德怎么会不了解奥古斯丁的心路历程（早年信仰二元论的摩尼教 [Manichean]，改信罗马基督教，进行写作并作为主教反对摩尼教、伯拉纠派 [Pelagian] 和多纳徒派 [Donatist]）？在《忏悔录》中，奥古斯丁明确反对异端的阿里乌斯派；430 年去世之前，他一直坚持捍卫三位一体的教义，反对当时征服罗马北非行省的哥特雇佣兵和汪达尔人中盛行的阿里乌斯派异端思想："子是由父所生。"约安拿·阿萨德的保护人阿尔伯托·皮奥对这些论争非常熟悉，并用以同伊拉斯谟讨论关于三位一体的教义；卡尔皮亲王肯定不会让自己的被保护人把希波（Hippo）主教错认为是一位阿里乌斯派信徒。[84]

这究竟是思维的混乱还是某种写作的策略？也许约安拿·阿萨德是想把这位圣徒重新划归非洲世界，归属到在罗马行省衰亡后继续存在的非洲。对于伊斯兰教来说，当然是更欢迎一个反三位一体论而不是支持三位一体的奥古斯丁。当时还有传说，称奥古斯丁的出生地便在摩洛哥，瓦桑对此可能自幼就熟知了。他的出生地一说是在苏斯的塔加乌斯（Tagaoust，地名非常近似于其真实的故乡塔加斯特 [Thagaste]）。另一说是在更北部的杜卡拉（Duccala）地区；因此，920/1514 年葡萄牙人占领阿兹莫后，向国王曼努埃尔一世请求将当地的一座清真寺改建为纪念奥古斯丁的修道院，因为当地人对他非常"着迷"，相信他是"这片土地上土生土长的"。也有说法称是在马拉喀什。甚至还有更为惊人的传说,将奥古斯丁认定为阿布-阿巴斯·塞布提(Abu-l-'Abbas Sabti,逝于601/1204),后者是一位伟大的苏菲派圣徒、苦行修士、导师和穷人的守护者,在阿尔摩哈德王朝时期有大批信徒追随其来到马拉喀什,持续数十年之久。在去世之后,他护佑生灵的能力进一步扩大,包括保护那些被基督教海盗抓获的俘虏。甚至连基督徒和犹太人,就算并未改变信仰,也会向他求助。瓦桑曾经在马拉喀什瞻仰过他的陵墓。[85]

通过以上种种联系,约安拿·阿萨德也许是想要通过塑造这样一位阿里乌斯派的奥古斯丁,作为联系伊斯兰教和基督教之间的纽带。事实上,读他关于非洲著作的欧洲读者都不会注意到这一联系;只有未来的穆斯林读者在阅读某个修订版本时或许对此能有所感悟。

约安拿·阿萨德笔下内容最为丰富的宗教文本,是他在誊抄的阿拉伯文版"保罗书信"中所写的开卷语和结语。那是在受洗一年之后,用自己的母语所写,是根据阿拉伯文法结构创作的押韵并有节律的散文体祈祷文。其所用文字严守宗教规范,仅有的两处例外之处稍稍逾越了宗教的敏感边界。他在开头写道:"以仁慈、怜悯的上帝的名义,此乃为神圣的使徒保罗所书之书信,他是上帝之子、弥赛亚耶稣的信使,愿他的祝福与我们同在。阿门。"手稿的结尾处,这样写道:

> 保罗书信至此告终,赞美上帝。这些书信乃是为最高尚、最强大、最尊贵和最崇高的亲王,英勇的统帅和领主阿尔伯托·迪·卡尔皮伯爵的图书馆所抄录的,愿上帝保佑他的权力和荣誉绵延长久。上帝卑微的仆人,赞美他的圣名吧!前文所及那位贵人的仆人,约安拿·阿萨德·加尔纳提·法西(Yuhanna al-Asad al-Gharnati al-Fasi)——愿上帝保佑他的灵魂不沾罪恶,保佑他一天更比一天好——用其凡人之手亲笔所书,上帝保佑,于罗马城内之战神广场,星期四,基督道成肉身之日开始之纪年为1521年1月之最后一日,对应阿拉伯纪年为

927年二月（Safar）24日。赞美上帝，自时间之始至于其终结。愿主仁慈，赐福于它的读者、抄写者和所题献者，以及看它、听它和研究它的每一个人。我向上帝，为抄录者心灵的启示、为他的忏悔而祈祷，愿他此生能够蒙受指引荣耀我主，在他死后能够荣升天堂上国与圣徒同列。[86]

虽然有些语句是标准的伊斯兰教布道词，但在转为基督教祈祷词时也可以被接受。"以仁慈、怜悯的上帝的名义"的句式，即来自"奉至仁至慈的真主之名"，其中借用了真主的两个最重要的圣名，对阿拉伯语中反复赞美安拉的敬语"太斯米"稍作调整。在《古兰经》里"太斯米"的形式极为普遍，也常被伊本·豪盖勒、伊本·朱巴伊尔、伊德里斯和伊本·白图泰等人用于各自所著地理学和游记作品的卷首语。[87]"上帝卑微的仆人"以及"愿上帝保佑他的灵魂不沾罪恶，保佑他一天更比一天好"，是沿用哈桑·伊本·穆罕默德·瓦桑从菲斯带来的表达方式：在作为囚徒关押天使堡的第一个月，他在梵蒂冈图书馆所借的手抄本中，就在自己的阿拉伯语名字后面这样写过。[88] 在伊斯兰教和基督教中，都有圣徒存在，但"天堂上国"更接近基督教对天上之国的描绘，伊斯兰教中所想象的天堂更像是一座花园。

有两个词难以跨越伊斯兰教和基督教之间的界线。一是"道成肉身"（Incarnation）：在伊斯兰教中，神化身为人是绝不可能被接受的信仰，神的独一性是伊斯兰教中不能妥协的绝对原则。同样还有"上帝之子、弥赛亚耶稣"中的"子"。尽管"弥赛亚"是尔撒（耶稣）在伊斯兰教信仰中的诸多头衔之一，此外还有"先知"和"真主的信使"等，如《古兰经》中称他为真主所发出的"精神"和真主授予的"一句话"（4:171），但尔撒不可能是"上帝之子"。他只是麦尔彦（玛利亚）的儿子。[89]

因此，约安拿·阿萨德在此给出了一个明显的记号，即坚持了一种完全意义上的基督教教义，但这也是唯一的一处标记，后来的写作中再未出现过类似的情况。究竟应该怎样去解释这种对于基督教信仰的含蓄沉默呢？在许多年里，乔瓦尼·利奥尼参加的大概一直是用拉丁语进行的弥撒仪式，面向圣坛祈祷，在四旬斋（Lent）斋戒，向神父忏悔罪过，至少每年两次领受圣餐。他不会再当众行净体礼（ablution）或用阿拉伯语做一日五次的礼拜，不会再向着朝拜方向（Qibla，即位于麦加的克尔白的方向）跪拜，不会再在斋月时斋戒，不会再过宰牲节（'Id al-Adha，即纪念易卜拉欣献祭羔羊的节日），不再会缴纳"天课"（zakat）——一种所有穆斯林都必须缴纳、用于赈济贫苦的课税。他耳中整日听到的，是教堂的钟鸣，而不再是宣礼人（muezzin）定时呼唤信徒礼拜的高喊；他眼中欣赏到的是宗教的绘画和雕塑，例如在圣奥古斯丁大教堂里，就有拉斐尔新近完成的先知以赛亚的壁画以及奥古斯丁的柏柏尔母亲莫妮卡（Monica）的大理石墓碑[90]，而不再是菲斯城阿布伊南清真寺里石柱和墙壁上的书法和几何纹饰（图16、24）。他得以与教皇身边的亲信们通过问答教学的方式学习教义，认真研读"福音书"和"保罗书信"，以及三位一体论和关于聂斯脱利派、马龙派和雅各派等基督教派别的阿拉伯语手抄本，更不用说与众多基督教学者之间面对面的交流。

　　约安拿·阿萨德的心境可能非常类似于马拉诺犹太人（Jewish Marrano）或西班牙摩尔人（Morisco）中的改宗者（converso）：他们迫于情势改宗或皈依某一宗教信仰，但在内心中却依然坚持甚至暗中秘密地信奉原来的信仰。（如1560年，格兰纳达的天主教宗教法庭评论道："所有西班牙摩尔人暗中都仍是穆斯林。"）藉由这个观点，我们认为哈桑·伊本·穆罕默德·瓦桑在意大利期间之所以信奉基督教，乃是为了摆脱牢狱获得自由而采用的伪装。[91]在伊斯兰教中，不论是逊尼派还是什叶派，事实上都允许采取所谓的"塔基亚"（taqiyya），即在危急关头掩饰隐昧真实的信仰。《古兰经》中的经文写道（16:106）：

　　　　既信真主后，又表示不信者——除非被迫宣称不信、内心却为信仰而坚定者——为不信而心情舒畅者将遭天谴，并受重大的刑罚。"[92]

在瓦桑的家乡马格里布，奥朗（Oran）的一位法官于 910/1504 年发布了一项教令，特准格兰纳达的穆斯林在基督教强迫改宗的严峻形势下，可以采取"塔基亚"的办法隐昧信仰。他认为，重要的是内心忠于伊斯兰教。即便穆斯林在应该面向麦加礼拜的时候被迫在基督教的圣坛前祈祷，但只要心里转向伊斯兰教的话，祷告也是有用的。如果受命咒骂先知的话，他们可以像基督徒一样念诵他的名字，只要内心真正的意图是在诅咒魔鬼。如果被迫承认尔撒（耶稣）是神的儿子，他们可以口头同意，但心里暗中反悔即可，比如暗念"尔撒乃敬真主的麦尔彦之子"。如果被迫喝酒和吃不洁的食物，也可以坦然接受，只要坚信自己的身体不会受这些食物的影响，并继续坚信这些食物是不洁的。与此同时，他们也要努力找到一些隐蔽的办法继续做穆斯林所要求的礼拜，即便只是采取某种变通的办法。这条教令在格兰纳达的摩尔人中大受欢迎。此前，他们便曾向奥斯曼帝国苏丹陈情说明被迫改变信仰的经历，"在我们内心，一如往日，仍是先知穆罕默德的宗教，反对挥舞十字架的统治者"。一个世纪后，历史学家马卡里（al-Maqqari）写道："在安达卢西亚，依然有这样一些穆斯林，外表尽管是基督徒，但心中未必如此。"[93]

无疑，掩饰隐昧也在一定意义上可以用于说明本书主人公的信仰改变，可以解释他在论及基督教时的蜻蜓点水、言犹未尽。这也可以解释他为什么会说"瘟疫"，这样绝无仅有的表达可以让他的教父和保护人埃吉迪奥枢机主教消除疑虑，但使用一个特殊的、错误拼写的先知名字，其实是在用"塔基亚"的方式为自己免除罪责。被迫隐昧和默默改词，也都可以作为理由来解释诸如"道成肉身"和"上帝之子"等文字，一旦回到北非，他可以以此向穆斯林的法官请求赦免。

"塔基亚"为约安拿·阿萨德在意大利的行为和心理建立了一个非常简单的生存模式：外表——伪装的基督教徒；内在——真诚的穆斯林。不过,这种刻板生硬的二分法在有些问题上无助于我们理解,为什么他要为自己在意大利的写作中加入对伊斯兰文化和穆斯林人物的公开赞扬?为什么他会突如其来地对亚历山大大帝被赋予的先知形象做出毫无必要的严厉批评?为什么他不设法尽早逃离"战争之地",被迫隐昧难道是唯一的求生之道吗?在1520年初获释出狱后,特别是在次年年底教皇利奥十世去世之后,是什么原因使他继续在意大利羁留不去呢?难道他没有想方设法偷偷地找船偷渡回北非吗?

约安拿·阿萨德故事里的鸟儿像两栖动物一样根据自己的利益一年一年地变换身份。"麦卡玛特"故事中的流浪诗人不时地改变自己的伪装、身份和戏法,在每一段冒险故事的结尾向讲故事的旅行者表露身份,接着又在下一个故事里用新的伪装在另一个地方现身。约安拿·阿萨德,这只机智灵巧、充满好奇的鸟儿,除了"塔基亚"之外似乎还有其他的打算。

第七章　好奇与联系

不妨试问，有什么会吸引约安拿·阿萨德继续留在罗马生活？基督教究竟有何特征，至少在一时之间吸引住他或引起了他的好奇？至少在一时之间，从他所遇见的人物、出入的社交圈、建立起的友谊（也许还有别的更为亲密的关系）、文艺复兴时期意大利的见闻中，他会有何收获？对于伊斯兰和非洲以外世界的人们，甚至关于他自己，他有什么想要去探知的？

让我们来听一听1519年哈桑·伊本·穆罕默德·瓦桑·法西在接受帕瑞德·格拉西考察质询时还说了些什么。主教的报告称，"异教徒"对于穆斯林信仰中派别林立所造成的"差异"和"混乱"深感困扰，尤其是"其法律中的混乱"。当他"理解到我们基督教法律中的一些规则后，看到它们相互之间协调有序，对此十分渴望有所了解"。格拉西继续讲道，虽然他对许多问题仍然有所疑惑，但是"在经过我们博学之士的教导之后"，他终于"在被问及有关信仰的一些问题时，回答称已经全然信服了"。[1]

对于"差异"和"混乱"的担心，同约安拿·阿萨德后来在《地理书》中有关伊斯兰教分裂所做的评论相一致，特别是关切于什叶派"异端"的"破坏性"作用。1519年在押于圣天使堡时，这位马立克派法基赫很可能满心好奇地被罗马天主教教会法的结构所吸引。他的问询者们也许会告诉他，教会法的主体由自格拉提安（Gratian）《教令集》（*Decretum*）以来的一系列基本文本所构成，后来的种种评注都是与此保持一致的。在瓦桑看来，这与逊尼派四大法学派形成了有趣的反差，后者反而是在固守各自之间的差异。

此外还有教皇制度。梵蒂冈图书馆在出借论三位一体的阿拉伯文手抄本时，还借给他一部胡安·德·托克马达（Juan de Torquemada）所著《论教皇权力》（On the of Power of the Pope）的印刷本。这一大部书对于瓦桑的拉丁语来说显然是不小的挑战，圣天使堡主管托纳布尼可能在其阅读中提供了一些帮助。托克马达强烈主张，教皇的绝对权力高于大公会议和其他一切权力之上。[2] 可以想见，对比逊尼派伊斯兰世界中相互敌对且力量薄弱的哈里发们，瓦桑能够感受到罗马的中央集权体制的强大优势。奈斯尔王朝苏丹们对安达卢西亚的统治早已随着基督教对格兰纳达的征服而烟消云散。具有标志性的阿拔斯哈里发王朝在马穆鲁克埃及的统治，也在奥斯曼帝国占领埃及后宣告覆灭：923/1517 年初夏，瓦桑可能曾目睹了阿拔斯朝末代哈里发离开开罗被迁往伊斯坦布尔的情景。[3]

多年以后，约安拿·阿萨德在《地理书》中只是伤感地称哈里发王朝"败于武力"。[4] 至 1526 年，他提出了统一伊斯兰世界的构想，并设想逊尼派各个法学派别聚集在开罗共商大计的画面。此时，他也已经知道马丁·路德正在将德国和罗马教会搅得天翻地覆。但 1519 年因于圣天使堡时，他对教会内部的这一"乱象"还一无所知。相反，作为饱学法律之士，和谐统一的宗教法和中央集权的宗教政体等理论原则，不由得引起了他的深思。

当他向格拉西坦承已信服基督教信仰的教义时，是真心实意的吗？约安拿·阿萨德的所有作品都显示，当他说已经接受三位一体和道成肉身的教义时，一定是在隐晦掩饰。但是，格拉西可能还提出了其他一些东西，引起了这位改宗者的浓厚兴趣：例如教会的仪式，格拉西本人就是这方面的专家。约安拿·阿萨德在《地理书》中细致入微地回忆了自己亲身经历过的许多仪式：学童生涯里记诵《古兰经》的仪式；割礼、婚礼和葬礼等；作为外交使节在不同朝廷所见到的朝拜礼仪。卡拉维因清真寺里成千上万的闪烁烛光，在他脑海的记忆中明亮如昼：仅清真寺的中厅就有 150 座青铜大烛台,每一座烛台上可以插五百支蜡烛。[5]天主教的各种仪式,或许诱使约安拿·阿萨德想要冒险尝试一场危险但激动人心的"表演"。

不妨与地理学家穆卡达西的解释试做比较,穆卡达西称自己在旅途中总是想方设法去了解各地的思想、风俗、语言、故事以及人的"肤色","从而进行分类"。当到达伊朗西部位于波斯湾北岸的苏斯后,他立刻换上当地人的装扮,前往清真寺:

> 我径直去参加苏菲派的集会。我走近的时候,他们毫不怀疑,相信我也是一个苏菲派信徒,热情地欢迎和招呼我,让我同他们坐在一起,开始向我提问题。他们让人拿来一些食物,但我克制住没有吃,因为此前我对这一教派一无所知。于是,他们开始对我不吃东西并且不跟他们一起礼拜感到奇怪。那时候我真的希望能够对他们的教义有所了解,这样就可以明白他们的宗教仪式、认清他们的本来面目。不过,我对自己说:"这是你的机会,因为这是一个你不熟悉的地方。"想到这里,我就向他们开诚布公,从脸上摘下胆怯的面具。接下来,我时而同他们交谈,时而跟他们一起叫喊,我还为他们朗诵诗歌。我还跟他们一起去小禅房,参加他们的集会。终于,感谢真主,他们开始信任我了,就像对待城里的其他人一样,我原先从来没想到过能够得到这样的信任。我在那里变得非常有名,会有客人上门来找我;为我带来衣服和包,我也欣然接受,并当场付钱给他们,因为我相当富有;我腰带上的钱袋里有不少钱。我每天参加一场宗教集会——简直盛况空前!他们已经把我当成了一个苦行的修士,因此人们开始争着拍打我的衣服(以祈求祝福),对我大加称颂,说:"我们从未见过一个法吉尔(faqir,苏菲派苦行者),比此人更当之无愧,绝无仅有。"最后的结果是,在掌握了他们的秘密、知道了我想要探知的一切事情之后,我趁着一个夜深人静的晚上溜走了。天亮的时候,我已经远走高飞。[6]

穆卡达西的伪装体验毕竟还是在伊斯兰教的界限之内，也没有逾越背弃信仰的底线。但显然也不符合其所希望的"与穆斯林总是坦诚相待，以荣耀真主"。[7]特别是这也不能仅仅用"塔基亚"来解释，因为他只是为了满足好奇和增广见闻，穆卡达西已然沉湎于苏菲派的行为和情感中不能自拔了。

这样的心境似乎也隐含在我们的基督教改宗者那更为大胆的行动背后。从哈桑·伊本·穆罕默德·瓦桑摇身变成约安拿·阿萨德，他可以暂时假扮成基督教徒，就像当年在菲斯和突尼斯时曾想要演练那真假莫测的"扎伊拉贾"秘法一样。他可以暂时栖身于那令人心驰神往、汇集各国人士的知识世界中，得以一窥欧洲权力和财富的上层社会。他当然也想要用自己在非洲的经历来作比较，渴望在《地理书》中把自己描写为菲斯苏丹宫廷的座上客；摩洛哥南部萨迪王朝沙里夫所宠信的近臣；接受过特莱姆森和突尼斯的苏丹们亲自接见和垂青；曾是加奥的桑海帝国王宫和开罗的马穆鲁克宫廷的贵客。

再试想一下约安拿·阿萨德在意大利所结交的世界。我们已知他曾效忠过的宗主有：利奥十世、埃吉迪奥·达·维泰尔博枢机主教、卡尔皮亲王阿尔伯托·皮奥。可能曾经效忠过的重要人物还有：梵蒂冈图书馆长吉罗拉莫·阿莱安德罗、日后荣升教皇的教廷首席大臣朱利奥·德·美第奇等。在意大利人文主义者中，曾与其有所交往、并且兴趣和活动为其所知的有：安吉洛·科罗齐、保罗·乔维奥、皮埃里奥·瓦雷里亚诺。他最易于结交并建立友谊的来自国外或其他地区的学者有：基督教马龙派教徒伊莱亚斯·巴尔·亚伯拉罕，犹太人伊利亚·勒维塔和雅各布·曼蒂诺。在这些特殊的社交圈里，可以听到五花八门的语言——拉丁语、阿拉伯语、叙利亚语、希伯来语、意第绪语、意大利语、西班牙语等，单单是如何翻译各种词汇、成语、观念和主题等，便是一个永恒的话题。

当然，犹太教和穆斯林的改宗者得以被接纳进这一网络，必定须得遵守其基督教保护人和领主们所规定的条件：犹太教和伊斯兰教的知识通常都要服从于基督教的目的。约安拿·阿萨德可以不时地感受到这方面的压力:针对伊斯兰教组建十字军的呼声和声讨;对于基督教黄金时代的憧憬等。不过,不论是在罗马还是在意大利各地的旅行中,好奇敏锐的耳目还令他看到和听到了许多其他的东西。作为一名法基赫,他在北非时尚谈不上是一个知识渊博的权威人士,但在意大利却俨然成为一位颇受欢迎的学者,并最终作为一名专家著书立说。在这里,他是与众不同的。尽管权力依然集中在基督教精英的手中,但在16世纪20年代这个多种语言并存的世界里,依然有广阔的天地供来自非基督教的人士施展身手。

伊利亚·勒维塔的生平使我们对这片天地进一步有所了解,他与妻儿一直保持着犹太教信仰(可能坚持遵守着犹太教饮食的戒律 [kashrut]),寄居于埃吉迪奥枢机主教门下,他借用《圣经》警句对其基督教的保护人赞誉有加:"像所罗门一样聪慧过人……学识渊博且一心向神,是正人君子中的君子。"他的情况比起约安拿·阿萨德要更加简单一些,因为他并没有被迫改变信仰,但是1496年他正在威尼斯时,所有犹太人都被强制规定须佩戴黄帽以示区别;1509年在帕多瓦,又遇到犹太人家庭全部遭到洗劫,他也因此变得一文不名。[8]

勒维塔还因此遭到犹太教拉比们的谴责,他们引用《诗篇》147:20("至于他[神]的典章,他们[非犹太人]向来没有知道。"),并且"诅咒我的灵魂,因为我将律法(Torah)教给了犹太人以外的异教徒"。而事实上,他的作品很多都是同时为犹太人和异教徒而写的,他也为自己能拥有这两方面的读者而自豪。

> 是的,我给不信犹太教的异教徒们(goyim)当老师。我是一个犹太人,感谢上帝,也敬畏我主。我并没有罪,圣人先贤严令禁止的,只是向异教徒透露律法的要义和……有关奥义的内容。……他们并未规定给异教徒讲课就是犯罪。相反,圣人们是同意向异教徒讲授挪亚的戒律的。这是我最强有力的辩解理由。异教徒们如果不能首先学习希伯来语

言，他们怎么能够完全理解七诫（上帝通过挪亚给人类的告诫）？

于是乎，伊利亚·本·亚瑟藉此理由积极地讲授并推广犹太教的道德训诫。他的异教徒学生们"都是善良正直的人，借助他们的权力可以善待以色列的子民。异教徒们之中能有掌握我们语言的人，实际是对我们大为有利的"。[9]

毫无疑问，约安拿·阿萨德也怀有类似的希望。不管他对自己未能坚守信仰有多么内疚，对于自己在意大利流连不返有怎样的矛盾，毕竟还是留下了多部手稿，在基督教欧洲世界固有的成见之外，提供了关于穆斯林社会及其历史、阿拉伯学者和阿拉伯语诗歌，以及伊斯兰世界的另一种认识。他为埃吉迪奥·达·维泰尔博所注解的《古兰经》，澄清了伊斯兰教神圣经典中的许多问题，使得原本在意大利识者寥寥的这一文本可以被更多人所了解。虽然他并不奢望自己的写作能够换来基督教对于穆斯林的"善意"，但肯定还是会希望能够促进更多理性的外交接触。

✦

约安拿·阿萨德也许还通过一些更加亲密的方式去探知意大利的方方面面。性爱情色的纽带在文化交往中往往是一条众所周知的路径。

如之前所分析的，约安拿·阿萨德在菲斯时可能就已成婚。根据穆斯林法律，在他获释出狱并改变信仰之后，这一婚姻关系即告解除或已是岌岌可危了。身为法学家，他当然也心知肚明。马立克派法学认为："如果配偶双方中任一方背教改宗，婚姻关系即可通过离婚予以解除，或由一方根据律法视为解除。"我们的改宗者如果期待着有朝一日能够通过证明自己是藉由"塔基亚"假意背教，以求恢复婚姻关系的话，那么他还必须克服另一个障碍。因为，如果妻子向当局报告丈夫失踪，当其杳无音信达到一定时间（根据不同的法官裁决可为两到四年不等），此婚姻关系即可以认定丈夫亡故而终止，妻子允许自由改嫁。[10] 928/1522 年时，距离约安拿·阿萨德被俘已过去了整整四年，他也完全不清楚家人是否知道自己身在何处。如果想要逃跑的话，这一年倒正合适，因为在新任教皇阿德里安六世朴素的教廷中，像他这样当年美第奇的家臣正备受冷遇。不过，他还是继续留在了意大利。

这个不同寻常的情况，可以帮助我们理解他在著作中对自己婚姻状况的闭口不言。当然，在阿拉伯地理学和游记作品中，一般不会涉及个人情况，例如伊本·朱巴伊尔和穆卡达西都只字未提自己的妻子，伊本·白图泰只是因为在旅途中成婚才稍有所及。不过，在阿拉伯自传作品中有时会谈到配偶的情况，约安拿·阿萨德的《地理书》带有明显的自传风格。[11] 约安拿·阿萨德在书中写到了自己的父亲、叔父和其他许多男性亲属，但如果要描写一个在菲斯独守空房的穆斯林妻子，在意大利的基督教读者面前似乎显得颇为尴尬，而在想象中的穆斯林读者看来则又是一种羞辱。于是，像略去自己被俘和改宗的经历一样，他对她也索性避而不谈。

尽管如此，约安拿·阿萨德还是留下了许多线索，表明了他对妇女的态度和情爱的经历。他从不复述在旅途中与妇女所进行的对话，而是描写自己的观察，用讲故事的方式说明；但如果交谈的对象是男人，则通常采取直接的引述。他甚至描绘了两场北非的婚姻生活。一处是颇为赏心悦目的喜事，讲述者是来自富裕的阿拉伯游牧部落的丈夫们，常年出没于特莱姆森和突尼斯以南的沙漠，约安拿·阿萨德受邀在他们宽敞讲究的帐篷里做客。虽然作为外人，他只能透过面纱看到女人们的眼睛，但在她们丈夫的眼里，妻子的脸庞、胸口、手臂从肩部到指尖都装扮艳丽，在诗人们的口中，堪称靓丽的美景，也能刺激情欲。另一处描写则在他看来是不合礼仪、有碍婚姻和谐的：在开罗，妻子拖着丈夫向法官对簿公堂，控告丈夫一晚上只跟她们性交一次。因此出现了大量的离婚案件。[12]

约安拿·阿萨德还把妇女的劳动作为文化差异和文化相似性的一个

衡量标准。在哈赫地区，他发现妇女们从事研磨谷物的劳动；在哈斯科拉（Hascora）地区，她们与奴隶一起下地劳动；在安蒂阿特拉斯山部分地区，妇女在井边打水和去树林中砍柴；在利夫山区，她们负责放牧山羊。在许多地方，他对女奴都有所关注，其中包括许多黑奴：有的是在菲斯的浴室做侍者；有的在廷巴克图街道上做各种杂务，脸上一般都不戴面纱；有的是王宫的侍婢。在绿洲城镇提希特（Tichit），有一个与众不同的地方：妇女可以上学，男孩、女孩在十二岁前都要上学，然后才回到父亲身边参加劳动。[13]

他给予评论最多的是从事两种行业的妇女。第一种是受雇于马格里布织布业的妇女，特别是那些负责纺织精致布匹的妇女：有些地方，妇女纺纱织布而成的呢绒精美如丝绸一般。在突尼斯，他曾经参观过妇女纺制精美的麻线：为使线拉得更紧，她们把纺锤从窗口垂下来。在菲斯，可以看到妇女在市场上售卖她们自家纺的麻线。[14]

第二个行业是妓女，虽然《古兰经》中对此严加谴责（24:33），先知的妻子阿伊莎曾高声批评埃及女人"道德沦丧"，但早在那时起，娼妓便已遍布各地了。约安拿·阿萨德对非洲各地存在的娼妓现象均有评论，包括在黑非洲、绿洲城镇、尼罗河沿岸、突尼斯和菲斯等地。在他的母邦菲斯，他描述那些卖淫的场所：饭店客栈；由政府官员监管并且抽成收税的妓院；以及菲斯的一处郊区，骡夫、壮汉聚居，到处是酒铺、妓院和赌场，是一个"自由放任和荒废时日"的地方。在靠近德拉山谷的沙漠地区，他自承，由于自己与当地人关系融洽，因此了解到"女人们美貌……可人，其中有许多是妓女（meretrice）"。[15]

约安拿·阿萨德还见到过不少打扮入时的奴隶艺妓，这些具有天赋的歌手和舞者经常出没于苏丹的宫廷和达官贵人的府邸，是阿拉伯爱情故事里经常出现的人物（图19）。可能特别让他印象深刻的是突尼斯哈夫斯王朝的宫廷，苏丹穆罕默德·伊本·哈桑尤其喜好歌舞声色。在开罗时，他可能也听说过当时最有名的歌手，被称为甜心海法的哈蒂亚，即芭蒂亚·本特·荼拉亚（Hifa the Delicious, Khadidja, Badriya bint Djurai'a）。[16]

但是，除了妓女之外，他似乎对于描写妇女的外貌、着装以及是否可以与她们交往全无兴趣。而其他阿拉伯旅行家和地理学家都有所关注，例如，伊本·白图泰曾激动地描写在也门的一座城市所见到的妇女们的美貌和优雅，贝克利根据书本和传闻而非个人亲历的经验声称，男性旅游者在经过邻近地中海沿岸巴迪斯城附近的柏柏尔戈马拉（Ghomara）部落时，主人会提供寡妇或其他单身的女性亲属陪客人过夜。[17]

约安拿·阿萨德根据自己所见提到了一些女性的细节：在上阿特拉斯地区的柏柏尔城镇埃阿塔布（Aït Attab），她们"皮肤非常白，外出时整齐地佩戴许多银饰；她们的发色乌黑，眼睛也全是黑色的"。他似乎偏好身材丰满的女子，曾经不止一次将之与美貌相提并论：在哈赫的一个城镇，女人们"都是美人，白皙、丰腴，很有礼貌、讨人喜欢"。在那里，同摩洛哥的其他农村和山区一样，由于妇女们不以面纱遮面，因此可以轻而易举地做出这样的判断。虽然他喜欢柏柏尔妇女的"天然白皙"，不过对于在安蒂阿特拉斯山以南及撒哈拉沙漠上所见到的黑白混血女子，他也认为"非常漂亮和优雅"。[18]

他描写到大城市的妇女一般都戴面纱。在突尼斯和菲斯一样，女人外出时除了眼睛整个面部都要遮住，但男子经过她们身边时仍能闻到身上香水的芬芳。在梅克内斯，好人家的女子一般很少出门，除非在天黑以后，而且脸也要遮住。开罗则与之相反，在光天化日的街头常能看到富家女子的身影，她们浑身上下衣装靓丽、珠光宝气，戴着半透明的黑色面纱，既不妨碍她们的视线，又能不被男人看清相貌。[19]

他还暗示，在柏柏尔人地区，会有一些更加直接的接触，即便可能并非如贝克利笔下戈马拉部落好客的主人所做的那样。撒哈拉沙漠上的柏柏尔游牧部族（今天被称为图瓦雷克族）的女子尤其好客：她们"温言低语，伸手任人抚摸，有时候还可让人亲吻。但只能到此为止，因为男人会为此互相仇杀"。约安拿·阿萨德在许多柏柏尔人聚居地都将"可人的"女子和

"嫉妒的"丈夫相并列,但他仅在一处向意大利的读者讲到他自己是否挑战过男人们的妒火。他与同伴曾在上阿特拉斯山麓的一户也是从格兰纳达流亡来到麦地那的难民家中寄宿了三天,"那美貌的妇人(bellissime)暗中让陌生人深以为乐"。[20]

穆斯林的教义对于婚外性行为或男性奴隶主与女奴之间的性行为严令禁止,称为"齐纳",是一项重罪。通奸行为尤其严重。在《斑鸠的项圈:论爱人和爱情》(Neckring of the Dove on Lovers and Love)一书中,来自安达卢西亚的哲学家兼诗人伊本·哈兹姆(逝于456/1064)讲述了许多关于爱情和欲望的故事,有正当的、也有不合法的偷情,包括一些他自己的故事;但是他在书中专列一章,论有罪的行为和诱惑的力量,"没有人可以躲开魔鬼的诱惑"。[21]

约安拿·阿萨德对于把娼妓业与菲斯的脏乱情形联系在一起,略有不同的看法,他认为在突尼斯,由于"极度的贫困"使得许多女人沦为妓女。[22]而通奸行为一旦大肆泛滥,进而影响到政治生活,则会带来令人困扰、甚至极其严重的后果。不过,在描述调情厮混以及男子如何勾引他人的妻子、女儿等情节时,他并没有将之等同为"齐纳"这一重罪,而只是一个关乎名誉的问题,因为妒火中烧的丈夫和怒气冲冲的父亲都不好惹。

最令他怃然的,是男人与男人、女人与女人之间的同性之爱,《古兰经》"圣训"和其他伊斯兰教宗教文献均对此极尽谴责。[23]在菲斯,声称可令神灵或魔鬼附体的女占卜师们,以算命或治病为业,事实上就是女同性恋者(suhaqiyat,此词在阿拉伯语中现为女同性恋之意,他将其直译为意大利语sahacat),是通过相互"摩擦"(fregare)的"罪恶行止"以求床笫之欢的女人。借着魔鬼的声音,她们诱惑美貌的女子,与她们一起唱歌、跳舞、发生性关系,怂恿她们欺骗自己的丈夫。[24]

在他眼里,尤为危险且更应依据伊斯兰教律法予以严惩的,乃是鸡奸(liwat,此词源于《圣经》中的人物罗得[Lot]),即男人之间发生的性行为。[25]919/1513年阿兹莫城失陷于基督教葡萄牙的原因之一,便被归结为是对该城居民所犯"鸡奸罪"的惩罚，因为有一位父亲竟向自己的儿子做出了不伦之举。在菲斯，有"一群自称'伊尔·切瓦'（*el cheva*）的人"（可能亦可读作 *el chena*；约安拿·阿萨德在此所译原文可能是意为"鸡奸者"的安达卢西亚词 *al-hiwa*，或是意为"娘娘腔的男人"的 *al-khanith*、*mukhannath*）。在特殊的客栈旅店里，这些男人剃须洁面，穿衣、说话、举止都同女人相仿，"养汉子为夫"。约安拿·阿萨德写道，他们是"被诅咒的"；他们被严禁踏足清真寺，被各类文人学士、商人和思想健全的工匠们所诅咒诟病。只有"游手好闲者"才会跑到他们那里，那里有酒喝、有妓女接客。不过，他也承认，这些"可怜的"异装癖在苏丹军队里做火头军，或是在菲斯城每逢有人去世举行葬礼时，前去送葬哭丧，打着鼓、唱着歌以歌颂逝者。[26]

那么，苏菲派的大师们与弟子在菲斯的婚宴和其他节庆上的表现又当如何评价呢？他们边哭边跳、撕扯衣服，虽然宣称是出于神圣之爱，但约安拿·阿萨德认为是出于他们对弟子中那些"嘴上无毛的少年"的爱欲。少年们从地上扶起醉倒的苏菲派大师，给他们擦净脸，再热情亲吻。"在菲斯，有谚语称'圣人们的欢宴之后，二十个人合成了十个'，也就是说，经过一夜欢歌，到了临睡之时，每个弟子都难逃宠幸。"[27]

约安拿·阿萨德亲身证实了这些事情，因为"他曾经有许多次置身于他们的宴会之中"。这一句话（在拉姆西奥的印刷本中做了节略）暗示着某种更为复杂、甚至自相矛盾的同性恋关系，而非单纯的排斥和疏远。他去那些宴会上干什么呢？写到自己在突尼斯的访问时，他提到那些"倒霉的男孩们"（*li putti di mala sorte*）其实更加讨厌，比起妓女还要"行为不堪"。[28]这听起来更像是他的经验之谈。

同性之爱也可见于约安拿·阿萨德所读过的文学作品。这方面的内容非常广泛：从诗人阿布·努瓦斯（Abu Nuwas，逝于 194—95/810）著名的淫词艳曲（*mujun*）——诗中的人间天堂里充满了金子般的美酒和男孩与男人之间的性爱描写，到贾希兹的《少女与少男的相互竞争》（*The Mutual*

Rivalry of Maidens and Young Men），描写了在两个分别是异性恋和同性恋的男子之间进行的一场不知羞耻、滑稽可笑的辩论。伊本·哈兹姆在《斑鸠的项圈》中，也写到有男人强烈地爱上了其他男子，对此他仅在他们的情爱沦为单纯的性爱肉欲时，才会稍加责备。[29]

约安拿·阿萨德通过不同的文体表现这些主题。在讲述完苏菲派的宴会故事后，他颇为神秘地引述哈理利"麦卡玛特"中的一个关于同样不堪入目的事件的韵体散文故事。流浪诗人阿布·扎伊德利用拉赫巴城（al-Rahba）总督对男色的嗜好，骗到了一大笔钱。阿布·扎伊德用自己英俊的儿子当诱饵，令他假扮成素不相识的陌生人，假意向总督指控此人乃是自己的杀子仇人。根据事先的安排，阿布·扎伊德要求少年对天赌咒发誓，如果杀人之事属实，他的双眼会布满黏液、牙齿变绿，以及其他一些可怕的毁容之祸。由于少年拒绝发誓，鬼迷心窍的总督向阿布·扎伊德提议出钱让他放弃指控，并换取与被告共度春宵。阿布·扎伊德拿到钱后，父子两人成功地在总督得偿所愿之前溜之大吉。[30]

在诗歌中也有这样的情欲流露。约安拿·阿萨德写道，菲斯的诗人们不仅为女人写情诗，而且还"不知羞耻地公开写给青年男子"。在自己所著的《犹太名人传》中，他就描述到这样一位诗人——"亚伯拉罕·伊布努·萨哈尔"（Abraham ibnu Sahal），也就是来自塞维利亚的易卜拉欣·伊本·萨尔。约安拿·阿萨德对伊本·萨尔诗中的象征或神秘意义，进行了自己的解读。伊本·萨尔的阿拉伯语爱情诗乃是写给一个男人的，一个真实存在或想象的名叫摩西（Moses，阿拉伯语中为 Musa）的犹太男子，约安拿·阿萨德引述其诗道："由摩西之处，我获得了爱之律法。"在其他虚构的情节之外，约安拿·阿萨德也为伊本·萨尔编了一个命运的终结，或者也有可能是采用了某个来自北非的改编版本：因为与一个少年的同性恋关系，诗人被这个少年的家人所毒死。不过，约安拿·阿萨德仍然认为其爱情诗是"最典雅和最甜美的"。[31]

随约安拿·阿萨德一起由北非而来的，是一整套严密而复杂的关于私密生活、性爱、欲望等的观念和态度，它们源于马格里布和伊斯兰世界的社会风俗及其外在表现；或者说，这是我们从其离开北非多年之后的写作中所隐约窥知的。尽管他重视妇女的劳动和婚姻制度，但在写作中他主要关心的还是女人的外貌以及她们在婚姻关系之内或之外如何被男人所占有。对于男性之间的性关系和情欲，他的表述模糊暧昧。虽然他以伤风败俗和"该受诅咒"为由做了些许的谴责，但却似乎对内中关系网络颇通内情，对为此所写的动人诗歌也是心有戚戚。

有两个例子能够反映出约安拿·阿萨德在感情上对此的认同程度。他曾赞赏过埃及苏菲派诗人伊本·法里德的爱情诗，认为其同穆斯林更高教义中通过苦行和神秘主义追求与真主合一有异曲同工之处。伊本·法里德用于暗喻神意的爱情之中，既有男男之间、也有男女之间的关系，这在一些正统刻板的穆斯林眼中不无争议，但约安拿·阿萨德却处之泰然，并不以诗中的暧昧含糊之处为然。[32]

另一则是关于来自北非的狮子的故事，更加坦率直白。约安拿·阿萨德写道："由不少男女处得知，（狮子）在野外遇到单身女子时，如果她解衣露出私处，那兽畜便会高声咆哮、低垂眼眉，转身走开而不加任何伤害。"我们应该记得，约安拿·阿萨德自己对狮子一直怀有恐惧，而在写下这个故事的时候，他仿佛也化身为"雄狮"（al-asad）。女性出现在面前的时候，或许他也会产生这样避之不及的反应。[33]

✦

约安拿·阿萨德在意大利多年之中所见到的性行业和两性关系，与他所知的北非与伊斯兰世界，大同小异。罗马有 5.4 万人口，城市居民中百分之六十为男性，男女比例的失调一部分原因是寺庙宫院中大量的教士僧侣；朝圣者、外交官和其他新增人口也多为男性。[34] 在滞押圣天使堡的十六个月里，瓦桑几乎见不到任何女人，或许只是在一瞥间见到过一两个仆妇或女囚，或在被带出接受质询的路上看到过女人。

　　成为约安拿·阿萨德获得自由以后，他所交往的社交圈仍然基本是由男性基督徒所构成，即便并不身体力行，但在原则上他们都是一些禁欲独身者：包括教廷、梵蒂冈图书馆以及教廷秘书处的男性教士，或是埃吉迪奥枢机主教及其他教父的随从们。在阿尔伯托·皮奥位于罗马的府邸抄录"保罗书信"时，他身边的基督徒同伴基本上还是一些信守独身的男子。他应知道，奉守独身是一种神圣之境，是神职人员必须遵守的至高圣礼之功。这与伊斯兰教教义大异其趣，后者仅有一小部分苏菲派教义主张"涤清心中的淫念爱欲"，方能达成真主之爱。约安拿·阿萨德在写作中对此并不认同。他仅在一处用"禁欲"一词描写了某个伊斯兰教派，以区别其他通过苦行以敬爱真主的派别，不过它最终也难脱"乐享世间种种欢愉"而自我否定的结局。[35]

　　意大利神职人员的种种言行加重了人们对独身制度的质疑。虽然枢机主教埃吉迪奥依然坚守当初加入奥斯定会时的誓言，但是在1517年，乔瓦尼·弗朗切斯科·皮科·德拉·米兰多拉（Giovanni Francesco Pico della Mirandola）在拉特兰宗教会议（Lateran Council）上，当众大肆抨击教皇和主教们竟不惜黄金珠宝豢养"姬妾"。罗马和其他城市的"艳妓"（cortigiane oneste）所接待的客人和保护人中多有教俗两界的名人。在北非，这种女人都是苏丹后宫或名门望族府中身负才艺的美貌女奴；但在罗马，最成功的高级妓女都是自立门户、门第奢华，以衣饰华丽、有些还以学识著称于世。有名的交际花如因佩利亚（Imperia），曾接待过许多罗马的高级教士及大银行家阿戈斯蒂诺·齐吉（Agostino Chigi）；福斯蒂娜·莫罗希娜（Faustina Morosina）常得到文论家皮埃特罗·本博惠顾垂爱，本博于16世纪20年代曾担任低级圣职并兼任教皇利奥十世的秘书。[36]

　　地位较低的男子也可以找妓女满足性爱之欢。约安拿·阿萨德获得自由走上罗马街头之后，一定很快便听到和看到了作为城市生活一部分的妓女们。跟北非一样，娼妓也被看作是罪恶可耻的，但仍能被社会接受并妥善管理。在威尼斯和佛罗伦萨，妓女被限定在某些特定的街区；在约安拿·阿萨德时代的罗马，她们则可以散居各处。1508年，埃吉迪奥·达·维泰尔博曾为城里的妓女们做了一次声情并茂的布道，可惜因此幡然悔悟、痛改前非的人寥寥可数。1521年时，在约安拿·阿萨德所住的街区，距离埃吉迪奥的奥斯定修道院不远的战神广场周围，就有不少妓女居住。这些勤劳工作、活色生香的女人们，来自意大利的各个地区，以及法国、德国、希腊和西班牙等地。她们站在自家的窗前或门口，用特殊的布匹或挂毯标示住处，用特有的装束和举止招摇过市、吸引主顾。[37]

在约安拿·阿萨德生活的年代，有两部创作于罗马的书生动再现了城市中的香艳景象，宗教与世俗、禁欲与情欲共生其间。第一种是一套共16幅描绘性爱的春宫画册《姿势》（*I Modi*），画中的人物由古代的神祇变为当时的普通男女于闺房行乐。拉斐尔的弟子和继承人朱利奥·罗马诺（Giulio Romano）在为梵蒂冈绘制康斯坦丁大厅（Sala di Costantino）壁画的闲暇时，画了这一组图画，由雕工马坎托尼奥·莱芒蒂（Marcantonio Raimondi）制版。1524年底，《姿势》付印出版，雕工因此锒铛入狱，被关进了圣天使堡。虽然画作在未付印之前的小范围内传阅时，克莱芒七世并未有所反对，但印刷之后广泛传播所带来的影响却堪称奇耻大辱。尽管如此，抓捕事件仍遭到了不少反对的声音，其中就有一位枢机主教，以及诗人、剧作家兼常有不敬之词的讽刺作家皮埃特罗·阿雷蒂诺（Pietro Aretino）——他也是教皇本人的密友之一，雕工不久得以获释。"为促使朱利奥·罗马诺绘画作图的精神所感动"，阿雷蒂诺就此写了一组香艳情欲的十四行诗（*Sonetti Lussuriosi*）用以配图。阿雷蒂诺感叹道："男欢女爱，但又何妨？生命之泉，涓涌而生。"[38]

阿雷蒂诺的诗要到1527年11月才在威尼斯出版，此时约安拿·阿萨德肯定已离开意大利返回北非了。但如果在1524年，他便对这些春宫画有所耳闻的话，一定会大为好奇，甚至可能感到震惊；如果恰值1525年为尊贵的埃吉迪奥·达·维泰尔博抄录《古兰经》，肯定更会为此瞠目。在马格里布，虽然阿拉伯文书籍中并不常见人物绘画，但是在书籍中配以插图的形式在东方已有几个世纪的历史。即便他曾经在菲斯或突尼斯、或是在访问开罗和伊斯坦布尔期间，曾在当地的图书馆里见过绘有插图的手抄本，但像《姿势》这样露骨香艳的情色图画，可能是闻所未闻的。[39]

当时在罗马，还新出了另一部书，由弗朗西斯科·德里加多（Francisco Delicado）所写的《安达卢西亚姑娘罗桑娜》（*Retrato de la Lozana Andaluza*）。德里加多来自安达卢西亚，可能出生于一个改宗的犹太家庭，就在几乎同一时期，瓦桑也降生在格兰纳达的一个虔诚的穆斯林家庭。早在教皇利奥十世登基之前，德里加多便已在罗马安家立业，成为神父和医生，1524年他完成了《罗桑娜》的初稿。书中的女主人公罗桑娜来自科尔多瓦，生于一个犹太改宗者家庭，年轻时在被征服的格兰纳达及西班牙各地生活，又曾在土耳其和黎凡特等地游历，之后来到了罗马，恰值利奥十世即位登基。她在这永恒之城中，成了灵巧熟练的美容师（尤其擅长画眉和洁肤）、精于地中海美食的厨娘、疗治性病和性障碍的医者，以及一名妓女——起初只是凭借美色巧言诱惑男子的普通妓女，接着成了高级交际花，最后为其他艺妓牵线搭桥、接迎待客。她的主顾中有各色人等，其中包括不少大使和修士，还有一个教士。她最为亲密挚爱的，是既为仆人、又是合伙人兼情人的兰本（Rampín）：他也是一个犹太人或犹太改宗者之子，有个一吃火腿就会呕吐的怪毛病。罗桑娜的一言一行，都是为了满足自己个人的需要，她总是为自己的特立独行而自豪："我花着自己的钱来吃喝，味道也更香甜，我谁也不羡慕，教皇也不放在眼里。"她有一个仰慕者，虽然倾心她的美貌但又不满其特立独行，曾略带忧郁地对罗马异乎寻常的自由发出感叹："你觉得罗马是为什么会被冠以巴比伦之名……他们又是为什么把罗马叫作荡妇淫娃？"[40]

德里加多的《安达卢西亚姑娘罗桑娜》要迟至1528年才在威尼斯印刷出版（其中写于1524年的几段对话，颇为不祥地预言了罗马将会遭到帝国军队的洗劫）。约安拿·阿萨德恐怕也未能读到这本书的印刷版，除非这两人之前在罗马曾有过交集，当然这也是有可能的，那样的话他也许会对德里加多的创作略有所知。不过，《安达卢西亚姑娘罗桑娜》为我们揭开了一个围绕在约安拿·阿萨德周围的社会和性爱的时空，也包括书中出现的许多这一类的淫词艳语，他或许也曾有所耳闻，甚至在写作中为己所用。

阿雷蒂诺和德里加多都偶尔涉及同性的情欲，阿雷蒂诺回忆在银行家齐吉的花园里见到过一尊古代的大理石雕像：一个半羊人萨提（Satyr）正要将阴茎插入一个年轻人的身体。跟伊斯兰社会一样，同性的性爱在基督教意大利也要受到严厉的谴责，被认为是有罪甚至是如恶魔一般，但在各色人等之中均不乏此类行止，因此自然须得小心谨慎，比起北非可能受到更严厉的监管和控告。就在哈桑·瓦桑被关进圣天使堡的同一个月里，先后有五人在罗马因"鸡奸罪"而受到了教皇法庭的处罚，其中包括一个西班牙移民、一个犹太人和一个神父，第六个人则因告密而得了赏。[41]

出狱以后，约安拿·阿萨德便会发现，跟北非一样，嘴上无毛的"美少年"也是意大利人理想中的男子形象。罗马的人文主义教士阶层中，有不少人曾受到过同性恋的指控，包括主教兼历史学家保罗·乔维奥，他在一首博学艰深的诗里称自己养了一个娈童（即在同性恋中被动一方的少年）。16 世纪 20 年代初，卡斯蒂利奥内在罗马修改《廷臣论》时，写到两位绅士在四旬斋时进城游玩，两人有一段玩笑似的对话——一位绅士见到罗马城中美女如云，便引用奥维德（Ovid）的诗说道："你们罗马的姑娘（*puellas*）多如天空上的繁星"；另一位看到了一群少年，便对道："你们罗马的娈童（*cinaedos*）多如草地上的羊群。"1524—1525 年，本韦努托·切利尼在为萨拉曼卡主教制作花瓶时，便收了这样一个小伙子作助手；这个名叫保利诺（Paulino）的男孩相貌英俊，令切利尼倾心疼爱，常为他演奏音乐以博取俊美真诚的一笑，感叹"无怪乎希腊人为他们的神写下了那些故事"。[42]

与此同时，在威尼斯和佛罗伦萨，也有不少俊美少年与成年男子有这样的关系，进而发展到性关系。有些人由此成为年轻的卖春者，有些一直与男人保持着关系，有些在成年后则改与女子成婚。随着这些恋男之癖而生出各种暗语、笑话、风俗以及幽会场所，在当局的监控、告发和严惩之下暗中苟且残存。以佛罗伦萨为例，即便在1494—1498年萨沃纳罗拉（Savonarola）的宗教共和国大肆扫荡"淫荡之罪"时，也并未被剪除。随着美第奇家族于1512年以及1520年以后重新回到佛罗伦萨，不久，萨沃纳罗拉时期对鸡奸罪（尤其是对少年男子）的严刑酷法才略有松动。[43]

约安拿·阿萨德在罗马时与美第奇家族的社交圈也有所往来，想来也一定听说过这样一个世界。当着手写作《名人传》和《地理书》时，他便选取了许多意大利本地的有关同性恋行为的词汇和语言表达方式，同样的词汇和表达方式也可见于佛罗伦萨的巡夜官员所抓获的涉案人和告密者的口供，以及当时民间通行的文本中。例如，约安拿·阿萨德曾讲道，突尼斯苏丹派其幼子前往君士坦丁镇（Constantine），遭到了当地居民的反叛，起因不仅是由于他行事不公，还因为他是"一个与男子相媾和的娈童"（un cinedo et grande imbriaco）。有些异装癖的男子住在菲斯的客栈里"养汉子为夫"，而在佛罗伦萨，亦有成年男子"养男孩为妻"的类似说法。在意大利的民间诗歌和俚语中，鸡奸者被称为"贪嘴汉"（ghiotti），约安拿·阿萨德把这个词拼写为"giottoni"，称菲斯百姓认为这样的人应被处以极刑。[44] 其书中曾提到菲斯的"抚爱插弄"（fregatrice），可见他对于当时意大利于描写女同性恋性行为的俗语也听在了耳中。[45]

既然对于意大利的性网络和性关系已有所知晓，那么约安拿·阿萨德有没有亲身参与其中呢？一个三十出头、精力充沛的男人，当然知道马立克律法严禁手淫自慰，尽管有些穆斯林法学家允许适当的"舒缓欲望"。在基督教教义中，也把手淫列为当予禁止的"违逆人性的罪孽"之一，须在告解忏悔时向神父坦陈。[46] 但是无论如何，对于一个合群入世的男人来说，自慰也只是一种个人的自我慰藉。

约安拿·阿萨德自己可能也对男同性恋行为怀有非常复杂的态度，如其在对伊斯兰社会的论述中所表达的观点——既有所谴责，又感到好奇，并试图探查究竟而细加记录。在威尼斯和佛罗伦萨的时候，不知道他有没有去过那些年轻男妓（bardassi）满街招呼主顾的街区，就跟当年访问突尼斯时看到男童纠缠外国人的场面一样？

不过，他在《地理书》中主要的观察对象是妇女，因此可知他在意大利可能也差不多。约安拿·阿萨德有不少可以见到妇女的机会：在基督徒家中使役的女人，其中包括奴隶，也有自由人；在罗马及其他意大利城市街头的市场上摆摊经营的女人；在教堂祈祷礼拜的女人。虽然在威尼斯的一些贵族家庭，丈夫总想把妻子关在家中，但大多数女人都有外出抛头露面的机会，并不输于开罗的妇女。他一向对妇女的外貌观察细致，肯定注意到了各地女子头饰上的差异，女人使用面纱的情况不像穆斯林城市那样严格，不过富家女人可能会用薄纱蒙面，而有教养的年轻女子通常会遮盖得更严实一些。[47]

约安拿·阿萨德在《地理书》中时常谈及欧洲之事，其中明确提到了妓院等风月场所。[48]他或许曾不顾教父埃吉迪奥·达·维泰尔博的反对，与罗马的青楼女子有过一些接触。据弗朗西斯科·德里加多的说法，对于妓女来说，像他这样偶尔光顾的穆斯林和外国人常常颇受欢迎，一如他在由世界各地信守独身的学者们所组成的圈子中如沐春风一样。在罗桑娜的生活中，出出入入的包括犹太人、犹太改宗者、改宗后的摩尔人，以及基督徒等各色人等，他们相互之间并无意要使对方改变信仰，只在乎交换美食、香料、消息、闲话、性事、布匹、灵药、钱财、珠宝、衣饰等。德里加多称，人们所用的语言并不是"纯正的卡斯提尔语"，而是五花八门的语言混杂——通行的西班牙语、加泰罗尼亚语、葡萄牙语、意大利语，甚至偶尔冒出一两个阿拉伯语词来，"我根据耳中所听到的声音调整自己所用的语言"。[49]（由此可以联想到在地中海船只及沿岸港口中所通用的混合语言。）罗桑娜的出身，除了西班牙和犹太教的背景之外，也同阿拉伯社会和穆斯林地区有着千丝万缕的联系。罗桑娜的初恋情人，原是一名行商，后来两人不幸被拆散，她曾跟随这个人去过土耳其、黎凡特、北非，甚至巴巴利沿岸。她的许多美容秘方便来自黎凡特，而她擅长烹饪的菜肴多采自犹太和阿拉伯的美食。德里加多曾写道，罗桑娜颇为得意的拿手好菜中有一道鹰嘴豆蒸粗麦粉（*alcuzcuzu con garbanzos*），几乎在同一时候，约安拿·阿萨德在《地理书》中也谈到了如何用菲斯地方的手艺烹调蒸粗麦粉。[50]

罗桑娜在罗马的情人、皮条客兼仆人，名叫兰本，自幼在妓院长大，他母亲接待的客人里有"摩尔人和犹太人"。尽管兰本是一个犹太人或犹太改宗者，但是被人戏称为"阿贝纳玛尔"（Abenamar），也就是位于安达卢西亚的奈斯尔王朝的创立者伊本·艾哈迈尔（Ibn al-Ahmar）；还有一位心存妒忌的骑士则称他为"法基赫"（*al-faqui*），恐怕这是在罗马除了约安拿·阿萨德之外唯一的一位法基赫了。每当罗桑娜的某个嫖客需要一件特别的礼物时，兰本总能迅速地伸手在他的突尼斯头巾里找到。[51]

罗桑娜身边的妓女中，还有一对来自格兰纳达的母女，母亲的年纪较大，在基督教占领之前就生活在那里。罗桑娜曾不动声色地告诫她："你难道以为自己还在格兰纳达吗？可以为了爱情而不要钱吗？亲爱的夫人，如今在这里，讲的一切都是金钱、一手交钱、一手交货。"[52]

把罗马与格兰纳达相提并论，以及"荡妇罗马"（*Roma putana*）的形象和罗马遭洗劫的预兆，显示出德里加多在写作时带有一定的道德训诫目的。但在同时，《罗桑娜》又是一部滑稽喜剧，出自于作者在罗马所见所闻的细致观察。那么，德里加多在实地考察、四处采风时，是否曾与来自格兰纳达的法基赫改宗者不期而遇呢？似乎也不无可能。1521年时，约安拿·阿萨德居住在战神广场，根据几年后的一项人口调查显示，附近便有不少如德里加多书中所描写的女人们，试举几例，有西班牙交际花叶洛尼玛（Jeronima）和意大利交际花弗朗西丝卡（Francisca），隔壁相邻的是摩尔人玛利亚（Maria）和西班牙来的碧雅翠丝（Beatrix）。[53]特别是在他从圣天使堡出狱后的最初几年，约安拿·阿萨德最有可能与这样的女人发生来往，并由此学会了她们世界里所通用的各种语言，一如他当年在非洲时一样，甚至可能更加得心应手。

❧

1526 年，他的生活似乎又有了进一步的变化。在 1527 年 1 月罗马的人口统计表上，有一位"约·利奥"（Io. Leo），是雷古拉区（Regula）一个三口之家的一家之主。这个人就是约安拿·阿萨德的可能性非常之大。在那个时代的罗马，像乔瓦尼·利奥尼或约安尼斯·利奥这两个教名所组成的姓名极为少见，整个人口统计名单中也就只有这一个约安尼斯·利奥。在数以千计 16 世纪 20 年代的公证文书、刑事处罚、教会捐缴和宗教法庭报告里，我只找到一个"威尼斯的乔瓦尼·利奥尼"（Jo. Leo venetus），于 1522 年 11 月被罚款 3 达克特，理由是无故阻止他人出门及其他挑衅行为。而在 1527 年的人口统计中，人名后通常会附上他们的籍贯出处，但未见任何威尼斯人约安尼斯·利奥。[54]

如果人口调查员在"约安尼斯·利奥"的名字后面加上"非洲人"（africanus，名单上从未用过这个词）或"摩尔人"（morus，见于其他不少名字之后），就简单得多了。但是，由于约安拿·阿萨德颇为模棱两可的身份，很难予以明确；因此，也许统计者觉得对一个北非来的改宗者来说，记下其独一无二的名字就足够了。我认为可以合理地假定，这个三口之家的主人"约安尼斯·利奥"正是我们的主人公。

跟他同住的其他两个人，是男是女？多大年纪？人口记录中没有相关的信息，但似乎约安尼斯·利奥的这个家里并不都是男人。如果那样的话，他完全可以继续留在战神广场的住处，与埃吉迪奥枢机主教相邻。而如果他只是想要独立的话，完全可以自己生活：在雷古拉区也有许多这样独居的单身男子。[55]

据我推测，这个家里有个女人和一个小孩。小说家阿明·马鲁夫构想的情节便是如此，枢机主教朱利奥·德·美第奇在 1521 年亲自将一个犹太改宗者许配给乔瓦尼·利奥尼，成为他的新娘。[56] 不过，与其说是这位忙碌且关系疏远的主教，可能性更大的恐怕是约安拿·阿萨德的某个教父，也许便是与其关系最为密切的埃吉迪奥·达·维泰尔博，曾经向他谈起过这个微妙敏感的话题。在 16 世纪的意大利，关于原穆斯林婚姻中的配偶问题不断被提出，被允许再婚的，有改宗后的奴隶和释奴。教会法在这个问题上相当复杂，通常主张此前的婚姻并不随着某人受洗成为基督徒而告解除，但如果未改宗的配偶与新受洗的基督徒并不在一起生活，或是对其信守宗教信仰造成障碍的话，再婚仍然是可以允许的。如果真想再婚，法基赫约安拿·阿萨德当然懂得如何找到漏洞说服自己的教父：他肯定会说，根据穆斯林法律，在皈依基督教之后，我的婚姻便告解除了，且如今我离家千里、在外多时，我的妻子也一定早已再婚改嫁了。[57]

如果这个说法未能奏效，但又还想找个女人在罗马一起过日子，同居也不失为一个办法。这绝不是闻所未闻之事，但如果不得不出此下策的话，约安拿·阿萨德肯定会令埃吉迪奥枢机主教大为不悦。不管怎样，1525 年末或 1526 年，可能是寻求改变的最佳时机：在这两年，他一直在做抄录阿拉伯语文本、注解《古兰经》的工作，又已在意大利各地游历了一番，也是时候在罗马成家立室了。

约安拿·阿萨德对意大利家庭生活的了解，主要来自于一些犹太人家庭。阿尔伯托·皮奥虽然已经结婚成家，但王妃一直住在卡尔皮的封地，而一个普通的门客和抄写员也不会与她有任何的接触。以利亚·勒维塔在罗马的家和雅各布·曼蒂诺在博洛尼亚的家，则另当别论了。1494 年，伊利亚·本·亚瑟在威尼斯娶了一个年轻的阿什肯纳兹犹太（Ashkenazic）姑娘为妻，当与约安拿·阿萨德在埃吉迪奥·达·维泰尔博家中见面时，他已有了好几个孩子：一个成年的儿子犹大（Judah）、一个不久便要出嫁的女儿汉娜（Hannah），还有几个年纪尚幼的子女。雅各布·本·萨缪尔与约安拿·阿萨德年纪相仿，他娶了一个非犹太人的异教女子（Gentilesca）珂亨（Cohen）为妻（据名字猜测，她可能来自于一个意大利家庭，而非跟雅各布一样有着加泰罗尼亚背景);他们至少生有一子,名叫萨缪尔,其父一心想要将他培养成一个学者。[58]

跟穆斯林一样,犹太家庭也认为子女应当成家立室:威尼斯的拉比利昂·莫蒂纳(Leon Modena)曾这样说过:"依照律法,每个犹太人都应该结婚成家。"在北非,约安拿·阿萨德虽然与犹太男子有所往来,但同犹太妇女却没有什么接触。如今他反倒可以观察到有家室的犹太人家庭,以及犹太宗教信仰在家庭中的作用。[59](当时在意大利的一些社交圈子中,犹太人与基督徒的往来相当密切,尽管在法令上并未受到鼓励。[60])如同我们想象约安拿·阿萨德用通行的市井俗语跟罗马的妓女们打交道一样,也不妨设想他彬彬有礼地同这些犹太妇女说话时的神情样貌,这些女人不仅与他非亲非故,而且也不戴面纱,当然她们的丈夫也会在场。约安拿·阿萨德可能用蹩脚的意大利语同以利亚·勒维塔的妻子或女儿说过话,尽管她们在自己家中常说的可能是意第绪语。[61]而在雅各布·曼蒂诺家,交谈所用的可能是某种形式的西班牙语。

借助后来艾哈迈德·哈贾里(Ahmad al-Hajari)所写的自传,或许能够对约安拿·阿萨德在初次经历这样温文尔雅的谈话时的内心感受有点间接的领略。哈贾里原为安达卢西亚的摩尔人,后重回伊斯兰世界,1020/1611年,他奉摩洛哥苏丹之命离开马拉喀什的妻儿出使法国,达两年之久。一路之上,他就告诫自己和同伴们"要抵制灵魂的冲动和撒旦借由女人发出的诱惑,因为撒旦常常(特别是)通过不戴面纱的女人将邪恶灌输给我们"。尽管如此,在旺代(Vendée)的奥朗内城(Olonne),一名王室军官的未婚女儿相貌美丽动人,令他一见倾心,而(据他自述)她也对其芳心暗许:他与她互相交谈,煎熬于是否要像法国人的风俗一样"向年轻的女士伸出双手,与她相拥相握"。最后,在她家花园里的一个僻静处,经过一番独处和交谈,他们分开了:"我向真主请求宽恕,为我向她所吐露的话语,为我对她所投去的目光。"[62]

雅各布·曼蒂诺由于精通犹太律法,后来还曾做过婚姻公证人,并仲裁过罗马犹太人社区的其他争端，约安拿·阿萨德可能从他那里了解到犹太教和基督教有关嫁妆的风俗。[63] 他在《地理书》中，对于新娘在婚后带到夫家的嫁妆，分别在两处对其所知马格里布的情况与欧洲进行了比较。"在意大利，人们认为在穆斯林的习俗中，是丈夫向妻子提供彩礼。"这确有其事，但他又继续补充道，人们并不了解，新娘的父亲为女儿准备的嫁妆要比这多得多。如果不能做到的话，对于每个父亲来说都是"奇耻大辱"。"因此，不论在哪个国家，女儿都是会令父亲倾家荡产的祸根。"[64]

约安拿·阿萨德可能也在意大利收获了一份欧洲的嫁妆，不过我怀疑我们这位改宗后的摩尔人所娶的女子不会像奥赛罗（Othello）的苔丝狄蒙娜（Desdemona）那样出身高贵。他所居住的位于台伯河边的街区人口密集，除法尔内塞（Farnese）枢机主教所居的一处宫邸外，其他人口超过二十人的住户寥寥可数。约安拿·阿萨德的邻居中，有鞋匠、裁缝、洗衣女工、挑水工、面包师、石匠以及其他工匠等，偶尔还有一两个医生或画家。跟罗马城的其他地方一样，这些人来自四面八方：主要是意大利各地，有些从西班牙来，还有不少来自德意志。在约安拿·阿萨德住处的几条街外，是一个犹太人聚居区。约安拿·阿萨德的伴侣十有八九也是一个生活在罗马的外乡人，可能是一个改宗后的摩尔人（mora），来自于其之前住过的战神广场区，那里是摩尔人改宗者聚居的一个街区。如果他真的娶了她，也不过是一件稀松平常的事情，不用像那些定居多年的罗马家庭那样需要考虑家族间的联姻关系，只需要简单的一点嫁妆，找公证员做个登记，为妻子准备一枚结婚戒指，在教堂得到一位神父的赐福即可。[65] 如果有朝一日回到北非，对于这样的婚姻也更容易加以辩解。根据 910/1504 年的一项有关"塔基亚"的教令，西班牙摩尔人同穆斯林男子一样，与基督教妇女的联姻均能得到解除；如果夫妻双方都是被迫改宗的，就更容易处理了。[66]

我们可以非常确定的一点是：自来到罗马之后，约安拿·阿萨德便不断地被问到有关穆斯林的女人、男人、婚姻和性关系等各种问题。他本人就提到过曾有讨论穆斯林嫁妆彩礼的对话，并且肯定也有像数十年后哈贾里在法国所听到的疑问："你是不是娶了不止一个妻子？""你们那里的女人是不是都要戴面纱？""姑娘们是怎么谈情说爱的？"[67]

在16世纪20年代的欧洲，并没有太多地方能够找到答案回答关于北部非洲和撒哈拉以南非洲世界的这些问题。在被重新改写的中世纪传奇文学中，撒拉森人被表现为一些通用的人物类型：女性如中世纪传奇《菲耶拉布拉》(Fierabras)中性情暴烈、用情专一的弗洛里珀 (Floripas) 和伊利亚·本·亚瑟所著《博沃》里的巴比伦公主玛格丽特（Margrete），她们爱上了故事里的基督教英雄并出手相救；男性则如阿里奥斯托所著《疯狂的奥兰多》里的鲁杰罗，他们改宗皈依基督教，从此洗心革面、放下屠刀。再如阿里奥斯托笔下阿尔及尔的罗多蒙特 (Rodomante of Algiers)，则终身效忠伊斯兰教，为人蛮横无理，曾攻占并残暴洗劫巴黎。[68]

有关妇女的服饰装扮、富家女子的闺阁内宅、北非的多妻制度等细节，经由到访过这些地区的欧洲人辗转传出，这些人几乎都是男人：包括葡萄牙和西班牙在马格里布占领区的士兵和传教士；在突尼斯、菲斯或开罗经商的热那亚商人；出使马穆鲁克埃及的威尼斯使臣；从北非以重金赎回、得脱奴隶身份的欧洲基督徒；途经亚历山大里亚和开罗前往耶路撒冷的基督教朝圣者。当时印刷出版的有关穆斯林地区的报告，内容主要集中于土耳其，而不是非洲，即由希腊人西奥多·斯潘杜吉诺 (Theodore Spandugino) 所著的《大土耳其世系》(The Genealogy of the Grand Turk)，他曾在伊斯坦布尔以及威尼斯和法国等地生活多年。1519年，该书的法文译本首次出版，此前该书已在罗马为人所知，斯潘杜吉诺曾将意大利语的手抄本呈献给利奥十世和吉安马蒂奥·吉贝蒂（Gianmatteo Giberti），后者是教皇克莱芒七世的重臣之一。斯潘杜吉诺专辟一章论土耳其的嫁妆风俗和婚庆典礼，文中还穿插了许多关于土耳其两性关系的秘事：苏丹后宫中有三百佳丽，有宦官百人侍奉，她们一旦怀孕便备受恩宠；土耳其女人由于经常沐洗香浴，"充满强烈的性感和诱惑"；男人同样贪恋情欲，主要是因为喜好甜食，所以性欲旺盛；虽然受到穆罕默德的反对，但"鸡奸之祸"在土耳其也是屡禁不止，甚至公然行事。即便是斯潘杜吉诺所写到的嫁妆和彩礼等事，也与性分不开：土耳其新郎想要撩开新娘的面纱，为她宽衣解带，但她却坚决不从，除非男方同意增加彩礼。[69]

约安拿·阿萨德在《非洲地理书》中打破了这些关于性的想象，他对欧洲人对于非洲的其他许多刻板狭隘的偏见（多育、不孕、怪物等）均做了较为彻底的改变。作为土生土长的当地人，他所提供的信息去除了围绕在家务和床笫之事上的神秘色彩，使之得到正常的认识。据他解释，虽然有许多妇女以面纱遮面，但也有许多并不戴面纱。虽然确实有黑人宦官守卫后宫内室，但那只是宫廷生活中司空平常的一个部分，且具有礼仪性质，主要由苏丹属下的官僚机构负责管理。约安拿·阿萨德注意到突尼斯苏丹穆罕默德·哈桑纵欲沉溺于奴隶舞姬、乐师们的声色当中，但他又明确指出，这并非宫廷生活中不可避免的情况，哈夫斯王朝前几代君主大多能够检点自律。[70]

他所描述的浴室，是令人快乐舒适的用于洁净身体的地方，蒸汽升腾、清爽提神，男女分开，有不同的时段或空间。年轻男子毫不尴尬地赤身裸体；年纪大一点的则用毛巾遮裹。男人和女人都会在浴室里吃东西和唱歌，拉姆西奥在印刷版中加上了一句，"还用各种方式寻欢作乐"，不过约安拿·阿萨德并未在手稿中提到任何不当的行为。对于斯潘杜吉诺作为婚前必备之事专门写到的女人剃去体毛之事，他也只字未提。[71]

虽然约安拿·阿萨德知道欧洲人对性的主题非常好奇，并予以回应，不过他采取的是自己的做法，用的是一个北非人、阿拉伯人和穆斯林所应有的态度和口吻。他所展现的自我，既不是阿里奥斯托笔下桀骜不驯的罗多蒙特，也不是洗心革面的鲁杰罗；既不是斯潘杜吉诺书中所描写的梦想着要在天堂享受处女欢爱，也不是要"妻妾成群，集万千宠爱于一身"。[72]《地理书》的叙述者和观察者，虽然对女人的姿色容貌细加点评，也提到柏柏尔和阿拉伯妇女是否容易接近，但他对自己是否有过成功的尝试未置一词。

虽然女人们性感诱惑，由前述狮子的故事中即可见一斑，但约安拿·阿萨德笔下的男男女女并不像斯潘杜吉诺所塑造的那样欲火中烧，女性的性欲也不像当时许多欧洲文学作品中所描写的往往同巫术魔法联系在一起。他所写的性，乃是婚姻生活的核心，有时是天经地义的鱼水之欢（如特莱姆森和突尼斯以南的阿拉伯游牧部落里盛妆描彩的妻子们），有时是令人困扰的纵欲无度（如开罗人吵吵嚷嚷的家务事）。虽然嫖娼宿妓遍及各地，同性恋也在所难免，但它们在穆斯林世界中并不是某种普遍的现象或病症，或仅限于一些特殊的机构和场所（如某些旅店、酒肆和官营妓院），或是出于某种特殊的宗教仪式（苏菲派的舞蹈、宴会；那些自称通灵的女人们所做的占卜），或存在于宗教的寓言和文学的传统当中。不应该以此来责难人类的淫欲，在有些情况下，例如突尼斯的情况，往往是因为极度的贫困而导致的。

约安拿·阿萨德通过对比欧洲的妓院娼寮和引用意大利语中关于同性恋的市井俗语，亦向他的读者表明，这些机构和行为在西方基督教世界里同样存在。拉姆西奥虽然改用了一些文雅一点的词，但印刷版的读者仍然不难从中猜得一二。[73]

印刷版中还有一则有关性的故事，未见于《地理书》现存的唯一一部手抄本中，虽然它似乎是出自一位北非作者之手，但可能经过了其意大利编者的加工和改编。这是一个关于诱惑、通奸和诡计的滑稽故事，可以发生在地中海两岸的任何地方。据称出自德卜杜地区酋长的宰相之口，瓦桑在出使中阿特拉斯途中曾在该柏柏尔酋长家中住宿。宰相告诉瓦桑，有个军官受命前往酋长治下的一个村庄。军官被一个村妇的美貌迷得神魂颠倒,因此在某天农民夫妇去树林砍柴时尾随其后,趁他们离开时,偷偷地把他们系在树旁的毛驴放跑了。当夫妇两人砍完柴回来时,发现毛驴不见了,于是丈夫回身去四处找寻。军官连忙从藏身之处出来,并且很快赢得了美人的芳心,又赶在丈夫找到毛驴回来之前脱身而去。找到毛驴回来的丈夫满身疲惫,在休息时转而开始与妻子爱抚求欢。当发现她的私处早已湿润柔软时,不禁诧异地问道:

"老婆,这是怎么回事?为什么你已经湿润了?"狡猾心虚的妻子回答道:"我见你一直不回来,又想到毛驴也丢了,忍不住就哭了起来。我的小妹妹(sirocchia)因此也同情得跟着落泪了。"愚蠢的丈夫信以为真,反而安慰她不要过分悲伤。[74]

尽管在任何一部阿拉伯语或意大利语的故事集中,都没能找到与之完全类似的故事,但这样的主题在两种语言的文学传统中都有相似的形式:情夫(在此是准情夫)借着一桩"徒劳无功的蠢事"把丈夫打发开去;情夫及时脱身;出轨的妻子受到查问,又机智地蒙骗过关;上当受骗的丈夫等。14 世纪霍兰尼(Al-Hawrani)的故事集《揭穿女人的诡计》(Unveiling of the Ruses Woven by Women)里,就有一个妻子在酒廊幽会时被丈夫撞破,但却成功地扭转局面,反而羞辱他在外通奸。薄伽丘《十日谈》中第七天的故事里,有许多聪明机智的情夫、心领神会的妻子和成功的阴谋诡计。[75]

甚至连阴部湿润以及将之比作"流泪的小妹妹"这样的细节,也能在地中海两岸都找到类似的描述。在阿拉伯语故事里,有用或真或假的精液在争论中欺骗对手、借机取胜的情节,性器官也时常被做拟人化的处理:例如在贾希兹《动物之书》的一段对话中,阴道被戏称为"异教徒";据某个古老的传统,马格里布妇女把来月经比作姨妈来访。[76] 而在意大利语的故事里,体液也能够揭露真相,尤其可以发现,作家佩特罗·弗尔蒂尼(Pietro

Fortini，约 1500—1562）在一次作品朗诵中，把女人的阴部打趣为"小妹妹"。一个好色的男修道院长受命在三位修女当中挑选一位担任女修道院院长，她们每个人都声称自己能力出众，并且揭起道袍展示身体的迷人之处。修女塞西莉亚（Suor Cecilia）最终胜出，因为她捏起自己"小妹妹"（sorella），仅留出一个小洞，然后小便将尿液穿过一个年轻教士手持的绣花针针眼，一滴也未洒出。在另一个故事里，弗尔蒂尼又把阴茎叫作"小弟弟"。[77]

跟瓦桑所叙述的鸟的故事一样，德卜杜的故事也是一座连接地中海两岸的桥梁。"艾达卜"的文学原则将喜闻乐见的奇闻趣事看作评价作品优劣的一个部分，在对自己备受盛情款待的中阿特拉斯地区的描述中，插叙一则这样的故事，不正是恰到好处吗？也许宰相真的给他讲过这样的一个故事，在到了意大利以后，他把里面的一些用语替换了，跟他学习使用有关鸡奸的市井俚语一样，选择用"小妹妹"来代指女人的阴部。最为重要的一点是，在德卜杜的故事里，性爱、喜剧化的越轨偷情和计谋等融合在一起，这并不是非洲所独有的，也不代表柏柏尔穆斯林便是如此淫荡好色。

约安拿·阿萨德还通过描述旅行当中所观察到的妇女们的劳作，改变了欧洲人对穆斯林妇女的固有成见，或者说是纠正了欧洲人原有的无知。诚然，他对许多来自阿拉伯—伊斯兰世界的原始资料弃而未用。他虽然介绍了妇女在菲斯的市场上贩卖麻线，但根据万沙里斯的法律裁决和其他法学的研究，他应该还知道妇女也在更大规模的商业活动中发挥着积极作用，她们用自己的嫁妆发放借贷，进行谷物和其他商品交易，建立和管理慈善捐款等。除了那些借助占卜算命治病的女人外，他还可以提到助产婆，伊本·赫勒敦在《历史绪论》中就曾对她们接生和医治婴儿的技艺大加赞赏。

除了回忆在提希特绿洲所见到的不同寻常的学校女教师，他本也可以在自己的《阿拉伯名人传》里收录一两位学问精深的女教师。伊本·哈兹姆（Ibn Hazm）曾谈到自己在科尔多瓦所接受的教育："（妇女们）教我学习《古兰经》，为我背诵诗歌，教我练习书法。"在萨哈威（al-Sakhawi，逝于 902/1497) 内容更为丰富的传记辞典中,收录了近四百名女性,她们都接受过良好的教育并拥有教师资格。约安拿·阿萨德在论韵律学的作品中,曾提到过一位尤梅玛·宾特·阿比－阿斯瓦德 (Jumeima bint Abi-l-Aswad),但却全然未谈及安达卢西亚地区的两位最著名的女诗人瓦拉达 (Wallada) 和哈弗萨·宾特·哈吉 (Hafsa bint al-Hajj) 的诗歌。[78]

出现在约安拿·阿萨德《地理书》政治叙事中的女性,不是阴谋煽动者就是桃色事件里的人物,会带来"毁灭性的"结局,就像萨菲城陷落时所遭遇的暴力和动荡。(他还描述到基督教世界的通奸事件,至少对穆斯林来说有积极的影响,如戈梅拉岛的基督教指挥官因为与下属士兵的妻子通奸而被该士兵杀死,导致菲斯苏丹得以收复该岛。)在上阿特拉斯山麓的一个城镇,穆斯林妇女捐出自己的手镯和戒指,从苏丹士兵手中赎回被俘虏的丈夫,不过她们还耍了一点"诡计"(per militia),隐瞒了家中其实还有更多钱的事实。还有更伟大的事例,约安拿·阿萨德写到阿尔摩哈德王朝的统治者阿布·优素福·雅库布·曼苏尔的妻子,她将自己的珠宝和两人婚礼所用的金银装饰全部变卖,为马拉喀什的库图比亚清真寺 (Kutubiya) 的尖塔购买装饰用的黄金球。它们的外形如精灵护佑的行星,日后成为当地民众日常想象中至为宝贵的一部分,后世君主即便在为了抵御基督教入侵而财政艰难时,也没有想要去拆除它们。

不过,在追述阿尔摩拉维德王朝君主优素福·伊本·塔什芬的崛起时,约安拿·阿萨德并没有提到他的贤内助扎伊纳布 (Zaynab),这位女性因其对政治的影响在马格里布地区广受传颂:据伊本·赫勒敦《柏柏尔人史》(History of the Berbers) 中所说,正是她促成其丈夫寻求独立,是"一个兼具美貌和政治才能的出色女子"。[79]

也许约安拿·阿萨德会在已散佚的关于马立克法学和穆斯林历史的作品中,用更多的笔墨讲述妇女在政治、经济和宗教中的作用。但可以肯定,他的写作并不在于鼓吹妇女的品质和能力。在阿拉伯文学中,并不存在一个与欧洲文学相对应的类别,即在作品中强烈主张女人与男人的相似性，甚至要强于男人的观点，例如克里斯蒂娜·德·皮桑（Christine de Pizan）的《妇女之城》(City of Ladies, 1405)、康内利斯·阿格里帕·冯·内特斯海姆（Cornelius Agrippa von Nettesheim）的《论女性的高贵与卓越》(On the Nobility and Excellence of Womankind, 1509)，以及枢机主教庞培奥·科隆纳（Pompeo Colonna）所著并题献给他的侄女、诗人维托利娅·科隆纳（Vittoria Colonna）的《为女性申辩》(Apology for Women, 1529)。在阿拉伯世界，妇女成就的彰显，主要是通过传记辞典中的例证，或是通过诸如机智的山鲁佐德口中娓娓道来的故事——她用一夜一夜精彩的故事，不仅保全了性命，更赢得了丈夫波斯苏丹山鲁亚尔（Shahriyar）的爱慕。[80]

在卡斯蒂利奥内的《廷臣论》中，男子们当着宫廷贵妇的面，为女人们的缺陷、美德和成就争论不休。在14世纪霍兰尼讲述的故事中，也曾发生过一场略有差异的辩论。因为丈夫突然决定独身苦修，也门妇女胡拉（她的名字意为"自由"）被退婚；于是她带上一群才貌出众、口齿伶俐的女奴，周游各国，到过开罗等地，凭着自己的教养和忠告令许多君主刮目相看；最后她在巴格达嫁给了苏丹之子。在进入新的宫廷之前，她曾让两个律师互相辩论，一方赞扬妇女，另一方推崇男子。内容从婚姻谈到性爱，始终争论不休，最后胡拉用一个关于人的故事结束了争论，其中有恶也有善，故事中的男女主人公最终在一些神灵和聪明女人的帮助下，历经磨难、终成眷属。[81]

在其关于非洲的作品中，约安拿·阿萨德并没有描绘任何像聪慧的山鲁佐德或胡拉这样的女性。他笔下的女性更多地停留在她们本身的技艺内，《地理书》中唯一的骗术大师，就是善于左右逢源的作者本人。约安拿·阿萨德或许也听闻到在意大利人之中所发生的"关于女性的讨论"，包括反面的一些意见，如乔瓦尼·弗朗切斯科·皮科·德拉·米兰多拉谈论巫术的对话录《鸮》(Strix)，该书在约安拿·阿萨德访问博洛尼亚的数月之前于当地出版；雅各布·曼蒂诺可能也向他讲起过在曼图亚和费拉拉（Ferrara）等地强势的女公爵们；他可能也对意大利妇女受教育的情况略有所知。[82] 但是，这些情况对他所描写的非洲妇女并未产生太大的影响。实实在在对他有所触动的，是他在意大利的亲身观察和体验，通过结识的犹太人家庭、罗马著名的妓院区和他自己的家庭，所了解到的性爱和家庭生活。他曾说，比起正襟危坐的餐桌，他宁愿像在摩洛哥时那样席地而坐、同众人一起大锅吃饭，只有这样才能更好地对这两个世界进行比较，评价它们之间的异同。

第八章　翻译、传述与距离

"你们认识我的,我是你们的一员。"约安拿的两栖鸟在回到鱼群的时候这样说道。他变身混迹在鱼群之中,至少过了一年,同时又要保持一定的距离,一旦再碰到收税者,可以随时逃之夭夭。改宗皈依基督教之后的约安拿·阿萨德,恐怕也是这样度过了在意大利七年多的漫漫时光。他发现,不论是通往旧的世界还是新的世界,道路均慢慢封闭,与自己渐行渐远。由于好奇心和处事的机敏,他成为一名出色的作家和学术伙伴,可能还是一个不错的情人,甚至不需要承担任何内心的矛盾和不安。他的经历使他走上了一条始料未及的人生道路。

要维持双重的身份,最便捷的方式便是找到对等的替代物,将不同的世界合二为一。多年来在非洲和黎凡特的外交和旅行生涯,早已使约安拿·阿萨德养成了比较和转换的习惯。他早已注意到风俗习惯因地而异、差别明显(女性割礼虽然是受"穆罕默德之命",但仅在叙利亚和埃及才有,施行割礼的"老妇人像外科医生一样,手起刀落"),不过虽然在伊斯兰世界内部便千差万别,毕竟它们是维系在一个共同的宗教体系之上的。[1]

把北非描述给意大利人,则要困难得多,约安拿·阿萨德必须借助于相似之处才能讲清楚:例如,在上阿特拉斯山区放牧的柏柏尔人用轻巧的树皮筑屋,以便于迁移,他们的"房梁呈圆形环绕,就像在意大利旅行中女人们骑骡子时所携带的篮子的顶部"。[2] 他经常要换算各种度量单位和货币价值。在用拉丁语所写的论阿拉伯韵律学的作品中，他不断地向读者解释阿拉伯语的韵脚与拉丁语的相同和不同之处。在阿拉伯语词汇中，*bait* 表示诗篇或诗节，但同时又有"房屋"和"帐篷"的意思，与拉丁语词汇 *carmen* 所指的诗词格律并不太一样，但在阿拉伯语中也能找到一些词来对应拉丁语中的某些具体格律。[3]

他的第一次较为系统的翻译训练，是 1524 年参与编写的阿拉伯—希伯来—拉丁语词典，合作的犹太学者给了他极大的帮助。正如翁贝托·埃科（Umberto Eco）所说，翻译不但是语言之间的转化，还是文化之间的互动，译者需要找到合适的词汇才能产生在原文语境中的同样效果。[4] 由约安拿·阿萨德和雅各布·本·萨缪尔所编的词典仅列出了单词，并没有给出具体的语境；他们的工作只是找出各门语言中最佳的对应词汇。所收录的前 170 个单词，先由曼蒂诺分别列出希伯来语和拉丁语，可想而知，在与约安拿·阿萨德推敲斟酌的过程中，文化之间的异同会不断地暴露出来。举例来说，割礼（*khitan*）在不同语言中有着相似的技术层面的意义，但是对这两个都曾接受过割礼的男人来说，其中所包含的情感因素便与他们周围基督教徒的感受完全不一样，对于后者来说，这只是又一项可对异教徒口诛笔伐的口实。再比如"伊玛目"（领拜人、精神领袖）一词，对于后来从曼蒂诺手中获得该手稿的基督徒所有者来说，他马上想到的是拉丁语的"神父"（*sacerdos*）一词，因此在手稿中添上了注释。约安拿·阿萨德在《地理书》中也颇为勉强地用了"神父"（*sacerdote*）这个词，尽管在意大利语中其所内含的仪式和圣礼功能，与穆斯林精神领袖所注重的礼拜和布道活动并不完全一致。[5] 不论如何，词典编写的一个前提就是在不同语言中总能找到相对应的词汇，尽管对约安拿·阿萨德来说，这大大贬低了阿拉伯语至高无上的地位，因为这是真主传授《古兰经》所用的语言，对于曼蒂诺的希伯来语来说，情况也是同样如此。

对于一些重要的词汇，当然需要同一化，但须留出变化的空间。最首要的便是"真主"一词。在手稿里,曼蒂诺在约安拿·阿萨德所写的阿拉伯语之后,留了一个空白位置。希伯来语的四字神名及其变化形式,具有令人敬畏、神圣尊严的强大力量。神的名字一定刻在曼蒂诺家门上门柱圣卷(mezuzah)的背面,但他却不愿意把它写到这本世俗的词典上去。(手稿后来的基督徒所有者又自作聪明地添了一个拼写错误的希伯来"神名":*Heh, Lamed*,正确的拼写应该是 *Aleph, Lamed*。[6])

约安拿·阿萨德和曼蒂诺一定讨论过如何翻译 *Iblis* 和 *Shaitan* 这两个词,在阿拉伯语中它们都表示魔鬼,两个词都收录在了手稿中。在考虑对应的希伯来语名词时,他们肯定会对魔鬼的众多形态进行比较:是敌人、是欺骗者、是不服从神的反叛者,等等。*Shaitan* 收录在词典较后的部分,曼蒂诺所注的希伯来语词汇表已经没有了,但他肯定会用希伯来语的"撒旦"(Satan)一词,可能还向约安拿·阿萨德介绍过迈蒙尼德所考察到的词源——satah,意为"偏离正道、走上歧途"。他可能还考虑过要再加上"萨麦尔"(Samaël)一词,因为迈蒙尼德在其《解惑指引》(*Guide for the Perplexed*)写过:"圣贤们用萨麦尔这个名字来统称撒旦。"[7]

Iblis 一词见于词典前半部分。除了"撒旦"和"萨麦尔"之外,曼蒂诺还可以用什么其他的名称来对应呢?在希伯来语中,除了"恶灵""敌人"等词之外,另一个在当时最常被用到的名字可能是"莉莉丝"(Lilith)——传说中拥有强大魔法的女妖,在一些犹太秘教文献中也把她看做是萨麦尔之妻。作为医生的曼蒂诺当然非常清楚,莉莉丝的名字经常出现在希伯来语符咒当中,用来护佑新生婴儿消灾去祸。不过,他和约安拿·阿萨德是不是就是这样翻译的呢?[8]

相反,曼蒂诺在希伯来语的条目内用拉丁字母写下了"路西法"(Lucifer)一词,这个名字强调恶魔的来源本是堕落的天使,即《以赛亚书》14 章 12 节中所提到的"明亮之星"。虽然古代和中世纪的拉比们并不用"路西法"这个名称,但很多人都会提到一个名叫"舍姆哈宰"(Shemhazai)的堕落天使,他因受到女神亚舍拉('Asterah/Ishtar)的蒙骗,在无意间使她升上天堂获得了晨星的地位。曼蒂诺也许就是根据这些传说，可能也经过与约安拿·阿萨德的讨论，确定用"路西法"来翻译，至少这也与《古兰经》所记载的 *Iblis* 堕落天使的身份联系在了一起。[9]

在着手翻译被称为伊斯兰教五大支柱的五功（所有穆斯林必须遵守的五项原则）时，约安拿·阿萨德便注意到除了细节上的差异之外，宗教之间也有着深刻的相似性。他所用带有"服侍主、祈福、求告、祷告"（*'ubudiya, baraka, da'wa, salah*）等不同含义的阿拉伯语词汇，都能在希伯来语和拉丁语中找到对应的翻译。同样，当他写到"禁食守戒"（*imtina'*）时，不仅写出了对应的希伯来语和拉丁语词汇，而且也会联想到犹太教的赎罪日（Yom Kippur）和基督教的四旬斋。前往麦加的朝觐，也会令他自然而然地联想到希伯来语和拉丁语中对应的前往耶路撒冷的朝圣。[10]

对约安拿·阿萨德来说，词典的编写在一定程度上是一次精神上的实践。"天课"（*zakat*）和"慈善"（*sadaqa*）相当于"施舍"（alms），"伊赫桑"（*ihsan*）翻译成"慷慨"（generosity）：于是，每当约安拿·阿萨德施舍乞丐或是行其他捐钱之善举时，在内心深处就相当于完成了一年一度强制性的天课（在 910/1504 年对西班牙摩尔人的"塔基亚"裁决书中有明确的规定），他也可以将之认定为伊斯兰教和基督教所共有的一种慈善行为。[11]

我们不妨再来看一个更加敏感的例子，这并不是来自约安拿·阿萨德编写的词典，而是见于他 1521 年所翻译的"保罗书信"的开篇辞：他在其中称耶稣为"上帝之子"。在此，他完全可以根据教法裁决书中的说法自圆其说，即在表面上他必须取悦自己的保护人阿尔伯托·皮奥，但在内心其真正的意思是"耶稣乃是崇拜上帝的玛利亚之子"。[12]

一些伊斯兰教思想所衍生的理论，也可以用于解释他的这段话，其中包括较瓦桑早三个世纪出生于安达卢西亚的哲学家及神秘主义者伊本·阿拉比（Ibn 'Arabi）。伊本·阿拉比认为造物主和创世是一个永恒的二元体系，是通过不断的启示而非某种共同的物质被联系在一起，所谓共同物质的观点是伊斯兰教所不能接受的。因此，他强化了带来启示的先知们身上的神性，其中也包括在完美的穆罕默德出世之前降临人间的尔撒。伊本·阿拉比称，穆斯林们应当追随真主所赐福的道路，即穆罕默德的道路，接纳在此之前出现的一切启示宗教。真主造就了一切生灵，并将自己显现于所有信徒的面前。"真主之路是万事万物所共同行走的道路，它将他们引向真主。它包括了各个天启的宗教和一切合理的建构。"在某种神秘的状态下，伊本·阿拉比看到了不同宗教的联合：

> 我的心为一切形式而开放；
> 它是羚羊们欢跃的草原
> 也是基督教僧侣的修道院，
> 是偶像庄严的寺庙
> 也是朝觐者的圣殿克尔白；
> 是"摩西五经"的石板
> 也是《古兰经》的卷册。[13]

虽然约安拿·阿萨德也通过他的作品，向我们表露出些许神秘莫测的情感，但在难以揣摩的压力之下，他似乎更坚持安萨里的思想传统，身处基督教世界的岁月里，心中一直默默念诵着他的诗篇。他用阿拉伯语以及拉丁语的翻译，为基督教读者们回忆了安萨里的一段著名诗句："前路虽有万千，真义唯有一径；若蒙福佑恩宠，方可循道而行。"迷途寻津（"塔基亚"的道路）是安萨里最为热衷的主题，此时此刻的约安拿·阿萨德或许想到了安萨里在自传《迷途指津》（*Deliverance from Error*）中所描述的人生转折——放弃哲学家和神学家的前途，踏上追求苏菲派神秘主义的道路。[14]神秘主义的教义帮助约安拿·阿萨德逐渐缓解了身处两个世界之间的种种矛盾。

翻译工作虽然使约安拿·阿萨德学会了如何在异中求同，但有些经历却使他更加强化了差异的存在。在此，他多年来在意大利作为教师、作家、不完全的改宗者和翻译等的经历，以及各种各样的社会关系和私人交往，似乎对其自我的身份认定产生了重要的影响，他不仅在一个陌生的世界里痛苦地独自飘零，更获得机会在知识层面有了进一步的拓展。

他在作品中所自我呈现的学术形象，打破了伊斯兰文本中通常所用的形式。在伊斯兰学术传统中，所有知识都必须依据遵循一个系统的传述体系，即"传述世系"。其中的核心环节是从"圣训"中找到可信的依据，通过一系列可靠的穆斯林的转述，一个接一个，直到可以证明其最初乃是源于先知的言行。当然，这种形式也导致关于言论的准确性和可靠性的激烈辩论，产生了杜撰作伪的先知语录和传述体系。

在其他的知识和艺术形式中，也非常强调传承的脉络：任何法学观点、文学形式和历史记载都被置于一条传述链上。具体的某个作者或学者，都需要为他（或者有时候是她）自己在这个序列中找到一个明确的位置，从而成为一个可靠的接受者和传承者。

某些权威或学者，也可能会缩短这些传述链，或是暂时超然于体系之外：例如，某些法学家（教规权威）在所在法学派内取得了超越前人的突出成就；11世纪后涌现的一批求变求新的历史学家，通过撰写当时代的历史打破了传述链，强调其自身叙述的可靠性。尽管如此，他们也需要设法为自己确立起可以信赖的学者地位。伊本·赫勒敦虽然没有利用传述链以支持他所提倡的"新学科"，但他也借助于与诸如法学等其他学科的比较，阐述历史的合理性、社会组织形式和文明的性质等问题；他也通过引经据典来证明自己的观点。而且，他在自传中，也写到了他的老师们以及老师的老师们的生平故事，这是其多卷本历史巨著《世界通史》的最后一部分。[15]

约安拿·阿萨德在《地理书》里提到了许多地理学家和历史学家的名字，有时还对他们的作品进行简要的评论。他曾对传述链的运作有过这样的演示："从他的许多老师（maestri）那里，听到他们的老师当年是如何告诉他们的"，如关于马林王朝苏丹阿布·伊南（Abu 'Inan）的故事，苏丹眼见伊南清真寺马德拉沙的建造耗资巨大，便将账本扔进河里，吟诵道：

美丽之物，耗费再巨也不昂贵，
愉悦心灵，方是无价之宝。[16]

但是他所说的老师们都有谁？约安拿·阿萨德并未言明。他没有介绍过任何一位在菲斯的马德拉沙教授其语法、神学和马立克法律知识的老师，仅偶尔涉及一二。如他曾谈到一位未具姓名的老师，曾有意传授"扎伊拉贾"的秘法，但他却无意追随。我们所能见到的这部《非洲志》的作者，仅仅是一个置身事外的观察者，是汇总当时代各方信息的收集者，是阿拉伯语文献的阅读者，是描绘伊斯兰历史中众多重要人物、学者和诗人的作者。那历史里有"我们的饱学之士和宇宙志家"[17]，尽皆汇于其笔端，但他却并未将自己完全置于伊斯兰文化的传述世系当中，或是惮于其声名，或是不愿受到束缚。

约安拿·阿萨德的《名人传》更适合为自己在世系中确立一个明确的位置。历史传记是许多作者偏爱的一种形式，适于在各个领域建立起传述链，并说明学者们的品质和可信度。在伊本·赫里康流传甚广的传记辞典，即他所称的《讣文录》（Obituaries）中，介绍了多达865名人物的生平事迹，并借着各种机会把自己同这些人物联系在一起。例如，他年轻时曾从学于沙拉夫·丁·伊尔比利（Sharaf al-Din al-Irbili），后者是一位沙斐仪派法学家，"其时代最为出色和天才的人物之一"。"我从未听过任何一个人的授课像他那样精彩。……他是最为杰出的人，每当想到他，世界在我眼里都变得渺小了。"伊本·赫里康还为自己曾将一部注有笔记的手抄本借给这位老师而深感自豪。[18]

与之相反,约安拿·阿萨德虽然也曾引用伊本·赫里康和其他传记作家的作品资料,但他并未提到任何一个教授过他的学者的名字,例如安萨里等。他仅回忆,"当自己还是孩子在菲斯学习时",记得见到过波斯博学家图哈拉伊在《古兰经》上所留下的伟大诗句。同《地理书》的写作一样,他在《名人传》中也专注于从早期文献中收集资料,并且竭尽所能地加上自己的观察。他曾亲眼见过伟大的艾什尔里的弟子巴基拉尼(al-Baqillani)的一部手稿《辩驳》(Disputations)。他获得过一部抄本,是伊本·卡提布不同寻常的政治通信,后者不仅是一位博学家,而且为格兰纳达和菲斯的多位苏丹出任过外交官;在离开菲斯之前,他一直将它带在身边,不时取出翻阅。[19]

之所以将他自己从一个连续的传述世系中剥离开(或者可以说是解放出来?),其原因不仅仅是在谨慎地隐藏宗教上的联系。不论是否举出名姓,约安拿·阿萨德对穆斯林学者的推崇之心在基督教读者看来是显而易见的。难道他是在试图掩盖"格兰纳达人约安·利奥尼"(《地理书》末页的署名)北非人的真实身份,唯恐这部手稿的消息传到穆斯林耳中,徒生疑心吗?那他又为什么留下了许多关于自己过去在菲斯的其他痕迹呢?我认为,他在传述世系中的沉默,是想要在另一个层面确立其作者的权威,即以一个全新而复杂的身份评说世界的沧桑变化。

约安拿·阿萨德新形象的塑造涉及两个方面的变化,分别由一种严格的欧洲模式和一种北非模式衍生而来。首先,他仅仅是一名特立独行的博学家,博览群书、见多识广,有着丰富的经验,能够写作不同题材的作品。由于缺少正统的师承世系,在穆斯林心目中可能会失去一定的可信度,甚至连其书在1550年的欧洲编者,也认为这位博学之士似乎才学有限。在《非洲志》的印刷版中,拉姆西奥在两处用文艺复兴时期的头衔——"历史学家"来称呼乔瓦尼·利奥尼,认为他应当遵循历史学家的"准则",而约安拿·阿萨德只是像"普通人"一样在讲述事实(一处记述非洲人普遍存在的缺点，另一处描写异装的娘娘腔男子在菲斯的情况）。[20]

他在此也仿效阿拉伯—伊斯兰作家在记述过去的事件和人物时所常用的风格，倾向于在书中用"历史"等词而不仅仅是平铺直叙，因为许多作家都接受过法学的训练，并擅长多种文体的写作。在《名人传》和《地理书》两书中，约安拿·阿萨德在引经据典时使用了诸如 *Historiographus*、*Historiografo*、*Chronista* 和 *Cronechista* 等词，对应翻译阿拉伯语中的 *akhbari* 和 *mu'arrikh*。他知道在历史著作中经常讨论真相的问题，例如伊本·赫勒敦的《历史绪论》。但是在自己的手稿中，他并未将自己首先作为历史学家；他只是说到自己编写过一部《穆斯林编年史略》。[21]

尽管如此，约安拿·阿萨德确实曾用另两个词来形容自己，这两个词都与"作者"这一角色相关。在《非洲寰宇地理书》中，他经常自诩为一个"编者"（*el Compositore*）。虽然他知道意大利语的"作者"（*autore*）一词，但却很少用，而是为自己选择了一个与阿拉伯语的"编者"（*mu'aliff*）更为相近的意大利语的头衔——许多阿拉伯文学作品通常都谦虚地自称文集。[22] 同样，在《名人传》中，约安拿·阿萨德在众多提到自己的地方自称"译者"（*Interpres*），而不是拉丁语的"作者"（*auctor*）。这里他又一次借用了阿拉伯语词 *tarjama*，它既指"生平记录"，又有"翻译"的意思。"译者"对应的乃是阿拉伯语的 *mutarjim* 一词，意为翻译者和传记作者。[23]

"译者"和"编者"的形象栩栩如生地出现在约安拿·阿萨德的作品当中。"传记作者说""传记作者记得""作者曾住在该地""笔者听说""笔者本人亲见"等，在"他"访问、逃亡、忘却或感谢上苍之时，使用第三人称的句子频频出现。在九百多页的《地理书》中，约安拿·阿萨德仅在少有的几处写下了"我"以及使用第一人称的动词形式。在讲述鸟的故事时，"编者"担心他是否会被指责只说了非洲人的恶习而未讲美德，突如其来地讲道："我要像鸟儿一样"（*io faro como uno ucello*）既能在陆地又可在海里生活。[24]

在阿拉伯文学数百年的历史中，使用第三人称或间接的自我指代并不是一种标准的定规。在自传文学中,包括安萨里和伊本·赫勒敦的作品,通常均用"我"来指代自己。如果传记辞典的作者要在其中加入个人的自传,他可能会单在这一则条目中使用"他"而不是"我",但在其他条目中的自我指代一般仍是第一人称,如适才所引用的伊本·赫里康《讣文录》中的一段文字。穆卡达西在所著地理著作《最佳划分》中插叙自己的冒险经历时,使用的也是"我";甚至在某些口述的文本,例如伊本·白图泰的游记中,充斥着"我从某地出发""我访问了""我见到了这位埃米尔"等句式。有一则"圣训"认为,阿拉伯语的"我"(ana)有自大傲慢之嫌,但在作家作品中的使用仍然屡见不鲜。[25]

第三人称自我指代的用法,也不是约安拿·阿萨德在意大利新近学到的。斯潘杜吉诺关于土耳其的纪事(1519),以及埃尔南多·科尔特斯(Hernando Cortés)自墨西哥所写的第二、第三封信件,于1522—1524年间出版了意大利语译本,它们都使用"我"作为叙述的中心。在16世纪的游记文学中,"我看见""我听到"这类被研究者称为第一人称"表述记号"(utterative markings)的用语,被认为是真实性的保证。[26]当拉姆西奥准备将乔瓦尼·利奥尼的《非洲志》作为《远航行记》系列的首部出版时,他直接将书中出现的许多"编者"一词删去,替换为"我"以及使用第一人称的动词形式。法语、拉丁语和英语的译者都采用了拉姆西奥的文本。[27]

为什么约安拿·阿萨德要自创一个"编者"?我认为他是试图藉此制造距离感:他在意大利的生活同在马格里布作为穆斯林的生活之间的距离;这样一种暂时的距离,可以使他一边扮演一个基督徒的角色,一边反思其穆斯林的身份,以便待到时机成熟时,能够安然无恙地返回北非。

❀

这样一个经过重新塑造的作者—编者—译者的身份,以及同伊斯兰传述体系的决裂,是否有助于我们更好地理解在《地理书》中出现的那些令人震惊的语句——"根据《古兰经》中穆罕默德的不明智的见解，亚历山大大帝是先知和君王"？即便避开正面的回应，认同其通过错拼穆罕默德的名字为"Mucametto"，是在以"塔基亚"的方式避免亵渎之罪，这样的说法仍然是大不敬的。约安拿·阿萨德可能也意识到这一点，因此将其从另一部手抄本中删去了，因为"不明智的见解"云云并未见于拉姆西奥的印刷本中。[28] 虽然如此，哪怕他只是临时这样用了一次，我们仍然必须认真进行分析。

也许这只是一次大胆的实验，这个人依然忠于伊斯兰教信仰并将之奉为涵盖穆斯林"整个世界"的一种宗教，但突然之间身处如此复杂且膨胀的宗教状态之中，便决心对伊斯坎达尔作为先知的地位提出质疑。"不明智"一词出现在其对亚历山大里亚的描述中，随着阿拉伯人从拜占庭希腊人手中夺取了这座城市，外国人开始陆续返回，于是"某个精明的穆斯林哈里发用穆罕默德预言的形式编造了一个巨大的谎言（una bona bogia），承诺对重返亚历山大里亚继续生活……以及自愿捐献财物协力守卫城市的人给予慷慨的补偿"。[29] 在此，约安拿·阿萨德揭露了一起利用民众虔诚之心而精心设计的阴谋，同时采取合乎穆斯林正当权利的做法，认定某一"圣训"是伪造的。

接着他进一步陈述了自己的理由：

> 在城市正中，一片废墟里，有一处作为神殿（una Ecclesiola）的小房子，里面是一座备受穆斯林尊崇的陵墓，蜡烛日夜不息，据说这便是亚历山大大帝的陵寝，根据《古兰经》中穆罕默德的不明智的见解，把他尊为先知和君王。所有来到亚历山大里亚的外乡人都会来陵墓凭吊，以示虔诚，并向守墓人供奉施舍。[30]

民众对所谓的伊斯坎达尔的虔诚膜拜令约安拿·阿萨德不禁生疑。谁会从这样的虔信中获利呢？伊斯坎达尔陵墓的具体位置其实并不确定：马苏迪在 332/943 年时曾说，它位于城内，有着白色涂彩的大理石基座；两百年后，哈拉维（al-Harawi）在访问时听说，伊斯坎达尔和亚里士多德合葬于著名的灯塔中，"但恐怕只有真主才知道这个说法是否真实"。许多到过亚历山大里亚的旅行家都未提到过这个陵墓，不过，较瓦桑略早数十年曾到访过该城的苏尤提提到过一座供奉左勒盖尔奈英的清真寺。凭借自己的观察，瓦桑有理由质疑陵墓的真实性，认为它只是被用作一种敛财的宗教基金以使守墓人渔利。[31]

在另一处，约安拿·阿萨德再次对一种假托先知的说法做出评论。在菲斯以西，有一个名叫法老宫（*el Palazo de Pharaon*/Qast Farʻun）的小山村，当地居民甚至一些历史学家都相信是由"摩西时代的埃及法老王和全世界的统治者"所建。有的历史学家则斥之为"无稽之谈"（*una baia*），因为埃及的统治从未到达过这些地区。

> 这个无稽之谈源于一部记录穆斯林格言的手稿，作者名叫卡尔比（al-Kalbi），他声称穆罕默德曾说过，有两个信神的君主和两个不信神的君主先后统治过整个世界。信神的君主是亚历山大大帝和大卫之子所罗门；不信神的君主是宁录（Nimrod）和摩西时代的法老。（法老宫的村民）借用他们先知的言论来解释他们的错误。

不过，他们错了。建立这个地方的是罗马人；在墙上留下的字迹其实是拉丁文。[32]

通过"精明的穆斯林哈里发"，约安拿·阿萨德怀疑"圣训"的真伪。通过法老宫的村民，他嘲笑他们胡乱解释先知的格言，并质疑伊本·卡尔比引述的正确性。伊拉克人伊本·卡尔比（Ibn al-Kalbi, 逝于 206/821）的声名褒贬不一，有赞扬他的，也有批评认为其谎话连篇、错漏百出。在其去世一百年后，历史学家塔巴里也对这个说法发表了看法，指出第二位不信神的世界统治者应该是巴比伦国王尼布甲尼撒（Nebuchadnezzar），而不是摩西时代的法老。约安拿·阿萨德在谈论法老时，承认他们"非常强大、非常伟大"，但并未"统治世界"。[33] 在以上两个例子中，他都并未超越合乎伊斯兰教规范的质疑问询的边界。

伊斯坎达尔是否是先知的问题，却使约安拿·阿萨德的语言越了界。数百年来，围绕亚历山大大帝其人，犹太教徒、基督徒和穆斯林的故事将他塑造为世界的征服者、天下的统治者、到达过地球尽头的旅行者、城市的缔造者，以及智者们的良师。伊斯兰教的传奇故事中又增添了其特有的主题：伊斯坎达尔有时被塑造为有着一半的波斯血统，不再是马其顿国王腓力（Philip）之子，而是由腓力的女儿同一位波斯王子所生，自小便是一个穆斯林，受其智慧超群的导师卡迪尔（al-Khadir）的教导，知道伊斯兰教和穆罕默德将会降临人间。[34] 但是，伊斯坎达尔究竟是不是一个先知呢？

伊斯兰教中的先知，要么是创立一种新宗教的"信使"（Messenger），如易卜拉欣、穆萨、尔撒，以及最伟大也是最后一位先知——穆罕默德；要么是"报喜者"和"警告者"，如呼德（Hud）、易司马仪、易司哈格、伊勒雅斯、叶哈雅（施洗者约翰，John the Baptist）和麦尔彦。就伊斯坎达尔而论，其先知的地位在一定程度上取决于他是否与《古兰经·山洞章》（18:82–100）中的左勒盖尔奈英（"双角人""两世人"）是同一人。包括伊本·赫勒敦在内的许多穆斯林学者都认为他们是同一个人；左勒盖尔奈英访问西方和东方、筑墙抵御雅朱者和马朱者等情节，也出现在亚历山大／伊斯坎达尔的传奇故事当中。

也有学者持不同的意见。有人认为左勒盖尔奈英的名字分属于两个人：出现在《山洞章》里的使者乃是易卜拉欣；而另一个才是伊斯坎达尔。曾著有先知传记的伊本·希沙姆（逝于220/835），引述传统的权威说法称，伊斯坎达尔之所以叫作"双角人"是因为他修建了两座灯塔，而并不是《古兰经》里出现的头生双角的信使。地理学家伊德里斯进一步指出："任何到达过地球两侧尽头的人，事实上都可以用这个名字来称呼。"[35]

围绕着伊斯坎达尔脱离尘世、升上天界的众多故事,也使他的地位有所降低,即使是那些仍然称他为左勒盖尔奈英的故事。在基督教的故事版本中,亚历山大随着由狮鹫或老鹰拉动的马车升天而起,不过鹰鹫们其实只是在追逐肉食。在伊斯兰教传统中,这种升天的方式属于诸如宁录等不信神的世界统治者们,后者为人专横傲慢,曾下令建造巴别塔。而作为穆斯林的伊斯坎达尔,则是在建造完亚历山大里亚之后,在一位天使引领下升上了天国,天使让他看到了将由其以神的名义来统治的人间世界。但是他所能看见的只有尘世,而不同于先知穆罕默德在升天时所看到的天界。因此,有一位研究者近来评论称,伊斯坎达尔的地位有所局限,他"处在成为先知的门槛上","介于王者和先知之间"。[36]

哈桑·伊本·穆罕默德·瓦桑显然也是怀疑论者之一。作为一个先知,伊斯坎达尔当然可以得到民众的虔敬,如他在亚历山大里亚所目睹并深感不满的那样。作为先知,伊斯坎达尔也会拥有更为强大的力量,成为一个世界征服者,以及在遥远的末日来临时,担负起救世主的角色,但如今约安拿·阿萨德却对此未置一词。身在意大利,他可以比在北非时提出更加坦率的观点,表达时也没有了过多的顾忌。

不过,约安拿·阿萨德也完全可以像几十年前苏尤提那样表述,"他的名字是伊斯坎达尔,他从不是一个先知"。[37] 所加上的这句"不明智的见解",乃是在质疑这段文本以及先知本人的可靠性。

根据伊斯兰教教义,《古兰经》是真主用阿拉伯语授予先知的启示。它并不是一部人为编写出来的书,不是经由真主向穆罕默德口授之后才有的,异端的穆尔太齐赖派一度便有这样的批评。在《名人传》中,约安拿·阿萨德引述艾什尔里的观点对此作出了回应:《古兰经》在真主那里便以一种永恒的原始形态而存在,超然于天使吉卜力里(加百列,Gabriel)向先知所揭之语言形式的启示。[38]

关于《古兰经》被抄录编辑的故事也广为人知:先知的弟子们一字一句地记录下每一次他所得到的启示,随手写在碎羊皮纸、棕榈树叶、兽骨、兽皮和石头之上；先知生前虽已有部分成篇，但直至其死后，完整的《古兰经》才由其四个同伴编纂完成，以示纪念；经过早期诸多编写的尝试，在哈里发奥斯曼（'Uthman）的命令下，成立了专门委员会，以先知的昔日助手为首，制定出最终的文本，并将其他版本尽数销毁。

但是，即使是奥斯曼的钦定版仍然在发音和读写中存在大量变化，因为其并未标示元音或变音符。用伊本·赫勒敦的话来说，"最终，根据它们特殊的发音……《古兰经》形成了七种专门的诵读法。……由专人负责诵读……有些人因此一举成名"。七种诵读法的成因有时也被追溯至穆罕默德的时代，因为据先知所说："吉卜力里教我时先是用一种方式念诵，在我学会以后又请求他教给我更多，他便用了七种方法来诵读。"到10世纪时，诵读法的发音方法被确立，新的诵读方式不再被承认。伊本·赫勒敦对于围绕《古兰经》的念诵、发音和拼写而产生的众多科学大加赞叹。[39]

这样一段历史，加之多种不同诵经方式的存在，为这一神圣的阿拉伯语文本的注释和解释提供了巨大的空间。《古兰经》中也自陈其不易之处(3:7)：

> 他降示你这部经典，
> 其中有许多明确的节文，
> 是全经的基本，
> 还有别的许多隐微的节文。
> 心存邪念的人，
> 遵从隐微的节文，
> 企图淆惑人心，
> 探求经义的究竟。
> 只有真主和学问精通的人才知道经义的究竟。
> 他们说：
> "我们已确信它，

明确的和隐微的，

都是从我们的主那里降示的。"

这段著名的经文曾备受争议：哪些是"隐微"的节文？对这段经文应该如何标点？"只有真主"后面是否应该停顿（多数派的意见）？或是这句话应该继续下去，以使"学问精通的人"同真主一样，能够掌握正确的解释？[40]（约安拿·阿萨德在翻译《古兰经》时，遵循了多数派的意见。）

但是，注释是否会进一步导致对文本本身的争议呢？瓦桑是否听到过别人质疑《古兰经》中的文字并不完全是天使吉卜力里转述给先知的呢？某些穆斯林经学家指责犹太人，尤其是以斯拉（Erza）篡改了上帝所授的"摩西五经"中的文本（在瓦桑所生活的时代，开罗的首席拉比便对穆斯林一再提出的这些批评极为不满）；他们还指出"福音书"中存在矛盾的地方，作为证据来指责作者在叙述先知尔撒的言行生平时粗制滥造、记忆模糊，甚至"谎话连篇"。有些什叶派学者声称，在先知所受启示中有涉及第四任哈里发阿里（Ali）及其子孙的内容，但在最终修订版的《古兰经》中却被遗漏了。不过这一点对瓦桑并没有任何影响，因为他认为什叶派有关伊玛目的教义是一种异端。[41]

在菲斯学习期间他所读到的关于《古兰经》这一神圣的阿拉伯语文本的评注，大多对其中的遣词造句和语言的纯洁性充满敬畏。偶尔有一两个词被认为有误的话，过错也通常都会被归到某个古代抄录者的一时疏忽或笔误。根据传说，哈里发奥斯曼本人在审读定稿时就注意到了一些错误，但却表示："不要去改动了，贝都因阿拉伯人会用他们的语言纠正过来的。"虽然这并未导致对文本的重新修订，但始终围绕在关于《古兰经》的种种讨论当中。当瓦桑年轻时，苏尤提曾根据早先的评注，整理出一组在《古兰经》中出现的外来语。这可能看似是一件非常胆大妄为的举动，因为阿拉伯语被认为是启示所固有的语言，如果用其他语言的翻译来诵读经文的话，就失去了其宗教礼拜的价值，不过苏尤提的目的只是为了解决关于意义的问题。[42]

当哈桑·瓦桑被基督教海盗俘虏的时候，他肯定会想到《古兰经》，这部他从小就背诵默记的经书衍生了支脉众多的不同解释，但其阿拉伯语的文本肯定是固定不变的，虽然可能带有些许微不足道的小错误，但其纯洁性足以恒久不变。

☙

在意大利，约安拿·阿萨德关于伊斯坎达尔并非先知的观点得到了证实，其观念中《古兰经》神圣不可触犯的观念却也被动摇了。对于如今可能已被他改称为亚历山大的这个人物，约安拿·阿萨德从中世纪传奇故事以及但以理（Daniel）的预言和《圣经》中关于歌革和玛各的记载等处，进一步了解到他的不同形象：尽管通常被表现为一个异教徒，但有时也会被赋予基督徒的美德，具有慷慨、节制的品性和众所周知的智慧。此外，在埃吉迪奥·达·维泰尔博长期的历史认识以及文艺复兴时期皮埃里奥·瓦雷里亚诺所著《象形文字》的符号破解中，亚历山大作为世界征服者的形象依然占据着一席之地。[43]

亚历山大也在更多新的情境中不断得到表现。约安拿·阿萨德一定知道1521年多梅尼克·法鲁吉（Domenico Falugi）创作的滑稽诗《亚历山大的伟大胜利和著名战役》(*Great Triumph and Famous Wars of Alexander*)，狂欢节般的幽默使其大获教皇利奥十世的欢心，而被授予了诗人的桂冠。同一年在佛罗伦萨，马基雅维利发表了《论战争艺术》，亚历山大在书中被描述为擅长运用号角、演说和其他军事手段鼓舞士气的典范。卡斯蒂利奥内也在这一时期在《廷臣论》中写到了亚历山大，以展示伟大君主所具有的雄心大志和政治成就，以及热爱音乐和《荷马史诗》等适合于所有王公贵族的高贵品性。在基督教欧洲，约安拿·阿萨德可能还听到过将亚历山大大帝描绘为九大英雄之一（三个异教徒、三个犹太人和三个基督徒），但其中没有一个人物是先知。[44]

　　与以利亚·勒维塔和雅各布·曼蒂诺两人之间的交谈，也使约安拿·阿萨德在已知的古代形象之外，又增添了许多生动的犹太教的传统。其中特别重要的是约瑟夫斯（Josephus）所叙述的关于亚历山大在远征大流士（Darius）途中造访耶路撒冷的故事，后来在另一部流行的犹太史书《约西庞》（Josippon）中也有所复述。故事讲道，亚历山大受天使的指示，向圣殿的大祭司拜倒，高声祷告："赞美此庙之神、以色列的主耶和华！"并向工匠奉献黄金，要在"伟大的主的圣殿里"塑造一座自己的雕像作为纪念。大祭司向他解释，犹太人并不在寺庙中供奉雕像，但承诺在这一年里犹太祭司们所生的男婴都将被取名为亚历山大。大祭司又引述了《但以理书》的记载，将亚历山大比作公山羊，最终将战胜代表大流士的公绵羊。"因此，祭司使国王信心倍增，亚历山大就此欢欣鼓舞地离开了耶路撒冷。"[45]虽然许多基督教神学家并不喜欢这个故事，但对穆斯林来说却比较容易接受。而且，它也再一次说明亚历山大还没有资格成为一名真正的先知。

　　正是在这些年里，约安拿·阿萨德紧锣密鼓地忙于解读宗教经文和评估其所使用的古代语言。其教父埃吉迪奥·达·维泰尔博向以利亚·勒维塔学习希伯来语和阿拉姆语，目的不仅是借助犹太教的神秘哲学来解读《圣经》，还试图去阅读一些当时已可获得的《旧约》早期版本：如马所拉（Masoretic）抄本及其对发音、存疑的文字和差异之处的评注（6至10世纪），以及所谓的"学士校订稿"（emendations of the Scribes）。约安拿·阿萨德一定从他们两人那里了解到，在犹太经典的不同手抄本当中存在着巨大的差异，而古往今来的传说都声称当年摩西所写下的一字一句都未曾被改动过。尽管提比里亚（Tiberias）的马所拉派学者后来分裂成两派，据勒维塔所说，这些学士任意解释各自评注的意义，喜欢用华而不实的装饰来代替严谨准确的抄本。（勒维塔所修订的《马所拉抄本》便意在纠正上述问题。）[46]

埃吉迪奥可能还向他的教子提到过当时正在尝试的对哲罗姆（Jerome）拉丁文《新约》译文的修订。1509年，埃吉迪奥曾在罗马见过伊拉斯谟，这位荷兰学者在几年前刚刚受命开始这一修订工作：圣哲罗姆的译文大大改进了早期的各种翻译，如今他所译的拉丁文《圣经》通行本也需要接受再一次的修订。1516年，伊拉斯谟同时发表了自己所翻译的希腊语和拉丁语的《新约》。整个知识界掀起了轩然大波，新的拉丁文译本被认为对一些重要的教义擅自进行了改动。他怎么可以如此胆大妄为，对教会长期尊重并钦定的通行本做出改动？与此同时，一套包括希腊语《新约》在内的多语言版的《圣经》也早已在西班牙等地通行，该版本得到了枢机主教希梅内斯·德·西斯内罗斯（Ximénes de Cisneros）的支持。即便埃吉迪奥并不赞同伊拉斯谟的译本，但可能正是这一事件所引发的争议，令他在1518年感慨地评论：对《圣经》的考证是当时代的一个重要特征。[47]

对于约安拿·阿萨德来说，修订一部本身不过是译本的拉丁文通行本《圣经》，并不会像修订《古兰经》那样，带来如此强烈的内心不安：上帝并没有直接用拉丁文向使徒们揭示《新约》。尽管如此，他本人在1525年不得不参与到将《古兰经》从神圣的阿拉伯语翻译为拉丁语的工作当中。这给了约安拿·阿萨德一个再好不过的机会从差异中去认识宗教间的相通之处，并从一个外国人的视角去认识《古兰经》——由于同时处在两个宗教世界之中，他既身在其中又置身于外、既近在眼前又远隔千里。

我们应该还记得，1518年，埃吉迪奥·达·维泰尔博作为教皇特使曾前往西班牙，他在阿拉贡王国的特鲁埃尔（Teruel），向一位约安尼斯·加布里埃尔订制了一部《古兰经》抄本。这是一个默默无闻的人物，在当地传统的基督徒中这样的名字非常少见，可能是一个原来信仰伊斯兰教的改宗者，我们发现在1504年时，有一位原名"阿里·阿扎尔"（Ali Alayzar, 即al-'Azar）的人在特鲁埃尔接受洗礼成为基督徒，改称"约安·加布里埃尔"（Joan Gabriel）。[48] 约安尼斯·加布里埃尔用马格里布字体为主教抄写了《古兰经》，又用拉丁字母注音，并翻译成拉丁文，同时附上注解，这些全部采取当时欧洲人在翻译《古兰经》时新改进的体例，一一分栏对应。[49] 作为一位杰出的人文主义者，埃吉迪奥想必也坚持要采用这种体例，两年之前朱斯蒂亚尼编写的拉丁—希腊—希伯来—阿拉姆—阿拉伯语对照版的《诗篇》即采用了同样的体例。否则，怎么才能进行真正的比较呢？

在刚刚参与完阿拉伯—希伯来—拉丁语词典的编纂后，约安拿·阿萨德便接受了枢机主教的提议，开始修订《古兰经》的译本。中世纪基督教的《古兰经》翻译家早已非常了解穆斯林对经文的注解[50]，而且假如约安尼斯·加布里埃尔确实是一位原本信奉伊斯兰教的改宗者的话，他也一定自幼就精通于此。不过，约安拿·阿萨德认为自己的学问要更为精深。在完成修订之后，他颇为自豪地称，"在神的帮助下"，他澄清了《古兰经》中的"晦涩之处"，重新翻译了个别的字词或解释了经文的意义。他向枢机主教建议"删去书中的页边注，因为由于原译者的无知，它们与原文并不相符"。[51]

此外，约安尼斯·加布里埃尔还特意为枢机主教在拉丁文的诗篇中用阿拉伯数字进行标记，恐怕令约安拿·阿萨德感到好笑。这是当时欧洲《古兰经》翻译中新增加的一种做法。（这种方式在《圣经》中的使用，要到1551—1552年希腊文和法文的新教《新约》中才首次出现。）在阿拉伯文《古兰经》中，经文或诗篇采用不同颜色的花饰、螺旋图案或其他符号进行分段（图29），以便于诵读，不过任何一个法基赫自幼便已将《古兰经》熟记于心，根本不需要数字就知道某段经文出自于哪一部篇章。[52]

于是乎，约安拿·阿萨德在字里行间的空隙里插入只言片语，在他尚未完全掌握的一门语言中尽力去找到最合适的表述。有的时候，他会调整语序或是扩充文本。例如在《开端章》(1:2) 中，约安尼斯·加布里埃的译文是"一切赞颂，全归真主，众世界的主"，约安拿·阿萨德补充为"一切赞颂，全归真主，众世界的主，即含天使、人类和动物"。有时则做一些改动，如对第1章中约安尼斯·加布里埃尔的译文"引导我们上正路"，他坚持认为应改作"笔直的道路"为好。[53]

他的许多意见和改动源自其自身所偏好的伊斯兰教对经文的注释。如第 2 章第 22 节里，原译者认为是真主命令人类"不要明知故犯地给真主树立匹敌"，约安拿·阿萨德则遵循了塔巴里的观点写道，"不要设立其他对等的神明"，即反对多神教崇拜。约安拿·阿萨德在修订中最为坚持的一点，就是强调一神论的中心地位，申明真主并不需要任何"帮手"。对于约安尼斯·加布里埃尔所翻译的"渎神者"或"亵渎神灵"等，约安拿·阿萨德都要改为更加准确的说法，如"偶像崇拜者"或是使用某个动词来表示某种错误的信仰，神的身边不应有其他神灵的"相伴""相助"或是"参与"。[54]

当修订至《山洞章》中有关左勒盖尔奈英的部分时，约安拿·阿萨德得以一展自己的才学。约安尼斯·加布里埃尔依照《古兰经》的早期拉丁文译本，一开始便翻译为："他们询问亚历山大的故事。"而约安拿·阿萨德对这个名字进行了注释和修改，写道："在阿拉伯语中，把两个角连在一起的意思是'有双角的人'。"言下之意，他似乎是说将这个称号给予亚历山大是"缺乏理智"的，并指出有说法称亚历山大乃是阿蒙神（Ammon）之子。传说同时见于基督教和穆斯林的神话中，阿蒙神趁腓力国王外出的时候，假扮成埃及国王的模样造访了亚历山大 / 伊斯坎达尔的母亲奥林匹娅丝（Olympias）；后来亚历山大从阿蒙的神谕中获悉自己的天神血统。约安拿·阿萨德好像是在暗示，将伊斯坎达尔认作左勒盖尔奈英同将其看做阿蒙之子一样，都是不可信的。[55] 他把造成以讹传讹的原因，主要归于有关伊斯坎达尔的传说，而不是《古兰经》。

他非常清楚，埃吉迪奥·达·维泰尔博想要理解伊斯兰教圣典的目的是为了更好地归化穆斯林，仅仅一年以前，他刚刚被提名担任君士坦丁堡的大主教，虽然这只是一个挂名的头衔而已。在约安尼斯·加布里埃尔所做的注解中，常常提到某段经文与相应基督教主题之间的联系；例如《古兰经》（3:59）称"在真主看来，尔撒确是像阿丹一样的。他用土创造阿丹，然后他对他说：'有'，他就有了。"约安尼斯·加布里埃尔注解道："正如创造亚当是奇迹，创造耶稣也是奇迹。"这些注解至少带有一定的学术性，基于文本而展开，并不时提到"评注者们"。[56] 这部《古兰经》并没有在页边不断地发出诸如"迷信""谎言""瞎话"等惊呼，就像1543年巴塞尔出版的一部著名的新教版《古兰经》那样。巴塞尔版的页边注中写道："讲马其顿的亚历山大如何把人们关在山里，那是胡说八道；犹太人编造了歌革和玛各的瞎话欺骗老百姓。"关于经文中承诺宽恕"被迫宣称不信、内心却为信仰而坚定者"（16:106），约安拿·阿萨德只加了一个有关信仰的词，但巴塞尔版的页边注中，对此作了总结并指出"此（观点）为一些异教徒普遍持有"。[57]

同样是伊斯兰教改宗者的瓦伦西亚的胡安·安德雷斯也曾是一名法基赫，把他与约安拿·阿萨德放在一起，可以形成非常有趣的对比。除了在1515年出版的《穆罕默德教的困惑》（*Confusion of the Mohammedan Sect*）之外，他还发表过一部西班牙语译本的《古兰经》，但今已散佚。从安德雷斯的《困惑》一书中，或可想见其译本的大致风格，即用各种材料来否定《古兰经》的语言和文字。[58] 与之相反，约安拿·阿萨德深入透彻的评注和修订，并没有任何传教的目的。虽然是在玩火，但他并不想引起滚滚烈焰。甚至于，他是否还寄希望于通过修订的文本，平息教父心头的无名怒火呢？

那么，究竟是为什么，在完成《古兰经》翻译的第二年，他却写下这句"不明智的见解"，即便最后可能是删去了？我想，那或许是在意大利错综复杂的生活环境下迸发出来的一种鲁莽的冲动。他在内心中先是经历了短暂的独立，摆脱了伊斯兰教传述和批评的网络，同时又将自己的一些观点在基督教主人们面前隐藏了起来，他所要一直面对的权威已远远超出了在北非时所知的范围。其次是其知识的不断增长，开始认识到宗教经典并非天衣无缝，语言更是千变万化。第三，使用恶意贬损的语言，也是为了向埃吉迪奥·达·维泰尔博表白自己在改宗基督教后的恭顺谦卑。他在书中其他所有谈及先知之处，态度都是毕恭毕敬的，尽管有所节制；对阿拉伯人侵入非洲所带来的暴力和破坏，他的厌恶之情溢于言表，但主要仍将伊斯兰教的传播描述为一个文明的进程,尽管这一进程之中也不乏矛盾冲突和异端邪说。

因此,"不明智"和"瘟疫"等词,归根结底可以看作是约安拿·阿萨德对教父埃吉迪奥·达·维泰尔博和其他恩主们的一次妥协。如果此事在北非为人所知的话,可以解释为一种必要的掩饰隐昧,也就是"塔基亚",从而求得宽恕。在数页之后,他写道,他已"下定决心,蒙神的恩典安然无恙地结束欧洲的旅程",回到非洲。[59] 不管他对伊斯兰教的观点有多么广泛的论述,约安拿·阿萨德还是一心想要回到那里去。

第九章　返乡

1526年，约安拿·阿萨德在《地理书》中宣布自己在回到北非之后的写作计划。他想要描写在"亚洲"所见到的国度，包括整个阿拉伯半岛，以及少年时曾随叔父去过的巴比伦和波斯的部分地区。他想描写地中海上的岛屿以及曾经访问过的欧洲各地。他向意大利的读者保证，在其著作的顺序上，欧洲作为"最好和最高贵的地方"，排在最前面，其次是亚洲，最后是他的非洲。他的回乡之心一定越来越急切。一个对阿拉伯诗歌和阿拉伯语的优美节律满腔热忱的人，却只能用仅懂的一点儿简单的意大利语来写作，面对的读者对他的母语一无所知，岂不是度日如年？背井离乡、难回故土的漂泊岁月，何时才能结束？他在《地理书》中写道："非洲是哺养他长大的乳娘。"[1] 如果我的判断正确，约安拿·阿萨德与1527年1月居住在雷古拉区的那位约安尼斯·利奥正是同一个人，他一定热切地希望能够带着新建立的家庭回到伊斯兰世界去。

总之，1527年发生的种种事件动摇了他的世界以及他与意大利的一切联系。一年之前，土耳其在匈牙利节节获胜的消息不断传到罗马，弗朗索瓦一世和查理五世这两位基督教君主争夺意大利的对抗，也使得罗马的上空阴云密布。教皇克莱芒七世不断地调整着自己对皇帝的政治策略，由于他的踌躇不定，导致了1526年9月的暴动，暴动的领导者枢机主教庞培奥·科隆纳出生于罗马的权贵家族，也是帝国的坚定支持者。当时梵蒂冈和圣彼得大教堂所遭的洗劫，已经预兆了这位出生美第奇家族的教皇将要迎来的厄运。

几个月后，由德国路德派和西班牙天主教士兵组成的帝国军队席卷意大利半岛，沿途城镇纷纷陷落。1527 年 5 月 6 日，军队突破了罗马的城防，军队统帅、叛离法国的夏尔·德·波旁（Charles de Bourbon）在攻城时中枪身亡。（金匠本韦努托·切利尼自夸是他亲手开枪击中的。）失去约束的士兵在进城之后开始了长达十天的烧杀抢掠，罗马所遭受的洗劫恐怕比十年前约安拿·阿萨德所目睹的奥斯曼军队攻陷马穆鲁克开罗时的惨烈有过之而无不及。也确有不少基督教评论者将两者放在一起比较。其中一位人文主义者写道："我们看到教士们所遭受的酷刑折磨，即使是迦太基人或土耳其人在获胜后也做不出这样的兽行。"[2]

克莱芒七世从圣天使堡的阳台上目睹了浩劫，他同十三位枢机主教、保罗·乔维奥等人文主义学者，以及其他数百人躲入堡内避祸。（乔瓦尼·利奥尼的教父普奇枢机主教便在一扇没有防护的窗前受伤，流血身亡。）阿尔伯托·皮奥也是城堡内众多避难者之一：身为法国国王的大使，这位亲王自然是查理五世要缉拿的重要目标，他位于卡尔皮的领地也被帝国军队所占领，并永远失去了领地。埃吉迪奥·达·维泰尔博恰好因受教皇使命前往意大利其他地方，不在城内。尽管只是一个神职人员，他还是试图召集军队赶回罗马救援，可惜为时已晚。枢机主教所珍爱的私人图书馆也被洗劫一空，约安拿·阿萨德曾经在此长期工作过。[3]

以利亚·勒维塔也经历了九死一生的劫难："我全部的财产都被抢走了，我所有的书都被偷了。我刚刚完成大半的一部新手稿，如今只剩下几本笔记和从路边捡回来的又脏又破的几页纸。我把它们收好、放进一个盒子，带着它们开始了逃难。"[4] 在罗马之劫后的几个星期里，罗马城一片破败，到处是焦土破壁，瘟疫流行、饥馑肆虐，勒维塔携着家人跟随其他逃难者辗转来到了威尼斯。埃吉迪奥·达·维泰尔博也在此暂时避难，同时思考着劫难所代表的启示意义。不久，他写了带有犹太神秘哲学思想的手稿《舍吉拿》(Scechina)，认为根据希伯来圣灵的指示，洗劫及所带来的一切恐怖均在预言中早有注定。夏尔·德·波旁可能正是上帝的工具，意在惩罚教会的罪孽，以迎接基督教普世信仰的黄金时代。[5]

1527年9月，阿尔伯托离开圣天使堡前往巴黎，回到了法国宫廷。他作为国王弗朗索瓦一世的顾问，继续提供外交政策方面的建议，包括与奥斯曼土耳其的关系。同时，他也开始发表作品，批评伊拉斯谟的宗教哲学，在阿尔伯托·皮奥于1531年去世后不久，他的批评与伊拉斯谟的回应被合订在一起印刷出版。而在意大利，有论者在回忆其政治生涯的时候，称其"谎话连篇""表里不一""虚情假意"。[6]

约安拿·阿萨德似乎也在浩劫之后不久便离开了罗马。跟我们诡诈多变的鸟儿历来的行迹一样，相关的证据仍然是含糊不清的。在一部1547年印刷的《古兰经》意大利语译本的注解中，提到曾有一位从非洲抓来的阿拉伯法基赫（Rabi Arabo），被作为礼物献给教皇并接受了他的亲自洗礼，在罗马之劫的时候"逃之夭夭，变回了土耳其人"。这个法基赫的名字叫泽玛托（Zematto），乃是埃吉迪奥·达·维泰尔博门客中的一个犹太人的名字，并不是瓦桑；所提到的教皇是克莱芒七世，而不是利奥十世；但在克莱芒教皇任内的前期并无任何一个类似的阿拉伯人。我认为这是一条证据，说明约安拿·阿萨德在1527年设法搭船离开了意大利。[7]

五年之后，就算其教父埃吉迪奥枢机主教尚未完全原谅他的出走，至少还是想到了他，认为他可以为当时年轻的东方学家约翰·魏德曼斯塔特（Johann Widmanstadt）指示北非的地理方位。[8]此外，皮埃里奥·瓦雷里亚诺在《象形文字》中的一则写于1529年之后不久的评注里，似乎表达了他对约安拿·阿萨德的失望和愤怒。瓦雷里亚诺将鸵鸟和蝙蝠这两种与约安拿·阿萨德笔下的两栖鸟类非常相似的动物，并列归在"畸形变异"类，即无法明确地划归任何一种天然动物类别。鸵鸟身上混合的属性——即有翅膀却不能飞、双腿却健壮如牛——在某些方面非常类似于人类在宇宙万物中的位置，"介于天与地之间的边界"。不过，鸵鸟同时还象征着虚伪、愚蠢，以及那种眼高手低、不切实际的人。[9]

蝙蝠会飞，但却是凭借一层薄膜而不是翅膀，这种混合的属性象征着那种没有真才实学却依靠人际关系平步青云的人。（瓦雷里亚诺补充道："在罗马到处都是这样的人。"）接着，他又分别记述了《伊索寓言》中蝙蝠如何欺骗两只黄鼠狼侥幸逃生的故事，以及另一个故事版本中，它向公鸡说自己是老鼠，而跟猫却说自己是鸟。在瓦雷里亚诺看来，这种逃避现实的做法并不是一个成功的故事，在某种程度上而言，约安拿·阿萨德所讲的鸟的故事也是一样。这样的人，往往"灵魂不纯净或是存有亵渎之心"：

> 有些人飞到东、飞到西。他们在天主教徒当中时，领受洗礼的圣水，承认耶稣基督在圣彼得所建立的教会。同异教徒在一起时，他们奚落和嘲笑 [圣彼得，即指教皇]。同犹太人在一起时，他们嘲笑我主。同穆斯林在一起时，他们谤毁基督徒和犹太人。……他们不但跟蝙蝠一模一样，而且跟那些俗称马拉诺的人一样，令人憎恶。[10]

瓦雷里亚诺在此所指的，不仅包括基督徒中间的伪教徒（Nicodemite）和犹太人中的马拉诺人，更有可能所指的，正是那个他从前认识的穆斯林改宗者，他曾经名叫乔瓦尼·利奥尼，如今却已经远遁回到了北非。

虽然重新恢复了哈桑·伊本·穆罕默德·伊本·艾哈迈德·瓦桑的名字、重新穿上北非人的装束，但是回到故乡之后，一切都并不那么简单。在过去的九年里，马格里布的人们是否听到过他的消息呢？从基督教的意大利到伊斯兰世界最为持久的信息渠道是通过威尼斯，威尼斯在伊斯坦布尔和其他一些奥斯曼城镇均常驻使节，也会不时迎来苏丹苏莱曼派出的使臣。威尼斯在 1518 年便得到了瓦桑被俘虏的报告，他受洗改宗的消息也传到了那里。而且，他关于非洲著作的手抄本于 1529 年在威尼斯开始流传，勒维塔于此前不久搬到了这里，埃吉迪奥·达·维泰尔博也刚刚来过；读过手抄本的德国地理学家雅各布·齐格勒提到的作者乃是"来自格兰纳达的阿拉伯人，胡桑（Hussan）"，而并不是他受洗后的教名乔瓦尼·利奥尼，也不是在我们现有手稿抄本上出现的"格兰纳达人约安·利奥尼"。[11]

因此，关于哈桑·瓦桑在意大利的行踪多少传扬在外。关于他的消息很有可能也辗转传到了马格里布，或许是通过自称犹太王子的大卫·卢温尼所编造的寄往菲斯苏丹和萨迪王朝沙里夫的信件，其在罗马的几个月间曾与埃吉迪奥·达·维泰尔博比邻而居；或许是通过在意大利遇见过约安拿·阿萨德的商人或水手。

不管是以上哪种情况，瓦桑在回到菲斯的时候都不大可能获得非常热情的欢迎。在家庭生活方面，他要面临名誉受辱和离婚的境遇；在菲斯恐怕无法继续安家，一切都已无可挽回了。在政治生活方面，作为苏丹穆罕默德·布图加利从前的使臣，他可能会因在意大利滞留期间与教皇的密切关系而负上通敌的嫌疑。就在 930/1524 年，苏丹在当地法基赫们的鼓动下，下令将抓获的一名穆斯林活活烧死，此人改变信仰皈依了基督教，并为大西洋沿岸城市艾西拉的葡萄牙人效力。这显然不是一个好兆头。

穆罕默德·布图加利在此后不久便去世了，其子艾哈迈德（Ahmad）最终继任苏丹，不过瓦桑与其并没有太多往来。虽然瓦桑也曾在瓦塔斯朝担任官职，但如今身居高位、深得艾哈迈德信任的宰相是易卜拉欣·伊本·阿里·伊本·拉希德（Ibrahim ibn 'Ali ibn Rashid），又称穆莱·易卜拉欣。他年纪与瓦桑相当，母亲是皈依伊斯兰教的卡斯提尔人，其父自称是先知的后代，穆莱·易卜拉欣原是利夫山区的一个部落酋长，后在菲斯王国跃升为政治和军事的核心人物，娶了苏丹艾哈迈德的妹妹为妻。瓦桑在《地理书》中曾经简要地提到了穆莱·易卜拉欣的父亲，他不但反叛过瓦塔斯王朝，也同基督教葡萄牙打过仗。如今，儿子的成就已经远远超过了父亲，更令瓦桑难以望其项背。[12]

938/1531—1532 年，一位意大利的方济各会修士安德里亚·达·斯波莱托（Andrea da Spoleto）来到菲斯，公开宣讲三位一体的教义，此时瓦桑似乎并不在苏丹艾哈迈德和穆莱·易卜拉欣的身边。宰相为了使修士知难而退，命他只能在犹太会堂布道；甚至连那些被俘虏后送到菲斯的基督徒也恳求他少生事端。无畏的修士提出展示奇迹以证明基督教信仰，要像圣方济各（Saint Francis）几百年前在开罗的马穆鲁克苏丹面前所做的那样接受火刑考验。穆莱·易卜拉欣最终同意让他一试，根据基督教的记载，这位修士在烈焰中面不改色、毫发无损，但之后却被穆斯林暴民因其"对穆罕默德口出不逊"而投石砸死了。一部关于这位方济各会修士的殉教记不久便在法国出版；人们一定想知道一向对奇迹怀有质疑的哈桑·瓦桑会如何记述这段插曲。[13]

在另一位君主萨迪王朝的沙里夫那里，瓦桑恐怕也不会再获青睐。在他离开的多年中，穆罕默德·卡伊姆的几个儿子进一步巩固了其在南部的势力范围，于 931/1525 年战胜瓦塔斯王朝获得了马拉喀什地区。他们的父亲在 923/1517 年去世，陵寝便选在贾祖里的墓地旁，政权与贾祖里这一系的苏菲派信仰之间的联系日益加强。当时被尊为精神核心"古土布"（qutb）的伽兹瓦尼便住在马拉喀什，并利用自己神乎其神的能力支持着几个先知后代的壮志伟业：从基督教征服者手中解放伊斯兰世界，建立一个圣洁的王国。[14]

当年还是外交官的时候，瓦桑便对贾祖里浮夸放肆的言行心存疑虑；而在意大利最后几年的经历，也令他对政治上的末世论敬而远之。对他来说，投靠萨迪朝的这几兄弟（其中有一个还自称"救世主马赫迪"）显然不大可能。当然，充满宗教狂热的穆罕默德·沙伊赫（Muhammad al-Shaykh）及其兄弟，也容不下这样一个改过自新的前背教者。瓦桑究竟向教皇泄露了多少当年追随其父时掌握的秘密？而且，他与菲斯的关系也令他不可能在这里得到信任，瓦塔斯王朝苏丹一直试图出兵夺回马拉喀什。

从欧洲归来的改宗者只能另找地方落脚。他可能考虑过搬到奥斯曼帝国治下的开罗去，对于当年马穆鲁克统治时期开罗壮观的市容和宗教辩论的情景，他曾深为赞赏，不过他在埃及似乎并没有什么关系可以投靠。突尼斯可能是一个更好的去处。1532 年，埃吉迪奥·达·维泰尔博在去世前不久，曾向魏德曼斯塔特提到乔瓦·利奥尼就住在突尼斯；为了学习阿拉伯语，魏德曼斯塔特立即启程想要前去寻访，但因船在地中海上遇到暴风雨而不得不折回。[15]

瓦桑在《地理书》中对突尼斯曾有大段的描述，赞美其"在文明程度上是整个非洲最出类拔萃的城市"。他尤其强调其在文化上的兼容并包，人口中穆斯林、犹太人和基督徒奴隶混杂，并有专门的城区供来自意大利和西班牙的外国商人居住。这里有华丽的宰图纳（Zitouna）清真寺、书声琅琅的马德拉沙，有许多著名的法官和学者跟他一样精研于马立克派法学，当地的织布工素来以技艺高超而著称。在突尼斯，他亲眼观看过"扎伊拉贾"秘法的演示；在突尼斯，他受到过哈夫斯朝苏丹穆罕默德·伊本·哈桑的"赏赐"。当然他还在《地理书》中写到过苏丹沉溺酒色的恶习，以及其幼子在君士坦丁镇的不端言行，不过他大概觉得自己的书稿应该不会传到突尼斯。[16]

苏丹的一个儿子哈桑（al-Hasan），在其父于 932/1526 年去世后继承了王位。哈桑被当时人描绘为一个喜好声色犬马的酒色之徒，但同时也是一个出色的骑士，精于长矛技击；他是一个独断专行的君主，但又爱好宫廷图书馆中装饰精美的手抄本，通晓阿拉伯哲学和天文学的典籍。他所面临的政治局势可谓四面受敌、危机四伏。在南部，一个大部族占据了宗教中心凯鲁万。在西面，卡伊尔·丁·巴巴罗萨占据了阿尔及尔并向奥斯曼苏丹称臣，苏莱曼封其为"贝伊中的贝伊"（Bey of Beys），其领地东至吉杰尔（Jijel）和君士坦丁镇。卡伊尔·丁使用基督徒俘虏作为劳工，在阿尔及尔修筑起了气势雄伟的码头，扬言要帮助西班牙摩尔人起义反抗，不断派遣舰船攻击基督教船队，与此同时他对苏丹哈桑统治下的"艾弗里齐亚"始终心存觊觎。[17]

在哈桑·瓦桑的心中，鉴于自己从前与哈夫斯王朝及巴巴罗萨的亡兄阿鲁日之间的关系，他可能会把突尼斯看成一个能够安全落脚的城市，甚至还会幻想有机会施展自己的外交才华。但是不论他在哪里安家，恢复穆斯林的身份是他最急迫、最首要的事情。任何一个在被俘后改宗基督教的穆斯林，一旦被赎回或获释，均必须接受法官的质询，解释自己被迫背教的过程，坦陈内心的虔诚。如果他还带回了一个也是背教改宗的妻子，则她也要接受同样的质询。

在万沙里斯著名的文集中收录有一项裁决，提供了相应的法律依据：一个陷身敌人之手的穆斯林改变信仰皈依了基督教，并在那里同一个基督徒女子结了婚，之后他回到伊斯兰世界并恢复了原来的信仰；其妻也由此改宗伊斯兰教。法官在评估了律师们的不同意见之后，做出裁决宣布二人婚姻无效，但在妻子经过三次月经之后，即可以重新结婚。夫妻二人均得以免受惩罚。[18] 突尼斯的马立克派法官一定也处理过许多类似的案件，早在910/1504年，奥朗的一位法官曾颁布教令，承认格兰纳达的穆斯林可以通过"塔基亚"隐昧真实信仰。多年以来，许多穆斯林和摩尔人便为了逃避迫害而离开西班牙，将突尼斯作为避难的天堂，此外还有不少由意大利逃亡而来的奴隶，他们很多是基督教改宗者。[19]

一百多年后，一位法国旅行家留下了一段记录，叙述了一个改宗者返回突尼斯重新皈依伊斯兰教的历程。穆罕默德（Muhammad）是奥斯曼帝国驻突尼斯总督（dey）的幼子，由于不愿与的黎波里一位帕夏（pasha）之女联姻而逃到了西西里岛，之后在巴勒莫（Palermo）受洗改名为菲利波（Philippo），并娶了一位基督徒女子为妻。后来他被劫回了突尼斯，为了证明自己在内心始终是一个穆斯林，专程前往麦加朝觐。多年以后，在与法国旅行家交谈的时候，他仍然在用"堂·菲利波"（Dom Philippo）这个名字。旅行家评论道："如果没有那些身居高位的朋友，他早就被砍了脑袋。"[20]

哈桑·伊本·穆罕默德·瓦桑面临着更大的风险，尤其是他曾向一位基督教会枢机主教讲授过阿拉伯语并翻译《古兰经》的事情如果为人所知的话。正如某一派别的犹太教拉比反对向基督徒传授希伯来语一样,在伊斯兰世界,也有一些法基赫坚决反对向基督教神学家传授阿拉伯语,据曾经于1540年在菲斯试图学习阿拉伯语和收购手抄本的荷兰人文主义者尼古拉·克莱纳(Nicolas Clenardus)所说,是"唯恐他们妄生事端"。当穆斯林质问他为什么要学习阿拉伯语时,克莱纳为了使他们放心,假称只是对阿拉伯语的语法感兴趣,想要更好地翻译阿维森纳和阿威罗伊的作品,而隐藏了自己的真实目的:为了更好地了解并批判作为异教的伊斯兰教信仰。[21]

显然,瓦桑成功地证明自己通过"塔基亚"隐昧了真实的信仰,或是得到某些达官显要的庇护,因为有说法称他在1532年时已在突尼斯定居。也许他也像后来的那位"堂·菲利波"一样,为了表示真心而再一次前往麦加和麦地那朝觐。

❧

除了仅有的这一条记录,即称其1532年身在突尼斯之外,我们没有任何有关哈桑·伊本·穆罕默德·伊本·艾哈迈德·瓦桑在北非的证据。我们只能通过想象,设想他是如何卷入到当时的政治风云之中。1535年查理五世远征突尼斯的时候,曾发现一封据说是由1531年去世于巴黎的阿尔伯托·皮奥生前起草的信件,以弗朗索瓦一世的名义寄给卡伊尔·丁:法国国王在信中提议同卡伊尔·丁和苏丹苏莱曼建立联盟,共同制衡查理五世。[22]阿尔伯托·皮奥当年与其门下的阿拉伯抄书人乔瓦尼·利奥尼的谈话,是否促成了他为法国国王如此出谋划策,以联络土耳其和北非的盟友呢?身在突尼斯的瓦桑是否也居间起过牵线搭桥的作用呢?

941/1534年,依靠军事胜利和外交联盟的声势,苏丹苏莱曼鼓动此时已被任命为奥斯曼帝国海军统帅的卡伊尔·丁出兵进攻艾弗里齐亚。仅经一战,卡伊尔·丁便赢得了反哈夫斯朝各派力量的支持,占领了突尼斯等众多城市,废黜了苏丹。如同1526年科隆纳在罗马发动暴动洗劫圣彼得大教堂一样，巴巴罗萨的军队也在突尼斯肆意烧杀抢掠，造成更为惨重的破坏。被废黜的苏丹哈桑转向基督教的皇帝求救，以对抗他的穆斯林兄弟。查理五世对于有机会在地中海制约奥斯曼帝国自然非常乐意，同时也想通过这样一场十字军征服取得领导权，像大西庇阿（Scipio Africanus）和圣路易（Saint Louis）一样，成为新的非洲征服者。[23]

在西班牙和意大利进行的战前准备中，需要大量的地理地形信息。保罗·乔维奥负责绘制突尼斯的地图和图片，他从商人、俘虏和奴隶处收集了许多细节情报。其中有一个原是海盗的土耳其人，名叫"尤素福"（Iosuf），现为枢机主教艾波利多·德·美第奇的奴隶；还有一个在突尼斯出生并长大的摩尔人，名叫"乔瓦尼"，现为著名的奥尔西尼（Orsini）家族的奴隶。同时在意大利还流传有《非洲寰宇地理书》的手抄本，其内容有相当一部分涉及突尼斯、突尼斯港和迦太基地区。乔维奥肯定知道这部书，并认真进行了查阅和参考。因此，乔维奥对突尼斯"缺水"的评论，可能便来自瓦桑在《地理书》中的记录，"城内没有泉水、没有河、也没有井"。[24]

942年一月/1535年7月，查理五世率领数百艘战舰、三万名士兵进入突尼斯港，不到一周城市便被攻陷，许多穆斯林被杀，原先被俘的基督徒得以重获自由。苏丹哈桑再次掌握了政权，无数臣民因反叛而付出了血的代价。堆积如山的战利品被装船运回意大利和西班牙，有衣物、珠宝、武器（查理五世得到了卡伊尔·丁的钢盔，乔维奥获得了他的戒指和洗脸盆）和许多精美的手抄本，其中包括多部《古兰经》抄本。此外还有大量俘虏：许多突尼斯穆斯林被作为奴隶运往西班牙和意大利。[25]

在战斗过程中，苏丹哈桑曾和一些西班牙军官在攻城、订盟的间歇，在皇帝的帐篷和苏丹的王宫中交流讨论过阿威罗伊的哲学。其中一位西班牙军官名叫迪亚戈·赫塔多·德·蒙多萨（Diego Hurtado de Mendoza），出生于格兰纳达的阿尔罕布拉宫，数十年前他父亲自参与了从穆斯林手中收复格兰纳达的战斗。[26] 瓦桑是否作为翻译，参与了赫塔多·德·蒙多萨与哈夫斯朝苏丹之间的对话？或是为皇帝与苏丹所签订的协议准备拉丁语、西班牙语和阿拉伯语三种语言之间的翻译？[27] 由于苏丹哈桑本人便与西班牙势力有着如此密切的联系，因此瓦桑在意大利的多年经历至少不会妨碍苏丹对他的录用。如果瓦桑确实在苏丹的宫廷（图31）中谋得了一官半职，前程恐怕也未必会十分顺利。哈桑此后的统治完全依赖于一支西班牙驻军才得以维持，949/1542年，其子艾哈迈德（Ahmad）开始密谋篡位。（同谋者之一是一个来自格兰纳达的铸炮工匠。）哈桑被艾哈迈德推翻，并且双目失明（图32）。在后来流亡意大利的日子里，据说他曾夸耀自己是哈里发欧麦尔的后裔，并且哀叹"为了（我的）书而失去了一座城"。[28]

如果瓦桑活着经历了942—49/1535—42年之间的一系列事件的话，突尼斯便成了继开罗和罗马之后的第三座城市，让他再次目睹由于宗教信仰的改变而导致惨绝人寰的暴力冲突。这些所见所闻，进一步证实了他在《地理书》中对于政治和宗教战争所持有的悲观及怀疑立场。

关于瓦桑的个人生活，我们毫无线索。他有没有再次建立一个穆斯林的家庭并育有儿女后代？他有没有再去学习"扎伊拉贾"，比如师从于当年他在突尼斯所见到的那位"最卓越的大师"的某位弟子？他有没有再次启程开始自己最钟爱的旅行，或许可以回到阿尔及尔南部那个曾经做过临时法官的小镇去（如今那里已在奥斯曼帝国的管辖之下）？或者说，他有没有经历过一次精神上的转变，像其《名人传》中所描写的安萨里那样，从此献身宗教，虔诚地度过余生？还有，他究竟活了多久？

在所有这些问题上，这只诡诈的鸟儿完全逃出了掌握。在这无声无息之中，有一件事情我们也许大略可以确定。他曾经承诺要写的关于欧洲和亚洲的著作以及《非洲寰宇地理书》的阿拉伯语版，显然都没有写。就算真写了，它们也完全被其同时代人所忽视而未留下任何抄本；我们找不到任何可以追溯到他的这类题材的手抄本。就算他仅活到了939/1532年，与当年在意大利时期的笔耕不辍相比，回到北非后的五年里，他几乎没有写下任何东西。

我把这种缄默的原因归诸其个人与传述世系传统之间的断裂。在阿拉伯—伊斯兰文化中，习惯于谈论师生之间的传承，由此来记住学者及他们的作品，在 20 世纪之前，哈桑·伊本·穆罕默德·瓦桑·法西的名字未见于任何一部马格里布地区的传记辞典，其在 20 世纪后被发现也完全是因为他在意大利所写的那部关于非洲的作品。1540—1541 年，尼古拉·克莱纳在菲斯生活的十八个月里，与许多有学识的犹太人和穆斯林有过交谈，其中包括不少法基赫和一位来自埃及的修辞学家，但在这些谈话中从未出现过瓦桑的名字。克莱纳也完全不知道瓦桑曾经作为乔瓦尼·利奥尼在意大利的过往，以及其曾为枢机主教埃吉迪奥教授过阿拉伯语，他写道："据我所知，到目前为止，还没有人在基督徒中教授过阿拉伯语。"[29] 瓦桑的湮没无闻，意味着他无法插入这个由听者和读者、学生和老师所组成的至关重要的群体中去，自然也无法向他们讲述自己的故事。[30]

他所要讲述的故事有什么问题呢？在他那个时代，仍然有不少游记（rihlas）和地理学著作问世，有在马格里布内部的旅行，也有穿越北非到达伊斯坦布尔的行程。皮里·雷伊斯的《航海书》囊括了整个地中海的岛屿和沿岸城市，描述了在印度洋以及渡过大西洋到新世界的航行，该书于 932/1526 年敬献给苏丹苏莱曼，出现了至少二十四种抄本（图 13）。之后几十年里问世的土耳其地理学著作中，包括西迪·阿里·雷伊斯（Seydi Ali Reis）关于红海、波斯湾和印度洋的手稿，以及一位佚名作者所写的《新消息：西方印度史》（*Fresh News: A History of the India of the West*），这部关于世界地理的著作还包括了西班牙发现美洲的内容。[31]

经典的阿拉伯—伊斯兰游记文学写作被视为一种苦行的修炼和对真主的学问的探寻，而瓦桑却不能用这种模式来记录自己的欧洲之行。他也无法把自己在意大利的见闻作为朝拜或出使途中的意外收获。在 16 世纪末的一部由苏菲派法官伊本·阿斯卡尔（Ibn 'Askar）编写的传记辞典中，可以看到第一种模式的先例。伊本·阿斯卡尔出生于利夫山区一座曾在瓦桑《地理书》中被描述过的城镇，他的传记作品中记录了一些带有神性色彩的马格里布学者。其中有一位"伟大的旅行家"叙塔伊比（al-Shutaybi），出生于一个摩洛哥的安达卢西亚家庭，比瓦桑略年轻几岁。他在东方游历多年，在不同的地方拜访知名学者，其作品内容涉及广泛，包括测字占卜和炼金术等。伊本·阿斯卡尔尤其强调其朴素的苦行生活和梦境中所见到的幻象，一个可能就是先知本人的圣人在他的幻视中现身，命令他返回马格里布去。[32]

瓦桑"伟大的旅行"显然难以符合这种模式。他的作品只能是一种被俘叙事（captivity narrative），讲述在迷失于伊斯兰世界之外后所经历的奇遇冒险，这对于那个时代的穆斯林听众和读者来说，是一种极为反常且令人不安的文学形式。（被俘叙事在土耳其出现于16世纪末和17世纪，但它们基本不会谈到改宗皈依基督教的情况。在阿拉伯语中，这种文学类型很晚方才出现，主要是那些被贩卖到美国和加勒比海地区为奴的非洲裔穆斯林所写的自传。）[33]

对于写作者来说，这也是一个非常艰难的写作方式。他在意大利进行写作的心路历程中，为了将两个完全不同的世界联系在一起，既要通过对等的翻译转换，又需刻意地摆脱和疏离固有的写作传统。这种疏离已使他难以再重新成为一个用阿拉伯语写作的作者了。"麦卡玛特"作品里的行吟诗人们，如哈马达尼所写的来自亚历山大里亚的阿布·法斯和哈理利所写的来自苏鲁奇的阿布·扎伊德，虽然善于乔装改扮，但是不论他们远行到哪里、行为有多么乖张出格，都始终没有超出伊斯兰世界的范围。

对于回归的背教者瓦桑来说，他能够选择的生活或是虔诚的忏悔修行，或是继续披着伪装，但由于失去了赖以支撑的网络，他再也难以重新动笔写作了。

尽管如此，通过他在欧洲的作品，哈桑·瓦桑仍然留下了宝贵的知识遗产。《非洲志》的印刷版可能辗转流传到一些穆斯林读者手中。《新消息：西方印度史》一书的土耳其作者可能读到过拉姆西奥所编《远航行记》(*Navigationi et Viaggi*) 系列中的部分作品，但就算其中也包括"乔瓦尼·利奥尼·阿非利加诺"的书，似乎并未对其地理观有任何影响："非洲"仍然是指突尼斯所在的"艾弗里齐亚"，世界仍然按照托勒密和马苏迪的气候带体系来划分。[34]

而在欧洲，有关乔瓦尼·利奥尼其人其事的消息时隐时现。1532年，他出现在约翰·魏德曼斯塔特与病危的埃吉迪奥·达·维泰尔博的谈话中；1539年，当魏德曼斯塔特拜访雅各布·曼蒂诺并借阅希伯来语手抄本时，肯定也提到过他。其后在曼蒂诺与赫塔多·德·蒙多萨的谈话中，他又一次被提及，蒙多萨于16世纪40年代在威尼斯为皇帝效力，同时也在为自己收集藏书。曼蒂诺恰好是他的医生，因此赠给其一部阿拉伯—希伯来—拉丁语词典。手抄本作者落款为"约安拿·阿萨德·加尔纳提，原名哈桑·伊本·穆罕默德·瓦桑·法西"，来自西班牙的贵族可能因此注意到他同这位作者出生在同一座城市。1541年时，以利亚·勒维塔一定也想起了乔瓦尼·利奥尼，当时他正在编写一部意第绪—希伯来—拉丁—德语词典（图28）。此外，他与约翰·魏德曼斯塔特也有过书信往来。[35]

瓦桑的作品流传到欧洲的各个地区，既有新教也有天主教。阿拉伯—希伯来—拉丁语词典的手抄本最终成为埃斯科里亚尔皇家图书馆的收藏，于1575年随同赫塔多·德·蒙多萨的其他藏书一起被献给国王菲利普二世（Philip II）。在同一世纪的最后几年，带有瓦桑校对评注的《古兰经》译本的那部抄本，几经转手之后，为热衷于东方语言的天主教大主教菲利波·阿钦托（Filippo Archinto）获得，最终也成为埃斯科里亚尔图书馆的藏书；在另一个抄本中，还有用阿拉伯语所写的早期英国新教改革者威廉·廷代尔（William Tyndale，逝于1536）的名字。[36] 16世纪50年代初，法国东方学家吉约姆·波斯特尔欣喜地发现了瓦桑所写的阿拉伯语文法的手抄本，可能是在其访问威尼斯时见到的；他梦想通过一门唯一的语言和一个普世的基督教王国，实现世界上不同语言和政体的和谐统一。出于这个目的，他还向大主教借阅了《古兰经》的手抄本，而且无视原来的译者，直接赞其为"约安尼斯·利奥·阿非利加努斯的名作"。波斯特尔还曾读到过刊印前的《非洲书》手抄本，并在其为了追寻世界大同而对伊斯兰教派与基督教修会所进行的比较中，大段引用了手抄本中关于占卜、秘教和苦行的内容。[37]

还有一部夹有瓦桑所写《度量的艺术》(*Metric Art*)的《阿拉伯及犹太名人传》的抄本，可能一直存于埃吉迪奥·达·维泰尔博手中，之后为佛罗伦萨的教士、诗人兼藏书家安东尼奥·佩特莱（Antonio Petrei）所得。一个世纪后，教会史家兼阿拉伯语研究者、苏黎世的牧师约翰·海因里希·霍廷格（Johann Heinrich Hottinger）从佛罗伦萨的朋友处知道了这部手抄本。1664年，他将《名人传》出版，作为其比较研究世界宗教的百科全书中的一部分。好心的牧师为了避免难堪，特意删去了书中有关性的细节描写，删去的内容包括：农夫因兽交而阴茎疼痛，得到一位信仰基督教雅各派的阿拉伯名医治愈的故事；还有一个著名犹太人因鸡奸罪的嫌疑而招致杀身之祸的故事。[38]

当然，他最为重要的遗产便是《非洲书》的手稿，经威尼斯政治家和书商乔瓦尼·巴蒂斯塔·拉姆西奥的修订和编辑，刊印出版。如果哈桑·伊本·穆罕默德·瓦桑得知其《非洲志》一书多次重印且被翻译成多种语言、作者"乔瓦尼·利奥尼·阿非利加诺"也因此一举成名，他的心里一定是五味杂陈、百感交集。意大利语原本半生不熟的作者，如今竟成了语言纯熟的大师。作者在宗教信仰上相对中立的文本，如今读来竟似出自一个虔诚的基督教改宗者，语气中带有强烈的反伊斯兰教情绪，这一点在法语、拉丁语和英语的译本中尤为明显。作者超然于叙事之外的做法，被代之以与欧洲人侃侃而谈的第一人称叙述。博学广闻的社会观察者和学者，变身为文艺复兴时代的"历史学家"。瓦桑原本坚信伊斯兰教是维护非洲统一的根本力量，这一观念在书中却被淡化，将其手稿中所述黑非洲的传统道德观念改为对当时代的现实描述。

不过，诡诈鸟的故事还在，尽管其自创的《故事百篇》一说已被删，瓦桑想要说的大部分内容均被保留了下来。17世纪时，一位西班牙宗教审查官在该书1556年拉丁文版的封面上写下"全书禁"的字样；接着他又通阅全书，画出那些违禁反逆的文字，在鸟儿故事的页面空白处，画上了一个大大的星号。[39] 瓦桑的著作虽然曾被用作许多不同的目的，但对于几个世纪来阅读过此书的那些受过良好教育的读者来说，它使他们认识到，即便在一个因为暴力而变得四分五裂的世界里，不同地区依然有着交流的可能性，相互之间依然充满着好奇之心。

后记　似是而非

　　1535 年夏，弗朗索瓦·拉伯雷（François Rabelais）再次来到罗马。他暂时不必去关注自己的著作在家乡法国的出版盛况：希腊医书的法文译本和通行的历书；1532 年出版并八次重印的《庞大固埃》（*Pantagruel*），该书在索邦的神学家中引起了轩然大波；而《高康大》（*Gargantua*）几个月前刚刚在里昂印刷出版。拉伯雷在被其戏称为"世界之都"的罗马城四处观光游览，重访了 1534 年初到罗马时曾去过的大街小巷，与本地学者讨论学问，走访教廷档案馆和各处宫廷、与各级官员结交，有些是为了他自己的事情、有些则是为了其在法国的保护人迈勒泽（Maillezais）大主教的事务。在《庞大固埃》里，他曾经嘲笑过这种教会官僚体系，但早年为了在未获教皇批准的情况下学医，他必须辗转于不同的本笃会修道院，为获得许可也不得不随波逐流地投靠了"屁话连天的书记官、抄写员和主教们"。[1]

　　为拉伯雷打开罗马大门的，是其靠山巴黎大主教让·杜·贝莱（Jean du Bellay），后者新近被教皇保罗三世（Paul III）提名为枢机主教，并受弗朗索瓦一世的委任出使罗马教廷。1534 年，拉伯雷曾盛赞杜·贝莱成功的斡旋游说，促成了已故的克莱芒七世与桀骜不驯的亨利八世之间的和解；1535—1536 年，杜·贝莱还就其他多个问题同新当选的教皇保罗三世进行过讨论，其中包括苏丹苏莱曼的问题，法国国王在与查理五世的对抗中曾与其有过结盟。[2]

所有这些都为如饥似渴的拉伯雷提供了宝贵的素材，也渐渐将他引向与约安拿·阿萨德相关的人和事。雅各布·曼蒂诺当时担任教皇保罗三世的医生；此前，在克莱芒七世与亨利八世就与阿拉贡的凯瑟琳（Catherine of Aragon）离婚、另娶安妮·博林（Anne Boleyn）一事的争执中，曼蒂诺因支持了教皇的反对意见而获其青睐。1530年，英国国王派人前往意大利咨询这位学识渊博的犹太人：《旧约·利未记》（Leviticus）18章16节中"不可露你弟兄妻子的下体"应做何解？凯瑟琳之前与亨利兄长的婚姻是否有效？曼蒂诺认为应该用《申命记》（Deuteronomy）25章5节的经文来解释，如果寡妇未生子女，"她丈夫的兄弟当尽弟兄的本分，娶她为妻"。他的这一观点在此后的争论中占据了上风。但在1535年，亨利已与安妮·博林结婚，并宣布自己为英国教会的最高权威，也因此被教皇饬令开除教籍。不过，亨利依然希望新任教皇能够做出妥协，法国国王也抱有同样的想法，因此派遣让·杜·贝莱出面阻止开除教籍的成命。拉伯雷作为杜·贝莱的医生，在枢机主教此次斡旋英国事务的出使过程中一直跟随左右；他很可能有机会遇到曼蒂诺，并得知阿拉伯—希伯来—拉丁语词典一书。[3]

当然，杜·贝莱在罗马交游广泛，拉伯雷会结识大主教鲁道夫·皮奥·达·卡尔皮（Rodolfo Pio da Carpi），他是阿尔伯托·皮奥的侄子，同时也继承了其叔父的大量藏书和手抄本，其中便包括约安拿·阿萨德所抄录的"保罗书信"的阿拉伯文抄本。鲁道夫·皮奥不久之后便升任枢机主教，他在战神广场的主教宫富丽堂皇，杜·贝莱及其随从曾于1534年在此下榻，拉伯雷自然也在其中。[4]

另外，还需提到历史学家保罗·乔维奥。在1535—1536年杜·贝莱访问罗马期间，乔维奥对这位新任枢机主教极力巴结，希望能借此得到法国国王的资助。为了示好，乔维奥向杜·贝莱赠送了两部于1535年7月远征突尼斯时所获得的阿拉伯文手抄本,分别是一部《古兰经》和一部伊斯兰教神学著作。拉伯雷与乔维奥有所接触,肯定也见到了这两部手抄本。法国急于了解北非的情况和苏丹苏莱曼的动向,拉伯雷也获得过一幅由乔维奥监制的突尼斯地图和一件由阿格斯蒂诺·威内齐亚诺(Agostino Veneziano)根据乔维奥收藏的画像而雕刻的卡伊尔·丁·巴巴罗萨雕像,并立即将它们运回法国。[5] 也许,乔维奥同他讲起过乔瓦尼·利奥尼的故事,那个曾经在罗马教授过阿拉伯语、后又返回北非的作家。

拉伯雷还在罗马的街市小摊上淘到了不少来自非基督教世界的"令人惊叹的小玩意儿",它们来自于塞浦路斯、克里特岛以及君士坦丁堡。[6] 在闲逛的时候,他有没有碰巧看到一部由某"格兰纳达的约安·利奥尼"所写的手抄本《非洲寰宇地理书》呢? 1548—1549 年,当他最后一次随同杜·贝莱访问罗马时,有没有听说过乔瓦尼·巴蒂斯塔·拉姆西奥即将出版一部由"乔瓦尼·利奥尼·阿非利加诺"所著的《非洲志》呢?抑或是在 1550 年让·杜·贝莱再次出使罗马时,有没有获得一本新近问世的印刷本,并将之带回巴黎呢?

我们可以想象,如果拉伯雷能够读到瓦桑关于非洲的著作,一定会欣喜万分,但不论是在他后来的著述还是修订中,都找不到明显的证据可以证明这一点。在 1552 年定稿的《巨人传》第四部(*Quart Livre*)中,他描写了庞大固埃、巴奴日(Panurge)和他们的同伴一起远行的故事。其中非常用词汇的注解中,拉伯雷略带戏谑地把"食人族"(Cannibal)定义为"非洲的怪物人种,面貌狰狞似狗,笑时发出犬吠之声"。他可能参考了当时刚出版的托勒密《地理学》里的非洲地图,其中"食人族"(Anthropophagi)被标示在"埃塞俄比亚"(Aethopia)或东南方向的"未知地带"(图 12);而这些均未见于瓦桑所描述的非洲。[7] (在《历史绪论》中,伊本·赫勒敦认为食人族分布在第一气候带,即黑非洲以南,"那里的居民更接近于愚蠢的动物而不是理性的人类"。不过,当时欧洲人对他的作品还一无所知,瓦桑也没有沿用他的说法。瓦桑对尚未开化的南方居民所做的最差评价是"如同禽兽"，他们没有宗教信仰、共用妻子。)[8]

再举一例，拉伯雷对"尼罗河大瀑布"的定义是"位于埃塞俄比亚，尼罗河干流由高山上急降下落，据克劳德·盖伦（Claude Galen）所说，水声震耳，周围居民多耳聋。另据我在罗马的阿拉伯语老师卡拉米（Caramit）大主教所言，瀑布的水声远在三天的路程之外就能听到。这差不多是巴黎到都尔（Tour）的距离了"。拉伯雷引用了托勒密、斯特拉波等诸多古典作家，但完全未提到瓦桑。阿拉伯地理学著作中，曾描述过尼罗河上的两座大瀑布：一个位于阿斯旺以南，另一个"可怕的""雷鸣般的"瀑布位于更上游几天路程之外，靠近栋古拉（Dongola）。瓦桑均未提到这两座瀑布，他只说过，在遥远的被认为是尼罗河源头的月亮山（al-Qamar）可能有一座瀑布，但这完全是"猜测，因为没有人曾经去过或见过"。[9]

拉伯雷所说的卡拉米大主教，可能会让我们隐约联想到乔瓦尼·利奥尼的阿拉伯语课。不过，这恐怕也只是一个戏谑的说法，因为卡拉米所在的大亚美尼亚（Greater Armenia）地区的东正教（Monophysite）似乎同阿拉伯语没有任何联系，而拉伯雷的阿拉伯语知识恐怕也只是有限的几个词而已。[10]

✦

让我们试着调整一下哈桑·瓦桑和弗朗索瓦·拉伯雷之间的关系，不要视之为一个人乃另一个的灵感源泉，而是虽然身处截然不同的两个世界当中，却在那个特定的时代，不论生活经历还是思维方式和写作都有着惊人相似之处的两个人。当然，两人之间有着许多意见不一致的地方。瓦桑一定不会赞成拉伯雷借巴奴日之口所说的不敬之词，一定会对庞大固埃引用的谚语"非洲只出产新奇古怪之物"不以为然，这是他在《非洲地理书》中极力反对的论点。[11]

尽管如此，这两个人的生活经历有着很多共性的地方，以某种近似的方式应对各自的人生。在地中海的两边，梅毒和瘟疫的蔓延夺取了无数的生命；接二连三的宗教运动把普通人推到风口浪尖之上，信仰被改过来、变过去，冲突和迫害比比皆是，不论基督教还是伊斯兰教和犹太教都难以幸免，不论在教派内部还是教派之间都矛盾重重；还有战争，时而散若星火、时而漫天燎原、分分合合、忽敌忽友。瓦桑和拉伯雷所描述的，不仅有地中海之间信息、物品和人员的流动，而且还有它们各自相通、相似的文化内涵。

两人年纪相仿，拉伯雷略长几岁。他们在男女关系和成家立室上多有不同，拉伯雷的身份虽然受到教会的约束，但却在巴黎生养了非婚生的孩子，后把他们接到修会中抚养长大；而瓦桑则严守伊斯兰教的婚姻和男女之道。[12] 拉伯雷学习医学，而瓦桑则精研法律。拉伯雷的学识要远远高于瓦桑，即使瓦桑能有机会一直借阅到阿拉伯语的藏书，恐怕也难以企及，不过他们两人对学问都有着广泛的兴趣，爱好诗歌，自幼习作；对于多种不同的文学形式均有所成。

两人都熟知外交事务；喜欢旅行，并好写游记，或是写自己的经历，或是通过虚构的人物，只是拉伯雷的足迹大多在法兰西王国之内，以及周边的皮埃蒙特（Piedmont）地区和意大利，还去过一次当时尚未归属法国的梅茨（Metz）。两人都能使用多种语言，做过翻译，并用非母语的其他语言进行写作；拉伯雷在主要著作中将都尔的本地话发展为一种原创性强、适应范围广的世俗法语，瓦桑作为一个外国人，能够在其主要作品中用简单的意大利语进行生动的叙述。他们两人都是目光敏锐的观察者，尤其关注民间的信仰和医疗，对于它们的实际功效，瓦桑其实心存怀疑，而拉伯雷则只是用以丰富自己的故事和叙述，并不会在自己行医治病时真的用上。对于占卜，他们两人都深以为奇，但又半信半疑，瓦桑描述过精深莫测的"扎伊拉贾"，答案最后以诗歌的形式呈现，拉伯雷在其传奇故事的结尾部分，写到了神瓶（Bacbuc）的预言，巴奴日一边喝着女祭司瓶中的美酒，一边高唱神谕的启示。[13]

两人都经历过宗教的重重压力，为了自己的信仰而深受困扰，并且对此多有感悟。拉伯雷所讲述的关于高康大、庞大固埃和巴奴日的故事，被索邦的神学家们列为十恶不赦的禁书，1535年初他因突遭异端指控而失去了在里昂的行医资格；在晚年他还曾一度入狱，不过比起瓦桑所遭受的牢狱之灾，并不算十分严重。虽然存在着种种差异，但拉伯雷和瓦桑一样，都有意识地把自己置于"两个世界之间"。两人在写作中时刻不忘所要面对的读者，对于瓦桑来说，他既要安抚基督教的读者，又要避免伤害穆斯林读者的情绪；拉伯雷则要在写作或修订文本的时候，一方面想方设法通过索邦的审查，就算受谴责也要避免遭到起诉和迫害，一方面又要引起读者"高度的共鸣"。[14] 他们两人都知道如何使用隐晦和秘密的语言。

瓦桑书中所说刽子手的故事，表明了历史学家秉持真实的责任；鸟儿的故事则说明要善用计谋。拉伯雷嘲笑有些作者的粗心大意和谎话连篇，以此强调需要重视历史的真实性：中世纪的年代记包在厚厚的亚麻布里，只能用来治疗牙疼；巨人庞大固埃用小便将整整一营敌军尽数淹死，他说这是"千真万确的历史"。[15] 而且，他把巴奴日塑造成一个空前绝后的大骗子，还把他比作赫尔墨斯（Hermes），即墨丘利（Mercury），以及尤利西斯（Ulysses），即奥德修斯；前者是商人和小偷的保护神，巧舌如簧、不守边界，后者拥有被希腊人称为"墨提斯"（mètis）的"精明机智"（cunning intelligence）。"墨提斯"表示技艺、技巧、雄辩，以及足智多谋，既有褒义也有贬义。巴奴日相貌英俊、巧舌如簧，囊中羞涩的时候"他有六十三种办法应对不时之需"，他凭借机智跟随庞大固埃的左右。当一位来自英格兰的饱学之士向庞大固埃提问时，巴奴日通过无声地模仿对方的动作，就其关于卡巴拉和超自然科学的问题做出了巧妙的解答；当庞大固埃的一位亲近的老师在战斗中被敌人砍落首级时，巴奴日从口袋里取出神奇的药膏，又把头缝了上去。[16]

巴奴日被土耳其人抓获又成功逃脱的故事，在此尤其重要。他在米蒂利尼（Mytilene）不幸被俘（指1502年应教皇亚历山大六世派遣十字军的要求，法国军队在莱斯博斯岛 [Lesbos] 与土耳其交战失败一役）。土耳其人给他全身涂上油正要活烤生吃，趁着敌人打盹的时候，他用牙齿咬住一块烙铁，引起了一场大火。之后，据巴奴日所说，绝望的土耳其人面对逃脱了的巴奴日无计可施，只求一死，巴奴日杀死敌人的帕夏并缴获了他身上的珍宝，跑到了大街上。城里的居民奔走灭火，用水浇灭了巴奴日身上的余火，还赠其食物充饥。巨大的火势波及数千栋房屋，当他出城时，有一千三百多只恶犬嗅着巴奴日身上半焦的味道穷追不舍。他用涂在身上的油脂块引开了群犬，兴高采烈地脱身而去。[17]

如果在读巴奴日的故事时，心中默想着瓦桑的生平和作品，会让人产生更多的联想。学者常常把巴奴日的谎话同机智的尤利西斯的谎言联系在一起，巴奴日也曾将自己比作尤利西斯。但是，如果将诸如土耳其食人族和土耳其恶犬等对敌人的极度夸大之词同当时代真实的事件相对比，就显得实在难以置信了。瓦桑笔下亦描写过土耳其人的暴虐凶残，如塞利姆大军洗劫开罗的情节，但基督教俘虏的命运不过是沦为奴隶，不可能被涂上油给活活吃掉。当然，拉伯雷也写到巴奴日实是造成城中大火的罪魁祸首，对酿成的惨祸却漠不关心，而且对那些好心的土耳其人给他送水送食物的善举全不领情（"这些可恶的土耳其人……连一滴酒都不喝"）。[18]伊斯兰和阿拉伯传统里的计谋，尤其强调所有这些善使诡计的机智人物所具有的创造力与破坏力，墨丘利还是巴奴日、不论是沙伊赫阿布·法斯还是两栖鸟。

在对救世主和战争的总体认识上，拉伯雷和瓦桑也有共同之处。拉伯雷不认同穆斯林的政治体制：书中歌利亚（Goliath）似的巨人族（Dipsodie）非法入侵邻国，大喊大叫着向庞大固埃和他的伙伴们进攻，最终被打败。拉伯雷所塑造的英明君主毕克罗寿（Picrochole），其原型并不是苏丹苏莱曼，而是基督教的皇帝查理五世。顽固而易怒的毕克罗寿不愿通过外交斡旋解决其臣民与高康大之父高朗古杰（Grandgousier）之间的争端，而是听任大臣的建议,一心想成为亚历山大大帝再世。他们为其所设想的未来帝国,幅员辽阔,囊括了整个基督教欧洲、北非,及至幼发拉底河为界的穆斯林世界。巴巴罗萨将俯首为奴,皈依基督教;当他进军利比亚后,将到西吉尔马萨狩猎,满载着二十万匹骆驼和一千六百头大象凯旋。[19]

瓦桑所描绘的暴君形象,主要是历史上残暴或异端的"救世主"马赫迪们,他并不赞同将希望寄托于末日降临时的世界统治者;拉伯雷则对此完全视若玩笑。瓦桑没有具体阐述其理想的政治体制,但他似乎大体上是倾向于多个帝国并存,通过外交和结盟实现平衡,偶有地区性的战争。拉伯雷描绘了优秀的君主形象,如高朗古杰、高康大和庞大固埃,他们"对自己的国家善加治理,不恶意侵略他国",对于战败的国家也表现出大度而宽容的气概。他赞扬一位名叫贝兰·当丹(Perrin Dendin)的乡村法官,每当遇到最为棘手的案件时,他便等到双方因纠纷而精疲力竭、身无分文时出面调解,在节日时喝着酒便平息了矛盾。凭借他的调解技巧,贝兰·当丹甚至促成教皇与其在意大利的敌人、奥斯曼苏丹与波斯国王之间实现了和平。[20] 诚然,在拉伯雷的思想中,的确存在着一种乌托邦式的理想:在高康大所建立的特来美修道院(Abbey of Thélème)里,男男女女均自觉地遵循自然的美德过着幸福平静的生活。但是,这种理想的模式只是一个地方性的小社会,而不是千年王国的宏大计划。

无论是瓦桑还是拉伯雷,都不苟同于他们那个时代盛行的对世界统治者随末日降临的期待,他们所发出的只是荒原上无人响应的孤独呼喊。两人都曾试图通过外交实现理想。瓦桑转向了由伊本·赫勒敦和艾哈迈德·万沙里斯所主张的历史及法律的世界观,拉伯雷则倾向人文主义者伊拉斯谟所呼吁的和平和制度化的仲裁。

这两个人的相似之处,还在于他们都在不同的文化间架设起了沟通的桥梁,并且认识到不同文化之中存在的共同因素。瓦桑不仅谈到了共同的祖先,传统所说的挪亚诸子,而且人种及其语言通过性、婚姻、迁移和定居而混杂融合。拉伯雷为他的主人公庞大固埃梳理了一个神话传奇中巨人们的家族世系，其中包括希伯来传说中的巨人乌尔塔里（Hurtaly）和好几个撒拉森巨人。他甚至还一度设想让庞大固埃迎娶"印度国王祭司王约翰的女儿"为妻。虽然拉伯雷在提到《古兰经》的时候，语气轻率无礼，但他对于阿拉伯语还是心存敬意，在早期的爱奥尼亚希腊语（Ionian Greek）之外，高康大还曾要求庞大固埃学习阿拉伯语和希伯来语。此外，巴奴日在初见庞大固埃时，曾用若干种语言介绍自己并请求收留，其中虽没有阿拉伯语，但后来他又讲到，自己在被擒时曾用土耳其人自己的语言同他们说话。[21]

在纵横穿越于不同文化之间的时候，拉伯雷最大的特点是他无所不包的兼容性，而瓦桑则对语言、物品和风俗等细节字斟句酌、极为慎重。翻译的问题，对于两人来说都是在理解中经常遇到的难点，对瓦桑来说更是自始至终必须面对的考验，他的主要作品完全用一门外国语言完成，还参与编写了一部多语种的词典。拉伯雷提醒读者注意，当说话者所用的语言或隐语并不能为听者所理解，交流便将难以实现。当巴奴日用十三种别人听不懂的语言乞讨食物时，不会有人来理睬他；当一个来自利末赞（Limousin）的学者为了成为巴黎人用滑稽可笑的拉丁语向庞大固埃慷慨陈词时，庞大固埃完全不得其意而勃然大怒，威胁说如果不能好好说话就剥了他的皮。[22] 在后来的旅行中，庞大固埃与巴奴日及一众同伴到达了一处冰海，在一年前的一场战斗中被冻结的话语此时方才慢慢融解。但因为全是"野蛮人的语言"（languaige Barbare），他们完全听不懂。他们所能听到的，只有战斗的厮杀和号角的轰鸣，以及"歌革、玛各/雅朱者、马朱者"这两个在《圣经》和《古兰经》里都有的词汇。[23]

在意大利，瓦桑日常生活中的一部分就是翻译。我曾指出，这促使其认识到不同文化和宗教之间的对等性。对他来说，这是唯一可能的方式，当然通过计谋和策略保持一定的距离至少同样重要，也是最为持久有效的方式。

拉伯雷也常常尝试对等的转换，让他书中的人物代表某些其他的形象，或是赋予多重的属性。庞大固埃的勇力以赫拉克利斯为原型，而作为一个智慧而仁慈的王子，又是耶稣的化身——据近年来的研究，在其身上，不仅有基督的形象，还被赋予了某些广受欢迎的基督教圣徒和犹太先知以利亚的特性。[24]

在拉伯雷的时代，这种多重身份属性的形成，一方面是由于传统基督教喜好比喻，另一方面乃是受新近的人文主义趣味影响，缩小了古典道德与基督教道德之间的差异。埃及在此产生了重要的作用，这是因为据称赫尔默斯神秘主义即源于埃及，其古代文献隐含有某种古典的摩西一神论神学。拉伯雷对埃及的了解，始于翻译希罗多德《历史》的第二卷，其中生动描写了埃及的多神教崇拜；而对埃及象形文字的研究，也使他相信这些文字当中隐藏着古代的智慧。[25] 尽管他时常嘲笑揶揄过度的神秘主义思想，但是拉伯雷仍然借助于这些或新或旧的解释模式来支持普世或大同的理想。当然，它们也是有一定限度的：其中有犹太教和犹太的知识（巴奴日所找到的神瓶的女祭司实际便是犹太人），而穆斯林的先知、神学家或圣徒们，则均不在其内。

在瓦桑的阿拉伯和伊斯兰世界中，有若干种进行对等转换的路径，或者说至少有一些办法可以打通穆斯林与非穆斯林之间的界限。一些前伊斯兰教时期处在犹太教或基督教社会之外的重要人物，可以被看作是在先知穆罕默德出现之前的非正式的穆斯林，例如圣人鲁格曼；他们可以被描绘为先知，向他们的阿拉伯部落预示吉凶，如《古兰经》中所说的呼德和撒立哈（Salih）。根据法拉比的说法，被尊为伟大哲学家的亚里士多德，事实上也是一位"非凡的"思想者，可以不考虑其具体的宗教身份，而用来证明伊斯兰教和"人类哲学"。[26] 当然，如果将前伊斯兰教时期异教徒们所崇拜的一众伪神当作唯一真主的前身，那也是亵渎不敬的。他们的偶像已被打碎，且必须被打得粉碎。不过，在阿拉伯人抑扬顿挫、韵律优雅的诗文里，为异教的卡欣（Kahin）和卡希姗（Kahina）等预言者和他们的神谕占卜保留了一席之地，形成了具有悠久历史的一项传统。[27]

犹太人和基督徒都是圣书之民，有他们自己的先知。据《古兰经》第二章 87 节所记：

> 我确已把经典赏赐穆萨，并在他之后
> 继续派遣许多使者，我把
> 许多明证赏赐给麦尔彦之子尔撒，
> 并以玄灵扶助他。[28]

尽管如此，由于他们的过失，他们的社会终究无法同伊斯兰社会相提并论。通过对《古兰经》的校注以及马立克法学的研习，瓦桑当然非常清楚这段经文。[29] 他可能会倾向于苏菲派伊本·阿拉比的思想，以展现更加宽宏的胸怀："每一个天启的宗教，都是一条通向真主的道路，这些道路千变万化。因此，神的自我显现必然也是千变万化，正如神的恩赐亦是多种多样……但真主便是真主，无人可比。"[30]

如果弗朗索瓦·拉伯雷提前十年来到意大利，与那时还被称作约安拿·阿萨德的哈桑·瓦桑相聚畅谈，一旁还有雅各布·曼蒂诺作陪。一边谈话，一边喝着拉伯雷最喜爱的苹果酒，就像其故事里神瓶之泉的琼浆玉露，任凭饮者的想象，既是甘甜的清泉也是纯酿的美酒，又好似伊本·法里德所描绘的令人身心陶醉的烈酒。酒酣耳热之间，正是畅怀阔论之时，正如哈马达尼文集中所描写的聚会，或是瓦桑游历非洲时曾参加过的筵宴。如果真能如此的话，拉伯雷在写作庞大固埃和巴奴日的故事时，或许会给他们增加一位穆斯林的同伴。瓦桑可能也会学到如何将诡计阴谋融于诙谐的嬉笑怒骂之间。诡诈鸟一定会先讲几个大人物的怪癖故事，在人们开怀大笑之际，方才远走高飞。

书　写

图 1　1519 年，在受洗前九个月，瓦桑在梵蒂冈图书馆的一部手抄本中的签名："哈桑·伊本·穆罕默德·伊本·艾哈迈德·瓦桑·法西，从头至尾，已阅此书"。

Itaq omnia bene facta fuerunt, et Papa baptizauit
me assistente et omnia exequente:
Patrini .3. fuerunt vz Card.lis S.te Crucis, Cardinalis
sanctorum Quattuor, et Card.lis Egidius, ac Castellanus
qui est Epus Salutiarum, Nomen baptizati fuit
Jo. Leo de Medicis.

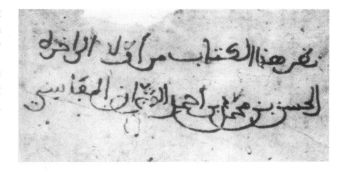

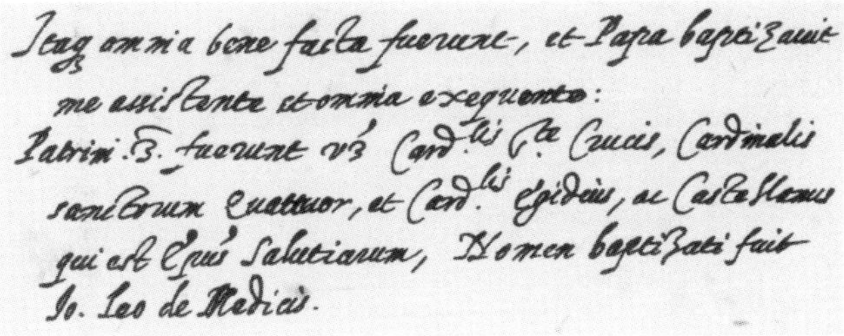

图 2　主管教皇仪式活动的执事记录下了瓦桑的洗礼，包括其三位教父和圣天使堡的监狱主管的姓名，以及他的基督教名字——约安尼斯·利奥·德·美第奇。

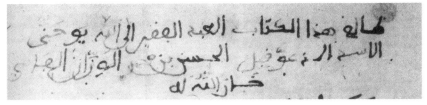

图 3　1520 年，在受洗后，约安拿·阿萨德在梵蒂冈图书馆的一部手抄本中的签名："神卑微的仆人约安拿·阿萨德，原名哈桑·伊本·穆罕默德·瓦桑·法西，已阅此书。愿神赐福于他"。

Epestole . B. Pauli . sc.te Domino Strissimo . Co.n Alberto
de Carpe

Manum se.r . eius . Jo.n Leo servus medecis

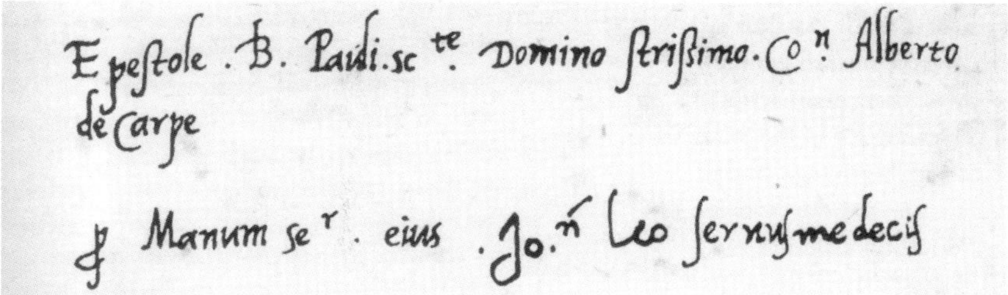

图 4　1521 年，"保罗书信" 的阿拉伯抄本上，由马龙派的伊莱亚斯所写的拉丁文书名，约安拿·阿萨德作为抄录者在其后附上了自己的名字："约安尼斯·利奥，美第奇家族的仆人"。

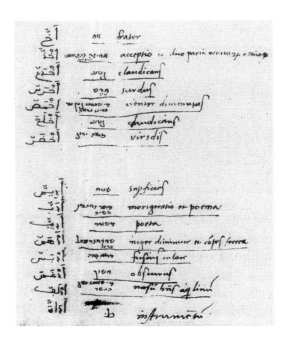

图5 1524年编写的词典中的一页,为字母表中第一个字母(alif)。阿拉伯语栏为约安拿·阿萨德所书,希伯来语和拉丁语栏的词汇为雅各布·曼蒂诺所写。

图6 约安拿·阿萨德所修订的约安尼斯·加布里埃尔的《古兰经》拉丁语译本(此为17世纪初的一部手稿抄本)。在《朝觐章》24—25节(今本第二二章26—27节),他将原文中的"不要亵渎于我"改为"不要以[任何物]配我",并补充:每年有7万人来到麦加。

图7 在论阿拉伯韵律学的书中,约安拿·阿萨德选取两位受先知亲自见证皈依的前伊斯兰时代的诗人纳比额·祖卜雅尼(al-Nabigh al-Dhubyani)和卡尔布·伊本·祖海尔,以他们的诗句为例标示韵律。

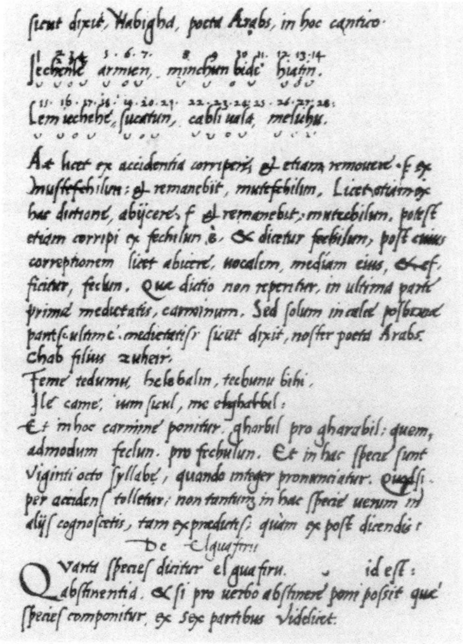

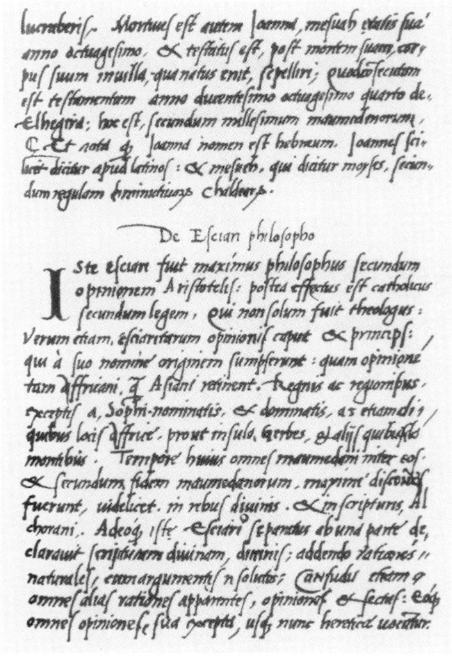

图8 在《阿拉伯名人传》中,由约安拿·阿萨德所写医生兼翻译家、聂斯脱利派基督徒约安拿·伊本·马萨维传记的结尾,及伟大的穆斯林哲学家、神学家艾什尔里传记的开篇。

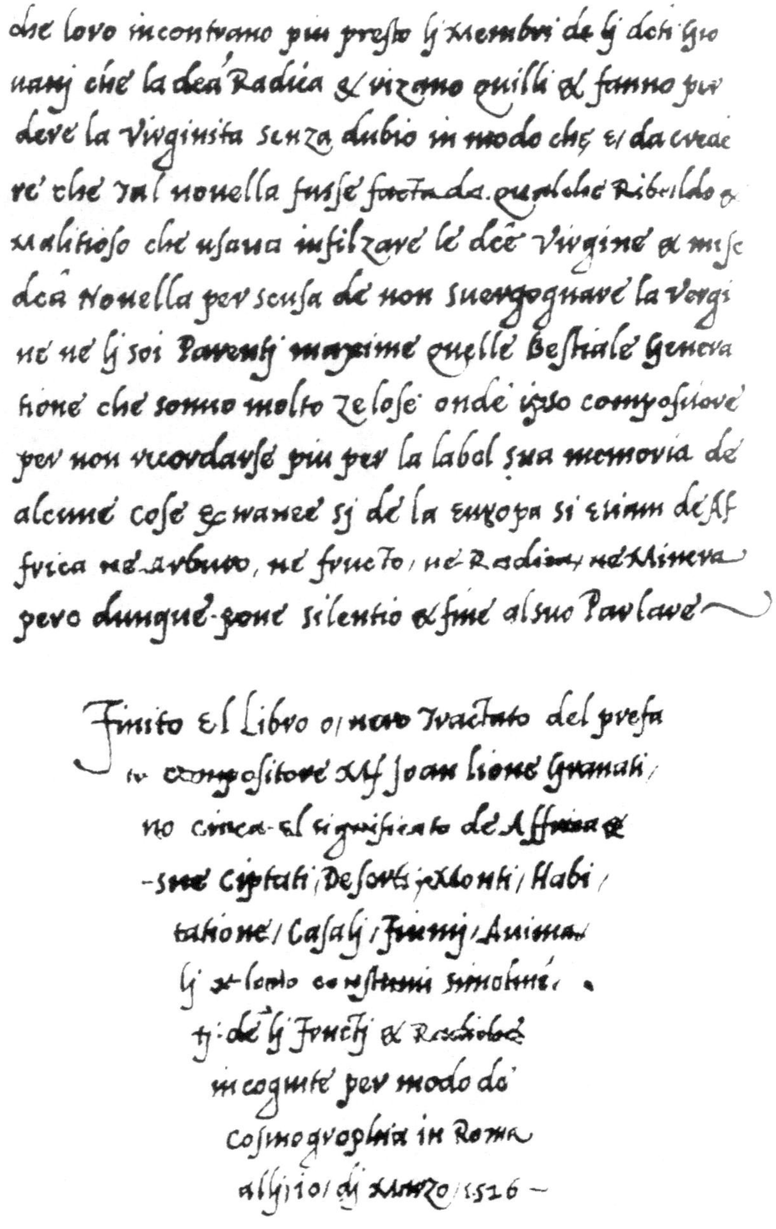

che loro incontrauano piu presto lj membri de lj deti gio
uanj che la dea Radica & uizano quilli & fanno per
dere la virginita senza dubio in modo che el da crede
re che tal nouella fusse facta da qualche Ribaldo &
malitioso che usaua infilzare le dete Virgine & mise
dea Nouella per scusa de non suergognare la Vergi
ne ne lj soi Parenti maxime quelle bestiale Genera
tione che sonno molto zelose onde ipso compositore
per non recordarse piu per la label sua memoria de
alcune cose ec uanee sj de la europa si etiam de Af
frica ne arburo, ne fructo, ne Radice ne Minera
pero dunque zone silentio al fine alsuo Parlare

Finito el Libro o nero Tractato del prefa
to compositore alj Joan lione Granati
no circa el significato de Affrica &
sue Ciptati, de soi exdonti, Habi
tatione, Casalj, fiumj Anima
lj & loro constumi simolime
tj de lj Fructi & Radice
incognite per modo do
cosmographia in Roma
allj 10 di marzo 1526

图9　约安拿·阿萨德《非洲地理书》的结尾部分，内容是关于一种撒马克植物的传说，他对其所传闻的助性作用有所怀疑；他在最后说明中自称"以上文字的编者格兰纳达的约安·利奥尼"。

Surnag radice.

Della radice Surnag che ha simili proprietà di far rizzar il membro all'huomo.

Quest'altra è similmente vna radice, che nasce nel monte Atlante, ma nelle parti di ponente, la qual, come dicono quelle genti, ha virtu di confortare il membro dell'huomo, & moltiplicare il coito a chi la mangia in qualche lattouaro. Anchora affermano che se vno per auentura s'incōtra ad orinar sopra la detta radice, che subito il detto membro se gli rizza. ne voglio tacer anchora quello che dicono tutti gli habitatori del monte Atlante, che si hanno truouate molte giouene di quelle, che vanno pascendo gli animali per questo monte, che hanno perso la loro virginità, non per altro accidente, se non per hauer orinato sopra detta radice. alliquali per giuoco io respōdeua, creder esser vero cio che diceuan di detta radice & appresso che se ne trouauan di tanto auuelenate, che non solamente faceuan perder la virginità, ma anchora ensiarli tutto il corpo.

Questo è in soma quāto di bello & memorabile ho veduto Io Giouan Lioni in tutta l'Africa, laqual è stata da me circondata di parte in parte, & quelle cose che mi parsero degne di memoria si come io le viddi, cosi con diligenza di giorno, in giorno le andai scriuendo. & quelle che non viddi, me ne feci dar vera & piena informatione da persone degne di fede, che l'haueuan vedute. & dapoi con mia cōmodita questa mia fatica messi insieme, & fecine vn corpo trouandomi in Roma, L'anno di CHRISTO. MDXXVI. alli. X. di. Marzo.

Finisce il Libro di Giouan Lion nasciuto in Granata & alleuato in Barberia.

伊斯兰教与基督教世界的地图

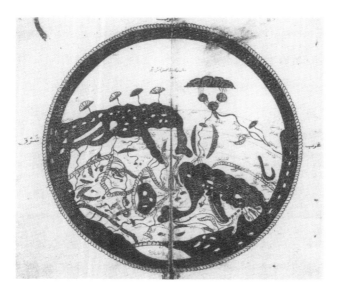

图11 伊德里斯著名的世界地图,此为804/1402年版伊本·赫勒敦《历史绪论》中的复制图。上南下北,右上部四分之一圆为非洲,其中显示尼罗河与尼日尔河有共同的源头。

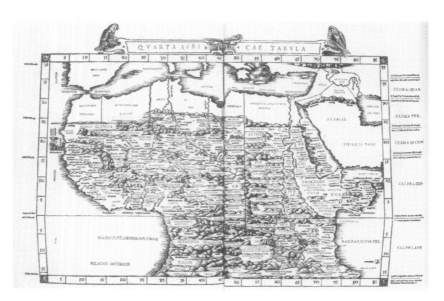

图12 1511年威尼斯印刷版的托勒密《地理学》中第四幅非洲地图。编者根据葡萄牙航海家在西非海岸的最新发现,对传统的地图进行修订,但"食人族"(ant[h]ropophagi)仍被标于东南方向。

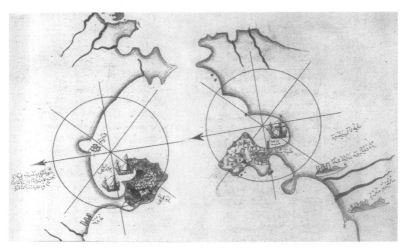

图 13　直布罗陀海峡及两岸城市,摘自奥斯曼帝国海军上将兼制图家皮里·雷伊斯《航海书》（932/1526）。雷伊斯的书中对整个地中海沿岸的地理有详细的描述。

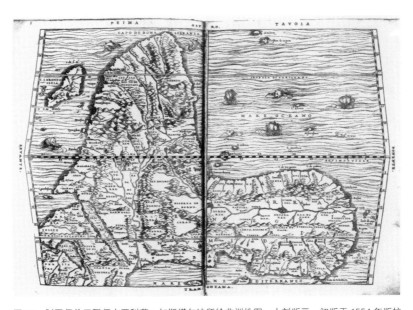

图 14　制图师兼工程师吉亚科莫·加斯塔尔迪所绘非洲地图,木刻版画,初版于 1554 年版拉姆西奥的《远航行记》；1563 年版采用雕版制图。仍为上南下北。

景物与关联

图15 戴面纱的格兰纳达妇女,由德国旅行家绘于1529年。瓦桑的母亲在菲斯的安达卢西亚聚居区,可能依然沿用了类似的装束。

图 16 位于菲斯的伊南清真寺马德拉沙的庭院,瓦桑曾在此听课,观看"扎伊拉贾"占卜术。

图 17 位于拉巴特附近的舍拉古城门楼,瓦桑曾在此抄录马林王朝苏丹陵墓的碑文。

图 18 苏丹与大臣议事,绘于 16 世纪,画家可能为由格兰纳达逃亡至马格里布的摩尔人。

图 19 苏丹宫廷中的奴隶姬妾,与上图为同一画家所作。

图20 920/1514年,苏丹塞利姆战胜什叶派波斯国王萨法维·伊斯迈尔,瓦桑于几年后在拉希德城觐见塞利姆。图中塞利姆身穿代表先知的绿色斗篷,表示其捍卫伊斯兰教之意。

图21 使臣向奥斯曼苏丹敬献礼物,瓦桑的外交经历使其熟知此类仪式。

图22 《麦卡玛特》故事28中的场景。在撒马尔罕的一座清真寺，一个流浪的说书人听到了一场感人的布道，发现布道者乃是行吟诗人阿布·扎伊德。之后，阿布·扎伊德让说书人发誓保守秘密，并以诗告之："人来纳之……天下一家。"

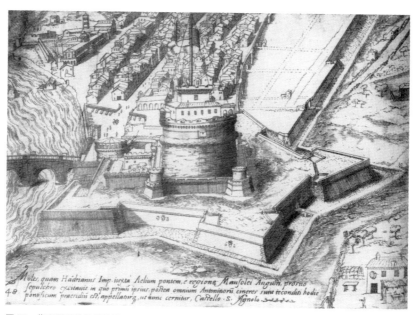

图23 位于罗马的圣天使堡，1518—1519年，瓦桑曾被监禁于此。教皇利奥十世常在其楼上厅室中举行宴会；1527年"罗马之劫"期间，教皇克莱芒七世与许多教士在此避难。

图 24 位于罗马战神广场的圣奥古斯丁大教堂内部,图中可见 1512 年拉斐尔所绘的先知以撒,及安妮、玛利亚和耶稣的雕像。此教堂为埃吉迪奥·达·维泰尔博所主持的奥斯定修会主堂,约安拿·阿萨德应对此十分熟悉。

图 25 卡尔皮亲王阿尔伯托·皮奥像,约安拿·阿萨德曾受命为其抄录"保罗书信"。

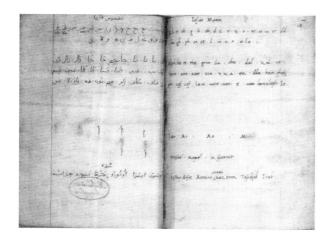

图 26　埃吉迪奥·达·维泰尔博枢机主教所练习书写的阿拉伯语字母和元音，书写所用的语法书为其向约安拿·阿萨德学习阿拉伯语之前不久所获得。页面上部的阿拉伯语词组为直译的“耶稣玛利亚”（Iesus Maria），而不是阿拉伯语中通用的拼法（’Isa Maryam）。

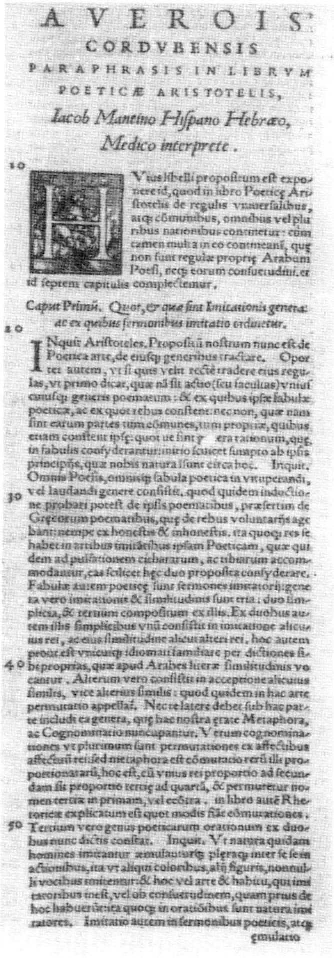

AVEROIS CORDVBENSIS

PARAPHRASIS IN LIBRVM POETICÆ ARISTOTELIS,

Iacob Mantino Hispano Hebræo, Medico interprete.

HVius libelli propositum est exponere id, quod in libro Poeticę Aristotelis de regulis vniuersalibus, atq; cōmunibus, omnibus vel pluribus nationibus continetur: cùm tamen multa in eo contineanť, quę non sunt regulæ proprię Arabum Poesi, neq; eorum consuetudini. et id septem capitulis complectemur.

Caput Primū. *Quot, & quæ sint Imitationis genera: ac ex quibus sermonibus imitatio ordinetur.*

INquit Aristoteles. Propositū nostrum nunc est de Poetica arte, de eiusq; generibus tractare. Oportet autem, vt si quis velit rectè tradere eius regulas, vt primo dicat, quæ nā sit actio (seu facultas) vniuscuiusq; generis poematum: & ex quibus ipsæ fabulæ poeticæ, ac ex quot rebus constent: nec non, quæ nam sint earum partes tum cōmunes, tum propriæ, quibus etiam constent ipsę: quot ue sint g[illegible]era rationum, quę in fabulis consyderantur: initio scilicet sumpto ab ipsis principijs, quæ nobis natura isunt circa hoc. Inquit. Omnis Poesis, omnisq; fabula poetica in vituperandi, vel laudandi genere consistit, quod quidem inductione probari potest de ipsis poematibus, præsertim de Gręcorum poematibus, quę de rebus voluntarijs agebant: nempe ex honestis & inhonestis. ita quoq; res se habet in artibus imitātibus ipsam Poeticam, quæ quidem ad pulsationem cithararum, ac tibiarum accommodantur, eas scilicet hęc duo proposita consyderare. Fabulæ autem poeticę sunt sermones imitatorij: genera vero imitationis & similitudinis sunt tria: duo simplicia, & tertium compositum ex illis. Ex duobus autem illis simplicibus vnū consistit in imitatione alicuius rei, ac eius similitudine alicui alteri rei. hoc autem prout est vnicuiq; idiomati familiare per dictiones sibi proprias, quæ apud Arabes literæ similitudinis vocantur. Alterum vero consistit in acceptione alicuius similis, vice alterius similis: quod quidem in hac arte permutatio appellať. Nec te latere debet sub hac parte includi ea genera, quę hac nostra ętate Metaphora, ac Cognominatio nuncupantur. Verum cognominationes vt plurimum sunt permutationes ex affectibus affectuū rei: sed metaphora est cōmutatio rerū illi proportionatarū, hoc est, cū vnius rei proportio ad secundam sit proportio tertię ad quartā, & permutetur nomen tertiæ in primam, vel ecōtra. in libro autē Rhetoricæ explicatum est quot modis fiāt cōmutationes. Tertium vero genus poeticarum orationum ex duobus nunc dictis constat. Inquit. Vt natura quidam homines imitantur æmulanturq; plęraq; inter se se in actionibus, ita vt aliqui coloribus, alij figuris, nonnulli vocibus imitentur: & hoc vel arte & habitu, qui imitatoribus inest, vel ob consuetudinem, quam prius de hoc habuerūt: ita quoq; in oratiōibus sunt natura imitatores. Imitatio autem in sermonibus poeticis, atq; ęmulatio

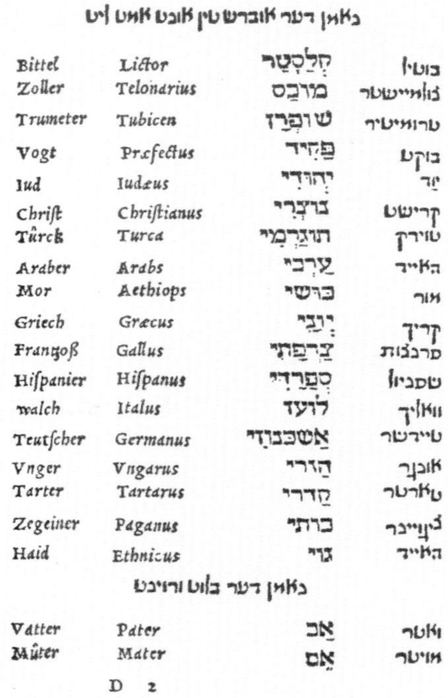

באמן דער אוברשטן אובט אמט ליט

Bittel	Lictor	קלסטר	בוטיל
Zoller	Telonarius	מוכס	צוליישטר
Trumeter	Tubicen	שופרן	טרומיטיר
Vogt	Præfectus	פקיד	בוקט
Iud	Iudæus	יהודי	יוד
Christ	Christianus	נוצרי	קרישט
Türck	Turca	תוגרמי	טורק
Araber	Arabs	ערבי	האייד
Mor	Aethiops	כושי	מור
Griech	Græcus	יוני	קריך
Frantzoß	Gallus	צרפתי	פרנצות
Hispanier	Hispanus	ספרדי	שפניול
walch	Italus	לועז	וואליך
Teutscher	Germanus	אשכנזי	טיירטשר
Vnger	Vngarus	הגרי	אונגר
Tarter	Tartarus	קדרי	טארטר
Zegeiner	Paganus	כרתי	ציגייבר
Haid	Ethnicus	גוי	האייד

באמן דער בלוט ורייבט

Vatter	Pater	אב	ואטר
Müter	Mater	אם	מוטר

D 2

图 27（左图）　雅各布·曼蒂诺由希伯来文翻译为拉丁文的阿威罗伊《论亚里士多德〈诗学〉》，他肯定曾与约安拿·阿萨德讨论过这一文本。

图 28（上图）　以利亚·勒维塔所编《意第绪—希伯来—拉丁—德语词典》中的一页，这一工程与约安拿·阿萨德与雅各布·曼蒂诺所编《阿拉伯—希伯来—拉丁语词典》非常相似。

图 29 《古兰经·开端章》，15 世纪晚期马格里布地区的纸上抄本。经文间以花结纹饰分隔。此手稿为 1535 年查理五世远征突尼斯期间所获。

图 30 1537—1538 年威尼斯出版的《古兰经·黄牛章》的卷首，此为在欧洲印刷的第一部阿拉伯文《古兰经》。其阿拉伯文本有许多错误；在此页中，即有章节数的拼写错误。

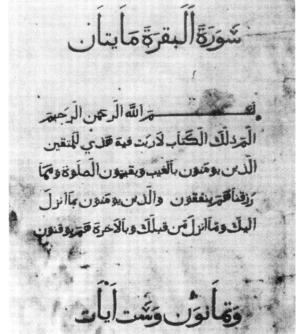

图31 941—942/1535年,突尼斯苏丹哈桑及其随从,由查理五世远征突尼斯时的随军画师扬·科内利斯·维米恩(Jan Cornelisz Vermeyen)所绘。苏丹背向坐于前景中,手上有一块夹板,当瓦桑从罗马返回北非后,其为在位的突尼斯统治者。

图32 苏丹哈桑之子艾哈迈德,维米恩绘于1535年。他后来篡位推翻其父,并使其双眼失明。

注　释

专有名词缩写表

AM　哈桑·瓦桑:《度量的艺术》(*De Arte Metrica Liber*), 手稿 36.35, 54r-61v. 佛罗伦萨洛伦佐·美第奇图书馆藏

AMC　安吉拉·柯达奇(Angela Codazzi): "Il Trattato dell'Arte Metrica di Giovanni Leone Africano", 载 *Studi orientalistici in onore di Giorgio Levi Della Vida*, 1:180-98. 罗马东方学院, 1956年版

Arberry　《古兰经译解》(*The Koran Interpreted*), 阿瑟·J. 阿伯里(Arthur J. Arberry)译, 纽约: 麦克米兰, 1955年版

ASR　罗马公共档案馆

ASV　梵蒂冈机密档案馆

BNF　法国国家图书馆

CEI　西里尔·格拉塞(Cyril Glassé):《简明伊斯兰教百科全书》(*The Concise Encyclopaedia of Islam*), 伦敦, 1989年版

CGA　哈桑·瓦桑:《非洲寰宇地理书》(*Libro de la Cosmogrophia [sic for Cosmographia] et Geographia de Affrica*), 手稿 V.E.953. 罗马国立中央图书馆藏

DAR　哈桑·瓦桑:《非洲志》(*La Descrittione dell'Africa*), 收录于乔瓦尼·巴蒂斯塔·拉姆西奥编《远航行记》(*Primo volume, et Terza editione delle Navigationi et Viaggi*), 威尼斯, 1563年版, 1r-95v。

Dict　哈桑·瓦桑、雅各布·曼蒂诺等:《阿拉伯—希伯来—拉丁语, 及西班牙语词典》, 手稿 598, 西班牙埃斯科里亚尔皇家图书馆

EAL　《阿拉伯文学百科全书》(*Encyclopedia of Arabic Literature*), 朱莉·斯科特·麦萨米(Julie Scott Meisami)、保罗·斯塔基(Paul Starkey)主编, 两卷本, 伦敦和纽约, 1998年版

*EI*1　《伊斯兰教百科全书》(*The Encyclopaedia of Islam*), 莱顿, 1913—1934年版; 增补卷, 1938年版

*EI*2　《伊斯兰教百科全书》(*The Encyclopaedia of Islam*), 新版, 莱顿, 1954—2001年版

Ép　非洲人让-利奥:《非洲志》(*Description de l'Afrique*)，阿历克西斯·埃帕拉尔(Alexis Épaulard)译，新版，巴黎，1980—81年版

EpiP　《阿拉伯语保罗书信》(*The Epistles of Saint Paul in Arabic*)，哈桑·瓦桑抄录，东方手稿 16-alfa.J.6.3.，摩德纳(Modena)埃斯特大学图书馆藏

QAn　《古兰经》(*Al-Qur'an*)阿拉伯-拉丁语对照本，特鲁埃尔的约恩斯·加布里埃尔译注；哈桑·瓦桑修订；戴维·考维尔(David Colville)抄录，手稿 D100 inf，米兰安布罗斯图书馆藏

Ram　《乔瓦尼·利奥尼·阿非利加诺之非洲志》(*La descrizione dell'Africa di Giovan Lioni Africano*)，收录于乔瓦尼·巴蒂斯塔·拉姆西奥《远航行记》(*Navigazioni e Viaggi*)，卷一，19—460，马丽卡·米兰尼斯(Marica Milanesi)编，都灵，1978年版

Rauch　迪特里希·拉亨伯格(Dietrich Rauchenberger):《非洲人约翰尼斯·利奥》(*Johannes Leo der Afrikaner. Seine Beschreibung des Raumes zwischen Nil und Niger nach dem Urtext*)，威斯巴登，1999年版

SIHME　亨利·德·卡斯特利斯(Henry de Castries)编:《西班牙藏摩洛哥史料集》(*Les sources inédites de l'histoire du Maroc. Archives et bibliothèques d'Espagne*)，第一辑三卷本，巴黎和马德里，1921—61年版

SIHMF　亨利·德·卡斯特利斯编:《法国藏摩洛哥史料集:1530—1845年》(*Les sources inédites de l'histoire du Maroc de 1530 à 1845. Archives et bibliothèques de France*)，第一辑四卷本，巴黎，1905—26年版

SIHMP　皮埃尔·德·塞内瓦(Pierre de Cenival)、罗伯特·里卡德(Robert Ricard)编：《葡萄牙藏摩洛哥史料集》(*Les sources inédites de l'histoire du Maroc. Archives et bibliothèques de Portugal*)，第一辑五卷本，巴黎，1934—53年版

VIA　哈桑·瓦桑:《阿拉伯名人传》(*De Viris quibusdam Illustribus apud Arabes*)，手稿36.35，31r-53v，62r-65r，佛罗伦萨洛伦佐·美第奇图书馆藏

VIAHott　《约翰·利奥尼·阿非利加诺著阿拉伯名人传》(*De Viris quibusdam Illustribus apud Arabes, per Johannem Leonem Affricanum [sic]*)，载约翰·海因里希·霍廷格(Johann Heinrich Hottinger)编《四卷书》(*Bibliothecarius Quadripartitus*)，246—86，苏黎世，1664年版

VIH　哈桑·瓦桑:《犹太名人传》(*De quibusdam Viris Illustribus apud Hebraeos*)，手稿36.35，65v-69v，佛罗伦萨洛伦佐·美第奇图书馆藏

VIHHott　《约翰·利奥尼·阿非利加诺著希伯来名人传》(*De quibusdam Viris Illustribus apud Hebraeos per Johannem Leonem Affricanum*)，载约翰·海因里希·霍廷格编《四卷书》，286—91，苏黎世，1664年版

Wehr　汉斯·韦尔(Hans Wehr):《现代阿拉伯语书面语词典》(*A Dictionary of Modern Written Arabic*)，第4版，J.米尔顿·考恩(J. Milton Cowan)主编，纽约伊萨卡，1994年版

关于《古兰经》的说明

本书正文和注释中引用的《古兰经》经文均采用通行的埃及"标准版"的章节编目。由于与阿瑟·阿伯里英译本中的编目方式不同，因此在相关的尾注中仅列出相应的卷次和页码；目前使用的章节目次以括号形式注于正文中。埃吉迪奥·达·维泰尔博所获得的《古兰经》拉丁

文译本，后经哈桑·瓦桑修订，在尾注中以 QAn 标示，其章节编目与目前通行的版本略有不同。尾注中在引用 QAn 时，采用原译者所用的该章的拉丁文译名和节的目次，并用括号注明目前版本中的相应章节目次。

导论 交错盘结

[1] Silvio A. Bedini, *The Pope's Elephant*（London: Carcanet, 1997），详见第 2、4、6-7 章。

[2] *Johann Leo's des Africaners Beschreibung von Africa*, trans. Georg Wilhelm Lorsbach（Herborn, 1805），参见 Rauch, 165-71。

[3] Miguel Casiri, *Bibliotheca Arabico-Hispana Escurialensis*, 2 vols. (Madrid: Antonius Perez de Soto, 1760-70), 1:172-74; *Description de l'Afrique tierce partie du monde escrite par Jean Léon African*, ed. Charles Schefer, 3 vols. (Paris: Ernest Leroux, 1896-98)。谢弗尔（1820—1898）创建了东方语言研究院，编辑了大量关于波斯和穆斯林地区的游记，收集了大量阿拉伯语手稿，后为国家图书馆所收购。*The History and Description of Africa...written by Al-Hassan Ibn-Mohammed Al-Wezaz Al-Fasi, a Moor, baptized as Giovanni Leone, but better known as Leo Africanus*, ed. Robert Brown, 3 vols. (London: Hakluyt Society, 1896)。Lorsbach 的德语译本也在导论中提到了一个阿拉伯人名（Rauch, 31 n.118）。

[4] Louis Massignon, *Le Maroc dans les premières années du 16e siècle. Tableau géographique d'après Léon l'Africain* (Algiers: Typographie Adolphe Jourdan, 1906), 43-45。马希侬致谢对象有两人，分别是其论文导师、殖民地地理学家 Augustin Bernard 及以研究柏柏尔和北非民间故事见长的民俗学家 René Basset (ix-x)。Daniel Nordman 在高等社会科学研究院举办的"非洲人利奥"的学术会议（巴黎，2003 年 5 月 22—24 日）上，发表了一篇关于马希侬此书的论文"Le Maroc dans les premières années du XVIe siècle. Tableau géographique d'après Louis Massignon"，将刊于 François Pouillon and Oumelbanine Zhiri, eds. *Léon l'Africain*, EHESS, Paris。关于法国"殖民地科学"，参见 Li-Chuan Tai, "L'ethnologie française entre colonialisme et décolonisation (1920-1960),"博士论文，EHESS, 2001。

[5] Angela Codazzi, "Leone Africano," *Enciclopedia italiana* (Rome, 1933), 20:899. Angela Codazzi, "Dell'unico manoscritto conosciuto della *Cosmografia dell'Africa* di Giovanni Leone l'Africano," *Comptes rendus du Congrès international de géographie. Lisbonne 1949* (Lisbon, 1952), 4:225-26. Angela Codazzi, "Il Trattato dell'Arte Metrica di Giovanni Leone Africano," in *Studi orientalistici in onore di Giorgio Levi Della Vida*, 2 vols. (Rome: Instituto per l'Oriente, 1956), 1:180-98（以下缩写为 *AMC*）. Giorgio Levi Della Vida, *Ricerche sulla formazione del più antico fondo dei manoscritti orientali della Biblioteca Vaticana* (Vatican City: Biblioteca Apostolica Vaticana, 1939), viii（题记中显示日期为 Rome, August 1939），99-110。

[6] Jean-Léon l'Africain, *Description de l'Afrique*, tans. Alexis Épaulard, annotated by Alexis Épaulard, Théodore Monod, Henri Lhote, and Raymond Mauny, Publications de l'Institut des Hautes Études Marocaines, no. 61 (Paris: Librairie d'Amérique et d'Orient,

1956), v-xvi (该版本于 1980—81 年重印，以下缩写为 Ép)。阿历克西斯·埃帕拉尔于 1939 年 6 月 6—20 日在罗马国立中央图书馆查阅手稿 V.E. 953 的记录，被插在了手稿当中。埃帕拉尔（1878—1949）在里昂大学学习，成为医生，毕业论文为 *Vampirisme, nécrophilie nécrosadisme, nécrophagie* (Lyon, 1901)。莫诺德（Théodore Monod）为巴黎自然历史博物馆教授，1938 年成立的法国北非研究院的两位创立者之一。《非洲志》出版时，莫诺德正积极支持由非洲知识分子新近创办的评论刊物 *Présence africaine*，该杂志同时出版于达喀尔和巴黎（Tai, "Ethnologie," 195, 253-55）。

[7] 例如：Pierre Kalck, "Pour une localisation du royaume de Gaoga," *Journal of African History* 13 (1972): 520-40; R. S. O'Fahey and J. L. Spaulding, "Comment: The Geographic Location of Gaoga," and Pierre Kalck, "Response," *Journal of African History* 14 (1973): 505-8. Humphrey J. Fisher, "Leo Africanus and the Songhay Conquest of Hausaland," *International Journal of African Historical Studies* 11 (1978): 86-112. Djibo Mallal Hamani, *Au carrefour du Soudan et de la Berberie: Le sultanat touareg de l'Ayar* (Niamey: Institut de Recherches en Sciences Humaines, 1989), 177-78, 181, 184. John O. Hunwick, *Timbuktu and the Songhay Empire: Al-Sa'di's Ta'rikh al-Sudan down to 1613 and other Contemporary Documents* (Leiden: Brill, 1999), 113, 285 n.74. Pekka Masonen, *The Negroland Revisited: Discovery and Invention of the Sudanese Middle Ages* (Helsinki: Finnish Academy of Science and Letters, 2000), chap. 4 (Masonen 怀疑瓦桑除了第一次访问廷巴克图之外并未到过其他撒哈拉以南的非洲地区，188-89)。Hunwick 则认为，瓦桑至少去过一些他所描述到的撒哈拉以南非洲地区；其对瓦桑文本的使用应该是正确而有说服力的，这源于其对撒哈拉以南非洲史料的超群把握。Kalck 尤为难得地解释指出，《非洲志》中出现的一些看似错误缺漏的地方，除了记忆模糊或道听途说的原因之外，还应当考虑到"非洲人利奥"在写作时的具体环境，哪些地方是他想要说的，哪些是其有所保留的。Kalck, "Pour une localisation," 546-47。

[8] Oumelbanine Zhiri, *L'Afrique au miroir de l'Europe: Fortunes de Jean Léon l'Africain à la Renaissance* (Geneva: Librairie Droz, 1991); *Les sillages de Jean Léon l'Africain: XVIe au XXe siècle* (Casablanca: Wallada, 1995); "Il compositore' ou l'autobiographie éclatée de Jean Léon l'Africain," in Ali Benmakhlouf, ed., *Le voyage des théories* (Casablanca: Éditions Le Fennec, 2000), 63-80. 受到志日的《欧洲印象中的非洲》一书影响，新一代的文学研究通过使用瓦桑的文本，重新思考关于种族、欧洲之外的性和殖民对于欧洲人想象的影响。尤其见 Kim F. Hall, *Things of Darkness: Economies of Race and Gender in Early Modern England* (Ithaca and London: Cornell University Press, 1995), 28-40，及 Bernadette Andrea, "The Ghost of Leo Africanus from the English to the Irish Renaissance," in Patricia Clare Ingham and Michelle R. Warren, eds., *Postcolonial Moves: Medieval Through Modern* (New York: Palgrave Macmillan 2003), 195-215。另见 Cristel de Rouvray 的网站 www.leoafricanus.com。

[9] Rauch, 237 (引 Raymond Mauny)。拉亨伯格还翻译了瓦桑手稿中关于撒哈拉以南非洲的内容。

[10] Juan León Africano, *Descripción general del África*, ed. and trans. Serafín Fanjul with the assistance of Nadia Consolani (Barcelona and Madrid: Lunwerg Editores, 1995),

introduction, 11-47。与世纪之初的马希侬相似,范居尔也认为这部书的特点是"以意大利语为形式,以阿拉伯语为主题,具有极大的启发性"(43)。更早的一个西班牙语译本译自拉姆西奥的版本,由 Instituto General Franco de Estudios e Investigación Hispano-Árabe 出版于 1940 年。

[11] Muhammad al-Mahdi al-Hajwi, *Hayat al-Wazzan al-Fasi wa-atharuh* (Rabat, 1935). Al-Hasan al-Wazzan, *Wasf Ifriqiya*, trans. Muhammad Hajji (Rabat, 1980); Hajji, *L'activité intellectuelle au Maroc à l'époque Saʿdide*, 2 vols. (Rabat: Dar El-Maghrib, 1976-77). 关于哈吉维的研究和哈吉的翻译,在"非洲人利奥"的学术会议(EHESS,巴黎,2003 年 5 月 22—24 日)上,均有论文重点讨论:分别为 Alain Roussillon, "Une lecture réformiste de Leo Africanus: Patrimonialisation d'un renégat,"及 Driss Mansouri 的论文,二文均将收录于 Pouillon and Zhiri, eds. *Léon l'Africain*。

[12] Amin Maalouf, *Léon l'Africain* (Paris: J.-C. Lattès, 1986), 7, 9. Amin Maalouf, *Les croisades vues par les Arabes* (Paris: J.-C. Lattès, 1983). "Amin Maalouf," in Marcos Ancelovici and Francis Dupuis-Déri, *L'archipel identitaire. Recueil d'entretiens sur l'identité culturelle* (Montréal: Boréal, 1997), 169-72. Amin Maalouf, *Origines* (Paris: Bernard Grasset, 2004), 9-10. 作者对阿明·马鲁夫的访谈,巴黎,1997 年 10 月 17 日。

[13] Ali Benmakhlouf, "Cosmologie et cosmographie au XVIe siècle: Le statut épistémique de la description"; Houari Touati, "La girafe de Léon l'Africain"; Ahmed Boucharb, "La conquête ibérique du littoral marocain d'après la *Description de l'Afrique*: Vision d'une entreprise guerrière en terre d'Islam"; Abdelmajid Kaddouri, "Al-Wazzan de part et d'autre de la Méditerranée: Lire Léon dans une perspective de regards croisés," 所有论文均发表于"非洲人利奥"学术会议(EHESS,巴黎,2003 年 5 月 22—24 日),且将收录于 Pouillon and Zhiri, eds. *Léon l'Africain*。在本书即将付梓之际,我拿到了两位摩洛哥学者的一本著作,其中也论及哈桑: Hamid Triki 和 Amina Aouchar 为节选了瓦桑论菲斯部分的图文并茂的书所写的导言,该书选用了埃帕拉尔的译本(*Fez dans la Cosmographie d'Al-Hassan ben Mohammed al-Wazzan az-Zayyat, dit Léon l'Africain* [Mohammedia, Morocco: Senso Unico Editions, 2004])。

[14] *Historiale Description de l'Afrique, tierce partie du monde ... Escrite de nôtre tems* [sic] *par Iean Leon, African*, trans. Jean Temporal (Lyon: Jean Temporal, 1556/1557). 虽然封面上的出版年份为 1556 年,但根据亨利二世为让·坦普拉尔所发的特许令,印刷实际完成于旧历的 1556 年 1 月 4 日,即新历的 1557 年 1 月 4 日。

[15] Homi Bhabha, *The Location of Culture* (New York and London: Routledge, 1994), chaps. 1,6, 10. Richard White, *The Middle Ground: Indians, Empires and Republics in the Great Lakes Region, 1650-1815* (Cambridge: Cambridge University Press, 1991). Paul Gilroy, *The Black Atlantic. Modernity and Double Consciousness* (Cambridge, Mass.: Harvard University Press, 1993), 29. Natalie Zemon Davis, *Women on the Margins: Three Seventeenth-Century Lives* (Cambridge, Mass.: Harvard University Press, 1995).

[16] 这种研究路径的例子有:Leo Spitzer, *Lives in Between: Assimilation and Marginality in Austria, Brazil, West Africa 1780-1945* (Cambridge: Cambridge University Press, 1989) and Mercedes Garcia-Arenal and Gerard Wiegers, *A Man of Three Worlds: Samuel Pallache,*

a Moroccan Jew in Catholic and Protestant Europe, trans. Martin Beagles (Baltimore: Johns Hopkins University Press, 2003)。

第一章　伊斯兰世界

[1] MS Vat. Ar. 115, 295v，梵蒂冈图书馆。Levi Della Vida, *Ricerche*, 102, 155; Rauch, 69, 463. EpiP, 68. 有关阿拉伯文姓名部分，参见 Jacqueline Sublet, *Le voile du nom. Essai sur le nom propre arabe* (Paris: Presses universitaires de France, 1991)，导论。

[2] *CGA*, 66v-67r, 85v-86r. 抄写员常常在页面两侧用斜体标注数字，如 /4/，但在此，第一行字迹较第二行深，第二行很浅。Ram, 92, 110-11; Ép, 99, 120-21 （同拉姆西奥版）。拉姆西奥拥有另一部非洲记手稿的可能性非常大，参见第三章。在整个注释中，在引用瓦桑非洲记手稿（*CGA*）的页码时，我也同时注明 1978 年版拉姆西奥《远航行记》（Ram）和埃帕拉尔法文译本（Ép）中的相应页码。手稿与各印刷版本存在诸多不同，我仅在注释中说明与本书观点直接相关的部分。在这种情况下，我还会引用 1563 年威尼斯版《远航行记》（以下作 *DAR*）的页码，这也是 1978 年版所依据的原书。鉴于 1978 年版对一些意大利语单词进行了修订，改为现代的拼写形式，所有出自拉姆西奥版瓦桑《非洲志》的直接引语，均引自 1563 年威尼斯版。

[3] 有关葡萄牙在萨菲等地扩张的最完整的原始资料集，可见 *SIHMP*，第一卷（1486 年 7 月—1516 年 4 月）。瓦桑为之传递消息的柏柏尔人名为叶海亚－尤－塔夫特；关于此人，参见 151-61，177-78，191，197，271-80，316-29，335-53，381，545-58，596-637，642-63。他被驻萨菲的葡萄牙总督 Nuno Fernandes de Ataíde 任命为上尉。总督于 916/1510 年夏由里斯本抵达萨菲。叶海亚自 1507 年夏后便一直在里斯本，1510 年可能与其同行回到萨菲，但在 1510 年 12 月葡军围攻萨菲的战报中并未出现他的名字，第一次明确提到其在摩洛哥活动的时间为 1511 年 10 月。叶海亚担任的角色是收税官、萨菲周围社区的法律制定者和军事领袖，见于 918/1512 至 921/1514 年的文件。据瓦桑所说，与叶海亚－尤－塔夫特会面时，后者正率五百名葡萄牙骑兵和两千名阿拉伯骑兵逼近马拉喀什。有孤证显示这次军事行动发生于 918/1512 年初夏，*SIHMP*, 1: 335-36; Damião de Góis, *Crónica do Felicíssimo Rei D. Manuel*, ed. J. M. Teixeira de Carvalho and David Lopes, 4 vols. (Coimbra: Universidade de Coimbra, 1926) 3:125-28, chap. 35; Matthew T. Racine, "Service and Honor in Sixteenth-Century Portuguese North Africa: Yahya-u-Taʿfuft and Portuguese Noble Culture," *Sixteenth-Century Journal* 32 (2001): 71-80. *CGA*, 86r.

[4] 拉亨伯格认为 *CGA* 中出现的 "4" 是瓦桑有意为之，而非抄写员的失误（Rauch, 33-36）。因此，他将瓦桑的出生年代推迟至 900/1494 年。拉亨伯格的观点却难以与证据吻合，如这就难以解释瓦桑与叶海亚－尤－塔夫特于 917/1511 年的会面了。根据拉亨伯格所认定的时间，瓦桑在 10 岁时便将自己在王陵收集的碑铭献给了菲斯的苏丹朝廷；12 岁时便在血雨腥风的政治斗争中与萨菲的大阴谋家进行了重要的谈话；16 岁时就已能够独自作为使臣受命完成重要的外交使命了，而根据瓦桑的自述，这个年龄他还在叔父的指导下刚刚进行入门学习。

[5] Rachel Arié, *L'Espagne musulmane au temps des Nasrides (1232-1492)* (Paris: Éditions de Boccard, 1973), 52-62, 302. Al-Idrisi, *La Première Géographie de l'Occident*, ed. Henri

Bresc and Annliese Nef, trans. Jaubert and Annliese Nef (Paris: Flammarion, 1999), 289. 'Abd al-Basit ibn Halil, "El Reino de Granada en 1465-66," in J. Garcia Mercadal, trans., *Viajes de estranjeros por España y Portugal*, 3 vols. (Madrid: Aguilar, 1953), 1:255-56.

[6] Miguel Ángel Ladero Quesada, *Granada después la conquista: Repobladores y mudéjares* (Granada: Diputación Provincial de Granada, 1988), 235-43. Catherine Gaignard, *Maures et chrétiens à Grenade, 1492-1570* (Paris: Éditions L'Harmattan, 1997), 59-65. Arié, Espagne, 293-95. 我在格兰纳达大学图书馆所藏15世纪的格兰纳达公证文书的提要中，未发现任何提及瓦桑这一姓氏的记录。(BHR/caja C, 提要载于 Luis Seco de Lucena Paredes, "Escrituras árabes de la universidad de Granada," *Al-Andalus* 35 [1970]: 315-53）；对这些史料卓有研究的 Maya Shatzmiller 也未见过这个姓氏。当然，格兰纳达现存的史料只是历经多年后残存的一小部分而已。

[7] Rachel Arié, *Aspects de l'Espagne musulmane. Histoire et culture* (Paris: De Boccard, 1997), 11-13. Gaignard, *Maures*, 93, 193-94. Federico Corriente, *A Grammatical Sketch of the Spanish Arabic Dialect Bundle* (Madrid: Instituto Hispano-Arabe de Cultura, 1977), 6-8, and *Árabe andalusí y lenguas romances* (Madrid: Editorial Mapfre, 1992), 33-35. Mark Meyerson, *The Muslims of Valencia in the Age of Fernando and Isabel: Between Coexistence and Crusade* (Berkeley and Los Angeles: University of California Press, 1991), 227-30. Reinhold Kontzi, "La transcription de textes aljamiados," in Abdejelil Temimi, ed., *Las prácticas musulmanas de los moriscos andaluces (1492-1609). Actas del III Simposio Internacional de Estudios Moriscos* (Zaghouan, 1989), 99.

[8] Arié, *Espagne*, 164-78. Fernando de Zafra to Ferdinand and Isabella, October 1493, in Miguel Salvá and Pedro Sainz de Baranda, eds., *Colección de Documentos Inéditos para la Historia de España*, 112 vols. (Madrid, 1842-95), 11:552-55. Angel Galán Sánchez, *Los mudéjares del reino de Granada* (Granada: Universidad de Granada, 1991), 39-62. Gaignard, *Maures*, 23-37, 67, 121-29, 210-23, 251-52. José Enrique López de Coca Castañer, "Granada y el Magreb: La emigracion andalusí (1485-1516)," in Mercedes García-Arenal and María J. Viguera, eds., *Relaciones de la península Ibérica con el Magreb siglos XIII-XVI. Actas del Coloquio (Madrid, 17-18 diciembre 1987)* (Madrid: CSIC, 1988), 409-51.

[9] *CGA*, 71r-v, 169v. Ram, 97, 187-88; Ép, 105, 202. Hieronymus Münzer, *Viaje por España Portugal (1494-1495)*, trans. José López Toro (Madrid: Ediciones Polifemo, 1991), 129-31. Christoph Weiditz, *Authentic Everyday Dress of the Renaissance: All 154 Plates from the "Trachtenbuch,"* ed. Theodor Hampe (New York: Dover Publications, 1994), plates 79-88; Gaignard, *Maures*, 201-6; Fathia Harzallah, "Survie grenadine à travers le costume féminin et les recettes culinaires, en Tunisie, au XVIIe siècle," in Fatma Haddad-Chamakh and Alia Baccar-Bournaz, eds., *L'écho de la prise de Grenade dans la culture européene aux XVIe et XVIIe siècles. Actes du Colloque de Tunis 18-21 novembre 1992* (Tunis: Cérès, 1994), 85-86. A. J. Wensinck, "Khitan," *EI2*, 5:20-22.

[10] Galán Sánchez, *Mudéjares*, 63. Vincent Lagardère, *Histoire et société en Occident*

musulman au Moyen Âge: Analyse du "Miʿyar" d'al-Wansharisi (Madrid: Casa de Velázquez, 1995), 48, no. 182. Jamil M. Abun-Nasr, *A History of the Maghrib in the Islamic Period* (Cambridge: Cambridge University Press, 1987), 142. Mercedes García-Arenal, "Sainteté et pouvoir dynastique au Maroc: La résistance de Fès aux Saʿdiens," *Annales.ESC* 45 (1990): 1029-30.

[11] *CGA*, 99v, 155r, 163v, 203r, 240r-v. Ram, 123, 176, 183, 214, 251; Ép, 136, 198, 207, 241-42, 287-88.

[12] Jean Brignon, Abdelaziz Amine, Brahim Boutaleb, et al., *Histoire du Maroc* (Casablanca: Librairie Nationale, 1994), 185-89. *Le Maroc andalou: À la découverte d'un art de vivre* (Casablanca: EDDIF and Aix-en-Provence: Édisud, 2000), 86-130. *CGA*, 137v-140r, 159r-v, 192v-195r. Ram, 160-64, 179-80, 206-8; Ép, 182-85, 202-3, 232-35.

[13] *CGA*, 173r-v. Ram, 191; Ép, 215-16.

[14] *CGA*, 140r-142r. Ram, 162-64; Ép, 184-86. Muhammad B. A. Benchekroun, *La vie intellectuelle marocaine sous les Mérinides et les Wattasides* (Rabat, 1974), 56-75; Hajji, *Activité*, 95-132; Fernando Rodríguez Mediano, *Familias de Fez (SS. XV-XVII)* (Madrid: Consejo Superior de Investigaciones Científicas, 1995), 32-53.

[15] Benchekroun, *Vie*, 385-401, 486-88; Hajji, *Activité*, 233-334, 399-400; Mediano, *Familias*, 43-50. David S. Powers, *Law, Society, and Culture in the Maghrib, 1300-1500* (Cambridge: Cambridge University Press, 2002), 407. E. Lévi-Provençal, *Les historiens des Chorfa: Essai sur la littérature historique et biographique au Maroc du XVIe au XXe siècle* (Paris: É. Larose, 1922), 226-29. Ali Fahmi Khushaim, *Zarruq the Sufi* (Tripoli: General Company for Publication, 1976), 189-202; García-Arenal, "Sainteté," 1034; Muhammad Kably, *Société, pouvoir et religion au Maroc à la fin du Moyen-Âge (XIVe-Xve siècle)* (Paris: Maisonneuve and Larose, 1986), 317-18. *CGA*, 219r-v. Ram, 231; Ép, 262.

[16] *CGA*, 142v-144r. Ram, 165-66; Ép, 187-88. Hajji, *Activité*, 141, 151-52.

[17] *CGA*, 75v, 78v（在另一处谈到其菲斯学生时代的朋友们，后来成为马拉喀什境内上阿特拉斯地区的法学家）. Ram, 101, 104; Ép, 109, 112.

[18] *CGA*, 172r-v. Ram, 190; Ép, 214-15. Hajji, *Activité*, 107. 瓦桑描写了在马林王朝苏丹们的统治时期，还有更为盛大的圣纪节庆祝仪式，其中包括由苏丹本人向获胜的诗人颁发大奖。而在瓦塔斯王朝，"大约三十年前"，苏丹便不再进行正式的圣纪节庆典了（172v；拉姆西奥版中为"一百三十年"，但根据朝代更迭的时间来看，*CGA* 中的"三十年"似乎更加合理）。Roger Le Tourneau, *Fez in the Age of the Marinides*, trans. Besse Albert Clement (Norman: University of Oklahoma Press, 1961), 142-43; Kalby, *Société*, 285-88.

[19] *CGA*, 85v, 125r-126r. Ram, 110, 148-49; Ép, 120, 168. 关于一年一度塔吉亚（今为穆莱布阿扎）的朝圣，详见第六章，第 169—170 页（边码）。关于当时的萨菲，参见 *SIHMP*, 1:152-53，及 Vincent J. Cornell, "Socioeconomic Dimensions of Reconquista and Jihad in Morocco: Portuguese Dukkala and the Saʿdid Sus, 1450-1557," *International Journal of Middle East Studies* 22 (1990): 383-92; 该研究中还收录了许多摘自艾哈迈德·布沙贝的 *Dukkala wa'l-istiʿmar al-Burtughali ila sanat ikhla' Asafi wa Azammur*

(Casablanca, 1984) 中的珍贵史料。

[20] *CGA*, 433r. Ram, 429; Ép, 537-38. 拉姆西奥在其印刷版中还有一处提到了位于"波斯 Tauris 城"的一个出售药材和香料的市场（Ram, 177；亦见于 Ép, 200），但未见于 *CGA* 手稿中。瓦桑只是谈到，他在其他地方都没有见到过同菲斯的香料和药材市场相似的地方（*CGA*, 157r）。尽管马苏迪所描写的旅行大多数是确有其事，但也有一些是虚构的，系摘自其他早期的作品（Houari Touati, *Islam et voyage au Moyen Âge* [Paris: Éditions du Seuil, 2000], 151-52）。

[21] *CGA*, 191r-v. Ram, 204-5; Ép, 230-31.

[22] *CGA*, 33r-v, 99v-101v, 459r. Ram, 55-56, 123-25, 454; Ép, 53, 136-38, 571-72.

[23] 与商队一起进行的旅行，见 *CGA*, 21r, 31r, 359v-360r. Ram, 38-39, 53, 357; Ép, 38, 51, 431。运盐的这一段故事发生于撒哈拉沙漠的塔阿扎（今为 Terhazza），见 *CGA*, 374r-v. Ram, 371; Ép, 455-56。

[24] *CGA*, 31r-32v. Ram, 53-55; Ép, 51-52. 虽然瓦桑从未用"商人"自称，但拉姆西奥在本段开始处用到了这个词（*DAR*, 8v）："许多菲斯的商人一起离开"（partiti insieme molti mercatanti da Fez）。

[25] Levi Della Vida, *Ricerche*, 101："orator Regis fezze." *CGA*, 236v-238v, 250r-253r, 254v-255r, 266v-267r. Ram, 247-49, 250-61, 263, 274; Ép, 283-85, 300-304, 316. E. Fagnan, ed. and trans., *Extraits inédits relatifs au Maghreb (Géographie et histoire)* (Algiers: Jules Carbonel, 1924), 335. Abun-Nasr, *Maghrib*, 206-8; Brignon et al., *Maroc*, 171-79. Weston F. Cook, Jr., *The Hundred Years War for Morocco: Gunpowder and the Military Revolution in the Early Modern Muslim World* (Boulder, Colo.: Westview Perss, 1994), 30-39, 109-15. 苏丹穆罕默德·布图加利之弟纳西尔在重要的柏柏尔部落 Chawiya, 娶了沙伊赫的两个女儿为妻（*SIHMP*, 1:438-39, 555）。有关于此的概论，可参见 Philip S. Khoury and Joseph Kostiner, eds., *Tribes and State Formation in the Middle East* (Berkeley and Los Angeles: University of California Press, 1990), pt. 1。

[26] *SIHMP*, 1:17-35, 151-61, 394-402, 434-45. Abun-Nasr, *Maghrib*, 207-9; Brignon et al., *Maroc*, 174-77; Cornell, "Socioeconomic Dimensions," 387-89, 393-94; Cook, *Hundred Years War*, chaps. 3-5. Robert Ricard, *Études sur l'histoire des portuguais au Maroc* (Coimbra: Universidade da Coimbra, 1955), chaps. 1-3, 7, 9. Bernardo Rodrigues, *Anais de Arzila*, ed. David Lopes, 2 vols. (Lisbon: Academia das Ciências de Lisboa, 1915). *Chronique de Santa-Cruz du Cap de Gué (Agadir)*, ed. and trans. Pierre de Cenival (Paris: Paul Geuthner, 1934), 20-39. Góis, *Crónica*, 3:45-57, 160-85, 230-46.

[27] *CGA*, 218v-219r. Ram, 230; Ép, 262. Abun-Nasr, *Maghrib*, 207; Cook, *Hundred Years War*, 111-12, 126-27, 150.

[28] *SIHMP*, 1:151-61, 177-78, 191, 197, 316-25, 335-53, 373, 381-84, 545-58, 596-97, 601-2, 619-29, 630-37, 642-48, 658-63; Pierre Gros, "Deux Kanouns marocains de début du XVIe siècle," *Hespéris* 18 (1934): 64-75. *CGA*, 83r-85v. Ram, 108-10; Ép, 118-20. 关于叶海亚-尤-塔夫特的更为深入的研究，另可参见 Racine, "Service"。

[29] *CGA*, 85v-86r. Ram, 110-11; Ép, 120-21. 军事行动的细节可以使我们将这封给叶海亚-尤-塔夫特的信件的时间确定在 918/1512 年夏初，除此之外，还有政治方面

的证据。尽管叶海亚战胜了马拉喀什的苏丹，但很快受到了疑心重重的葡萄牙总督等人的控告，指责其接受战败苏丹馈赠的礼物，私下与其媾和（*SIHMP*, 1:337-53; Racine, "Service," 74-77）。对于菲斯苏丹和苏斯的埃米尔来说，这正是拉拢他的大好机会。

[30] Abun-Nasr, *Maghrib*, 206-11; Brignon et al., *Maroc*, 206-8; Hajji, *Activité*, 45-48. Kalby, *Société*, 252, 317-19, 329-30, 334-35, 332. García-Arenal, "Sainteté," 1029-36. Dahiru Yahya, *Morocco in the Sixteenth Century: Problems and Patterns in African Foreign Policy* (London: Longman, 1981), 2-7. Cornell, "Socioeconomic Dimensions," 395-99; Vincent J. Cornell, *Realm of the Saint: Power and Authority in Moroccan Sufism* (Austin: University of Texas Press, 1998), chap. 6.

[31] Abun-Nasr, *Maghrib*, 209-11; Hajji, *Activité*, 48-49; Cornell, *Realm*, chap. 8. *CGA*, 86r, 89v-90r, 93r. Ram, 110, 114, 117; Ép, 120, 125, 130. *SIHMP*, 1:687-92.

[32] Fagnan, ed., *Extraits*, 361. Cornell, *Realm*, 258-60; Cornell, "Socioeconomic Dimensions," 398. *SIHMP*, 1:256, 256 n.3.

[33] *CGA*, 49v-50v, 52r, 54r-v（"ragione contra la lege publica"）, 55v, 56v, 57v, 59v, 62v, 63v-64r, 82v, 86r, 89v-90r. Ram, 75, 77, 79, 81-83, 85, 87, 89, 107-8, 110, 114; Ép, 78, 80, 82, 84-86, 89, 92, 94, 117, 120, 125. García-Arenal, "Sainteté," 1024-26; Cornell, *Realm*, 247-63.

[34] Bernard Rosenberger 曾追踪其行踪，见"Jean Léon l'Africain: Une carrière politique au service du sultan Wattasside de Fès,""非洲人利奥"学术会议（EHESS, 巴黎, 2003年5月22—24日），即将刊于 Pouillon and Zhiri, eds., *Léon l'Africain*。

[35] Abun-Nasr, *Maghrib*, 6-9. *CGA*, 34v-35v (35v: "Acqua di Nuisan"), 258v-259r, 449r-451r. Ram, 57-59, 267-68, 445-46; Ép, 54-56, 308-9, 561-62. Wehr, 1131（"nusu"）。

[36] *CGA*, 104r-110r, 130r-132r, 219r-v. Ram, 127-33, 152-54 [*DAR*, 30v] 将瓦桑所在瓦塔斯朝的骑兵数量由 5000 增至 50000 人，并做了其他一些改动，以使葡萄牙的战败不致过于耻辱），231; Ép, 142-47, 172-75, 262. *SIHMP*, 1:695-702, 728-31; Góis, *Crónica*, 3:243-46, chap. 76; Cook, *Hundred Years War*, 154. 玛目拉为今天的 Mehdiya。

[37] *CGA*, 93r, 109v-110r, 131v-132r, 219r-v, 253r. Ram, 117, 132, 154, 231, 261; Ép, 130, 147, 174-75, 262, 302. *SIHMP*, 1:695-702, 728-31.

[38] *CGA*, 33v, 115v, 354r-v, 356r-359r. Ram, 55, 138, 352-53, 354-56; Ép, 53, 153, 424-25, 428-30. Abun-Nasr, *Maghrib*, 49-50, 107, 112. 西吉尔马萨地区今天为 Tafilalt 绿洲，其中心为贸易城镇 Rissani。753年一月（Muharram）/1352年2月，伊本·白图泰由西吉尔马萨出发往南穿过撒哈拉沙漠前往廷巴克图，754年八月（Shaʿban）/1353年9月由阿伊尔的 Takadda 启程返回西吉尔马萨（Ibn Battuta, *Ibn Battuta in Black Africa*, trans. Said Hamdun and Noël King [Princeton, N.J.: Markus Wiener Publishers, 1994], 30, 73）。瓦桑称，如果驼队在9月中旬沙漠的寒冷季节来临以前穿越沙漠，就非常危险，因为沙暴很有可能会掩盖住水井。拉亨伯格强调应当在12月之前雨季时出发，相应地可以确定瓦桑启程的时间大约1512年9—11月间（Rauch, 52 n.224, 53）。

[39] 有关马里和桑海帝国以及阿斯基亚·穆罕默德，参见 Hunwick, *Timbuktu*, 尤其

注　释（第一章）　—— 275

是 xxxvi-liv, 13-16, 91-117。John O. Hunwick, *Shari'a in Songhay: The Replies of al-Maghili to the Questions of Askia al-Hajj Muhammad* (Oxford: Oxford University Press, 1985); Edward William Bovill, *The Golden Trade of the Moors*, 2nd ed. (Princeton, N.J.: Markus Wiener Publishers, 1995), chaps. 9, 15. Mahmud Kati, *Tarikh el-Fettach ou Chronique du chercheur pour servir à l'histoire des villes, des armées et des principaux personnages du Tekrour*, trans. O. Houdas and M. Delafosse (Paris: Librairie d'Amérique et d'Orient, 1964), 尤其见 chap. 6。Sékéné Mody Cissoko, *Tombouctou et l' Empire Songhay* (Paris and Montréal: L'Harmattan, 1996). CGA, 374v, 381r. Rauch, 276; Ram, 371, 378; Ép, 455, 468.

[40]　CGA, 377v. Rauch, 262（拉亨伯格对瓦桑手稿中有关黑非洲的内容有精准的翻译，在此标注其页码）; Ram, 374; Ép, 462-63.

[41]　Hunwick, *Shari'a*, chaps. 2, 4, 5, 尤其见第 118—131 页论 *takfir*（宣布某人为异教徒）和吉哈德的内容。J. O. Hunwick, "Notes on Slavery in the Songhay Empire," in John Ralph Willis, ed., *Slaves and Slavery in Muslim Africa*, 2 vols. (London: Frank Cass, 1985), 2:16-20. 有关马吉利鼓动攻击犹太人以及对他们在绿洲城镇的地位问题的法律讨论，详见下文第六章。

[42]　CGA, 382r, 385r. Rauch, 280, 292; Ram, 379, 382; Ép, 468, 473.

[43]　Hunwick, *Timbuktu*, 55, 67, 74, 80, 97. Hajji, *Activité*, 84. Elias Saad, *Social History of Timbuktu: The Role of Muslim Scholars and Notables, 1400-1900* (Cambridge: Cambridge University Press, 1983), 39, 66-67. CGA, 382r. Rauch, 280; Ram, 379; Ép, 468-69.

[44]　CGA, 380v-382v. Rauch, 274-282; Ram, 377-79; Ép, 467-69. Ibn Battuta, *Black Africa*, 49. Hunwick, *Timbuktu*, xxxviii, xlviii.

[45]　CGA, 378v-380v, 382v-384v. Rauch, 266-72, 282-90; Ram, 376-77, 379-81; Ép, 464-66, 469-72. Hunwick, *Timbuktu*, xlvii-xlviii. Cissoko, *Tombouctou*, 101-6. 瓦桑在《非洲书》的前半部分写道："我们航行[尼日尔河]，从东部的廷巴克图王国出发，顺流而下前往位于西部的杰内王国或马里王国"（CGA, 3r; Ram, 21; Ép, 5）。由于尼日尔河的流向为自西向东，因此有学者根据这一段话，认为瓦桑并未到过杰内和马里。虽然这可能是瓦桑的一种夸大的说法，但值得注意的是，这段话出自于其有关地理学的讨论：尼日尔河和尼罗河是共同发源于东方的同一条河（学者们的普遍观点），还是有各自发源地的两条不同的河流（可能是当地船夫和商人的观点）。瓦桑使用代词"我们"，而不是他通常用以自称的"他"（见下文第八章），说明这次坐船的旅行是与其叔父一起进行的。学术上的普遍观点，以及由于自少年时代至今年代久远，可能会影响到瓦桑对尼日尔河流向的观察。无论如何，918/1512 年，瓦桑正式独立出访期间，应该不可能有时间进行这样的长途旅行。

[46]　CGA, 385r-386r. Rauch, 292-98; Ram, 382-83; Ép, 473-75. Hunwick, *Timbuktu*, xli; Hamani, *Au carrefour*, 171-73, 181-83. 据《阿伊尔苏丹国编年史》(*The Chronicle of the Sultanate of Aïr*) 记载，907—8/1502 年起，Muhammad Al-Adil 和 Muhammad Ahmad 两兄弟同为苏丹共同执政长达十年；但瓦桑仅提到了一位苏丹，因此可以推测在919/1513年瓦桑访问时，Muhammad Ahmad 已去世(Hunwick, *Timbuktu*, 71; H. R. Palmer, *Sudanese Memoirs. Being mainly translations of a number of Arabic Manuscripts*

relating to the Central and Western Sudan, 3 vols. [London: Frank Cass, 1967], 3:48; Hamani, *Au carrefour*, 173）。Hamani 发现瓦桑对阿伊尔北部及其以北的沙漠地区的地理描述并不准确，但又指出瓦桑对阿加德兹及该城以南地区的描述是准确的。因此他得出结论，瓦桑从未到过阿加德兹，并且"从未踏足廷巴克图以东的任何地方"。事实上，其有关阿加德兹的情况完全来自在廷巴克图时与他人的交谈（177-78, 181, 184；另，瓦桑在地理描述中的不准确之处，见 Ép, 449 n.160, 451 n.162）。有关"Targa 人居住的沙漠"不准确的描述，可以从哈桑·瓦桑其实并没有穿行过该沙漠（他两次往南的行程走的都是经西吉尔马萨和塔阿扎的路线，而由加奥去阿加德兹也是走的往南路线）得到解释，而且该书的写作是多年之后在意大利完成的，写作时缺少完整的笔记，也无法获得任何资料及与人进行查证（见下文第四章）。他关于阿加德兹详细而准确的描述，得自于实际的访问才是更合理的看法。

[47]　Hamani, *Au carrefour*, 162-63, 168-69, 192. E. M. Sartain, *Jalal al-din al-Suyuti. Biography and background*, 2 vols. (Cambridge: Cambridge University Press, 1975), 1:50-52.

[48]　瓦桑前往博尔努的路线，似乎是经过了戈比尔（Gobir）、卡齐纳（Katsina）和卡诺（Kano）等豪萨人地区，阿斯基亚·穆罕默德在不久之后便进攻了该地区，但从未取得完全的控制。桑海对戈比尔的占领，见于学者 Boubou Hama 依据圣人 Malaam Issak 在 912—919/1506—1513 年间的一个文本所做的研究（Boubon Hama, *Histoire du Gobir et de Sokoto* [Paris, 1967], 25-37）。根据 al-Saʿdi 的 *Taʾrikh al-Sudan* 和 Kati 的 *Taʾrikh al-fattash* 记载，阿斯基亚·穆罕默德第一次进攻卡齐纳发生于 919/1514 年底（Hunwick, *Timbuktu*, 113; Kati, *Tarikh*, 147），也就是在瓦桑离开黑非洲的数月之后。瓦桑对豪萨王国的描述中，将戈比尔、卡齐纳、卡诺、扎姆法拉和扎里亚（Zaria）均看做是在桑海的统治之下，尽管没有提到占领的具体时间（CGA, 386r-387v; Rauch, 296-304; Ram, 383-84; Ép, 476-78）。从黑人之国回到菲斯之后，他可能便汇报了自己所听到的各种传闻，或是多年以后在意大利形诸文字，对此他也许是对情况有所混淆或是记忆有误。H. J. Fisher 认为，桑海对豪萨地区的介入非常有限，仅限于阿斯基亚·穆罕默德对卡齐纳的攻击。在未见到前文提及的 Boubou Hama 手稿的情况下，他不相信存在其他的征服行动。他怀疑瓦桑是否曾到过该地区（Fisher, "Leo Africanus," 86-112）。Hunwich 指出，瓦桑可能把所听到的凯比（Kebbi）对豪萨的控制错以为是桑海的占领（*Timbuktu*, 285 n.74）。Cissoko 则是完全接受了瓦桑的记述（*Tombouctou*, 79）。总的来说，对于该地区以及瓦桑的记录，Hunwick 的观点似乎是最有根据和可靠的。无论如何，瓦桑并没有提到他曾在戈比尔、卡诺和卡齐纳等地有过特别长时间的停留。

[49]　*CGA*, 388r-390r. Rauch, 306-14; Ram, 385-87; Ép, 479-81. Ahmad Furtu, *A Sudanic Chronicle: The Borno Expeditions of Idris Alauma (1564-1576) according to the Account of Ahmad B. Furtu*, trans. Dierk Lange (Stuttgart: Franz Steiner Verlag, 1987), 20, 34, 114-17, 158-59. Augustin F. C. Holl, *The Diwan Revisited: Literacy, State Formation and the Rise of Kanuri Domination (AD 1200-1600)* (London and New York: Kegan Paul International, 2000), preface, 15. Palmer, *Sudanese Memoirs*, 3:24-25. Hunwick 注意到，玛伊这种用有待俘获的奴隶付账的方式，至 19 世纪初依然通行于该地区（*Timbuktu*,

291 n.94）。瓦桑在多年后将玛伊的名字记作 Habraam，即 Ibrahim（CGA, 388r），其在书中用以指卡塔卡尔玛比，也就是常用于指玛伊的两个名字之一（Furtu, *Sudanic Chronicle*, 20）。

[50]　CGA, 390r-393r. Rauch, 314-26; Ram, 387-89; Ép, 481-85. Kalck, "Pour une localisation," 529-48; O'Fahey and Spaulding, "Comment," 505-8.

[51]　Linda S. Northrup, "The Babri Mamluk Sultanate, 1250-1390," in Carl F. Petry, ed., *The Cambridge History of Egypt*, 2 vols. (Cambridge: Cambridge University Press, 1998), vol. 1, chap. 10; Jean-Claude Garcin, "The Regime of the Circassian Mamluks," ibid., vol. 1, chap. 11.

[52]　CGA, 405r, 406r, 414r-v（"bellissime mura," "li mirabili Palazi," "bellissime Finestre," etc.）. Ram, 403, 411; Ép, 503-4, 513-14. Dietrich Brandenburg, *Islamische Baukunst in Ägypten* (Berlin: Bruno Hessling, 1966), 197-200. Muhammad ibn Ahmad ibn Iyas, *Journal d'un bourgeois du Caire: Chronique d'Ibn Iyas*, ed., and trans. Gaston Wiet, 2 vols. (Paris: Librairie Armand Colin and SEVPEN, 1955-1960), 1:48-50, 252; 2:90-92. 有关坎苏·扎维利统治时代，参见 Carl F. Petry, *Protectors or Praetorians? The Last Mamluk Sultans and Egypt's Waning as a Great Power* (Albany: SUNY Press, 1994)。

[53]　Ibn Iyas, *Journal*, 1:277-91, 304, 309-13.

[54]　Ibid., 1:152. 有关其他赠送礼品的记载，见 1:240, 242, 249。

[55]　Ibid., 1:80, 184, 195-96, 211, 251, 423-24; 2:167, 220, 335. 关于马格里布的使臣向扎维利控诉穆斯林在格兰纳达所受到的待遇，见 Pietro Martire d'Anghiera 的记载，1501 年他受斐迪南和伊莎贝拉的派遣前往开罗，陈述西班牙收复格兰纳达的正当理由。Pietro Martire d'Anghiera, *Una Embajada de los Reyes Católicos a Egipto según la "Legatio Babylonica" y el "Opus Epistolarum de Pedro Mártir de Angleria*," Latin ed. and trans. Luis García y García (Valladolid: Consejo Superior de Investigaciones Científicas, 1947), 84-87, 109-10; James T. Monroe, trans., "A Curious Morisco Appeal to the Ottoman Empire," *Al-Andalus* 31 (1966): 281-83.

[56]　Ibn Iyas, *Journal*, 1:106, 248-49, 254, 268, 287, 292, 309-10; Petry, *Protectors*, 49-60.

[57]　CGA, 422v-427v. Ram, 418-22; Ép, 523-28. Ibn Iyas, *Journal*, 1:271-73, 287. Petry, *Protectors*, 15. Ahmet Ugr, *The Reigh of Sultan Selim in the Light of the Selim-Name Literature* (Berlin: Klaus Schwarz Verlag, 1985), 222, 225.

[58]　CGA, 52v, 63v. Ram, 77, 89; Ép, 80, 94. 拉亨伯格认为瓦桑返回的时间是在 920 年初 /1514 年春（Rauch, 54），但这就意味着未考虑到瓦桑特意提到其在 919 年访问哈赫和苏斯的记载，结束访问的时间为十二月（Dhu-l-Hijja）的最后一天 /1514 年 2 月 25 日。当然也很有可能是我们的主人公记错了具体的日期。

[59]　Maalouf, *Léon l'Africain*, 247-53. Wiebke Walther, *Women in Islam from Medieval to Modern Times*, trans. C.S.V. Salt (Princeton, N.J.: Markus Wiener Publishers, 1999), 54-55; Abdelwahab Bouhdiba, *La sexualité en Islam* (Paris: Quadrige/Presses Universitaires de France, 1998), 16-24. J. C. Bürgel, "Love, Lust, and Longing: Eroticism in Early Islam as Reflected in Literary Sources," in Afaf Lutfi al-Sayyid-Marsot, ed., *Society and*

the Sexes in Medieval Islam (Malibu, Calif.: Undena Publications, 1979), 86-91, 105-17. Annemarie Schimmel, "Eros-Heavenly and Not So Heavenly," ibid., 121-28. Cornell, *Realm*, 193; Mediano, *Familias*, 123-268，其中提到许多学者世家；关于男子在 21 岁时初为人父的例子，见 148—58, 176—77（伊本・易卜拉欣全名'Abd al-Rahman ibn Muhammad ibn Ibrahim，生于 889/1484 年，逝于 962/1554—55 年；其子生于 910/1504—5 年）。

[60] *CGA*, 165v-170r. Ram, 185-88 (185: 拉姆西奥将穆斯林婚俗中新郎给新娘的聘礼，改为欧洲风俗中新娘父亲给新郎的嫁妆); Ép, 209-12（沿用了拉姆西奥所修改的女方给男方嫁妆的说法）。迪特里希・拉亨伯格亦对拉姆西奥和埃帕拉尔对 *CGA*, 165v-169v 所做的改动有过分析，见 "Jean-Léon l'Africain et son manuscrit de 1526 vus à travers sa description des cérémonies de mariage à Fez,""非洲人利奥"学术会议 (EHESS, 巴黎，2003 年 5 月 22—24 日)，将刊于 Pouillon and Zhiri, eds., *Léon l'Africain*。关于马格里布的彩礼和嫁妆，见 Lagardère, *Histoire*, 91-110 中由万沙里斯的 *Mi'yar* 中所选取的案例，及 Maya Sharzmmiller, "Women and Property Rights in al-Andalus and the Maghrib: Social Patterns and Legal Discourse," *Islamic Law and Society* 2 (1995): 231-36。

[61] *CGA*, 139r-v, 164r-v. Ram, 161-62, 183-84; Ép, 183-84, 208.

[62] 关于丈夫失踪期间，对于妻子守节的要求，参见 Émile Amar, ed. and trans., *Consultations juridiques des faqihs du Maghreb*, in *Archives marocaines* 12 (1908): 428-29. Ibn Khaldun, *Le voyage d'Occident et d'Orient. Autobiographie*, trans. Abdesselam Cheddadi, 2nd ed. (Paris: Sindbad and Arles: Actes Sud, 1995), 87, 158. 此处所译之自传文本摘自 *Ta'rif*，为伊本・赫勒敦历史巨著《世界通史》末卷的最后一节（27—28）。

[63] Ross Dunn, *The Adventures of Ibn Battuta, a Muslim Traveler of the 14th Century* (Berkeley and Los Angeles: University of California Press, 1986), 39, 62, 207, 233-35, 237. Ibn Battuta, *Voyages*, ed. Stéphane Yerasimos, trans. C. Defremery and B. R. Sanguinette, 3 vols. (Paris: Librairie François Maspero and Éditions La Découverte, 1982-97), 1:89-90.

[64] *CGA*, 364r-365r. Ram, 361-62 ([*DAR*, 75r] 为瓦桑经常与阿卜杜拉往来，而非住在其家中); Ép, 437-38（同拉姆齐奥的改动）。Walther, *Women*, 65, 172; Ibn Abi Zayd al-Qayrawani, *La Risâla, Ou Epître sur les éléments du dogme et de la loi de l'Islam selon le rite Mâlikite*, trans. Léon Bercher (Paris: Éditions IQRA, 1996), chap. 32, 143-45.

[65] *CGA*, 96r, 132r. Ram, 120, 154; Ép, 133, 175 及 175 n.81 讨论了瓦桑出发时间的相关问题。

[66] Abun-Nasr, *Maghrib*, 147-50, 168-69; Charles-André Julien, *Histoire de l'Afrique du Nord (Tunisie, Algérie, Maroc) de la conquête arabe à 1830*, 2nd ed., 2 vols. (Paris: Payot, 1964), 2:250-57. Ibn Iyas, *Journal*, 1:211, 252. *CGA*, 230v, 242r-v, 271v-272r, 282v-283r, 288r-288v, 292v-293r, 339v, 343r. Ram, 241, 252-53, 278, 292, 295-96, 337, 340; Ép, 275, 290, 324-25, 336, 341-42, 346, 401, 406. Muradi, *La vida, y historia de Hayradin, llamado Barbarroja: Gazavat-I Hayreddin Paşa*, ed. Miguel A. de Bunes and Emilio Sola and trans. Juan Luis Alzamora (Granada: Servicio de Publicaciones de la Universidad de

Granada, 1997), 40-48.

[67] *CGA*, 281v-283r. Ram, 287-88; Ép, 335-36. Abun-Nasr, *Maghrib*, 149. Muradi, *Vida*, 52-56.

[68] *CGA*, 296r-297r. Ram, 297-98; Ép, 348-49. Abun-Nasr, *Maghrib*, 149; Julien, *Histoire*, 2:255. Muradi, *Vida*, 50-51.

[69] *CGA*, 296r-297r, 302r-303r. Ram, 297-98, 306; Ép, 348-49, 361-62. Abun-Nasr, *Maghrib*, 149-50; Julien, *Histoire*, 2:255-56.

[70] *CGA*, 317r-328r. Ram, 319-27; Ép, 378-88. Julien, *Histoire*, 2:250. Robert Brunschvig, *La Berbérie orientale sous les Hafsides des origines à la fin du XVe siècle*, 2 vols. (Paris: Librairie d'Amérique et d'Orient, 1940-47), 1:280, 366 n.5; 2:288-316, 364; Ahmad ʿAbd al-Salam, *Les historiens tunisiens des XVIIe, XVIIIe et XIXe siècles* (Paris: C. Klincksieck, 1973), 24-25. Jelloul Azzouna, "Apport maghrébin à la musque andalousie: Le cas de la Tunisie," in Haddad-Chamakh and Baccar-Bournaz, eds., *Écho*, 383-90.

[71] Abun-Nasr, *Maghrib*, 149.

[72] Ibn Iyas, *Journal*, 1:347, 350, 364, 369, 411, 423, 427. Ugr, *Selim*, 232. Petry, *Protectors*, 24, 49-51.

[73] Ibn Iyas, *Journal*, 2:65-67, 139-43. Petry, *Protectors*, 25-26. H. Jansky, "Die Eroberung Syriens durch Sultan Selim," *Mitteilungen zur osmanischen Geschichte* 2 (1923-26): 173-241.

[74] Leslie Peirce, *The Imperial Harem: Women and Sovereignty in the Ottoman Empire* (New York and Oxford: Oxford University Press, 1993), 65. Abun-Nasr, *Maghrib*, 155-56: "从 1517 年阿鲁日侵略特莱姆森时起，奥斯曼帝国似乎就将菲斯的瓦塔斯王朝视为潜在的盟友，以共同对抗西班牙。"

[75] *CGA*, 420v, 411v, 420r. Ram, 399, 409, 416; Ép, 499, 510, 520. Ibn Iyas, *Journal*, 2:139-98.

[76] Marino Sanuto, *I Diarii di Marino Sanuto*, 58 vols. (Bologna: Forni Editore, 1969, 1879-92 年威尼斯版的重印本), 26: 195.

[77] Ibn Iyas, *Journal*, 2:196-98. *CGA*, 431r-432v. Ram, 427-29; Ép, 535-37.

[78] G. Wiet, "*Kuna*," *EI2*, 5:385-86. Ibn Battuta, *Voyages*, 1:147, 2:135.

[79] *CGA*, 423v ("il barcharoli che menorono ipso compositore dal Chairo fine alla ciptade Asuan et con quelli essare tornato fine da Chana [Qina] et de indi andato per el deserto allo Mare roseio lo quale ha trapassato all banda de la Arabia deserta al Porto del Iambuh [Yanbu] et de Gedda [Jeddah]"). Ram, 429; Ép, 537. Ibn Battuta, *Voyages*, 1:259-350. *CEI*, 214-16, 313-16. Jacques Jomier, *Le mahmal et la caravane égyptienne des pèlerins de La Mecque, XIIIe-XXe siècles* (Cairo: Institut Français d'Archéologie Orientale, 1953), chaps. 1-2, 4, 6. Ibn Iyas, *Journal*, 1:85, 163, 321, 324; 2:188, 208. Le Tourneau, *Fez*, 137-38.

[80] Ibn Iyas, *Journal*, 2:217, 228.

[81] Ibn Khaldun, *Voyage*. W. Björkman, "Diplomatic," *EI2*, 2:303. *CGA*, 198r, 253r ("lettere de Favore del Re"), 269r ("salvo conducto"), 359v. Ram, 210, 261, 275, 357; Ép, 237,

302, 318, 431. Jean Thenaud, *Le voyage d'outremer (Égypte, Mont Sinay, Palestine) de Jean Thenaud, suivi de la Relation de l'ambassade de Domenico Trevisan auprès du Soudan d'Égypte, 1512*, ed. Charles Schefer (Paris: Ernest Leroux, 1884), 28.

[82] CGA, 93r, 94v, 97r, 285r. Ram, 117, 119, 121, 289-90 ([DAR, 60v] 删去了关于仆人的记录); Ép, 130-31, 134, 338. Ibn Iyas, *Journal*, 1:238, 252.

[83] CGA, 55v, 67r, 77r, 93r, 94r-v, 97r, 100r, 285r, 297r. Ram, 81, 92, 103, 117, 119, 121, 124, 289-90 ([DAR, 60v] 删去了为准备前往突尼斯购买帐篷绳索的记录); Ép, 84, 99, 111, 130-31, 134, 137, 338-39, 349. 关于在开罗为外交使臣安排住宿的记载，见 Ibn Iyas, *Journal*, 1:238, 248, 252; Thenaud, *Voyage*, 22-23, 36。

[84] CGA, 199r, 281v, 325r, 327v, 422v. Ram, 211, 287, 325-26, 418; Ép, 238, 335, 386-87, 523-24. Ibn Iyas, *Journal*, 1:213 ("l'introducteur des ambassadeurs"), 249, 251, 356. Hunwick, *Timbuktu*, 145 and 145 n.2; Cissoko, *Tombouctou*, 106.

[85] CGA, 99v, 381v. Ram, 123-24; Ép, 137, 468. *SIHME*, 1:652. Thenaud, *Voyage*, 45; Ibn Iyas, *Journal*, 1:238.

[86] Ibn Iyas, *Journal*, 1:238, 242; 2:9-10.

[87] Ibn Battuta, *Black Africa*, 45. Thenaud, *Voyage*, 43.

[88] CGA, 100r. Ram, 123-24; Ép, 137. 据瓦桑记载，赠送给酋长的手抄本题名为《非洲圣徒传》(La Vita de li sancti Affricani)，但如下文第五章所及，当时在北非并不使用"非洲"一词，仅用"艾弗里齐亚"（Ifriqiya）指突尼斯和迦太基地区。瓦桑的叔父应该不可能在前往廷巴克图觐见阿斯基亚·穆罕默德途中携带一部关于突尼斯地区圣徒的著作。不过当时已有多部关于摩洛哥不同地区的圣人和圣徒的书稿，包括塔迪利（13世纪初）所写关于摩洛哥南部地区圣人的传记；al-Tamimi（13世纪初）所写关于菲斯及其周边地区圣人的传记；al-Badisi（14世纪初）所写关于利夫山脉地区圣人的传记；以及 al-Hadrami（14世纪中期）关于菲斯、梅克内斯和萨拉（Sala）等地四十圣徒的传记（Cornell, *Realm*, 98-100, 143; Benchekroun, *Vie*, 309-18, 440-42; Halima Ferhat and Hamid Triki, "Ha-giographie et religion au Maroc médiéval," *Hespéris Tamuda* 24 [1986]: 17-51)。

[89] CGA, 100v-101r. Ram, 124-25; Ép, 137-38. 瓦桑写道，有一位来自埃及港口城市 Dumyat 的商人与"高加"的统治者交换礼物，后者在收到礼物后，都至少会以双倍价值的礼物回赠：商人赠送了一匹马、一把土耳其军刀、一副链甲、一把小火枪，以及一些精美的镜子、梳子、珊瑚念珠和小刀，总共价值大约 50 埃及达克特。苏丹回赠了 5 名奴隶、5 头骆驼、500 金币和 150 根象牙（CGA, 391v; Rauch, 316; Ram, 388; Ép, 483）。

[90] Ibn Iyas, *Journal*, 1:347, 356-57, 366-69.

[91] G. S. Colin, "Diplomatic: Maghrib," *EI2*, 2:307-8. CGA, 198r. Ram, 210; Ép, 237. *SIHMF*, 1:170-77; *SIHME*, 1:92-94, 142-43. Abdelkebir Khatibi and Muhammad Sijelmassi, *The Splendor of Islamic Calligraphy* (London and New York: Thames and Hudson, 2001), 152. Jonathan Bloom, *Paper Before Print: The History and Impact of Paper in the Islamic World* (New Haven and London: Yale University Press, 2001), 85-89.

[92] CGA, 108r-110r ("Alhora el compositore ymaginata la suo opinione disse signore

capitano fingete domatina havere recepute lettere del re," "In quella matina scrivemo una lettera incontra mano de lo Re," 108r). Ram, 131-32 ([*DAR*, 25v] 将伪造书信的计谋归功于"其顾问"[un suo consigliere], 而非瓦桑); Ép, 145-47.

[93] Ibn Khaldun, *Voyage*, 104-8, 262 n.89. F. Krenkow, "Sadj‘," *EI2*, 8: 732-38. Benchekroun, *Vie*, 472-75.

[94] *CGA*, 100r-101r. Ram, 124; Ép, 137-38. 用韵文写作的卷末语: EpiP, 68; Dict, 117b-118a。关于阿拉伯文颂词，参见 Régis Blachère, *Histoire de la littérature arabe des origines à la fin du XVe siècle*, 3 vols. (Paris: Librairie d'Amérique et d'Orient, 1964-66); 3:580-89; Amjad Trabulsi, *La critique poétique des Arabes jusqu'au Ve siècle de l'Hégire (XIe siècle de J. C.)*(Damascus: Institut Français de Damas, 1955), 220-25。

[95] *CGA*, 6v-7r, 240r-v. Ram, 25, 251; Ép, 12-13, 287-88.

[96] *CGA*, 21r-22v, 100v-101r. Ram, 42-43, 124; Ép, 38-39, 137-38. 关于柏柏尔"方言"及摩洛哥境内阿拉伯—柏柏尔语言的使用范围，参见 David Montgomery Hart, "Tribal Place Names among the Arabo-Berbers of Northwestern Morocco," *Hespéris Tamuda* 1 (1960): 457-511。

[97] *CGA*, 101v-103r. Ram, 125-26; Ép, 138-40.

[98] Ibn Khaldun, *Voyage*, 75, 82-84, 91-93, 150. Ibn Iyas, *Journal*, 1:431-32, 435; 2:60, 64.

[99] *CGA*, 286r-287r. Ram, 290-91; Ép, 340-41. 关于诸圣名等相关内容，参见 *CEI*, 37, 99-100, 及 Khushaim, *Zarruq*, 151。

[100] *CGA*, 77r. Ram, 103; Ép, 111-12. *CGA* 中 294r-295v 有一处抄写错误：有关瓦桑在特莱姆森王国的一个城镇担任法官的段落，被附在马祖那（Mazouna）镇之后，但显然应该是在 Médéa 镇后才能言之成理，拉姆西奥版中便是如此处理的（Ram, 299; Ép, 351-52）。拉姆西奥很有可能是依据另一部手稿抄本进行文本编辑的（见下文第三章）。关于卡迪的任命和法官证书的发放，参见 Benchekroun, *Vie*, 74-76; Hajji, *Activité*, 121-27, 139-40; Mediano, *Familias*, 52。

[101] *CGA*, 371v-372r, 448r-v. Ram, 368, 445; Ép, 447, 560-61.

[102] *CGA*, 124r, 346r（突尼斯附近山中的废墟："Molti epitafii scripti in lengua latina como ipso compositore dice havere visto et alcuni de quillo serono lecti et interpretati da uno ciciliano renegato"）, 367v-368r. Ram, 147, 343 ([*DAR*, 71v] 未提及西西里的改宗者), 365; Ép, 166, 409, 442.

[103] *CGA*, 48v-49r, 297r. Ram, 73-74, 298; Ép, 76-77, 349. 关于伊斯兰世界的图书馆和藏书，参见 Houari Touati, *L'armoire à sagesse: Bibliothèques et collections en Islam* (Paris: Aubier, 2003)。

[104] *CGA*, 53r, 142v. Ram, 78 ([*DAR*, 14r] 将瓦桑所说的"li beneficii"[显然为马格里布所用的阿拉伯语"awqaf"或"ahbas"]误作"某个人所占有的东西"[quello, che alcuno possedeva]), 165; Ép, 81(同拉姆西奥版), 187。

[105] *CGA*, 54r-v（"grandissimo tiranno"）, 82v-86r, 97r. Ram, 79-80, 108-10, 121; Ép, 82, 118-20, 133-34. Cornell, *Realm*, 191-94.

[106] *CGA*, 59r-v, 352r, 382r, 383v, 404v, 445v-446r, 464r-v. Ram, 84-85, 351, 379-80, 401-2, 442, 460（修改了瓦桑在撒马克植物的故事之后所做的评论）; Ép, 88-89, 423, 468-69,

471, 502, 557, 579（修改了撒马克植物的故事）。
[107]　　CGA, 454v. Ram, 450; Ép, 567. Hajji, *Activité*, 133. Touati, *Islam et voyage*, chaps. 2, 4.

第二章　生逢战乱

[1]　　Sanuto, *Diarii*, 25:195. CGA, 25v, 231v. Ram, 47, 242; Ép, 43, 276. 堂·佩德罗为 Don Andrès Cabrera 与 Doña Beatriz de Bobadilla 之子，其父曾效忠于斐迪南和伊莎贝拉（Bernardo Dorado, *Compendio Historico de la Ciudad de Salamanca* [Salamanca: Juan Antonio de Lasanta, 1776], 351）。关于地中海海盗，参见 Fernand Braudel, *La Méditerranée et le monde méditerranéen*, 2 vols. (Paris: Armand Colin, 1966), 2:190-211; Salvatore Bono, *Corsari nel Mediterraneo: Cristiani e Musulmani fra guerra, schiavitù e commercio* (Milan: Arnoldo Mondadori, 1993), 尤其见 pt. 2; Salvatore Bono, *Schiavi musulmani nell'Italia moderna* (Naples: Edizioni Scientifiche Italiane, 1999), chaps. 1-2; 及 Wolfgang Kaiser, "Kaufleute, Makler und Korsaren: Karrieren zwischen Marseille und Nordafrika im 16. Und 17. Jahrhundert," *Berliner Historische Studien* 25 (1997): 11-31。

[2]　　Giovanni Battista Ramusio, ed., *Primo volume, et Seconda editione delle Navigationi et Viaggi ... nella quale si contengono La Descrittione dell'Africa* (Venice: Giunta, 1554), *iii r. Ram, 6. Johann Albrecht Widmanstadt, *Liber Sacrosancti Evangelii de Iesu Christo Domino et Deonostro ... characteribus et lingua Syra* (Vienna: Michael Zymmerman, 1562), a***4a-b (dated June 1555): "propè Lotophagiten insulam à classe nostra cum caeteris vectoribus caperetur"; 16 世纪的学者认为，荷马史诗中食莲人（Lotus Eater）所居的岛屿就是杰尔巴岛，印刷版托勒密《地理学》中的非洲地图上，即以此称杰尔巴岛；例如，*Liber Geographiae* (Venice, 1511) 中图 2 之非洲将杰尔巴岛标示为 "lothophagitis insula"。下文将谈到，魏德曼斯塔特在意大利时，曾同与哈桑·瓦桑有密切关系的三个人有过接触。关于其在罗德岛被俘的报告，来自于教廷秘书 Biagio de Martinelli，他在 1520 年参加了瓦桑的洗礼（Rauch, 457）。Sanuto, *Diarii*, 25:571-72. 拉亨伯格认为其被俘的地点靠近克里特岛（65），尽管这个问题仍是一个谜。

[3]　　弗兰西斯科·德·卡布雷拉·伊·博巴迪拉（Francisco de Cabrera y Bobadilla）自 1511—1529 年任萨拉曼卡大主教，但常驻罗马处理教区和教会事务（Dorado, *Salamanca*, 351-74; José Luis Fuertes Herreros, ed., *Estatutos de la Universidad de Salamanca, 1529* [Salamanca: Ediciones Universidad de Salamanca, 1984], 48-49）。

[4]　　CGA, 343r, 432v. Ram, 340, 429; Ép, 406, 538. Sanuto, *Diarii*, 25:571, 26:195, 28:178. Widmanstadt, *Liber Sacrosancti*, a***4a. Michel Fontenay, "Les missions des galères de Malte, 1530-1798," in Michel Vergé-Franceschi, ed., *Guerre et commerce en Méditerranée* (Paris: Éditions Veyrier, 1991), 103-22.

[5]　　Rauch, 60 n. 268. Louis Madelin, ed., "Le journal d'un habitant français de Rome au XVIe siècle," *Mélanges d'archéologie et d'histoire* 22(1902): 255-56. Sanuto, *Diarii*, 26:195. 迟至 1520 年 1 月，教皇秘书 Martinelli 仍将其误作"叙利亚国王派遣的使臣"（Vat. Lat. 12276, 出自安吉拉·柯达奇的论文注释，Rauch, 457）。Vat. Lat. 3966, 119, 转引自 Levi Della Vida, *Ricerche*, 101。

[6]　　Cesare D'Onofrio, *Castel S. Angelo* (Rome: Cassa di Risparmio di Roma, 1971), 206-9.

Benvenuto Cellini, *La vita*, ed. Lorenzo Bellotto (Parma: Ugo Guanda, 1996), 431-32, 431 n.22; *Autobiography*, trans. George Bull (London: Penguin, 1998), 218-19. Ottavia Niccoli, "High and Low Prophetic Culture in Rome at the Beginning of the Sixteenth Century," in Marjorie Reeves, ed., *Prophetic Rome in the High Renaissance* (Oxford: Clarendon Press, 1992), 207-10. Bedini, *Pope's Elephant*, 138-42.

[7] Paolo Giovio, *Le Vite di Leon Decimo et d'Adriano Sesto Sommi Pontefici*, trans. Lodovico Domenichi (Venice: Giovanni de' Rossi, 1557), 83r-86v. Fabrizio Winspeare, *La congiura dei cardinali contro Leone X* (Florence: Leo S. Olschki, 1957), 114, 156-58. Ingrid Rowland, *The Culture of the High Renaissance. Ancients and Moderns in Sixteenth Century Rome* (Cambridge: Cambridge University Press, 1998), 240. Maurizio Gattoni, *Leone X e la Geo-Politica dello Stato Pontificio (1513-1521)* (Vatican City: Archivio Segreto Vaticano, 2000), chap. 6 (据一名谋杀的目击者称: "entrò lo schiavo nero nella camera che era ... un gigante di aspetto tremendo e di una forza incredibile," 204 n.66)。

[8] D'Onofrio, *Castel S. Angelo*, 213-19, 275ff. Bedini, *Pope's Elephant*, 23, 51-53, 89-90, 208.

[9] Cellini, *Autobiography*, 190-92; *Vita*, 377-81.

[10] Levi Della Vida, *Ricerche*, 29, 50-61, 83, 101-3; *Elenco dei manoscritti arabi islamici della Biblioteca Vaticana* (Vatican City: Biblioteca Apostolica Vaticana, 1935), 36, no. 357; Rauch, 461-63. 安萨里的《哲学家的目的》曾以 *Logica et philosophia Algazelis Arabis* 之名被翻译为拉丁文,并与其他"阿拉伯哲学家"一样在几个世纪里遭到了基督教学者的严厉批评。拉丁文版中略去了安萨里的导言和结论,他在其中称自己对法拉比和伊本·西纳(阿维森纳)的哲学思想进行了全面的阐述,目的是为了进一步论述他们的思想与伊斯兰教逊尼派之间的矛盾之处(Henry Corbin, *Histoire de la philosophie islamique* [Paris: Gallimard, 1986], 254; W. Montgomery Watt, "Al-Ghazali," *EI2*, 2:1040)。1506 年,在威尼斯印刷出版了《逻辑学与哲学》(*Logica et philosophia*)。

[11] Sanuto, *Diarii*, 26:216-17, 244, 251, 285 (1518 年 12 月,破产的银行家 Lorenzo di Tassi 被关入圣天使堡)。

[12] *CGA*, 128v-129r, 218v, 320v. Ram, 151, 230, 321; Ép, 171, 262, 382. Gaignard, *Maures*, 193-94. 关于意大利港口城市中的混合语,参见 Paolo Trovato, *Storia della lingua italiana: Il primo Cinquecento* (Bologna: Il Mulino, 1994), 32-35, 61-64; 关于随着商业和外交往来所形成的地中海区域的混合语,参见 John E. Wansbrough, *Lingua Franca in the Mediterranean* (Richmond, Surrey: Curzon Press, 1996)。

[13] Alessandro Ferrajoli, *Il ruolo della corte di Leone X*, ed. Vincenzo de Caprio (Rome: Bulzoni, 1984), 136 n.3, 160-69. Levi Della Vida, *Ricerche*, 100-102 (阿西乌里于 1518 年 9 月至 1519 年 6 月去世,任梵蒂冈图书馆馆长)。Josephine Jungić, "Joachimist Prophecies in Sebastiano del Piombo's Borgherini Chapel and Raphael's *Transfiguration*," in Reeves, ed., *Prophetic Rome*, 336. Vat. Ar. 80, f. 2, Biblioteca Apostolica Vaticana. 关于囚犯被押圣天使堡期间改宗的可能性,参见 Cellini, *Autobiography*, 190-92; *Vita*, 378-80。

[14] Heiko A. Oberman, *Luther: Man between God and the Devil*, trans. Eileen Walliser-

Schwarzbart (New Haven: Yale University Press, 1989), 14-16. 枢机主教 Cajetan 的主要任务是在德意志寻求支持以组建十字军征服土耳其；对路德的质询被看做是一件相对次要的事情。

[15] Paride Grassi, *Diarium An. 1513 ad 1521*. MS E53, vol. 2, 46v-48r, 73r, Department of Special Collections, Spencer Research Library, University of Kansas. Bedini, *Pope's Elephant*, 28-29, 46-49, 79, 86, 139-41, 145. 关于利奥十世对土耳其的政策及其组建十字军的想法，详见 Kenneth M. Setton, *The Papacy and the Levant (1204-1571)*, 4 vols. (Philadelphia: American Philosophical Society, 1976-84), 3:142-97。

[16] Setton, *Papacy*, 3:172-83. Grassi, *Diarium*, vol. 2, 217r-v, 219v-230r. Nelson Minnich, "Raphael's *Portrait of Leo X with Cardinals Giulio de' Medici and Luigi de' Rossi*: A Religious Interpretation," *Renaissance Quarterly* 56 (2003): 1005-46; Minnich 指出，在原本为教皇单人的肖像中增加两位同为其堂兄弟的枢机主教，反映了利奥希望他们将来能够继承其革新的使命。Antonio Pucci (教皇派驻瑞士的特使), *Sanctissimi Domini nostri Papae Leonis Decimi, una cum coetu cardinalium, Christianissimorum que regum, et principum oratorum consultationes, pro expeditionem contra Thurcum*, n.p. [Basel?], n.d. [1518]. Leo X, *Bando de le Processioni per la unione de Principi Christiani contra Turchi* (Rome, 1518).

[17] Sanuto, *Diarii*, 25:439, 26:166, 247, 458, 265-67, 476, 502; 27:475. Setton, *Papacy*, 3:155-57.

[18] Ibid., 26:195; 27:60-63, 301, 402-3, 406-7. *CGA*, 297r. Ram, 298; Ép, 349.

[19] Steven Epstein, *Speaking of Slavery: Color, Ethnicity and Human Bondage in Italy* (Ithaca, N.Y.: Cornell University Press, 2001), 132-39; Bono, *Schiavi*, chaps. 4, 7. *CGA*, 327v-328r. Ram, 326-27; Ép, 388. Sanuto, *Diarii*, 26: 195.

[20] Ibid., 26:458, 469, 502; 27:224, 283, 541. 枢机主教朱利奥·德·美第奇是利奥十世的堂弟，兼任教廷首席大臣，于1518年底和1519年初曾写信给当时教皇派驻西班牙王室的特使埃吉迪奥·达·维泰尔博，但在信中并未提及哈桑·瓦桑或是任何明显由其口中所获得的情报 [*I manoscritti torrigiani donati al R. Archivio di Stato di Firenze: Descrizione e saggio* [Florence: M. Cellini, 1878], 280-88, 324-25, 330-32, 340-41, 355-56, 363）。

[21] Grassi, *Diarium*, vol. 2, 309v. Pius Bonifacius Gams, ed., *Series episcoporum ecclesiae catholicae* (Leipzig: Karl Hiersemann, 1931), 407, 716, 870. Ferrajoli, *Ruolo*, 9, 39-42, 107-10. Sanuto, *Diarii*, 27:365-67. Bedini, *Pope's Elephant*, 8-9, 46, 68, 75. Rowland, *High Renaissance*, 243. 拉亨伯格根据梵蒂冈图书馆所藏格拉西《日记》（*Diarium*）的抄本（Vat. Lat. 5636），抄录了一段格拉西的日记"sic sacrista palatinus ep(iscopu)s casertanus et ego"，并以此认定"圣器司事"即为卡塞塔大主教（73, 455-56）。但是，藏于堪萨斯大学斯宾塞研究图书馆特藏部的格拉西日记手稿（MS E53），清晰地记为"sic sacrista palatinus et [斜体为作者所加，以示强调] ep(iscop)us Casertanus et ego"。此外，卡塞塔大主教乔瓦尼·巴蒂斯塔·邦齐亚尼也不是教廷或其他宫廷的圣器司事。

[22] Grassi, *Diarium*, vol. 2, 309v.

注　释（第二章）　—— 285

[23] Ibid., 310r-v.
[24] *CEI*, 88. John L. Esposito, ed., *The Oxford Encyclopedia of the Modern Islamic World*, 4 vols. (New York and Oxford: Oxford University Press, 1995), 1:318-21; Bartolomé Bennassar and Lucile Bennassar, *Les Chrétiens d'Allah: L'histoire extraordinaire des renégats, XVIe-XVIIe siècles* (Paris: Perrrin, 1987), 314-18, 325-28, 339. Mayte Penelas, "Some Remarks on Conversion to Islam in al-Andalus," *Al-Qantara* 23 (2002): 194-98.
[25] Nelson H. Minnich, "The Role of Prophecy in the Career of the Enigmatic Bernardino López de Carvajal," in Reeves, ed., *Prophetic Rome*, 111-20, and Jungić, "Joachimist Prophecies," ibid., 323-26. Nelson Minnich, *The Catholic Reformation: Council, Churchmen, Controversies* (Aldershot: Variorum, 1993), 2:364-65. Bernardino López de Carvajal, *La Conquista de Baza*, trans. Carlos de Miguel Mora (Granada: Universidad de Granada, 1995), 尤其见 120-21。Sanuto, *Diarii*, 25:76.
[26] Ibid., 25:76. Guilelmus van Gulik and Conrad Eubel, *Hierarchia catholica medii aevi*, 6 vols. (Regensburg, 1913-58), 3:13. Melissa Meriam Bullard, *Filippo Strozzi and the Medici: Favor and Finance in Sixteenth-Century Florence and Rome* (Cambridge: Cambridge University Press, 1980), 103, 108 n.61, 116. Bedini, *Pope's Elephant*, 159. Minnich, *Catholic Reformation*, 1:454, 4:134-36. Roland Bainton, *Here I Stand: A Life of Martin Luther* (New York: New American Library, 1959), 61.
[27] 关于埃吉迪奥·达·维泰尔博，参见 Giuseppe Signorelli, *Il Card. Egidio da Viterbo: Agostiniano, umanista e riformatore, 1464-1532* (Florence: Libreria Editrice Fiorentina, 1924); John W. O'Malley, *Giles of Viterbo on Church and Reform: A Study in Renaissance Thought* (Leiden: E. J. Brill, 1968); *Egidio da Viterbo, O.S.A. e il suo tempo. Atti del V convegno dell'Istituto Storico Agostiniano, Roma-Viterbo, 20-23 ottobre 1982* (Rome: Ed. "Analecta Augustiniana," 1983); Marjorie Reeves, "Cardinal Egidio of Viterbo: A Prophetic Interpretation of History," in Reeves, ed., *Prophetic Rome*, 91-109; Francis X. Martin, *Friar, Reformer, and Renaissance Scholar: Life and Work of Giles of Viterbo, 1469-1532* (Villanova, Pa.: Augustinian Press, 1992)。
[28] Grassi, *Diarium*, vol. 2, 310v: "Jo. Leo de Medicis." Biagio de Martinelli 记述庆典仪式的日志中也提到取名为"德·美第奇"具有非正式的意义：教皇"eum ... imposuit nomen Joannes et inde inita missa me instante donavit illi coognomen de domo sua de Medicis" (Vat. Lat. 12276, 转自安吉拉·柯达奇的论文，Rauch, 456-57)。EpiP, 1r-v. Jean Benedicti, *La Somme des Pechez* (Paris: Denis Binet, 1595), bk. 4, chap. 6, 464-65, 其中有关通过洗礼圣事与受洗人形成精神上的亲子关系的各种形式。Christiane Klapisch-Zuber, "L'adoption impossible dans l'Italie de la fin du Moyen-Âge," in Mireille Corbier, ed., *Adoption et fosterage* (Paris: De Boccard, 1999), 321-37; Thomas Kuehn, "L'adoption à Florence à la fin du Moyen-Âge," *Médiévales* 35 (Autumn 1998): 69-81; Bono, *Schiavi*, 287; Christiane Klapisch-Zuber, 2003 年 3 月 5 日给笔者的信。拉亨伯格的描述中认为乔瓦尼·利奥尼被教皇利奥"收养"，称教皇为其"养父"（Adoptivvater），乔瓦尼·利奥尼为教皇的"养子"（Adoptivsohn）(Rauch, 74, 88,

90)。不过，他在写作时，还未能看到晚近的这些有关佛罗伦萨家族法定收养和非正式寄养的研究成果。

[29] EpiP, 68; Dict, 117b; Vat. Ar. 357, 1a, Biblioteca Apostolica Vaticana.

[30] Jean Delumeau, *Rome au XVIe siècle* (Paris: Hechette, 1975), 60-81; Peter Partner, *Renaissance Rome. 1500-1559* (Berkeley and Los Angeles: University of California Press, 1976), chap. 6.

[31] Sanuto, *Diarii*, 28:178.

[32] 关于罗马法庭中的职位，参见 Ferrajoli, *Ruolo*; John F. D'Amico, *Renaissance Humanism in Papal Rome: Humanists and Churchmen on the Eve of the Reformation* (Baltimore and London: Johns Hopkins University Press, 1983), chap. 2; 及 Peter Parter, *The Pope's Men: The Papal Civil Service in the Renaissance* (Oxford: Clarendon Press, 1990)。

[33] 吉罗拉莫·阿莱安德罗于 1517 年任朱利奥·德·美第奇的秘书，并同许多将与乔瓦尼·利奥尼结识的人物相接触，包括埃吉迪奥·达·维泰尔博。1519 年 7 月，在泽诺比·阿西乌里去世后，阿莱安德罗立即被任命为梵蒂冈图书馆馆长，他于 1521 年 12 月完成了希腊文图书的编目（Jules Pasquier, *Jérôme Aléandre de sa naissance à la fin de son séjour à Brindes* [Paris: E. Leroux, 1900]. 113-24; Jeanne Bignami Odier, *La Bibliothèque Vaticane de Sixte IV à Pie XI* [Vatican City: Biblioteca Apostolica Vaticana, 1973], 29-30, 42 n.98）。Josée Balagna Coustou, *Arabe et humanisme dans la France des derniers Valois* (Paris: Éditions Maisonneuve et Larose, 1989), 21-24. 关于 1511—1512 年 Fabio Vigile 所整理的书目清单和 1518—1519 年馆长 Lorenzo Parmenio 所整理的书目，参见 Levi Della Vida, *Ricerche*, 34-47, 111-12。列维·德拉·维达指出，在 16 世纪中期以前，每一份清单都是在清点图书的基础上列出的，而未对照之前的书目，梵蒂冈图书馆管理人员所面临的最大困难，是不能读懂那些古代抄本的语言。因此，Parmenio 在整理阿拉伯文手稿时，一定会非常欢迎刚刚改宗的约安拿·阿萨德的协助。但是，Parmenio 大约于 1522 年去世，未能最终完成对书目清单的增订，他的继任者为 Romolo Mammacini，也叫作 Bernardo（Odier, *Biblothèque*, 112; ASV, Camera Apostolica, Introitus et Exitus, no. 559, 214v; no. 560, 226r; no. 561, 153v, 158r, 174v, 180r, 197v）。

[34] Alastair Hamilton, "Eastern Churches and Western Scholarship," in Anthony Grafton, ed., *Rome Reborn: The Vatican Library and Renaissance Culture* (Washington D.C.: Library of Congress; New Haven: Yale University Press; Vatican City: Biblioteca Apostolica Vaticana, 1993), 233-40. 1514 年版的阿拉伯文《每日祈祷书》印刷于法诺（Fano）。*Psalterium Hebraeum, Graecum, Arabicum, Chaldeum cum tribus latinis interpretationibus et glossis*, ed. Agostino Giustiniani (Genoa: Petrus Paulus Porrus, 1516), 2r, 25r-27r. Geoffrey Roper, "Early Arabic Printing in Europe," in Eva Hanebutt-Benz, Dagmar Glass, Geoffrey Roper, and Theo Smets, eds., *Middle Eastern Languages and the Print Revolution. A Cross-Cultural Encounter* (Westhofen: WVA-Verlag Skulima, 2002), 131-32.

[35] Nicolas Vatin, ed., *Sultan Djem. Un prince ottoman dans l'Europe du 15e siècle d'après deux sources contemporaines:"Vakiʿat-I Sultan Cem," "Oeuvres"de Guillaume Caoursin

(Ankara: Imprimerie de la Société Turque d'Histoire, 1997), 50, 55-56, 196-210, 342-46, 343 n.69.

[36] Manuel I, *Epistola Invictissimi Regis Portugalliae ad Leonem X.P.M. Super foedore inito cum Presbytero Joanne Aethiopiae Rege* (N.p. [Strasbourg], n.d. [1521]). Grassi, *Diarium*, vol. 1, 340r-341r. *CGA*, 3r. Ram, 21; Ép, 6. Robert Silverberg, *The Realm of Prester John* (Athens: Ohio Universtiy Press, 1972), 210-64.

[37] Bedini, *Pope's Elephant*, 89-90. H. Colin Slim, "Gian and Gian Maria, Some Fifteenth- and Sixteenth-Century Namesakes," *Musical Quarterly* 57, no.4 (1971): 562-74; Hermann Vogelstein and Paul Rieger, *Geschichte der Juden in Rom*, 2 vols. (Berlin: Mayer and Müller, 1895), 2:119-20; Rauch, 102-7.

[38] BNF, MS Syriaque 44: *Liber quatuor Evangelistarum Caldaice Scriptus Anno incar. 1521*; 古叙利亚语和拉丁语分栏对应排列。末页说明表明日期为 1521 年 5 月，题献诗和祈祷文由伊莱亚斯・巴尔・亚伯拉罕所撰，敬献给圣克罗齐枢机主教兼领耶路撒冷宗主教区大主教的贝尔纳迪诺・德・卡瓦哈尔，分别以叙利亚语、拉丁语和阿拉伯语分栏对应排列（178r-186v）。1517 年伊莱亚斯还用叙利亚语和拉丁语为卡瓦哈尔抄录了一部赞美诗（Levi Della Vida, *Ricerche*, 134 n.2）。

[39] Bernardino López de Carvajal, *Epistola ad invictissimum Carolum in Imperio E. super declaratione M. Suae contra Lutherum facta* (N.p., n.d. [June 1521]), 3r-4v. Minnich, "Role of Prophecy," in Reeves, ed., *Prophetic Rome*, 117-20.

[40] 关于卡尔皮亲王阿尔伯托・皮奥的外交生涯，参见 Sanuto, *Diarii*, vols. 20-46 passim; Setton, *Papacy*, 3:88, 134, 136, 172-73, 226; Bedini, *Pope's Elephant*, 46, 57。Odoardo Rombaldi, "Profilo biografico di Alberto Pio III, Conte di Carpi," in *Alberto Pio III, Signore di Carpi (1475-1975)* (Modena: Aedes Muratoriana, 1977), 7-40; Alberto Sabattini, *Alberto III Pio: Politica, diplomazia e guerra del conte di Carpi* (Carpi: Danae, 1994); Nelson Minnich, "The 'Protestatio' of Alberto Pio (1513)," in *Società, politica e cultura a Carpi ai tempi di Alberto III Pio. Atti del Convegno Internazionale* (Carpi, 19-21 *Maggio* 1978), 2 vols. (Padua: Editrice Antenore, 1981), 1:261-89; Elena Svalduz, *Da Castello a "città": Carpi e Alberto Pio (1472-1530)* (Rome: Officina Edizioni, 2001), 100-44. 阿尔伯托・皮奥任马克西米利安一世的使节的数年间的外交通信，MS Lea 414, nos. 1-56, Special Collections, University of Pennsylvania Library。

[41] Levi Della Vida, *Ricerche*, 103-7. EpiP, 68. Pietro Puliati, "Profilo storico del fondo dei Manoscritti Orientali della Biblioteca Estense," in Carlo Bernheimer, *Catalogo dei Manoscritti Orientali della Biblioteca Estense* (Modena: Libreria dello Stato, 1960), vii-x. 阿尔伯托・皮奥拥有一部瓦桑在梵蒂冈图书馆所借的安萨里著作的抄本。Cesare Vasoli, "Alberto Pio e la cultura del suo tempo," in *Società*, 3-42; and Charles Schmitt, "Alberto Pio and the Aristotelian Studies of His Time," ibid., 43-64.

[42] Schmitt, "Alberto Pio," in *Società*, 60-61; Ernesto Sestan, "Politica, società, economia nel principato di Carpi fra quattro e cinquecento," ibid., 685. EpiP, 1r. 伊莱亚斯・巴尔・亚伯拉罕为阿尔伯托・皮奥所撰的祈祷文："一个正直的人，热爱基督的人，热爱陌生人、对穷人充满怜悯的人"。MS Syriaque 44, 184v, BNF. Levi Della Vida,

Ricerche, 106-7, 133-36, plate 6, no. 3.

[43] Schmitt, "Alberto Pio," in *Società*, 61-63; Angel Losada, *Juan Ginés de Sepúlveda a través de su "Epistolario" y nuevos documentos* (Madrid: Consejo Superior de Investigaciones Científicas, 1973), 37-46. Anthony Pagden, *Lords of All the World: Ideologies of Empire in Spain, Britain and France c.1500-c.1800* (New Haven and London: Yale University Press, 1995), 99-101. Juan Ginés de Sepúlveda, *Ad Carolum V. Imperatorem ut bellum suscipiat in Turcas cohortatio* (Bologna: Giovanni Battista di Phaelli, 1529).

[44] 关于埃吉迪奥·达·维泰尔博，除前文注 27 之外，另见 F. Secret, *Les Kabbalistes chrétiens de la Renaissance* (Paris: Dunod, 1964), 106-23; John W. O'Malley, "Egidio da Viterbo and Renaissance Rome," John Monfasani, "Sermons of Giles of Viterbo as Bishop," and Francis X. Martin, "Giles of Viterbo as Scripture Scholar," in *Egidio da Viterbo*, 67-84, 137-89, 191-222; Rowland, *High Renaissance*, chap. 6. 关于以利亚·勒维塔，见 Gérard E. Weil, *Élie Lévita, humaniste et massorète (1469-1549)* (Leiden: E. J. Brill, 1963), 尤其见 chaps. 4, 9-10, 以及关于他的多个名字, 见 pp. 3-8。协助埃吉迪奥·达·维泰尔博研究工作的其他犹太人还有如 Baruch de Benevent, 曾翻译过犹太卡巴拉密教文献《佐哈尔》(*Zohar*) 的部分内容 (Secret, *Kabbalistes*, 109), 但以利亚·勒维塔是其最为亲密也是持续时间最长的老师。

[45] O'Malley, *Giles*, 72, n. 1. Martin, *Friar*, 173, 178 n.45; Martin, "Giles," in *Egidio da Viterbo*, 218 n.79. 带有拉丁文翻译和注解的阿拉伯文《古兰经》，为受埃吉迪奥·达·维特尔博委托，由 David Colville 根据埃斯科里亚尔图书馆的藏书所抄录，现藏米兰安布罗斯图书馆 (MS D100 inf., 1a-2b [以下简写为 QAn])。Oscar Löfgren and Renato Traini, *Catalogue of the Arabic Manuscripts in the Biblioteca Ambrosiana*, 2 vols. (Milan: Neri Pozza Editore, 1975), no. 43, 1:41-43. "Rudimenta Linguae Arabicae, excerpta per me Fratrem Franciscum Gambassiensem, anno 1519, sic volente ac iubente Reverendissimo D. Egidio Cardinali meo patrono," MS SS. 11/4, Biblioteca Angelica, Rome. Widmanstadt, *Liber Sacrosancti Evangelii*, a***4a-b.

[46] 引自 "Ioannes Leo," 1518—1525 年《古兰经》抄本, QAn, 1a-2b; Löfgren and Traini, *Arabic Manuscripts*, 1:43. 瓦桑对《古兰经》的翻译，详见下文第八章的讨论。

[47] 关于这些社交圈，参见 Julia Haig Gaisser, "The Rise and Fall of Goritz's Feast," *Renaissance Quarterly* 48 (1995): 41-57; Bedini, *Pope's Elephant*, 80, 154, 161, 207; Kenneth Gouwens, *Remembering the Renaissance: Humanist Narratives of the Sack of Rome* (Leiden, Boston, and Cologne: E. J. Brill, 1998), 7, 14-19。

[48] Ibid., 14, 105. *CGA*, 60v (*rethl*), Ram, 85-86; Ép, 90. 关于安吉洛·科罗齐对计算、数字命理学和世界度量衡的兴趣，参见 Rowland, *High Renaissance*, chap. 5。我非常感谢 Ingrid Rowland 给我看了科罗齐藏书的书目，其中列有 *Vite de arabi* 一书; Rowland 正在准备修订再版这一书目。尽管现有约安拿·阿萨德所著传记词典的手稿名为 *De Viris quibusdam Illustribus apud Arabes*, 但其又自称该书为 *Le Vite de li Philosophi arabi* (*CGA*, 418v, 与 Ram, 201 略有不同); 因此科罗齐拥有另一部抄本。科罗齐还曾编写过一部题为"略论奥斯曼帝国"的手稿，其中可能就收录有本书

主人公所提供的材料（Vat. 4820，引自 S. Lattès, "Recherches sur la bibliothèque d'Angelo Colocci," *Mélanges d'archéologie et d'histoire de l'École française de Rome* 48 [1931]: 343 ）。

[49] Gouwens, *Remembering the Renaissance*, chap. 5. Pierio Valeriano, *Hieroglyphica seu De Sacris Aegyptiorum aliarumque Genium Literis Commentarii* (Lyon: Paul Frellon, 1602), bk. 17, 167-68. Pierio Valeriano, *Les Hiéroglyphiques*, trans. Jean de Montlyart (Lyon: Paul Frellon, 1615), bk. 17, 209-11.《象形文字》的手稿最早于1556年在巴塞尔印刷出版。Pierio Valeriano, *Amorum Libri V* (Venice: G. Giolito, 1549), 81r-82v: "Ad Aegidiu, Viterbien. Hermitarum Antistitem De Vero Amore"；*Hexametri, Odae et Epigrammata* (Venice: G. Giolito, 1550), 其中多首诗为敬献给利奥十世的，以及21v-23r, 有一首题献给卡尔皮亲王阿尔伯托·皮奥的诗。

[50] Valeriano, *Hieroglyphica*, bk. 6, 62; *Hiéroglyphiques*, bk. 6, 77. *CGA*, 183r-v, 441v-442r. Ram, 198-99, 439; Ép, 223-24, 554.

[51] T. C. Price Zimmerman, *Paolo Giovio: The Historian and the Crisis of Sixteenth-Century Italy* (Princeton, N.J.: Princeton University Press, 1995), 14-59. 关于乔维奥对于历史写作和传记的观点，以及其著作的写作和出版时间，见 24-27, 221-22, 268-74, 287-90。Paolo Giovio, *Commentario de le cose de' Turchi* (Rome: Antonio Blado, 1532), 25v-26r; *Turcarum rerum commentarius*, trans. Francesco Negri (Paris: Robert Estienne, 1539), 60-61. Sanuto, *Diarii*, 24:290-91 (instructions to Alvisi Mocenigo and Bartolomeo Contarini, "monstrando la vera amicitia e paxe è tra soa excelentia et nui"); 25:142-58, 626-32 (142: 苏丹塞利姆致威尼斯总督的关于派遣使臣的信件，923年八月[Sha'ban]24日/1517年9月10日）。

[52] 例如，乔维奥写到了塞利姆进攻波斯国王伊斯迈尔和马穆鲁克的坎苏·扎维利的战争，见 *Turcarum commentarius*, 41-61, 及 *La Prima Parte delle Historie del suo tempo*, trans. Lodovico Domenichi (Venice: Domenico de' Farri, 1555), bks. 17-18, 477r-540r（该书完成于1524年，Zimmerman, *Giovio*, 287)。在其为著名的军事和政治人物所写的《颂辞》中，乔维奥收录了坎苏·扎维利、塞利姆、苏莱曼、阿鲁日·巴巴罗萨及其兄弟卡伊尔·丁，以及其他一些马穆鲁克和奥斯曼的苏丹，一位当时的突尼斯苏丹，还有摩洛哥萨迪王朝的沙里夫（*Elogia virorum bellica virtute illustrium veris imaginibus supposita* [Florence: Lorenzo Torrentino, 1551]; *Gli Elogi Vite Brevemente Scritti d'Huomini Illustri di Guerra, Antichi et Moderni*, trans. Lodovico Domenichi [Florence: Lorenzo Torrentino, 1554]）。

[53] Setton, *Papacy*, vol. 3, chap. 6. Giovio, *Commentario Turchi*, 18r-26r; *Turcarum commentarius*, 41-61; *Elogia virorum bellica virtute*, 153-56, 218-19, 325-26; *Elogi Huomini de Guerra*, 197-201, 272-79, 419-21.

[54] Valeriano, *Hieroglyphica*, bk. 2, 20, bk. 17, 167-68; *Hiéroglyphiques*, bk. 2, 24-25, bk. 17, 209-11. Giovio, *Commentario Turchi*, 25v-26r; *Turcarum commentarius*, 60-61.

[55] Rowland, *High Renaissance*, 250-53. 迪特里希·拉亨伯格认为（Rauch, 79-80），约安尼斯·利奥即为威尼斯画家 Sebastiano del Piombo 绘于约1519—1520年的肖像《人文主义者肖像》（"Portrait of a Humanist"，现藏华盛顿国家美术馆，Samuel H.

Kress Collection, 1961.9.38）中的人物。这种可能性很小。首先，研究 Sebastiano 绘画的专家 Michael Hirst 认为，有充分的理由证明画中的人物为人文主义学者兼诗人 Marcantonio Flaminio。Flaminio 与 Sebastiano 有较为密切的往来；这一时期他正在罗马，他出生于 1498 年，同 Sebastiano 肖像中的年轻人恰好年纪相仿。国家美术馆所藏肖像画中人物的脸型、头发和胡须同一件浮雕头像中的 Flaminio 非常相像。Michael Hirst, *Sebastiano del Piombo* (Oxford: Clarendon Press, 1981), 101-2。其次，不论是人物的面部表情、黑色的学者袍或手套，或是身边书架上的书、地球仪和文具等，均未提示此人是一位来自北非的法基赫或菲斯苏丹派往土耳其苏丹宫廷的前任使节。学者手中的书也不是阿拉伯语的。在意大利的学者肖像中，地球仪同地图一样，是经常被用到的道具，此处似乎也未显示非洲的地理位置。在这幅 16 世纪初的意大利绘画中，没有任何传统意义上的象征符号能够显示此人有非欧洲和穆斯林的背景：没有明显的头巾、没有披风或胡须。甚至连学者手臂旁的桌子上都没有盖上一块土耳其挂毯——这是早期由 Sebastiano 引入意大利绘画的一个主题；也没有任何一位来自穆斯林世界的使臣所应佩戴的饰物。关于这类绘画，参见 Lisa Jardine and Jerry Brotton, *Global Interests: Renaissance Art between East and West* (Ithaca, N.Y.: Cornell University Press, 2000), 40-44。

[56] Martin, "Giles," in *Egidio da Viterbo*, 216-17；"贾尔斯·维特尔博是 [马龙派基督教徒伊莱亚斯·巴尔·亚伯拉罕的] 赞助人之一，根据因斯布鲁克 [的叙利亚文赞美诗] 显示，可能还是后者的学生。" 关于其在 1521 年后的行踪，见 Levi Della Vida, *Ricerche*, 134 n.1。

[57] Weil, *Lévita*, 37-38; Arthur Z. Schwarz, *Die hebräischen Handschriften der Nationalbibliothek in Wien* (Vienna: Verlag Ed. Struche, 1925), no. 152 C8, pp. 162-63; *Encyclopaedia Judaica*, 15:1323. 译者雅各布·本·马基尔为蒙彼利埃（Montpellier）的一名医生，是学者兼翻译家 Judah ibn Tibbon of Granada 的后裔。VIA, 42v; VIAHott, 263. CGA, 184v. Ram, 199; Ép, 225. 关于布尼（逝于 622/1225）及其有关真主圣名和其他神秘科学的写作，参见 Toufic Fahd, *La divination arabe. Étude religieuses, sociologiques et folkloriques sur le milieu natif de l'Islam* (Paris: Sindbad, 1987), 230-38。

[58] Weil, *Lévita*, 39-43, 95-104, 175-83, 254-85. 以利亚·勒维塔的 *Sefer ha-Bahur* 和 *Sefer ha-Harkabah*，均由 Giovanni Giacomo Facciotti 及 Abigdor Levi 的三个儿子 Issac、Yom-tov 和 Jacob 于 1518 年在罗马印刷。Levita, *Sefer ha-Buohur ... Liber Electus complectens in Grammatica quatuor orationes* (Basel: J. Froben, 1525). Levita, *Opusculum Recens Hebraicum ... cui titulum fecit ... Thisbites, in quo 712 vocum quae sunt partim Hebraicae, Chaldaicae, Arabicae, Grecae et Latinae, quaeque in Dictionariis non facilè inveniuntur* (in Hebrew and Latin), trans. Paul Fagius (Isny：Paul Fagius, 1541), 2-4, 63-64, 131-32, 105-8 [*sic* for 205-8]. Wehr, 1068. 勒维塔手写体的 16 世纪希伯来词משקיט，略不同于现代希伯来语משיט（R. Alcaly, *The Complete English Hebrew Dictionary*, 3 vols. [Massada: Chemed Books, 1990], 1:896）。

[59] Miriam Eliav-Feldon, "Invented Identities: Credulity in the Age of Prophecy and Exploration," *Journal of Early Modern History* 3 (1999): 203-32. Secret, *Kabbalistes*, 115-18.

[60] S. Hillelson, "David Reubeni, an Early Visitor to Sennar," *Sudan Notes and Records* 16, pt. 1 (1933): 56-65. Eliav-Feldon, "Identities," 213, 216.Weil 还认为，以利亚·勒维塔在见到大卫·卢温尼时，可能便已怀疑其假冒的身份了 (*Lévita*, 210)。

[61] David Reuveni, *The Story of David Hareuveni* (in Hebrew), ed. Aaron Zeev Aescoly (Jerusalem: Bialik Institute, 1993), 74-79: 大卫写道，他在葡萄牙宫廷时（因此是在 1525 年 10 月至 1526 年 6 月间）曾收到信件，来自于"一位马格里布的国王，其国土在菲斯之外很远的地方，……这个穆斯林是他们先知的后代，号沙里夫"，他给其写了回信。Eliav-Feldon, "Identities," 210, 216; Abun-Nasr, *Maghrib*, 211.

[62] Eliav-Feldon, "Identities," 227.

[63] Rauch, 60. Cellini, *Vita*, bk. 1, chaps. 19, 22-25; *Autobiography*, 32-33, 35-38. 这位主教也收集了大量藏书，并计划于 1529 年返回西班牙的教区时，将藏书捐献给萨拉曼卡大学。但克莱芒七世在那不勒斯港截住了这批藏书，将它们收入梵蒂冈图书馆 (Heireros, ed., *Estatutos*, 48-49)。约安拿·阿萨德可能也会有兴趣看到这些藏书。

[64] Bono, *Schiavi*, 305-6, 334-39. Cellini, *Vita*, bk. 1, chap. 88; *Autobiography*, 158.

[65] Bono, *Schiavi*, 252-95.

[66] John Hunwick, "Islamic Law and Polemics over Race and Slavery in North and West Africa (16th-19th Century)," in Shaun Marmon, ed., *Slavery in the Islamic Middle East* (Princeton, N.J.: Markus Wiener Publishers, 1999), 46-50. Hunwick, *Sharī'a*, 77-89: 马吉利致阿斯基亚·穆罕默德："至于你所描述的人们 [那些人口口声声宣称相信穆罕默德信仰，但却继续保留偶像、向树木献祭等]，毫无疑问他们就是多神教徒……因此向他们发动吉哈德吧，将男人尽数杀灭，将女人和孩子变成奴隶……你所释放的每一个自称是穆斯林自由民的人，显而易见都是异教徒，应当再次将他们贬为奴隶，没收财产，除非他们能够真正忏悔，成为善良的穆斯林。"

[67] Bennassar and Bennassar, *Chrétiens d'Allah*, 309-14. D. Gnoli, ed., "Descriptio urbis o censimento della popolazione di Roma avanti il Sacco Borbonica," *Archivio della R. Società Romana di Storia Patria* 17 (1894): 395, 420-22, 425.

[68] Setton, *Papacy*, 3:221-55.

[69] 新任的图书馆员为 Fausto Sabeo 和 Niccolò Maggiorani。Sabeo 曾读到过一部题为《穆罕默德教义》(*Doctrina Machumet*) 的手稿，是经过修订的据阿拉伯文原稿翻译的中世纪基督教译稿 (Hartmut Bobzin, *Der Koran im Zeitalter der Reformation* [Beirut and Stuttgart: Franz Steiner Verlag, 1995], 50, 217, 326, 332)。1527 年罗马之劫后，也就是瓦桑离开意大利以后，Sabeo 和 Maggiorani 开始对梵蒂冈的手抄本重新进行清点编目。编目于 1533 年完成，其中也包括了阿拉伯文手抄本，不过约安拿·阿萨德未能在此一展所长。Levi Della Vida, *Ricerche*, 113-19.

[70] 这个故事最早见于魏德曼斯塔特 1543 年对《穆罕默德教义》(见前注 69) 一书所做的附有拉丁文注解的印刷本。魏德曼斯塔特在评论穆斯林升上天堂后所享用的巨鱼（头在东、尾在西）时指出，犹太法典编纂者以及犹太秘术家们对此有不少的评论，然后由此提到了埃吉迪奥与"他的老师 M. Zemato"之间的交流。在其他地方，后者也被认作是一位"来自非洲的犹太学者"。Johann Albrecht Widmanstadt, ed., *Mahometis Abdallae Filii Theologia Dialogo explicata, Hermanno Nellingaunense*

interprete. *Alcorani Epitome Roberto Ketense Anglo interprete* (n.p. [Nuremberg], 1543), n4v-o1r. Secret, *Kabbalistes*, 109; Joseph Perles, *Beiträge zur Geschichte der hebräischen und aramäischen Studien* (Munich: Theodor Ackermann, 1884), 186 n.1; Bobzin, *Koran*, 298 n.139, 331-32, 360 n.444.

[71] 这个故事版本见于1547年印刷的《穆罕默德教义》意大利文译本中，并同其他关于伊斯兰教的论著一起，被收录于《古兰经》最早的意大利译本中，由Andrea Arrivabene 在威尼斯印刷出版。译本中收录了魏德曼斯塔特在"La Dottrina di Macometto"的页边所写的注解，但将鱼的故事修改为发生在阿莱安德罗枢机主教（吉罗拉莫于1538年升任枢机主教）与"非洲的阿拉伯拉比 M. Zematto""一位在非洲俘虏的有学问的阿拉伯人"之间。接下来译者又叙述了有关 Zematto 其人的更多细节，乃是"我的叔父皮特罗·阿莱安德罗"亲口所说：阿拉伯人在被俘之后，被献给了教皇克莱芒七世，接受了洗礼，在罗马生活了三年，然后在罗马之劫时逃走，"使自己变回了土耳其人"。François Secret 也认为，这显然是另一个版本的哈桑·瓦桑的故事，而将真实的名字同犹太人 Zematus 搞混了，也弄错了参与其事的教皇。未见有任何在非洲被俘虏的犹太人以及克莱芒七世为之施洗的历史记录。*L'Alcorano di Macometto, Nel qual si contiene la Dottrina, la Vita, I Costumi, et le Leggi sue. Tradotto nuovamente dall'Arabi in lingua Italiana* (n.p. [Venice]: Andrea Arrivabene, 1547), 22v-23r; Bobzin, *Koran*, 263-64; Secret, *Kabbalistes*, 126 n.89; Carlo de Frede, *La prima traduzione italiana del Corano* (Naples: Istituo Universitario Orientale, 1967), 31-48, 63-73. 皮特罗·阿莱安德罗是阿奎莱亚（Aquileia）的教士，为吉罗拉莫的堂兄路易吉（Luigi）之子，曾在罗马为吉罗拉莫办理各种事务（Pasquier, *Aléandre*, 10 n.2, 225 n.7, 352 n.5; Giammaria Mazzuchelli, *Gli Scrittori d'Italia*, 3 vols. [Brescia, 1753], 425, 431）。因此，该书的编者和译者可能便是皮特罗·阿莱安德罗的某个侄子。

[72] *CGA*, 123r, 146v, 152r-v, 231r, 353r, 369v, 414r. Ram, 146, 168, 173, 241, 352, 366, 411; Ép, 165, 190, 196, 275-76, 424, 444, 513. Brignon et al., *Maroc*, 174. 此外，他还注意到，在阿西西（Assisi）和法布里亚诺（Fabriano）所见到的瓷砖同在阿特拉斯山村中所看到的薄薄的黑色瓷砖之间的相似性（*CGA*, 115r; Ram, 137; Ép, 153）。他还将马拉喀什一所学校的瓷砖同当时西班牙日常所用的瓷砖进行过比较（*CGA*, 71r-v; Ram, 97; Ép, 105）；这可能是其童年从父母的谈话中形成的对于格兰纳达的记忆，因为并无证据显示哈桑·瓦桑曾经回过西班牙。

[73] Martin, *Friar*, 13-28, 183.

[74] Monfasani, "Sermons," in *Egidio da Viterbo*, 184-85（埃吉迪奥·达·维泰尔博布道词的拉丁文本，见 Vat. Lat. 6320）。"A Sermon Delivered by the Most Revered Giles of Viterbo, O.S.A. at Bagnaia (Balnearia) on 15 October of the Year of Salvation 1525," trans. Joseph C. Schnaubelt, in Martin, *Friar*, 331-32.

[75] *CEI*, 193; 大多数穆斯林评注者都认为以实玛利就是作为牺牲献祭的那个儿子，尽管《古兰经》的关键经文中并未提到名字（37:102—103）。在审阅这些段落时，约安拿·阿萨德并没有直接在约恩斯·加布里埃尔的拉丁文译文中补加任何名字，而是把原译者的"哦，我的儿子"改成了"哦，我的幼子"（QAn, 444b, Sura "De Ordinibus," verses 93-94）。Qur'an 2:122-33; QAn, 18b, 21a-21b, Sura "Vacca," verses 12-34.

[76]　Arberry, 1:45.

[77]　Monfasani, "Sermons," in *Egidio da Viterbo*, 185. Egidio da Viterbo, "Sermon," in Martin, *Friar*, 332.

[78]　*CGA*, 146v ("el collegio di spagna che e in Bologna"); Ram, 168; Ép, 190. Carlo Malagola, *Monografie storiche sullo studio bolognese* (Bologna: Zanichelli, 1888), 182, 184, 190, 191: 列出了一些大学中的西班牙教士，他们全部都是 16 世纪前三十年间西班牙学院的学生。

[79]　John Herman Randall, Jr., "Introduction," and Pietro Pomponazzi, "On the Immortality of the Soul," trans. William Henry Hay II, in Ernst Cassirer, Paul Oskar Kristeller, and John Herman Randall, Jr., *The Renaissance Philosophy of Man* (Chicago: University of Chicago Press, 1948), 257-381. Schmitt, "Alberto Pio," in *Società*, 47-52, 59. O'Malley, *Giles*, 41-48; David Ruderman, *The World of a Renaissance Jew: The Life and Thought of Abraham ben Mordecai Farissol* (Cincinnati: Hebrew Union College, 1981), chap. 9. 雅各布·曼蒂诺曾将其 1523 年所译的一部论阿威罗伊的著作的拉丁文译本题献给彭波那齐，对他大加赞美，约安拿·阿萨德也可能从他这里对这位哲学家有所了解（David Kaufmann, "Jacob Mantino. Une page de l'histoire de la Renaissance," *Revue des ètudes juives* 27 [1893]: 223）。

[80]　关于博洛尼亚的犹太人，参见 David Ruderman, "Introduction," in David Ruderman, ed., *Essential Papers on Jewish Culture in Renaissance and Baroque Italy* (New York and London: New York University Press, 1992), 7, 8, 30; Maria Giuseppina Muzzarelli, ed., *Banchi ebraici a Bologna nel XV secolo* (Bologna: Società Editrice il Mulino, 1994). Kaufmann, "Mantino," 30-60, 207-38. On pp. 220-23: 曼蒂诺由希伯来语翻译为拉丁文的阿威罗伊著作，较早的一些版本有：阿威罗伊对亚里士多德的评论 *De Partibus et generatione animalium*，乃题献给利奥十世（Rome, 1521）；阿威罗伊评论和总结亚里士多德的《形而上学》（*Metaphysics*），题献给曼图亚大主教 Ercole Gonzaga（Bologna, 1523）。关于犹太学者对阿威罗伊思想的继承和保存，更为总体的情况参见 Alfred L. Ivry, "Remnants of Jewish Averroism in the Renaissance," in Bernard Dov Cooperman, ed., *Jewish Thought in the Sixteenth Century* (Cambridge, Mass.: Harvard University Press, 1983), 243-65，另关于曼蒂诺的重要性，参见 Charles Burnett, "The Second Revelation of Arabic Philosophy and Science: 1492-1562," in Charles Burnett and Anna Contadini, eds., *Islam and the Italian Renaissance* (London: Warburg Institute, 1999), 192-98。关于曼蒂诺来自于加泰罗尼亚的背景，参见 Kenneth Stow, *The Jews in Rome*, 2 vols. (Leiden: E. J. Brill, 1997), 1:161, no. 415 and 1:162, no. 417: Giacobbe Mantino 是阿拉贡的加泰罗尼亚犹太会堂的代表。

[81]　*VIA*, 52v; *VIAHott*, 279. 关于伊本·拉希德在马拉喀什的墓地及后来迁葬科尔多瓦后的墓地，参见 Miguel Cruz Hernández, *Abu-l-Walid ibn Rushd (Averroes): Vida, obra, pensamiento, influencia* (Córdoba, 1986), 37。

[82]　Kaufmann, "Mantino," 32-33, 56-57; O'Malley, *Giles*, 46-47. Schmitt, "Alberto Pio," in *Società*, 62 n.66.

[83]　*HIA*, 31r-33r; *HIAHott*, 246-49. *CGA*, 36v. Ram, 59; Ép, 57. 关于翻译在阿拉伯世界的情

况,参见 Philip K. Hitti, *History of the Arabs from the Earliest Times to the Present*, 10th ed. (New York: St. Martin's Press, 1996), 310-15, and Dimitri Gutas, *Greek Thought, Arabic Culture: The Graeco-Arabic Translation Movement in Baghdad and Early Abbasid Society (2nd-4th/8th-10th Centuries)* (London: Routledge, 1998).对于由拉丁语翻译至阿拉伯语的研究相对较少,但研究者已发现越来越多的证据,表明在科尔多瓦哈里发时期及其后,有过不少相应的翻译:如罗马的年代记、奥罗修斯(Orosius)和塞尔维亚的依西多禄(Isidore of Serville)的作品、罗马人在农业方面的著述(科鲁迈拉 [Columella]、瓦罗 [Varro])、以及《圣经》和教会法的文本,其中最后这一部分的翻译者主要是莫札拉布人(Mozarab),即信仰基督教的阿拉伯人。Janina M. Safran, *The Second Umayyad Caliphate. The Articulation of Caliphal Legitimacy in al-Andalus* (Cambridge, Mass.: Harvard University Press, 2000), 164-66; Joaquín Valvé Bermejo, "Fuentes latinas de los geógrafos árabes," *Al-Andalus* 32 (1967): 241-60; Lucie Bolens, *Agronomes andalous du Moyen-Âge* (Geneva: Librairie Droz, 1981), 34, 44-49; Hanna E. Kassis, "The Mozarabs," in María Rosa Menocal, Raymond P. Scheindlin, and Michael Sells, eds., *The Literature of al-Andalus* (Cambridge: Cambridge University Press, 2000), 423-25.约安拿·阿萨德称,他曾读到一部 10 世纪晚期由拉丁文翻译的论农业的文本《农业的宝藏》(*The Treasure of Agriculture*)(*CGA*, 36v)。

[84] John A. Haywood, *Arabic Lexicography. Its History, and its Place in the General History of Lexicography* (Leiden: E. J. Brill, 1960), 128-29.有一份 12 世纪末或 13 世纪初由西班牙的阿拉伯基督徒编写的拉丁—阿拉伯语词汇表,流传至 16 世纪为法国东方学家吉约姆·波斯特尔所获得。参见 P. Van Koningsveld, *The Latin-Arabic Glossary of the Leiden University Library* (Leiden: New Rhine Publishers, 1977), 1-6.据我所知,意大利所藏的唯一一部阿拉伯—拉丁语词典,完成于 12 世纪末 13 世纪初,手稿藏于佛罗伦萨一所多明我会修道院的图书馆中,其中三分之二为拉丁—阿拉伯语,三分之一为阿拉伯—拉丁语(C. Schiaparelli, ed., *Vocabulista in Arabico* [Florence: Le Monnier, 1871], xii-xxi)。在曼蒂诺生活的年代,梵蒂冈图书馆显然没有收藏这类词典。

[85] *AM*, 54r-55v: "El Chalil filius Hacmede el Farahidi"; *AMC*, 185-86.关于卡里尔,参见 Haywood, *Arabic Lexicography*, chaps. 3-4;关于阿拉伯—波斯语和阿拉伯—土耳其语词典,ibid., 107, 118-19.最著名的阿拉伯—波斯语词典为宰迈赫舍里(al-Zamakhshari,逝于 538/1144)所编写。

[86] Haywood, *Arabic Lexicography*, chaps. 6-8.宰迈赫舍里的阿拉伯语词典中列出了字母顺序,但其阿拉伯—波斯语词典则以专题分类(105-6, 118-19)。约安拿·阿萨德的词典由 "alif" 开始至 "ya" 结束,但在 "zay" 和 "ha" 之间,则按照 12 世纪前马格里布通行的字母顺序排列,有异于东方其他伊斯兰社会的做法。(我非常感谢侯艾里·图阿蒂 [Houari Touati] 在这一问题上所做的指导。)

[87] 希伯来语的条目结束于 fol. 6a.拉丁语的条目显示有两个人的不同笔迹,均出自 16 世纪初,结束于 13a.从 12b 至最后的 117b,还有许多后人所添加的西班牙语条目,可能是在 17 世纪以后出现的。关于手稿在 16 世纪 40 年代及之后的命运,见下文第九章。

[88] Dict, 117b-118a. Pedro de Alcalá, *Arte para ligeramente saber la lengua araviga* and *Vocabulista aravigo en letra castellana* (Granada: Juan Varela, 1505), a 2r: "Prologo dirigido al reverendissimo senor don fray Hernando de Talavera primero arcobispo de Granada." 语言学家 Corriente 对这一文本的评价是："材料中的大部分属于方言，尽管存在不少印刷错误，作者对语言的了解也略显贫乏" (Federico Corriente, *A Dictionary of Andalusi Arabic* [Leiden: E. J. Brill, 1997], xiii)。

[89] *VIA*, 37v; *VIAHott*, 256-57. *Avicennae Arabis Medicorum ... principis. Quarta fen, primi. De universali ratione medendi nunc primum M. Iacob. Mantini, medici hebraei, latinitate donate* (Ettlingen: Valentinus Kobian, 1531 [first ed. Venice, 1530]), A 1r. 曼蒂诺提到，Andrea Alpago 于 1527 年出版的译本有所改进，但仍存在差错。

[90] Kaufmann, "Mantino," 39, 223: *Praefatio Rabi Moysis Maimonidis Cordubensis Hebraeorum doctissimi in aeditionem moralem seniorum massecheth Avot apud Hebraeos nuncupatam octoque amplectens capita eximio artium et medicinae doctore M. Jakob Mantino medico hebraeo interprete* (1526). Raymond L. Weiss and Charles Butterworth, eds., *Ethical Writings of Maimonides* (New York: New York University Press, 1975), 11-16, 59-104.

[91] 这个故事分别取自约安拿·阿萨德所撰阿威罗伊/伊本·拉希德的传略（*VIA*, 50v-51r; *VIAHott*, 276-77）和迈蒙尼德的传略（*VIH*, 66v-67r; *VIHHott*, 288）。他在伊本·拉希德的传略中，提到了两个资料来源：马拉喀什的'Abd al-Wahid al-Marrakushi 和瓦伦西亚的 Ibn al-'Abbar（13 世纪），但并未说明关于伊本·拉希德与迈蒙尼德间关系的这个错误说法究竟得自于什么地方。

[92] Maimonides, "Letter to Joseph," in *Ethical Writings*, 123 and 127 n.71. Salomon Munk, *Mélanges de philosophie juive et arabe* (Paris: J. Vrin, 1927), 425, 487. Cruz Hernández, *Ibn Rushd*, 251. Majid Fakhry, *Averroës (Ibn Rushd). His Life, Works and Influence* (Oxford: One World, 2001), 132. Mohamed Mezzine, "Journée d'un Juif à Fes," in *Maroc andalou*, 136-37.

[93] *VIA*, 51v-52r; *VIAHott*, 278-79. *Averois Cordubensis Paraphrasis in Librum Poeticae Aristotelis, Iacov Mantino Hispano Hebraeo, Medico interprete* in Aristotle, *Omnia quae extant Opera*, 11 vols. (Venice: Giunta, 1550-52), 2:89r-94r. 关于意大利学者对《诗学》的新兴趣，参阅 Eric Cochrane, *Italy*, ed. Julius Kirshner (London and New York: Longman, 1988), 210-11。

[94] Averroës, *Paraphrasis in Librum Poeticae*, chap. 2 in Aristotle, *Omnia Opera*, 89v. 1539 年，曼蒂诺翻译出版了拉丁文版阿威罗伊所评注的柏拉图《理想国》，所依据的原稿也是一部较好的希伯来文译本。阿威罗伊在其中也谈到了诗歌对于年轻人的教育作用，又告诫须避免 "在阿拉伯诗歌中常有的……诱惑淫欲的语言表达"（*Averrois Paraphrasis Super libros de Republica Platonis, nunc primum latinitate donate, Iacob Mantino Medico Hebraeo Interprete* [Rome: Valerio and Luigi Dorici, 1539], B5r, B8v）。

[95] 约安拿·阿萨德提到，关于阿拉伯韵律的文字是其论阿拉伯文法著作的一部分（"la Arte metrica arabica," "la grammatica arabica"） in *CGA*, 178r (Ram, 194; Ép, 219)。拉姆西奥在意大利文版的题记中说，该手稿为曼蒂诺所有：*Navigationi et*

Viaggi (1554), *iiir; Ram, 6. Levi Della Vida, *Ricerche*, 311, 313, 321。关于一些犹太人和基督徒"值得信赖",参见 Qur'an, 3:75。

第三章 意大利的写作

[1] "La brevita de le croniche mucamettani,"cited in *CGA*, 49r, 54v, 62v, 70v, 74v, 335r (Ram, 73, 80, 87, 96, 100, 333; Ép, 76, 82, 92, 103, 108, 396). "Operino in la fede et lege di Mucametto secundo la Religion di Malichi," cited in *CGA*, 27v, 418v (Ram, 50, 415; Ép, 47, 518). "Le Vite de li Philosophi arabi," cited in *CGA*, 186r (Ram, 201; Ép, 226). 约安拿·阿萨德似乎考虑过将论文法和韵律的文章、简略的穆斯林编年史及关于名人的传记附在《非洲书》的手稿中,不过在现存的 953 号手抄本中并没有这样编排。

[2] Chase F. Robinson, *Islamic Historiography* (Cambridge: Cambridge University Press, 2003), xii, 7, 178.

[3] 总共 14 页的 *De Arte Metrica Liber* 被装订在手稿 Plut. 36.35 中,藏于佛罗伦萨的洛伦佐·美第奇图书馆,突兀地出现在手稿 *De Viris quibusdam Illustribus* 中。VIH 卷末标注的年代为 1527 年,但由于 AM、VIA 和 VIH 均为同一人所收藏,因此可以假设它们是在大约同一时期抄录的。

[4] *AM*, 54r-v; *AMC*, 185-86. 约安拿·阿萨德记得,在 al-Zubaydi(逝于 378—79/989)所著关于文法学家生平的传记辞典中,记载有卡里尔的故事。但在 al-Zubaydi 和其他资料中,发现卡里尔念诵音节韵律的是他的儿子,而约安拿·阿萨德却记成是他的兄弟(Haywood, *Arabic Lexicography*, 21; *AMC*, 186 n.1)。

[5] *AM*, 55r; *AMC*, 187.

[6] *AM*, 58r, 60r; *AMC*, 191, 195. Kaʿb ibn Zuhayr, "The Mantle Ode," in *Selections from Akhbar Majnun Banu 'Amr and Kaʿb ibn Zuhair*, trans. Arthur Wormhoudt (Oskaloosa, Ia.: William Penn University, 1975) li. 10. 先知被伊本·祖海尔的诗所打动,将自己的斗篷披上诗人的肩头,颂歌即由此得名。约安拿·阿萨德还引用了前伊斯兰教时代的另一位诗人 al-Nabigh al-Dhubyani 的作品,那些诗句其实也是伊本·祖海尔所作。*AM*, 60r; *AMC*, 195 n.1.

[7] 关于中世纪晚期对于阿拉伯诗歌和韵律学的知识,参见 Charles Burnett, "Learned Knowledge of Arabic Poetry, Rhymed Prose and Didactic Verse, from Petrus Alfonsi to Petrarch," in John Marenbon, ed., *In the Middle Ages: A Festschrift for Peter Dronke* (Leiden: E. J. Brill, 2001), 29-62. Levi Della Vida, *Richerche*, 102. Trabulsi, *Critique poétique*, chaps. 3-4, especially 171-77 on prosody. 虽然 *AM* 不是一部完整的文本,但在阅读中,似乎约安拿·阿萨德有意集中讨论韵律的问题,而不展开到体裁和类型等问题。

[8] *VIA*, 31r, *VIAHott*, 246; *VIH*, 65v, *VIHHott*, 291. 关于传记概略或"塔巴卡"的体裁,参见 Wadad al-Qadi, "Biographical Dictionaries: Inner Structures and Cultural Significance," in George N. Atiyeh, ed., *The Book in the Islamic World: The Written Word and Cmmunication in the Middel East* (Albany: SUNY Press, 1995), 93-122; Robinson, *Islamic Historiography*, 66-74; and Dwight F. Reynolds, ed., *Interpreting the Self: Autobiography in the Arabic Literary Tradition* (Berkeley and Los Angeles: University of California Press, 2001), 40-

43, 64-66。关于某些传记概略中收录妇女的情况，参见 Reynolds, ed., *Interpreting the Self,* 40; Ruth Roded, ed., *Women in Islam and the Middle East. A Reader* (London and New York: I. B. Tauris, 1999), 132-33。

[9] 此处所说阿拉伯人虽有 28 人，但手抄本中仅存 25 个条目。这是因为在将 *AM* 装订入 *VIA* 时，有一个传略的结尾部分和另一个的开头部分被裁去了（53v, 62r），此外还有两个人物的传略在装订时完全丢失了。在页 53r，约安拿·阿萨德开始撰写 Ibnu El Chathib Rasi 的生平，即重要的哲学家 Fakhr al-Din al-Razi，亦被称为 Ibn al-khatib 和 Khatib al-Rayy（544/1149—606/1210）。叙述在手抄本中突然中断后，接在后面的文本（62r）是关于 Lisan al-Din ibn al-Khatib（逝于 776/1374）生平和写作的最后部分，后者是安达卢西亚和马格里布地区一位杰出的博学家和政治人物。从手稿末尾的目录（69r-v）中，我们可以得知两位散佚传略的传主姓名: Ibn al-Banna, 13 世纪一位出生于马拉喀什的数学家; 以及 Ibn Hudayl, 生活于 14 世纪的格兰纳达, 为纳斯里王朝苏丹宫廷的一个人物, 著有论军事、圣战和骑术等内容的著作（Arié, *Espagne*, 229, 245-52, 430, 437）。

[10] *VIA*, 35v（包括阿拉伯文）; *VIAHott*, 253（阿拉伯文被略去）。Cf. Abu Nasr al-Farabi, *Aphorismes choisis,* trans. Soumaya Mestiri and Guillaume Dye (Paris: Fayard, 2003), 53-54。书写这些诗歌的阿拉伯文手迹同约安拿·阿萨德在阿拉伯—希伯来—拉丁语词典中的笔记非常相似。

[11] *VIA*, 40v-41v. 约安拿·阿萨德用到了他的拉丁语名字 Mesua; 马萨维·马里迪尼又被称为 Mesua the Younger。约安拿·阿萨德准确地记起他曾在法蒂玛王朝哈里发 al-Hakim 的宫廷行医，但错将其去世年份 406/1015 年误记为 496/1102—3 年（Hitti, *Arabs*, 311 n.7）。在 *VIAHott*, 262 中，删去了这则农夫的故事。

[12] Ibn Khallikan, *Biographical Dictionary*, trans. Mac Guckin de Slane, 4 vols. (1842-72; repr., New York and London: Johnson Reprint, 1961), 1:187-89. Ishaq ibn Hunayn（9 世纪）。伊本·赫里康在伊本·西纳（阿维森纳）的传记条目中，坦率地称其"极度耽于声色之欢"，就算是身患疟疾仍然纵欲无度（1:440-46）。

[13] *VIA*, 33r-33v, 35v, 41v, 47r, 48r-v; *VIAHott*, 249, 251, 254, 262, 271-73. 关于"传述世系"，参见 Reynolds, ed., *Interpreting the Self*, 3-4, 37-38, 41-43; Robinson, *Islamic Historiography*, 15-16; 更进一步的讨论，见下文第八章。

[14] 诸如此类的差错较多，例如，地理学家伊德里斯被放到了西西里的鲁杰罗一世的时代，其实要到五十多年后的鲁杰罗二世时（548/1154），他才受命写作一部对已知世界各个地方及其特点的著述; 伊德里斯在其地理书的序言中明确交代了时间，约安拿·阿萨德对该书十分欣赏，并有较为准确的引述。*VIA*, 45r-v; *VIAHott*, 267-68. Al-Idrisi, *Première géographie*, 14-19, 62. 在梵蒂冈图书馆的藏书中据说仅有一部阿拉伯传记辞典，内容是关于突尼斯的苏菲派，且要迟至 1569 年才纳入收藏（Levi Della Vida, *Ricerche*, 279）。Bernheimer 对阿尔伯托·皮奥藏书的研究 *Catalogo* 中，也未列出任何阿拉伯传记辞典; 在我们所知的埃吉迪奥·达·维泰尔博的图书馆中，也没有此类藏书的迹象。

[15] *VIA*, 35v-36v; *VIAHott*, 253-55。

[16] Ibn Khallikan, *Biographical Dictionary*, 3:311-14; al-Nadim, *The Fihrist of al-Nadim:*

A Tenth-Century Survey of Muslim Culture, trans. Bayard Dodge, 2 vols. (New York and London: Columbia University Press, 1970), 701-9, 704 n.169. Robinson, *Islamic Historiography*, 144. 关于 Muhammad ibn Abi 'Amir al-Mansur（逝于 392/1002）、科尔多瓦的倭马亚哈里发王朝宫廷大臣，及科尔多瓦历史学家 'Isa ibn Ahmad al-Razi（逝于 379/989）和伊本·赫扬（逝于 469/1076），参见 Safran, *Second Umayyad Caliphate*, chaps. 3, 5。伊本·赫扬在其 *al-Muqtabis* 中吸收了许多伊萨·拉齐编年史中的内容，一定是由于这些人名之间的联系，使得约安拿·阿萨德误将他们生活的时代混在了一起。

[17] 大英图书馆的精简题名书目中，列有九个版本的《曼苏尔医书》，有全本也有摘本，先后于 1476—1508 年间在威尼斯印刷；国家医学图书馆的书目中，列有另外 12 个版本，既有单行本、也有收录于大套医学丛书的，先后于 1508—1524 年间在意大利印刷，其中 9 部在威尼斯、2 部在帕维亚、1 部在雅各布·曼蒂诺的博洛尼亚（Richard Durling, ed., *A Catalogue of Sixteenth Century Printed Books in the National Library of Medicine* [Bethesda, Md.: National Library of Medicine, 1967], 422-30）。

[18] *VIA*, 43v-44v, 62r-63v; *VIAHott*, 265-67, 281-84. 伊本·卡提布被格兰纳达的纳斯里王朝流放后，在菲斯和大西洋沿岸的 Salé 生活了两年；由于在格兰纳达受到异端的指控并树敌过多，他在晚年来到菲斯寻求庇护。776/1375 年，他在菲斯的一座监狱中被刺客勒死（Alexander Knysh, "Ibn al-Khatib," in Menocal et al., eds., *Literature*, 358-71）。有鉴于伊本·卡提布与摩洛哥的诸多联系，瓦桑所谈到的菲斯图书馆中有其书信收藏，也就不足为奇了。伊本·赫勒敦也对伊本·卡提布在散文和诗歌方面的造诣非常推崇（*Voyage*, 87, 90-97, 104-11, 120-31）；据后来研究穆斯林西班牙的历史学家 Ahmad al-Maqqari 之说，伊本·卡提布是"其时代里诗人和历史学家之王、大宰相中的典范"（*The History of the Mohammedan Dynasties in Spain*, trans. Pascual de Gayangos, 2 vols. [London: W. H. Allan, 1840-43], 2:367）。

[19] *VIA*, 35r, 39v, 48r, 51v; *VIAHott*, 253, 259-60, 272, 278. *VIA* 中引用了至少 12 位不同的作者。参见 Ibn Khallikan, *Biographical Dictionary*, 1:440-46。约安拿·阿萨德还引用了伊本·鸠勒（逝于约 384/994）的 *The Book of Physicians and Philosophers*，以此作为资料来介绍那些其实生活在伊本·鸠勒死后时代中的人物（*VIA*, 38r, 39r, 46v; *VIAHott*, 257-59, 270）。

[20] 手抄本 *AM*、*VIA* 和 *VIH* 最终都成为了学者兼藏书家安东尼奥·佩特莱（1498—1570）的收藏。佩特莱与枢机主教 Niccolò Ridolfi 关系密切，后者在 1532 年埃吉迪奥·达·维泰尔博去世后获得了其所藏图书。因此，可以从中推测出这些手抄本辗转从埃吉迪奥到 Ridolfi，再到佩特莱的收藏经过（Codazzi in *AMC*, 181-82）。

[21] *CGA* 的书名，465r；手抄本中 *Cosmographia* 拼写为 *Cosmogrophia*。大约 75 年前，该手抄本由安吉拉·柯达奇所发现，不久之后可能就会有印刷本问世；乌迈尔巴宁·志日准备将其全文转录后供读者阅读，迪特里希·拉亨伯格正在准备出版一个校注的版本。

[22] *CGA*, 44r: "el prefato compositore"; *DAR*, 11v (Ram, 67): 该词组被略去。*CGA*, 44r: "ecco el Re de li Pesci"; *DAR*, 11v (Ram, 67): "In capo del quale il re de' pesci." *CGA*, 74r: "tal che fu causa che intro el Populo di Marin ... et levosi el populo

注　释（第三章）—— 299

di Abduluad"; *DAR*, 18v (Ram, 100): "che appresso il popolo di Marin entrasse ... si solleva etiando il popolo di Habduluad." *CGA*, 140r: "uno se chiama el templo del Carauiien el quale e un templo grandissimo"; *DAR*, 32v (Ram, 162): "il quale è chiamato il tempio del Caruven, il qual è un grandissimo tempio." *CGA*, 173r: "alhora el Patre e obligato de dare al Maestro ... alhora el Patre fami convito a tutti le scolari"; *DAR*, 39r (Ram, 191): "è tenuto il padre di fargli ... allora fa il suo padre a tutti gli scolari un molto solenne convito." *CGA*, 212r: "per la abundantia del Paese"; *DAR*, 46v (Ram, 224): "per la molta abbondanza del paese." *CGA*, 282r: "El terzio officale e el thesaurero"; *DAR*, 60r (Ram, 287): "il terzo è il thesoriere." *CGA*, 417r: "como ipso compositore dice havere visto"; *DAR*, 86r (Ram, 413): "Et io viddi." 虽然在 16 世纪早期的意大利语中，"el" 可用作定冠词 "the"，且有许多作家如此使用，但拉姆西奥却很少这样用。据 1543 年 Alberto Accarisio 根据通用的托斯卡纳方言体例所著关于拼写的著作，"el" 仅在替换 "and the"（即 "et il" 或 "& il"）时，才作为 "the" 来使用，如 "il duca el sacretario"（*Vocabolario, Grammatica, et Orthographia de la Lingua Volgare* [Cento, 1543], 1）。而约安拿·阿萨德却恰恰相反，经常使用 "el"，且有时也并不是为了替换 "and the"。*CGA*, 354r, 361r-362r: 不断地使用 "dattoli"；*DAR*, 73r, 74v (Ram, 352, 359): 一律改为 "datteri"。Giuseppe Boerio, *Dizionario del dialetto veneziano* (Venice: Giovanni Cecchini, 1867), 220; Carlo Battisti and Giovanni Alessio, *Dizionario etimologico italiano* (Florence: G. Barbèra, 1968), 1215-16. 关于在港口城市和意大利其他地方出现的拼写的不一致及 "语言的混杂"，参见 Trovato, *Lingua italiana*, 32-35, 61-64。

[23] *CGA*, 464v: "ipso compositore per non recordarse piu per la label sua memoria ... pero dunque pone silentio et fine al suo Parlare." 在 Ram, 460 和 Ép, 579 中被删除。Robinson, *Islamic Historiography*, 174.

[24] Ibid., 174-85. Johannes Pedersen, *The Arabic Book*, trans. Geoffrey Frence (Princeton, N.J.: Princeton University Press, 1984), 26-31. Al-Qasim al-Hariri, *Le livre des Malins: Séances d'un vagabond de génie*, trans. René R. Khawam (Paris: Phébus, 1992), 477: "我写下，然后口述这些文字。" Ibn Battuta, *Voyages*, 1:65-75; Dunn, *Ibn Battuta*, 310-15. Ayman Fu'ad Sayyid, "Early Methods of Book Composition: al-Maqrizi's Draft of the 'Kitab al-Khitat,'" in Yasin Dutton, ed., *The Codicology of Islamic Manuscripts* (London: Al-Furqan Islamic Heritage Foundation, 1995), 98-101. Hajji, *Activité*, 145, 160. Joseph Schacht, "On Some Manuscripts in the Libraries of Morocco," *Hespéris Tamuda* 9 (1968): 45. 拉亨伯格认为，口授在当时是作者们写书时的 "通常做法"，但并无证据可以支持这一观点（Rauch, 128）。

[25] Letters of Alberto Pio, Lea MS 414, nos. 1-56, Special Collections, University of Pennsylvania Library. 例如，据说是埃吉迪奥·达·维泰尔博所藏的一部手稿：*Liber de Anima*, MS Lat. 1253, Biblioteca Angelica, Rome。Monfasani, "Sermons," in *Egidio da Viterbo*, 142-45; Martin, "Giles of Viterbo," ibid., 219.

[26] 关于中世纪晚期出现的 "作者亲书" 或签名手稿，参见 Armando Petrucci, *Writers and Readers in Medieval Italy. Studies in the History of Written Culture*, ed. and trans.

Charles M. Radding (New Haven and London: Yale University Press, 1995), chaps. 8-9。

[27] 拉亨伯格推测，约安拿·阿萨德手稿的抄写者就是马龙派信徒伊莱亚斯·巴尔·亚伯拉罕（Rauch, 132-33）。通过笔迹，将以利亚的拉丁文手迹，包括我看到的 MS Syriaque 44, BNF, 以及列维·德拉·维达在 Ricerche, plate 9, 1b (Vat. Sir. 9) 和拉亨伯格本人 (113, Vat. Sir. 15) 所复制的文本，再与 CGA 中的意大利文字迹进行对照，可以发现这显然是不可能的。同样的单词和字母在写法上完全不同。

[28] 例如，CGA 页边空白处的修改字迹中，47r、130v 和 147r 显然是抄写者的笔迹，而 3r、145r 和 149r 则出自另一人之手。已确认可知为约安拿·阿萨德手迹的拉丁文仅有四个词，即 1521 年所抄"保罗书信"中的签名 Jo. Leo servus medecis（图 4），但它们与 3r、145r 和 149r 上的修改字迹均不一样。当然，1521—1526 年，约安拿·阿萨德在拉丁字母的书写上可能有过变化。

[29] CGA, 294r-295v。

[30] Ram, 296-99。拉姆西奥重新调整了马祖那、阿尔及尔、泰德姆特（Tegdemt）和麦迪亚等地的顺序，显示他的编辑是依照另一部手稿，而不仅仅是推测。在 CGA, 86r 处，有一个不可能出现的年份：根据穆斯林纪年的 950 年，相应便是基督教纪年的 1543 年。而拉姆西奥给出的年份则是 920 年（1514 年），也说明他有手稿的文字为依据。乌迈尔巴宁·志日也相信国立中央图书馆所收藏的 MS V.E. 953 并不是约安拿·阿萨德作品的唯一手稿抄本，并且，不论拉姆西奥是否知道 MS V.E. 953 这一抄本，他在编辑中使用了另一部抄本（2003 年 5 月 23 日的谈话；2005 年 4 月 25 日的电子邮件）。在 18 世纪，有一部手稿抄本藏于威尼斯的圣米迦勒（St. Michael）本笃会修道院的图书馆（Giovanni Benedetto Mittarelli, *Bibliotheca codicum manuscriptorum Monasterii S. Michaelis Venetiarum prope Murianum* [Venice, 1779], 681）。在 Mittarelli 所抄录的卷末语中，同 CGA, 464v 的卷末语相比较，有五处拼写上的差别。尽管存在这些不同之处，拉亨伯格还是认为这可能就是国立中央图书所藏的 MS V.E. 953（Rauch, 138-39, 139 n. 622），不过这也可能就是拉姆西奥所用到的另一部手稿抄本。

[31] 在此分别从手稿和印刷本中所做的摘引，以说明拉姆西奥在不改变内容的前提下，对句法、拼写和写作风格所做的修改。约安拿·阿萨德写道，在整个巴巴利地区，大多数人可以活到 65 或 70 岁，但在山区可以见到百岁以上且仍然身体健壮的老人。CGA, 38r: "Per tutta la Barbaria le cipta de li Homini sonno o vero vanno fine ad 65 o 70 et sonno pochi che passano quella, ma pure se trovano in li monti de la Barbaria Homini che hanno 100 anni anchi li passano et sonno galiardi." DAR, 10r (Ram, 60): "Per tutte le città et terreni della Barberia le età de gli huomini aggiungono per insino a sessantacinque o a settanta anni, et v'hanno pochi che questo numero passino, ma pur si trovano ne monti della Barberia huomini che forniscono cento anni, et alcuni che ve gli passano. E sono questi d'una gagliarda e forte vecchiezza." Crofton Black 举出了一些对内容产生影响的改动，见"Leo Africanus's *Descrittione dell'Africa* and its Sixteenth-Century Translations," *Journal of the Warburg and Courtauld Institutes* 65 (2002): 262-72；拉亨伯格在所抄录的约安拿·阿萨德关于非洲撒哈拉以南地区和撒哈拉沙漠的论述中，也注意到了不同版本间的差别（Rauch, apps. 1-2）。在本书中，

我会对其中一些重要的地方展开讨论。

[32] Marica Milanesi, "Introduzione," in Ram, xiii-xxi. Sanuto, *Diarii*, 54:144-48. Robert W. Karrow, Jr., *Mapmakers of the Sixteenth Century and Their Maps* (Chicago: Newberry Library, 1993), 216-17, 220-28。

[33] 拉姆西奥的三卷本《远航行纪》的第一卷最早出版于 1550 年，第二版于 1554 年出版，在其死后又于 1563 年出版（拉姆西奥逝于 1557 年），此后还有 1588 年、1606 年和 1613 年等版本。作者为 "Giovan Lioni Africano" 的 *La Descrittione dell'Africa* 是第一卷的开篇，其后还有几部游记，包括一部在非洲西海岸的探险，作者均为欧洲人。在同一时期，Giunta 出版公司正大规模出版亚里士多德的著作，并附上由雅各布·曼蒂诺翻译的阿威罗伊的评注，拉姆西奥的《远航行纪》也是该公司出版的。

[34] 此处主要的文本有 André Miquel, *La géographie humaine du monde musulman jusqu'au milieu du IIe siècle*, 4 vols. (Paris and The Hague: Mouton, 1973-88), especially volume 1, and J. B. Harley and David Woodward, eds., *The History of Cartography*, vol. 2, bk. 1: *Cartography in the Traditional Islamic and South Asian Societies*, ed. Ahmet T. Karamustafa, Joseph E. Schwartzberg, and Gerald Tibbetts (Chicago and London: University of Chicago Press, 1987), chaps. 1-14。

[35] Ibid., 1:202-12. Houari Touati, *Islam et voyage*, 143-54. Al-Mas'udi, *Les prairies d'or*, trans. Barbier de Meynard and Pavet de Courteille, rev. Charles Pellat, 5 vols. (Paris: CNRS, 1965-97), 1:2-3, 84-85.

[36] Miquel, *Géographie*, 1:313-30. Touati, *Islam et voyage*, 161-70. Al-Muqaddasi, *The Best Divisions for Knowledge of the Regions*, trans. Basil Anthony Collins and Muhammad Hamid al-Tai (London: Center for Muslim Contribution to Civilisation and Garnet Publishing, 1994), 2-8.

[37] Ibid., 206.

[38] Abu-'Ubayd al-Bakri, *Description de l'Afrique septentrionale*, trans. Mac Guckin de Slane (1913; repr., Paris: Librairie d'Amérique et d'Orient, 1965); Mac Guckin de Slane, "Préface" to *Description de l'Afrique septentrionale par Abou-Obeïd-el-Bekri. Texte arabe* (Paris: Librairie d'Amérique et d'Orient, 1965), 7-20. N. Levtzion and J.F.P. Hopkins, eds., *Corpus of Early Arabic Sources for West African History*, trans. J.F.P. Hopkins (Princeton, N.J.: Markus Wiener Publishers, 2000), 62-87, 384-87.

[39] Harley and Woodward, eds., *History*, vol. 2, bk. 1, "Introduction," chaps. 4-5. J. Lennart Berggren and Alexander Jones, "Introduction," in *Ptolemy's Geography*, trans. J. Lennart Berggren and Alexander Jones (Princeton, N.J.: Princeton University Press, 2000), 10-14.

[40] Henri Bresc and Annliese Nef, "Presentation," in al-Idrisi, *Première géographie*, 13-53, and al-Idrisi, "Prologue," ibid., 62-64, "Premier climat," ibid., 69. Mahamad Hadj Sadok, "Introduction. Vie et oeuvres d'al-Idrisi," in al-Idrisi, *Le Maghrib au 12e siècle*, trans. Mahamad Hadj Sadok (Paris: Publisud, 1983), 11-56. S. Maqbul Ahmad, "Cartography of al-Sharif al-Idrisi," in Harley and Woodward, eds., *History*, vol. 2, bk. 1, chap. 7.

[41] Ibn Hawqal (10 世纪晚期), *La configuration de la terre (Kitab Surat al-Ard)*, trans. J. H. Kramers and G. Wiet (Paris: Maisonneuve and Larose, 2001), 提供了至少 21 幅不同地区的地图。穆卡达西的《最佳划分》有 20 幅地图。Miquel, *Géographie*, 1:69-85; Harley and Woodward, eds., *History*, vol. 2, bk. 1, 7, 123-24.

[42] *CGA*, 114r, 316v, 440r, 441r-v, 453r. Ram, 137, 317, 437-38, 449; Ép, 152, 376, 552-53, 565. *VIA*, 44v-45v; *VIAHott*, 267-68. 虽然伊德里斯的《环球畅游》(*Nuzhat al-mushtaq fi-khtiraq al-afaq*) 以《鲁杰罗书》(*The Book of Roger [Kitab Rujar]*) 之名而为人所知，但约安拿·阿萨德在引述时使用了其原本的书名 (*Nushat al absar*)。

[43] Jacopo d'Angelo 所翻译的托勒密的著作于 1475 年和 1478 年在博洛尼亚和罗马先后出版，书名为《宇宙志》(*Cosmographia*)，而在 1508 年和 1511 年分别在罗马和威尼斯印刷的版本，书名为《地理学》(*Geographia*)。

[44] *CGA*, 52v, 429r. Ram, 78, 425; Ép, 80, 532.

[45] Ibn Khaldun, *The Muqaddimah. An Introduction to History*, trans. Franz Rosenthal, 2nd ed., 3 vols. (Princeton, N.J.: Princeton University Press, 1967), 1:frontispiece, 109; Ahmad, "Cartography," in Harley and Woodward, eds., *History*, vol. 2, bk. 1, 170. Piri Reis, *Kitab-I Bahriye (Book of Navigation)* (Ankara: Republic of Turkey, Prime Ministry, Undersecretaryship of Navigation, 2002).

[46] *Cartographic Treasures of the Newberry Library* (Chicago: Newberry Library, 2001), no. 7. David Buisseret, *The Mapmakers' Quest. Depicting New Worlds in Renaissance Europe* (Oxford: Oxford University Press, 2003), 50-51. Karrow, *Mapmakers*, 216-28, 266-74, 604-5. 在 Karrow 深入的研究中，阿尔伯托·皮奥和埃吉迪奥·达·维泰尔博都未曾对制图学有过任何赞助行为，也没有任何地理学著作是题献给他们的。Paolo Giovio, *De Legatione Basilii magni Principis Moscoviae ad Clementum VII Pontificem Max. Liber*, in *Rerum Moscoviticarum Commentarii* (Basel: Johann Oporin, 1551), 159-75.

[47] 关于旅行和游记写作对于穆斯林的意义，参见 Touati 的杰作 *Islam et voyage*, chaps. 1-2, 5-7。

[48] Ibn Jubayr, *The Travel of Ibn Jubayr*, trans. Ronald J. C. Broadhurst (London: Jonathan Cape, 1952), 321-22.

[49] 伊本·白图泰所写文字，转引自 Dunn, *Ibn Battuta*, 258-59。关于 15 和 16 世纪摩洛哥的游记写作，参见 Benchekroun, *Vie*, 9-11; Hajji, *Activité*, 182。

[50] *CGA*, 19r ("e meglio se ponno vedere le Hystorie de li Arabi di Ibnu Calden el quale fece quasi un grosso volume de li arbori et de le generatione de li Arabi imbarbarati"), 67r-74v, 178v ("opera de Ibnu Chaldun cronechista"), 317v-320v. Ram, 39 ([*DAR*, 5v] 略去了对伊本·赫勒敦的引述), 93-100, 195, 319-21; Ép, 34-35, 99-107, 219, 378-82. Ibn Khaldun, *Muqaddimah*. 1:lxxvii, xci-xcii. Robinson, *Islamic Historiography*, 185. 近来对伊本·赫勒敦的重要研究成果有：Aziz al-Azmeh, *Ibn Khaldun. An Essay in Reinterpretation*, 2nd ed. (Budapest: Central European University Press, 2003) 和 Abdesselam Cheddadi, "Introduction," to Ibn Khaldun, *Le Livre de Exemples*, trans. Abdesselam Cheddadi, vol. 1: *Autobiographie. Muqaddima* (Paris: Gallimard, 2002), ix-liv. Oumelbanine Zhiri, "Jean Léon l'Africain lecteur de Ibn Khaldun: Les savants contre les

charlatans,"学术会议"非洲人利奥"的会议论文（EHESS, 巴黎，2003 年 5 月 22—24 日），即将刊于 Pouillon and Zhiri, eds., *Léon l'Africain*。约安拿·阿萨德的另一个史料来源是 ʿAbd al-Wahid al-Marrakushi（13 世纪），他是马拉喀什人，曾著有一部关于安达卢西亚和马格里布学者的经典传记（*CGA*, 74r-v; Ram, 100; Ép, 109; *VIA*, 48r; *VIAHott*, 272; Benchekroun, *Vie*, 147-55; al-Qadi, "Biographical Dictionaries," in Atiyeh, ed., *Book*, 103-4）。

[51] *CGA*, 312v-313r (Ram, 314 [*DAR*, 65v] 和 Ép, 372 在此处的叙述都略有不同，并略去了关于诗歌形式的讨论）。Charles Pellat, "Hidja'," *EI2*, 3:353-57; Trabulsi, *Critique poétique*, 228-30; G.J.H. Van Gelder, "Hija'," *EAL*, 1:284-85; Benchekroun, *Vie*, 270.

[52] Menocal et al., eds., *Literature*, 107-8. H. Kilpatrick, "Adab," *EAL*, 1:54-56. Peter Burke, *The Fortunes of the Courtier. The European Reception of Castiglione's "Cortegiano"* (University Park, Pa.: Pennsylvania State University Press, 1996), 23-40; Peter Burke, *The Italian Renaissance: Culture and Society in Italy* (Cambridge: Polity Press, 1986), 155-57.

[53] *CGA*, 43v（"per essere necessario ad ciascuna Persona che compone narrare le cose como sonno"）, 147r-v（"per essere obligato de dire la verita per ogni cuncto et como e il dovere che ciascuna persona debia fare"）, 432v, 441r-v. Ram, 66, 169 [*DAR*, 34v] 用词与约安拿·阿萨德的手稿略有不同，下文第八章将进一步讨论，429, 438; Ép, 65, 191（埃帕拉尔采信了拉姆西奥的用词），537, 553. Al-Masʿudi, *Prairies*, 2:334-36（关于祖母绿宝石）。

[54] Ibn Khaldun, *Muqaddimah*, 1:6-77. Ibn Battuta, *Voyages*, 1:73. Robinson, *Islamic Historiography*, 143-55; Touati, *Islam et voyage*, 147-52; al-Azmeh, *Ibn Khaldun*, chap. 2. 关于贾希兹将地理学作为一种"艾达卜"文体进行写作的情况，参见 Miquel, *Géographie*, 1:35-56。

[55] Badiʿ al-Zaman al-Hamadhani, *Le livre des vagabonds: Séances d'un beau parleur impénitent*, trans. René R. Khawam (Paris: Phébus, 1997); *The Maqamat of Badiʿ al-Zaman al-Hamadhani*, trans. W. J. Prendergast (London: Curzon Press, 1973). Al-Hariri, *Livre des Malins*; *The Assemblies of Al-Hariri*, trans. Thomas Chenery and F. Steingass, 2 vols. (1867-98; repr., Westmead, Hants.: Gregg International Publishers, 1969). 约安拿·阿萨德曾有一次提到过哈理利：*CGA*, 182r（"in lo comento de la favola del hariri"）; Ram, 197 ([*DAR*, 40v] 略去了对哈理利的引述); Ép, 222。关于哈马达尼和哈理利的"麦卡马特"，参见 Abdelfattah Kilito, *Les séances: Récits et codes culturels chez Hamadhani et Hariri* (Paris: Sindbad, 1983); Jaakko Hämeen-Anttila, *Maqama. A History of a Genre* (Wiesbaden: Harrassowitz Verlag, 2002); and Philip F. Kennedy, "The Maqamat as a Nexus of Interests: Reflections on Abdelfattah Kilito's *Les Séances* and Other Works," in Julia Ashtiany Bray, ed., *Muslim Horizons* (London and New York: Routledge Curzon, 即将出版). James T. Monroe, *The Art of Badiʿ az-Zaman al-Hamadhani as Picaresque Narrative* (Beirut: American University, 1983)，这是一项重要的研究，但同 Kilito 和 Kennedy 一样，我在阅读哈马达尼的作品时也并未遵从 Monroe 的道德说教的立场。关于安达卢西亚的"麦卡玛特"，参见 Rina Drory, "The

maqama," in Menocal et al., eds., *Literature*, 190-210。

[56] 拉姆西奥在其所写的题记中，称乔瓦尼·利奥尼"学会了阅读和书写意大利的语言，将他的书从阿拉伯语翻译过来。本书由他亲笔所写，之后经历了难以尽述的波折，到了我们手中"(*Primo volume, et Seconda editione delle Navigationi et Viaggi ... nella quale si contengono La Descrittione dell' Africa* [Venice: Giunti, 1554], *iiir, dedication to Hieronomo Fracastora; Ram 6）。但是，拉姆西奥并没有见过任何阿拉伯文手稿，更为合理的推测是约安拿·阿萨德的写作是基于其用阿拉伯文所写的笔记，加以重新写作和翻译，部分章节可能是先用阿拉伯文写成初稿。拉亨伯格有一个颇有见地的观点，认为关于马拉喀什王国的部分是基于一份阿拉伯文初稿写成（Rauch, 133-34），但即使此处也必须为了意大利的读者而做许多调整。

[57] *CGA*, 6v, 19r, 28r, 458（他记不起他一度了解过的关于变色龙的一切）. Ram, 25（[*DAR*, 2r]略去了他十年未读到历史书的叙述），39-40（[*DAR*, 5v]略去了对伊本·赫勒敦的引述），50, 453; Ép, 12（将"histoire"改为"histoire sainte"），35, 47, 570-71。

[58] Ibn Khaldun, *Muqaddimah*, lxxi.

[59] *CGA*, 1r, 184v, 441v. Ram, 19, 199, 439; Ép, 3, 224, 553. 还有的例子，如以"la Pascha"译"Ramadan"(22r); "populo"(10r, 22v) 及有时"sterpe"(25v) 译"qabila"或"tribe"；"signori"(165r 及其他各处) 及有时"gentilhomini"(61r) 译名人和首领，包括沙伊赫；"sacerdoti"，即"priest"(380r, 382r) 译领拜师或伊玛目，这一翻译尤其容易产生歧义；"el Judice"译"judge"或"qadi"；"Doctori"(165v, 380r, 382r 等各处) 译"faqih"及更为准确一些的译法"homini Docti in la lege"(53r); "Pontefece"(12v, 200v) 译"caliph""khalifa"。关于 *waqf*（或 *habus*，一个马格里布地区的特殊用法），即长期的宗教基金会，是其中多次提到的许多建筑和机构赖以维持的财政基础，对此他在翻译中并未给出对应的词汇。他对"sharif"一词做了定义："穆罕默德家族的贵族"（nobile de la casata de Mucametto, 62r）。

[60] 例如，约安拿·阿萨德对位于突尼斯的凯鲁万建国和早期历史的追溯，便被拉姆西奥做了大段的删节（*CGA*, 333r-334r. Ram, 331-32; Ép, 394-95）。

[61] *CEI*, 93. Sanuto, *Diarii*, 24:190-91, 25:142; Lucette Valensi, *Venise et la Sublime Porte. La naissance du despote* (Paris: Hachette, 1987), 11-23; Setton, *Papacy*, 3:155-56; Daniel Goffman, *The Ottoman Empire and Early Modern Europe* (Cambridge: Cambridge University Press, 2002), 46. John E. Wansbrough, "A Moroccan Amir's Commercial Treaty with Venice of the Year 913/1508," *Bulletin of the School of Oriental and African Studies* 25 (1962): 449-71.

[62] *VIA*, 45v; *VIAHott*, 268.

[63] *CGA*, 432v-433r. Ram, 429; Ép, 537-38.

[64] Al-Hamadhani, *Maqamat*, trans. Prendergast, no. 27, "Al-Aswad," 110; *Livre des vagabonds*, trans. Khawam, no. 8, "La famille Asawad," 139.

第四章　非洲与欧洲

[1] *CGA*, 43r-v（"narrare le cose como sonno"）. Ram, 66 ([*DAR*, 11v] 关于拉姆西奥对这一段引文的增补，见下文第八章); Ép, 65。

[2] *CGA*, 43v ("*Lo Cento Novelle*"). Ram, 66 ([*DAR*, 11v] 对故事进行了加工：将"*Lo Cento Novelle*"改为"una brieve novelletta"); Ép, 65 (将"*Les Cent Nouvelles*"改为"une courte historiette")。

[3] *CGA*, 43v-44r ("nel libro del cento novelle"). Ram, 66-67 ([*DAR*, 11v] 将"libro del cento novelle"改为"un'altra brieve et piacevole novelletta"); Ép, 66 ("une courte et amusante historiette")。

[4] 我所能找到最为接近的故事集是 *Les cent et une nuits*, trans. M. Gaudefroy-Demombynes (Paris: Sindbad, 1982)。但其中既没有行刑者也没有鸟儿的故事。它们应该与《一千零一夜》更为接近。尽管它们可能收录于某一部更为古老的阿拉伯故事集中，但其翻译取自法国国家图书馆所藏的四部近代的马格里布手稿，并未说明其版本的源流。因此，难以确定故事集在 16 世纪初的具体书名（*Cent et une nuits*, 15-18）。

[5] D. Pinault, "*Alf layla wa-layla*," *EAL*, 1:69-77; Eva Sallis, *Sheherazade through the Looking Glass: The Metamorphosis of the "Thousand and One Nights"* (Surrey: Curzon Press, 1999), chaps. 1-2. 在欧洲出版的第一个全译本是 Antoine Galland 翻译的法语版，于 1704—1717 年间出版；翻译依据了一部来自于叙利亚的 14 世纪阿拉伯手抄本，今藏于莱顿大学图书馆（ibid., 3, 145）。佩特鲁斯·阿方索原是安达卢西亚的犹太人，后改宗皈依基督教，之后写作完成了故事集 *Disciplina Clericalis* 及其他一些作品。关于他及其作品，参见 Eberhand Hermes, "Introduction," in *The "Disciplina Clericalis" of Petrus Alfonsi* (London and Henley, England: Routledge and Kegan Paul, 1977) 及 Jacqueline-Lise Genot-Bismuth, "Introduction," in *Moïse le Séfarade alias Pierre d'Alphonse. La Discipline de Clergie* (St. Petersburg: Editions Evropeiski Dom and Paris: Éditions de Paris, 2001)。

[6] *Le Ciento Novelle Antike*, ed. Carlo Gualteruzzi (Bologna: Girolamo Benedetti, 1525). *The Novellino or One Hundred Ancient Tales*, ed. and trans. Joseph P. Consoli (New York and Londond: Garlan, 1997). 行刑者和鸟儿的故事均未见于现称为 *Il Novellino* 一书的各个手稿抄本中（Sebastiano lo Negro, ed., *Novellino e conti del Duecento* [Turin: Unione Tipografico, 1963], 57-209）；鸟儿的故事亦未见于 Girolamo Morlini 所著拉丁文版的动物寓言集，该书于 1520 年在那不勒斯出版（Girolamo Morlini, *Novelle e favole*, ed. Giovanni Villani [Rome: Salerno Editrice, 1983]）。书名为 *Les Cent Nouvelles Nouvelles* 的 15 世纪法语故事集中，也未见行刑者或两栖鸟的故事；约安拿·阿萨德可能也从未听说过该书，其匿名的作者将该书题献给勃艮第公爵。

[7] Hasan M. El-Shamy, *Folk Traditions of the Arab World. A Guide to Motif Classification*, 2 vols. (Bloomington and Indianapolis: Indiana University Press, 1995), K512, K520-539. 'Abd al-Rahman al-Sulami, *La courtoisie en Islam: Pour une meilleure fréquentation des gens*, trans. Tahar Gaïd (Paris: Éditions IQRA, 2001), 84: 由于受刑者的慷慨举动而终止了刑罚。Stith Thompson, *Motif-Index of Folk Literature*, rev. ed. (Copenhagen: Rosenkilde and Bagger, 1957), K512-K513. D. P. Rotunda, *Motif-Index of the Italian Novella in Prose* (Bloomington: Indiana University Press, 1942), K512. Harriet Goldberg, *Motif-Index of Medieval Spanish Folk Narrative* (Tempe, Ariz.: Medieval and Renaissance Texts and Studies, 1998), K512.

[8]   Ibn al-Muqaffaʿ, *Le livre de Kalila et Dimna*, trans. André Miquel (Paris: Klincksieck, 1957), especially nos. 393-493, "Les hiboux et les corbeaux." Farid-ud-Din ʿAttar, *Le langage des oiseaux*, trans. Garcin de Tassy (Paris: Sindbad, 1982). Annemarie Schimmel, *The Triumphal Sun: A Study of the Works of Jalaloddin Rumi* (Albany: SUNY Press, 1993), 76-77, 111, 113-124. 以上文本中均未见约安拿·阿萨德所述的鸟的故事，尽管鲁米曾讲到鸵鸟，以下将予进一步讨论。*Le livre des ruses*, trans. René R. Khawam (Paris: Phébus, 1976), 17, 33. 该书名为《奇谋妙计的华丽外衣》(*Raqaʾiq al-hilal fi Daqaiq al-hiyal*)。有一部存世手稿现藏于法国国家图书馆，其中包括了完整的目录，但仅一半章节得以保存，有关动物的部分已散佚。

[9]   民族志研究者 Claude Lefébure 曾在今天的摩洛哥地区听到过一些与鸟的主题相关的故事: "Au trébuchet de la Description: Léon l'Africain ethnographe des Berbères du Maroc," 学术会议"非洲人利奥"论文，(EHESS, 巴黎，2003 年 5 月 22—24 日)，即将刊于 Pouillon and Zhiri, eds., *Léon l'Africain*。

[10] ʿAmr ibn Bahr al-Jahiz, *Kitab al-Hayawan*, ed. ʿAbd-al-Salam Muhammad Harun, 7 vols. (Cairo, 1930-45), 4:321-23. Hasan M. El-Shamy, *Types of the Folktale in the Arab World. A Demographically Oriented Tale-Type Index* (Bloomington and Indianapolis: Indiana University Press, 2004), 0207D: 改变身份逃避责任；H0954:1: 鸵鸟借口不负货物。贾希兹还谈到亚里士多德曾评论对长翅膀的动物难以归类，因为它们既有鸟类又有四足动物的特点 (*On the Parts of Animals* 4:14:697b; al-Jahiz, *Livre des animaux*, ed. and trans. Mohamed Mestiri and Soumaya Mestiri [Paris: Fayard, 2003], 217)。

[11] Schimmel, *Triumphal Sun*, 122-23.

[12] René Basset, ed., *Loqman berbère avec quatre glossaires et une étude sur la légende de Loqman* (Paris: Ernest Leroux, 1890), xi-lxix. 智者鲁格曼是《古兰经》第 31 章的主题。寓言 1: "狮子与两头公牛"，机智取胜；寓言 5: "狮子与公牛"，诡计失败 (*Fables de Lokman*, trans. M. Cherbonneau [Paris: Librairie Orientaliste Paul Geuthner, 1925], 12-13, 18-20)。

[13] *The Medici Aesop. Spencer MS 50. From the Spencer Collection of the New York Public Library*, facsimile edition with a translation by Bernard McTigue (New York: Harry Abrams, 1989), 132. 配以希腊文的插图版手抄本，于 1495 年存于皮耶罗·德·美第奇的图书馆。它依据 1483 年的印刷本抄录复制，印刷版中包括由 Ranutio d'Arezzo 翻译的《伊索寓言》的拉丁文译本，*Vita Esopi una cum suis Fabulis a Graeco in latinum translata* (Rome, 1483): 该版本题献给洛伦佐·德·美第奇 (Léopold Hervieux, *Les Fabulistes latins depuis le siècle d'Auguste jusqu'à la fin du Moyen Âge*, 2 vols. [Paris: Firmin Didot, 1884-99], 269)。在不同版本的《伊索寓言》中，有两则关于蝙蝠的故事，在这一则 ("Vespertilio et mustela") 中，蝙蝠利用计谋得以逃脱，而在另一则 ("De Avibus et quadrupedibus") 中，蝙蝠则因为在鸟类和四足动物之间的战争中变换阵营而受到了处罚。Jonathan Burton 认为第二则寓言与"利奥·阿非利加努斯"有联系，见 "'A Most Wily Bird': Leo Africanus, *Othello* and the Trafficking in Difference," in Ania Loomba and Martin Orkin, *Post-colonial Shakespeares* (London and New York: Routledge, 1998), 43-63。关于欧洲传统中善于欺骗的鸟，参见

Thompson, *Motif-Index*, K233.1; 其例证中的两栖动物有青蛙、乌龟和鳄鱼，A2160, A2214.5, B245, B645, G211.6, G303.3.3.7。

[14] Wehr, 253; Joseph Schacht, "*Hiyal*," *EI2*, 3:110-13. A.-L. de Prémare, ed., *La tradition orale du Mejdub: Récits et quatrains inédits* (Aixen-Provence: Édisud, 1986), 138, 174, 255（关于16世纪摩洛哥一位民间圣徒所说的"希拉"，可为例证）。Micheline Galley and Zakia Iraqui Sinaceur, eds., *Dyab, Jha, La‛âba: Le triomphe de la ruse. Contes marocains du fonds Colin* (Paris: Les Belles Lettres, 1994), 51-59, 116-81. Enid Welsford, *The Fool. His Social and Literary History* (London: Faber and Faber, 1935), 29-33. Nasreddin Hodja, *La sagesse afghane du malicieux Nasroddine*, trans. Dider Leroy (La Tour d'Aigues: Éditions de l'Aube, 2002), 5-13, 103. 具有相似特点的傻蛋的人物形象，可见于整个伊斯兰世界，其名字或为 Nasreddin Hodja（土耳其语拼写形式）及其他变体，或由 Djia 及其他变体形式如 Djoha、Djouha 等。

[15] Arberry, 1:81（阿拉伯语："makra"），121（阿拉伯语："khada'a"）；2:334（阿拉伯语："kaid""kaiada"）。其他例子，另见《古兰经》7:99, 7:183, 8:30, 13:42, 27:50, 43:79, 68:45。*Livre des ruses*, trans. Khawam, 11-12; Wehr, 266, 995, 1076.

[16] QAn, Sura "Vacca," 56b, verse 53 [for 3:54]; Sura "De Mulieribus," 99a, verse 141 [for 4:142]; Sura "De Divisionibus," 156b, verse 99 [for 7:99], 164b, verse 181 [for 7:183]; Sura "De Spoliis," 170a, verse 29 [for 8:30]; Sura "De Tonitruis," 234a, verse 42 [for 13:42]; Sura "De Formicis," 370a, verse 53 [for 27:50]; Sura "De Ornamentis," 478, verse 78 [for 43:79]; Sura "De Polo," 598a, veses unnumbered [for 86:15-16].

[17] EpiP, 33a, 34b. 此手抄本中，致哥林多人的第二封信的章节紧随致哥林多人的第一封信之后，但第二封信的标题却误作"致帖撒罗尼迦人（Thessalonians）"。非常感谢 Dr. Stefania Dodoni 为我检查了手抄本的这一部分。

[18] Baldassare Castiglione, *The Book of the Courtier*, trans. Charles S. Singleton (Garden City, N.Y.: Doubleday, 1959), 1:18, 2:40; Burke, *Fortunes*, 23: 卡斯蒂利奥内于16世纪20年代初在罗马改写了《廷臣论》。Niccolò Machiavelli, *The Prince*, trans. Luigi Ricci and E.R.P. Vincent (New York: Random House, 1940), chap. 18, 64-65. 马基雅维利于1514年完成了《君主论》手稿的写作；当约安拿·阿萨德在罗马期间，他正在为朱利奥·德·美第奇枢机主教撰写《佛罗伦萨史》，后者于1523年成为教皇克莱芒七世。Francesco Guicciardini, *Maxims and Reflections of a Renaissance Statesman*, trans. Mario Domandi (New York: Harper and Row, 1965), nos. 103-5, p. 67. 圭恰尔迪尼在利奥十世和克莱芒七世在位期间，曾担任教廷的行政官和外交官等职。

[19] *CGA*, 176v-178v. Ram, 193-95; Ép, 218-20. *AM*, 59r-60r. 据约安拿·阿萨德的叙述，这位突尼斯的大师为《古兰经》的评注者马贾尼之子。但由于马贾尼生活于14世纪末，因此该大师应为其孙或曾孙。

[20] *CGA*, 178v-179r. Ram, 195; Ép, 219-20. 关于马立克法学对占星术的禁令，参见 al-Qayrawani, *Risâla*, chap. 44, 243: "On ne devra observer les astres que pour en tirer des indications sur la direction de la qibla [穆斯林面向克尔白朝拜的方向] et sur les diverses divisions de la nuit. On devra s'en abstenir dans toute autre intention."

[21] Fahd, *Divination arabe*, 243-45. Ibn Khaldun, *Muqaddimah*, 1:238-45, especially 242-45;

3:182-214, especially 213-14. H.P.J. Renaud, "Divination et histoire nord-africaine au temps d'Ibn Khaldun," *Hespéris* 30 (1943): 213-21. Zhiri, "Léon l'Africain lecteur d'Ibn Khaldun," 即将刊于 Pouillon and Zhiri, eds., *Léon l'Africain*。

[22]   *CGA*, 22v. Ram, 43; Ép, 40.

[23]   *CGA*, 227r-v ("il vulgo de Affrica et di Betteca tengono le sue baptaglie scripte in Hystorie parte in versi et parte in proso al modo de le cose de Orlando infra li latina vulgari"). Ram, 238; Ép, 272.

[24]   Ibn Khaldun, *Histoire des Berbères et des dynasties musulmanes de l'Afrique septentrionale*, ed. Paul Casanova, trans. Mac Guckin de Slane, 4 vols. (Paris: Librairie Orientaliste Paul Geuthner, 1925-56), 1:65, 2:232, 235; 有关 al-Marrakushi 和 Ibn Abi Zera 的战斗描写, ibid., 2:224 nn.1-2, 223 nn.1-2。17世纪伟大的安达卢西亚历史学家 al-Maqqari 对那瓦斯战役（Las Navas de Tolosa, 西班牙人的通常叫法）的记述, 也未提到过这位"希拉勒"（*History*, bk. 8, chap. 30）。

[25]   Ibn Khaldun, *Muqaddimah*, 3:415-420 and 415 n.1631; *Berbères*, 1:41-44 概述了《巴努·希拉勒之歌》中的一些故事。Micheline Galley, "Introduction" to Galley and Sinaceur, eds., *Dyab*, 35-37. Lucienne Saada, ed., *La Geste Hilalienne: Version de Bou Thadi (Tunisie)* (Paris: Gallimard, 1985); Roselyne Layla Grech, *Indexation de la Geste des Banu Hilal* (Algiers: Publications Universitaire, 1989)。

[26]   约安拿·阿萨德的叙述中有一处记忆或知识上的小错误, 他将那瓦斯/鹰堡战役的地点说成是在加泰罗尼亚, 而事实上要在更南的地区 (*CGA*, 227v; Ram, 238; Ép, 272), 但是希拉勒这一人物的出现似乎不仅仅是因为记错了或搞混了。在 *CGA* 的导论部分, 约安拿·阿萨德将巴努·希拉勒及其他阿拉伯部落的进攻描述为充满了暴力和破坏, 其他文献中对此也有类似的记载（*CGA*, 11r-12v; Ram, 31-33; Ép, 21-23; Ibn Khaldun, *Berbères*, 1:32-45; Abun-Nasr, *Maghrib*, 69-71）。约安拿·阿萨德还提到巴努·希拉勒及其他部落的诗歌, 均以高贵典雅而著称, *CGA*, 18v; Ram, 39; Ép, 34。

[27]   Al-Mas ͨudi, *Prairies*, 2:345, no. 915; Miquel, *Géographie*, 2:357-58. 提到过查理曼的, 不止伊本·赫勒敦。Peter V. Marinelli, *Ariosto and Boiardo: The Origins of "Orlando Furioso"* (Columbia: University of Missouri Press, 1987), chap. 3. 阿里奥斯托在最后一篇提到过的友人和相识中, 包括其旧日同窗阿尔伯托·皮奥, 以及曼图亚大主教埃科尔·贡查加（Ercole Gonzaga）, 他也是雅各布·曼蒂诺在16世纪20年代初的一位赞助人（ibid., 100; Kaufmann, "Mantino," 35, 40, 221-23）。Wiel, *Lévita*, 176-81.

[28]   *CGA*, 146v. Ram, 168; Ép, 190. Delumeau, *Rome*, 81-82.

[29]   *CGA*, 147r. Ram, 168-69; Ép, 191. 拉姆西奥在关于菲斯客栈中的女子部分插入了一句话, 把约安拿·阿萨德原意中用异装男子与欧洲妓女之间所作比较, 改为菲斯的妓女与欧洲的妓女之间的比较, 因此淡化了对男妓的描述。见下文第七章, 将进一步讨论性与同性恋的问题。

[30]   *CGA*, 223v-224v. Ram, 253; Ép, 268. 关于曼扎里, 参见 Abun-Nasr, *Maghrib*, 208-9, and John D. Latham, "The Reconstruction and Expansion of Tetuan: The Period of Andalusian Immigration," in *From Spain to Barbary. Studies in the History and Culture*

[31] *of the Muslim West* (London: Variorum, Reprints, 1986), no. 4.
[31] *CGA*, 130r-132r ("li Mori ... sonno gente bestiale"), 218r (Asila: "in lanno 882 Dalhegera fu assaltata et occupata da li Portughesi et li sos Habitatori furno tutti menati captivi ad Portogallo"; 年代 882/1477 为 876/1471 之误). Ram, 153-54 (*DAR*, 30r-v), 230; Ép, 173-74, 261. 拉姆西奥以及亦步亦趋的埃帕拉尔，均对玛目拉战役的描写进行了一定的美化，以对葡萄牙加以褒奖而强化穆斯林的背信弃义。对于葡萄牙侵略北非史料了如指掌的艾哈迈德·布沙贝也承认约安拿·阿萨德在描述这些战役时的"中立性"(une neutralité troublante)。Boucharb, "Conquête ibérique," 即将刊于 Pouillon and Zhiri, eds., *Léon l'Africain*。Robinson, *Islamic Historiography*, 147-48; J. R. Hale, *Machiavelli and Renaissance Italy* (New York: Collier Books, 1960), chaps. 9-10.
[32] *CGA*, 164v-165r. Ram, 184-85; Ép, 208-9.
[33] Al-Qayrawani, *Risâla*, chap. 42, 234-235. Miquel, *Géographie*, 4:275. Al-Jahiz, *Le livre des avares*, trans. Charles Pellat (Paris: Éditions Maisonneuve et Larose, 1997), especially 97-113, "Histoire d'al-Harithi."
[34] Barbara Ketcham Wheaton, *Savoring the Past: The French Kitchen and Table from 1300 to 1789* (Philadelphia: University of Pennsylvania Press, 1983), 54-55; Sergio Bertelli and Giuliano Crifò, eds., *Rituale, cerimoniale, etichetta* (Milan: Bompiani, 1985), chaps. 2-4. Desiderius Erasmus, *On Good Manners for Boys (De civilitate morum puerilium)*, trans. Brian McGregor, in *Collected Works of Erasmus* (Toronto: University of Toronto Press, 1985), 25:282-83. 对于餐桌上的不雅举止，包括未能用正确的方法使用餐巾擦拭等，受到了 Giovanni Della Casa 在其多次印刷、广为流传的作品 *Galateo* (1558) 中的严厉批评: *Galateo of Manners and Behaviours (1576)*, trans. Robert Peterson (Bari: Adriatica Editrice, 1997), 26-29。
[35] *CGA*, 99v-101v. Ram, 123-25; Ép, 136-38.
[36] *CGA*, 137r-202v (关于菲斯), 引文见 139v, 161r, 190r; 405r-419v (开罗), 引文见 405r, 407r. Ram, 158-214, 引文见 162, 181, 204; 402-16, 引文见 402, 404; Ép, 182-241, 引文见 184, 205, 230; 503-19, 引文见 503, 505。
[37] Luigi Balsamo, "Alberto Pio e Aldo Manusio: Editoria a Venezia e Carpi Fra '400 e '500," in *Società*, 1:133-66. *Psalterium Hebraeum, Graecum, Arabicum*, 2r: dedication of Agostino Giustiniani to Leo X, Genoa, August 1516. *Sapientissimi Philosophi Aristotelis Stagiritae. Theologia sive mistica Phylosophia secundum Aegyptios noviter Reperta et in Latinum Castigatissime redacto* (Rome: Jacobus Mazochius, 1519), A2r-B2r: Dedication of Franciscus Roseus of Ravenna to Leo X, January 1519. Alastair Hamilton, "Eastern Churches and Western Scholarship," in Anthony Grafton, ed., *Rome Reborn. The Vatican Library and Renaissance Culture* (Washington, D.C.: Library of Congress, New Haven: Yale University Press, and Vatican City, Biblioteca Apostolica Vaticana, 1993), 235-39. Weil, *Lévita*, 95-101; David Amram, *The Makers of Hebrew Books in Italy* (London: Holland Press, 1963), 109, 169, 241; Martin, "Giles of Viterbo," 201-11; Kaufmann, "Mantino," 34-39, 221-23.

[38] Robinson, *Islamic Historiography*, 172-74. Pedersen, *Arabic Book*, 131-34. Muhsin Mahdi, "From the Manuscript Age to the Age of Printed Books," in Atiyeh, ed., *Book*, 1-4; Jacques Berque, "The Koranic Text: From Revelation to Compilation," ibid., 17-29; Franz Rosenthal, " 'Of Making Many Books There Is No End:' The Classical Muslim View," ibid., 33-55; Seyyed Hosein Nasr, "Oral Transmission and the Book in Islamic Education: The Spoken and the Written Word," ibid., 57-70; Geoffrey Roper, "Faris al-Shidyaq and the Transition from Scribal to Print Culture in the Middle East," ibid., 209. Bloom, *Paper*, 91-122. Annie Vernay-Nouri, "Livres imprimés," in Marie-Geneviève Guesdon and Annie Vernay-Nouri, eds., *L'art du livre arabe* (Paris: Bibliothèque Nationale de France, 2001), 162-75. Abraham Haberman, "The Jewish Art of the Printed Book," in Cecil Roth, ed., *Jewish Art* (Greenwich, Conn.: New York Graphic Society, 1971), 165, 171 (Istanbul). Karl Schaefer, "Arabic Printing before Gutenberg. Block-printed Arabic Amulets," in Hanebutt-Benz el al., eds., *Middle Eastern Languages*, 123-28; Hartmut Bobzin, "From Venice to Cairo: On the History of Arabic Editions of the Koran (16th-20th Century)," ibid., 152-55. Moshe N. Rosenfeld, "The Development of Hebrew Printing in the Sixteenth and Seventeenth Centuries," in Leonard Singer Gold, ed., *A Sign and a Witness: 2000 Years of Hebrew Books and Illuminated Manuscripts* (New York: New York Public Library and Oxford: Oxford University Press, 1988), 92-94 (Fez, Istanbul, Safed). Amram, *Hebrew Books*, 136-37 (Salonika, Istanbul).

[39] Weil, *Lévita*, 230. Levita, *Thisbites*, 67-68. Khatibi and Sijelmassi, *Islamic Calligraphy*, 6-33. Israel Abrahams, *Jewish Life in the Middle Ages*, ed. Cecil Roth (London: Edward Goldston, 1932), 239-40.

[40] *CGA*, 267r; 382r. Ram, 274, 379; Ép, 316, 468-49; Rauch, 280.

第五章　非洲的想象

[1] *CGA*, 1r. Ram, 19; Ép, 3. 关于艾弗里科斯的其他记载，见 al-Bakri, *Afrique*, 48-49; Ibn Khaldun, *Berbères*, 1:28, 168。

[2] Miquel, *Géographie*, 2:44 n.5, 131. Ibn Hawqal, *Configuration*, 64-65, 80, 85. Al-Muqaddasi, *Best Divisions*, 198-200. Al-Idrisi, *Première géographie*, 180, 198, 304-5; al-Idrisi, *Maghrib*, 127, 133, 147. Ibn Khaldun, *Muqaddimah*, 1:9, 9 n.19, 130. Ibn ʿAbd al-Hakam (9 世纪) 埃及征服史的引文，见 Ibn Khaldun, *Berbères*, 1:306。

[3] Ptolemy, *Ptolemy's Geography*, 145 n.1. Harley and Woodward, eds., *History*, vol. 1: *Cartography in Prehistoric, Ancient, and Medieval Europe and the Mediterranean*, 316. *In hoc opere haec Continentur Geographiae Cl. Ptolemaei*, trans. Jacopo d'Angelo (Rome: Evangelista Tosino, 1508), Liber Quartus: Expositionem totius Aphricae, 附有非洲不同地区的地名；bk. 8, Aphricae Tabulaeo. *Claudii Ptholemaei Alexandrini Liber Geographiae cum Tabulis*, ed. Bernardo Silvano (Venice: Jacopo Pencio, 1511), +2r, D6r, bk. 8.

[4] *CGA*, 213r, 350r, 439v-440r. Ram, 224, 349, 437; Ép, 254, 419, 551. Harley and Woodward, eds., *History*, vol. 2, bk. 1, 10. Al-Khwarizmi, *Afrika nach der arabischen*

Bearbeitung der "Geographia" des Claudius Ptolemaeus, trans. Hans von Mžik (Vienna: Kaiserliche Akademie der Wissenschaften, 1916). 同样，也门地理学家 al-Hamdani（10 世纪）也总结了托勒密思想并将之用于占星术，他用狭义的艾弗里齐亚指突尼斯周围地区，用卢比亚称呼阿比西尼亚（Abyssinia）地区和黑非洲（Miquel, *Géographie*, 2: 34-48）。

[5] Ibid., 2:35, 60. Al-Idrisi, *Première géographie*, 372-73.

[6] Harley and Woodward, eds., *History*, vol. 1, chap. 18, and plates 19-21. Martin W. Lewis and Kären E. Wigen, *The Myth of Continents. A Critique of Metageography* (Berkeley and Los Angeles: University of California Press, 1997), 25-26.

[7] Harley and Woodward, eds., *History*, vol. 2, bk. 1, 5-7. Ibn Hawqal, *Configuration*, 8-16. Ibn Khaldun, *Muqaddimah*, 1:109-11, frontispiece.

[8] *CGA*, 1v. Ram, 20; Ép, 4.

[9] Al-Idrisi, *Première géographie*, 458-64; Ibn Khaldun, *Muqaddimah*, 1:128-39. Al-Muqaddasi, *Best Divisions*, xxiii, 177-97. 关于希腊的"气候带"（klimata）理论及"气候带"在阿拉伯地理学思想中的地位，参见 Miquel, *Géographie*, 2:56-60; Harley and Woodward, eds., *History*, vol. 2, bk. 1, 94, 102, 146。

[10] *CGA*, 26v, 74v. Ram, 48, 100; Ép, 44-45. 在另一个例子中，他使用"艾弗里齐亚"（Ifrichia），而非"非洲"（Affrica），用以特指突尼斯周围地区（12v）。

[11] *CGA*, 1v-5v. Ram, 20-23; Ép, 4-10.

[12] Levtzion and Hopkins, eds., *Early Arabic Sources*, 366-67.

[13] *CGA*, 1r-v, 3r, 393v, 397v-398r, 433r. Ram, 19, 21, 390, 394, 429; Ép, 3, 6, 489, 494, 537. Miquel, *Géographie*, 135. Ibn Hawqal, *Configuration*, 129-62; Al-Muqaddasi, *Best Divisions*, 177-79. Al-Idrisi, *Première géographie*, 114, 117-24; Ibn Khaldun, *Muqaddimah*, 1:125-26. Zhiri, *Miroir*, 14. Harley and Woodward, eds., *History*, vol. 1, 328.

[14] *CGA*, 5v ("Apresso de li cosmographi et Hystoriogrophi Affrica antiguamente gia fu deshabitata excepto la terra negresca ma la Barbaria et la Numidia e stata molti seculi deshabitata"), 9r, 378r. Ram, 23, 28, 374-75; Ép, 10, 16, 463-64; Rauch, 264.

[15] *CGA*, 5v-8v. Ram, 23-27; Ép, 10-15. Ibn Khaldun, *Berbères*, 1:168-85. 关于柏柏尔人起源的传说及其文化和政治作用，参见 Maya Shatzmiller, *The Berbers and the Islamic State* (Princeton, N.J.: Markus Wiener Publishers, 2000), chap. 2。

[16] *CGA*, 5v, 8v-9r, 28r-v. Ram, 24, 27-28, 50; Ép, 11, 15-16, 47-48. Ibn Khaldun, *Berbères*, 1:168: "柏柏尔（berbera）一词的意思是一堆听不懂的叫声。" Al-Muqaddasi, *Best Divisions*, 217.

[17] *CGA*, 9v-26v. Ram, 28-48; Ép, 17-44. 约安拿·阿萨德所说的三个主要的部落，分别是 "Chachim" "Hilal" 和 "Machil"（13v）。埃帕拉尔认为，很难将 "Chachim" 看作是一个主要的部落（26 n.167），但也有可能其译名的原意是 "Sulaym"。伊本·赫勒敦列举的迁移至北非的几个主要的阿拉伯部族是希拉勒族（banu Hilal）、苏莱姆族（banu Sulaym）和马基尔族（banu al-Makil）（*Berbères*, 1:28, 115）。伊本·赫勒敦还把来到北非的阿拉伯移民称为"穆斯塔贾姆阿拉伯人"（1:7）。

[18] *CGA*, 394r-395v. Ram, 390-92; Ép, 490-91. Al-Muqaddasi, *Best Divisions*, 177, 186.

[19] *CGA*, 26v-27r, 47v-48r, 52v-53r, 57r, 61r, 62v, 78r, 79v-80r, 82v, 90v, 94r, 104r, 110r, 111v, 194v-195v, 254r, 326v ("et lo dicto officio lo usano tenere certi Judei ricchi"), 353r, 357r, 363r-v, 396r, 407r. Ram, 48, 71-72, 78, 82, 104-5, 108, 115, 118, 127, 133-34, 207-8, 262, 325 ([*DAR*, 67v-68r] 略去了富有的犹太人之说), 351, 355, 361, 392, 404; Ép, 45, 74-75, 81, 85-86, 112, 114, 117, 126, 131, 142, 147, 149, 234, 303, 387, 423, 428, 436-37, 492, 505. 关于伊斯兰世界中的卡拉派犹太教徒，参见 David Biale, ed., *Cultures of the Jews. A New History* (New York: Schocken Books, 2002), 321-22。现代学者在讨论犹太人出现在北非的情况时，也采用了如约安拿·阿萨德所说的三个进程的说法：最早是来自巴勒斯坦的古代移民，本地柏柏人和黑人改信犹太教，以及之后的移民运动 (Brignon et al., *Histoire*, 52)。关于"非穆斯林"阶层，参见 Mark R. Cohen, *Under Crescent and Cross: The Jews in the Middle Ages* (Princeton, N.J.: Princeton University Press, 1994), chap. 3。

[20] *CGA*, 6v, 18v-19r, 395r, 429v. Ram, 25, 39-40, 391, 425; Ép, 12, 34-35, 491, 532. Ibn Khaldun, *Berbères*, 1:iii-vii, 4, 169-84.

[21] Don Cameron Allen, *The Legend of Noah* (Urbana: University of Illinois Press, 1963), 77-78. David Woodward, "Medieval *Mappaemundi*," in Harley and Woodward, eds., *History*, vol. 1, chap. 18. Benjamin Braude, "The Sons of Noah and the Construction of Ethnic and Geographical Identities in the Medieval and Early Modern Periods," *William and Mary Quarterly* 54, no. 1 (Jan. 1997): 103-41. Suzanne Conklin Akbari, "From Due East to True North: Orientalism and Orientation," in *The Postcolonial Middle Ages*, ed. Jeffrey Jerome Cohen (New York: St. Martin's Press, 2000), 19-34. Miquel, *Géographie*, 2:60, 115, 142. Marcel Cohen, "Ham," *EI2*, 3:104-5. Jonathan Schorsch, *Jews and Blacks in the Early Modern World* (Cambridge: Cambridge University Press, 2004), chaps. 1, 6. Levtzion and Hopkins, eds., *Early Arabic Sources*, 20 (迦南的诅咒，未提及肤色、为奴), 31, 34 (诅咒含肤色变黑及为奴), 50, 94, 172, 212 (在谈及肤色变黑的诅咒时，涉及含，但并不十分明确；肤色因人们所生活的气候而异；未提及为奴), 332-33. Al-Tabari, *The History of al-Tabari*, vol. 2, *Prophets and Patriarchs*, trans. William M. Brinner (Albany: State University of New York Press, 1985), 11-12, 14, 19, 21; al-Tabari, *La Chronique, Histoire des prophètes et des rois*, trans. (由 al-Balʿami 的波斯文节略本翻译) Hermann Zotenberg (Arles: Actes Sud, 1984), 1:102, 107-8. Al-Masʿudi, *Prairies*, paras. 66-72 (para. 67: 含的诅咒、闪的祷告), 793, 806, 844, 910, 1103, 1167-69. Ibn Hawqal, *Configuration*, 150. Al-Idrisi, *Première géographie*, Al-Muqaddasi, *Best Divisions*, 177: "Misr, the son of Ham, the son of Noah (on whom be peace) colonized [Egypt]." Ibn Khaldun, *Muqaddimah*, 1:169-73 (驳斥黑肤色是因为含的诅咒); *Berbères*,1:178 (引用了贝克利论含的黑肤色)。John Ralph Willis, "The Ideology of Enslavement in Islam," in Willis, ed., *Slaves*, 1:8-9; Akbar Muhammad, "The Image of Africans in Arabic Literature: Some Unpublished Manuscripts," ibid., 1:56; John Hunwick and Eve Trout Powell, eds., *The African Diaspora in the Mediterranean Lands of Islam* (Princeton, N.J.: Markus Wiener Publishers, 2002), xx, 37-40.

[22] Hunwick and Powell, eds., *African Diaspora*, xviii, 40-42: 苏尤提（逝于911/1505）的文本题为《提高埃塞俄比亚人的地位》(*Raising the Status of the Ethiopians*)。Hunwick, "Islamic Law," in Marmon, ed., *Slavery*, 48-59; Willis, "Ideology," in Willis, ed., *Slaves*, 4-5.

[23] *CGA*, 9r, 10r, 19r, 432v. Ram, 28-29, 39, 428; Ép, 16, 18, 34, 537. Ibn Khaldun, *Berbères*, 1:7. 关于"迦勒底人"在16世纪时的不同含义，参见 Levi Della Vida, *Ricerche*, 132 n.1。

[24] *CEI*, 46-48. Blachère, *Histoire*, 1:70-82. Consuelo López-Morillas, "Language," in Menocal et al., eds., *Literature*, 37-40.

[25] Al-Muqaddasi, *Best Divisions*, 186. Ibn Khaldun, *Muqaddimah*, 3:316-52.

[26] Ibid., 3:414-80. *CGA*, 23v-24r. Ram, 44-45; Ép, 41.

[27] Al-Qayrawani, *Risâla*, 139-41. Muhammad ibn Idris al-Shafi'i, *La Risâla, les fondements du droit musulman*, trans. Lakhdar Souami (Paris: Sindbad, 1997), 239-41. Bouhdiba, *Sexualité*, 24-25. Cohen, *Under Crescent*, 133; Bruce Masters, *Christians and Jews in the Ottoman Arab World: The Roots of Sectarianism* (Cambridge: Cambridge University Press, 2001), 21-22. David Nirenberg, *Communities of Violence: Persecution of Minorities in the Middle Ages* (Princeton, N.J.: Princeton University Press, 1996), 136-37.

[28] Cohen, *Under Crescent*, 34-35, 109, 129-30. Nirenberg, *Communities*, 136-39. Marmon, "Domestic Slavery," in Marmon, ed., *Slavery*, 4.

[29] Nirenberg, *Communities*, 132-40, 150, 182-84. Meyerson, *Muslims*, 220-23.

[30] Manuela Marín, *Mujeres en al-Ándalus* (Madrid: Consejo Superior de Investigaciones Científicas, 2000), 143-44, 425. 关于安达卢西亚的妓女，ibid., 302, 673-74。关于在穆斯林统治的最后几个世纪里，格兰纳达的基督教徒人口（包括自由人和奴隶），以及重要的犹太人口，参见 Arié, *Espagne*, 314-38。关于娶有基督徒妻子的格兰纳达穆斯林，参见 Gaignard, *Maures*, 121。关于菲斯的妓女，*CGA*, 147r, 188r; Ram, 169; Ép, 191（不同于 *CGA*），228，及下文第七章。

[31] Mary Lindemann, *Medicine and Society in Early Modern Europe* (Cambridge: Cambridge University Press, 1999), 55-57. Jon Arrizabalaga, John Henderson, and Roger French, *The Great Pox. The French Disease in Renaissance Europe* (New Haven and London: Yale University Press, 1998), chap. 7.

[32] *CGA*, 39r-v: "alcuni tristi de quilli Mori se mescolorono con le Femine de li ditz. Judei." Ram, 61-62 ([*DAR*, 10v] 对 *CGA* 有修改和删节); Ép, 60-61.

[33] Abraham ben Salomon Adrutiel, *Sefer ha-Kabbala*, in Yolanda Moreno Koch, trans. and ed., *Dos Crónicas Hispanohebreas del Siglo XV* (Barcelona: Riopiedras Ediciones, 1992), 107-9. Andres Bernaldez, *Memorias del reinado de los Reyes Catolics*, ed. Manuel Gomez-Moreno and Juan de M. Carriazo (Madrid, 1962), chap. 113, especially p. 261. 根据以上两书记载，在难民抵达菲斯不久，犹太区便发生了一场大火，紧接着又是饥荒和瘟疫，许多穆斯林和犹太人死于非命。阿德鲁提强调指出，较之于占据非洲沿岸地区的基督教政权，瓦塔斯王朝苏丹穆罕默德·沙伊赫"在非犹太人中堪称宽厚仁慈"，欢迎犹太人的到来（*Sefer*, 70, 107）。

[34] Bernard Rosenberger and Hamid Triki, "Famines et épidémies au Maroc aux XVIe et

XVIIe siècles," *Hespéris Tamuda* 14 (1973): 115.

[35] Anna Foa, "The New and the Old: The Spread of Syphilis," in Edward Muir and Guido Ruggiero, eds., and Margaret Gallucci, trans., *Sex and Gender in Historical Perspective* (Baltimore and London: Johns Hopkins University Press, 1990), 35-37.

[36] *CGA*, 432r-v. Ram, 428; Ép, 537.

[37] Al-Qayrawani, *Risâla*, 140-41. R. Brunschvig, "ʿ*Abd*," *EI2*, 1:25-30. Shaun E. Marmon, "Concubinage, Islamic," in Joseph Strayer, ed., *Dictionary of the Middle Ages*, 13 vols. (New York: Charles Scribner & Sons, 1982-89), 3:527-29. Marmon, "Domestic Slavery," in Marmon, ed., *Slavery*, 4. Baber Johansen, "The Valorization of the Human Body in Muslim Sunni Law," in Devin J. Stewart, Baber Johansen, and Amy Singer, *Law and Society in Islam* (Princeton, N.J.: Markus Wiener Publishers, 1996), 80, 84. Powers, *Law*, 27-28.

[38] *CGA*, 354r. Ram, 352 ([*DAR*, 73r] 删去了关于奴隶结婚的论述，尽管在中世纪的意大利，法律也允许奴隶结婚；Epstein, *Speaking of Slavery*, 64, 97); Ép, 424（删去了奴隶结婚之说）。再如：*CGA*, 63v, 位于摩洛哥南部苏斯地区的 Tagowost 城，是一个与黑非洲有贸易往来的商业城镇，"那里的女人非常美丽迷人，城中有许多人皮肤呈棕色，是白人与黑人混血所生。" Ram, 89; Ép, 94.

[39] *CGA*, 365r-v. Ram, 362; Ép, 439. Ibn Khaldun, *Muqaddimah*, 1:170-73.

[40] Wehr, 294-96, 1062-63.

[41] Al-Muqaddasi, *Best Divisions*, 153-54. 另见其对福斯塔城（al-Fustat，即开罗）的宏伟壮观所做的描述，"穆斯林城市中最为重要的一座城市"，除了许多令人难以容忍的缺点之外，还有"他们粗鄙低下的语言"（183）。

[42] *CGA*, 324r-v. Ram, 324; Ép, 385. 关于菲斯的同性情爱及女同性恋的"淫乱"，见前文第四章，尤其见下文第七章。

[43] *CGA*, 416v. Ram, 413 ([*DAR*, 86r] 删去了在开罗人们谈话中尔虞我诈的大部分段落); Ép, 516（删去了大部分原文）。

[44] Johansen, "Valorization," in Stewart et al., *Law*, 79. Bouhdiba, *Sexualité*, 110-11. Roded, ed., *Women*, 161-67（节选了安萨里对"婚姻之礼"的推荐）. Yves Linant de Bellefonds, *Traité de droit musulman comparé*, 3 vols. (Paris and The Hague: Mouton, 1965-73), 2:297-99. Ibn Iyas, *Journal*, 318-24（通奸的案例）. Al-Hamadhani, *Livre des vagabonds*, séance 26, "La Syrie," 127-29（此节在许多阿拉伯文版本中被删去 [127 n.1]，在 Prendergast 的英文译本中亦被删）。妻子控告行吟诗人性事不力，意在用计谋激将对方承认与她的性爱及婚姻关系；她的计策显示，可以在法官面前正当地提出此类诉求。

[45] *CGA*, 52v-53v, 96r-v. Ram, 78-79, 120-21; Ép, 80-81, 133-34.

[46] *CGA*, 362r. Ram, 359-60; Ép, 435.

[47] *CGA*, 380r-v. Ram, 377; Ép, 466. 今天的研究者仍不能确定王国首都的具体地点（Dunn, *Ibn Battuta*, 301）。

[48] *CGA*, 114r-115v（"non hano ne Judice ne sacerdoti ne Persona che habbia virtu alcuna"），390v. Ram, 136-38, 387; Ép, 152-53, 482; Rauch, 316.

[49]　*CGA*, 312v. Ram, 314; Ép, 372.
[50]　*CGA*, 19r-22r. Ram, 40-43; Ép, 35-39.
[51]　*CGA*, 18v, 22v, 23v-24r. Ram, 39, 43-45; Ép, 34, 40-41.
[52]　关于伊斯兰传统对于黑人和黑人之国的态度，参见 Bernard Lewis, *Race and Color in Islam* (New York: Harper and Row, 1971); Willis, ed., *Slaves*; Miquel, *Géographie*, 2:140-47; Aziz al-Azmeh, "Barbarians in Arab Eyes," *Past and Present* 134 (1992): 3-18. Ibn Khaldun, *Muqaddimah*, 1:116-21, 167-76。
[53]　Arberry, 2:107, 232. QAn, Sura "De Roma," 398a, verse 20; Sura "De Cameris," 524a, verse 13（有几处约安拿·阿萨德所做修改）。
[54]　Ibn Ishaq（逝于约 150/767), *La Vie du Prophète Muhammad, l'Envoyé d'Allah*, version of al-Bakka'i, ed. Ibn Hisham（逝于约 218/833), trans. 'Abdurrahman Badawi, 2 vols. (Beirut: Éditions Albouraq, 2001) 1:5. Lewis, *Race*, 6-7, 18-22. Hunwick, "Islamic Law," in Marmon, ed., *Slavery*, 51.
[55]　Al-Masʿudi, *Prairies*, paras. 170, 871-72（对桑吉人的诸多负面评价有：气味强烈、生殖器巨大、脑子"乱七八糟，令他们智力低下"。但他承认，当他们使用自己的语言时，非常能言善辩). Charles Pellat, *The Life and Works of Jahiz: Translations of Selected Texts*, trans. Charles Pellat and D. M. Hawke (London: Routledge and Kegan Paul, 1969), 195-97. Lewis, *Race*, 15-18. Miquel, *Géographie*, 2:143-46. Muhammad, "Image of Africans," in Willis, ed., *Slaves*, 1:48-51; Hunwick and Powell, eds., *African Diaspora*, xix-xx, 引用其他文本。
[56]　例如，可参见 Levtzion and Hopkins, eds., *Early Arabic Sources*, no. 22, 62-87 (Al-Bakri), no. 38, 181-94 (Ibn Saʿid), nos. 46-47, 252-76 (Al-'Umari), no. 53, 333-42 (Ibn Khaldun; 编者指出，根据作者于 796/1393—94 年所修订的手稿，其对马里的描述是在口述证据的基础上进行的扩写, pp. 317-18). Ibn Battuta, *Black Africa*.
[57]　拉亨伯格写有一篇非常有帮助的导论，对所有关于黑人世界的内容进行了总结（Rauch, 172-234），并且对乔瓦尼·利奥尼关于黑人的文本与拉姆西奥的版本做了比较（239-327）。
[58]　*CGA*, 43r. Ram, 65-66; Ép, 65.
[59]　*CGA*, 376v-377r. Ram, 373-74; Ép, 461-62; Rauch, 258-61.
[60]　Ram, 373-74 (*DAR*, 77v); Ép, 461-62. *Historiale Description de l'Afrique, tierce partie du monde ... Escrite de nôtre tems* [sic] *par Iean Leon, African*, trans. Jean Temporal (Lyon: Jean Temporal, 1556/1557), 321-22. *Ioannis Leonis Africani, De Totius Africae Descriptione Libri IX*, trans. John Florian (Antwerp: Jan de Laet, 1556), 247r-v. 英语译本中在此节先是使用过去时态，更加符合上下文，然后转用现在时态：*A Geographical Historie of Africa, Written in Arabicke and Italian by Iohn Leo a More, borne in Granada, and brought up in Barbarie*, trans. John Pory (London: George Bishop, 1600), 284-85.
[61]　*CGA*, 388v-389r. Ram, 386; Ép, 480; Rauch, 308-10.
[62]　*CGA*, 387r-v. Ram, 383-84; Ép, 477-78. 关于肤色的歧视，除了上文注 52 所引史料外，另见 John S. Trimingham, *A History of Islam in West Africa* (Oxford: Oxford University Press, 1959), 31 and app. 3; E. Lévi-Provençal, *Histoire de l'Espagne Musulmane*, 3

vols. (Paris: Maisonneuve, 1950, repr. 1967), 3:178. Elena Lourie, "Black Women Warriors in the Muslim Army Besieging Valencia and the Cid's Victory: A Problem of Interpretation," *Traditio* 55 (2000): 181-209。

[63] Ibn Battuta, *Black Africa*, 59, 68-69. Dunn, *Ibn Battuta*, 304-6. Levtzion and Hopkins, eds., *Early Arabic Sources*, 47 ("非常标致的奴隶姑娘们"), 153 ("神使得这里的奴隶姑娘们让人赞赏，不论是外形还是德行，……她们身体光滑，黑皮肤充满光泽，眼睛明艳动人，鼻子坚挺、牙齿洁白")。

[64] *CGA*, 63r-v, 354r, 381r. Ram, 89, 352, 378; Ép, 94, 424, 467; Rauch, 276. 关于女奴的外貌以及买家在奴隶市场上对其身体的检查，参见 Brunschvig, "ʿAbd," *EI2*, 1:32, and Johansen, "Valorization," in Stewart et al., *Law*, 80。

[65] *CGA*, 383r ("homo nigrissimo ma valentissimo, savio, et justo"). Ram, 380; Ép, 470; Rauch, 284.

[66] *CGA*, 41v. Ram, 64; Ép, 63.

[67] *CGA*, 378r-382v. Ram, 375-79; Ép, 464-69; Rauch, 264-82.

[68] Brunschvig, "ʿAbd," *EI2*, 1:26. Marmon, "Slavery, Islamic World," in Strayer, *Dictionary*, 11:332. Hunwick, "Islamic Law," in Marmon, ed., *Slavery*, 44-45.

[69] *CGA*, 197r, 199r, 224r-v, 282r, 326v. Ram, 210-11, 235, 326, 287; Ép, 236, 238, 268, 335, 387.

[70] *CGA*, 420r-v. Ram, 416; Ép, 520.

[71] *CGA*, 376v-377r, 380r-v ("ingeniosi" 被拼写为 "igneniosi"). Ram, 373-74, 377; Ép, 462, 466; Rauch, 258-60, 272. Levtzion and Hopkins, eds., *Early Arabic Sources*, 77-80; al-Bakri, *Afrique*, 324-28.

[72] 关于16世纪初期欧洲人的非洲观，参见 Zhiri, *Miroir*, 16-25 中的精彩评述。Strabo, *The Geography*, trans. H. L. Jones, 8 vols. (London: William Heinemann and Cambridge, Mass.: Harvard University Press, 1960-67), bk. 17 (关于埃及、埃塞俄比亚和利比亚地区). Pliny the Elder, *L'Histoire naturelle*, vol. 5, chaps. 1-46 (L'Afrique du Nord), trans. Jehan Desanges (Paris: Les Belles Lettres, 1980). Pliny the Elder, *Histoire naturelle*, trans. É. Littré, 2 vols. (Paris: Firmin Didot, 1865), 1:325, bk. 8, para. 17: "Aussi y voit-on se produire des formes diverses d'animaux, les femelles s'accouplant de gré ou de force avec des mâles de toute espèce; de là vient cette façon de parler proverbiale en Grèce: L'Afrique produit toujours quelque chose de nouveau." 当时欧洲人对非洲知识之贫乏，例如 Pierre d'Ailly 的 *Imago Mundi*，该书对哥伦布产生过很大的影响，见 *Ymago Mundi*, trans. Edmond Buron, 3 vols. (Paris: Librairie Orientale et Américaine Maisonneuve, 1930), chaps. 21, 32-37. Joannes Boemus, *Gli Costumi, le Leggi et l'usanze di tutte le Genti*, trans. L. Fauno (Venice: Michele Tramezino, 1543 [1st ed. in Latin, Augsburg, 1520]), *viiir, 5r, 17r-v, 21v-22r, 26v. Dedication of Jean Temporal to François, Dauphin of France, *Historiale Description*, *2r-v: "choses nouvelles et non veuës."

[73] *CGA*, 378v (葡萄牙称该地区为 "Ghenia"); Rauch, 266. Ram, 376; Ép, 464. Levtzion and Hopkins, eds., *Early Arabic Sources*, 366-67. Gregory C. McIntosh, *The Piri Reis Map*

of 1513 (Athens, Ga., and London: University of Georgia Press, 2000), 25, 50, 52, 174 n.5. 皮里·雷伊斯的《航海书》于 931/1525 年在伊斯坦布尔完稿，他在书中详细介绍了葡萄牙人绕过好望角的航行（*Kitab-I Bahriye*, 39-41）。1492 年，绕过非洲之尖的海上航线出现在 Martin Behaim 的地球仪上。托勒密曾相信非洲和亚洲之间有一个未知的大陆桥连接，直到 16 世纪初，在一些托勒密的地图上仍然依照这一观点进行制图，虽然也会增添新的地图（tabulae novellae）以反映在非洲以南新发现的大片海洋。Claudius Ptolemy, *Geographicae enarrationis Libri Octo*, ed. Wilibald Pirckheimer, with annotations and corrections by Joannes Regiomontanus (Strasbourg: Johann Grueninger and Johann Koberger, 1525), tabulae of Africa.

[74] 对这一问题的进一步讨论，见 François-Xavier Fauvelle-Aymar and Bertrand Hirsch, "Le 'pays des Noirs' selon Jean-Léon l'Africain: Géographie mentale et logiques cartographiques," Colloque "Léon l'Africain" (EHESS, Paris, 22-24 August 2003), 即将刊于 Pouillon and Zhiri, eds., *Léon l'Africain*。

第六章　伊斯兰与基督教

[1] *CGA*, 389r（"alcuni de li dicti Montanari non tengono Fedé alcuna ne christiana ne Judea ne Mucamottana"）. Ram, 386 ([*DAR*, 80r] "sono huomini che non tengono fede alcuna, nè cristiana nè giudea nè macomettana"); *Historiale Description*, 330（"ils n'ont aucune cognoissance de quelque Foy que ce soyt tant Chrétienne, Iudaïque que Mahommetane"); *Geographical Historie*, 293（"they embrace no religion at all, being neither Christians, Mahumetans, nor Iewes, nor of any other profession"）。只有拉丁文版的译者约翰·弗洛里安反对将基督教与其他两个宗教相并列。*De Totius Africae Descriptione*, 441（"Nullam omnino neque Mahumeticam neque Iudaicam neque aliam denique fidem habent"). Arberry, 1:139; QAn, Sura "De Mensa," 116b, verse 75 [for 5:69]; 约安尼斯·加布里埃尔未能很好地翻译此节，约安拿·阿萨德的修订也不够恰当，*CEI*, 27。

[2] *CGA*, 26v-27v. Ram, 48-49; Ép, 44-47. 在 *CGA* 中，"circa 10 anni do poi la morte di Mucametto tutta la Barbaria deventorono Mucamettani" 此段非常清晰明确，但其中的年代显然有误，并与约安拿·阿萨德接下来所说的柏柏尔人起义相互矛盾。拉姆西奥修订为 "doppo la morte di Maumetto cerca dugento anni," 即"两百年"（*DAR*, 7v）。

[3] *CGA*, 27v. Ram, 49; Ép, 46-47. Ibn Khaldun, *Berbères*, 1:218, 224. Abun-Nasr, *Maghrib*, 26-50.

[4] Julien, *Histoire*, 1:185-92.

[5] Ram, 48-49. *DAR*, 8r.

[6] *Historiale Description*, 29-30. 此外，坦普拉尔还在第五卷拉姆西奥开篇关于柏柏尔人和黑人王国改变信仰的叙述中（321），加上了批判伊斯兰教的情绪："les peuples de Luntune et Libye par les paroles deceptives et hypocrisie dissimulee d'un predicateur furent tous subvertis et reduits à la pernicieuse et damnable secte de Mahommet"。坦普拉尔的出版生涯始于 Gabiano 家族的印刷工场，后者是里昂最重要的新教家族之一。1558 年，

已成为一名出版商的坦普拉尔出版了弗拉维奥·约瑟夫斯（Flavius Josephus）历史著作的法文译本，译者为已改信新教的 François Bourgoing。1564 和 1565 年，他的名字分别出现在一份新教遗嘱和一份新教婚约之上，一同列名的也多是新教的忠实支持者（Archives départementale du Rhône, 3E6942, 468r-v; 3E5295, 1565）。

[7] *De Totius Africae Descriptione*, 22v-23r. *Geographical Historie*, 27-28.

[8] Juan Andrés, *Opera chiamata Confusione della Setta Machumetana, composta in lingua Spagnola, per Giovan Andrea gia Moro et Alfacqui, della citta di Sciativa* [sic for *Játiva*], *hora per la divina bontà Christiano e Sacerdote*, trans. Dominco de Gaztelu (Seville, 1540), 4r-5r. 最早的西班牙文版于 1515 年出版于瓦伦西亚，第一个意大利文版于 1537 年出版于威尼斯。胡安·安德雷斯可能还是一位数学家，著有 1515 年瓦伦西亚出版的 *Sumario breve de la practica de la arithmetica* 一书，该书第二版 1537 年在塞维利亚出版（Jochen Hoock and Pierre Jeannin, *Ars Mercatoria. Eine analytische Bibliographie*, vol. 1, 1470-1600 [Paderborn: Schöningh, 1991], A6.1）。Hartmut Bobzin, "Juan Andrés und sein Buch *Confusion dela secta mahomatica* (1515)," in Martin Forstner, ed., *Festgabe für Hans-Rudolf Singer* (Frankfurt: Peter Lang, 1991), 528-48.

[9] *CGA*, 464v, 468v.

[10] Guillaume Postel, *De la Republique des Turcs: et ... des meurs et loys de tous Muhamedistes, par Guillaume Postel Cosmopolite* (Poitiers: Enguilbert de Marnef, 1560), 56-65, 75-106. 类似的说法，可见于方济各会士 André Thevet 的 *Cosmographie de Levant*, *Cosmographie de Levant ... Revue et augmentee* (Lyon: Jean de Tournes and Guillaume Gazeau, 1556), 142, 影印版中另有 Frank Lestringant 所写的精彩导言和注释（Geneva: Librairie Droz, 1985）。博物学家 Pierre Belon 的作品中，对黎凡特地区的动物、植物、矿产和风俗人情有丰富多彩的叙述，但在谈到《古兰经》时，写道："Toutes les superstitions et foles cerémonies des Turcs proviennent des enseignements de l'Alcoran"（Pierre Belon, *Les observations de plusieurs singularitez et choses memorables, trouvées en Grece, Asie, Iudée, Arabie et autres pays estranges ... Reveuz de nouveau* [Paris: Gilles Corrozet, 1555], 172v）。关于这一文献，参见 Frédéric Tinguely, *L' Écriture du Levant à la Renaissance. Enquête sur les voyageurs français dans l'empire de Soliman le Magnifique* (Geneva: Librairie Droz, 2000)。

[11] Hoca Saduddin Efendi (1533-99), *Tac ul-Tevarih*, 3 vols. (Istanbul, 1862-64), 1:419; *Tacu't-Tevarih*, trans. Ismet Parmaksizoglu, 3 vols. (Istanbul, 1974-79), 2:273. 译文引自 Bernard Lewis, *The Muslim Discovery of Europe* (London: Phoenix, 1994), 30-31。

[12] Thomas D. Goodrich, ed. and trans., *The Ottoman Turks and the New World: A Study of "Tarih-I Hind-I Garbi" and Sixteenth-Century Ottoman Americana* (Wiesbaden: Otto Harrassowitz, 1990), 151-52.

[13] *CGA*, 9v, 48r, 227v, 343r（抄写者可能根据约安拿·阿萨德的手稿，用了一个并不常见的缩写代替"Christo"——字母 x 和上标的字母 o）。Ram, 28 ([DAR, 3r] 误将正确的"24"改成"400 de lhegira"），72, 238, 340; Ép, 17, 75, 272, 406. 约安拿·阿萨德滞留意大利期间，穆斯林曾取得过一次胜利，他在那不勒斯得知此事后，记到"据基督徒所计之 1520 年"（in lanno 150 millesimo de christiani）（*CGA*, 231r; Ram, 241; Ép,

275-76）。在书末结语中，他将著作的时间记为"in Roma alli 10 di Marzo 1516"（CGA, 464v）；拉姆西奥补充了"L'anno di Cristo"（DAR, 95v; RAM, 460）。见图 9—10。

[14] CGA, 27r-v, 417v-418r. Ram, 48-49 ([DAR, 7v] 数次出现 "Maumetto"、"Maumettani"、"Macomettani" 出现一次), 414 ([DAR, 86r] "Macometto" 和 "Mahumetto" 都有）。约安拿·阿萨德同时使用 "Mucametto" 和 "Mucamed" 来指称菲斯苏丹穆罕默德·布图加利和阿尔摩哈德王朝哈里发穆罕默尔·纳西尔（CGA, 73v, 91v, 216v, 218r-v, 221r, 319r）；但对于先知始终称为 "Mucametto"。Battisti and Alessio, Dizionario, 2301, 2357, 2395. Manlio Cortelazzo, Paolo Zolli, and Michele Cortelazzo, Il Nuovo Etomologico: Dizionario Etimologico della Lingua Italiano (Bologna: Zanichelli, 1999), 931, 950. 两部词典均未收录 Mucametto 一词。

[15] Battisti and Alessio, Dizionario, 4:2538. Cortelazzo et al., Dizionario, 1020. 两部词典均未收录 "mucamettani" 一词。

[16] Cornell, Realm, xxxviii-xxxix, 199-217.

[17] CGA, 26v, 27v, 376v, 417v. Ram, 48, 49, 373 ([DAR, 77v] "se fece Mahumettano," "si fecero Mahumettani"), 414. 拉姆西奥未理睬约安拿·阿萨德的特殊拼写，而使用 "maumettani" 或 "mahumettani"，偶尔用 "macomettani"。见上文注 14。

[18] CGA, 173r（"in laude de Dio et de li soio Propheta Mucametto"）, 180v（"la lege del Propheta"）, 181r（"la lege et fede del Propheta"）, 206r（"le parole de loro Propheti"）. Ram, 191 ([DAR, 39r] "in lode di Dio et del propheta Maumetto"); 196 ([DAR, 40r-v] "della legge del propheta," 拉姆西奥缩短的词组); 218 ([DAR, 45r] 将 "Propheta" 替换为 "col testimonio di Mahumetto"); Ép, 216, 221, 246.

[19] Al-Masʿudi, Prairies, 1:1, 9, 73, 248. Al-Idrisi, Première géographie, 57-58, 97, 108, 114, 124, 244, 351, 416, 457. Al-Muqaddasi, Best Divisions, 1, 31, 41, 63. Ibn Khaldun, Muqaddimah, 1:3-5, 14, 85, 245, 310, 351, 380, 414.

[20] CGA, 44v, 432v-433r, 455r（"regratiando Dio"）, 468v. Ram, 68 ([DAR, 12r] 调整了不少文字，删去了对神的指称), 429, 450 ([DAR, 93r] 对鳄鱼的故事略作修改；删去了"regratiando Dio"), 删去了目录和卷末结语; Ép, 69, 537-38, 567, 删去了结语。CGA 的卷末结语原文为: "Explicit tabula huius operis prefati Joannis Leonnis feliciter semper Deo optimo laus, Gloria, Decus, et honor, seculorum secula Amen." 关于"阿门"（Amin）在穆斯林祷告中的使用，参见 CEI, 40-41。

[21] CGA, 92v-93r. Ram, 117; Ép, 129. 如果完全依照伊斯兰教的标准，苏丹穆罕默德·布图加利的祷告中还要提到真主的伟大以及其他约安拿·阿萨德未说明的程式化的表达方式。

[22] CGA, 395v-396v: "et do poi la Nativita di christo li egiptiani pure deventorono christiani ... et do poi la venuta de la Pestilentia di Mucametto el dicto Re fu preso di Mucamettani da un capitano chiamata Hamr." Ram, 392-93; Ép, 491-93. Historiale Description, 336.

[23] CGA, 401r（"Propheta et Re secondo la pazia di Mucametto nel corano"）. Ram, 398; Ép, 498. 拉姆西奥略去了冒犯性的 "pazia" 一词；DAR, 82v: "gran propheta et Re, si come essi leggono nell'Alcorano." 这个词有可能并未出现在另一部手稿当中。对此问题的进一步讨论，详见下文第八章。

[24] *CGA*, 81r-v, 179v-181r, 185r ("uno setto per lo universo mundo"), 417v-418v. Ram, 107, 196-97, 200, 414-15; Ép, 116, 220-21, 225, 517-18.

[25] *CGA*, 417v-418v. Ram, 414-15; Ép, 517-18. 据约安拿·阿萨德的描述，沙斐仪派的大法官在马穆鲁克时期最为显赫（418r），苏丹所委任的法官中，沙斐仪派要多于其他各派。但四派的大法官会一起参加每月一次觐见苏丹的仪式（Ibn Iyas, *Journal*, 1:307, 329）。

[26] Ibn Iyas, *Journal*, 1:318-29, 2:176; Johansen, "Valorization," in Stewart et al., *Law*, 71.

[27] Powers, *Law*, 11-12, 173.

[28] Ibid., 16-17. Cornell, *Realm*, 67, 106-7, 197, 230.

[29] *CGA*, 179r. Ram, 195; Ép, 220.

[30] *CGA*, 181r-v. Ram, 197 ([*DAR*, 40v] 有几处修改和删节); Ép, 222. Ibn Khaldun, *Muqaddimah*, 2:295.

[31] *CGA*, 179r-180r. Ram, 195-96; Ép, 220-21. 根据故事中所描述的特征，这位未具名的苏菲派圣徒与沙德希里（al-Shadhili，逝于656/1258）非常相似，沙德希里出生于利夫山区，为先知后裔，是一支重要的苏菲派教团的创立者。由于其影响壮大后对埃及艾优卜王朝（Ayyubid）苏丹产生了政治威胁，遭到突尼斯大法官的控告及逮捕，他在苏丹面前发出一条诅咒，使苏丹变得又聋又哑，不得不请求其原谅，并转而成为其追随者（Cornell, *Realm*, 149）。约安拿·阿萨德所讲的故事发生时间要更早，发生地点为巴格达。Ibn Khaldun, *Muqaddimah*, 3:76-103.

[32] *VIA*, 41v-43r; *VIAHott*, 262-65. *CGA*, 180r-181r. Ram, 196 ([*DAR*, 40r-v] 略去了群读和宴会); Ép, 221. 宰相尼扎姆·莫尔克于485/1092年遭暗杀，当时安萨里尚在巴格达的尼查姆大学（Nizamiyya）教授法学，所以莫尔克显然不可能组织当众朗读安萨里的作品或这次宴会。在安萨里华丽的自传中，他也没有提到过对其《宗教科学的复兴》（*Revival of the Religious Sciences*）的公开朗读，约安拿·阿萨德所指的肯定就是该书，安萨里也没有讲到任何法学家与苏菲派之间的和解，而只讲到了《复兴》一书在巴格达等地受到了许多批评，他不得不在其他作品中予以回应（al-Ghazali, *Deliverance from Error* in *The Faith and Practice of al-Ghazali*, trans. W. Montgomery Watt [London: George Allen and Unwin, 1970], 52; *Deliverance from Error and Mystical Union with the Almighty*, ed. George McLean, trans. Muhammad Abulaylah [Washington, D.C.: Council for Research in Values and Philosophy, 2001], 88）。

[33] *VIA*, 33r-v; *VIAHott*, 249-51. Corbin, *Philosophie islamique*, 165-72. *CEI*, 51-52. Abu-l-Hasan 'Ali ibn Isma'il al-Ash'ari, *Highlights of the Polemic against Deviators and Innovators* in *The Theology of al-Ash'ari*, trans. Richard J. McCarthy (Beirut: Imprimerie Catholique, 1953), chap. 2, paras. 27-48.

[34] *CGA*, 184v. Ram, 199; Ép, 225. Qur'an, 6:145; Al-Qayrawani, *Risâla*, chap. 23, *CEI*, 133; Cornell, *Realm*, 82, 137.

[35] *CGA*, 182r-v. Ram, 197-98; Ép, 222-23. 关于谢哈布·丁·叶海亚·苏哈拉瓦迪（Shihab al-Din Yahya al-Suhrawardi），参见 Corbin, *Philosophie islamique*, 285-305, 及 Salvador Gómez Nogales, "Suhrawardi et sa signification dans le domaine de la philosophie," in Pierre Salmon, ed., *Mélanges d'Islamologie: Volume dédié à la mémoire*

注 释（第六章） —— 321

　　　　de Armand Abel (Leiden: E. J. Brill, 1974), 150-71。

[36] CGA, 21r-22r, 100v, 151r, 168r-v, 173r-v, 322r, 406r. Ram, 42-43, 124, 172, 186-87, 191, 322, 403; Ép, 38-39, 137, 195, 211-12, 215-16, 383, 504.

[37] CGA, 213v, 225r, 240v-241r. Ram, 225, 235, 251; Ép, 255, 269, 288. Al-Qayrawani, *Risâla*, chap. 44, 242. *CEI*, 418. Lagardère, *Histoire*, 51 no. 184s, 52 no. 188, 113 no. 4m-n, 125 no. 54, 138 no. 110, 308 no. 68h, 379 no. 10, 395 no. 84, 436 no. 54, 444 no. 91, 471 no. 36. Hajji, *Activité*, 259.

[38] CGA, 35r, 39r, 160r, 188v-189r, 213v（在利夫山区富庶的 Azjen 镇，几百年前就获得菲斯苏丹的敕令准许酿酒，当地人人都好饮酒）, 225r, 230r, 234r, 236r-241r, 254r. Ram, 57, 61, 180, 203, 225, 235, 240-41, 245, 247-51, 262; Ép, 55, 60, 203, 228-29, 255, 269, 275, 280, 283-88, 303.

[39] Arberry, 2:221. QAn, Sura "Vacca," 34b-35a, verse 314 [for 2:219]; Sura "De Mensa," 120a, verses 96-97 [for 5:90-91]; Sura "De Bello"［约安拿·阿萨德在章的标题上补写道"又名穆罕默德"］, 512b-514a, verse 16 [for 47:15]; Sura "Cadentis," 542b, verses unnumbered [for 56:18-19], 约安拿·阿萨德在对天堂圣水的描述中添加了"纯净"一词; Sura "De Deceptoribus," 594b-596a, verses unnumbered [for 83:22-25]. Suzanne Pinckney Stetkevych, "Intoxication and Immortality: Wine and Associated Imagery in al-Maʿarri's Garden," in J. W. Wright and Everett K. Rowson, eds,. *Homoeroticism in Classical Arabic Literature* (New York: Columbia University Press, 1997), 210-32.

[40] CGA, 182v. Ram, 199; Ép, 223. ʿUmar ibn al-Farid, "Wine Ode (al-Khamriyah)," in *Sufi Verse, Saintly Life*, trans. and ed. Th. Emil Homerin (New York and Mahwah, N.J.: Paulist Press, 2001), 45-72; "L'Éloge du vin," in *Poèmes mystiques*, ed. and trans. Jean-Yves L'Hôpital (Damascus: Institut Français d'Études Arabes de Damas, 2001), 217-43. Elizabeth S. Cohen and Thomas V. Cohen, *Daily Life in Renaissance Italy* (Westport, Conn.: Greenwood Press, 2001), 228.

[41] Fahd, *Divination arabe*, chap. 2. Al-Masʿudi, *Prairies*, 1:459-68, paras. 1217-42. Ibn Khaldun, *Muqaddimah*, 1:202-45, 2:200-202.

[42] CGA, 174r-176r. Ram, 192-93 ([DAR, 39v] 缩减了关于女占卜师的篇幅); Ép, 216-17. 约安拿·阿萨德还简略谈及广为流行的地占术（geomancy）。Fahd, *Divination arabe*, 98-104（女占卜师）, 171-73（腹语术）, 196-294（地占术）.

[43] CGA, 184r-v. Ram, 199; Ép, 224-25. Fahd, *Divination arabe*, 219, 228-41. 讨论真主的圣名的文献，在一定程度上是对穆尔太齐赖派的一种回应，后者不承认神具有各种名字和属性，主张神人同形同性的观点（234-35）。在此，约安拿·阿萨德作为艾什尔里的支持者，对这一具有强烈唯理论的教派持保留意见。

[44] CGA, 176v-179r. Ram, 193-95; Ép, 218-20.

[45] Ibn Khaldun, *Muqaddimah*, 1:188-92. CGA, 323r. Ram, 323; Ép, 384. 另一个借神迹骗人的例子是：有一派别中，男人赤身露体，甚至当众男女交合。信众会争相上前触摸女子，以示虔诚（CGA, 183r-v. Ram, 198; Ép, 223-24）。

[46] CGA, 411r-411v. Ram, 408-9 [DAR, 84v-85r]; Ép, 510. 约安拿·阿萨德在描述墓地

时，只是说"li miracoli"，拉姆西奥加上了"骗人的奇迹"（mentiti miracoli）；不过，约安拿·阿萨德确实称这个陵墓是"被诅咒的"（maledicto）。Ibn Iyas, *Journal*, 2:148, 223. 娜菲莎不只是"善良而贞洁"，她还以学识而著称，连伟大的法学家沙斐仪也曾向她求教。她曾多次前去朝觐，并以乐善好施为人所知（Walther, *Women*, 109-10）。

[47] *CGA*, 125v-126r, 449v-450r. 920/1514 年，苏丹在阿布·亚扎的墓前与其堂兄弟们缔结和约，瓦桑当时也在现场（125n）. Ram, 148-49 ([*DAR*, 29v]，增加了宣誓一说), 446; Ép, 167-68, 562. 关于阿布·亚扎，参见 Ferhat and Triki, "Hagiographie," 29-30; Halima Ferhat, *Le Soufisme et les Zaouyas au Maghreb. Mérite individuel et patrimoine sacré* (Casablanca: Éditions Toubkal, 2003), 102-10; 及 Émile Dermenghem, *Le culte des saints dans l'Islam maghrébin* (Paris: Gallimard, 1954), 50-70; 阿布·亚扎被收录于塔迪利的圣徒传记 *Kitab al-tashawwuf* (617/1220), al-'Azafi 在不久以后专门为他写了一部手稿，该书在接下来一个世纪里也在马格里布地区广为流传。关于摩洛哥的圣徒们（尤其是柏柏尔圣徒）通过驯服野兽显现神迹，参见 Cornell, *Realm*, 115, 120。

[48] *CGA*, 185r, 418v. Ram, 200, 415; Ép, 225, 518.

[49] *CGA*, 185r. Ram, 199-200; Ép, 225. 传统上认为袄教有 70 个教派，犹太教有 71 个，基督教有 72 个，伊斯兰教分为 73 个教派。此处（72 个）可能是约安拿·阿萨德记忆错误或是抄写之误。Muhammad ibn 'Abd al-Karim al-Shahrastani, *Muslim Sects and Divisions*, trans. A. K. Kazi and J. G. Flynn (London, Boston, Melbourne, and Henley, Kegan Paul International, 1984), 9-10, 12. 关于"伊斯兰教 73 教派"及沙赫拉斯塔尼所代表的较为宽容的传统，参见 al-Shahrastani, *Livre des religions et des sectes*, trans. Daniel Gimaret and Guy Monnot (Louvain: Peeters/UNESCO, 1986) 的导论章 "Shahrastani, la tolérance et l'altérité" 和 "L'Islam au 'soixante-treize sectes'"。

[50] *CGA*, 184v-185r: "la opera de uno chiamato elacfani el quale narra tutte le diverse sette le quali procedono de la Fede de Mucametto." . Ram, 199-200; Ép, 225. 伊本·阿克法尼（Muhammad ibn Ibrahim ibn al-Akafni）及其论科学分类的著作 *Irshad al-qasid li-asna al-maqasid*，与沙赫拉斯塔尼等其他作者一起，见于历史学家萨哈威（al-Sakhawi，逝于 902/1497）的作品，萨哈威将其列在研究教派和革新者的历史学家之列（*Open Denunciation of the Adverse Critics of the Historians*, trans. Franz Rosenthal, in *A History of Muslim Historiography* [Leiden: E. J. Brill, 1952], 356）。伊本·阿克法尼于 13 世纪末生于伊拉克，749/1348 年在开罗死于瘟疫。关于其著作及其与沙赫拉斯塔尼的关系，参见 J. J. Witkam, *De Egyptische Arts Ibn al-Akfani en zijn Indeling van de Wetenschappen* (Leiden: Ter Lugt Pers, 1989)。

[51] Al-Qayrawani, *Risâla*, chap. 30, 129. Muhammad ibn Yaggabsh al-Tazi, *Kitab al-jihad* 转引自 Cornell, *Realm*, 237-40；另见 Hajji, *Activité*, 235-38。关于更早期摩洛哥论圣战的文本，见 Benchekroun, *Vie*, 90, 222-24。

[52] 在 *CGA* 中关于马拉喀什的章节里，约安拿·阿萨德并提及萨迪王朝沙里夫阿拉杰（al-A'raj）征服该城的事情，尽管要在战事结束几个月后，他才在 1526 年 3 月停笔完成手稿。约安拿·阿萨德所讲述的马拉喀什的情况，均在 921/1515 以前，当时他作为使臣拜见了马拉喀什的 Hintata 族统治者 en-Nasir. 不过，他表示将在其《穆

斯林编年史略》中更多介绍这个城市的历史。*CGA*, 67r-74v, 89v-90r, 93r. Ram, 93-100, 114, 117; Ép, 99-108, 125, 130. 马拉喀什的失陷并未见于威尼斯人 Sanuto 所收集的书信集，但在 1525 年，奥斯曼驻威尼斯的使节以及威尼斯在伊斯坦布尔的大使，均获悉此情报，因此在意大利也很有可能为人所知（Sanuto, *Diarii*, vols. 39-40）。

[53] 关于由于马吉利攻击图瓦特的犹太人而引发的事件及司法意见，参见 John O. Hunwick, *Shariᶜa*, 37-39; "Al-Maghili and the Jews of Tuwat: The Demise of a Community," *Studi islamica* 61 (1985): 157-83; "The Rights of *Dhimmis* to Maintain a Place of Worship: A 15ᵗʰ Century *Fatwa* from Tlemcen," *Al-Qantara* 12 (1991): 133-55. 史料及进一步的讨论，参见 Lagardère, *Histoire*, 44 no. 162; Amar, ed. and trans., *Consultations juridiques*, 244-65; Georges Vajda, "Un traité maghrébin 'Adversus Judaeos': 'Ahkam al al-Dhimma' du Shaykh Muhammad ibn 'Abd al-Karim al-Maghili," in *Études d'orientalisme dédiées à la mémoire de Lévi-Provençal*, 2 vols. (Paris: G.-P. Maisonneuve et Larose, 1962), 2:805-12; Jacob Oliel, *Les Juifs au Sahara: Le Touat au Moyen Âge* (Paris: CNRS Éditions, 1994), 106-11. Rudolph Peters, *Jihad in Classical and Modern Islam: A Reader* (Princeton: N.J.: Markus Wiener Publishers, 1996), 2-7, 37-41（译自 Ibn Rushd 的法律指南 *Bidayat al-Mujtahid*）. Al-Qayrawani, *Risâla*, chap. 30, 129。

[54] Peters, *Jihad*, 7, 30（译自 Ibn Rushd, *Bidayat*）. Hamani, *Au carrefour*, 192. Al-Qayrawani, *Risâla*, chap. 44, 242。

[55] *CGA*, 56v, 115r. Ram, 82, 137; Ép, 85, 153.

[56] *CGA*, 32r-v, 57r（"sonno nel dicto monte grande quantita de Judei che cavaleano et portano Arme et combatrano in favore de loro Patroni cio et el Populo del dicto Monte"）, 59r-v, 79v-80r（"sonno molti judei nel dicto Monte per Artesani quali pagano tributo al dicto signore, tutti tengono la opinione de le Carraimi et sonno valenti con le Arme in mano"）, 84v-85v, 89v-90v, 194v-195r, 359v. Ram, 54, 82, 84, 105-6, 109-10, 114-15, 208, 357; Ép, 52, 85-86, 88, 114, 119-20, 125-26, 234, 431. Cohen, *Under Crescent*, 61-64; Israel Goldman, *The Life and Times of Rabbi David Ibn Abi Zimra* (New York: Jewish Theological Seminary, 1970), 52-56（16 世纪初开罗的首席拉比对卡拉派的严厉谴责）. Nicole Serfaty, *Les courtisans juifs des sultans marocains: Hommes politiques et hauts dignitaires, XIIIe-XVIIIe siècles* (Saint-Denis: Éditions Bouchène, 1999), 97, 97 n.2, 105, 105 n.3（前往葡萄牙的犹太特使）, 106. *SIHMP*, 1:16, 18（菲斯苏丹的犹太翻译）. 约安拿·阿萨德也曾讲到巴蒂斯港的犹太人卖酒给穆斯林，尽管违反了对非穆斯林的禁令，但他并未做评判（*CGA*, 230v. Ram, 240-41; Ép, 275）。Lagardère, *Histoire*, 44-45, no. 162.

[57] *VIH*, 65v-68v; *VIHHott*, 286-91.

[58] *VIH*, 68r-v; *VIHHott*, 290-91. 哈伦·本·舍姆·托夫又名 Harun ibn Batash。关于占星家对于穆斯林君主的重要性，参见 Ibn Khaldun, *Muqaddimah*, 2:201-2; Fahd, *Divination arabe*, 119-20。

[59] 在《地理书》中，约安拿·阿萨德简略提到了苏丹阿布德·哈克遇刺一事，但并未提及他的犹太人大宰相：他"惨死在他的百姓和沙里夫之手，这位沙里夫是菲

斯的一个重要人物,是菲斯建城者[伊德里斯王朝]的后代,之后百姓推举其做他们的君王"(*CGA*, 218r, 223r-v; Ram, 230, 234; Ép, 261, 267)。关于这次暴乱,参见 Mercedes García-Arenal, "The Revolution of Fas in 869/1465 and the Death of Sultan 'Abd al-Haqq al-Marini," *Bulletin of the School of Oriental and African Studies* 41 (1978): 43-66; Kably, *Société*, 330-34; Abun-Nasr, *Maghrib*, 115。

[60] 摘引自 'Abd al-Basit ibn Halil(844/1440—920/1514)的 *Raud*,载 Robert Brunschvig, ed. and trans., *Deux récits de voyage inédits en Afrique du Nord au XVe siècle* (Paris: Maisonneuve and Larose, 2001), 63-65。

[61] *CGA*, 279v (923/1517 年,在特莱姆森洗劫犹太人住宅), 363r-v (897—898/1492 年, 图瓦特和古拉拉的抢掠和屠杀)。或许古拉拉的屠杀比图瓦特的屠杀晚一年,或许是约安拿·阿萨德有意将年代提前以使其同西班牙驱逐犹太人事件处在同一时期。Ram, 285, 361; Ép, 333, 436-37。

[62] Ibn Khaldun, *Muqaddimah*, 2:156-200. 关于末日论思想、马赫迪及伊斯兰教和奥斯曼帝国观念中的世界征服者,参见 Cornell H. Fleischer, "The Lawgiver as Messiah: The Making of the Imperial Image in the Reign of Süleyman," in Gilles Veinstein, ed., *Soliman le Magnifique et son temps. Actes du Colloque de Paris, Galéries nationales du Grand Palais 7-10 mars 1990* (Paris: École de Louvre and EHESS, 1992), 159-77, and "Seer to the Sultan: Haydar-I Remmal and Sultan Süleyman," in Jayne L. Warner, ed., *Cultural Horizons. A Festschrift in Honor of Talat S. Halman* (Syracuse, N.Y.: Syracuse University Press, 2001), 290-99。

[63] Ibid., 291-94; Fleischer, "Lawgiver," 162 and 175 n.15. Sartain, *Al-Suyuti*, 1:69-72.

[64] Fleischer, "Lawgiver," 162-64; Fleischer, "Seer," 294-95. *CGA*, 402r-v. Ram, 399; Ép, 499.

[65] Sanuto, *Diarii*, 26:195.

[66] Ottavia Niccoli, *Prophecy and People in Renaissance Italy*, trans. Lydia G. Cochrane (Princeton, N.J.: Princeton University Press, 1990), chaps. 2, 7. Minnich, "Role of Prophecy," in Reeves, ed., *Prophetic Rome*, 111-20; Reeves, "Cardinal Egidio of Viterbo," ibid., 95-109. O'Malley, *Giles of Viterbo*, 115-16, 127-31. Kaufmann, "Mantino," 57.

[67] *CGA*, 59r (约安拿·阿萨德在此称"le scripture",因为马赫迪的预言见诸"圣训",而非《古兰经》本身, *CEI*, 246-47). Ram, 84; Ép, 88.

[68] Ibn Khaldun, *Muqaddimah*, 1:326-37, 2: 196-97. Al-Bakri, *Afrique*, 306 ("Masset [sic] ... est un *ribat* très fréquenté, où se tient une foire qui réunit beaucoup de monde. Cet établissement sert de retraite aux hommes qui veulent s'adonner à la dévotion")。关于摩洛哥的道场及圣人,参见 Cornell, *Realm*, 39-54。关于马萨地区长期的宗教和末世论传统,参见 Hajji, *Activité*, 272-73, 626-28。

[69] *CGA*, 59r-v. Ram, 84; Ép, 88. 关于搁浅的鲸鱼,见上文第一章,第 54 页(边码)。

[70] Ibn Khaldun, *Muqaddimah*, 1:53-55, 273, 471-72; 2:57; *Berbères*, 1:252-64, 2:84, 161-73, 573-75. Abun-Nasr, *Maghrib*, 87-91. Powers, *Law*, 12; Mansour Hasan Mansour, *The Maliki School of Law: Spread and Domination in North and West Africa* (Lanham, Md.:

Austin and Winfield, 1994), 91-96. Kably, *Société*, 20-21, 31. Cornell, *Realm*, 137.

[71] *CGA*, 7v, 69v-70r, 79r. Ram, 26 ([*DAR*, 2v] 添加了赞扬伊本·突麦尔特的文字："che un grande huomo nelle cose della lor fede er predicatore appresso loro molto estimato"), 95-96, 105; Ép, 14 (添加了赞扬的文字), 102-3, 113. Ibn Khaldun, *Berbères*, 162. Abun-Nasr, *Maghrib*, 89. Kably, *Société*, 20. Cornell, *Realm*, 194.

[72] Abun-Nasr, *Maghrib*, 59-66. Al-Shahrastani, *Muslim Sects*, 163-65. Ibn Khaldun, *Muqaddimah*, 1:412-13. *CEI*, 194-96.

[73] 伊本·赫里康和苏尤提也认为奥贝德·阿拉是假冒的。伊本·赫勒敦虽然承认其血统说有合理依据，但认为其观点属于异端（Hitti, *Arabs*, 617-18; Ibn Khaldun, *Muqaddimah*, 1:41-46）。

[74] *CGA*, 316v（"el Mahdi heretico Pontefece"）, 331r-332r. 约安拿·阿萨德在叙述中出现了一些错误，他将战胜柏柏尔反叛者阿布·亚吉德（Abu Yazid）的功劳归在这位马赫迪身上，但事实上，马赫迪运动（Mahdiyya）中的这一重要战役发生于336/947年，此时奥贝德·阿拉已去世13年了，战斗真正的胜利者是他的一个孙子（Ibn Khaldun, *Muqaddimah*, 2:210-11; Abun-Nasr, *Maghrib*, 65）. Ram, 318, 330-31 ([*DAR*, 69r] 删去了约安拿·阿萨德原文中关于西吉尔马萨救援的细节描写); Ép, 377, 392-93. 约安拿·阿萨德对于这些末世论领袖们所持的保留意见，可能也促使他对841/1438年在菲斯发现的一处陵墓未置一词，有人声称该陵墓属于菲斯城的创建者、先知的后裔伊德里斯二世（Idris II）。伊德里斯的父亲在马格里布引入某种什叶派关于教长国的教义理论，约安拿·阿萨德称其为"分裂者"，伊德里斯王朝所倡导的对某种可以代代相传的"精神力量"的信仰，对于摩洛哥王权的发展产生了长期的影响。所谓突然发现埋有伊德里斯二世遗骨的陵墓，可以看作是15世纪中期在菲斯权力斗争中所发生的沙里夫运动的一个组成部分。约安拿·阿萨德在手稿中仅谈到伊德里斯一世位于山城 Walila 的陵墓，摩洛哥人对其深怀敬仰，常常前往瞻仰。*CGA*, 135v, 205v（"el Patre suo fu sepulto in la dicta cipta di Gualili"）. Ram, 158, 217; Ép, 245. Abun-Nasr, *Maghrib*, 50-51; Kably, *Société*, 327-30; Cornell, *Realm*, 300-301; Jacques Berque, *Ulémas, fondateurs, insurgés au Maghreb au XVIIe siècle* (Paris: Sindbad, 1982), 28-32.

[75] *CGA*, 401r. Ram, 395 ([*DAR*, 82v] 略去 "la pazia di Mucametto"); Ép, 498.

[76] Arberry, 1:327-28. Ibn Khaldun, *Muqaddimah*, 1:162-63, 3:473. Al-Mas'udi, *Prairies*, 2:274, para. 730. Miquel, *Géographie*, 2:497-511.

[77] Ibn Khaldun, *Muqaddimah*, 1:162-63, 3:473. Al-Mas'udi, *Prairies*, 2:274, para. 730. Miquel, *Géographie*, 2:497-511. "Al-Iskandar," *EI1*, 2:533-34; W. Montgomery Watt, "Al-Iskandar," *EI2*, 4:127; *CEI*, 32, 107-8. Armand Abel, "Dhul'l Qarnayn, prophète de l'universalité," *Annuaire de l'Institut de Philologie et d'Histoire Orientales et Slaves* 11 (1951): 5-18.

[78] Niccoli, *Prophecy*, 172-75; Sylvie Deswarte-Rosa, "L'Expédition de Tunis (1535): Images, interprétations, répercussions culturelles," in Bartolomé Bennassar and Robert Sauzet, eds., *Chrétiens et Musulmans à la Renaissance* (Paris: Honoré Champion, 1998), 99-102. Fleischer, "Lawgiver," 164; Sanuto, *Diarii*, 25:439.

[79] *CGA*, 73r-v, 222v-224r. Ram, 99-100, 234-35; Ép, 107, 267-68. Abun-Nasr, *Maghrib*, 114; Kably, *Société*, 325（据一部葡萄牙编年史记载，因为苏丹阿布·赛义德兄弟相争，所以未能守住休达）. Al-Qayrawani, *Risâla*, chap. 30, 129; Peters, *Jihad*, 1.

[80] *CGA*, 48r, 51v, 73r-74r, 114r, 117r-124r (119v: "la dicta terra [of Anfa] fu bene destrutta; el capitano alhora con la sua armata ritorno a Portogallo et lasso la dicta terra per li lupi et civette. Dice il compositore essere stato in la dicta terra molte volte la quale fa piangere"), 126r-v, 130r-v, 209v-210r, 216v-218r, 232r-233r, 243r-244r. Ram, 72, 76, 98-99, 137, 140-44, 146, 149, 152-54, 221, 228-30, 243, 253-55; Ép, 75, 79, 106-7, 152, 158-63, 165-66, 169, 173-74, 251, 259-61, 277-78, 291.

[81] *CGA*, 28v-29r. Ram, 51（添加有关土耳其人迫害基督徒的恶行的文字）; Ép, 48. *CGA*, 29r: "li Turchi in le cose memorabili de li christiani guastano fine le figure depincte in li templi"; *DAR*, 8r: "i Turchi nè luoghi che prendono di Christiani, guastando non solamente le belle memorie et gli honorati titoli, ma nelle chiese le imagini de santi et sante che vi trovano." 约安拿·阿萨德对教皇的评述，可能是指利奥十世的建筑计划，及其与前任尤里乌斯二世所筹划工程之间的关系（参见 Giovio, *Leon Decimo*, 94r）。

[82] *VIA*, 31r-33r; *VIAHott*, 246-49. 关于约安拿·伊本·马萨维及聂斯脱利派，参见 Hitti, *Arabs*, 311-12, 363-64; *CEI*, 299-300. *CGA*, 27r, 401r, 429r, 430r-431r; Ram, 49, 397-98, 425-27; Ép, 46, 497-98, 532, 534。

[83] *CGA*, 146r-v, 170r, 334r-v, 392r. Ram, 168, 188, 332, 388-89; Ép, 190, 212-13, 395-96, 484. 在穆斯林和基督教文献中，托莱多大教堂所藏的镶嵌珠宝的餐桌为所罗门王所有（Hitti, *Arabs*, 497）。关于圣诞节/新年的节庆及对它们的谴责，参见 H. R. Idris, "Les tributaires en occident musulman médiéval," in Salmon, ed., *Mélanges*, 173, no. 9。

[84] *CGA*, 27r. Ram, 49; Ép, 46. 在约安拿·阿萨德对伯恩（Bône），也就是罗马时代的希波的描述中，拉姆西奥补充指出奥古斯丁曾为该城主教 (Ram, 312; *DAR*, 65r)。此说未见于 *CGA*, 310。Augustine, *The Confessions*, trans. John K. Ryan (New York: Image Books, 1960), bk. 9, chap. 7, 215. Peter Brown, *Augustine of Hippo. A Biography* (Berkeley and Los Angeles: University of California Press, 1969), 378, 422-26. William A. Sumruld, *Augustine and the Arians. The Bishop of Hippo's Encounters with Ulfilan Arianism* (Selinsgrove: Susquehanna University Press and London and Toronto: Associated University Presses, 1994), chaps. 4-5. Alberto Pio, Prince of Carpi, *Tres et viginiti Libri in locos lucubrationum variarum D. Erasmi Rhoterodami* (Venice: Luc-Antonio Giunta, 1531), 140v-143r.

[85] *SIHME*, 3:213 n.4, 739; *SIHMP*, 1:489, 498, 498 n.2. Halima Ferhat, "Abu-l-'Abbas: Contestation et sainteté," *Al-Qantara* 13 (1992): 181-99; Cornell, *Realm*, 80-92. 约安拿·阿萨德写道，他曾在马拉喀什瞻仰过伊本·拉希德（阿威罗伊）的第一个墓地；阿布-阿巴斯·塞布提也安葬在这一墓地中（*VIA*, 52r-v; *VIAHott*, 279; Cornell, *Realm*, 92）。

[86] EpiP, 1, 68（卷末结语）. 阿拉伯文抄录，见 Levi Della Vida, *Ricerche*, 105。

[87] 标准的敬语句式是"ar-Rahman ar-Rahim"；约安拿·阿萨德将 ar-Rahman（仁慈的）

替换为 ar-Ra'uf，意为"仁慈的、慈悲的、善良的"，且更接近于善良、温柔的意思。Ibn Hawqal, *Configuration*, 1; Ibn Jubayr, *Travels*, 25; al-Idrisi, *Première géographie*, 57; Ibn Battuta, *Voyages*, 1:65.

[88] 梵蒂冈图书馆，MSS Vat. Ar. 80, fol. 2。阿拉伯文抄录，见 Levi Della Vida 哈吉，*Ricerche*, 102；重印于 Rauch, 68。

[89] *CEI*, 161-62, 208-9. F. E. Peters, ed., *Judaism, Christianity, and Islam. The Classical Texts and Their Interpretation*, 3 vols. (Princeton, N.J.: Princeton University Press, 1990), 2:349-51.

[90] Valeria Annecchino, *La Basilica di Sant'Agostino in Campo Marzio e l'ex complesso conventuale, Roma* (Genoa: Edizioni d'Arte Marconi, 2000), 8-9, 29-31.

[91] Gaignard, *Maures*, 191. 这是穆罕默德·哈吉为《非洲记》的第一个阿拉伯文译本（1400/1980）所写的导言中所提出的观点：瓦桑自始至终完全信奉其生来便信仰的宗教，只是为了获得自由才假意改宗 (*Wasf Ifriqiya*, 1:4-21)。Driss Mansouri 在"非洲人利奥"学术会议（EHESS, 巴黎，2003年5月22—24日）上对哈吉的观点进行了分析，即将刊于 Pouillon and Zhiri, eds., *Léon l'Africain*。

[92] Arberry, 1:298-99. QAn, Sura "De Apibus," 258b, verse 106. *CEI*, 397. R. Strothmann and Moktar Djebli, "Takiyya," *EI2*, 10:134-36. Nikki R. Keddie, "Symbol and Sincerity in Islam," *Studia Islamica* 19 (1963): 27-63. Devin J. Stewart, "*Taqiyyah* as Performance: The Travels of Baha' al-Din al-'Amili in the Ottoman Empire (991-93/1583-85)," in Stewart er al., *Law*, 1-70. José Fernando García Cruz, "El *Disimulo* Religioso en el Ámbito Doctrinal y Legal Islámico," in *Actas del VIII Simposio Internacional de Mudejarismo. De mudéjares a moriscos: una conversión forzada. Teruel. 15-17 de septiembre de 1999* (Teruel: Centro de Estudios Mudéjares, 2002), 661-71.

[93] L. P. Harvey, ed. and trans., "Crypto-Islam in Sixteenth-Century Spain," *Actas. Primer Congreso de Estudios Árabes e Islámicos, Córdoba, 1962* (Madrid: Comité Permanente del Congreso de Estudios Árabes e Islámicos, 1964), 163-81. Monroe, "Morisco Appeal," 281-303. Al-Maqqari, *History*, 2:391.

第七章 好奇与联系

[1] Grassi, *Diarium*, 2:309r-v.

[2] Levi Della Vida, *Ricerche*, 101. Juan de Torquemada (1388-1468), *De Plenitudine Potestatis Romani Pontificis in Ecclesia Dei Opusculum ex Operibus Io. De Turrecremata*, ed. Joannis Thomas Ghilardus (Turin: Marietti, 1870). 此处的节选本选自托克马达的巨著，于1870年在梵蒂冈大公会议关于教皇无过失的教谕之后出版。关于这一问题在中世纪时的争议，参见 Brian Tierney, *Oringins of Papal Infallibility, 1150-1350* (Leiden: E. J. Brill, 1972)。

[3] Ibn Iyas, *Journal*, 2:179, 186. 哈里发的尊号似乎要到18世纪末才不再使用，当时有一种想当然的说法，认为阿拔斯哈里发转化为奥斯曼帝国君主塞利姆。但是塞利姆本人从未持此说（*CEI*, 305）。

[4] *CGA*, 200r. Ram, 212; Ép, 239.

[5] *CGA*, 140r-v. Ram, 162-63; Ép, 184-85.

[6] Al-Muqaddasi, *Best Divisions*, 2, 368-69.

[7] Ibid., 2.

[8] Weil, *Lévita*, 29-30, 75, 78, 83-85, 88. 1557 年，以利亚·勒维塔之子 Yehude 依然在世，并在罗马行医。他的女儿汉娜嫁给了 Isaac ben Yehiel Bohême。1541 年，她儿子 Elijah 和 Joseph 协助印刷了祖父的《博沃》（*Bovo Buch*）一书。他们两人后来都改变信仰皈依了天主教。以利亚·勒维塔的其他后代始终信仰犹太教（Ibid., 108-9, 135, 153, 163-64）。1528 年，雅各布·曼蒂诺来到威尼斯后，栖身于犹太人区的贫民窟，但他不断向领主议会（Signory）申诉，有时还得到允许可以佩戴黑帽，而不是对犹太人强制规定的黄帽（Kaufmann, "Mantino," 43, 228-32）。

[9] Secret, *Kabbalistes*, 108. Elijah Levita, *Accentorum Hebraicorum Liber Unus*, trans. Sebastian Münster (Basel: Heinrich Petri, 1539), second preface, 17-19. Elijah Levita, *The Massoreth Ha-Massoreth*, ed. and trans. Christian D. Ginsburg (London: Longmans, Green, Reader and Dyer, 1867), 92, 96-101. 拉比们在对勒维塔的批评中，不仅引用了《诗篇》147:20，还引用了《箴言》26:8（将尊荣给愚昧人的，好像人把石子包在机弦里）。

[10] Al-Qayrawani, *Risâla*, chap. 32, 142, 146（丈夫失踪四年后婚姻可予解除）; Amar, ed. and trans., *Consultations juridiques*, 394; Linant de Bellefonds, *Traité*, 2:125-26, 457-58; David Santillana, *Istituzioni di Diritto Musulmano Malichita*, 2 vols. (Rome: Istituto per l'Oriente, 1925-1938), 1:169. 在已散佚的瓦桑所撰关于《马立克法学派之穆罕默德的信仰与律法》的手稿中，可能讨论了婚姻和解除婚约的法律规定。

[11] Dunn, *Ibn Battuta*, 39. Reynolds, ed., *Interpreting the Self*, 78-79, 123-31. 不过，苏尤提并未在其自传中提及任何妻子（Sartain, *Al-Suyuti*, 1:23）。

[12] *CGA*, 24r-v, 416v. Ram, 45, 413; Ép, 41-42, 516.

[13] *CGA*, 46v, 94v, 115r-v, 145v, 199r, 234r, 350v, 381r. Ram, 70, 118, 137-38, 167（[*DAR*, 33v] 略去了浴室中女侍者为"黑人"之说）, 211, 244（[*DAR*, 50v] 与 *CGA* 有较大区别，尤其略去了妇女放牧山羊一说）, 349, 378; Ép, 73, 131, 153, 189, 238, 280（添加了在 *CGA* 或 Ram 中没有的内容）, 420, 467.

[14] *CGA*, 110v, 153r, 204v, 234r, 259r, 321r, 362r. Ram, 133, 174, 216, 245, 268, 322, 359; Ép, 147, 197, 244, 280, 309, 382, 435. Maya Shatzmiller, *Labour in the Medieval Islamic World* (Leiden: E. J. Brill, 1994), 351-52.

[15] *CGA*, 43r, 147r, 160v, 163r, 188r-v, 309r, 324r, 354r（"meretrice"）, 403r. Ram, 66, 169, 180, 182, 311, 324, 352（[*DAR*, 73r] 将"meretrice"改为"molte ve ne sono da partito"）, 400; Ép, 65, 191, 203, 206, 228, 368, 385, 424, 500. 关于伊斯兰世界的妓女，参见 Ibn Iyas, *Journal*, 1:158, 284; Bouhdiba, *Sexualité*, 228-39; Walther, *Women*, 99; Leila Ahmed, *Women and Gender in Islam* (New Haven, Conn.: Yale University Press, 1992), 115; Rudi Matthee, "Prostitutes, Courtesans, and Dancing Girls: Women Entertainers in Safavid Iran," in Rudi Matthee and Beth Baron, eds., *Iran and Beyond: Essays in Middle Eastern History in Honor of Nikki R. Keddie* (Costa Mesa, Calif.: Mazda Publishers, 2000), 124-38。

[16] *CGA*, 327v-328r. Ram, 326; Ép, 388. Ibn Iyas, *Journal*, 1:241, 267. Matthee,

"Prostitutes," 138-44.

[17] Ibn Battuta, *Voyages*, 2:75. Al-Bakri, *Afrique*, 201, 216.

[18] *CGA*, 46v, 49r, 53v, 63v, 94v, 96v, 111r, 304r-v, 354r, 362v. Ram, 70, 74, 79, 89, 119, 120, 134, 307, 352, 360, 400; Ép, 73, 77, 81, 94, 131, 133, 148, 363, 424, 435, 500. 数百年来，马格里布的农村妇女通常都不戴面纱（Mohamed Hobbaida, "Le constume féminin en milieu rural. Observations préliminaires sur le Maroc précolonial," in Dalenda Larguèche, ed., *Histoire des femmes au Maghreb* [Tunis: Centre de Publication Universitaire, 2000], 205-6 ）。

[19] *CGA*, 24r-v, 134r, 164v, 324r, 381r, 415r. Ram, 45, 156, 183, 324, 378, 412; Ép, 42, 177, 208, 385, 467, 514-15.

[20] *CGA*, 20v-21r, 40v, 49r, 53v, 66r, 94v, 238r, 256r. Ram, 41, 63, 74, 79, 91, 119, 249, 264 ([*DAR*, 55r] 对男人的嫉妒心有所夸大); Ép, 37, 62, 77, 81, 97, 131, 285, 305(对男人的嫉妒心有所夸大).

[21] Bouhdiba, *Sexualité*, 24-25; Walther, *Women*, 61-64. Al-Shafiʿi, *Risâla*, 121-23, nos. 375-83; Roded, ed., *Women*, 106-7. Ibn Hazm, *De l'amour et des amants. Tawq al-hamama fi-l-ulfa wa-l-ullaf (Collier de la colombe sur l'amour et les amants)*, trans. Gabriel Martinez-Gros (Paris: Sindbad, 1992), chap. 29. 关于伊斯兰世界中性的话语与实践这一主题，在即将出版的 Dror Zeevi, *Producing Desire: Changing Sexual Discourse in the Ottoman Middle East 1500-1900* (Berkeley and Los Angeles: University of California Pres, 2006) 中得到了极大的丰富。

[22] *CGA*, 324r. Ram, 324; Ép, 385.

[23] Charles Pellat, "Liwat," *EI2*, 5:776-79; James Bellamy, "Sex and Society in Islamic Popular Literature," in al-Sayyid-Marsot, ed., *Society*, 36-40; Malek Chebel, *L'esprit de sériail. Perversions et marginalités sexuelles au Maghreb* (Paris: Lieu Commun, 1988), 24-27; Jim Wafer, "Muhammad and Male Homosexuality," in Stephen O. Murray and Will Roscoe, eds., *Islamic Homosexualities* (New York and London: New York University Press, 1997), 87-96.

[24] *CGA*, 175r-176r. Ram, 192-93; Ép, 217-18. Ibn Hazm, *De l'amour*, 216-17. Pellat, "Liwat," *EI2*, 5:777-78; Walther, *Women*, 174; Chebel, *Esprit*, 22-24; Camilla Adang, "Ibn Hazm on Homosexuality. A Case-Study of Zahiri Legal Methodology," *Al-Qantara* 24 (2003): 7-9, 25-29: 马立克派法律对女人间性行为最严厉的惩罚是一百鞭刑。Stephen O. Murray, "Woman-Woman Love in Islamic Societies," in Murray and Roscoe, eds., *Islamic Homosexualities*, 97-104. 有意思的是，1948 年在利比亚进行的一项田野考察报告指出，在节日庆典中，有妇女主动献身于神灵并与女人发生性行为（100 ）。Suhaqiyat 的词根为 "sahq"，意为 "挤压或敲打"（Wehr, 466 ），而并无意大利语动词"fregare"所代表的"摩擦"之意。见下文注 45，关于瓦桑使用俗语"fregatrice"的意义。

[25] Bouhdiba, *Sexualité*, 44-45. Pellat, "Liwat," *EI2*, 5:776-777 (强调对鸡奸的 严刑峻法，但指出在实际中却常常能获得宽恕); Bellamy, "Sex," in al-Sayyid-Marsot, ed., *Society*, 37-38; Adang, "Ibn Hazm," 7-15: 马立克法学的标准观点认为，鸡奸是最为

严重的罪行之一,涉事的男子均应受石刑处死。

[26] *CGA*, 90v, 147r-v, 170v. Ram, 115 ([*DAR*, 22r] 比 *CGA* 的叙述更为详细), 168-69 ([*DAR*, 33v] 较之 *CGA* 增加了更多负面的评论), 188; Ép, 127, 191 (比之 *CGA* 增加了评论), 213. Wehr, 304; Pellat, "*Liwat*,", *EI2*, 778; Stephen O. Murray, "The Will Not to Know: Islamic Accommodations of Male Homosexuality" and "The Sohari Khanith," in Murray and Roscoe, eds., *Islamic Homosexualities*, 24-32, 244-48. 苏尤提在 886/1481 年曾写到在开罗有一处更加门庭若市的"放荡之所",就坐落在一座清真寺的旁边。男人们聚集在里面"偷情、鸡奸、饮酒、演奏乐器等等",更有人目睹同年轻小伙子的性行为。作为一名法学家,苏尤提设法要求拆毁这处房屋。虽然他最终赢得了诉讼,但有趣的是,他提出的控诉居然遭到了开罗其他法官和法学家们的反对 (al-Suyuti, "On How God Blessed Me be Setting Enemies Against Me," trans. Kristen Brustad, in Reynolds, ed., *Interpreting the Self*, 203-6)。

[27] *CGA*, 181v-182r. Ram, 197; Ép, 222. 关于苏菲派神秘主义中可能存在的对美少年的爱欲,参见 Jim Wafer, "Vision and Passion: The Symbolism of Male Love in Islamic Mystical Literature," in Murray and Roscoe, eds., *Islamic Homosexualities*, 110-11。关于早期"古典苏菲派修行"的高度禁欲的方式与苏菲派包容各种形式的性爱之间的对比,参见 Schimmel, "Eros," in al-Sayyid-Marsot, ed., *Society*, 119-28。

[28] *CGA*, 181v ("pero che molte volte se e ritrovata alli dicti conviti"), 324r-v. 在描写了突尼斯的男女娼妓之后,约安拿·阿萨德紧接着又谈到了大麻 ("el hasis") 的使用及其催情作用;拉姆西奥将这两个部分拆开了。Ram, 197 ([*DAR*, 40v] 略去了他自己曾参加过这些宴会的说法); 324 ([*DAR*, 67r] 增添文字说明"男孩们"(fanciulli) 的丑行); Ép, 222, 385 (两处均沿用了拉姆西奥对文字的增删)。

[29] Michael Sells, "Love," in Menocal et al., eds., *Literature*, 134-36. J. W. Wright, Jr., "Masculine Allusion and the Structure of Satire in Early 'Abbasid Poetry," in Wright and Rowson, *Homoeroticism*, 1-23; Franz Rosenthal, "Male and Female: Described and Compared," ibid., 24-54; Everett Rowson, "Two Homoerotic Narratives from Mamluk Literature," ibid., 158-91. Al-Jahiz, *Kitab mufakharat al-jawari wa-l-ghilman*, translated as *Éphèbes et courtisanes*, ed. Malek Chebel, trans. Maati Kabbal (Paris: Rivages Poches, 1997). Schimmel, "Eros," in al-Sayyid-Marsot, ed., *Society*, 131-38. Ibn Hazm, *De l'amour*, 80, 84-85, 88-89, 192-97, 209-12. 在 Adang 所写的关于伊本·哈兹姆法律观点的重要论文中,清晰地说明他把同性恋行为视为一项重罪;但他对法律文本的处理使用了札希里派 (Zahirist) 而非马立克派的方式,并不将其归为"齐纳",而建议最多处以十鞭并监禁以纠正其行为 ("Ibn Hazm," 6-31)。

[30] *CGA*, 182r. Ram, 197 ([*DAR*, 40v] 删去了所有提到哈利利的文字); Ép, 222. Al-Hariri, *Livre des Malins*, Maqama 10, "La Séance d'Al-Rahba," 95-100; *Assemblies*, trans. Chenery and Steingass, Assembly 10, "Of Rahbah," 158-63.

[31] *CGA*, 172r. Ram, 190; Ép, 214. *VIH*, 67r-68r; *VIHH*, 288-90 (略去了"他所鸡奸的年轻男子" [juvenis, quem pedamaverat] 等词,代以破折号)。易卜拉欣·伊本·萨尔为出生于塞维利亚的犹太人,创作了许多以摩西为爱慕对象的脍炙人口的爱情诗。但是约安拿·阿萨德只字未提诗人在基督教征服塞维利亚之前改宗伊斯兰教的经历,

而为他安排了与当时的证据大相径庭的一段人生。约安拿·阿萨德称他移居到了科尔多瓦，当地犹太社群以其诗歌中充满了诱惑年轻人堕落的靡靡之音，而在法官伊本·拉希德（阿威罗伊）面前提出了控诉。伊本·萨尔虽然游历过安达卢西亚各地，但最终定居在休达，而非科尔多瓦（Teresa Garulo, "Introducción" to Ibrahim ibn Sahl, Poemas, ed. and trans. Teresa Garulo [Madrid: Hiperión, 1983], 7-32 ）。而且，早在伊本·萨尔出生以前，伊本·拉希德便已不在人世了。在北非犹太人中关于伊本·萨尔的传说，参见 ibid., 25 n.55。

[32] *CGA*, 182v. Ram, 198; Ép, 223. Annemarie Schimmel, *As Through a Veil. Mystical Poetry in Islam* (New York: Columbia University Press, 1982), 42-44; Ibn al-Farid, *Poèmes*, trans. L'Hôpital, 15-16.

[33] *CGA*, 449v-450r. Ram, 446 ([*DAR*, 92v] 在故事结尾增加了带有怀疑的句子，"只要愿意，每个人都会信的"); Ép, 562（同拉姆西奥所加文字）.

[34] Delumeau, *Rome*, 37, 43, 49, 102.

[35] Schimmel, "Eros," in al-Sayyid-Marsot, ed., *Society*, 122-24. *CGA*, 182r-v ("sue abstinentie"). Ram, 197-198; Ép, 222-23.

[36] Ludwig Pastor, *History of the Popes from the Close of the Middle Ages*, 40 vols. (London: Routledge and Kegan Paul, 1898-1953), 8:406-7. Delumeau, *Rome*, 101-2. Guido Ruggiero, *Binding Passions. Tales of Magic, Marriage, and Power at the End of the Renaissance* (New York and Oxford: Oxford University Press, 1993), 33-48, 178. Monica Kurzel-Runtscheiner, *Töchter der Venus. Die Kurtisanen Roms im 16. Jahrhundert* (Munich: C. H. Beck, 1995), 46-51, 97-100. Margaret F. Rosenthal, *The Honest Courtesan: Veronica Franco, Citizen and Writer in Sixteenth-Century Venice* (Chicago and London: University of Chicago Press, 1992).

[37] Delumeau, *Rome*, 102-3. Martin, "Giles of Viterbo," in *Egidio da Viterbo*, 198. Elizabeth S. Cohen, "Seen and Known: Prostitutes in the Cityscape of Late-Sixteenth-Century Rome," *Renaissance Studies* 12, no. 3 (1998): 392-401. Thomas V. Cohen and Elizabeth S. Cohen, *Words and Deeds in Renaissance Rome: Trials before the Papal Magistrates* (Toronto: University of Toronto Press, 1993), chap. 2. Romano Canosa and Isabella Colonello, *Storia della Prostituzione in Italia dal Quattrocento alla fine de Settecento* (Rome: Sapere, 1989), 43-53. Guido Ruggiero, *The Boundaries of Eros: Sex Crime and Sexuality in Renaissance Venice* (New York and Oxford: Oxford University Press, 1985), 41. Sherrill Cohen, *The Evolution of Women's Asylums Since 1500: From Refuges for Ex-Prostitutes to Shelters for Battered Women* (New York and Oxford: Oxford University Press, 1992), 43-44.

[38] Bette Talvacchia, *Taking Positions. On the Erotic in Renaissance Culture* (Princeton, N. J.: Princeton University Press, 1999), chaps. 1, 4, 5. Giulio Romano, Marcantonio Raimondi, and Pietro Aretino, *I Modi. The Sixteen Pleasures. An Erotic Album of the Italian Renaissance*, ed. and trans. Lynne Lawner (Evanston, Ill.: Northwestern University Press, 1988).

[39] Sheila S. Blair and Jonathan Bloom, *The Art and Architecture of Islam 1250-1800* (New

Haven and London: Yale University Press, 1995), 24-35, 论及在巴格达和波斯手抄本中使用插图的情况，以及各章中均有关于东部伊斯兰世界的情况。Dominique Clévenot, "Peintures," in Guesdon and Vernay-Nouri, *Art du livre*, 111. Rachel Arié, *Miniatures hispano-musulmanes. Recherches sur un manuscrit arabe illustré de l'Escurial* (Leiden: E. J. Brill, 1969), 9-12. Touati, *Armoire*, 113-19. 安达卢西亚地区手抄本中的科技插图（例如数学、医学），见 *Les Andalousies de Damas à Cordoue. Exposition présentée à l'Institut du monde arabe du 28 novembre 2000 au 15 avril 2001* (Paris: Hazan, 2000), nos. 237, 239, 240, 250, 251。在 Murray 和 Roscoe 主编的 *Islamic Homosexualities* 中所载关于性主题的插图，来自于莫卧尔和奥斯曼帝国，且时代多在其晚期。

[40] Francisco Delicado, *Retrato de la Lozana Andaluza*, ed. Claude Allaigre (Madrid: Cátedra, 1985), Mamotreto 24, pp. 298-99; Mamotreto 44, p. 387; *Portrait of Lozana, The Lusty Andalusian Woman*, trans. Bruno M. Damiani (Potomac, Md.: Scripta Humanistica, 1987), sketch 24, p. 114; sketch 44, p. 194. 关于德里加多的生平，参见 Louis Imperiale, *La Roma clandestina y Pietro Aretino* (New York: Peter Lang, 1997), 4-5; Folke Gernet, *Francisco Delicados "Retrato de la Lozana Andaluza" und Pietro Aretinos "Sei giornate": Zum literarischen Diskurs über die käufliche Liebe im frühen Cinquecento* (Geneva: Librairie Droz, 1999), 13-17。

[41] Guy Poirier, *L'Homosexualité dans l'imaginaire de la Renaissance* (Paris: Honoré Champion, 1996), pt. 2. James Brundage, *Law, Sex and Christian Society in Medieval Europe* (Chicago and London: University of Chicago Press, 1987), 533-35. Tamer Herzig, "The Demon's Reaction to Sodomy: Witchcraft and Homosexuality in Gianfrancesco Pico della Mirandola's *Strix*," *Sixteenth-Century Journal* 34 (2003): 52-72. ASR, Camerale I, Busta 1748, no. 8 (1518), 76v, 85r; no. 9 (1518), 6r, 15r, 54r, 57r.

[42] Rowland, *High Renaissance*, 24-25, 213. Gouwens, *Remembering the Renaissance*, 17-18. Castiglione, *Courtier*, bk. 2, para. 61, 159; Burke, *Fortunes*, 23. Cellini, *Autobiography*, 33; *Vita*, bk. 1, chap. 23, 75-77. 关于 "kinaidos" 一词，在古代雅典，意指男性舞者、妓女，最终引申为同性恋中的被动方，拉丁语为 "cinaedus"，参见 Will Roscoe, "Precursors of Islamic Male Homosexualities," in Murray and Roscoe, eds., *Islamic Homosexualities*, 58, 63-64。

[43] Ruggiero, *Boundaries*, 109-45, 159-61; Ruggiero, *Binding Passions*, 175-76. Michael Rocke, *Forbidden Friendships: Homosexuality and Male Culture in Renaissance Florence* (New York and Oxford: Oxford University Press, 1996), 尤其见 pt. 1 和 pt. 3 中的历史叙述; "abominable vice," 212。

[44] *CGA*, 147r ("ciascaduno de quisti maladicti Hosti tene uno homo al modo del Marito"), 147v ("el Populo li desidera la morte alli prefati giottoni"), 306v ("do poi la dette ad un altro suo tignoso figliolo troppo giovene el quale era un cinedo et grande imbriaco et iniusto et cosi el Populo se rebello contra esso"). 拉姆西奥对以上句子都做了修改，删去了其中的市井俚语: Ram, 169, 309（见第 218 页 [边码] 及下文注 73); Ép, 213, 366. Rocke, *Forbidden Friendships*, 90, 107-8.

[45] *CGA*, 175r: "intitulate sahacat cio e le Fregatrice." 拉姆西奥修改为 "chiamano queste

femine Sahacat, che tanto dinota quanto nella voce latina fricatrices"（*DAR*, 39v; Ram, 192）。皮埃特罗·阿雷蒂诺在 1536 年的 *Ragionamento* 中，用"fregare"指性交；而早在 15 世纪末，就已出现用"fregola"指性兴奋状态。至于同性恋，我所能找到的唯一一条指称男性行为的文字是拉丁语的"fregator sodomita"（1313 年）。因此，约安拿·阿萨德似乎是从本地的俗语中借用了这个词，直到 16 世纪末，该词才在意大利语的书面语中用于指女人之间的性行为。

[46] Bellamy, "Sex," in al-Sayyid-Marsot, ed., *Society*, 35; Adang, "Ibn Hazm,", 29. Vern Bullough and James Brundage, *Sexual Practices and the Medieval Church* (Buffalo, N.Y.: Prometheus Books, 1982), 60, 69; Brundage, *Law*, 400-401, 535. 关于威尼斯的一种较温和的看法，可参见 Ruggiero, *Boundaries*, 114-15, 190 n.26。

[47] Cohen and Cohen, *Daily Life*, 95, 232-34.

[48] *CGA*, 147r（"in li Bordelli de la europa"）. Ram, 169（[*DAR*, 34r]"le meretrici ne i chiassi dell'Europa"); Ép, 191.

[49] Delicado, *Retrato*, ed. Allaigre, "Cómo se escusa el autor," 484-85; *Portrait*, ed. Damiani, vi-vii, "Apology," 279. 德里加多解释指出，在与初恋情人 Diomedes 在一起时，她的名字并不叫罗桑娜，而是"阿拉伯语的'Aldonza'或'Alaroza'"。这些名字是"优雅或美丽"的意思（*Retrato*, "Explicit," 487; *Portrait*, "Explication," 282）。在阿拉伯语中，"美丽"其实是"hasan"或"jamil"。Allaigre 分析了该词在西班牙语中的意义，"Introducción," *Retrato*, 80-84。

[50] Delicado, *Retrato*, Mamotreto 2, pp. 177-79（"alcuzcuzu con garbanzos"）, Mamotreto 4, pp. 184-86, Mamotreto 7, p. 194, Mamotreto 11, p. 207, Mamotreto 49, p.404; *Portrait*, sketch 2, p. 8（用蜂蜜蛋糕代替了蒸粗麦粉！), sketch 4, pp. 13-15, sketch 7, p. 22, sketch 11, p. 34, sketch 49, p. 210. *CGA*, 165r. Ram, 184; Ép, 208. 关于地中海地区的混合语，参见 Wansbrough, *Lingua franca*；罗桑娜的周遭环境更深化了本书讨论的法庭和商业情况。

[51] Delicado, *Retrato*, Mamotreto 11, p. 208, Mamotreto 34, p. 339, Mamotreto 37, p. 351, Mamotreto 56, p. 440（"Mirá el al-faquí"); *Portrait*, sketch 11, p. 34, sketch 34, p. 152, sketch 37, p. 162, sketch 56, p. 238（"like a Moslem lawyer"）.

[52] Delicado, *Retrato*, Mamotreto 29, p. 318; *Portrait*, sketch 29, p. 133.

[53] Gnoli, ed., "Censimento," 423. 在战神广场区，有 9 个女人的正式职业被标记为"妓女"（cortesana）（421-26）。关于德里加多试图"用罗马的声音来讨论其关系"，参见 Imperiale, *Roma*, 19-32。在 1559 年的一份证词中，罗马妓女锡耶纳的卡米拉（Camilla the Sienese）涉嫌与其他妓女争风吃醋，烧掉了对方的房门，审讯中这些妓女的证词与罗桑娜所生活的世界和语言完全吻合（Cohen and Cohen, *Words*, 49-52, 59-60, 89-91）。

[54] Gnoli, ed., "Censimento," 467. 我查阅了 4 位公证人在 16 世纪 20 年代的注册记录，他们都有不少来自雷古拉区的客户：ASR, Collegio dei Notai Capitolini, nos. 1704, 1706, 1709, 1710 (Nicolaus Straballatus); nos. 562-563 (Laurentius de Cinciis); nos. 823-853 (Evangelista Gorius); nos. 1871-72 (Felix de Villa)。我查找的姓名范围为卷宗中的主要责任人以及遗嘱的证人等。此外，我还查阅了以下 1520—1527 年间的记

录：ASR, Camerale I, Busta 1748 and Busta 1749; ASR, Mandati Camerali, 859A-B; ASV, Cam. Ap. Intr. et Ex., 559-561; ASV, Arch. Concist., Acta Consist., 2-3. "Jo. Leo venetus," in ASR, Camerale I, Busta 1748, no. 10, 14v, 22 Nov. 1522.

[55] Gnoli, ed., "Censimento," 466-81. 在雷古拉区的1180户家庭中，只有48户为单身男子。

[56] Maalouf, *Léon l'Africain*, 399-407.

[57] Brundage, *Law*, 244, 296, 340. Bono, *Schiavi*, 337-40; Epstein, *Speaking of Slavery*, 64, 97. Al-Qayrawani, *Risâla*, chap. 32, 142, 146.

[58] Weil, *Lévita*, 7-8, 30, 62, 108-9; Kaufmann, "Mantino," 216-18; Stow, *Jews*, 1:329, no. 378; 1:779 no. 1787, 1:855 no. 1941.

[59] Leon Modena, *The History of the Rites, Customs, and Manner of Life, of the Present Jews, throughout the World*, trans. Edmund Chilmead (London: John Martin and John Ridley, 1650), 171. Kenneth R. Stow, "Marriages Are Made in Heaven: Marriage and the Individual in the Roman Jewish Ghetto," *Renaissance Quarterly* 45 (1995): 445-91; Howard Tzvi Adelman, "Jewish Women and Family Life, Inside and Outside the Ghetto," in Robert C. Davis and Benjamin Ravid, eds., *The Jews of Early Modern Venice* (Baltimore and London: Johns Hopkins University Press, 2001), 149-56.

[60] Kenneth Stow, *Theater of Acculturation. The Roman Ghetto in the 16th Century* (Seattle: University of Washington Press, 2001), 20. S. Simonsohn, *History of the Jews in the Duchy of Mantua* (Jerusalem: Kiryath Sepher, 1977), 526. Brian Pullan, *Rich and Poor in Renaissance Venice* (Cambridge, Mass.: Harvard University Press, 1971), 449, 556.

[61] 勒维塔认为其意第绪语的诗歌和《博沃》一书是专门写给妇女的（Weil, *Lévita*, 146-47）。

[62] Ahmad ibn Qasim al-Hajari, *Kitab nasir al-din 'ala-l-qawm al-kafirin. The Supporter of Religion against the Infidel*, ed. and trans. P.S. Van Koningsveld, Q. al-Samarrai, and G. A. Wiegers (Madrid: CSIC/AECI, 1997), 138-44.

[63] Stow, *Jews*, 1:46, no. 127; 1:57, no. 157; 1:141, no. 375。关于犹太教徒的嫁妆，参见 Stow, *Theater*, 74-76, 137。关于意大利基督徒的嫁妆，参见 Christiane Klapisch-Zuber, *Women, Family and Ritual in Renaissance Italy*, trans. Lydia G. Cochrane (Chicago: University of Chicago Press, 1985), chap. 10: "The Griselda Complex: Dowry and Marriage Gifts in Quattrocento."

[64] *CGA*, 166r-167r（"una figlia femina e la ruina del Patre in ciascaduno Paese"）; 364r (in Tichit, "usano dare Dote de Possessione alli Mariti de le figlie como se usano in molti Paesi et lochi de la Europa"). Ram, 185-86 ([*DAR*, 38r] 改变了穆斯林婚俗中男女双方提供嫁妆的关系，混淆了彩礼与嫁妆), 362 [*DAR*, 75r] 用"alle lor figliuole"替换了"alli Mariti de le figlie"); Ép, 210（同拉姆西奥，出现了混淆), 438. Maya Shatzmiller 指出，穆斯林的父亲有时用男方预支的彩礼（naqd）来为女儿购置嫁妆（"Women and Property Rights," 233）。同样，在欧洲，丈夫有时也用女方带来的嫁妆，为妻子购置衣物和首饰。

[65] Gnoli, ed., "Censimento," 420-26, 466-81. 关于在佛罗伦萨和罗马缔结婚姻与彩礼的情况，参见 Klapisch-Zuber, *Women*, chaps. 9, 11（尤其在195—196页，讨论到彩礼

及中下阶层的结婚仪式和婚约）的出色研究。

[66] Harvey, ed., "Crypto-Islam," 169, art. II.

[67] *CGA*, 167r. Ram, 186（弄反了彩礼的收受方）; Ép, 210（同拉姆西奥的错误）. Al-Hajari, *Kitab nasir*, 141, 144.

[68] Weil, *Lévita*, 177-78. 关于弗洛里珀，参见优秀的博士论文 Kristina Gourlay, "'Faire Maide' or 'Venomous Serpente': The Cultural Significance of the Saracen Princess Floripas in France and England, 1200-1500," Ph.D. diss., University of Toronto, 2002。Marinelli, *Ariosto*, 64, 84, 135, 186, 189, 210.

[69] Theodore Spandugino, *Petit Traicté de l'origine des Turcqz*, ed. Charles Schefer (Paris: Ernest Leroux, 1896), xxxviii-lxix, 77-80, 186-87, 189-90, 201, 229-38. Clarence Dana Rouillard, *The Turk in French History, Thought, and Literature (1520-1660)* (Paris: Boivin, 1940), 177; Tinguely, *Écriture*, 161, 177. 斯潘杜吉诺作品最早的法文版为 *La Genealogie du grant Turc a present regnant*, trans. Balarin de Raconis (Paris: François Rengault, 1519). 敬献给利奥十世的意大利文手抄本现藏于蒙彼利埃大学医学院图书馆，并印有教皇的纹章。另一部意大利文手抄本题献给教廷审查官（datary）吉贝蒂。斯潘杜吉诺可能是在1516年来意大利时，将其书献给教皇的（Schefer, xlii n.1; xlvii n.1）。

[70] *CGA*, 199r, 326v, 327v-328r. Ram, 211, 325-27; Ép, 238, 387-88.

[71] *CGA*, 145r-146v. Ram, 166-67 ([*DAR*, 33v] "et le piu volte si sollazzano a varie guise"); Ép, 188-89（增补同拉姆西奥）. Spandugino, *Petit Traicté*, 232-33.

[72] Spandugino, *Petit Traicté*, 201.

[73] "Ciascaduno de quisti maladicti Hosti tene uno homo al modo del Marito"（*CGA*, 147r）被改为 "Ciascuno di questi infami huomini si tiene un concubino, et usa con esso lui non altrimenti che la moglie use co'l marito"（*DAR*, 34r; Ram, 169）. "El Populo li desidera la morte alli prefati giottoni"（*CGA*, 147v）被改为 "E tutto il populo grida loro la morte"（*DAR*, 34r; Ram, 169）. "Do poi la dette ad un altro suo tignoso figliolo troppo giovene el quale era un cinedo et grande imbriaco et iniusto et cosi el Populo se rebello contra esso"（*CGA*, 306v）被改为 "Finalmente l'assegnò al terzo: il quale essendo molto giovane, non prendeva vergogna di patire ciò che patono le femine, peril che il popolo, vergognandosi di servire a tal Signore, il volse uccidere"（*DAR*, 64v; Ram, 309）. 另见，上文注45: "le Fregatrice"（*CGA*, 175r）被改为较为文雅的 "nella voce latina fricatrices"（*DAR*, 39v; Ram, 192）。

[74] Ram, 266 (*DAR*, 55v); Ép, 309. 未见于 *CGA*, 257v。在拉姆西奥版中，该故事出现在一个章节的末尾；有可能抄写者在誊抄时漏掉了这一部分。"sirocchia" 是 "姐妹" 一词的旧体形式，但丁和薄伽丘均曾用过该词（Dictionary of the Accademia della Crusca）。

[75] 有关阿拉伯的传统，参见 'Abd al-Rahim al-Hawrani, *Kachf asrar al-muhtaline wa nawamis al-khayyaline* (Unveiling of the Ruses Woven by Women Who Spread Their Nets by Imagination and Its Codes), translated as *Les Ruses des femmes* by René R. Khawam (Paris: Phébus, 1994), "Un parangon de vertu," and "L'épouse

récalcitrante," 27-30, 43-45; "L'écuyer et la dame" in *Les cent en une nuits*, 144-45; and especially El-Shamy, *Folk Traditions*, 1:K1500-1599, "Deceptions connected with adultery," 2:11; 另见这些主题的进一步探讨：El-Shamy, *Types of the Folktale*。有关意大利的传统，参见 Giovanni Boccaccio, *The Decameron*, trans. John Payne (New York: Modern Library, 1931), 第七天的故事；Rotunda, *Motif-Index*, K1500-1599。

[76] El-Shamy, *Types of the Folktale*, K1877, Z0105. Mohammed Mrabet, *M'hashish*, ed. Paul Bowles (City Lights Books, 1976), "The Lane Break." Al-Jahiz, *Kitab al-Hayawan*, 3:11-12; Hasan El-Shamy, "A Motif Index of Alf Layla wa Layla and Its Relevance to the Study of Culture, Society and the Individual," *Journal of Arabic Literature* (即将出版). Deborah Kapchan, 给笔者的电子邮件，2004 年 9 月 14 日；Jamila Bargach, 给笔者的电子邮件，2004 年 10 月 2 日。在此感谢 Hasan El-Shamy, Hannah Davis Taïeb, Jamila Bargach 和 Deborah Kapchan 的帮助。

[77] Rotunda, *Motif-Index*, H451, K1858. Pietro Fortini, *Le giornate delle novella dei novizi*, ed. Adriana Mauriello, 2 vols. (Rome: Salerno Editrice, 1988), Third Day, tale 18, 1:321-36 ("sorella" on 334); First Day, tale 4, 1:85 ("fratello" for penis). 阿雷蒂诺为《姿势》所配的诗及其 *Ragionamento* 中，有大量关于男女性器官的俗称，但未见弗尔蒂尼在此所用到的两种。在此感谢 Andrea Baldi, Elizabeth Cohen 和 Sarah Matthews-Grieco 的帮助。

[78] Lagardère, *Histoire*, 3:99, 196, 285, 384, 387; 5:98, 336, 374. Sharzmiller, *Labour*, 352-57. Roded, ed., *Women*, 131-58（其中包括萨哈威传记辞典的相关信息及内容摘录）。约安拿·阿萨德在其《阿拉伯名人传》中引用到两部马格里布地区的传记辞典，作者分别为伊本·阿巴尔和马拉库什，其中都收录有女性人物传记（*VIA*, 48r-50r, *VIAHott*, 272-76; Victoria Aguilar, "Mujeres y Repertorios Biográficos," in María Luisa Ávila and Manuela Marín, eds., *Biografías y género biográfico en el occidente islámico* [Madrid: Consejo Superior de Investigaciones Científicas, 1997], 131）。Ibn Khaldun, *Muqaddimah*, 2:368-70. Amy Singer, *Constructing Ottoman Beneficence: An Imperial Soup Kitchen in Jerusalem* (Albany: State University Press of New York, 2002), chap. 3. Reynolds, ed., *Interpreting the Self*, 40; Benchekroun, *Vie*, 292. *AM*, 61v; *AMC*, 198; al-Maqqari, *History*, 1:44-45; Walther, *Women*, 144-48; Menocal et al., *Literature*, 308-10; Eric Ormsby, "Ibn Hazm," ibid., 238; Ormsby 指出，伊本·哈兹姆对于妇女能力的赞赏，在伊斯兰作者中属于极少数。

[79] *CGA*, 67r-69v, 70v-71r, 83r-85v, 106v-107v, 117r-118r, 137v, 231r. Ram, 96-97 ([*DAR*, 18r] 补充称民间信仰为 "巫术" 和 "迷信"), 108-10, 129-31, 140-41, 160, 241; Ép, 100-102, 104, 118-20, 144-45, 158-59, 182, 275. Ibn Khaldun, *Berbères*, 2:71-72; Abun-Nasr, *Maghrib*, 81. Jocelyne Dakhlia 的重要论文 "Jean-Léon et les femmes: Quand l'adultère fait l'histoire"，发表于学术会议 "非洲人利奥" (EHESS, 巴黎，2003 年 5 月 22—24 日；即将刊于 Pouillon and Zhiri, eds., *Léon l'Africain*)，该文尤其强调，在约安拿·阿萨德《非洲记》的印刷版中有将政治性别化的特点，对欧洲人观念中高度性别化的东方社会产生了长期的影响。我同意其政治叙事中存在不平衡，但我认为，在短期来看，其有关妇女和性的全部描述，对欧洲人既有观念中认为伊斯兰世

界性泛滥的成见反而有一定的限制作用。

[80] Christine de Pizan, *Le Livre de la Cité des Dames* in *La Città delle Dame*, ed. Patrizia Caraffi and Earl Jeffrey Richards (Milan: Luni Editrice, 1998); *The Boke of the Cyte of Ladyes*, trans. Brian Anslay (London: H. Pepwell, 1521). Cornelius Agrippa von Nettesheim, *De nobilitate et Praecellentia foeminei sexus*, 1st ed., 1509 (Antwerp: Michael Hillenius, 1529). Pompeo Colonna, *Apologiae Mulierum Libri Duo*, ed. Guglielmo Zappacosta in *Studi e ricerche sull'umanesimo italiano: Testi inediti del XV e XVI seculo* (Bergamo: Minerva Italica, 1972), 157-246. Roded, *Women*, 128-34. 关于《一千零一夜》的故事结构及山鲁佐德的成就，参见 Fedwa Malti-Douglas, *Woman's Body, Woman's Word. Gender and Discourse in Arabo-Islamic Writing* (Princeton, N.J.: Princeton University Press, 1991), chap. 1 的重要讨论。

[81] Castiglione, *Courtier*, bk. 3; Burke, *Fortunes*, 23, 27-28. 'Abd al-Rahim al-Hawrani, *Désirs de femme*, trans. René R. Khawam (Paris: Phébus, 1996), 尤见第 108—184 页，关于宫廷的辩论和胡拉最后的故事。

[82] Herzig, "Demons' Reaction," 54-61: 《鸮》的拉丁文版于 1523 年 5 月由 Hieronymus de Benedictis 在博洛尼亚出版，次年意大利文译本出版。Kaufmann, "Mantino," 40, 221-23. Margaret L. King, *Women of the Renaissance* (Chicago and London: University of Chicago Press, 1991), 194-200.

第八章　翻译、传述与距离

[1] *CGA*, 419v. Ram, 415; Ép, 519. 在伊斯兰法律中，对于女性割礼是否必要及其实施程度存有争议。《古兰经》中并未提到割礼，不论是男性还是女性。在两则据说是经先知认可的"圣训"中，提到了对女性进行有限度的割礼：其中一则可以推溯到阿伊莎（'A'isha），并经马立克引述，先知说，"当受过割礼的器官同另一个受过割礼的器官相触时，应当洗浴（*ghusl*）"；另一则源自 Umm 'Atiya al-Ansariyya 的"圣训"中，先知对麦地那的一位实施割礼手术的妇女说："不要全部切除，那会使女人更讨人喜欢、丈夫更高兴。"埃及的苏尤提主张有限的女性割礼，但并不做强制要求。尽管在法律上有广泛的讨论，但女性割礼仅在部分地区真正施行，其中（如约安拿·安萨尔所说）埃及是北非最重要的一个地区。参见 Jonathan Berkey, "Circumcision Circumscribed, Female Excision and Cultural Accommodation in the Medieval New East," *International Journal of Middle East Studies* 28 (1996), 19-38; Roded, *Women*, 97-98。

[2] *CGA*, 113v. Ram, 136; Ép, 151.

[3] *AM*, 56r-v, 58r, 59r; *AMC*, 188, 191-92. Wehr, 102; Tova Rosen, "The Muwashshaw," in Menocal et al., eds., *Literature*, 167.

[4] Umberto Eco, *Experiences in Translation*, trans. Alastair McEwen (Toronto: University of Toronto Press, 2001), 17-18, 92-94.

[5] Dict, 6b, 7a, 36a, 38b, 39a. *CGA*, 139v, 140v, 379r, 380r, 382r. Ram, 126-63, 376-77, 379; Ép, 184-85, 465-66, 468; Rauch, 268, 272, 280.

[6] Dict, 4a. 希伯来语的 Heh、Lamed 及拉丁语的 Deus 等词的笔迹明显异于曼蒂诺的希伯来文和拉丁文手迹。拉丁文"Deus"与 5b 之后（曼蒂诺手书的条目到此为止）的

拉丁文条目均出于同一人之手。(在此感谢 Moshe Sluhovsky 关于希伯来文条目的指导。) 关于与神名有关的信仰和实践，参见 Joshua Trachtenberg, *Jewish Magic and Supersition: A Study in Folk Religion* (New York: Atheneum, 1977), 90-97, 148-51。约安拿·阿萨德所写的文本中有 "rabb" 一词，意为 "主人"，也可以指上帝或神，以及 "神性" (rububiya) (Dict, 48b; Wehr, 370)。这些词均未经曼蒂诺注释，但多年后都有以西班牙文所补充的条目。

[7] Dict, 6a, 109b. A. J. Wensinck and L. Gardet, "*Iblis*," in *EI2*, 3:668-69. Trachtenberg, *Jewish Magic*, 15, 34-37, 56-57, 155. Moses Maimonides, *The Guide for the Perplexed*, trans. M. Friedländer (London: George Routledge, 1928), 2:30, 217; 3:32, 298-99. Gershom Scholem, *Origins of the Kaballah*, trans. Allan Arkush (Princeton, N.J.: Princeton University Press and Jewish Publication Society, 1990), 148-51. Raphael Patai, *On Jewish Folklore* (Detroit: Wayne State University Press, 1983), 51, 65. 曼蒂诺对迈蒙尼德的作品非常了解，1526 年将迈蒙尼德的《伦理学》(*Ethics*) 翻译为希伯来语出版 (见上文第二章，注 90)。

[8] Trachtenberg, *Jewish Magic*, 34-37, 101, 169, 227-28 n.33. Scholem, *Origins*, 235, 294-96. Patai, *Jewish Folklore*, 49-50.

[9] Dict, 6a. 虽然《古兰经》将 *Iblis* 描述为堕落天使，但在伊斯兰教中仍有争论认为这是一位神灵，或同时具有两种属性 (*EI2*, 3:668-69)。Qur'an, 2:34-36, 7:11-18, 15:26-44, 17:61-65, 38:71-85. QAn, Sura "Vacca," 7b, verse numbers cut off; Sura "De Divisionibus," 146b-148a, verses 10-17; Sura "De Lapidibus," 242v-244a, verses 26-44; Sura "De Insomnio," 268a-b, verses 63-67; Sura "De Davide," 457a-b, verses 67-68. 为埃吉迪奥·达·维泰尔博翻译《古兰经》的约安尼斯·加布里埃尔在大多数地方使用了 "diabolus" 一词，在 "De Lapidibus" 一章用了 "daemon" 一词；约安拿·阿萨德对其译名均未作修改。"Midrash of Shemhazai and Azael," translation from *Midrash Bereshit Rabbati*, ed. H. Albeck (Jerusalem: Mekitze Nirdamim, 1940), 29-31, in www.uncc.edu/jcreeves/bereshit_rabbati_29-31.htm. 在此非常感谢 Yossi Chajes 使我注意到这一参考引述，以及拉比们关于 "路西法" 的传统。

[10] Dict, 4a, 6a, 7a, 12b, 29b, 30a, 41b, 80b, 87a, 88b.

[11] Dict, 6a, 10b, 80b, 87a. Harvey, ed. and trans., "Crypto-Islam," 168, art. 4. 关于 "天课" 和 "伊赫桑"，参见 Michael Bonner, Mine Ener, and Amy Singer, eds., *Poverty and Charity in Middle Eastern Contexts* (Albany: State University of New York Press, 2003), especially 1, 276-80.

[12] EpiP, 1r. Harvey, ed. and trans., "Crypto-Islam," 169, arts. 16-17.

[13] CEI, 167-68. Corbin, *Philosophie islamique*, 258, 358, 404-7, 424. William C. Chittick, *Imaginal Worlds: Ibn al-'Arabi and the Problem of Religious Diversity* (Albany: State University of New York Press, 1994), chap. 9, especially 145-46.

[14] VIA, 43r (收录了一首安萨里阿拉伯语诗歌的翻译，但为阿拉伯文所留的页面却是空白); VIAHott, 264 (仅有阿拉伯译文的第一个词). Al-Ghazali, *Deliverance*, 91; 另见 *Le chemin assuré des dévots vers le Paradis (Minhaj al-'abidin ila al-jannah)*, ed. Yahya Cheikh, trans. Miguel Asin Palacios (Beirut: Éditions Al-Bouraq, 2000), 21-22.

[15] Th. W. Juynboll, "*Hadith,*" *EI1*, 2:189-94. Abdelfattah Kilito, *L'auteur et ses doubles: Essai sur la culture arabe classique* (Paris: Éditions du Seuil, 1985), chap. 4. Lucette Valensi, "Le jardin de l'Académie ou comment se forme une école de pensée," in *Modes de transmission de la culture religieuse en Islam*, ed. Hassan Elboudrari (Cairo: Institut Français d'Archéologie Orientale du Caire, 1992), 45-48. Wael B. Hallaq, *Authority, Continuity and Change in Islamic Law* (Cambridge: Cambridge University Press, 2001), 7-8, 23, 76 and chap. 6. Reynolds, ed., *Interpreting the Self*, 3-4, 37-38, 41-43. Robinson, *Islamic Historiography*, 15-16, 36, 38, 83-102. Jonathan Berkey, *The Transmission of Knowledge in Medieval Cairo* (Princeton, N.J.: Princeton University Press, 1992), 157-59. Ibn Khaldun, *Muqaddimah*, 1:6-14, 3:481; *Voyage*, 21, 45-71. Al-Azmeh, *Ibn Khaldun*, 107-19. Cheddadi, "Introduction" to Ibn Khaldun, *Livre des Exemples*, xxiii-xxxv.

[16] *CGA*, 142r-v. Ram, 164; Ép, 186-87.

[17] *CGA*, 1v ("appresso de li nostri doctori et cosmographi, Affrica e divisa in 4 parti"), 2v ("secundo li nostri cosmographi"), 3r("apresso li nostri cosmographi"). Ram, 20-21; Ép, 4-5.

[18] Ibn Khallikan, *Biographical Dictionary*, 1:90-91. Gerhard Wedel, "Lebensweg, Wissen und Wissensvermittlung. Arabische Biographik im 13. Jahrhundert," paper presented to the session on "Selbstzeugnisse in transkultureller Perspektive," Deutscher Historikertag, Aachen, 29 September 2000.

[19] *VIA*, 37r, 43r, 44v, 52r, 63r. *VIAHott*, 256, 264, 267, 279, 283-84. 关于曾受到伊本·赫勒敦赞赏的伊本·卡提布的通信，以及其手抄本，参见 Ibn Khaldun, *Voyage*, 104-11, 120-29 及 Benchekroun, *Vie*, 271, 275 n.8。

[20] *CGA*, 43v: "Ma per essere necessario ad ciascuna persona che compone narrare le cose como sono" ; 147r-v: "El prefato compositore fu per ascondere alcuna cosa o per dire cose piu o mino et non dire tal mancamento o vergogna de la cipta dove el fu allevato et nutrito, Ma per essere obligato de dire la verita per ogni cuncto et come e il dovere che ciascuna persona debia fare." Cf. Ram, 66 (*DAR*, 11v): "ma faccia appresso tutti mia scusa *l'officio dell'historico*, il quale è tenuto à dire senza rispetto la verità delle cose, et non à compiacere al desiderio di niuno: di maniera che io sono necessariamente costretto à scriver quello che io scrivo, non volendo io in niuna parte allontanarmi dal vero et lasciando gli ornamenti delle parole et l'artificio da parte" (斜体为作者所加); Ram, 169 (*DAR*, 34r): "io certamente se la legge, alla quale *é astretto l'historico*, non m'havesse sospinto a dir la verità, volentieri harei trapassa questa parte con silentio per tacere il biasimo della città, nella qual sono allevato et cresciuto" (斜体为作者所加); Ép, 65, 191 (同拉姆西奥)。

[21] *CGA*, 4r ("li Cosmographi et Hystoriographi"), 8v ("Cronechista d'Affrica"), 18v, 62v, 156r. Ram, 22 ([*DAR*, 1v] 略去了 "Hystoriographi"), 27 ([*DAR*, 2v] 略去此语), 39, 87 ([*DAR*, 16r] 略去《史略》的整个书名), 176; Ép, 7 (略去 "历史学家"), 15, 34, 92, 199. *VIA*, 32v, 35r, 36r, 39v, 43v, 48r, 49v, 62v; *VIAHott*, 248, 253-54, 259, 265,

272, 275, 283. Robinson, *Islamic Historiography*, xii-xiii, 6, 55, 143-55. Ibn Khaldun, *Muqaddimah*, 1:15-65.

[22] 例如, *CGA*, 5r, 19r, 21r, 23v, 25v, 28r, 31r, 34r, 36v, 43r, 44r, 142r, 144r, 177r, 184r, 191v, 402r, 407r, 416v, 432r, 433r, 448v, 449v, 454r, 455r-v, 459r, 461r, 464r, 464v. "Auctori": 7r, 28r (用以指其他人、古代的历史作者, 在同一句中, 他自称 "ipso compositore")。 Battisti and Alessio, *Dizionario*, 1038-39; Manlio Cortelazzo and Paolo Zolli, *Dizionario etimologico della lingua italiana*, 5 vols. (Bologna: Zanichelli, 1979-88), 1:261-62. Dict, 74a: "mu'allif"; Wehr, 29. Robinson, *Islamic Historiography*, 94. Michael Cooperson, 给作者的信, 2001 年 9 月 17 日；在此感谢 Cooperson 教授的帮助)。

[23] *VIA*, 33v, 37r, 43r, 44v, 52r, 63r; *VIAHott*, 250, 256, 264, 267, 279, 283. Reynolds, ed., *Interpreting the Self*, 42, 294. Dict, 16b, "turjuman"; Wehr, 112.

[24] *CGA*, 43v. 其他少数类似的例子如 48v, 关于哈赫地区的一个山区城镇, "nel tempo qui io fui in quelle Paese..."《名人传》中仅有一例: 在巴格达的基督教雅各派信徒 Ibn Telmid 的传记中, 约安拿·阿萨德写道, "我相信他的著作已被译成了拉丁文" (*VIA*, 34r; *VIAHott*, 251)。

[25] 使用第一人称的例子有: al-Ghazali, *Deliverance*, trans. Watt, 19-30, *Deliverance*, trans. Abulaylah, 61-74; Al-Muqaddasi, *Best Divisions*, 4-8, 44-47; Ibn Khaldun, *Voyage*, 1, 72-73, 117, 132; Ibn Battuta, *Voyages*, 1:79-84, 2:83。关于马苏迪, 见 Touati, *Islam et voyage*, 145。哈拉维在其《朝圣地指南》(*Kitab az-Ziyarat*) 中一直使用 "我" 自称, 有时则用第三人称结合自己的名字, 如 "本书作者哈拉维说" (*Guide des lieux de pèlerinage*, trans. Janine Sourdel-Thomine [Damascus: Institut Français de Damas, 1957], 3, 113, 225)。Robinson, *Islamic Historiography*, 96, 100. Reynolds, ed., *Interpreting the Self*, 42-45, 79-83, 180-86; 在所例举的 10 种写于 911/1505 年之前的自传作品中, 仅有 Abu Shama (逝于 666/1268) 使用了第三人称。在 16 世纪末一位未具姓名的奥斯曼作者用土耳其语所著的《新消息: 西方印度史》(*Tarih-I Hind-i garbi*) 一书中, 序言中用 "我" 自称, 然后在正文中改用 "谦卑的作者" (Goodrich, *Ottoman Turks*, 71-75, 83, 97, 145)。Dict, 4a, "ana," "ani," "ego." Malek Chebel, *Le Sujet en Islam* (Paris: Éditions du Seuil, 2002), 32-33.

[26] Spandugino, *Petit Traicté*, 1-4. Hernando Cortés, *Praeclara Ferdinandi Cortesii de Nova Maris Oceani Hyspania Narratio*, trans. Petrus Savorgnanus (Nuremberg: Fridericus Peypus, 1524), 1r, 12r; *La preclara narratione della Nuova Hispagna*, trans. N. Liburnio (Venice: Bernardino Vercellese, 1524).《第二封信》(*Second Letter*) 的首个西班牙语版于 1522 年出版于塞维利亚；在封面上, 科尔特斯被称为 "el capitan general", 但正文中使用的是第一人称 (Anthony Pagden, "Translator's Introduction" to Cortés, *Letters from Mexico* [New Haven and London: Yale University Press, 1986], lviii, 49)。Michel de Certeau, "Montaigne's 'Of Cannibals': The Savage 'I,'" in *Heterologies: Discourse on the Other*, trans. Brian Massumi (Minneapolis: University of Minnesota Press, 1986), 68-74; Anthony Pagden, "*Ius et Factum*: Text and Experience in the Writings of Bartolomé de Las Casas," in Stephen Greenblatt, ed., *New World Encounters* (Berkeley and Los Angeles: University of California Press, 1993), 88. 1550

年,乔尔乔·瓦萨里(Giorgio Vasari)所著意大利建筑师、画家和雕塑家们的《名人传》(*Vite*)在佛罗伦萨首次出版,当他在写到其他艺术家的故事时,便以第三人称自称(例如其所写关于米开朗基罗和萨尔托 [Andre del Sarto] 的传记, *Lives of the Artists. A Selection*, trans. E. L. Seeley [New York: Noonday Press, 1958], 304)。

[27] 例如,注22中所举使用"编者"的地方,被拉姆西奥一律改为"io"或使用第一人称动词形式。Ram, 23, 39, 42, 44, 47, 50, 53, 56, 59, 66, 67, 164, 166, 193, 199, 204, 399, 404, 413(删去句子), 429, 445, 446, 450, 455, 460。以下是一些较为完整的例子:*CGA*, 5r: "Anchi ipso compositore dice esser stato in 15 Regni de terra negrasca." *DAR*, 2r (Ram, 23): "Nè voglio tacer d'esser stato in quindici regni di terra negra." *CGA*, 142r: "Dice il compositore havere audire da molti soi Maestri." *DAR*, 33r (Ram, 164): "io ho udito dir da molti maestri." *CGA*, 402r-v: "in la qual cipta ipso compositore dice esser stato quando Silim gran Turcho passo per essa cipta." *DAR*, 82v (Ram, 399): "Io fui in questa città nel tempo, che Selim gran Turcho passà per lei." *CGA*, 448v-449r: "ipso compositore dice havere vista una coda de uno de dicti castroni." *DAR*, 92v (Ram, 445): "Io viddi una coda di questi castroni." 埃帕拉尔沿用了拉姆西奥的做法。一百年后,霍廷格在编辑出版《名人传》时,保留了"译者"的用法,在注释中(错误地)说明此乃阿拉伯人写作的传统。*VIAHott*, 264 note a.

[28] *CGA*, 401r: "Alexandro magno el quale fu propheta et Re secondo la pazia di Mucametto nel corano." Ram, 398 ([*DAR*, 82v]"据《古兰经》所言,亚历山大大帝是伟大的先知和君王"["Alessandro Magno, gran propheta et Re, si come essi leggono nell'Alcorano"])。Ép, 498,沿用 *CGA*,而不同于 Ram。一方面,拉姆西奥照理应该会在书中保留敌视伊斯兰教的语句;但另一方面,拉姆西奥可能查阅过1543年巴塞尔出版的拉丁文版《古兰经》或1547年他本人所在的威尼斯出版的意大利文版《古兰经》,看到"亚历山大"出现在歌革和玛各的故事中(*L'Alcorano di Macometto*, 61r-v)。由于不清楚亚历山大的地位在伊斯兰教内部存在的争议而未能理解约安拿·阿萨德的原意,他可能便就此删去了"不明智的见解"这一说法。另一种可能是约安拿·阿萨德经过重新考虑,在另一部手抄本中将这段文字做了删节。Harvey, ed. and trans., "Crypto-Islam," 169, art. 15. 关于"塔基亚"可被承认的限度,见Stewart, "*Taqiyyah*," in Stewart et al., *Law*, 35。

[29] *CGA*, 398v. Ram, 395 ([*DAR*, 82r]"con colorita mezogna")。Ép, 495.

[30] *CGA*, 401r.

[31] Rhuvon Guest, "Al-Iskandar," *EI1*, 2:534; Andreas Schmidt-Colinet, "Das Grab Alexanders d. Gr. in Memphis?" in M. Bridges and J. C. Bürgel, eds., *The Problematics of Power: Eastern and Western Representations of Alexander the Great* (Berne: Peter Lang, 1996), 87-90: 认为亚历山大的遗体在迁往亚历山大里亚之前曾停灵于孟菲斯。Al-Mas ͨudi, *Prairies*, chap. 25, para. 679, 2:24-559. Al-Harawi, *Guide*, 112. Doris Behrens-Abouseif, "Notes sur l'architecture musulmane d'Alexandrie," in Christian Décobert and Jean-Yves Empereur, eds., *Alexandrie médiévale 1* (Cairo: Institut Français d'Archéologie Orientale, 1998), 101. 在伊本·豪盖勒、穆卡达西、伊本·朱巴伊尔或伊本·白图泰等关于亚历山大里亚的记载中,均未提及亚历山大的陵墓。在20世纪,E. M.

Forster 称先知达尼尔（Daniel）的清真寺乃建于亚历山大的陵墓之上（*Alexandria: A History and a Guide* [初版于 1922 年；London: Michael Haag, 1982], 86）。

[32] *CGA*, 206r（"una scriptura de verbis Mucametti"）. Ram, 217-18 ([*DAR*, 45r]"il Libro delle parole di Mahumetto"); Ép, 246. Abun-Nasr, *Maghrib*, 51.

[33] *CGA*, 395r-v. Ram, 392; Ép, 491. 关于希沙姆·伊本·卡尔比，参见 *The Book of Idols*, trans. Nabih Amin Faris (Princeton, N.J.: Princeton University Press, 1952), vii-xii; *Les Idoles de Hicham Ibn al-Kalbi*, trans. Wahib Atallah (Paris: Librairie C. Klincksieck, 1969), xix-xxviii; 及 al-Nadim, *Fihrist*, 1:205-13. 约安拿·阿萨德所引文字为已散佚的诸多伊本·卡尔比作品之一。Al-Tabari, *History*, 2:50, 109-10.

[34] "Al-Iskandar," in *EI1*, 2:533-34. "Iskandar Nama," in *EI2*, 4:127-29. 关于进入伊斯兰传统的一系列古典文献，可见于 Ernest A. W. Budge, ed. and trans., *The History of Alexander the Great, Being the Syriac Version of the Pseudo-Callisthenes* (Cambridge: Cambridge University Press, 1889), 尤其第 176—200 页，及 *The Life and Exploits of Alexander the Great, Being a Series of Ethiopic Texts*, 2 vols. (repr., 1896; New York and London: Benjamin Blom, 1968). Charles Genequand, "Sagesse et pouvoir: Alexandre en Islam," in Bridges and Bürgel, eds., *Problematics*, 126-33; Caroline Sawyer, "Sword of Conquest, Dove of the Soul: Political and Spiritual Values in Ahmadi's *Iskandarnama*," ibid., especially 144-45; Claude-Claire Kappler, "Alexandre dans le *Shah Nama* de Firdousi: De la conquête du monde à la découverte de soi," ibid., 165-73.

[35] 关于伊斯坎达尔是否就是左勒盖尔奈英的争论，参见"Al-Iskandar," in *EI1*, 2:534; Abel, "Dhu'l Qarnayn," 5-16; Genequand, "Sagesse et pouvoir" in Bridges and Bürgel, eds., *Problematics*, 130; François de Polignac, "Cosmocrator: L'Islam et la légende antique du souverain universel," ibid., 150; Faustina Doufikar-Aerts, "Alexander the Great and the Pharos of Alexandria in Arabic Literature," ibid., 191-97. Ibn Khaldun, *Muqaddimah*, 1:163: "在第九区的中部，是亚历山大所建造的高墙，……关于它的正确内容可见于《古兰经》。" Al-Masʿudi, *Prairies*, chap. 25, para. 671, 2:251: 写到不认为伊斯坎达尔与左勒盖尔奈英乃同一人的观点。Al-Idrisi, *Première géographie*, 98-99, clime 2, pt. 1.

[36] Al-Tabari, *History*, 2:107-9; Polignac, "Cosmocrator," in Bridges and Bürgel, eds., *Problematics*, 153-56, 162; Robert Hillenbrand, "The Iskandar Cycle in the Great Mongol *Shahnama*," ibid., 204-5; Hillenbrand 称伊斯坎达尔的地位"模糊"。

[37] 转引自 Abel, "Dhu'l Qarnayn," 15-16。

[38] *VIA*, 33r-v; *VIAHott*, 250. Corbin, *Philosophie islamique*, 160, 170-71; *EI2*, 7:788.

[39] Berque, "Koranic Text," in Atiyeh, ed., *Book*, 17-29. 原文载 Peters, *Judaism, Christianity and Islam*, 2:29-57 (56: 先知所言引自 Baghawi, *Mishkat al-Masabih*, 8.3.1). *CEI*, 228-41, 324-25 ("Qira'ah"). Abu Jaʿfar Muhammad ibn Jarir al-Tabari, *The Commentary on the Qur'an. Being an abridged translation of Jami 'al-bayan 'an ta'wil ay al-Qur'an*, trans. J. Cooper (Oxford: Oxford University Press, 1987), xxi-xxiii, 16, 25-31. Ibn Khaldun, *Muqaddimah*, 2:439-43.

[40] Arberry, 1:73. QAn, Sura "Imrana," 49a, verse 6. Jane Dammen McAuliffe, Barry

D. Walfish, and Joseph W. Goering, eds., *With Reverence for the Word: Medieval Scriptural Exegesis in Judaism, Christianity, and Islam* (Oxford: Oxford University Press, 2003), especially chap. 20, Jane Dammen McAuliffe, "An Introduction to Medieval Interpretation of the Qur'an," and chap. 27, Stefen Wild, "The Self-Referentiality of the Qur'an. Sura 3:7 as an Exegetical Challenge."

[41] Imam al-Haramayn al-Juwayni (逝于 478/1085), *The Noble Healing*, 引自 Peters, *Judaism, Christianity and Islam*, 1:33-37. Muhammad Murtada al-Kashi (逝 于 约 911/1505), *The Pure in the Interpretation of the Qur'an*, quoted ibid., 1:57-59. Goldman, *Life and Times*, 62. Ibn Hazm, "On the Inconsistencies of the Four Gospels," excerpted from *Al-Fasl fi al-milal*, trans. Thomas E. Burman, in Olivia Remie Constable, ed., *Medieval Iberia. Readings from Christian, Muslim, and Jewish Sources* (Philadelphia: University of Pennsylvania Press, 1997), 81-83. *CGA*, 185r, 418v. Ram, 200, 415; Ép, 225, 518. 关于什叶派对《古兰经》的评注，见 Cooper, "Translator's Introduction" to al-Tabari, *Commentary*, xxvii-xxviii。

[42] James A. Bellamy, "Some Proposed Emendations to the Text of the Koran," in Ibn Warraq, ed., *What the Koran Really Says: Language, Text, and Commentary* (Amherst, N.Y.: Prometheus Books, 2002), 489-90, 511 n.4. 其他评注者对个别字词进行修订的例子，可见 J. Barth, "Studies Contributing to Criticism and Exegesis of the Koran," trans. G. A. Wells, ibid., 400, 427, 429. Andrew Rippin, "The Designation of 'Foreign' Languages in the Exegesis of the Qur'an," in McAuliffe et al., eds., *With Reverence*, chap. 28.

[43] Egidio da Viterbo, *Scechina e Libellus de Litteris Hebraicis*, ed. François Secret, 2 vols. (Rome: Centro Internazionale di Studi Umanistici, 1959), 2:166. Valeriano, *Hieroglyphiques*, 作为世界征服者：189b, 236d-237a, 657d; 321b (亚历山大里亚的预言); 420d (正义); 41d and 64c (力量); 401a (被认为能够带来好运的图像); 440c (性控制)。

[44] George Carey, *The Medieval Alexander*, ed. D.J.A. Ross (Cambridge: Cambridge University Press, 1956), 67, 260-72, 343: (Domenico Falugi, *Triompho magno nel qual si contiene le famose guerra d'Alexandro magno* [Rome: Marcello Silber, 1521]). Joachim Storost, *Studien zur Alexandersage in der älteren italienischen Literatur* (Halle: Max Niemeyer Verlag, 1935), 256-70. Niccolò Machiavelli, *The Art of War*, ed. Neal Wood, trans. Ellis Farneworth (New York: Bobbs-Merrill Co., 1965), 107, 128, 179, 193, 206, 211 (*Libro della arte della guerra* [Florence: Heirs Giunta, 1521]). Castiglione, *Courtier*, 1:18, 35; 1:43, 68; 1:45, 72-73, 75; 1:52, 81; 2:67, 166; 3:35, 239-40. Florens Deuchler, "Heldenkult im Mittelalter: Alexander der Grosse," in Bridges and Bürgel, eds., *Problematics*, 16-26.

[45] "Alexander in Jerusalem," from *Josippon* in Micha Joseph Bin Gorin, *Mimekor Yisrael: Classical Jewish Folktales*, ed. Emanuel Bin Gorion and Dan Ben-Amos, trans. I. M. Lask (Bloomington and Indianapolis: Indiana University Press, 1990), 89-93.

[46] Martin, "Giles," in *Egidio da Viterbo*, 205-15; Weil, *Lévita*, 301-22; Levita, *Massoreth*,

86-96. Crawford Howell Toy and Caspar Levias, "Masorah," JewishEncyclopedia.com.

[47] Martin, "Giles," in *Egidio da Viterbo*, 205, 219. Roland H. Bainton, *Erasmus of Christendom* (New York: Charles Scribner's Sons, 1969), 133-40. 1505 年，伊拉斯谟本为洛伦佐·瓦拉（Lorenzo Valla）的 *Adnotationes in Novum Testamentum* 一书所写的序言中，呼吁改进《新约》的翻译（Charles Trinkaus, *"In Our Image and Likeness": Humanity and Divinity in Italian Humanist Thought* [London: Constable, 1970], 572-73）。

[48] Ernesto Utrillas Valero, "Los Mudéjares Turolenses: Los Primeros Cristianos Nuevos de la Corona de Aragón," in *Actas del VIII Simposio Internacional de Mudejarismo*, 820, 823.

[49] QAn 的完整书名为 Alchoranus Arabico Latinus Transcriptus, 米兰安布罗斯图书馆 MS D100 inf, 1a-2b: 1621。拉丁文序言的作者为苏格兰人 David Colville, 他在序言中叙述了手抄本由埃斯科里亚尔抄录而来，介绍了埃吉迪奥·达·维泰尔博、"特鲁埃尔的约安尼斯·加布里埃尔"（Iohannes Gabriel Terrolensis）和"格兰纳达的约安尼斯·利奥"（Iohannes Leo Granatinus）三人与手抄本的关系；重印于 Löfgren and Traini, *Arabic Manuscripts*, 1:41-43。关于此手抄本，参见 Bobzin, *Koran*, 84-88，尤其另见 Thomas Burman, "Cambridge University Library MS Mm.v.26," in Thomas Burman, Mark D. Meyerson, and Leah Shopkow, eds., *Religion, Text, and Society in Medieval Spain and Northern Europe: Essays in Honor of J. N. Hillgarth* (Toronto: Pontifical Institute of Mediaeval Studies, 2002), 335-63。Burman 还发现了这部《古兰经》抄本和译本的另一部更早的手抄本，并评论了其所体现的中世纪晚期文本处理的方式。他对这些文本的详尽讨论，见 *Reading the Qur'an in Latin Christendom, 1140-1560* (Philadelphia: University of Pennsylvania Press, 即将出版）。

[50] Thomas Burman, "Polemic, Philology, and Ambivalence: Reading the Qur'an in Latin Christendom," *Journal of Islamic Studies* 15, no. 2 (2004): 181-209, 及 Burman 即将出版的重要研究成果 *Reading the Qur'an*。

[51] QAn, David Colville 所撰导言页，其中直接引述了"格兰纳达的约安尼斯·利奥"所写的题记；Löfgren and Traini, *Arabic Manuscripts*, 1:43。

[52] Burman, "MS Mm.v.26," 344. 对诗篇的数字编目已出现于埃吉迪奥的这部《古兰经》抄本中，时间为 16 世纪初。Al-Tabari, *Commentary*, 1:37-38: 分析了一则源于阿伊莎的"圣训"，"先知从不评论任何出自《古兰经》之事，除非诗篇带有数字"，塔巴里称："这无疑是带数字编目的诗篇"。但是，在《古兰经》中加入确切的数字编目要到晚近以后才出现（Guesdon and Vernay-Nouri, eds., *Art du livre*, 60-75; Khatibi and Sijelmassi, *Islamic Calligraphy*, 118）。《圣经》的章节编目是由新教徒 Robert Estienne 在其 1551 年出版的希腊文版《新约》和 1552 年的法文版《新约》中首次引入的，两书都在日内瓦印刷出版（Elizabeth Armstrong, *Robert Estienne Royal Printer* [Cambridge: Cambridge University Press, 1954], 226, 228）。

[53] QAn, opening Sura, 1a; Bobzin, *Koran*, 88. 在对安布罗斯图书馆藏手抄本的评论中，Thomas Burman 注意到"简单的拉丁文释义"频繁出现，"显然是为了使其更加便于阅读，或是为了更加忠实于阿拉伯文的原意，或是二者兼而有之"（Burman, "MS Mm.v.26," 353-54）。QAn 中各章的编目不同于今天通行的体系：例如，QAn 的《开

端章》并未标记标题或数字,而《古兰经》的第 2 章 "黄牛章" 则在 QAn 中标记为第 1 章。因此,本书在引用 QAn 时,给出了 QAn 中章的标题、页码以及节的目次。今天通行的章节目次在方括号标明。

[54] QAn, Sura "Vacca," 4b, verse number hidden; 21a, verse 133 [for 2:22, 135]. Sura "De Apibus," 248a, verses 1, 3; 250a, verse 27; 250b, verse 35 [for 16:1, 3, 27, 35]. Sura "De Gentibus," 314b, verse 17; 316a, verses 24, 29 [for 22:17, 26, 31]. Burman, "MS Mm.v.26," 351-52; Bobzin, *Koran*, 87-88. Al-Tabari, *Commentary*, 76-78, 165-67. 再有一例,对应《古兰经》108:1,译者对 "kawthar"(多福)一词完全未予翻译,仅将真主对穆罕默德的话翻译为 "我确已赐你 *alcauthar*",约安拿·阿萨德再次引用伊斯兰教的某一评注解释道,此处的 "多福" 是指 "天堂的一条河流"(QAn, Sura "De alcautar," 608a); Walid Saleh, *The Formation of the Classical "Tafsir" Tradition. The Qur'an Commentary of al-Thalʿabi (d. 427/1035)* (Leiden and Boston: E. J. Brill, 2004), 119-24。

[55] QAn, Sura "De Antro," 282b-284a, especially verse 76 [for 18:84]. Budge, *Life*, 2:14-26, 344, 347; Carey, *Medieval Alexander*, 110-16, 290-91; Deuchler, "Heldenkult," in Bridge and Bürgel, *Problematics*, 23; Polignac, "Cosmocrator," ibid., 149-51; Kappler, "Alexandre," ibid., 165.

[56] Arberry, 1:82. QAn, Sura "Imrana," 53a (comments on verses 58-59 [for 3:59-61]); 57a, verse 58 [for 3:59].

[57] QAn, Sura "De Apibus, 258b, verse 106 [for 16:106]. *Machumetis Saracenorum principis, Eiusque Successorum Vitae, ac Doctrina, Ipsique Alcoran*, ed. Theodor Bibliander, 3 vols. (Basel: Johann Oporinus, 1543), 1:90, 97. Bobzin, *Koran*, 232, 232 n.466.

[58] Andrés, *Confusione*, 5r-v, 64r-v. Bobzin, "Juan Andrés," 537-48; Bobzin, *Koran*, 345. 见上文第六章。

[59] *CGA*, 433r. Ram, 429; Ép, 538.

第九章 返乡的归途

[1] *CGA*, 43v-44r, 432v-433r. Ram, 66-67, 429; Ép, 65-66, 538.

[2] 有关概述,参见 Judith Hook, *The Sack of Rome, 1527*, 2nd ed. (London: Palgrave MacMillan, 2004), and Denis Crouzet, *Charles de Bourbon, Connétable de France* (Paris: Fayard, 2003), chap. 5. Cellini, *Autobiography*, 59-69; *Vita*, 1:34-39, 127-51. Luigi Guicciardini, *The Sack of Rome*, trans. James H. McGregor (New York: Italica Press, 1993), especially 83-116; "近代教会的一切圣礼都受到了鄙视和中伤,仿佛城市陷落于土耳其人或摩尔人或其他野蛮异端的仇敌之手"(115)。Gouwens, *Remembering the Renaissance*, xvii-xix, 184 (Latin oration of Pietro Alciono).

[3] Guicciardini, *Sack*, 92-93. Hook, *Sack*, 61, 112, 136, 177, 182-83, 208. Emanuele Mattaliano, "L'autonomia del territorio di Carpi dagli inizi al passaggio sotto il dominio Estense," in *Società*, 393. Sanuto, *Diarii*, 44:545; 45:177, 210, 227. Weil, *Lévita*, 107. 虽然有文献记载埃吉迪奥·达·维泰尔博的藏书 "毁于" 浩劫之中,但在他 1532 年去世时,枢机主教 Niccolò Ridolfi 从其藏中获得了 809 部手抄本(Roberto Ridolfi, "La Biblioteca del cardinale Niccolò Ridolfi, 1501-1550," *Bibliofilia* 31 [1929]: 176-77)。埃吉

迪奥的部分藏书可能保留在维泰尔博，或者有可能在罗马被暴徒们洗劫的也只是部分藏书。

[4]　Weil, *Lévita*, 107-8. Levita, *Massoreth*, 100.

[5]　Weil, *Lévita*, 110. Sanuto, *Diarii*, 45:364, 383, 408, 551. Secret, *Kabbalistes*, 117. Egidio da Viterbo, *Scechina*, 1:104-6.

[6]　Sanuto, *Diarii*, 46:135. *Alberti Pii Carporum Comitis ad Erasmi expostulationem responsio* (Paris: Josse Badius, 1529). *Alberti Pii Carporum Comitis ... tres et viginti Libri in locos lucubrationum variarum D. Erasmi Rhoterdami* (Paris: Josse Badius, 1531). 另有一部 1531 年的版本，由 Luc-Antonio Giunta 的后代印刷于威尼斯。Albondo Biondi,"Alberto Pio nella pubblicistica del suo Tempo," in *Società*, 124-25.

[7]　*Alcorano*, 22v-23r. Secret 也认为此说所指的应该就是"利奥·阿非利加努斯"，错将犹太人 Michael ben Sabthai（又称泽玛托）与瓦桑混淆了（Secret, *Kabbalistes*, 109, 126 n.89; F. Secret,"Guillaume Postel et les études arabes à la Renaissance,"*Arabica*, 9 [1962]: 23 n.5）。此《古兰经》版本，见上文第二章注 71。

[8]　Widmanstadt, *Liber Sacrosancti Evangelii*, a*** 4a-4b.

[9]　Valeriano, *Hieroglyphiques*, 308-10. Book 25, 开篇即为鸵鸟和蝙蝠的故事，题献致 Thomas Milario of Belluno, Belluno 为瓦雷里亚诺的家乡；瓦桑里亚诺回忆了 1529—1530 年教皇克莱芒在博洛尼亚为查理五世举办的加冕典礼，Milario 当时就在现场。

[10]　Ibid., 310-12.

[11]　Sanuto, *Diarii*, 26:195（不过瓦桑被错认为特莱姆森苏丹的使臣）；1526 年 10 月至 1527 年 1 月间，威尼斯与君士坦丁堡之间互派使臣的记录，载 43:39-40, 44-45, 51-52, 67, 81, 101, 125, 132, 134, 150, 299, 322, 472, 596, 599, 687, 719, 725。Jacob Ziegler to Wilibald Pirckheimer, 3 calends February 1530, in Rauch, 457.

[12]　Robert Ricard,"Moulay Ibrahim, Caïd de Chechaouen (circa 1490-1539)," in *Études*, 261-80. Luiz de Sousa, *Les Portugais et l'Afrique du Nord de 1521 à 1557*, trans. Robert Ricard (Lisbon: Livraria Portugália and Paris: Société d'Éditions "Les Belles Lettres," 1940), 44-45. Abun-Nasr, *Maghrib*, 208-9; Cornell, *Realm*, 243-44. *CGA*, 235r. Ram, 246; Ép, 281.

[13]　"Les Relations du martyre d'André de Spolète," in *SIHME*, 1:6-40. 这一记录并未提及哈桑·瓦桑，在 1533 年前往菲斯拜见苏丹和大宰相的法国探险队也未在报告中提及（*SIHMF*, 1:1-46）。

[14]　Abun-Nasr, *Maghrib*, 210-13; García-Arenal,"Sainteté," 1021-24; Cornell, *Realm*, 255-63. 伽兹瓦尼逝于 935/1528—1529 年，但贾祖里派的传统在南部保持着广泛的影响，基本上一直支持萨迪王朝。

[15]　*Libro Sacrosancti Evangelii*, 约翰·魏德曼斯塔特致斐迪南皇帝的题献词，a***4b。

[16]　*CGA*, 178r-v, 306v, 320r-327v. Ram, 194-95, 309, 321-26; Ép, 219, 366, 381-88.

[17]　Giovio, *Elogia virorum bellica virtute*, 313-15; *Gli Elogi Vite ... d'Huomini Illustri di Guerra*, 404-6; *La Seconda Parte dell'Historie del suo tempo*, trans. Lodovico Domenichi (Venice: Bartolomeo Cesano, 1554), bk. 34, 371r-v. Matteo Bandello, *Le Novelle*, ed. Delmo Maestri, 4 vols. (Alessandria: Edizioni dell'Orso, 1995), vol. 4,"La Quarta Parte

de le Novelle," novella 4, 39. Deswarte-Rosa, "Expédition," in Bennassar and Sauzet, eds., *Chrétiens*, 126. Abun-Nasr, *Maghrib*, 150-51, 168-69; Julien, *Histoire*, 2:256-57.

[18] Amar, ed. and trans., *Consultations juridiques*, 394-95; Lagardère, *Histoire*, 102, no. 155.

[19] Farhat Dachraoui, "À propos de la réalité culturelle des Morisques en Tunisie," in Haddad-Chamakh and Baccar-Bournaz, eds., *Écho*, 57-63. Bono, *Schiavi*, 461-74.

[20] Jean de Thevenot, *Relation d'un Voyage fait au Levant* (Paris: Louis Billaine, 1665), 522-26.

[21] Nicolas Clenardus, *Correspondance de Nicolas Clénard*, ed. Alphonse Roersch, 3 vols. (Brussels: Palais des Académies, 1940), 3:120, 125, 135-36. 根据万沙里斯 *Mi'yar* 中的一则教令，有法学家认为，人们在路经敌人国土时不应该随身携带《古兰经》，以免被异教徒们所触碰而受到侮辱（Amar, ed. and trans., *Consultations juridiques*, 200-201）。

[22] Biondi, "Alberto Pio," in *Società*, 128. 弗朗索瓦一世试图与菲斯苏丹建立贸易和外交关系，时间始于 1533 年（*SIHMF*, 1:1-46），不过此前阿尔伯托·皮奥的建议可能是前期的准备。

[23] Julien, *Histoire*, 2:257-58. Deswarte-Rosa, "Expédition," in Bennassar and Sauzet, eds., *Chrétiens*, 97-113.

[24] Ibid., 81-94. Paolo Giovio to Francesco II Sforza, Duke of Milan, Rome, 6 June 1535, in Paolo Giovio, *Lettere*, ed. Giuseppe Guido Ferrero, 2 vols. (Rome: Istituto Poligrafico dello Stato, 1956), no. 52, 1:153-56. *CGA*, 322v.

[25] Paolo Giovio to Federico Gonazaga, Duke of Mantua, 14 July 1535, and Paolo Giovio to Rodolpho Pio di Carpi, 28 December 1535, in *Lettere*, no. 52, 1:156-60; no. 59, 1:171. Deswarte-Rosa, "Expédition," in Bennassar and Sauzet, eds., *Chrétiens*, 121-23. Cornelius Scepper, ed., *Rerum à Carolo V Caesare augusto in Africa bello gestarum Commentarii* (Antwerp: Jean Bellère, 1554).

[26] Deswarte-Rosa, "Expédition," in Bennassar and Sauzet, eds., *Chrétiens*, 126. Giovio, *Seconda Parte dell'Historie*, bk. 34, 371r-372r. Erika Spivakovsky, *Son of the Alhambra: Diego Hurtado de Mendoza, 1504-1575* (Austin and London: University of Texas Press, 1970), 38-39, 52-57, 105.

[27] Joannes Etrobius, *Commentarium seu potius Diairium Expeditionis Tunetanae a Carolo V*, in Scepper, ed., *Rerum*, 51v-52v.

[28] Julien, *Histoire*, 2:270. 弄瞎并推翻苏丹哈桑的阴谋，载于 Giovio, *Seconda Parte*, bk. 34, 382v 及 *La Rimanente della Seconda Parte dell'Historie de suo tempo*, trans. Lodovico Domenichi (Venice: Comin da Trino, 1555), bk. 44, 334v-344r; Matteo Bandello 对此事件写作了一整个短篇故事（*Novelle*, 4:38-48）。Deswarte-Rosa, "Expédition," in Bennassar and Sauzet, eds., *Chrétiens*, 129.

[29] Clenardus, *Correspondance*, 3:101, 123. 参见前文导论第 8 页（边码）及注 11，关于哈桑·瓦桑生平最早的阿拉伯语记录出现于 20 世纪 30 年代，其作品最早的阿拉伯语译本为穆罕默德·哈吉出版于 1980 年的译本。哈吉在其书 *L'activité intellectuelle au Maroc* (28, 35, 61, 64, 402) 收录了瓦桑在意大利所写的作品。

[30] 关于社会和家族网络的重要性，尤其是对皈依伊斯兰教的基督徒或犹太教徒的意义，参见 Jocelyne Dakhlia, "'Turcs de profession'? Réinscription lignagères et redéfinitions sexuelles des convertis dans les cours maghrébines XVIe-XIXe siècles," in Mercedes García-Arenal, ed., *Conversions islamiques. Identités religieuses en Islam méditerranéen* (Paris: Maisonneuve et Larose, 2001), 151-71。这种改变对于像瓦桑这样的"叛教者"来说，同样重要，甚至影响更大。

[31] Hajji, *Activité*, 180-83. Al-Hajari, *Kitab nasir*. McIntosh, *Piri Reis Map*, 6-7; Reis, *Kitab-I Bahriye*, 50-55, 75-78. Goodrich, *Ottoman Turks*, 7-11. Bernadette Andrea, "Columbus in Istanbul: Ottoman Mappings of the 'New World,'" *Genre* 30 (Spring/Summer 1997), 135-65. 其后的情况，参见 Nabil Matar, ed. and trans., *In the Lands of the Christians: Arabic Travel Writing in the Seventeenth Century* (London: Routledge, 2003)。

[32] Ibn 'Askar, *Dawhat-an-Nasir. Sur les vertus éminentes des Chaiks du Maghrib au dixième siècle*, trans. A. Graulle. *Archives marocaines* 19 (1913): 35-37. Lévi-Provençal, *Historiens*, 231-37. 同样，在 Ibn Maryam of Tlemcen（逝于约 1602/1011）所写的重要的学者简传中，所提到的游记通常都是在伊斯兰世界内部，目的是为了追求学术和精神的提升（Ibn Maryam, *El Bostan ou jardin des biographies des saints et savants de Tlemcen*, trans. F. Provenzali [Algiers: Imprimerie Orientale Fontana, 1910], 238)。

[33] Reynolds, ed., *Interpreting the Self*, 56-58. Cemal Kafadar, "Self and Others: The Dairy of a Dervish in Seventeenth Century Istanbul and First-Person Narratives in Ottoman Literature," *Studia Islamica* 59 (1989): 131-34.

[34] Goodrich, *Ottoman Turks*, 35-38, 110.

[35] Widmanstadt, *Libro Sacrosancti Evangelii*, a***4b. Dict, 117b. Perles, *Beiträge*, 158-62, 161 n.1. Kaufmann, "Mantino," 37, 213. Spivakovsky, *Son*, 105, 121, 147. "La biblioteca de Don Diego Hurtado de Mendoza (1576)," in P. Gregorio de Andrés, *Documentos para la historia del Monasterio de San Lorenzo el Real de El Escorial* (Madrid: Imp. Saez, 1964), 7:291. Elijah Levita, *Nomenclatura Hebraica* (Isny: Paul Fagius, 1542). Bobzin, *Koran*, 292.

[36] Spivakovsky, *Son*, 401-4. QAn, 导论页：苏格兰人 David Coville 根据埃斯科里亚尔所藏原版抄录了埃吉迪奥·达·维泰尔博的《古兰经》；埃斯科里亚尔所藏的《古兰经》原版今已散佚；Burman, "MS Mm.v.26," 336, 340-41. Levi Della Vida, *Ricerche*, 311.

[37] Levi Della Vida, *Ricerche*, 311-13, 321（波斯特尔将"利奥·阿非利加努斯"的阿拉伯语文法书送给了他的朋友，位于德国和荷兰边境的 Kleve 市市议员、正在学习阿拉伯语的 Andreas Masius); Bobzin, *Koran*, 450 n.458. F. Secret, "Filippo Archinto, Girolamo Cardano et Guillaume Postel," *Studi Francesi* 13(1969): F. Secret, "Postel et Jean Léon l'Africain," in *Postel revisité. Nouvelles recherches sur Guillaume Postel et son milieu* (Paris: SÉHA and Milan: Arché, 1998), 149-56: Secret 研究指出瓦桑的《非洲书》对波斯特尔的著作 *Admirabilis Judaeorum clausorum seu decem tribuum Israel, sub Turcarum et Ismaelitarum potentia redactarum historia, atque ipsa Ismaelitarum origo*（写于 1548）产生了很大的影响。关于波斯特尔的世界大同理想，参见 William Bouwsma, *Concordia Mundi: The Career and Thought of Guillaume Postel (1510-1581)* (Cambridge,

Mass.: Havard University Press, 1957)。

[38] *VIA* 和 *VIH* 均为安东尼奥·佩特莱所收藏的手抄本，现存于佛罗伦萨洛伦佐·美第奇图书馆。佩特莱活跃于枢机主教 Niccolò Ridolfi 的社交圈，后者在埃吉迪奥·达·维泰尔博于 1532 年去世后，获得了其收藏的希腊文、拉丁文、希伯来文和阿拉伯文手抄本。瓦桑的手抄本可能就是通过这样一个途径，辗转为佩特莱所得的（*AMC*, 181-82; Roberto Ridolfi, "Antonio Petrei letterato e bibliofilo del Cinquecento," *Bibliofilia* 48 [1947]: 53-70; Ridolfi, "Biblioteca," 176 ）。Johann Heinrich Heidegger, *Historia vitae et obitus I. Henrici Hottinger* (Zurich, 1667). 霍廷格曾在莱顿大学学习阿拉伯语，著有多卷本 *Historiae Ecclesiasticae* (1651)，其中同时叙述了基督教、犹太教和伊斯兰教的历史；希伯来语、阿拉伯语、叙利亚语和科普特语文献书目中提到了洛伦佐·美第奇图书馆所藏阿拉伯文手抄本（*Promptuarium, sive Bibliotheca Orientalis* [Heidelberg, 1658], 211-12 ）；关于伊斯兰教历史的著作 *Historia Orientalis* (1660)。*VIAHott*, 262（删去了41r 大部和41v 顶部）；*VIHHott*, 290（将 *VIH*, 290 "quod Iuvenis, quem pedamaverat" 改为破折号）。

[39] *Ioannis Leonis Africani, De Totius Africae descriptione, Libri IX* (Antwerp: Jan de Laet, 1556)，复本藏于 Biblioteca Nacional Madrid, R-25410，封面有 17 世纪手写 "Prohibido in totium" 字迹，36v-37r。1596 年罗马的一份编目索引中，第一次出现了一位神秘的 "Ioannes Leonis Nardi"，称其书均应受到谴责，但并未进一步明确该作者的身份或具体书名（J. M. de Bujanda et al., *Index de Rome 1590, 1593, 1596* [Sherbrooke: Éditions de l'Université de Sherbrooke and Geneva: Librairie Droz, 1994], 600, no. 593）。1667 年，西班牙的宗教审判总长 Antonio de Sotomayor 在这个名字后面写道："可能即为约安尼斯·利奥·阿非利加努斯，他著有 *de Lege Mahometana* 和《非洲记》，由安特卫普的 Joannes Latius 和苏黎世的 Gesner 兄弟印刷出版。" *Index Librorum Prohibitorum et Expurgandorum Novissimus* (Madrid: Didaci Diaz, 1667), 631, column 2.

后记　似是而非

[1] François Rabelais, *Oeuvres complètes*, ed. Mireille Huchon, with the collaboration of François Moreau (Paris: Gallimard, 1994), 239 (Pant 7), 988-92, 1051-55, 1212, 1748-49. Richard Cooper, *Rabelais et l'Italie* (*Études rabelaisiennes* 24) (Geneva: Librairie Droz, 1991), 22-30, 79-85, 99-103.

[2] Rabelais, *Oeuvres*, 989, 1748-49. Cooper, *Rabelais*, 33-41.

[3] Kaufmann, "Mantino," 47-57, 207-9. Rabelais, *Oeuvres*, 1017; Cooper, *Rabelais*, 157. J. J. Scarisbrick, *Henry VIII* (Harmondsworth, Middlesex: Penguin Books, 1971), 434-37.

[4] Ibid., 23; 让·杜·贝莱之前已于 1530 年，也就是阿尔伯托·皮奥去世之年，在巴黎见到过鲁道夫·皮奥。杜·贝莱肯定知道阿尔伯托·皮奥为弗朗索瓦一世筹划与苏丹苏莱曼缔结联盟的情况。Svalduz, *Carpi*, 371 (1530 年 7 月 21 日的遗嘱). *Società ... a Carpi*, 170. 1535 年 8 月至 1536 年 5 月，拉伯雷第二次访问罗马时，鲁道夫·皮奥可能大部分时间、甚至一直都作为教皇特使待在巴黎。

[5] Giovio, *Lettere*, 1:163, 171, 173. Cooper, *Rabelais*, 25, 31, 38-39, 114-16, 119-20, 133-34.

Rabelais, *Oeuvres*, 1000-1017. Deswarte-Rosa, "Expédition," in Bennassar and Sauzet, eds., *Chrétiens*, 82-83, 90-91.

[6] Rabelais, *Oeuvres*, 1012; Cooper, *Rabelais*, 143.

[7] Rabelais, *Oeuvres*, 703, 1456. Ptolemy, *Continentur Geographiae* (Rome: Evangelista Tosino, 1508), tabula 4 of Africa; *Liber Geographiae* (Venice: Jacopo Pencio, 1511), fourth map of Africa; *Geographicae enarrationis Libri Octo*, ed. Wilibald Pirckheimer (Strasbourg: Johann Grieninger and Johann Koberger, 1525), tabula 4 of Africa; *Geographicae Enarrationis Libri Octo*, trans. Wilibald Pirckheimer, ed. Michael Servetus (Lyon: Melchior and Gaspard Trechsel, 1535), index, map.

[8] Ibn Khaldun, *Muqaddimah*, 1:119, 168. *CGA*, 388v-389r. Ram, 386; Ép, 480; Rauch, 310-11.

[9] Rabelais, *Oeuvres*, 709. Ibn Hawqal, *Configuration*, 1:143-44; al-Idrisi, *Première géographie*, 89-90; Ibn Khaldun, *Muqaddimah*, 1:120-21; Michel, *Géographie*, 2:135-36. *CGA*, 432r-v, 440v-441r. Ram, 428, 437-38; Ép, 536, 552-53. 瓦桑解释道，阿斯旺以南没有商业船只航行，是由于河道变浅，而不是受上游大瀑布的影响。伊本·豪盖勒和伊德里斯都描写了货物被卸下船后转用骆驼运往阿斯旺。

[10] 巴奴日在用手势向聋哑人纳兹德卡布尔（Nazdecabre）提问的时候，把手"放在屁股上面被阿拉伯人称为阿尔—卡提姆的地方"（au dessus des fesses on lieu que les Arabes appellent Al Katim）。它在拉丁语的医学名词中对应阿拉伯语的"qatan"，即尾椎部，作为医生的拉伯雷自然可能知道这个词（Rabelais, *TL*, 20 in *Oeuvres*, 413 [编者错译为骶骨]；A. Fonahn, *Arabic and Latin Anatomical Terminology chiefly from the Middle Ages* [Oslo: Jacob Dybwad, 1922], 79, no. 1765）。相反，当拉伯雷写"*Teleniabin et Geleniabin*, 阿拉伯人所说的甘露、玫瑰蜜"（*QL*, in *Oeuvres*, 707），则完全是在生搬硬套地解释。

[11] Rabelais, *Oeuvres*, 46 (*Garg* 16); 437 (*TL* 27); 734 (*CL* 3)."非洲只出产新奇古怪之物"这句话，也出现在法文版瓦桑《地理书》的法语题献诗的最后一行里（*Historiale Description*, *5r-v）。

[12] Rabelais, *Oeuvres*, liii, lv-lvi. Cooper, *Rabelais*, 80; J. Lesellier, "Deux enfants naturels de Rabelais légitimés par le Pape Paul III," *Humanisme et Renaissance* 5 (1938): 549-70.

[13] Rabelais, *Oeuvres*, 833-37 (*CL* 45-46).

[14] Ibid., 6 (*Garg* Prologue), 1050-51, 1456-57. M. A. Screech, *Rabelais* (London: Duckworth, 1979), 111-14, 203-4, 208-9, 313, 321. J. M. De Bujanda, Francis M. Higman, and James K. Farge, *Index de l'Université de Paris, 1544, 1545, 1547, 1549, 1551, 1556* (Sherbrooke: Éditions de l'Université de Sherbrooke and Geneva: Librairie Droz, 1985), 63, 359 (no. 428). 381-83 (nos. 464-465).

[15] Ibid., 213-14 (*Pant* Prologue), 315 (*Pant* 28); Huchon 对此的重要分析及参考书目，1213-17。

[16] Ibid., 272-76 (*Pant* 16), 281-91 (*Pant* 18-20), 321-22 (*Pant* 30), 1221-24. Marcel Detienne and Jean-Pierre Vernant, *Cunning Intelligence in Greek Culture and Society*, trans. Janet Lloyd (Chicago: University of Chicago Press, 1991), introduction, chaps. 1-2.

[17] Rabelais, *Oeuvres*, 263-67 (*Pant* 14).
[18] 关于对本章的重要解读，可能略不同于我的看法，参见 Timothy Hampton, " 'Turkish Dogs': Rabelais, Erasmus, and the Rhetoric of Alterity," *Representations* 41 (Winter 1993): 58-82。
[19] Rabelais, *Oeuvres*, 91-95 (*Garg* 33), 319 (*Pant* 29), 1044-45.
[20] Ibid., 124 (*Garg* 46), 132-36 (*Garg* 50), 481-82 (*TL* 41).
[21] Ibid., 219-21 (*Pant* 1), 244 (*Pant* 8), 246-47 (*Pant* 9), 264-66 (*Pant* 14), 336 (*Pant* 34).
[22] Ibid., 232-35 (*Pant* 6), 246-50 (*Pant* 9).
[23] Ibid., 669-70 (*QL* 56).
[24] Ibid., 1217-20, 1223. Claude Gaignebet, *A plus hault sens. L'esotérisme spirituel et charnel de Rabelais*, 2 vols. (Paris: Maisonneuve et Larose, 1986), pt. 2. Edwin M. Duval, *The Design of Rabelais's "Pantagruel"* (New Haven: Yale University Press, 1991), chap. 2.
[25] Rabelais, *Oeuvres*, lxv, 1472-73. Herodotus, *The Persian Wars*, trans. George Rawlinson (New York: Modern Library, 1947), multiple gods in bk. 2, chap. 4, 118; chap. 18, 124-25; chaps. 42-43, 137-39; chap. 48, 141. Jan Assmann, *Moses the Egyptian: The Memory of Egypt in Western Monotheism* (Cambridge: Harvard University Press, 1997), 18-19, 55.
[26] *CEI*, 160, 244, 318-19, 349. J. Horovitz, "*Nabi*," *EI1*, 3:802-3; A. J. Wensinck, "*Rasul*," *EI2*, 8:454-55. Qur'an, 11; Hud, 31: Luqman. Muhsin Mahdi, *La cité vertueuse d'Alfarabi: La fondation de la philosophie politique en Islam* (Paris: Albin Michel, 2000), 282-308.
[27] Fahd, *Divination*, 92-104. W. P. Heinrichs and Afif ben Abdesselem, "*Sadj^c*" in *EI2*, 8:732-35.
[28] Arberry, 1:39.
[29] QAn, 13a-b, Sura "Vacca," verse 84.
[30] Ibn al-'Arabi, *Al-Futuhat al-makkiyya*, 转引自 Chittick, *Imaginal Worlds*, 160。

译名与日期说明

本书中阿拉伯语的人名、书名和专有名词在转译过程中均省略了变音符号。书中涉及中世纪和近代早期伊斯兰世界有关事件和人物的具体年代,同时采用伊斯兰教和基督教两种历法的形式,即始于穆罕默德出走麦地那的希吉拉历的阴历纪年和我们今天通行的公历。如897/1492年,即基督教国家征服穆斯林占据的格兰纳达,犹太人被明令驱逐出西班牙,以及克里斯托弗·哥伦布率船队离开加的斯港(Cádiz)驶往西印度群岛的年份。所有关于世纪的用法均采用公历的形式,如16世纪。

参考书目

手抄本与档案

Egidio da Viterbo. *Dichionarium sive liber radicum Aegidio Viterbien. Card. Interprete.* MS 3. Biblioteca Angelica, Rome.

———. *Aegidio Viterbiensis Historia viginiti seculorum.* MS 351. Biblioteca Angelica, Rome.

Elias bar Abraham, the Maronite, copyist. *Liber quatuor Evangelistarum Caldaice Scriptus Anno incar. 1521.* MS Syriaque 44. Bibliothèque Nationale de France, Paris.

Grassi, Paride. *Diarium An. 1513 ad 1521.* MS E53. Department of Special Collections, Spencer Research Library, University of Kansas Libraries, Lawrence, Kansas.

al-Hariri, al-Qasim. *Maqamat,* illustrated, copied ca. 619/1222. MS arabe 6094. Bibliothèque Nationale de France, Paris.

———. *Maqamat,* with illustrations by Yahya al-Wasiti, copied Ramadan 634/1237. MS arabe 5847. Bibliothèque Nationale de France, Paris.

Pio, Alberto, Prince of Carpi. Correspondence, 1512–23. MS Lea 414, nos. 1–56. Special Collections, University of Pennsylvania Library, Philadelphia.

al-Wazzan, al-Hasan. *De Arte Metrica Liber.* MS Plut. 36.35, 54r–61v. Biblioteca Medicea Laurenziana, Florence.

———. *De Viris quibusdam Illustribus apud Arabes.* MS Plut. 36.35, 31r–53v, 62r–65r. Biblioteca Medicea Laurenziana, Florence.

———. *De quibusdam Viris Illustribus apud Hebraeos.* MS Plut. 36.35, 65v–69v. Biblioteca Medicea Laurenziana, Florence.

———. *Libro de la Cosmogrophia [sic] et Geographia de Affrica.* V. E. MS 953. Biblioteca Nazionale Centrale, Rome.

———. *Al-Qur'an* in Arabic and Latin, translated and annotated by Joannes Gabriel of Teruel (1518); corrected and annotated by al-Hasan al-Wazzan (1525); copied by David Colville (1621). MS D100 inf. Biblioteca Ambrosiana, Milan.

———, transcriber. *The Epistles of Saint Paul in Arabic.* MS Orientale 16-alfa.J.6.3. Biblioteca Estense Universitaria, Modena.

———, Jacob Mantino et al. *Arabic-Hebrew-Latin-Spanish dictionary.* MS 598, Manuscritos árabes 16. Real Biblioteca del Escorial, Spain.

Archivio Segreto Vaticano. Archivio Concistoriale, Acta Vicecancellerii. Vol. 2. Camera Apostolica, Introitus et Exitus, nos. 559–61.

Archivio di Stato di Roma. Camerale I, Busta 1748, 1749. Camerale I, Mandati Camerali 859 A–B. Collegio dei Notai Capitolini 562–63, 852–53, 1704, 1706, 1709–10, 1871–72.

Biblioteca Apostolica Vaticana, Vatican City. MSS Vat. Ar. 80, 115, 357, with reader's signatures of al-Hasan al-Wazzan.

印刷版史料

Adrutiel, Abraham ben Salomon. *Sefer ha-Kabbala.* In *Dos Crónicas Hispanohebreas del Siglo XV.* Edited and translated by Yolanda Moreno Koch. Barcelona: Riopiedras Ediciones, 1992.

Aesop. *The Medici Aesop. Spencer MS 50. From the Spencer Collection of the New York Public Library.* Facsimile. Edited and translated by Bernard McTigue. New York: Harry Abrams, 1989.

Alcalá, Pedro de. *Arte para ligeramente saber la lengua araviga* and *Vocabulista aravigo en letra castellana.* Granada: Juan Varela, 1505.

L'Alcorano di Macometto, Nel qual si contiene la Dottrina, la Vita, I Costumi, et le Leggi sue. Tradotto nuovamente dall'Arabi in lingua Italiana. N.p. (Venice): Andrea Arrivabene, 1547.

Amar, Émile, ed. and trans. *Consultations juridiques des faqihs du Maghreb* [translations of selected fatwas and juridical opinions from the *Mi'yar* of Ahmad al-Wansharisi]. *Archives marocaines* 12 (1908).

Andrés, Juan. *Opera chiamata Confusione della Setta Machumetana, composta in lingua Spagnola, per Giovan Andrea gia Moro et Alfacqui, della citta di Sciativa* [sic for *Játiva*]*, hora per la divina bontà Christiano e Sacerdote.* Translated by Dominco de Gaztelu. Seville, 1540.

al-Ash'ari, Abu-l-Hasan 'Ali ibn Isma'il. *Highlights of the Polemic against Deviators and Innovators.* Translated by Richard J. McCarthy. In Richard J. McCarthy, *The Theology of al-Ash'ari.* Beirut: Imprimerie Catholique, 1953.

'Attar, Farid-ud-Din. *Le langage des oiseaux*. Translated by Garcin de Tassy. Paris: Sindbad, 1982.

al-Bakri, Abu-'Ubayd. *Description de l'Afrique septentrionale*. Translated by Mac Guckin de Slane. 1913. Reprint, Paris: Librairie d'Amérique et d'Orient, 1965.

Boccaccio, Giovanni. *The Decameron*. Translated by John Payne. New York: Modern Library, 1931.

Budge, Ernest A. W., ed. and trans. *The History of Alexander the Great, Being the Syriac Version of the Pseudo-Callisthenes*. Cambridge: Cambridge University Press, 1889.

———, ed. and trans. *The Life and Exploits of Alexander the Great, Being a Series of Ethiopic Texts*. 2 vols., 1896. Reprint, New York and London: Benjamin Blom, 1968.

Carvajal, Bernardino López de. *La Conquista de Baza*. Translated by Carlos de Miguel Mora. Granada: Universidad de Granada, 1995.

———. *Epistola ad invictissimum Carolum in Imperio E. super declaratione M. Suae contra Lutherum facta*. N.p.: n.d. [1521].

Castiglione, Baldassare. *The Book of the Courtier*. Translated by Charles S. Singleton. Garden City, N.Y.: Doubleday, 1959.

Castries, Henry de, ed. *Les sources inédites de l'histoire du Maroc. Archives et bibliothèques d'Espagne*. 1st series. 3 vols. Paris: Ernest Leroux and Paul Geuthner and Madrid: Ruiz Hermanos, 1921–61.

———, ed. *Les sources inédites de l'histoire du Maroc de 1530 à 1845. Archives et bibliothèques de France*. 1st series. 4 vols. Paris: Ernest Leroux, 1905–26.

Cellini, Benvenuto. *La vita*. Edited by Lorenzo Bellotto. Parma: Ugo Guanda, 1996.

———. *Autobiography*. Translated by George Bull. London: Penguin, 1998.

Cenival, Pierre de, and Robert Ricard, eds. *Les sources inédites de l'histoire du Maroc. Archives et bibliothèques de Portugal*. 1st series. 5 vols. Paris: Paul Geuthner, 1934–53.

Les cent et une nuits. Translated by M. Gaudefroy-Demombynes. Paris: Sindbad, 1982.

Chronique de Santa-Cruz du Cap de Gué (Agadir). Edited and translated by Pierre de Cenival. Paris: Paul Geuthner, 1934.

Clenardus, Nicolas. *Correspondance de Nicolas Clénard*. Edited by Alphonse Roersch. 3 vols. Brussels: Palais des Académies, 1940.

David Reuveni. *The Story of David Hareuveni* (in Hebrew). Edited by Aaron Zeev Aescoly. Jerusalem: Bialik Institute, 1993.

Delicado, Francisco. *Portrait of Lozana, The Lusty Andalusian Woman*. Translated by Bruno M. Damiani. Potomac, Md.: Scripta Humanistica, 1987.

———. *Retrato de la Lozana Andaluza*. Edited by Claude Allaigre. Madrid: Cátedra, 1985.

Della Casa, Giovanni. *Galateo of Manners and Behaviours (1576)*. Translated by Robert Peterson. Bari: Adriatica Editrice, 1997.

Dorado, Bernardo. *Compendio Historico de la Ciudad de Salamanca*. Salamanca: Juan Antonio de Lasanta, 1776.

Egidio da Viterbo. *Scechina e Libellus de Litteris Hebraicis*. Edited by François Secret. 2 vols. Rome: Centro Internazionale di Studi Umanistici, 1959.

Erasmus, Desiderius. *On Good Manners for Boys (De civilitate morum puerilium)*. Translated by Brian McGregor. Volume 25 of *Collected Works of Erasmus*. Toronto: University of Toronto Press, 1985.

Fagnan, E., ed. and trans. *Extraits inédits relatifs au Maghreb (Géographie et histoire)*. Algiers: Jules Carbonel, 1924.

al-Farabi, Abu Nasr. *Aphorismes choisis*. Translated by Soumaya Mestiri and Guillaume Dye. Paris: Fayard, 2003.

Ferrajoli, Alessandro. *Il ruolo della corte di Leone X*. Edited by Vincenzo de Caprio. Rome: Bulzoni, 1984.

Fortini, Pietro. *Le giornate delle novelle dei novizi*. Edited by Adriana Mauriello. 2 vols. Rome: Salerno Editrice, 1988.

Furtu, Ahmad. *A Sudanic Chronicle: The Borno Expeditions of Idris Alauma (1564–1576) according to the Account of Ahmad B. Furtu*. Translated by Dierk Lange. Stuttgart: Franz Steiner Verlag, 1987.

Galley, Micheline, and Zakia Iraqui Sinaceur, eds. *Dyab, Jha, La'âba: Le triomphe de la ruse. Contes marocains du fonds Colin*. Paris: Les Belles Lettres, 1994.

al-Ghazali, Abu Hamid Muhammad. *Le chemin assuré des dévots vers le Paradis (Minhaj al-'abidin ila al-jannah)*. Edited by Yahya Cheikh and translated by Miguel Asin Palacios. Beirut: Éditions Al-Bouraq, 2000.

———. *Deliverance from Error*. Translated by W. Montgomery Watt. In W. Montgomery Watt, *The Faith and Practice of al-Ghazali*. London: George Allen and Unwin, 1970.

———. *Deliverance from Error and Mystical Union with the Almighty*. Edited by George F. McLean and translated by Muhammad Abulaylah. Washington, D.C.: Council for Research in Values and Philosophy, 2001.

Giovio, Paolo. *Commentario de le cose de' Turchi*. Rome: Antonio Blado, 1532.

———. *Elogia Doctorum Virorum*. Antwerp: Jean Bellère, 1557.

———. *Elogia virorum bellica virtute illustrium veris imaginibus supposita.* Florence: Lorenzo Torrentino, 1551.

———. *Gli Elogi Vite Brevemente Scritti d'Huomini Illustri de Guerra, Antichi et Moderni.* Translated by Lodovico Domenichi. Florence: Lorenzo Torrentino, 1554.

———. *Lettere.* Edited by Giuseppe Guido Ferrero. 2 vols. Rome: Istituto Poligrafico dello Stato, 1956.

———. *La Prima Parte delle Historie del suo tempo.* Translated by Lodovico Domenichi. Venice: Domenico de' Farri, 1555.

———. *La Seconda Parte dell'Historie del suo tempo.* Translated by Lodovico Domenichi. Venice: Bartolomeo Cesano, 1554.

———. *La Rimanente della Seconda Parte dell'Historie de suo tempo.* Translated by Lodovico Domenichi. Venice: Comin da Trino, 1555.

———. *Le Vite di Leon Decimo et d'Adriano Sesto Sommi Pontefici.* Translated by Lodovico Domenichi. Venice: Giovanni de' Rossi, 1557.

———. *Turcarum rerum commentarius.* Translated by Francesco Negri. Paris: Robert Estienne, 1539.

Gnoli, D., ed. "Descriptio urbis o censimento della popolazione di Roma avanti il Sacco Borbonica." *Archivio della R. Società Romana di Storia Patria* 17 (1894): 375–520.

Góis, Damião de. *Crónica do Felicissimo Rei D. Manuel.* Edited by J. M. Teixeira de Carvalho and David Lopes. 4 vols. Coimbra: Universidade de Coimbra, 1926.

Goodrich, Thomas D., ed. and trans. *The Ottoman Turks and the New World: A Study of "Tarih-I Hind-I Garbi" and Sixteenth-Century Ottoman Americana.* Wiesbaden: Otto Harrassowitz, 1990.

Guicciardini, Francesco. *Maxims and Reflections of a Renaissance Statesman.* Translated by Mario Domandi. New York: Harper and Row, 1965.

Guicciardini, Luigi. *The Sack of Rome.* Translated by James H. McGregor. New York: Italica Press, 1993.

al-Hajari, Ahmad ibn Qasim. *Kitab nasir al-din ʿala-l-qawm al-kafirin. The Supporter of Religion against the Infidel.* Edited and translated by P. S. Van Koningsveld, Q. al-Samarrai, and G. A. Wiegers. Madrid: CSIC/AECI, 1997.

al-Hamadhani, Badi al-Zaman. *Le livre des vagabonds. Séances d'un beau parleur impénitent.* Translated by René R. Khawam. Paris: Phébus, 1997.

———. *The Maqamat of Badiʿ al-Zaman al-Hamadhani.* Translated by W. J. Prendergast. London: Curzon Press, 1973.

al-Harawi, ʿAli ibn Abi Bakr. *Guide des lieux de pèlerinage.* Translated by Janine Sourdel-Thomine. Damascus: Institut Français de Damas, 1957.

al-Hariri, al-Qasim. *Le livre des Malins: Séances d'un vagabond de génie.* Translated by René R. Khawam. Paris: Phébus, 1992.

———. *The Assemblies of Al-Hariri.* Translated by Thomas Chenery and F. Steingass. 2 vols., 1867–98. Reprint, Westmead, Hants.: Gregg International Publishers, 1969.

Harvey, L. P., ed. and trans. "Crypto-Islam in Sixteenth-Century Spain." [Transcription in Latin alphabet of the 910/1504 fatwa in *aljamiado* of al-Wahrani]. In *Actas. Primer Congreso de Estudios Árabes e Islámicos, Córdoba, 1962,* 163–81. Madrid: Comité Permanente del Congreso de Estudios Arabes e Islámicos, 1964.

al-Hawrani, ʿAbd al-Rahim. *Les Ruses des femmes.* Translated by René R. Khawam. Paris: Phébus, 1994.

———. *Désirs de femme.* Translated by René R. Khawam. Paris: Phébus, 1996.

Heidegger, Johann Heinrich. *Historia vitae et obitus I. Henrici Hottinger.* Zurich, 1667.

Hodja, Nasreddin. *La sagesse afghane du malicieux Nasroddine.* Translated by Dider Leroy. La Tour d'Aigues: Éditions de l'Aube, 2002.

Hunwick, John O., ed. and trans. *Shariʿa in Songhay: The Replies of al-Maghili to the Questions of Askia al-Hajj Muhammad.* Oxford: Oxford University Press, 1985.

———. *Timbuktu and the Songhay Empire: Al-Saʿdi's Taʾrikh al-Sudan down to 1613 and Other Contemporary Documents.* Leiden: Brill, 1999.

Ibn ʿAskar. *Dawhat-an-Nasir. Sur les vertus éminentes des Chaiks du Mahgrib au dixième siècle.* Translated by A. Graulle. *Archives marocaines* 19 (1913).

Ibn Battuta, Abu ʿAbdallah. *Ibn Battuta in Black Africa.* Translated by Said Hamdun and Noël King. Princeton, N.J.: Markus Wiener Publishers, 1994.

———. *Voyages.* Edited by Stéphane Yerasimos and translated by C. Defremery and B. R. Sanguinette. 3 vols. Paris: Librairie François Maspero and Éditions La Découverte, 1982–97.

Ibn Halil, ʿAbd al-Basit. *Ar-Raud.* Translated by Robert Brunschvig. In Robert Brunschvig, *Deux récits de voyage inédits en Afrique du Nord au XVe siècle,* 17–84. Paris: Maisonneuve et Larose, 2001.

———. "El Reino de Granada en 1465–66." In *Viajes de estranjeros por España y Portugal.* Edited and translated by J. Garcia Mercadel, vol. 1. Madrid: Aguilar, 1952.

Ibn Hawqal. *La configuration de la terre (Kitab Surat al-Ard).* Translated by J. H. Kramers and G. Wiet. Paris: Maisonneuve and Larose, 2001.

Ibn Hazm. *De l'amour et des amants. Tawq al-hamama fi-l-ulfa wa-l-ullaf (Collier de la colombe sur l'amour et les amants).* Translated by Gabriel Martinez-Gros. Paris: Sindbad, 1992.

Ibn Ishaq. *La Vie du Prophète Muhammad, l'Envoyé d'Allah*. Edited by Ibn Hisham and translated by ʿAbdurrahman Badawi. 2 vols. Beirut: Éditions Albouraq, 2001.

Ibn Iyas, Muhammad ibn Ahmad. *Journal d'un bourgeois du Caire: Chronique d'Ibn Iyas*. Edited and translated by Gaston Wiet. 2 vols. Paris: Librairie Armand Colin and SEVPEN, 1955–60.

Ibn Jubayr. *The Travels of Ibn Jubayr*. Translated by Ronald J. C. Broadhurst. London: Jonathan Cape, 1952.

Ibn Khaldun, ʿAbd-ar Rahman. *Histoire des Berbères et des dynasties musulmanes de l'Afrique septentrionale*. Edited by Paul Casanova and translated by Mac Guckin de Slane. 4 vols. Paris: Librairie Orientaliste Paul Geuthner, 1925–56.

———. *Le Livre des Exemples*. Vol. 1: *Autobiographie. Muqaddima*. Translated by Abdesselam Cheddadi. Paris: Gallimard, 2002.

———. *The Muqaddimah. An Introduction to History*. Translated by Franz Rosenthal. 2nd ed., 3 vols., Princeton, N.J.: Princeton University Press, 1967.

———. *Le Voyage d'Occident et d'Orient. Autobiographie*. Translated by Abdesselam Cheddadi. 2nd ed. Paris: Sindbad and Arles: Actes Sud, 1995.

Ibn Khallikan. *Biographical Dictionary*. Translated by Mac Guckin de Slane. 4 vols., 1842–72. Reprint, New York and London: Johnson Reprint, 1961.

Ibn Maryam. *El Bostan ou jardin des biographies des saints et savants de Tlemcen*. Translated by F. Provenzali. Algiers: Imprimerie Orientale Fontana, 1910.

Ibn al-Muqaffaʿ. *Le livre de Kalila et Dimna*. Translated by André Miquel. Paris: Klincksieck, 1957.

Ibn Sahl, Ibrahim. *Poemas*. Edited and translated by Teresa Garulo. Madrid: Hiperión, 1983.

al-Idrisi. *Le Maghrib au 12e siècle*. Translated by Mahamad Hadj Sadok. Paris: Publisud, 1983.

———. *La Première géographie de l'Occident*. Edited by Henri Bresc and Annliese Nef and translated by Jaubert and Annliese Nef. Paris: Flammarion, 1999.

al-Jahiz, ʿAmr ibn Bahr. *Éphèbes et courtisanes* (A translation of *Kitab mufakharat al-jawari wa-l-ghilman*). Edited by Malek Chebel and translated by Maati Kabbal. Paris: Rivages Poches, 1997.

———. *Kitab al-Hayawan*. Edited by ʿAbd-al-Salam Muhammad Harun. 7 vols. Cairo, 1930–45.

———. *The Life and Works of Jahiz: Translations of Selected Texts*. Translated from the Arabic by Charles Pellat; translated from the French by D. M. Hawke. London: Routledge and Kegan Paul, 1969.

———. *Livre des animaux*. Selections edited and translated by Mohamed Mestiri and Soumaya Mestiri. Paris: Fayard, 2003.

———. *Le livre des avares*. Translated by Charles Pellat. Paris: Éditions Maisonneuve et Larose, 1997.

Kati, Mahmud. *Tarikh el-Fettach ou Chronique du chercheur pour servir à l'histoire des villes, des armées et des principaux personnages du Tekrour*. Translated by O. Houdas and M. Delafosse. Paris: Librairie d'Amérique et d'Orient, 1964.

al-Khwarizmi. *Afrika nach der arabischen Bearbeitung der "Geographia" des Claudius Ptolemaeus*. Translated by Hans von Mžik. Vienna: Kaiserliche Akademie der Wissenschaften, 1916.

The Koran Interpreted. Translated by Arthur J. Arberry. 2 vols. New York: Macmillan, 1955.

Leo X. *Bando de le Processioni per la unione de Principi Christiani contra Turchi*. Rome, 1518.

Levita, Elijah. *Accentorum Hebraicorum Liber Unus* (Hebrew and Latin). Translated by Sebastian Münster. Basel: Heinrich Petri, 1539.

———. *Capitula Cantici . . . et officiorum* (Hebrew and Latin). Translated by Sebastian Münster. Basel: J. Froben, 1527.

———. *Grammatica Hebraica Absolutissima* (Hebrew and Latin). Translated by Sebastian Münster. Basel: J. Froben, 1525.

———. *Lexicon Chaldaicum*. Edited by Paul Fagius. Isny: Paul Fagius, 1541.

———. *The Massoreth Ha-Massoreth*. Edited and translated by Christian D. Ginsburg. London: Longmans, Green, Reader and Dyer, 1867.

———. *Nomenclatura Hebraica*. Isny: Paul Fagius, 1542.

———. *Opusculum Recens Hebraicum . . . cui titulum fecit . . . Thisbites, in quo 712 vocum quae sunt partim Hebraicae, Chaldaicae, Arabicae, Graecae et Latinae quaeque in Dictionariis non facilè inveniuntur* (Hebrew and Latin). Translated by Paul Fagius. Isny: Paul Fagius, 1541.

———. *Sefer Ha-Buohur . . . Liber Electus complectens in Grammatica quatuor orationes*. Basel: J. Froben, 1525.

———. *Vocabula Hebraica irregularia*. Translated by Sebastian Münster. Basel: Heinrich Petri, 1536.

Levtzion, N., and J.F.P. Hopkins, eds. *Corpus of Early Arabic Sources for West African History*. Translated by J.F.P. Hopkins. Princeton, N.J.: Markus Wiener Publishers, 2000.

Le livre des ruses. Translated by René R. Khawam. Paris: Phébus, 1976.

Luqman. *Fables de Lokman*. Translated by M. Cherbonneau. Paris: Librairie Orientaliste Paul Geuthner, 1925.

---. *Loqman berbère avec quatre glossaires et une étude sur la légende de Loqman.* Edited by René Basset. Paris: Ernest Leroux, 1890.

Machiavelli, Niccolò. *The Art of War.* Edited by Neal Wood and translated by Ellis Farneworth. New York: Bobbs-Merrill Company, 1965.

---. *The Prince.* Translated by Luigi Ricci and E.R.P. Vincent. New York: Random House, 1940.

Machumetis Saracenorum principis, Eiusque Successorum Vitae, ac Doctrina, Ipsique Alcoran. Edited by Theodor Bibliander. 3 vols. Basel: Johann Oporinus, 1543.

Madelin, Louis, ed. "Le journal d'un habitant français de Rome au XVIe siècle." *Mélanges d'archéologie et d'histoire* 22 (1902): 251–300.

Maimonides, Moses. *Ethical Writings of Maimonides.* Edited by Raymond L. Weiss and Charles Butterworth. New York: New York University Press, 1975.

Mantino, Jacob, trans. *Avicennae Arabis Medicorum . . . principis. Quarta fen, primi. De universali ratione medendi nunc primum M. Iacob. Mantini, medici hebraei, latinitate donata.* Ettlingen: Valentinus Kobian, 1531.

---, trans. *Averois Cordubensis Paraphrasis in Librum Poeticae Aristotelis, Iacob Mantino Hispano Hebraeo, Medico interprete.* In Aristotle, *Omnia quae extant Opera,* 2:89r–94r. Venice: Giunti, 1550–52.

---, trans. *Averois Paraphrasis Super libros de Republica Platonis, nunc primum latinitate donata, Iacob Mantino Medico Hebraeo Interprete.* Rome: Valerio and Luigi Dorici, 1539.

Manuel I. *Epistola Invictissimi Regis Portugalliae ad Leonem X.P.M. Super foedore inito cum Presbytero Joanne Aethiopiae Rege.* N.p. [Strasbourg], n.d. [1521].

al-Maqqari, Ahmad. *The History of the Mohammedan Dynasties in Spain.* Translated by Pascual de Gayangos. 2 vols. London: W. H. Allen, 1840–43.

Martire d'Anghiera, Pietro. *Una Embajada de los Reyes Católicos a Egipto según la "Legatio Babylonica" y el "Opus Epistolarum de Pedro Mártir de Anglería."* Edited in Latin and translated by Luis García y García. Valladolid: Consejo Superior de Investigaciones Científicas, 1947.

al-Masʿudi. *Les prairies d'or.* Translated by Barbier de Meynard and Pavet de Courteille; revised by Charles Pellat. 5 vols. Paris: CNRS, 1965–97.

Monroe, James T., trans. "A Curious Morisco Appeal to the Ottoman Empire," *Al-Andalus* 31 (1966): 281–303.

Münzer, Hieronymus. *Viaje por España y Portugal (1494–1495).* Translated by José López Toro. Madrid: Ediciones Polifemo, 1991.

al-Muqaddasi. *The Best Divisions for Knowledge of the Regions.* Translated by Basil Anthony Collins and Muhammad Hamid al-Tai. London: Centre for Muslim Contribution to Civilisation and Garnet Publishing, 1994.

Muradi. *La vida, y historia de Hayradin, llamado Barbarroja: Gazavat-ı Hayreddin Paşa.* Edited by Miguel A. de Bunes and Emilio Sola; translated by Juan Luis Alzamora. Granada: Servicio de Publicaciones de la Universidad de Granada, 1997.

al-Nadim. *The Fihrist of al-Nadim: A Tenth-Century Survey of Muslim Culture.* Translated by Bayard Dodge. 2 vols. New York and London: Columbia University Press, 1970.

Novellino e conti del Duecento. Edited by Sebastiano lo Negro. Turin: Unione Tipografico, 1963.

The Novellino or One Hundred Ancient Tales. Edited and translated by Joseph P. Consoli. New York and London: Garland, 1997.

Palmer, H. R., trans. *Sudanese Memoirs. Being mainly translations of a number of Arabic Manuscripts relating to the Central and Western Sudan.* 3 vols. London: Frank Cass, 1967.

Peters, F. E., ed. *Judaism, Christianity, and Islam. The Classical Texts and Their Interpretation.* 3 vols. Princeton, N.J.: Princeton University Press, 1990.

Pio, Alberto, Prince of Carpi. *Tres et viginiti Libri in locos lucubrationum variarum D. Erasmi Rhoterodami.* Venice: Luc-Antonio Giunta, 1531.

Piri Reis. *Kitab-I Bahriye (Book of Navigation).* Ankara: Republic of Turkey, Prime Ministry, Undersecretaryship of Navigation, 2002.

Pliny the Elder. *L'Histoire naturelle.* Vol. 5. Translated by Jehan Desanges. Paris: Les Belles Lettres, 1980.

Postel, Guillaume. *De la Republique des Turcs: et . . . des meurs et loys de tous Muhamedistes, par Guillaume Postel Cosmopolite.* Poitiers: Enguilbert de Marnef, 1560.

Prémare, A.-L. de, ed. *La tradition orale du Mejdub: Récits et quatrains inédits.* Aix-en-Provence: Édisud, 1986.

Psalterium Hebraeum, Graecum, Arabicum, Chaldeum cum tribus latinis interpretationibus et glossis. Edited by Agostino Giustiniani. Genoa: Petrus Paulus Porrus, 1516.

Ptolemy, Claudius. *Claudii Ptholemaei Alexandrini Liber Geographiae cum Tabulis.* Edited by Bernardo Silvano. Venice: Jacopo Pencio, 1511.

———. *In hoc opere haec Continentur Geographiae Cl. Ptolemaei.* Translated by Jacopo d'Angelo. Rome: Evangelista Tosino, 1508.

———. *Geographicae enarrationis Libri Octo.* Edited by Wilibald Pirckheimer, annotated by Joannes Regiomontanus. Strasbourg: Johann Grueninger and Johann Koberger, 1525.

———. *Ptolemy's Geography*. Translated by J. Lennart Berggren and Alexander Jones. Princeton, N.J.: Princeton University Press, 2000.

Pucci, Antonio. *Sanctissimi Domini nostri Papae Leonis Decimi, una cum coetu cardinalium, Christianissimorum que regum, et principum oratorum consultationes, pro expeditionem contra Thurcum*. N.p [Basel?], n.d. [1518].

al-Qayrawani, Ibn Abi Zayd. *La Risâla, Ou Epître sur les éléments du dogme et de la loi de l'Islam selon le rite Mâlikite*. Translated by Léon Bercher. Paris: Éditions IQRA, 1996.

Al-Quran: A Contemporary Translation. Translated by Ahmad Ali. Princeton, N.J.: Princeton University Press, 2001.

The Qur'an. A new translation. Translated by M.A.S. Abdel Haleem. Oxford: Oxford University Press, 2004.

Rabelais, François. *Oeuvres complètes*. Edited by Mireille Huchon, with the collaboration of François Moreau. Paris: Gallimard, 1994.

Ramusio, Giovanni Battista, ed. *Primo volume, et Seconda editione delle Navigationi et Viaggi . . . nelle quale si contengono La Descrittione dell'Africa*. Venice: Giunti, 1554.

———, ed. *Primo volume, et Terza editione delle Navigationi et Viaggi*. Venice: Giunti, 1563.

———, ed. *Navigazioni e Viaggi*. Edited by Marica Milanesi. 6 vols. Turin: Giulio Einaudi, 1978.

Rodrigues, Bernardo. *Anais de Arzila*. Edited by David Lopes. 2 vols. Lisbon: Academia des Ciências de Lisboa, 1915.

Romano, Giulio, Marcantonio Raimondi, and Pietro Aretino. *I Modi. The Sixteen Pleasures. An Erotic Album of the Italian Renaissance*. Edited and translated by Lynne Lawner. Evanston, Ill.: Northwestern University Press, 1988.

Saada, Lucienne, ed. *La Geste Hilalienne: Version de Bou Thadi (Tunisie)*. Paris: Gallimard, 1985.

Saduddin Efendi, Hoca. *Tac ul-Tevarih*. 3 vols. Istanbul, 1862–64.

Sanuto, Marino. *I Diarii di Marino Sanuto*. 58 vols. 1879–92. Reprint of the Venice 1879–92 edition. Bologna: Forni Editore, 1969.

Scepper, Cornelius, ed. *Rerum à Carolo V Caesare Augusto in Africa bello gestarum Commentarii*. Antwerp: Jean Bellère, 1554.

Sepúlveda, Juan Ginés de. *Ad Carolum V. Imperatorem ut bellum suscipiat in Turcas cohortatio*. Bologna: Giovanni Battista di Phaelli, 1529.

al-Shafi'i, Muhammad ibn Idris. *La Risâla, les fondements du droit musulman*. Translated by Lakhdar Souami. Paris: Sindbad, 1997.

al-Shahrastani, ʿAbd al-Karim. *Livre des religions et des sectes*. Translated by Daniel Gimaret and Guy Monnot. Louvain: Peeters/UNESCO, 1986.

———. *Muslim Sects and Divisions*. Translated by A. K. Kazi and J. G. Flynn. London, Boston, Melbourne, and Henley: Kegan Paul International, 1984.

Spandugino, Theodore. *Petit Traicté de l'origine des Turcqz*. Edited by Charles Schefer. Paris: Ernest Leroux, 1896.

Strabo. *The Geography*. Translated by H. L. Jones. 8 vols. London: William Heinemann and Cambridge, Mass.: Harvard University Press, 1960–67.

al-Sulami, ʿAbd al-Rahman. *La courtoisie en Islam: Pour une meilleure fréquentation des gens*. Translated by Tahar Gaïd. Paris: Éditions IQRA, 2001.

al-Tabari, Abu Jaʿfar Muhammad ibn Jarir. *La Chronique, Histoire des prophètes et des rois*. Abridgment by al-Balʿami. Translated by Hermann Zotenberg. 2 vols. Arles: Actes Sud, 1984.

———. *The Commentary on the Qurʾan. Being an abridged translation of Jamiʿ al-bayan ʿan taʾwil ay al-qurʾan*. Translated by J. Cooper. Oxford: Oxford University Press, 1987.

———. *The History of al-Tabari*. 39 vols. Vol. 1: *From the Creation to the Flood*, translated by Franz Rosenthal; vol. 2: *Prophets and Patriarchs*, translated by William M. Brinner. Albany: State University of New York Press, 1985–98.

Thenaud, Jean. *Le voyage d'outremer (Égypte, Mont Sinay, Palestine) de Jean Thenaud, suivi de la Relation de l'ambassade de Dominico Trevisan auprès du Soudan d'Égypte, 1512*. Edited by Charles Schefer. Paris: Ernest Leroux, 1884.

Thevenot, Jean de. *Relation d'un Voyage fait au Levant*. Paris: Louis Billaine, 1665.

Valeriano, Pierio. *Amorum Libri V*. Venice: G. Giolito, 1549.

———. *Hexametri, Odae et Epigrammata*. Venice: G. Giolito, 1550.

———. *Hieroglyphica seu De Sacris Aegyptiorum aliarumque Genium Literis Commentarii*. Lyon: Paul Frellon, 1602.

———. *Les Hieroglyphiques*. Translated by Jean de Montlyart. Lyon: Paul Frellon, 1615.

Vatin, Nicolas, ed. *Sultan Djem. Un prince ottoman dans l'Europe du 15e siècle d'après deux sources contemporaines: "Vakiʿat-I Sultan Cem," "Oeuvres" de Guillaume Caoursin*. Ankara: Imprimerie de la Société Turque d'Histoire, 1997.

al-Wazzan, al-Hasan ibn Muhammad. *Description de l'Afrique*. Translated by Alexis Épaulard; annotated by Alexis Épaulard, Théodore Monod, Henri Lhote, Raymond Mauny. New ed. Paris: Librairie d'Amérique et d'Orient, 1980–1981.

———. *Historiale Description de l'Afrique, tierce partie du monde . . . Escrite de nôtre tems* [sic] *par Iean Leon, African*. Translated by Jean Temporal. Lyon: Jean Temporal, 1556/1557.

———. *La Descrittione dell'Africa*. In *Primo volume, et Seconda editione delle Navigationi et Viaggi*, edited by Giovanni Battista Ramusio, 1r–103r. Venice: Giunti, 1554.

———. *La Descrittione dell'Africa*. In *Primo volume, et Terza editione delle Navigationi et Viaggi*, edited by Giovanni Battista Ramusio, 1r–95v. Venice: Giunti, 1563.

———. *La descrizione dell'Africa di Giovan Lioni Africano*. In Giovanni Battista Ramusio, ed., *Navigazioni e Viaggi*, edited by Marica Milanesi, 1:19–460. Turin: Giulio Einaudi, 1978.

———. *A Geographical Historie of Africa, Written in Arabicke and Italian by Iohn Leo a More, borne in Granada, and brought up in Barbarie*. Translated by John Pory. London: George Bishop, 1600.

———. *Ioannis Leonis Africani, De Totius Africae Descriptione, Libri IX*. Translated by John Florian. Antwerp: Jan de Laet, 1556.

———. "Il Trattato dell'Arte Metrica di Giovanni Leone Africano." Edited by Angela Codazzi. In *Studi orientalistici in onore di Giorgio Levi Della Vida*, 1:180–98. Rome: Istituto per l'Oriente, 1956.

———. *Wasf Ifriqiya*. Translated by Muhammad Hajji. Rabat, 1980.

———. *De Viris quibusdam Illustribus apud Arabes, per Johannem Leonem Affricanum* [sic] *ex ea Lingua in maternam traductis* and *De quibusdam Viris Illustribus apud Hebraeos per Joannem Leonem Africanum*. In *Bibliothecarius Quadripartitus*, edited by Johann Heinrich Hottinger, 246–91. Zurich: Melchior Stauffacher, 1664.

Weiditz, Christoph. *Authentic Everyday Dress of the Renaissance: All 154 Plates from the "Trachtenbuch."* Edited by Theodor Hampe. New York: Dover Publications, 1994.

Widmanstadt, Johann Albrecht. *Liber Sacrosancti Evangelii de Iesu Christo Domino et Deo nostro . . . characteribus et lingua Syra*. Vienna: Michael Zymmerman, 1562.

———, ed. *Mahometis Abdallae Filii Theologia Dialogo explicata, Hermanno Nellingaunense interprete. Alcorani Epitome Roberto Ketense Anglo interprete. Iohannis Alberti Widmestadii Iurisconsulti Notationes falsarum impiarumque opinionum Mahumetis, quae in hisce libris occurrunt*. N.p. [Nuremberg], 1543.

二手研究

Abel, Armand. "Dhu'l Qarnayn, prophète de l'universalité." *Annuaire de l'Institut de Philologie et d'Histoire Orientales et Slaves* 11 (1951): 5–18.

Abun-Nasr, Jamil M. *A History of the Maghrib in the Islamic Period.* Cambridge: Cambridge University Press, 1987.

Actas del VIII Simposio Internacional de Mudejarismo (1999). De mudéjares a moriscos: una conversión forzada. 2 vols. Teruel: Centro de Estudios Mudéjares, 2002.

Adang, Camilla. "Ibn Hazm on Homosexuality. A Case-Study of Zahiri Legal Methodology." *Al-Qantara* 24 (2003): 5–31.

Ahmed, Leila. *Women and Gender in Islam.* New Haven, Conn.: Yale University Press, 1992.

Akbari, Suzanne Conklin. "From Due East to True North: Orientalism and Orientation." In *The Postcolonial Middle Ages*, edited by Jeffrey Jerome Cohen, 19–34. New York: St. Martin's Press, 2000.

Alberto Pio III, Signore di Carpi (1475–1975). Modena: Aedes Muratoriana, 1977.

Allen, Don Cameron. *The Legend of Noah.* Urbana: University of Illinois Press, 1963.

Amram, David. *The Makers of Hebrew Books in Italy.* London: Holland Press, 1963.

Andrea, Bernadette. "Columbus in Istanbul: Ottoman Mappings of the 'New World.'" *Genre* 30 (Spring/Summer 1997): 135–65.

Annecchino, Valeria. *La Basilica di Sant'Agostino in Campo Marzio e l'ex complesso conventuale, Roma.* Genoa: Edizioni d'Arte Marconi, 2000.

Arié, Rachel. *L'Espagne musulmane au temps des Nasrides (1232–1492).* Paris: Éditions de Boccard, 1973.

———. *Études sur la civilisation de l'Espagne musulmane.* Leiden: E. J. Brill, 1990.

———. *Miniatures hispano-musulmanes. Recherches sur un manuscrit arabe illustré de l'Escurial.* Leiden: E. J. Brill, 1969.

Arrizabalaga, Jon, John Henderson, and Roger French. *The Great Pox. The French Disease in Renaissance Europe.* New Haven and London: Yale University Press, 1998.

Atiyeh, George N., ed. *The Book in the Islamic World: The Written Word and Communication in the Middle East.* Albany: SUNY Press, 1995.

al-Azmeh, Aziz. "Barbarians in Arab Eyes." *Past and Present* 134 (1992): 3–18.

———. *Ibn Khaldun. An Essay in Reinterpretation.* 2nd ed. Budapest: Central European University Press, 2003.

Bedini, Silvio A. *The Pope's Elephant.* London: Carcanet, 1997.

Benchekroun, Muhammad B. A. *La vie intellectuelle marocaine sous les Mérinides et les Wattasides.* Rabat, 1974.

Bennassar, Bartolomé, and Lucile Bennassar. *Les Chrétiens d'Allah: L'histoire extraordinaire des renégats, XVIe–XVIIe siècles.* Paris: Perrin, 1987.

Bennassar, Bartolomé, and Robert Sauzet, eds. *Chrétiens et Musulmans à la Renaissance. Actes du 37e colloque international du CESR (1994).* Paris: Honoré Champion, 1998.

Berkey, Jonathan. *The Transmission of Knowledge in Medieval Cairo.* Princeton, N.J.: Princeton University Press, 1992.

Bernheimer, Carlo. *Catalogo dei Manoscritti Orientali della Biblioteca Estense.* Modena: Libreria dello Stato, 1960.

Blachère, Régis. *Histoire de la littérature arabe des origines à la fin du XVe siècle.* 3 vols. Paris: Librairie d'Amérique et d'Orient, 1964–66.

Black, Crofton. "Leo Africanus's *Descrittione dell'Africa* and its Sixteenth-Century Translations." *Journal of the Warburg and Courtauld Institutes* 65 (2002): 262–72.

Blair, Sheila S., and Jonathan Bloom. *The Art and Architecture of Islam 1250–1800.* New Haven and London: Yale University Press, 1995.

Bloom, Jonathan. *Paper Before Print: The History and Impact of Paper in the Islamic World.* New Haven and London: Yale University Press, 2001.

Bobzin, Hartmut. "Juan Andrés und sein Buch *Confusion dela secta mahomatica* (1515)." In *Festgabe für Hans-Rudolf Singer*, edited by Martin Forstner, 528–48. Frankfurt: Peter Lang, 1991.

———. *Der Koran im Zeitalter der Reformation: Studien zur Frühgeschichte der Arabistik und Islamkunde in Europa.* Beirut and Stuttgart: Franz Steiner Verlag, 1995.

Bonner, Michael, Mine Ener, and Amy Singer, eds. *Poverty and Charity in Middle Eastern Contexts.* Albany: SUNY Press, 2003.

Bono, Salvatore. *Corsari nel Mediterraneo: Cristiani e Musulmani fra guerra, schiavitù e commercio.* Milan: Arnoldo Mondadori, 1993.

———. *Schiavi musulmani nell'Italia moderna.* Naples: Edizioni Scientifiche Italiane, 1999.

Bouhdiba, Abdelwahab. *La sexualité en Islam.* Paris: Quadrige/Presses Universitaires de France, 1998.

Bovill, Edward William. *The Golden Trade of the Moors.* 2nd ed. Princeton, N.J.: Markus Wiener Publishers, 1995.

Braude, Benjamin. "The Sons of Noah and the Construction of Ethnic and Geographical Identities in the Medieval and Early Modern Periods." *William and Mary Quarterly* 54, no. 1 (January 1997): 103–41.

Braudel, Fernand. *La Méditerranée et le monde méditerranéen.* 2 vols. Paris: Armand Colin, 1966.

Bridges, M., and J. C. Bürgel, eds. *The Problematics of Power: Eastern and Western Representations of Alexander the Great.* Berne: Peter Lang, 1996.

Brignon, Jean, Abdelaziz Amine, Brahim Boutaleb, Guy Martinet, and Bernard Rosenberger. *Histoire du Maroc.* Paris: Hatier and Casablanca: Librairie Nationale, 1994.

Brundage, James. *Law, Sex, and Christian Society in Medieval Europe.* Chicago and London: University of Chicago Press, 1987.

Brunschvig, Robert. *La Berbérie orientale sous les Hafsides des origines à la fin du XVe siècle.* 2 vols. Paris: Librairie d'Amérique et d'Orient, 1940–47.

Buisseret, David. *The Mapmakers' Quest. Depicting New Worlds in Renaissance Europe.* Oxford: Oxford University Press, 2003.

Bullard, Melissa Meriam. *Filippo Strozzi and the Medici: Favor and Finance in Sixteenth-Century Florence and Rome.* Cambridge: Cambridge University Press, 1980.

Burke, Peter. *The Fortunes of the Courtier. The European Reception of Castiglione's "Cortegiano."* University Park, Pa.: Pennsylvania State University Press, 1996.

Burman, Thomas. "Cambridge University Library MS Mm.v.26 and the History of the Study of the Qur'an in Medieval and Early Modern Europe." In *Religion, Text, and Society in Medieval Spain and Northern Europe: Essays in Honor of J. N. Hillgarth,* edited by Thomas Burman, Mark D. Meyerson, and Leah Shopkow, 335–63. Toronto: Pontifical Institute of Mediaeval Studies, 2002.

———. "Polemic, Philology, and Ambivalence: Reading the Qur'an in Latin Christendom." *Journal of Islamic Studies* 15, no. 2 (2004): 181–209.

Burnett, Charles. "Learned Knowledge of Arabic Poetry, Rhymed Prose and Didactic Verse, from Petrus Alfonsi to Petrarch." In *In the Middle Ages: A Festschrift for Peter Dronke,* edited by John Marenbon. Leiden: E. J. Brill, 2001.

Burnett, Charles, and Anna Contadini, eds. *Islam and the Italian Renaissance.* London: Warburg Institute, 1999.

Carey, George. *The Medieval Alexander.* Edited by D.J.A. Ross. Cambridge: Cambridge University Press, 1956.

Casiri, Miguel. *Bibliotheca Arabico-Hispana Escurialensis.* 2 vols. Madrid: Antonius Perez de Soto, 1760–70.

Certeau, Michel de. "Montaigne's 'Of Cannibals': The Savage 'I'." In *Heterologies: Discourse on the Other,* 67–79. Translated by Brian Massumi. Minneapolis: University of Minnesota Press, 1986.

Chebel, Malek. *L'esprit de sérail. Perversions et marginalités sexuelles au Maghreb.* Paris: Lieu Commun, 1988.

Chittick, William C. *Imaginal Worlds: Ibn al-'Arabi and the Problem of Religious Diversity*. Albany: State University of New York Press, 1994.

Cissoko, Sékéné Mody. *Tombouctou et l'Empire Songhay*. Paris and Montréal: L'Harmattan, 1996.

Codazzi, Angela. "Leone Africano." In *Enciclopedia italiana*, 20:899. Rome, 1933.

———. "Dell'unico manoscritto conosciuto della *Cosmografia dell'Africa* di Giovanni Leone l'Africano." In *Comptes rendus du Congrès international de géographie. Lisbonne 1949*, 4:225–26. Lisbon, 1952.

Cohen, Elizabeth S. "Seen and Known: Prostitutes in the Cityscape of Late-Sixteenth-Century Rome." *Renaissance Studies* 12, no. 3 (1998): 392–401.

Cohen, Elizabeth S., and Thomas V. Cohen. *Daily Life in Renaissance Italy*. Westport, Conn.: Greenwood Press, 2001.

Cohen, Mark R. *Under Crescent and Cross. The Jew in the Middle Ages*. Princeton, N.J.: Princeton University Press, 1994.

Cohen, Thomas V., and Elizabeth S. Cohen. *Words and Deeds in Renaissance Rome: Trials before the Papal Magistrates*. Toronto: University of Toronto Press, 1993.

Cook, Jr., Weston F. *The Hundred Years War for Morocco: Gunpowder and the Military Revolution in the Early Modern Muslim World*. Boulder, Colo.: Westview Press, 1994.

Cooper, Richard. *Rabelais et l'Italie*. Études rabelaisiennes 24. Geneva: Librairie Droz, 1991.

Corbin, Henry. *Histoire de la philosophie islamique*. Paris: Gallimard, 1986.

Cornell, Vincent J. *Realm of the Saint: Power and Authority in Moroccan Sufism*. Austin: University of Texas Press, 1998.

———. "Socioeconomic Dimensions of Reconquista and Jihad in Morocco: Portuguese Dukkala and the Sa'did Sus, 1450–1557." *International Journal of Middle East Studies* 22 (1990): 383–92.

Corriente, Federico. *Árabe andalusí y lenguas romances*. Madrid: Editorial Mapfre, 1992.

Cruz Hernández, Miguel. *Abu-l-Walid ibn Rushd (Averroës): Vida, obra, pensamiento, influentia*. Córdoba, 1986.

D'Amico, John F. *Renaissance Humanism in Papal Rome: Humanists and Churchmen on the Eve of the Reformation*. Baltimore and London: Johns Hopkins University Press, 1983.

Delumeau, Jean. *Rome au XVIe siècle*. Paris: Hachette, 1975.

Dermenghem, Émile. *Le culte des saints dans l'Islam maghrébin*. Paris: Gallimard, 1954.

Detienne, Marcel and Jean-Pierre Vernant. *Cunning Intelligence in Greek Culture and Society.* Translated by Janet Lloyd. Chicago: University of Chicago Press, 1991.

D'Onofrio, Cesare. *Castel S. Angelo.* Rome: Cassa di Risparmio di Roma, 1971.

Dunn, Ross. *The Adventures of Ibn Battuta, a Muslim Traveler of the 14th Century.* Berkeley and Los Angeles: University of California Press, 1986.

Eco, Umberto. *Experiences in Translation.* Translated by Alastair McEwen. Toronto: University of Toronto Press, 2001.

Egidio da Viterbo, O.S.A. e il suo tempo. Atti del V convegno dell' Istituto Storico Agostiniano, Roma-Viterbo, 20–23 ottobre 1982. Rome: Ed. "Analecta Augustiniana," 1983.

Eliav-Feldon, Miriam. "Invented Identities: Credulity in the Age of Prophecy and Exploration." *Journal of Early Modern History* 3 (1999): 203–32.

El-Shamy, Hasan M. *Folk Traditions of the Arab World. A Guide to Motif Classification.* 2 vols. Bloomington and Indianapolis: Indiana University Press, 1995.

———. *Types of the Folktale in the Arab World. A Demographically-Oriented Tale-Type Index.* Bloomington and Indianapolis: Indiana University Press, 2004.

The Encyclopaedia of Islam. Leiden, 1913–1936; supplement, 1938. New ed., 1954–2001.

Epstein, Steven. *Speaking of Slavery: Color, Ethnicity and Human Bondage in Italy.* Ithaca, N.Y.: Cornell University Press, 2001.

Esposito, John L., ed. *The Oxford Encyclopedia of the Modern Islamic World.* 4 vols. New York and Oxford: Oxford University Press, 1995.

Fahd, Toufic. *La divination arabe. Études religieuses, sociologiques et folkloriques sur le milieu natif de l'Islam.* Paris: Sindbad, 1987.

Fakhry, Majid. *Averroës (Ibn Rushd). His Life, Works and Influence.* Oxford: One World, 2001.

Ferhat, Halima. "Abu-l-'Abbas: Contestation et sainteté." *Al-Qantara* 13 (1992): 181–99.

———. *Le Soufisme et les Zaouyas au Maghreb. Mérite individuel et patrimoine sacré.* Casablanca: Éditions Toubkal, 2003.

Ferhat, Halima, and Hamid Triki. "Hagiographie et religion au Maroc médiéval." *Hespéris Tamuda* 24 (1986): 17–51.

Fisher, Humphrey J. "Leo Africanus and the Songhay Conquest of Hausaland." *International Journal of African Historical Studies* 11 (1978): 86–112.

Fleischer, Cornell H. "The Lawgiver as Messiah: The Making of the Imperial Image in the Reign of Süleyman." In *Soliman le Magnifique et son temps.*

Actes du Colloque de Paris, Galéries nationales du Grand Palais 7–10 mars 1990, edited by Gilles Veinstein, 159–77. Paris: École du Louvre and EHESS, 1992.

———. "Seer to the Sultan: Haydar-I Remmal and Sultan Süleyman." In *Cultural Horizons. A Festschrift in Honor of Talat S. Halman*, edited by Jayne L. Warner, 290–99. Syracuse, N.Y.: Syracuse University Press, 2001.

Frede, Carlo de. *La prima traduzione italiana del Corano*. Naples: Istituto Universitario Orientale, 1967.

Gaignard, Catherine. *Maures et chrétiens à Grenade, 1492–1570*. Paris: Éditions L'Harmattan, 1997.

Gaignebet, Claude. *A plus hault sens. L'esotérisme spirituel et charnel de Rabelais*. 2 vols. Paris: Maisonneuve et Larose, 1986.

Gaisser, Julia Haig. "The Rise and Fall of Goritz's Feasts." *Renaissance Quarterly* 48 (1995): 41–57.

Galán Sánchez, Ángel. *Los mudéjares del reino de Granada*. Granada: Universidad de Granada, 1991.

Gams, Pius Bonifacius, ed. *Series episcoporum ecclesiae catholicae*. Leipzig: Karl Hiersemann, 1931.

García-Arenal, Mercedes. "The Revolution of Fas in 869/1465 and the Death of Sultan 'Abd al-Haqq al-Marini." *Bulletin of the School of Oriental and African Studies* 41 (1978): 43–66.

———. "Sainteté et pouvoir dynastique au Maroc: La résistance de Fès aux Sa'diens." *Annales.ESC* 45 (1990): 1019–42.

———, ed. *Conversions islamiques. Identités religieuses en Islam méditerranéen*. Paris: Maisonneuve et Larose, 2001.

García-Arenal, Mercedes, and María J. Viguera, eds. *Relaciones de la península Ibérica con el Magreb siglos XIII–XVI. Actas del Coloquio (Madrid, 17–18 diciembre 1987)*. Madrid: CSIC, 1988.

García-Arenal, Mercedes, and Gerard Wiegers. *A Man of Three Worlds: Samuel Pallache, a Moroccan Jew in Catholic and Protestant Europe*. Translated by Martin Beagles. Baltimore, Md.: Johns Hopkins University Press, 2003.

Gattoni, Maurizio. *Leone X e la Geo-Politica dello Stato Pontificio (1513–1521)*. Vatican City: Archivio Segreto Vaticano, 2000.

Goffman, Daniel. *The Ottoman Empire and Early Modern Europe*. Cambridge: Cambridge University Press, 2002.

Gold, Leonard Singer, ed. *A Sign and a Witness: 2000 Years of Hebrew Books and Illuminated Manuscripts*. New York: New York Public Library and Oxford: Oxford University Press, 1988.

Goldman, Israel. *The Life and Times of Rabbi David Ibn Ali Zimra*. New York: Jewish Theological Seminary, 1970.

Gouwens, Kenneth. *Remembering the Renaissance: Humanist Narratives of the Sack of Rome*. Leiden, Boston, and Cologne: E. J. Brill, 1998.

Grabar, Oleg. *The Illustrations of the Maqamat*. Chicago and London: University of Chicago Press, 1984.

Guesdon, Marie-Geneviève, and Annie Vernay-Nouri, eds. *L'art du livre arabe*. Paris: Bibliothèque nationale de France, 2001.

Haddad-Chamakh, Fatma, and Alia Baccar-Bournaz, eds. *L'écho de la prise de Grenade dans la culture européene aux XVIe et XVIIe siècles. Actes du Colloque de Tunis 18–21 novembre 1992*. Tunis: Cérès, 1994.

Hajji, Muhammad. *L'activité intellectuelle au Maroc à l'époque Sa'dide*. 2 vols. Rabat: Dar El-Maghrib, 1976–77.

al-Hajwi, Muhammad al-Mahdi. *Hayat al-Wazzan al-Fasi wa-atharuh*. Rabat, 1935.

Hale, J. R. *Machiavelli and Renaissance Italy*. New York: Collier Books, 1960.

Hallaq, Wael B. *Authority, Continuity and Change in Islamic Law*. Cambridge: Cambridge University Press, 2001.

Hama, Boubou. *Histoire du Gobir et de Sokoto*. Paris: 1967.

Hamani, Djibo Mallal. *Au carrefour du Soudan et de la Berberie: Le sultanat touareg de l'Ayar*. Niamey: Institut de Recherches en Sciences Humaines, 1989.

Hamilton, Alastair. "Eastern Churches and Western Scholarship." In *Rome Reborn. The Vatican Library and Renaissance Culture*, edited by Anthony Grafton, 225–49. Washington, D.C.: Library of Congress, New Haven: Yale University Press, and Vatican City, Biblioteca Apostolica Vaticana, 1993.

Hampton, Timothy. "'Turkish Dogs': Rabelais, Erasmus, and the Rhetoric of Alterity." *Representations* 41 (Winter 1993): 58–82.

Hanebutt-Benz, Eva, Dagmar Glass, Geoffrey Roper, and Theo Smets, eds. *Middle Eastern Languages and the Print Revolution. A Cross-Cultural Encounter*. Westhofen: WVA-Verlag Skulima, 2002.

Harley, J. B., and David Woodward, eds. *The History of Cartography*. Vol. 1: *Cartography in Prehistoric, Ancient, and Medieval Europe and the Mediterranean*; vol. 2, bk. 1. *Cartography in the Traditional Islamic and South Asian Societies*. Chicago and London: University of Chicago Press, 1987.

Haywood, John A. *Arabic Lexicography. Its History, and its Place in the General History of Lexicography*. Leiden: E. J. Brill, 1960.

Herzig, Tamar. "The Demons' Reaction to Sodomy: Witchcraft and Homosexuality in Gianfrancesco Pico della Mirandola's *Strix*." *Sixteenth-Century Journal* 34 (2003): 52–72.

Hirst, Michael. *Sebastiano del Piombo*. Oxford: Clarendon Press, 1981.

Hitti, Philip K. *History of the Arabs from the Earliest Times to the Present.* 10th ed. New York: St. Martin's Press, 1996.

Holl, Augustin F. C. *The Diwan Revisited: Literacy, State Formation and the Rise of Kanuri Domination (AD 1200–1600).* London and New York: Kegan Paul International, 2000.

Hook, Judith. *The Sack of Rome, 1527.* 2nd ed. London: Palgrave Macmillan, 2004.

Hunwick, John. "Al-Maghili and the Jews of Tuwat: The Demise of a Community." *Studi islamica* 61 (1985): 157–83.

———. "The Rights of *Dhimmis* to Maintain a Place of Worship: A 15th Century *Fatwa* from Tlemcen." *Al-Qantara* 12 (1991): 133–55.

Hunwick, John, and Eve Trout Powell, eds. *The African Diaspora in the Mediterranean Lands of Islam.* Princeton, N.J.: Markus Wiener Publishers, 2002.

Imperiale, Louis. *La Roma clandestina de Francisco Delicado y Pietro Aretino.* New York: Peter Lang, 1997.

Jansky, H. "Die Eroberung Syriens durch Sultan Selim." *Mitteilungen zur osmanischen Geschichte* 2 (1923–26): 173–241.

Jardine, Lisa, and Jerry Brotton. *Global Interests: Renaissance Art between East and West.* Ithaca, N.Y.: Cornell University Press, 2000.

Jomier, Jacques. *Le mahmal et la caravane égyptienne des pèlerins de La Mecque, XIIIe–XXe siècles.* Cairo: Institut Français d'Archéologie Orientale, 1953.

Julien, Charles-André. *Histoire de l'Afrique du Nord (Tunisie, Algérie, Maroc) de la conquête arabe à 1830.* 2nd ed., 2 vols. Paris: Payot, 1964.

Kably, Muhammad. *Société, pouvoir et religion au Maroc à la fin du Moyen-Âge (XIVe–XVe siècle).* Paris: Maisonneuve and Larose, 1986.

Kalck, Pierre. "Pour une localisation du royaume de Gaoga." *Journal of African History* 13 (1972): 520–40.

Karrow, Robert W., Jr. *Mapmakers of the Sixteenth Century and Their Maps.* Chicago: Newberry Library, 1993.

Kaufmann, David. "Jacob Mantino. Une page de l'histoire de la Renaissance." *Revue des études juives* 27 (1893): 30–60, 207–38.

Kennedy, Philip F. "The Maqamat as a Nexus of Interests: Reflections on Abdelfattah Kilito's *Les Seánces* and Other Works." In *Muslim Horizons*, edited by Julia Ashtiany Bray. London and New York: Routledge Curzon, forthcoming.

Khatibi, Abdelkebir, and Muhammad Sijelmassi. *The Splendor of Islamic Calligraphy.* London and New York: Thames and Hudson, 2001.

Khoury, Philip S., and Joseph Kostiner, eds. *Tribes and State Formation in the Middle East.* Berkeley and Los Angeles: University of California Press, 1990.

Khushaim, Ali Fahmi. *Zarruq the Sufi*. Tripoli: General Company for Publication, 1976.

Kilito, Abdelfattah. *Les séances: Récits et codes culturels chez Hamadhani et Hariri*. Paris: Sindbad, 1983.

———. *L'auteur et ses doubles: Essai sur la culture arabe classique*. Paris: Éditions du Seuil, 1985.

Klapisch-Zuber, Christiane. "L'adoption impossible dans l'Italie de la fin du Moyen Âge." In *Adoption et fosterage*, edited by Mireille Corbier, 321–37. Paris: De Boccard, 1999.

———. *Women, Family and Ritual in Renaissance Italy*. Translated by Lydia G. Cochrane. Chicago: University of Chicago Press, 1985.

Kuehn, Thomas. "L'adoption à Florence à la fin du Moyen-Âge." *Médiévales* 35 (Autumn 1998): 69–81.

Kurzel-Runtscheiner, Monica. *Töchter der Venus. Die Kurtisanen Roms im 16. Jahrhundert*. Munich: C. H. Beck, 1995.

Ladero Quesada, Miguel Ángel. *Granada después la conquista: Repobladores y mudéjares*. Granada: Diputación Provincial de Granada, 1988.

Lagardère, Vincent. *Histoire et société en Occident musulman au Moyen Âge. Analyse du "Miʿyar" d'al-Wansharisi*. Madrid: Casa de Velázquez, 1995.

Larguèche, Dalenda, ed. *Histoire des femmes au Maghreb*. Tunis: Centre de Publication Universitaire, 2000.

Le Tourneau, Roger. *Fez in the Age of the Marinides*. Translated by Besse Albert Clement. Norman: University of Oklahoma Press, 1961.

Levi Della Vida, Giorgio. *Ricerche sulla formazione del più antico fondo dei manoscritti orientali della Biblioteca Vaticana*. Vatican City: Biblioteca Apostolica Vaticana, 1939.

———. *Elenco dei manoscritti arabi islamici della Biblioteca Vaticana*. Vatican City: Biblioteca Apostolica Vaticana, 1935.

Lévi-Provençal, E. *Les historiens des Chorfa: Essai sur la littérature historique et biographique au Maroc du XVIe au XXe siècle*. Paris: É. Larose, 1922.

Lewis, Bernard. *Race and Color in Islam*. New York: Harper and Row, 1971.

Lewis, Martin W., and Kären E. Wigen. *The Myth of Continents. A Critique of Metageography*. Berkeley and Los Angeles: University of California Press, 1997.

Linant de Bellefonds, Yves. *Traité de droit musulman comparé*. 3 vols. Paris and The Hague: Mouton, 1965–73.

Löfgren, Oscar, and Renato Traini. *Catalogue of the Arabic Manuscripts in the Biblioteca Ambrosiana*. 2 vols. Milan: Neri Pozza Editore, 1975.

Losada, Angel. *Juan Ginés de Sepúlveda a través de su "Epistolario" y nuevos documentos*. Madrid: Consejo Superior de Investigaciones Científicas, 1973.

Maalouf, Amin. *Léon l'Africain*. Paris: J. C. Lattès, 1986.

Malti-Douglas, Fedwa. *Woman's Body, Woman's Word. Gender and Discourse in Arabo-Islamic Writing*. Princeton, N.J.: Princeton University Press, 1991.

Marín, Manuela. *Mujeres en al-Ándalus*. Madrid: Consejo Superior de Investigaciones Científicas, 2000.

Marinelli, Peter V. *Ariosto and Boiardo: The Origins of "Orlando Furioso."* Columbia: University of Missouri Press, 1987.

Marmon, Shaun, ed. *Slavery in the Islamic Middle East*. Princeton, N.J.: Markus Wiener Publishers, 1999.

Le Maroc Andalou: À la découverte d'un art de vivre. Casablanca: EDDIF and Aix-en-Provence: Édisud, 2000.

Martin, Francis X. *Friar, Reformer, and Renaissance Scholar: Life and Work of Giles of Viterbo, 1469–1532*. Villanova, Pa.: Augustinian Press, 1992.

Masonen, Pekka. *The Negroland Revisited: Discovery and Invention of the Sudanese Middle Ages*. Helsinki: Finnish Academy of Science and Letters, 2000.

Massignon, Louis. *Le Maroc dans les premières années du 16e siècle. Tableau géographique d'après Léon l'Africain*. Algiers: Typographie Adolphe Jourdan, 1906.

Matthee, Rudi. "Prostitutes, Courtesans, and Dancing Girls: Women Entertainers in Safavid Iran." In *Iran and Beyond: Essays in Middle Eastern History in Honor of Nikki R. Keddie*, edited by Rudi Matthee and Beth Baron. Costa Mesa, Calif.: Mazda Publishers, 2000.

Mazzuchelli, Giammaria. *Gli Scrittori d'Italia*. 3 vols. Brescia, 1753.

McAuliffe, Jane Dammen, Barry D. Walfish, and Joseph W. Goering, eds. *With Reverence for the Word: Medieval Scriptural Exegesis in Judaism, Christianity, and Islam*. Oxford: Oxford University Press, 2003.

McIntosh, Gregory C. *The Piri Reis Map of 1513*. Athens, Ga., and London: University of Georgia Press, 2000.

Mediano, Fernando Rodríguez. *Familias de Fez (SS. XV–XVII)*. Madrid: Consejo Superior de Investigaciones Científicas, 1995.

Menocal, María Rosa, Raymond P. Scheindlin, and Michael Sells, eds. *The Literature of al-Andalus*. Cambridge: Cambridge University Press, 2000.

Meyerson, Mark. *The Muslims of Valencia in the Age of Fernando and Isabel: Between Coexistence and Crusade*. Berkeley and Los Angeles: University of California Press, 1991.

Minnich, Nelson. "Raphael's *Portrait of Leo X with Cardinals Giulio de' Medici and Luigi de' Rossi*: A Religious Interpretation." *Renaissance Quarterly* 56 (2003): 1005–46.

———. *The Catholic Reformation: Council, Churchmen, Controversies*. Aldershot: Variorum, 1993.

Miquel, André. *La géographie humaine du monde musulman jusqu'au milieu du IIe siècle*. 4 vols. Paris and The Hague: Mouton, 1973–88.

Monroe, James T. *The Art of Badiʿ az-Zaman al-Hamadhani as Picaresque Narrative*. Beirut: American University, 1983.

Murray, Stephen O., and Will Roscoe, eds., *Islamic Homosexualities*. New York and London: New York University Press, 1997.

Niccoli, Ottavia. *Prophecy and People in Renaissance Italy*. Translated by Lydia G. Cochrane. Princeton, N.J.: Princeton University Press, 1990.

Nirenberg, David. *Communities of Violence: Persecution of Minorities in the Middle Ages*. Princeton, N.J.: Princeton University Press, 1996.

Odier, Jeanne Bignami. *La Bibliothèque Vaticane de Sixte IV à Pie XI*. Vatican City: Biblioteca Apostolica Vaticana, 1973.

Oliel, Jacob. *Les Juifs au Sahara: Le Touat au Moyen Âge*. Paris: CNRS Éditions, 1994.

O'Malley, John W. *Giles of Viterbo on Church and Reform: A Study in Renaissance Thought*. Leiden: E. J. Brill, 1968.

Partner, Peter. *The Pope's Men: The Papal Civil Service in the Renaissance*. Oxford: Clarendon Press, 1990.

———. *Renaissance Rome. 1500–1559*. Berkeley and Los Angeles: University of California Press, 1976.

Pasquier, Jules. *Jérôme Aléandre de sa naissance à la fin de son séjour à Brindes*. Paris: E. Leroux, 1900.

Pastor, Ludwig. *History of the Popes from the Close of the Middle Ages*. 40 vols. London: Routledge and Kegan Paul, 1898–1953.

Pedersen, Johannes. *The Arabic Book*. Translated by Geoffrey French. Princeton, N.J.: Princeton University Press, 1984.

Peirce, Leslie. *The Imperial Harem: Women and Sovereignty in the Ottoman Empire*. New York and Oxford: Oxford University Press, 1993.

Perles, Joseph. *Beiträge zur Geschichte der hebräischen und aramäischen Studien*. Munich: Theodor Ackermann, 1884.

Peters, Rudolph. *Jihad in Classical and Modern Islam. A Reader*. Princeton, N.J.: Markus Wiener Publishers, 1996.

Petrucci, Armando. *Writers and Readers in Medieval Italy. Studies in the History of Written Culture*. Edited and translated by Charles M. Radding. New Haven and London: Yale University Press, 1995.

Petry, Carl F. *Protectors or Praetorians? The Last Mamluk Sultans and Egypt's Waning as a Great Power*. Albany: SUNY Press, 1994.

Pouillon, François, and Oumelbanine Zhiri, eds. *Léon l'Africain*. Paris: Institut d'Étude de l'Islam et des Sociétés du Monde Musulman (EHESS), forthcoming.

Powers, David S. *Law, Society, and Culture in the Maghrib, 1300–1500*. Cambridge: Cambridge University Press, 2002.

Racine, Matthew T. "Service and Honor in Sixteenth-Century Portuguese North Africa: Yahya-u-Ta'fuft and Portuguese Noble Culture." *Sixteenth-Century Journal* 32 (2001): 67–90.

Rauchenberger, Dietrich. *Johannes Leo der Afrikaner. Seine Beschreibung des Raumes zwischen Nil und Niger nach dem Urtext*. Wiesbaden: Harrassowitz Verlag, 1999.

Reeves, Marjorie, ed. *Prophetic Rome in the High Renaissance*. Oxford: Clarendon Press, 1992.

Reynolds, Dwight F., ed. *Interpreting the Self: Autobiography in the Arabic Literary Tradition*. Berkeley and Los Angeles: University of California Press, 2001.

Ricard, Robert. *Études sur l'histoire des portuguais au Maroc*. Coimbra: Universidade da Coimbra, 1955.

Robinson, Chase F. *Islamic Historiography*. Cambridge: Cambridge University Press, 2003.

Rocke, Michael. *Forbidden Friendships: Homosexuality and Male Culture in Renaissance Florence*. New York and Oxford: Oxford University Press, 1996.

Roded, Ruth, ed. *Women in Islam and the Middle East. A Reader*. London and New York: I. B. Tauris, 1999.

Rosenberger, Bernard, and Hamid Triki. "Famines et épidémies au Maroc aux XVIe et XVIIe siècles." *Hespéris Tamuda* 14 (1973): 109–75.

Rosenthal, Franz. *A History of Muslim Historiography*. Leiden: E. J. Brill, 1952.

Rotunda, D. P. *Motif-Index of the Italian Novella in Prose*. Bloomington: Indiana University Press, 1942.

Rowland, Ingrid. *The Culture of the High Renaissance. Ancients and Moderns in Sixteenth-Century Rome*. Cambridge: Cambridge University Press, 1998.

Ruderman, David, ed. *Essential Papers on Jewish Culture in Renaissance and Baroque Italy*. New York and London: New York University Press, 1992.

Ruggiero, Guido. *The Boundaries of Eros: Sex Crime and Sexuality in Renaissance Venice*. New York and Oxford: Oxford University Press, 1985.

Saad, Elias. *Social History of Timbuktu: The Role of Muslim Scholars and Notables, 1400–1900*. Cambridge: Cambridge University Press, 1983.

Sabattini, Alberto. *Alberto III Pio: Politica, diplomazia e guerra del conte di Carpi.* Carpi: Danae, 1994.

Safran, Janina M. *The Second Umayyad Caliphate. The Articulation of Caliphal Legitimacy in al-Andalus.* Cambridge, Mass.: Harvard University Press, 2000.

Sallis, Eva. *Sheherazade through the Looking Glass: The Metamorphosis of the "Thousand and One Nights."* Surrey: Curzon Press, 1999.

Salmon, Pierre, ed. *Mélanges d'Islamologie: Volume dédié à la mémoire de Armand Abel.* Leiden: E. J. Brill, 1974.

Sartain, E. M. *Jalal al-din al-Suyuti. Biography and Background.* 2 vols. Cambridge: Cambridge University Press, 1975.

Sayyid, Ayman Fu'ad. "Early Methods of Book Composition: al-Maqrizi's Draft of the 'Kitab al-Khitat.'" In *The Codicology of Islamic Manuscripts*, edited by Yasin Dutton. London: Al-Furqan Islamic Heritage Foundation, 1995.

al-Sayyid-Marsot, Afaf Lutfi, ed. *Society and the Sexes in Medieval Islam.* Malibu, Calif.: Undena Publications, 1979.

Schimmel, Annemarie. *As Through a Veil. Mystical Poetry in Islam.* New York: Columbia University Press, 1982.

———. *The Triumphal Sun. A Study of the Works of Jalaloddin Rumi.* Albany: SUNY Press, 1993.

Secret, F. *Les Kabbalistes chrétiens de la Renaissance.* Paris: Dunod, 1964.

———. *Postel revisité. Nouvelles recherches sur Guillaume Postel et son milieu.* Paris: SÉHA and Milan: Arché, 1998.

Serfaty, Nicole. *Les courtisans juifs des sultans marocains: Hommes politiques et hauts dignitaires, XIIIe–XVIIIe siècles.* Saint-Denis: Éditions Bouchène, 1999.

Setton, Kenneth M. *The Papacy and the Levant (1204–1571).* 4 vols. Philadelphia: American Philosophical Society, 1976–84.

Shatzmiller, Maya. *The Berbers and the Islamic State.* Princeton, N.J.: Markus Wiener Publishers, 2000.

———. *Labour in the Medieval Islamic World.* Leiden: E. J. Brill, 1994.

———. "Women and Property Rights in al-Andalus and the Maghrib: Social Patterns and Legal Discourse." *Islamic Law and Society* 2 (1995): 219–57.

Signorelli, Giuseppe. *Il Card. Egidio da Viterbo: Agostiniano, umanista e riformatore, 1464–1532.* Florence: Libreria Editrice Fiorentina, 1924.

Silverberg, Robert. *The Realm of Prester John.* Athens: Ohio University Press, 1972.

Società, politica e cultura a Carpi ai tempi di Alberto III Pio. Atti del Convegno Internazionale (Carpi, 19–21 Maggio 1978). 2 vols. Padua: Editrice Antenore, 1981.

Spaulding, J. L. "Comment: The Geographic Location of Gaoga." *Journal of African History* 14 (1973): 505–8.

Spivakovksy, Erika. *Son of the Alhambra: Diego Hurtado de Mendoza, 1504–1575*. Austin and London: University of Texas Press, 1970.

Stewart, Devin J., Baber Johansen, and Amy Singer. *Law and Society in Islam*. Princeton, N.J.: Markus Wiener Publishers, 1996.

Stow, Kenneth. *The Jews in Rome*. 2 vols. Leiden: E. J. Brill, 1997.

———. "Marriages Are Made in Heaven: Marriage and the Individual in the Roman Jewish Ghetto." *Renaissance Quarterly* 45 (1995): 445–91.

———. *Theater of Acculturation. The Roman Ghetto in the 16th Century*. Seattle: University of Washington Press, 2001.

Sumruld, William A. *Augustine and the Arians. The Bishop of Hippo's Encounters with Ulfilan Arianism*. Selinsgrove: Susquehanna University Press and London and Toronto: Associated University Presses, 1994.

Svalduz, Elena. *Da Castello a "città": Carpi e Alberto Pio (1472–1530)*. Rome: Officina Edizioni, 2001.

Talvacchia, Bette. *Taking Positions. On the Erotic in Renaissance Culture*. Princeton, N.J.: Princeton University Press, 1999.

Temimi, Abdejelil, ed. *Las prácticas musulmanas de los moriscos andaluces (1492–1609). Actas del III Simposio Internacional de Estudios Moriscos*. Zaghouan, 1989.

Thompson, Stith. *Motif-Index of Folk Literature*. Rev. ed. Copenhagen: Rosenkilde and Bagger, 1957.

Tinguely, Frédéric. *L'Écriture du Levant à la Renaissance. Enquête sur les voyageurs français dans l'empire de Soliman le Magnifique*. Geneva: Librairie Droz, 2000.

Touati, Houari. *L'armoire à sagesse: Bibliothèques et collections en Islam*. Paris: Aubier, 2003.

———. *Islam et voyage au Moyen Âge*. Paris: Éditions du Seuil, 2000.

Trabulsi, Amjad. *La critique poétique des Arabes jusqu'au Ve siècle de l'Hégire (XIe siècle de J. C.)*. Damascus: Institut Français de Damas, 1955.

Trachtenberg, Joshua. *Jewish Magic and Superstition: A Study in Folk Religion*. New York: Atheneum, 1977.

Triki, Hamid. "L'oiseau amphibie." In *Fez dans la Cosmographie d'Al-Hassan ben Mohammed al-Wazzan az-Zayyat, dit Léon l'Africain*, 13–47. Mohammedia, Morocco: Senso Unico Editions, 2004.

Trimingham, John S. *A History of Islam in West Africa*. Oxford: Oxford University Press, 1959.

Trinkaus, Charles. *"In Our Image and Likeness": Humanity and Divinity in Italian Humanist Thought*. London: Constable, 1970.

Trovato, Paolo. *Storia della lingua italiana: Il primo Cinquecento*. Bologna: Il Mulino, 1994.

Ugr, Ahmet. *The Reign of Sultan Selim in the Light of the Selim-Name Literature*. Berlin: Klaus Schwarz Verlag, 1985.

Vajda, Georges. "Un traité maghrébin 'Adversus Judaeos': 'Ahkam ahl al-Dimma' du Shaykh Muhammad ibn 'Abd al-Karim al-Maghili." In *Études d'orientalisme dédiées à la mémoire de Lévi-Provençal*, 805–13. Paris: G.-P. Maisonneuve et Larose, 1962.

Valensi, Lucette. "Le jardin de l'Académie ou comment se forme une école de pensée." In *Modes de transmission de la culture religieuse en Islam*, edited by Hassan Elboudrari, 41–64. Cairo: Institut Français d'Archéologie Orientale du Caire, 1992.

———. *Venise et la Sublime Porte. La naissance du despote*. Paris: Hachette, 1987.

Vergé-Franceschi, Michel, ed. *Guerre et commerce en Méditerranée*. Paris: Éditions Veyrier, 1991.

Vidal Castro, Francisco. "Ahmad al-Wansharisi (m. 914/1508). Principales Aspectos de su Vida." *Al-Qantara* 12 (1991): 315–52.

Walther, Wiebke. *Women in Islam from Medieval to Modern Times*. Translated by C.S.V. Salt. Princeton, N.J.: Markus Wiener Publishers, 1999.

Wansbrough, John E. *Lingua Franca in the Mediterranean*. Richmond, Surrey: Curzon Press, 1996.

———. "A Moroccan Amir's Commercial Treaty with Venice of the Year 913/1508." *Bulletin of the School of Oriental and African Studies* 25 (1962): 449–71.

Weil, Gérard E. *Élie Lévita, humaniste et massorète (1469–1549)*. Leiden: E. J. Brill, 1963.

Welsford, Enid. *The Fool. His Social and Literary History*. London: Faber and Faber, 1935.

Willis, John Ralph, ed. *Slaves and Slavery in Muslim Africa*. 2 vols. London: Frank Cass, 1985.

Winspeare, Fabrizio. *La congiura dei cardinali contro Leone X*. Florence: Leo S. Olschki, 1957.

Wright, J. W., and Everett K. Rowson, eds. *Homoeroticism in Classical Arabic Literature*. New York: Columbia University Press, 1997.

Yahya, Dahiru. *Morocco in the Sixteenth Century: Problems and Patterns in African Foreign Policy*. London: Longman, 1981.

Zhiri, Oumelbanine. "'Il compositore' ou l'autobiographie éclatée de Jean Léon l'Africain." In *Le voyage des théories*, edited by Ali Benmakhlouf, 63–80. Casablanca: Éditions Le Fennec, 2000.

———. *L'Afrique au miroir de l'Europe: Fortunes de Jean Léon l'Africain à la Renaissance*. Geneva: Librairie Droz, 1991.

———. *Les sillages de Jean Léon l'Africain: XVIe au XXe siècle*. Casablanca: Wallada, 1995.

Zimmerman, T. C. Price. *Paolo Giovio: The Historian and the Crisis of Sixteenth-Century Italy*. Princeton, N.J.: Princeton University Press, 1995.

致　谢

　　《行者诡道》使我踏入了此前几乎一无所知的世界一隅和研究领域，因此我要向许多向导们致以感谢。我的女儿汉娜·戴维斯·塔伊布（Hannah Davis Taïeb）在摩洛哥进行她的实地调查研究时，第一次带我体验了这个国度，在此后整个的研究和写作过程中，她一直提供非常宝贵的意见。我又同吉尔·柯尔·康韦（Jill Ker Conway）进行了第二次旅行，沿着哈桑·瓦桑曾经走过的几条路线去了很多地方。期间拜访的许多学者，令我收获甚丰，尤其是拉巴特穆罕默德五世大学文学院的卜拉欣·布塔勒博（Brahim Boutaleb）教授、菲斯的阿曼德·古伊古伊博士和丹吉尔克隆内书店（Librairie des Colonnes）的图里亚·哈吉·特姆萨玛尼（Touria Haji Temsamani）。我的女婿安德烈·塔伊布（André Taïeb）带我认识了他非常熟悉的突尼斯，帮助我想象瓦桑初见这些景物时的心情。

　　从普林斯顿大学的同事、杰出的非洲学家罗伯特·提格诺（Robert Tignor）身上，我认识到作为一个研究欧洲的历史学家，突破原有的边界是何等重要。我的经纪人安妮·恩格尔（Anne Engel）多年来给予我许多支持和指引，使我得以完成自己的研究。一路之上，我的阿拉伯语翻译们功不可没：穆斯塔法·卡玛尔（Mustapha Kamal）和安德鲁·莱恩（Andrew Lane）帮助我的研究起步；迈克尔·马穆拉（Michael Marmura）在百忙之中为我讲解一份文本；在研究接近尾声时，斯特凡尼娅·多多尼（Stefania Dodoni）在意大利帮助我查对了一份手抄本。穆罕默德·西德－艾哈迈德（Muhammad Sid-Ahmad）耐心地校阅了全部的文字和翻译，回答了我的许多关于阿拉伯语词汇的问题；我对他深表感谢。摩西·斯鲁霍夫斯基（Moshe Sluhovsky）和本杰明·费舍尔（Benjamin Fisher）为我翻译了一些希伯来语的信件；加布里埃尔·比德伯格（Gabriel Piterberg）和古珂切·尤达库（Gokce Yurdakul）帮助我解读了土耳其语的一些文本。

吕塞特·瓦朗西（Lucette Valensi）通读了本书初稿；能够从这样一位对北非和伊斯兰世界有着渊博知识的学者那里听取意见，实在是荣幸之至。伊丽莎白·西夫顿（Elisabeth Sifton）对于文本所做的细致而认真的编辑校订，为这本书的最终稿增添了光彩。

许多学者、同事和朋友们都无比慷慨地在资料查询和研究路径上提出了有益的建议。同 Michael Bonner、Michael Cooperson、Hasan El-Shamy、Philip F. Kennedy、Abdelfattah Kilito、Shaun Marmon 和 Ingrid Rowland 等人的交流，对我观点的形成非常有益。我还非常高兴能够有机会采访阿明·马鲁夫，了解到他对"非洲人利奥"的兴趣。对于本书所得到的各种帮助，我还要感谢 Renata Ago、Suzanne Conklin Akbari、Svetlana Alpers、James Amelang、Nadia al-Baghdadi、Andrea Baldi、Paolo Banchetti、Jamila Bargach、Ali Benmakhlouf、Margarita Birriel、Ross Bran、Thomas Burman、Charles Burnett、Massimo Ceresa、Yossi Chajes、Elizabeth Cohen、Thomas Cohen、Denis Crouzet、Sylvie Deswarte-Rosa、Stephen Epstein、Anna Esposito、Cornell Fleischer、Mercedes García-Arenal、Xavier Gil、Daniel Goffman、Kenneth Gouwens、Anthony Grafton、Michael Harbsmeier、Holland Lee Hendrix、Diane Owen Hughes、Lisa Jardine、Cemal Kafadar、Deborah Kepchan、Nikki Keddie、Philip S. Khoury、Christiane Klapisch-Zuber、Thomas Kuehn、Claude Lefébure、Carla Marcato、Sarah Matthews-Grieco、Jane McAuliffe、Susan Gilson Miller、Alexander Nagel、Laurie Nussdorfer、Lauren Osborne、David Prochaska、Olga Pugliese、

Miri Rubin、Teofilo Ruiz、Janina Safran、Paula Sanders、Lucienne Senocak、Maya Shatzmiller、Amy Singer、Randolph Starn、Esther Stebler、Brian Stock、Kenneth Stow、Muhammad Tavakoli-Targhi、Derin Terzioğlu、Gillian Weiss 和 Oumelbanine Zhiri。非常感谢所有这些同事所给予的支持,当然书中的任何错误,文责一概由我承担。

在认识哈桑·瓦桑的世界的过程中,我参加了五次学术会议,颇有助益: 2000年,密歇根大学中东与北非研究中心举办的"中东语境中的贫困与慈善"(Poverty and Charity in Middle Eastern Context);2002年,福尔杰·莎士比亚图书馆(Folger Shakespeare Library)举办的"奥斯曼帝国对近代早期欧洲的影响"(The Impact of the Ottoman Empire on Early Modern Europe);2003年,社会科学高等研究院举办的"非洲人利奥"(Léon l'Africain);2003年,卡路斯特·古本汉文化中心(Centre Culturel Calouste Gulbenkian)和巴黎-索邦大学(Université Paris 4-Sorbonne)联合举办的"宗教边界:排斥与渠道、隐昧与精神穿越"(Frontières religieuses. Rejets et passages, dissimulation et contrebande spirituelle);2005年,由"会晤历史"(Les Rendezvous de l'histoire)赞助在拉巴特举行的"历史上的地中海"(La Méditerranée dans l'Histoire)。我特别要感谢阿卜杜勒马吉德·卡杜里和阿卜杜勒萨拉姆·切达迪(Abdesselam Cheddadi)两位盛情邀请我参加在拉巴特举办的会议。

在对瓦桑的多年研究中,我有机会将自己的研究所得在许多大学进行报告,听众们的问题、批评和建议,让我受益良多。曾经访问的大学和机构有:比尔泽特大学(Bir Zeit University)、布林茅尔学院(Bryn Mawr College)、纽约城市大学研究生院、康考迪亚大学(Concordia University)、康奈尔大学、波茨坦的爱因斯坦论坛、科克大学(Koç University)、纽约公共图书馆的汤因比讲座、纽约大学、多伦多的天主教中世纪研究院(Pontifical Institute of Mediaeval Studies)、立命馆大学、史密斯学院、柏林工业大学、特拉维夫大学、马德里自治大学、里昂大学、巴黎第七(德尼·狄德罗)大学、伯克利加州大学、洛杉矶加州大学、爱丁堡大学、伊利诺伊大学芝加哥分校、伊利诺伊大学厄巴纳－香槟分校、马萨诸塞大学阿默斯特分校、密歇根大学、宾夕法尼亚大学、多伦多大学和佛蒙特大学。

　　研究还让我得以遍访世界各地的图书馆和藏书室，每一次的发现都充满惊喜，至今记忆犹新。其中，我特别要感谢皇家埃斯科里亚尔图书馆、米兰的安布罗斯图书馆、罗马的安杰利卡图书馆、罗马的国立中央图书馆、罗马公共档案馆、匈牙利科学院的善本藏书部、法国国家图书馆的东方手稿部、大英图书馆的善本书阅览处、纽伯利图书馆、多伦多大学的托马斯·费舍尔善本图书馆和哈佛大学的霍顿图书馆的工作人员。我还要感谢乌尔里希·盖博勒（Ulrich Gäbler）教授，他为我开放了巴塞尔的弗莱－格雷纳中心（Frey-Grynaeischen Institut）图书馆，在那里的书架上陈列着17世纪欧洲人对约安尼斯·利奥·阿非利加诺的浓厚兴趣，以及基督教世界对于阿拉伯和伊斯兰教的总体研究成果。我在收集史料的过程中也不断丰富自己的藏书，巴黎的书商可谓知识渊博，他们的指导让我受益匪浅，其中尤其要感谢阿维森纳书店的店员们。

　　摄影师迈克尔·范·鲁尔（Michael van Leur）用高超的技艺处理了书中的插图。我要感谢法劳·斯特劳斯·吉罗出版公司（Farrar, Straus and Giroux）的 Charles Battle、Susan Goldfarbhe、Abby Kagan，他们对本书的出版功不可没。我还要感谢 Chika Azuma 设计的精美封面，Janet Biehl 的严格审稿，Elizabeth Schraft 的细致校对，以及 Daniel Liebman 所编的索引。

　　这本书敬献给钱德勒·戴维斯，感谢他无数次与我讨论研究的主题，感谢他不知疲倦地阅读我的草稿，更为重要地，是要向他数十年如一日为实现一个人人和平相处的地球而做的努力致以敬意。不论是环游世界，还是身陷囹圄，他从未对未来丧失信心，他相信正义、协商和对真理的自由探索终将取代贪婪、暴力和政治迫害。

索 引

（页码为本书边码）

阿布德·哈克（'Abd al-Haqq，马林王朝苏丹），暗杀，175，343n59

阿卜杜勒·穆敏（'Abd al-Mu'min），建立阿尔摩哈德王朝，179

阿布德·拉伊姆（'Abd al-Raim），墓地，45

亚伯拉罕（Abraham），81，132，235

禁欲（abstinence），165-66，204，226

阿布·阿卜杜拉·穆罕默德（Abu 'Abdulla Muhammad，特莱姆森苏丹），41

阿布·伊南（Abu 'Inan，马林王朝苏丹），229

阿布·努瓦斯（Abu Nuwas，诗歌），202

阿布·赛义德·奥斯曼（Abu Saʿid 'Uthman），葡萄牙占领休达，182，345n79

阿布·亚扎（Abu Yaʿza，苏菲派圣徒），169-70，341n47

阿布·优素福·雅库布·曼苏尔（Abu Yusuf Yaʿqub al-Mansur，阿尔摩哈德王朝哈里发），80，86，182，221

阿布－阿巴斯·塞布提（Abu-l-'Abbas Sabti，苏菲派圣徒），185

阿布·法斯（Abu-l-Fath，诗人），105，257

阿布·扎伊德（Abu Zayd，诗人），105，202，257

教皇阿德里安六世（Adrian VI），69，79，197

阿德鲁提，亚伯拉罕（Adrutiel, Abraham），论犹太难民，137

艾达卜（*adab*，文学形式），103-104

通奸（adultery），见齐纳（zina'）

伊索（Aesop），112-13，248，322n13

非洲（Africa），125-52；欧洲人的观念，150-51，263-65，347n72；解释名称由来，125-26，291n88；语言，135；居民，12，129-31；宗教，153-56；伊斯兰教传播，149，154-55；另见各地区和城市

阿加德兹（Agades），33-34，286n46

公益基金（ahbas），见慈善（charity），伊斯兰教

艾哈迈德（Ahmad，突尼斯苏丹），255

艾哈迈德（Ahmad，瓦塔斯王朝苏丹），250

阿伊尔（Aïr），王国，访问，33-34

阿伊莎（'A'isha，先知之妻），167-68，198，359n1

埃达乌（Aït Daoud），101，131，141；访问，53；犹太手工业家庭，131

阿尔伯托·迪·卡尔皮（Alberto di Carpi），亲王，见皮奥，阿尔伯托（Pio, Alberto）

阿尔卡拉，佩德罗·德（Alcalá, Pedro de），西班牙语－阿拉伯语词典，85，308n88

阿莱安德罗，吉罗拉莫（Aleandro, Girolamo，梵蒂冈图书馆馆长），66-67，79-80，194，298n33

阿莱安德罗，皮特罗（Aleandro, Pietro），80，305n71

教皇亚历山大六世（Alexander VI），138，267

亚历山大大帝/伊斯坎达尔（Alexander the Great/Iskandar）：基督教传统，235，239，268；等同于左勒盖尔奈英（Dhu-l-Qarnayn），233-34，235-36，363-64n31，365n35；伊斯兰教传统，181-82，363-64n28；犹太教传统，239-40；作为先知，232-36，238-40；瓦桑的引述，160，189，232-36；瓦桑对《古兰经》的翻译，242-43

亚历山大里亚（Alexandria），36，44，233

阿方索，佩特鲁斯（Alfonsi, Petrus），111，321n5

阿尔及尔（Algiers），40-42，53

护身符咒（amulets and charms），34，123，174

安德里亚·达·斯波莱托（Andrea da Spoleto），250

安德雷斯，胡安（Andrés, Juan，基督教改宗者），156，243-44，336n8

动物（animal[s]）：非洲，23-24，52，150-51；礼物，48，50；象征符号，72-73；瓦桑的处理，10，72，106；另见蝙蝠故事（bat tale）；鸟的故事与主题（bird story and theme）；狮子（lions）；鸵鸟（ostriches）

气候带（aqalim，纬度气候带），100，128，143，149，258

阿拉伯－希伯来－拉丁语词典（Arabic-Hebrew-Latin dictionary，瓦桑与曼蒂诺），83-85，224-25

非洲的阿拉伯人（Arab people in Africa）：肤色歧视，146；部族（主要），117，132，328n17；瓦桑的描述，130

阿拉伯半岛（Arabia），35，45，135

阿拉伯语（Arabic language），134-35；词典，84；禁止印刷，123；与《古兰经》，236；向基督徒教授，71，253

阿拉杰（al-Aʿraj，萨迪王朝沙里夫埃米尔），77，249，341-42n52

阿钦托，菲利波（Archinto, Filippo，教廷主教），东方学家，258

阿雷蒂诺，皮埃特罗（Aretino, Pietro），206，207，353-54n45，357n77

阿里乌斯派（Arians），154，183-84，185

阿里奥斯托，卢多维科（Ariosto, Ludovico），《疯狂的奥兰多》（*Orlando Furioso*），118，216，217，325n27

亚里士多德（Aristotle），75，86，122，233，316n33，322n10；伊斯兰教的敬重，271；翻译和评注，70，83，184

阿鲁日·巴巴罗萨（'Aruj Barbarossa），41，52，61，73，290n74，302n52；与瓦塔斯王朝结盟，41，42-43；与瓦桑的关系，42，252

艾什尔里（al-Ashʿari, Abu-l-Hasan 'Ali），165，230，236

阿斯基亚·穆罕默德（Askia Muhammad，桑海帝国皇帝），30-33，286-87n48；马吉利的影响，31，173；对犹太人的政策，32；与菲斯的关系，32，37；访问，30-33

占星术（astrology），马立克派禁止，324n20

阿特拉斯山区（Atlas Mountains），途径，28-30

阿塔尔（ʿAttar，苏菲派诗人），112

圣奥古斯丁（Augustine, Saint），154，184-85，346n84

阿威罗伊／伊本·拉希德（Averroës/Ibn Rushd）：《名人传》中，91-92，351n31；与迈蒙尼德（Maimonides），85-87；与诗歌，86，309n94；与吉哈德（*jihad*）的目标，173；写作与翻译，69，83，122，176，253，255

阿维森纳／伊本·西纳（Avicenna/ Ibn Sina），69，85，253，295n10

公益基金（*awqaf*），见慈善（charity），伊斯兰教

阿扎尔，阿里（al-'Azar, ʿAli），见加布里埃尔，约安尼斯（Gabriel, Joannes）

阿兹莫（Azemmour），25，174，201

巴迪斯港（Badis），40，55，107，167，199

苏丹巴亚泽（Bajazet，奥斯曼帝国君主），67

贝克利（al-Bakri, Abu-'Ubayd，地理学家）：亲近女人，199；瓦桑的引述，100；论黑人的皈依，149；写作与旅行，99, 101, 103, 149

巴尔梅斯，亚伯拉罕·迈尔·德·（Balmes, Abraham Meir de，翻译家），70

宴会（banquets）：《古兰经》学习，20；结婚，38；苏菲派，163-64, 165, 166-67, 201-202

巴努·希拉勒（Banu Hilal，阿拉伯部落），117, 324n26

巴基拉尼（al-Baqillani），《辩驳》（Disputations），230

真主之福（baraka），31, 162

巴巴利（Barbary）：阿拉伯人到来，154；非洲区域，128；寿命，315n31；宗教，154, 155；瓦桑的描述，140

太斯米（basmala，穆斯林祷告词），使用，158, 186-87

蝙蝠故事（bat tale），113, 248, 322n113

浴室（baths），瓦桑的描述，217

野兽（beasts），驯服，169-70, 341n47

贝都因人（Bedouins），46, 238

贝贾亚（Bejaïa），占领，40, 41, 42

皮埃尔·贝隆（Belon, Pierre，博物学家），论土耳其人，336n10

本博，彼得罗（Bembo, Pietro），111, 205

本玛赫鲁夫，阿里（Benmakhlouf, Ali），10

柏柏尔人（Berber[s]）：肤色歧视，146；王朝，40, 130, 140, 179；好客，121, 142；房屋，224；哈瓦利吉派（Kharijite），起义，154-55, 182-83；语言，50, 130, 134；部落，24-25, 30, 50, 52, 129-30, 283n25；妇女，146-47, 199-200

《圣经》（Bible），67, 71, 132, 240；另见《新约》（New Testament）

革新（bid'a），21, 180

黑人之国（Bilad al-Sudan），见黑人之国（Land of the Blacks）

鸟的故事与主题（bird story and theme），110-11, 112-13, 114, 116, 140, 190, 223, 231, 248, 266, 272, 321n6、8, 321-22n9, 322n10、13；跨越地中海的桥梁，219-20；贾希兹（al-Jahiz），112；拉姆西奥《非洲记》，260

比鲁尼（al-Biruni），论《古兰经》的语言，134-35

比斯塔米（al-Bistami），预言，177

布阿卜迪勒（Boabdil，格兰纳达苏丹），17-18

博巴迪拉，佩德罗·德（Bobadilla, Pedro de），见卡布雷拉·伊·博巴迪拉，佩德

罗·德（Cabrera y Bobadilla, Pedro de）

薄伽丘（Boccaccio, Giovanni），96，111，113，219，357n74

博埃米奥，约安尼斯（Boemus, Joannes），描述埃及，150

博洛尼亚（Bologna），82-83

波那文图拉（Bonaventura, Fra），预言，57，60

邦齐亚尼，乔瓦尼·巴蒂斯塔（Bonciani, Giovanni Battista），62

博尔努（Bornu），127，149，153；访问，34，46，146，286n48

布沙贝，艾哈迈德（Boucharb, Ahmed），10，325n31

妓院（brothels）：欧洲，218；北非，198

阿布伊南清真寺（Buʻ Inaniya mosque, 菲斯），20，115，188，229

布尼（al-Buni），106；手稿，75，169

布尔曼，托马斯（Burman, Thomas），及《古兰经》早期抄本，367n49

卡巴拉与秘术家（Cabala and Cabalists, 希伯来），70-71，116，240，305n70

秘法与秘术家（cabala and cabalists, 穆斯林），168-69；另见扎伊拉贾（zaʼiraja）

卡布雷拉·伊·博巴迪拉，弗兰西斯科·德（Cabrera y Bobadilla, Francisco de，萨拉曼卡主教），56，77，294n3，304n63

卡布雷拉·伊·博巴迪拉，佩德罗·德（Cabrera y Bobadilla, Pedro de，海盗），55-56，293n1

开罗（Cairo），48，53，54，151；奥斯曼占领，44-45；逊尼派法学，161，192；与威尼斯，60，73；访问，35-37，44-45，54，122，140，141，161；妇女，198，200，217

哈里发王朝（caliphate），192，347n3

书法（calligraphy），阿拉伯，49，123，124

教会法（canon law）：与伊斯兰教法（shariʻa）的比较，63；论改宗者的再婚，212

好望角（Cape of Good Hope），129，151-52，334n73

迦太基（Carthage），182，254

卡瓦哈尔，贝尔纳迪诺·洛佩斯·德（Carvajal, Bernardino López de），178；与消灭伊斯兰教，68-69；抄写文书，68，70，75；作为瓦桑的教父，64

圣天使堡（Castel Sant' Angelo），56-57，246

卡斯蒂利奥内，巴尔达萨雷（Castiglione, Baldassare），《廷臣论》（*Courtier*），104，114，208，221，239，323n18

独身（celibacy）：天主教，204-205；穆斯林，38

切利尼，本韦努托（Cellini, Benvenuto），57，77，208，246

《故事百篇》（*Cento Novelle*），见《故事百篇》（*Hundred Tales, The Book of*）

休达（Ceuta），战役，182，345n79

传述世系（chain[s] of transmission [*isnad*]）：伊斯兰学术，92，228-29；瓦桑与之脱离，228-30，256

慈善（charity），伊斯兰教：施舍（*sadaqa*），169，226，233；基金（*ahbas, awqaf*），21，53，169，233；天课（*zakat*），187，226

查理曼（Charlemagne），118，182

查理五世（Charles V，神圣罗马帝国皇帝），65，68-69，182，369；弗朗索瓦一世的竞争，69，79，246，262；入侵意大利，246；远征突尼斯，253，254-55；拉伯雷塑造毕克罗寿（Picrochole）的原型，268

夏尔·德·波旁（Charles de Bourbon），246

舍拉古（Chella），52

齐吉，阿戈斯蒂诺（Chigi, Agostino，银行家），205，207

基督教徒（Christians）：在北非，68，131，154-56，160，183-85；与非基督徒联姻，136；穆斯林的进攻，36，37；与穆斯林的性关系，135-36；另见阿里乌斯派（Arians）；改宗（conversion[s]）；科普特基督徒（Coptic Christians）；雅各派（Jacobites）；马龙派（Maronites）；聂斯脱利派（Nestorians）；教皇及其他个人

克里斯蒂娜·德·皮桑（Christine de Pizan），《妇女之城》（*City of Ladies*），221

《古代故事百篇》（*Ciento Novelle Antike, Le*），见《古代故事百篇》（*Hundred Ancient Tales, The*）

割礼（circumcision），224；男性伊斯兰教改宗者，63，78；穆斯林的实践，19，38；另见割礼（excision），女性

克莱芒七世（Clement VII，枢机主教朱利奥·德·美第奇 [Giulio de' Medici]），66，72，78-79，81，101，114，178，304n63；与亨利八世，262；与《姿势》（*I Modi*），206；致利奥十世及埃吉迪奥的信件，296n20；与马基雅维利，323n18；与王子大卫，76；罗马之劫，246；与瓦桑，66，79，194-95

克莱纳，尼古拉（Clenardus, Nicolas），253，256

气候带（climatic zones），见气候带（*aqalim*）

柯达奇，安吉拉（Codazzi, Angela），5-6

科罗齐，安吉洛（Colocci, Angelo，教皇秘书），71-72，195，301n48

科隆纳，庞培奥（Colonna, Pompeo），枢机主教：《为女性申辩》（*Apology for Women*），221；暴乱反对克莱芒七世，246

科隆纳，维托利娅（Colonna, Vittoria，诗人），221

哥伦布，克里斯托弗（Columbus, Christopher），67

圣康提（Conti, Sigismondo de'），关于梅毒的记载，138

洲（continents），特征，127

改宗（conversion[s]）：在非洲，149，154，160；基督徒成为穆斯林，35，53，63，78-79，148，265；犹太教徒成为基督徒，65，68，348n8；犹太教徒成为穆斯林，53；穆斯林成为基督徒，18，64-65，67，78，252-53，265；新世界的印第安人皈依基督教，65；奴隶，65，78-79；另见马拉诺犹太人（Marranos）；西班牙摩尔人（Moriscos）

科普特基督徒（Coptic Christians），131，160

《非洲寰宇地理书》（Cosmography and Geography of Africa，又简称《地理书》），94-97；轶事插话，103-105；自传性质，197；基督教读者，153-57，249；年代标记，157，337n13；估算距离，101；双重读者，106-108，109-16；地理学方法，100-101，125-28；历史学部分，103；手稿的准备，96-97；叙事，259-60；删节，107-108，122-23，129，151-52，197；结构布局，98，99；与拉伯雷，263；资料来源，103；故事，109-13，114（行刑者），116（鸟）；风格、拼写和词汇，94-95，106；旅行，102；另见拉姆西奥，乔瓦尼·巴蒂斯塔（Ramusio, Giovanni Battista）：《地理书》（《非洲记》）的编辑

意大利的交际花（courtesans of Italy），205

针对土耳其和伊斯兰教的十字军（crusade against Turks and Islam），59-60，62，65，79，178，195

达巴格（al-Dabbag，诗人），103，142

达蒂斯山（Dadès Mountain），村庄，142

舞蹈（dancing），38；黑人，143，144，147；苏菲派，21，163，201

盟约之地（Dar al-'Ahd），107

战争之地（Dar al-Harb），107

伊斯兰世界（Dar al-Islam），界定，27

大卫·卢温尼（David Reuveni，王子大卫），76-77，84-85，97，178，249，303n60

德卜杜（Debdou，城镇），25

德卜杜故事（Debdou tale，上当受骗的丈夫），218-20

德里加多，弗朗西斯科（Delicado, Francisco），《罗桑娜》（Portrait of Lozana），206-207，210-11，354n49

《非洲记》(Description of Africa, The [La Descrittione dell' Africa]), 4, 5, 7, 88, 95, 259-60；对《地理书》的修改, 97, 155-56, 184, 230, 232, 259-60, 286n60, 325n31；翻译, 6-7, 8-9, 10, 155-56, 260

齐米 (dhimmis, 圣书之民 [People of the Book]), 131, 172-73, 271

左勒盖尔奈英 (Dhu-l-Qarnayn), 181, 235；《古兰经》翻译, 242-43；另见亚历山大大帝/伊斯坎达尔 (Alexander the Great/Iskandar)

词典/辞典 (dictionaries)：阿拉伯—希伯来—拉丁语, 83, 94, 224-26；阿拉伯—拉丁语、阿拉伯—波斯语、阿拉伯—西班牙语, 84, 308n86；传记, 90；另见《阿拉伯名人传》(On Some Illustrious Men among the Arabs)；塔巴卡 (tabaqat)

外交官与外交 (diplomats and diplomacy)：伊斯兰地区, 46-51；仪式与礼物, 32-33, 47-49；通信, 49-50, 94；演说与诗歌, 23, 50-51

伪装 (disguise)：相关的观念和故事, 105, 113-14；旅行, 193

隐晦 (dissimulation), 见塔基亚 (taqiyya)

占卜 (divination), 75, 167-69, 266, 271；女占卜师与治病, 201, 218；另见扎伊拉贾 (za' iraja)

神名 (Divine Names), 51, 75, 168-69, 186, 340n43

杰姆 (Djem, 奥斯曼王子), 67-68

杰尔巴岛 (Djerba), 36, 41, 55, 293n2

吉哈 (Djiha, 傻人物) 113, 323n14

聘礼/嫁妆 (dowries)：欧洲, 214, 356n64；穆斯林, 38-39, 214, 216, 288n60, 356n64

德拉地区 (Draᶜa region), 139, 198-99；与萨迪王朝, 26；访问, 54

杜·贝莱，让 (Du Bellay, Jean), 262-63, 373-74n4

艾柯，安伯托 (Eco, Umberto), 论翻译, 224

埃吉迪奥·达·维泰尔博 (Egidio da Viterbo), 枢机主教, 64-65, 70-71, 80-81, 101, 122, 155, 239, 249；天启, 178；卡巴拉, 80；藏书与图书馆, 92, 246, 369n3, 372-73n38；与大卫·卢温尼, 76；与魏德曼斯塔特的讨论, 247, 251, 258；与伊拉斯谟, 240；《名人传》, 94, 259；与勒维塔, 71, 75, 195；作为教皇特使出使西班牙, 65, 241；与《古兰经》, 71, 113, 195, 241, 243；罗马之劫, 246, 247；《舍吉拿》(Scechina), 247；布道, 81-82, 205；学习阿拉伯语, 71；学习希伯来语和阿拉姆语, 71, 240；与瓦雷里亚诺 (Valeriano), 72, 74；作为瓦桑的教父, 64-65, 194, 210, 212, 213, 244；写作,

64-65，96

埃及（Egypt），非洲区域，128，129；女性割礼，223-24，359n1；马穆鲁克王朝，35；奥斯曼征服，43-45；拉伯雷的知识，270；瓦桑的描述，129，131，160

献给利奥十世的大象（elephant presented to Leo X），见汉诺（Hanno）

伊莱亚斯·巴尔·亚伯拉罕（Elias bar Abraham），马龙派教徒，68，75，299n38，300n42，314n27；与瓦桑，70，195

以利亚（Elijah），作为伊斯兰教先知，235

埃帕拉尔，阿历克西斯（Épaulard, Alexis），6，275n6；《非洲记》法文版，6-7，8，9

"保罗书信"（Epistles of Paul），瓦桑抄录，69，70，114，185-86，226，323n17

《穆斯林编年史略》（*Epitome of Muslim Chronicles, The*，瓦桑散佚著作），88，103

伊拉斯谟，德西德里乌斯（Erasmus, Desiderius），268-69；阿尔伯托·皮奥的攻击，185，247；《新约》翻译，240，366-67n47；《论男孩的良好举止》（*On Good Manners for Boys*），121

末世论（eschatalogy），见末世（Last Age）

艾蒂安，罗伯特（Estienne, Robert），367n52

埃塞俄比亚（Ethiopia），基督教王国，68

宦官（eunuchs），146，217

欧洲（Europe），阿拉伯地理学中所指，126

割礼（excision），女性，223-24，359n1

行刑者故事（executioner's tale，瓦桑），109-10，111-12，266，321n6

《据马立克派所见之穆罕默德的信仰与法律》（*Faith and Law of Muhammad according to the Malikite School of Law, The*，散佚手稿），88，104，162

法鲁吉，多梅尼克（Falugi, Domenico），诗歌，239

范居尔，塞拉芬（Fanjul, Serafi），《非洲记》翻译，8，278n10

法基赫（*faqih*），38，52，63，211

法拉比，阿布－纳斯尔（al-Farabi, Abu Nasr，哲学家），85，91，271，295n10

法尔内塞（Farnese），枢机主教，见教皇保罗三世（Paul III）

斋戒（fasting），165-66

斐迪南（Ferdinand，西班牙国王），53；征服，40，41，117，287-28n55

菲斯（Fez），19-20，44，99，122，140；与罗马比较，66；宫廷仪式，47-48；驱逐马吉利，31；旅店，118-19；犹太人，131，136-38，175；王国，24-25，28-29；市场，122，166；清真寺与马德拉沙，19，20，53，115，188，193，

229；与廷巴克图之间的往来，32；诗歌比赛，22；娼妓与赌博，198；奴隶，148，250；饮酒，166-67；妇女的劳动，198

费古基（Figuig），141

费格赫（*fiqh*，逊尼派教法），20

鱼（fish）：耶稣所钟爱，80；穆斯林天堂里的食物，304-305n70

伊斯兰教五功（Five Pillars of Islam），226

佛罗伦萨（Florence），80，205，208-209

弗洛里安，约翰（Florian, John，《非洲记》译者），155-56，335n1

食物（foods）：非洲的，166；德里加多与瓦桑的描述，210；给使臣的，48；另见好客（hospitality）

傻人物（fool figures），113，323n14

弗尔蒂尼，佩特罗（Fortini, Pietro），故事，219

福斯科，加布里埃尔（Fosco, Gabriel），62

法国（France）：使臣，47，48；与神圣罗马帝国的矛盾，12，79；试图征服那不勒斯，136

弗朗索瓦一世（François I，法国国王），69；与阿尔伯托·皮奥，69，247；与苏莱曼结盟，79，262，373-74n4；杜·贝莱出使，262；与查理五世的竞争，69，79，246，262

《新消息：西方印度史》（*Fresh News: A History of the India of the West*，佚名），157，257，258

加布里埃尔，约安尼斯（Gabriel, Joannes）：改宗，241；《古兰经》的抄写和翻译，71，113，241-43

加奥（Gao），30-33，54

高加（Gaoga），34-35，142

加斯塔尔迪，吉亚科莫（Gastaldi, Giacomo，制图师），101

系谱（genealogy），挪亚时代、伊斯兰教以及基督教的观点，131-32

地理学与地理学家（geographies and geographers）：基督教，127，129；伊斯兰教，98-100，125-27，129，256-57；另见托勒密（Ptolemy）

《地理书》（*Geography*，瓦桑），见《非洲寰宇地理书》（*Cosmography and Geography of Africa*）

安萨里（al-Ghazali, Abu Hamid Muhammad），79，229，231-32；改宗的经历，164，255-56；《地理书》中，164；《名人传》中，93，227；为苏菲派与法学家居间调停，

164-65；论著，58，69，75，227，295n10

伽兹瓦尼（al-Ghazwani，圣徒），28，250-51

礼物交换（gift exchange）：与使臣，48-49；柏柏尔人，50，52，121；乔维尔赠杜·贝莱，263；赠坎苏·扎维利（Qansuh al-Ghawri），36，49；凯特贝（Qaytbay）赠洛伦佐·德·美第奇与斯福尔扎，74；来自高加苏丹，291n89

乔瓦尼·利奥尼（Giovanni Leone），见瓦桑，哈桑·伊本·穆罕默德（al-Wazzan, al-Hasan ibn Muhammad）

乔维奥，保罗（Giovio, Paolo），73，78，208，246，301n51；与地图，101；与拉伯雷，263；突尼斯远征，254-55；与瓦桑，73-74，195；关于土耳其的著作，73-74，301-302nn51、52，371n28

朱斯蒂亚尼，阿戈斯蒂诺（Giustiniani, Agostino），《诗篇》（Psalter）的版本，67，241

神/上帝/真主（God）：阿拉伯语与希伯来语的名称，225；基督教三位一体的概念，185；穆斯林的概念，187，242

格兰纳达（Granada），17-18，19，20，82；与罗马比较，211；征服，18，64，117，157，177，182，192；与穆斯林改宗基督教，18，85，156，188；迫害穆斯林，18-19，36，287-88n55

格拉西，帕瑞德（Grassi, Paride，主教），62，63，65；瓦桑论述，62-63，191，192

圭恰尔迪尼，弗朗切斯科（Guicciardini, Francesco），114，323n18

圭恰尔迪尼，路易吉（Guicciardini, Luigi），论罗马之劫，368-69n2

古拉拉（Gurara，绿洲），抢劫与屠杀，176，343n61

圣训（hadith，先知的言行录）：论黑人，144；论伊斯坎达尔，233-34；与传述世系（isnad），228；论末世，177；出自阿伊莎，167，359n1；论男人间的性行为，200；研究，21，42，123，161

哈夫斯王朝（Hafsid dynasty，突尼斯），42-43，251-52，254-55

夏甲（Hagar），81-82，144

哈赫地区（Haha region），53，158；贾祖里运动，27，53；萨迪王朝根据地，26-27；瓦桑论述，54，288n58

哈贾里，艾哈迈德（al-Hajari, Ahmad），214，215

麦加朝觐（hallal），30，34，46，253；词典中的对应词，226；瓦桑的朝觐，45-46

哈吉，穆罕默德（Hajji, Muhammad），8，347n91；《非洲记》的翻译，8-9

宰牲（hallal），规定，165-66

哈马达尼（al-Hamadhani, Badi' al-Zaman），《麦卡玛特》，105，108，141，332n44

汉诺（Hanno，大象），3，4，60，64，74

哈拉维（al-Harawi，'Ali），论朝圣地，233，362n25

哈理利（al-Hariri, al-Qasim），《麦卡玛特》，105，202

哈伦·本·舍姆·托夫（Harun ben Shem Tov，犹太大宰相），174-75

哈桑（al-Hasan，突尼斯哈夫斯王朝苏丹），251-52，254-55

哈斯科拉地区（Hascora region），198

大麻（hashish），140，351n28

豪萨王国（Hausalands），30，286-87n48

霍兰尼（Al-Hawrani，'Abd al-Rahim），《揭穿女人的诡计》（Unveiling of the Ruses Woven by Women），219，222

希伯来语（Hebrew language），224-26；印刷，123-24；传授给基督徒，75，195-96

亨利八世（Henry VIII），262

希罗多德（Herodotus），150，270

希贾兹（Hijaz，阿拉伯半岛中西部），35，135

希拉（hila，计谋、策略），113-14，153；另见伪装（disguise）；塔基亚（taqiyya）

希拉勒（Hilal），117-18，324n24

历史写作与历史学家（historical writing and historians），103，104，228，333；与瓦桑，53-54，88，103，230-31

圣人/圣徒（holy men [murabitun]），22，47，51-52，73，161-64，169-70，185，341n47；传记，48，164，170，291n88，341n47；墓地，22，44，45，160，169-70，185，233，346n85；瓦桑论述，73，161，162-64，169-70；另见阿布德·拉伊姆（'Abd al-Raim）；阿布－阿巴斯·塞布提（Abu-l-'Abbas Sabti）；阿布·亚扎（Abu Ya'za）；伽兹瓦尼（al-Ghazwani）；贾祖里（al-Jazuli）；圣娜菲莎（Nafisa, Saint）；萨耶夫（al-Sayyaf）；塔迪利（al-Tadili）

神圣罗马帝国（Holy Roman Empire），12，60，79；另见查理五世（Charles V）

同性恋行为（homoerotic behavior），见同性性行为（same-sex erotic acts）

好客（hospitality），39，48-49，103，119，121，142，147-48

霍廷格，约翰·海因里希（Hottinger, Johann Heinrich），出版《名人传》，259，363n27，372-73n38

呼德（Hud），作为伊斯兰教先知，234

《古代故事百篇》（Hundred Ancient Tales, The [Le Ciento Novelle Antike]），111，321n6

《故事百篇》（Hundred Tales, The Book of [Il Libro del Cento Novelle]），109-10，111，114，260

匈牙利（Hungary），62，79，246

赫塔多·德·蒙多萨，迪亚戈（Hurtado de Mendoza, Diego），255，258

恶魔（Iblis，魔鬼），225；作为堕落天使，360n9

伊本·阿巴尔（Ibn al-Abbar，历史学家），94；传记词典中的妇女，358n78

伊本·阿克法尼（Ibn al-Akfani，百科全书作家），171

伊本·阿拉比（Ibn al-'Arabi），苏菲派思想，226-27，271

伊本·阿斯卡尔（Ibn 'Askar），传记辞典，257

伊本·白图泰（Ibn Battuta, Abu 'Abdallah），39，48，104-105，197，284n38；游记，96，102，144，146，187，199，232

伊本·法里德（Ibn al-Farid，苏菲派诗人），167，203

伊本·加齐（Ibn Ghazi，法学家），20，21，26，38

伊本·哈里尔（Ibn Halil，旅行家），17，175

伊本·豪盖勒（Ibn Hawqal，地理学家），127，187，316-17n41

伊本·赫扬（Ibn Hayyan，历史学家），92-93，312n16

伊本·哈兹姆（Ibn Hazm）：爱与欲（《斑鸠的项圈》[Neckring of the Dove]），200，202；论同性性行为，202，351n29；论女教师，220，358n78

伊本·希沙姆（Ibn Hisham，先知传记的作者），论伊斯坎达尔，235

伊本·胡代勒（Ibn Hudayl），《名人传》中传记散佚，311n9

伊本·伊亚斯，穆罕默德·伊本·艾哈迈德（Ibn Iyas, Muhammad ibn Ahmad），开罗日志，4，36，41，47，48

伊本·朱巴伊尔（Ibn Jubayr，旅行家），102，187，197

伊本·鸠勒（Ibn Juljul，传记作家），94，312-13n19

伊本·朱赞（Ibn Juzayy，伊本·白图泰游记的编者），96

伊本·卡尔比（Ibn al-Kalbi），穆斯林格言，234，364n33

伊本·赫勒敦（Ibn Khaldun），39，101，164，117，133，140，159，235，264，312n18，328n17；论阿拉伯语言和诗歌，135；自传，46-47，228；论黑人，139，143，145；《世界通史》（Kitab al-'Ibar），103，149，228；论气候带，127，128；作为外交官，50，51；论占卜，168-69；论伪马赫迪，178，180，344n73；阿拉伯人与柏柏尔人的世系，129-30，132；论历史写作，104，228，231；《历史绪论》（Muqaddima），106，231；瓦桑的引述，103，106，132；阅读《古兰经》的方法，236-37；论女人，220，221；论扎伊拉贾，115，116

伊本·赫里康（Ibn Khallikan），311n12，344n73；传记辞典，91，92，93，94，

229，232

伊本·卡提布，利山·丁（Ibn al-Khatib, Lisan al-Din），103，230，312n18；《名人传》中，94

伊本·马吉德（Ibn Majid，航海家），151

伊本·马亚姆（Ibn Maryam），传记辞典，372n32

伊本·马萨维，约安拿（Ibn Masawayh, Yuhanna），《名人传》中，184

伊本·拉希德（Ibn Rushd），见阿威罗伊（Averroës）

伊本·萨尔，易卜拉欣（Ibn Sahl, Ibrahim，诗人），351n3；《名人传》中，174，203

伊本·西纳（Ibn Sina），见阿维森纳（Avicenna）

伊本·塔什芬，优素福（Ibn Tashfin, Yusuf，阿尔摩拉维德王朝君主），149，221

伊本·突麦尔特，穆罕默德（Ibn Tumart, Muhammad，阿尔摩哈德王朝哈里发）：自称马赫迪，179；预言，177；瓦桑的处理，179-80

易卜拉欣，穆莱（Ibrahim, Mulay），又名易卜拉欣·伊本·阿里·伊本·拉希德（Ibrahim ibn 'Ali ibn Rashid），苏丹大宰相，250

伊德里斯二世（Idris II），陵墓，345n74

伊德里斯（al-Idrisi），《环球畅游》（*The Recreation of Him Who Yearns to Travel across the World*），99-100，101，125，158，187，235；气候带，100，127，128；《名人传》与《地理书》中，100，311-12n14，317n42

《名人传》（*Illustrious Men*），见《阿拉伯名人传》（*On Some Illustrious Men among the Arabs*）（内含《犹太名人传》[*On Some Illustrious Men among the Jews*]）

教皇英诺森八世（Innocent VIII），67

以撒（Issac），伊斯兰教的观点，81，235

伊斯坎达尔（Iskandar），见亚历山大大帝（Alexander the Great）

伊斯兰教（Islam）：在非洲，148-49，150，154-55；仪式与节日，22，187，193；传述世系（*isnad*），228；神的概念，165，179，187，242；耶稣/尔撒的概念，70，176，181，187，235，238，243；对基督教的反对，156-57，238，271；派别，43，155，170-71，180；圣书之民，131，271；祷告，158-59；先知，235；瓦桑的理想，161，164-65；另见改宗（conversion[s]）；圣训（hadith）；吉哈德（*jihad*）；穆尔太齐赖派（Muʿtazilites）；《古兰经》（Qurʾan）；逊尼派法学派别（schools of laws, Sunni）；教法（*shariʿa*）；什叶派教义与教徒（Shiʿism and Shiʿites）

以实玛利（Ismaʿil/Ishmael）：穆罕默德的祖先，144；与易卜拉欣共建克尔白，81；基督教的观点，81-82；伊斯兰教先知，235；被献祭的亚伯拉罕/易卜拉

欣之子，81，306n75

伊斯迈尔·萨法维（Isma'il Safawi，波斯国王），37，73，161；败于塞利姆，43，170，177

伊斯玛仪派（Isma'ili sect），180-81

传述世系（isnad），92，228

伊斯坦布尔（Istanbul），40，43-44，60，61

雅各派（Jacobites），58，91，184，259

贾希兹（al-Jahiz, 'Amr ibn Bahr），219，250；论黑人，144；《少女与少男的相互竞争》（The Mutual Rivalry of Maidens and Young Men），202；论礼仪，121；鸵鸟故事，112

贾沃齐（al-Jawzi），133

贾祖里（al-Jazuli，苏菲派圣徒），27，38，250；追随者，27，28，162-63，172

杰内（Jenne），147，285n45

圣哲罗姆（Jerome, Saint），240

耶路撒冷（Jerusalem），140，239-40

耶稣（Jesus）：基督教观念，70，184-85，187，243；伊本·阿拉比（Ibn 'Arabi）著作中，226-27；穆斯林观念，70，176，181，183，187，235，238，243；瓦桑作品中，186，226

犹太人（Jews）：在非洲，54，131，137，154，174，328-29n19；阿斯基亚·穆罕默德的政策，32；逐出西班牙，137，138，176；在菲斯，66，131，174，331n23；圣战与暴力迫害，31，172-73，174-76，343n61；在意大利，82-83，195，213-14；与穆斯林联姻及性关系，135-37；希伯来语印刷商，123，124，326-27n38；梅毒，136-38；跨撒哈拉贸易，30，47；瓦桑作品中，131，137-38，153-54，174-76；酿酒与销售，167，343n56；另见改宗（conversion[s]）；齐米（dhimmis）；勒维塔，以利亚（Levita, Elijah）；曼蒂诺，雅各布（Mantino, Jacob）

吉哈德/圣战（jihad/holy war）：反基督教入侵，21，27；形式与目标，171-74；末世的一部分，176-77

约翰三世（John III，葡萄牙国王），76

施洗者约翰（John the Baptist），60，235

约拿（Jonah），信仰，54，179

约瑟夫斯（Josephus），239-40

教皇尤里乌斯二世（Julius II），64，66，138，346n81

卡尔布·伊本·祖海尔（Kaʿb ibn Zuhayr，诗人），89-90

卡杜里，阿卜杜勒马吉德（Kaddouri, Abdelmajid），10

《卡里来和笛木乃》（Kalila and Dimna），112

加涅姆（Kanem，卡诺 [Kano]），34，286-87n48

卡拉派（Karaites，犹太教派），131，174，342n56

卡齐纳（Katsina），286-87n48；瓦桑评述，146

卡里尔·法拉希迪（al-Khalil al-Farahidi，文法学家、诗人），84，89

哈瓦利吉派（Kharijites），155，182-83

卡伊尔·丁·巴巴罗萨（Khayr al-Din Barbarossa），41，61，79，252-54，263，302n52

花拉子米（al-Khwarizmi，《世界图集》（The Book of the Picture of the World），126

黑人之国（Land of the Blacks/Bilad al-Sudan）：阿拉伯观念，143-45；非洲区域，128-29；居民和语言，129-30，131-33，137，141；宗教生活，31，33-34，141，148-49，154；桑海帝国，30-33；瓦桑描述，141-42，145-49；妇女，146，147，198；另见肤色（skin color）

语言（languages）：非洲，33，50，129，134-35；阿拉伯语注音（aljamiado），18，58；外交演说，50-51；对应词，224-26；地中海地区混合语，58，210，295n12；罗马，66，210；瓦桑，18，58，74-75，208；另见阿拉伯语（Arabic language）；希伯来语（Hebrew language）

末世（Last Age）：贝尔纳迪诺·德·卡瓦哈尔，64，69；基督教预言，57，178；埃吉迪奥·达·维泰尔博，64-65，76，178，247；伊斯兰教预言，176-78；瓦桑的保留意见，178-81，251

纬度气候带（latitudinal zones），见气候带（aqalim）

教皇利奥十世（Leo X），3，25，56-68，72，114，137，205，206，239，323n18，364n81；贝尔纳迪诺·德·卡瓦哈尔，64；向土耳其与伊斯兰教发动十字军，3，58-59，60，61-62，64，295n14；埃吉迪奥·达·维泰尔博，64-65；东方语言，67，70；曼蒂诺，83；肖像，60，295n16；敬献的印刷书，67，83，122；斯潘杜吉诺关于土耳其的手稿，216，356n69；瓦桑，3，58，59，62，63-65，66，67，68，194，297n28

列维·德拉·维达，乔尔乔（Levi della Vida, Giorgio），5-6

勒维塔，以利亚（Levita, Elijah），71，75，247，249；希伯来语和阿拉姆语语法书，71，76，303n58；家庭生活，71，213，214，348n8；印刷，122，124；埃吉迪奥·达·维泰尔博的教师和抄书人，71，195-96，240；瓦桑，75-76，118，

176，195，239；魏德曼斯塔特，258；意第绪语史诗，75，118，215；意第绪—希伯来—拉丁—德语词典，258

辞书学（lexicography，阿拉伯语），84；另见词典（dicitionaries）

《非洲寰宇地理书》（*Libro de la Cosmographia et Geographia de Affrica*），见《非洲寰宇地理书》（*Cosmography and Geography of Africa*）

利比亚（Libya），128，154；托勒密的论述，126

狮子（lions），29；故事，77，203-204；阿布·亚扎驯兽，169-70

《阿拉伯名人传》（*Lives of Arabs, The*），见《阿拉伯名人传》（*On Some Illustrious Men among the Arabs*）

鸡奸（liwat），201；另见同性性行为（same-sex erotic acts）

路易十二（Louis XII，法国国王），69

罗桑娜（Lozana），见德里加多，弗朗西斯科（Delicado, Francisco）

路西法（Lucifer），225-26

鲁格曼（Luqman，传说中的智者），112-13，270

路德·马丁（Luther, Martin），64，69，192；教皇特使，67，79，295n14

马鲁夫，阿明（Maalouf, Amin）：《非洲人利奥》（*Léon l'Africain*），9-10；论瓦桑的婚姻，37，212

马基雅维利，尼可洛（Machiavelli, Niccolò），114，119，239，323n18

麦哲伦（Magellan, Ferdinand），127

马吉利（al-Maghili）：对阿斯基亚·穆罕默德的影响，31-32；反犹太的圣战，31，172-73，176；论反多神论者和伪穆斯林的圣战，31，78，173；马格里布法学家的反应，31，172-73；论"塔赫利"（takhlit），31，139；瓦桑评述，176

术士（magicians，北非），52，114，170

穆哈西比，哈里斯（al-Mahasubu, al-Harith，苏菲派信徒），164

马赫迪（Mahdi，"蒙受引导者"）：末世时降临，176-77；伊本·赫勒敦论伪马赫迪，178；瓦桑论伪马赫迪，178-81

迈蒙尼德（Maimonides），即摩西·本·迈蒙（Moses ben Maimon），225；与阿威罗伊，85-87；《犹太名人传》中，85；论著，曼蒂诺译，85，308n90

马基尔，雅各布·本（Makhir, Jacob ben，安萨里作品译者），75，303n57

马里（Mali），30，48，143，145，146；与瓦桑，141，147，149，285n45

马立克法学派与法官（Malikite school of law and judges）：符咒，174；占星术，324n30；饮食，120；在埃及，140，161；吉哈德，171，173；在马格里布，

20，26，42，140，162，179，251；婚姻与背教，197，252；自慰，209；婚内性行为，140-41；瓦桑作为作者，88，221；瓦桑作为法官，52；饮酒，166；另见万沙里斯，艾赫迈德（al-Wansharisi, Ahmad）

马穆鲁克苏丹（Mamluk sultans），35，37，44，74；另见苏丹坎苏·扎维利（Qansuh al-Ghawri）

玛蒙（al-Maʿmun，阿拔斯王朝哈里发），83，184

玛目拉（al-Maʿmura）：战役，29，40，119，325n31

礼仪（manners），餐桌，120-21，325-26n34

曼苏尔（al-Mansur，阿尔摩哈德王朝哈里发），见阿布·优素福·雅库布·曼苏尔（Abu Yusuf Yaʾqub al-Mansur）

曼苏尔·萨曼尼（Mansur al-Samani，波斯君主），与《曼苏尔书》（*Kitab al-Mansuri*），92，93

曼蒂诺，雅各布（Mantino, Jacob，医生兼翻译家），82-83，325n27；与大卫·卢温尼，178；家庭生活，213，214；亨利八世离婚案，262；与赫塔多·德·蒙多萨，258；与教皇，83，262；阿威罗伊与阿维森纳的翻译，83，85-86，122，306n79，306-307n80，308n89，309n94；迈蒙尼德的翻译，85，360n7；与魏德曼斯塔特，258；与瓦桑的往来与合作，83-85，87，93，118，176，222，224-26，239

曼努埃尔一世（Manuel I，葡萄牙国王），3，4，25，26，68，185

起草手稿（manuscript preparation）：在伊斯兰社会，95-96；在意大利，96

马努齐奥，阿尔多（Manuzio, Aldo，印刷商），122

曼扎里，阿里（al-Manzari, ʿAli），119

地图（maps）：阿拉伯地理学，100，127；欧洲地理学，101，126-27，151，334n73；皮里·雷伊斯，101，151；与瓦桑，101，151

"麦卡玛特"（*Maqamat*），105，108，141，202，257

马卡里，艾哈迈德（al-Maqqari, Ahmad，历史学家），189，312n18，324n24

马克里兹（al-Maqrizi），论开罗的手稿，96

马里迪尼，马萨维（al-Maridini, Masawayh，雅各派基督徒），《名人传》中，91，259，311n11

马林王朝苏丹（Marinid sultans），19，162，174-75，179，182，229；碑文，52-53

马贾尼，贾马尔·丁（al-Marjani, Jamal ad-din），论扎伊拉贾，115-16

马龙派（Maronites），58，68，70

马拉喀什（Marrakesh），22，25，26，179，214；萨迪王朝占领，17-18，172，

250，341-42n52；与瓦桑，17，47，103，221，341-42n52

马拉库什（al-Marrakushi，'Abd al-Wahid，历史学家），309n91，318n50，324n24，358n78

马拉诺犹太人（Marranos），64，188，248；另见改宗（conversion[s]）

婚姻（marriage），37-38，213；教会法，136，212-13；犹太律法，136；伊斯兰教法，135-36，197，348n10；瓦桑评述，38-39，197-98；另见聘礼/嫁妆（dowries）；穆斯林的嫁妆（trousseaux, Muslim）；齐纳（zina'）

玛利亚（Mary），伊斯兰教观念，187，189，235

马萨（Massa），居民，54，178-79

马希侬，路易（Massignon, Louis），论《非洲记》，5

马苏迪（al-Mas'udi，地理学家、历史学家），论亚历山大陵墓，233；可靠性，104；论占卜术，168；地理/历史著作，98，103，118，258，332n55；旅行，23，98；瓦桑评述，100，104

麦加（Mecca），30，35，45-46，81，253

美第奇，亚历山德罗·德（Medici, Alessandro de'），72，78

美第奇，艾波利多·德（Medici, Ippolito de'），枢机主教，72，78，254

美第奇，乔万·马利亚·德（Medici, Giovan Maria de'，犹太改宗者），68

美第奇，乔瓦尼·德（Medici, Giovanni de'），见利奥十世（Leo X）

美第奇，朱利奥·德（Medici, Giulio de'），枢机主教，见克莱芒七世（Clement VII）

美第奇，洛伦佐·德（Medici, Lorenzo de'），59，74，113

麦地那（Medina），35，45，253

梅利亚（Melilla），40

弥赛亚式人物（messianic figures），见马赫迪（Mahdi）

奇迹（miracles），伊斯兰教观点，169-70

莫塞尼戈，艾尔维斯（Mocenigo, Alviso，威尼斯外交官），73，301n51

西班牙摩尔人（Moriscos），188，189，214，226

莫罗希娜，福斯蒂娜（Morosina, Faustina），205

摩西（Moses），伊斯兰教先知，235

穆罕默德（Muhammad，先知），144，235，236；出生地和墓地，45；获取《古兰经》，123，167，236-38；祷告中提及，63，158；瓦桑引述，157-58，160，232-33，236，244，337n18；妻子与子女，38，198；另见圣训（hadith）

穆罕默德·布图加利（Muhammad al-Burtughali，菲斯苏丹），23，24-25，28，29，47，60，249；与葡萄牙的战争，25，26，27，29，40，172；瓦桑所述祷告，

159-60，338n21；与穆罕默德·卡伊姆的关系，26，27，28，172；瓦桑的外交使命与报告，26，27，28，32，37，40，41

穆罕默德·伊本·哈桑（Muhammad ibn al-Hasan，突尼斯苏丹），36，41，42-43，56，61，209；瓦桑论述，42，199，251

穆罕默德·卡伊姆（Muhammad al-Qaʼim，萨迪王朝埃米尔沙里夫），26，27，77；与吉哈德，27，172；与苏菲派圣徒，27，28，250；与瓦桑，26，28

穆罕默德·沙伊赫（Muhammad al-Shaykh，萨迪王朝苏丹，"马赫迪"），251

穆罕默德·沙伊赫（Muhammad al-Shaykh，菲斯瓦塔斯王朝苏丹），19，23，25，171

穆卡达西（Al-Muqaddasi），128，130，131，135，194；《各地区知识的最佳划分》（*Best Divisions for Knowledge of the Regions*），101，158，232；伪装成苏菲派，193-94；所用地图，100；作品中的祷告词，158-59，197；旅行，98-99，140，193-94

穆斯林（Muslim[s]）：意大利语中的人名拼写，158，337n18；另见伊斯兰教（Islam）

穆尔太齐赖派（Muʿtazilites），165，236，340n43

圣娜菲莎（Nafisa, Saint），44，169，340n46

叙述者（narrator），第一和第三人称，231-32，362-63n25

纳西尔，穆莱（al-Nasir, Mulay，瓦塔斯王朝埃米尔），23，26，283n25

纳瓦罗，佩特罗（Navarro, Pedro），40

新柏拉图主义（Neoplatonism），58，70

聂斯脱利派（Nestorians），58，91，184

内特斯海姆，康内利斯·阿格里帕·冯（Nettesheim, Cornelius Agrippa von），221

《新约》（New Testament）：穆斯林的批评，238；翻译，240-41，366-67n47；章节编目，367n52；另见"保罗书信"（Epistles of Paul）

尼日尔河（Niger River），30，285n45

尼罗河（Nile River），134，264，285n45

挪亚（Noah）：对迦南（Canaan）的诅咒，132-33；后代，131-32，269，329n21

努比亚（Nubia），35，134，184

努米底亚（Numidia），128

努诺·费尔南德斯·德·阿泰伊斯（Nuno Fernandes de Ataíde），26，279n3

神秘科学（occult sciences），72，114-16，167-69

《韵律的艺术》（*On the Art of Poetic Metrics* [*De Arte Metrica Liber*]，瓦桑），87，88-90

《阿拉伯名人传》(*On Some Illustrious Men among the Arabs*, 内含《犹太名人传》[*On Some Illustrious Men among the Jews*]), 88, 104, 174-76, 184, 208; 错漏, 92-93, 94, 311-12n14, 312n19; 条目散失, 311n9; 由霍廷格出版, 259; 自称, 229-30, 231; 塔巴卡 (*tabaqat*) 文体, 90-91, 93-94

鸵鸟 (ostriches), 23, 112, 248, 322n10

奥斯曼帝国 (Ottoman empire), 12, 44-45, 60-61, 74, 177, 246; 另见苏丹塞利姆 (Selim); 苏丹苏莱曼 (Suleyman); 土耳其 (Turkey)

教皇保罗三世 (Paul III), 即法尔内塞枢机主教, 215, 262

戈梅拉岛 (Peñon de Velez), 40, 80, 221

彼特拉克 (Petrarch), 96

佩特莱, 安东尼奥 (Petrei, Antonio), 与《名人传》, 259, 313n20, 372-73n38

佩特鲁奇 (Petrucci), 枢机主教, 57

菲利普二世 (Philip II, 西班牙国王), 258

皮科·德拉·米兰多拉, 乔瓦尼·弗朗切斯科 (Pico della Mirandola, Giovanni Francesco), 204-205, 222

皮奥, 阿尔伯托 (Pio, Alberto), 卡尔皮亲王, 96, 101, 213, 246, 253; 外交官, 69, 246-47, 253-54; 与马龙派教徒伊莱亚斯, 70, 75, 300n42; 与伊拉斯谟, 185, 247; 与曼蒂诺, 83; 赞助人与收藏家, 69, 82, 92, 122, 262; 与瓦桑, 69-70, 114, 186, 204

皮奥, 鲁道夫·达·卡尔皮 (Pio, Rodolfo da Carpi), 262, 373-74n4

海盗 (piracy), 42-43, 54-56, 79, 151; 与瓦桑, 54-55, 108; 另见阿鲁日·巴巴罗萨 ('Aruj Barbarossa); 卡伊尔·丁·巴巴罗萨 (Khayr al-Din Barbarossa)

皮里·雷伊斯 (Piri Reis), 151;《航海书》(*Book of Navigation*), 101, 256

柏拉图 (Plato), 58, 70, 166, 309n94

老普林尼 (Pliny the Elder), 72-73, 126, 150, 151, 334n72

诗歌 (poetry): 阿拉伯游牧民和部落, 116, 117-18, 135; 阿威罗伊, 86-87, 309n94; 菲斯, 22, 202; 安萨里, 164; 同性恋主题, 202-203; 节律与类型, 50, 89, 103, 115; 瓦桑, 48, 89-90, 117, 224; 妇女, 220; 另见韵文体 (*sadj*)

彭波那齐, 皮特罗 (Pomponazzi, Pietro), 82, 306n79

葡萄牙 (Portugal): 吉哈德, 171-72; 穆斯林获胜, 27, 29, 40, 119-20; 航海, 36-37, 129, 151; 征服北非, 21, 25-26, 53-54, 279n3; 瓦桑评述, 29, 119, 120, 151, 183; 另见曼努埃尔一世 (Manuel I)

博瑞，约翰（Pory, John，《非洲记》译者），153，155-56，333n60

《姿势》(Positions, The, [I Modi])，206-207

波斯特尔，吉约姆（Postel, Guillaume），308n84；《土耳其人的国家》(Republic of the Turks)，156，336n10，372n37；与瓦桑作品，259，372n37

祭司王约翰（Prester John），68，269

大卫王子（Prince David），见大卫·卢温尼（David Reuveni）

印刷（printing），阿拉伯语与希伯来语，122-24

先知（prophets），伊斯兰教，154，235

韵律学（prosody），89-90

妓女与卖淫（prostitutes and prostitution），136；非洲，145，198-99；菲斯与突尼斯，166，198，200；罗马、威尼斯和佛罗伦萨，205；男妓（突尼斯），202；男妓（威尼斯与佛罗伦萨），208；与瓦桑，198-99，200，210；另见德里加多，弗朗西斯科（Delicado, Francisco），《罗桑娜》(Portrait of Lozana)

托勒密（Ptolemy, Claudius）：阿拉伯地理学，100，126，327n4；欧洲地理学，126，151，263-64，334n73；纬度气候带（aqalim, klimata）界定，100；与瓦桑，100，126

普奇·洛伦佐（Pucci, Lorenzo），枢机主教，64，246；作为瓦桑的教父，64

苏丹坎苏·扎维利（Qansuh al-Ghawri），35-37，43-44，73，302n32；宫廷与外交仪式，36，47，48，49；与格兰纳达穆斯林，36，287-88n55

苏丹凯特贝（Qaytbay），35，74

基纳（Qina），45

《古兰经》(Qur'an)，20，51，186-87，198，269，270-71，359n1，370-71n21；模糊性（其自身），237；阿拉伯语，134，238；强制改宗，188；论左勒盖尔奈英，181，235，243；永恒性，165，236；与"希拉"(hila)相近词汇，113；人类多样性，143-44；以实玛利与以撒，81；意大利语译本，247，305n71；耶稣／尔撒，81，187，243；拉丁语译本，71，241-43；挪亚，132-33；圣书之民，81，153，271；印刷与复制，123-24；编辑与不同诵读，236-37；作为启示，123，236；西班牙语译本，243-44；文本的固定不变，238-39，241；章节编排，242，367n52，368n53；瓦桑修订拉丁语译本，81，167，241-43；瓦桑引述，160，161，244；论饮酒，167；另见埃吉迪奥·达·维泰尔博（Egidio da Viterbo）；加布里埃尔，约安尼斯（Gabriel, Joannes）

拉伯雷，弗朗索瓦（Rabelais, François）：提及非洲，263-64；与瓦桑的比较，264-72；阿拉伯语知识，264；巴奴日被土耳其人抓获的故事，67；与瓦桑可能的联系，262-64；在罗马，261-63；论世界征服者与战争，267-68

拉姆西奥，乔瓦尼·巴蒂斯塔（Ramusio, Giovanni Battista），5，97-98，292n100；根据基督教精神对《地理书》的修改，155，184；对《故事百篇》的修改，260，320n3；对瓦桑引述《古兰经》的修改，233，363-64n28；对瓦桑所谈同性性行为和俗语的修改，218，325n29，351n28，356-57n73；对瓦桑自称的修改，230，232；《地理书》（《非洲记》）的编辑，15，97，107，145-46，313n22，315n31；丛书《远航行记》（*Navigations and Voyages*），4，101，232，315n33；《非洲记》的出版，4，95；对瓦桑文本的修改增删，288n60，313n22，315n31，325n29，325n31，337n17，351n28

拉斐尔（Raphael），3，66，205；以赛亚的壁画，187；《利奥十世肖像》，60，295n16

拉亨伯格，迪特里希（Rauchenberger, Dietrich），7

拉齐，艾卜·伯克尔（al-Razi, Abu Bakr，医生兼哲学家），92-93

罗德岛（Rhodes），36，55，74，294n2

里多菲，尼可洛（Ridolfi, Niccolò），枢机主教，313n20，372-73n38

利夫山区（Rif Mountain region），19-20，21，28，50，166-67，198，257，291n88

游记（*rihla*），54，102-103，256，372n32；另见旅行（travel）

鲁杰罗二世（Roger II，西西里国王），99，107

罗兰（Roland，查理曼传奇故事中的英雄），117，118

罗马（Rome），65-66，118，211，212，355n54；科隆纳暴乱，246，254；男女人口，204；浩劫，246-47，368-69n2

鲁米（Rumi，苏菲派诗人），112

计谋（ruse）：阿拉伯—伊斯兰教传统，112，113，219，267；基督教—欧洲传统，113-14，219，267；另见希拉（*hila*）

萨迪王朝(Sa'diyan dynasty)，26，27，28，172，251；另见穆罕默德·卡伊姆（Muhammad al-Qa'im）；穆罕默德·沙伊赫（Muhammad al-Shaykh，"马赫迪"）

韵文体（*sadj^c*），49-50，94，105，271；瓦桑的使用，50，186

萨菲（Safi），25-26，27，53-54，279n3；与瓦桑，15，22，54，220

圣徒（saint），见圣人（holy men）

萨哈威（al-Sakhawi，传记作家），220，341n50

同性性行为与表达（same-sex erotic acts and expression）：阿拉伯语作品，202，203；意大利与意大利语作品，207-209；北非，118-19，168，201-202，208，350n26；惩罚（对女性），350n24；惩罚（对男性），201，208，350n25，351n29；苏菲派中，163-64，201-202；瓦桑评述，200-203，208-209，353n45；作为"齐纳"，200，351n29

撒旦（Satan），阿拉伯语与希伯来语名称，225-26

萨沃纳罗拉（Savonarola, Girolamo），208

萨耶夫（al-Sayyaf，贾祖里派圣徒），28，53

逊尼派法学派别（schools of law, Sunni [*madhahib*]），20，140-41，161-62，192，338n25；另见马立克法学派与法官（Malikite school of law and judges）；沙斐仪法学派与法官（Shafi'ite school of law and judges）

塞巴斯蒂亚诺·德·皮翁博（Sebastiano del Piombo），"人文主义者的肖像"，302n55

苏丹塞利姆（Selim），74，123，151；亚历山大式的世界征服者，61，177-78，182；进攻波斯国王伊斯迈尔，43；征服马穆鲁克埃及与叙利亚，43-45，46；与菲斯，40，43，44，61；乔维奥评述，73-74，302n51；与坎苏·扎维利，37，43；与威尼斯，73，301n31；在意大利的看法，60，61-62，72；与瓦桑，44-45，56，74，170

瑟普贝达，胡安·德（Sepúlveda, Juan de），70

性行为（sexual activities）：跨肤色，138-40；婚姻内，38，140-41，197-98，332n44；主人与奴隶之间，136，138，199；自慰（穆斯林与基督教教义），209；公开的性行为，73，340n45；跨宗教，135-38；与撒马克（Sarmak）植物，54；瓦桑作品中的论述，73，140，197-98；另见妓女与卖淫（prostitutes and prostitution）；同性性行为与表达（same-sex erotic acts and expression）；齐纳（zina）

沙德希里（al-Shadhili，苏菲派圣徒），338n31

沙斐仪法学派与法官（Shafi'ite school of law and judges），161，229，338n25，340n46

沙赫拉斯塔尼（al-Shahrastani, Muhammad 'Abd al-Karim），《穆斯林的宗派和分裂》（*Muslim Sects and Divisions*），170-71，341n49

山鲁佐德（Shahrazad），111，221，222

教法（*shari'a*），21；与教会法的比较，63，192；另见马立克法学派与法官（Malikite school of law and judges）；吉哈德（*jihad*）；婚姻（marriage）；性行为（sexual activities）；奴隶与奴隶制（slaves and slavery）；齐纳（zina）

沙里夫（*sharif*），26；瓦桑的定义，319n59

什叶派教义与教徒（Shi'ism and Shi'ites），43，180，188，238；瓦桑的批评，

161，170，180；另见伊斯玛仪派（Isma˓ili sect）

叙塔伊比（al-Shutaybi，旅行家），257

西西里（Sicily），79，176

西吉尔马萨（Sijilmasa，绿洲），29-30，32，47，181，284n38

丝织业（silk manufacture），19，82

肤色（skin color）：与气候带理论，143；挪亚对迦南的诅咒，132-33，329n21；与奴役，133，329n21；伊斯兰教传统，143-45，333n63；瓦桑观点，129-31，138-40，146-47

奴隶与奴隶制（slaves and slavery）：异教徒被奴役，36，78，132-33，148；改宗，在意大利，78；在黑人之国，31，34，54，146，147；在马格里布，48，119（基督徒），148，250；婚姻，在意大利，331n38；婚姻，在其他地区，138-39；主人与女奴的性关系，136，138，139；军事，35，44，61，148；罗马家庭中，77-78，79，254；奴隶妓女，199，205；奴隶母亲，138；奴隶贸易（撒哈拉以南），28，32；瓦桑论述，138-39，147，148；另见肤色（skin color）

桑海帝国（Songhay empire），30；另见阿斯基亚·穆罕默德（Askia Muhammad；桑尼·阿里（Sunni 'Ali）

西班牙（Spain），17，60，287-88n56；驱逐犹太人，66，137，176；北非的征服与丧失，40-43，80；另见查理五世（Charles V）；格兰纳达（Granada）

斯潘杜吉诺，西奥多（Spandugino, Theodore），《大土耳其世系》（The Genealogy of the Grand Turk），216，232，356n69

圣彼得大教堂（St. Peter's Cathedral），63，66，246，254

斯特拉波（Strabo），126，150，264

《奇谋妙计》（Subtle Ruses），112，113

苏菲派与苏菲主义（Sufi[s] and Sufism），12，21，51，162-65；宴会与舞蹈，201-202，218；与安萨里，164-65，227；婚姻与独身，37，350n27；在摩洛哥，27-28，48，161，171，185，257，291n88；与穆卡达西，193-94；诗人，112，203，350n27；另见圣人（holy men）；伊本·阿拉比（Ibn al-'Arabi）

苏哈拉瓦迪（al-Suhrawardi），《东方神智学》（Oriental Theosophy），166

苏丹苏莱曼（Suleyman），74，77，79，101，254，302n52；与弗朗索瓦一世结盟，79，253，262；与皮里·雷伊斯，101，256；与拉伯雷，263，268

教规（Sunna），21，165，168

桑尼·阿里（Sunni 'Ali，桑海君主），30，31，33

逊尼派伊斯兰教（Sunni Islam），12，188；另见伊斯兰教（Islam）；马立克法学派与法官（Malikite school of law and judges）；逊尼派法学派别（schools of law, Sunni）

苏尤提（al-Suyuti，法学家），34，133，174，344n73，348n11，350n26；《古兰经》中的外来语，238；论伊斯坎达尔，233-34，236；末世预言，177

梅毒（syphilis），136-38，264

塔巴卡（tabaqat，传记辞典），90，91，94，220，229，231；另见圣人（holy men），传记

塔巴里（al-Tabari，历史学家、神学家），133，234；论《古兰经》，242，367n52

塔迪利（al-Tadili，传记作家），170，291n88，341n47

塔赫利（takhlit），31，33-34，139

丹吉尔（Tangier），21，39，127

塔基亚（taqiyya，隐昧），教令（fatwa），188-89，215，226，252；西班牙摩尔人的申辩，189；瓦桑的申辩，189，244，253

税收与贡赋（taxation and tribute），54；阿拉伯部落，130；阿鲁日·巴巴罗萨，42；阿斯基亚·穆罕默德，31，33；菲斯苏丹，24-25，26，130；西班牙，40，41

塔兹（al-Tazi），与吉哈德，171-72

坦普拉尔，让（Temporal, Jean，《非洲记》译者），10，335-36n6；对拉姆西奥版的修订，155，160

纺织业（textile manufacture），19，141，198

萨尔拉卜（Thaʿlab），90

《一千零一夜》（Thousand and One Nights），111，221，320nn4、5

廷巴克图（Timbuktu），29，30，32，53，130，147-48，285n7；与瓦桑，32-33，54，124，147-48；另见阿斯基亚·穆罕默德（Askia Muhammad）

特莱姆森（Tlemcen），36，148，172，176，343n61；瓦桑停留，41，51-52，292n100；扎亚尼德王朝（Zayyanid）苏丹，40，41，52，130

《摩西五经》（Torah），124，238

托克马达，胡安·德（Torquemada, Juan de），《论教皇权力》（On the of Power of the Pope），192

图阿蒂，侯艾里（Touati, Houari），10

商业贸易（trade and commerce），36-37，61；跨非洲，20，24，30，32，34，40，139，141，150；非洲与欧洲，12，22，27，32，40，53

翻译与译者（translation and translators），50；阿拉伯语，58，75，83，93，111，

295n10；希腊语，83，126；希伯来语，70，83；拉丁语，83，307n83；精神与文化实践，224-26；另见词典（dictionaries）；曼蒂诺，雅各布（Mantino, Jacob）；《新约》（New Testament）；《古兰经》（Qur'an）；瓦桑（al-Wazzan，作品）

旅行（travel）：与阿拉伯地理学，98-99；目的，伊斯兰教中，102，150，257；另见游记（rihla）

论阿拉伯语语法（treatise on Arabic grammar，瓦桑），87，88，259

诡道人物（trickster figures），105，110-13，266-67，323n14

的黎波里（Tripoli），36，55-56

穆斯林的嫁妆（trousseaux, Muslim），38，214，356n64

图哈拉伊（al-Tughra'i），《名人传》中，93-94，229-30

突尼斯（Tunis），39，42，53，80，148，198，252-53；城市生活，122，251；远征，254-55；与瓦桑，42，103，122，140，251-52，255；另见哈夫斯王朝（Hafsid dynasty）；苏丹哈桑（al-Hasan）；苏丹穆罕默德·伊本·哈桑（Muhammad ibn al-Hasan）

土耳其（Turkey），43-45，267；征服，12，74，79，177，246；十字军，3-4，60，65，79，295n14；与威尼斯的关系，60-61；旅行，156，216，336n10；另见针对土耳其和伊斯兰教的十字军（crusade against Turks and Islam）；乔维奥，保罗（Giovio, Paolo）；伊斯坦布尔（Istanbul）；奥斯曼帝国（Ottoman empire）；苏丹塞利姆（Selim）；苏丹苏莱曼（Suleyman）

图瓦特（Tuwat），绿洲，31，176，343n61

廷代尔，威廉（Tyndale, William），259

奥贝德·阿拉·赛义德（'Ubayd Allah Sa'id），180-81，344nn73、74

哈里发奥斯曼（'Uthman, Caliph），《古兰经》，236，238

瓦雷里亚诺，皮埃里奥（Valeriano, Pierio），72，301n49，369n9；《象形文字》（Hieroglyphica），72-73，239，248；与瓦桑，72-73，74，195

梵蒂冈图书馆与图书馆员（Vatican Library and librarians），56，57-58，59，63，66-67，69，79-80，92，298n33，304n69

戴面纱（Veiling），39，147，197-98，199-200，210，217，349n18

威内齐亚诺，阿格斯蒂诺（Veneziano, Agostino），雕刻，263

威尼斯（Venice），77，97，101，127，205，206，208，258；书籍印刷，95，122，123，205，207，315-16n34；与伊斯兰地区的商业和外交联系，60-61，73，

107，249；与勒维塔，169，195，247，249；与拉姆西奥，97-98；与瓦桑，56，80，249，315n80

维泰尔博（Viterbo，城镇），71，80-81

万沙里斯，艾赫迈德（al-Wansharisi, Ahmad，法学家），教令集，19，20-21，26，166，173，220，252，370-71n21

瓦塔斯王朝（Wattasid dynasty），19，26-27，28，249-50；与巴巴罗萨结盟，41，42-43；与奥斯曼帝国结盟，45，290n74；另见穆罕默德·布图加利（Muhammad al-Burtughali）；穆罕默德·沙伊赫（Muhammad al-Shaykh，瓦塔斯王朝苏丹）

瓦桑，哈桑·伊本·穆罕默德（al-Wazzan, al-Hasan ibn Muhammad，生平经历）：仲裁案件，52，292n100；洗礼与改宗，4，8-9，62-64，65，156；出生与早年，15，17-20，23；被俘与囚禁，3-4，54-61，63，249，266；基督教教父，64-65；关系与友谊（意大利），69-77，79-80，82-83，87，210，213-14；外交训练，23-24；家庭背景，15，17-19；语言学习，18，50，58，74-75，94-95；回到北非后的人生，245，251-53，255-58；婚姻与子女（可能的），37-40，196-97，211-13，214-15，245，252；姓名由来，4-5，15，65，186，230，249，297n28；公证人，22，49；诗人，22，49-50，186；学生生涯与老师，20-22，164，165，228-30；作为教师、译者和阿拉伯文抄录者，66-67，69，71，79

瓦桑（al-Wazzan，主要行迹）：阿尔及尔，41-42；开罗，35-37，44-45；伊斯坦布尔，43-44；意大利（罗马以外），80-87；黑人之国，29-35；麦加与麦地那，45-46；摩洛哥地区，24，26，28-29，40，53-54，141-42，288n58；罗马，56-80，205，211-12，247-48；廷巴克图，30，32-33；特莱姆森，41；突尼斯，42，251-55

瓦桑（al-Wazzan，观点与态度）：写作中想象的读者，89-90，91-92，93-94，106-108；传述世系的运用，92，228-30，256；基督教，183-96；主张真实性（作品），104-105，230；占卜与奇迹，114-16，167-70，266；"双重视野"，109-16，116-24，153-62，218-20；作为历史学家，53-54，103，230-31；好客，119，121，142，148，150；伊斯兰教与教派，123，148-49，160-71，233，243-44，270-71；犹太人，85-86，137-38，174-76，202-203；末世预言与吉哈德，176-82，236；辞书学与翻译，83-84，224-26；图书馆、读写与碑刻，23，52-53，124，141-42；诗歌，22，23，50，63，67，88，103，115，142，150，265；祷词的使用，158-59，184，186-87；学术影响，258-60；作品中的自称，228-32；性行为与欲望，139，140，197-99，200-204，208-209，216-20；奴隶制，148；

苏菲主义，162-65，166-67，227；餐桌礼仪，120-21；战争与破坏，119-20，182-83；妇女（外貌与劳动），139，146-47，198-200，209-10，220-22

瓦桑（al-Wazzan，作品）：见阿拉伯—希伯来—拉丁语词典（Arabic-Hebrew-Latin dictionary）；《非洲寰宇地理书》（Cosmography and Geography of Africa）；《非洲记》（Description of Africa, The [La Descrittione dell'Africa，拉姆西奥]）；"保罗书信"（Epistles of Paul，瓦桑抄录）；《穆斯林编年史略》（Epitome of Muslim Chronicles, The）；《据马立克派所见之穆罕默德的信仰与法律》（Faith and Law of Muhammad according to the Malikite School of Law, The）；《韵律的艺术》（On the Art of Poetic Metrics）；《阿拉伯名人传》（On Some Illustrious Men among the Arabs，内含《犹太名人传》[On Some Illustrious Men among the Jews]）；《古兰经》（Qur'an），瓦桑修订拉丁语译本及引述；论阿拉伯语语法（treatise on Arabic grammar）

重量与度量（weights and measures），72，106

魏德曼斯塔特，约翰·阿尔布莱希特（Widmanstadt, Johann Albrecht，东方学家），258，304-305n70，305n71；与瓦桑，55，71，247，293-94n2

酒与饮酒（wine and wine drinking），21，166-67，179，198，271，339n38，343n56

非洲的妇女（women, in Africa）：传记辞典中，90，220，358n78；经济活动，141，142，190，220；治疗师与占卜师，168，201；文学作品中的女主人公，221-22；诗人，220；与政治，220-221；歌者与舞者，199；奴隶，28，138，147，198，205；教师，198，220；另见阿伊莎（'A'isha）；婚姻（marriage）；圣娜菲莎（Nafisa, Saint）；妓女与卖淫（prostitutes and prostitution）

意大利的妇女（women, in Italy），205，206-207，209-210，213，221

希梅内斯·德·西斯内罗斯（Ximénez de Cisneros），枢机主教，多语种版《圣经》，240

叶海亚－尤－塔夫特（Yahya-u-Taʿfuft）：与葡萄牙，25-26；瓦桑会见，15，26，29，279nn3、4，283n29

也门（Yemen），125，132，199

约安拿·阿萨德（Yuhanna al-Asad），见瓦桑，哈桑·伊本·穆罕默德（al-Wazzan, al-Hasan ibn Muhammad）

扎伊拉贾（za'iraja，占卜形式），114-16，169，194，255

扎姆法拉人（Zamfara, people of），146，286-87n48

桑给人（Zanj people），144，332n55

扎鲁克（Zarruq，苏菲派），21，162-63，175

泽玛托（Zematto，即 Michael ben Sabthai），247，304n70，305n71，369n7

志日，乌迈尔巴宁（Zhiri, Oumelbanine），7

齐格勒，雅各布（Ziegler, Jacob，地理学家），101；与瓦桑《地理书》，249

齐纳（zina'，合法关系以外的性行为）：通奸，53，80，200，218-19，220-21；同性性行为，201，351n29；另见妓女与卖淫（prostitutes and prostitution）；同性性行为与表达（same-sex erotic acts and expression）

图片来源

1. Biblioteca Vaticana, Vatican City. MS Vat. Ar. 115 (four Arabic texts by Nestorian and Jacobite Christians), 295v. © Biblioteca Apostolica Vaticana (Vaticano).

2. Paride Grassi, *Diarium An. 1513 ad 1521:* MS E53, vol. 2, 310v. Department of Special Collections, Spencer Research Library, University of Kansas Libraries.

3. Biblioteca Vaticana, Vatican City. MS Vat. Ar. 357 (Thaʿlab, *Qawaʿid assiʿr*, a book on the Art of Poetry), 1a. © Biblioteca Apostolica Vaticana (Vaticano).

4. Biblioteca Estense Universitaria, Modena. MS Orientale 16-alfa.J.6.3 (Epistles of Saint Paul in Arabic), 1r. Su concessione del Ministero per i Beni e le Attività Culturali.

5. Real Biblioteca del Escorial, Spain. Esc. MS árabe 598 (Arabic-Hebrew-Latin-Spanish Dictionary), 3a. Copyright © Patrimonio Nacional.

6. *Al-Qurʾan*, in Arabic and Latin: MS D100 inf., 316a. Biblioteca Ambrosiana, Milan. Diritti Biblioteca Ambrosiana. Vietata la riproduzione. Aut. No. F 99/05.

7. Al-Hasan al-Wazzan, *De Arte Metrica Liber*: MS Plut. 36.35, 60r. Biblioteca Medicea Laurenziana, Florence. Su concessione del Ministero per i Beni e le Attività Culturali. E'vietata ogni ulteriore riproduzione con qualsiasi mezzo.

8. Al-Hasan al-Wazzan, *De Viris quibusdam Illustribus apud Arabes*: MS Plut. 36.35, 33r. Biblioteca Medicea Laurenziana, Florence. Su concessione del Ministero per i Beni e le Attività Culturali. E'vietata ogni ulteriore riproduzione con qualsiasi mezzo.

9. Al-Hasan al-Wazzan, *Libro de la Cosmogrophia [sic] et Geographia de*

Affrica: V.E. MS 953, 464v. Biblioteca Nazionale Centrale di Roma. Vietata di ulteriori riproduzioni effettuate senza autorizzazione.

10. Al-Hasan al-Wazzan, *La Descrittione dell'Africa*, in Giovanni Battista Ramusio, ed., *Primo volume, et Terza editione delle Navigationi et Viaggi* (Venice: Giunti, 1563), 95v: Courtesy of the Thomas Fisher Rare Book Library, University of Toronto.

11. Ibn Khaldun, *Kitabu'l-Mukkaddime* (804/1402): Atif Efendi Library 1936. Süleymaniye Kütüphanesi, Istanbul.

12. Ptolemy, *Liber Geographiae*, ed. Bernardo Silvano (Venice: Jacopo Pencio, 1511), facsimile edition, "Quarta Africae Tabula": Courtesy of the Thomas Fisher Rare Book Library, University of Toronto.

13. Topkapi Palace Museum Library, Istanbul. MS 642 reproduced in Piri Reis, *Kitab-I Bahriye (Book of Navigation)* (Ankara, 2002), 469–71.

14. Giovanni Battista Ramusio, ed., *Primo volume, et Terza editione delle Navigationi et Viaggi* (Venice: Giunti, 1563), Primo Tavola: Courtesy of the Thomas Fisher Rare Book Library, University of Toronto.

15. Christoph Weiditz, *Authentic Everyday Dress of the Renaissance: All 154 Plates from the "Trachtenbuch"* (New York: Dover Publications, 1994), pl. 84.

16. Charles Terrasse, *Médersas du Maroc* (Paris: Éditions Albert Morance, 1928), pl. 38.

17. Sheila S. Blair and Jonathan Bloom, *The Art and Architecture of Islam 1250–1800* (New Haven and London: Yale University Press, 1995), fig. 158.

18. *Kitab al-sulwanat*: Esc. MS árabe 528, 15r. Real Biblioteca del Escorial, Spain. Copyright © Patrimonio Nacional.

19. *Kitab al-sulwanat*: Esc. MS árabe 528, 79v. Real Biblioteca del Escorial. Copyright © Patrimonio Nacional.

20. Shukri Bey Bitlisi, *Selim Name*: Yah. MS. Ar. 1116, 122v. Jewish National and University Library, Jerusalem.

21. Loqman, *Shahnama-yi Salim Khan* (1581): MS A. 3595, 54r. Topkapi Palace Library, Istanbul.

22. Al-Hariri, *Maqamat*, with illustrations by Yahya al-Wasiti, 634/1237: MS arabe 5847, 84v, 86. Bibliothèque Nationale de France, Paris.

23. Giovanni Antonio Dosio, *Urbis Romae aedificiorum illustriumque supersunt reliquiae* (1569), 224. Courtesy of the Thomas Fisher Rare Book Library, University of Toronto.

24. Valeria Annecchino, *La Basilica di Sant'Agostino in Campo Marzio* (Genoa: Edizioni d'Arte Marconi, 2000), fig. 3.

25. Bernardino Loschi (attributed to), Portrait of Alberto Pio, 1512. Oil on wood, 58.4 x 49.5 cm. © National Gallery, London, NG3940.

26. *Rudimenta Linguae Arabicae, excerpta per me Fratrem Franciscum Gambassiensem, anno 1519*: MS SS^ 11. 11/4, 26v–27r. Biblioteca Angelica, Rome. Su concessione del Ministero per i Beni e le Attività Culturali.

27. *Aristoteles Stagiritae Omnia quae extant Omnia* (Venice: Giunti, 1550–52), vol. 2, 89r. Courtesy of the Thomas Fisher Rare Book Library, University of Toronto.

28. Elijah Levita, *Nomenclatura Hebraica* (Isny: Paul Fagius, 1542), D 2r. 1936. a. 5, British Library, London. By permission of the British Library.

29. *Qur'an*, late fifteenth-century Maghreb. Manuscrits orientaux, arabe 439, 1. Bibliothèque Nationale de France, Paris.

30. *Qur'an* (Arabic) (Venice: Alessandro dei Paganini, ca. 1537/39), as reproduced in Harmut Bobzin, "From Venice to Cairo: On the History of Arabic Editions of the Koran (16th–early 20th century)," in Eva Hanebutt-Benz, Dagmar Glass, Geoffrey Roper, and Theo Smets, eds., *Middle Eastern Languages and the Print Revolution. A Cross-Cultural Encounter* (Westhofen: WVA-Verlag Skulima, 2002), 153.

31. Jan Cornelisz Vermeyen, *Mulay Hasan and his Retinue at a Repast*, 1535–36. Prentenkabinet, Rijksmuseum, Amsterdam. Reproduced in Hendrik J. Horn, *Cornelisz Vermeyen. Painter of Charles V and his Conquest of Tunis* (Doornspijk: Davaco Publishers, 1989), vol. 2, figure A50. Courtesy of the Thomas Fisher Rare Book Library, University of Toronto.

32. Jan Cornelisz Vermeyen, *Mulay Ahmad*, 1535–36. Museum Boymans-van Beuningen, Rotterdam. Reproduced in Hendrik J. Horn, *Cornelisz Vermeyen. Painter of Charles V and his Conquest of Tunis* (Doornspijk: Davaco Publishers, 1989), vol. 2, fig. A46 (Photo Frequin). Courtesy of the Thomas Fisher Rare Book Library, University of Toronto.

译后记

周 兵

2012年8月，多伦多暑热如常，我却在那样一个夏天，感觉如沐春风，这份感受成为我向北京大学出版社推荐并翻译本书的缘起。

此去多伦多，只有一个目的，就是拜访娜塔莉·泽蒙·戴维斯。

娜塔莉和钱德勒·戴维斯的家，是一栋普通的三层红砖小楼，距离多伦多大学历史系和图书馆大约步行20分钟。娜塔莉在邮件里细致地为我指示方向，详细到一共要经过多少个街区——$15\frac{3}{4}$。在仍然不时被批评者指摘为"过度诠释"和"碎片化"的新文化史中，依据类似这样的细节，可以演绎出许多天马行空的解读：这一定是一条她曾经无数次走过的路线，是从她工作过的大学到家的两点一线；这是一位精研于近代早期历史、对档案文献中的只言片语都一丝不苟的历史学家；这位历史学家的丈夫恰好又是一位成就不凡的数学家，精确到分数的日常生活难道不正折射了他们严谨、专业的研究精神和毫不妥协的人生态度吗？

随着国内学界对欧美新文化史的关注、介绍、研究与实践的不断展开和深入，我们对娜塔莉·泽蒙·戴维斯的名字及其作品早已耳熟能详，戴维斯的诸多代表作品已被翻译成中文[①]，国内学者也已有不少专题性的研究

---

① 目前已翻译出版的戴维斯论著的中文译本有：《马丁·盖赫返乡记》，江政宽译，台北：联经，2000年；《马丁·盖尔归来》，刘永华译，北京：北京大学出版社，2009年、2015年；《档案中的虚构》，杨逸鸿译，台北：麦田，2001年；《档案中的虚构》，饶佳荣、（转下页）

成果问世，对其史学观念和方法展开讨论，其中既有总体性的评述，更有从某一具体角度切入的分析，如新文化史、历史人类学、微观史学、影视史学、妇女史、法国史、全球史等，不一而足，甚至还有若干篇博士和硕士学位论文直接以戴维斯本人为研究对象。

在多伦多，与娜塔莉·戴维斯的几次面对面的长谈，令我对其史学观念的理解和认识有了进一步的更新。① 两年多来，为了本书的翻译，我一遍又一遍地细细阅读她的文字，就一些细节的译法与她邮件往来，最后在键盘上把它们敲成一个个中文字符。在这个漫长的过程中，我渐渐不再把自己当作一个史学史的研究者，越来越少地用专业的或"职业的"眼光来检视作为历史学家的娜塔莉·泽蒙·戴维斯和这部被我译作《行者诡道》的著作。

以下，我试着从一名译者和读者的角度，与更多的中文读者分享自己在翻译和阅读这部作品的过程中的感悟，以作译后记及导读。

译者与读者

在读者手中的这部书里，我有两个身份——译者和读者。

作为中文版的译者，我同书中主人公瓦桑或利奥所处的近代早期地中海世界几乎没有任何交集，距离他所成长的北非和伊斯兰世界更是遥不可及，备感陌生。但是，翻译的过程却让我通过戴维斯的写作，辗转进入瓦桑的世界。在本书中，戴维斯描述了许多不同类型的人际间的网络关

（接上页）陈瑶译，北京：北京大学出版社，2015 年；《奴隶、电影、历史》，陈荣彬译，台北：左岸文化，2002 年；《法国近代早期的社会与文化》，钟孜译，北京：中国人民大学出版社，2011 年；《历史学的两个主题》，载《现代史学的挑战：美国历史协会主席演说集（1961—1988）》，王建华等译，上海：上海人民出版社，1990 年；《祛中心化历史：全球化时代的地方故事与文化交流》，段艳译，载《江海学刊》，2012 年第 3 期；《纳塔莉·泽蒙·戴维斯》（访谈），载玛丽亚·露西娅·帕拉蕾丝－伯克编：《新史学：自白与对话》，彭刚译，北京：北京大学出版社，2006 年。

① 周兵：《全球视野下的文化史写作——解读娜塔莉·泽蒙·戴维斯的"去中心的历史"》，《历史教学问题》2013 年第 2 期。

系,她将瓦桑置于这些网络之中,考察他的家族与血统、婚姻与性、教育与职业、见闻与交往、信仰与思想、翻译与写作。其中,她借用伊斯兰教圣训学传统中的"传述世系",探讨了瓦桑所受的宗教、法学教育及其日后的写作在伊斯兰教学术、思想传承系统中的位置。虽然瓦桑的名字并未出现在伊斯兰/阿拉伯学术的传承序列中,但通过其在意大利的写作和交往,尤其是《地理书》从手抄本到被编辑印刷出版以及不同语言的译本在近代欧洲广为流传,晚近以来,更是随着其手稿的重新发现、研究视角的转移和方法的更新,不断衍生出新的研究和解读。在这个知识传承的世系中,有 1550 年《地理书》意大利文版的编者拉姆西奥,有此后各种欧洲语言译本的译者,有殖民时代的欧洲探险家和奴隶贩子,有重新将瓦桑作品译成阿拉伯语并带回伊斯兰世界的当代摩洛哥历史学家,有把瓦桑作为主人公的小说作家、剧作家和纪录片制作人,也有许多像戴维斯一样关注瓦桑/利奥研究的历史学家,最后还有像我这样再将他们的研究成果翻译介绍到其他文化中的翻译者。

戴维斯在本书中专辟一章论述同样作为翻译者的瓦桑,她引述了翁贝托·埃科有关翻译的评论——"翻译不但是语言之间的转化,还是文化之间的互动,译者需要找到合适的词汇才能产生在原文语境中的同样效果。"[①]在此,在文本翻译与诠释的过程中所发生的语言转换和文化互动,既适用于 500 年前的瓦桑,也适用于今天戴维斯的研究,同样也适用于《行者诡道》这本书的中译。

翻译的过程,也是一个深度阅读的过程,任何一位翻译者首先是一个读者,而且是最认真的读者之一。在翻译的过程中,作为对戴维斯著作的

[①] Natalie Zemon Davis, *Trickster Travels: A Sixteenth-Century Muslim Between Worlds*, New York: Hill and Wang, 2006, 224.

补充，我也读了英文版的《非洲记》①和阿明·马鲁夫的小说②，看了 2011 年英国广播公司沿着瓦桑旅行路线拍摄的纪录片《利奥·阿非利加努斯：两个世界之间的人》。③可以发现，这些文本（包括视觉文本）的创作者和诠释者，不论是最初的瓦桑本人，还是以后的编者和译者、小说家、纪录片制作人或是历史学家，他们不但有着各不相同的观点和立场，更有不同的表现方式和叙事技巧；由此，他们为文本的读者构建了对瓦桑及其世界的不同认知，即便是同一文本的读者，也会受到各自时代、地域、文化、信仰、政见、教育、性别、种族和阶级等不同因素的影响而出现文本解读上的个体差异。

在作者与读者的关系中，读者并不永远处在被动接受的位置，晚近以来的阅读史研究早已让我们注意到读者在两者关系中的能动作用，在《行者诡道》里，戴维斯不断地提醒我们，瓦桑不仅在身心上处在两个世界的纠结之中，在写作中也无时无刻不得不顾及其所要面对的两个不同的读者群体，这些顾虑直接影响到其文本中的内容、结构、文字和观点等各个细节。在瓦桑之后，作为其文本传承序列中的第一个环节，拉姆西奥在编辑手稿、准备出版的过程中，对文本的处理也受到了 16 世纪意大利读者的宗教观念和阅读习惯的影响，戴维斯在研究中尤其重视比较手抄本与印刷版本之间的差异。甚至于，即使同样是面向欧洲读者的文本，一旦时过境迁，读者对它的认知以及其可能产生的影响，也会发生微妙的变化。本书中最典型的例子出现在最后一章的结尾：在 17 世纪的西班牙宗教审查官看来，《地理书》就是一部宣扬伊斯兰教异端思想的"大毒草"，因而将它打

---

① *The History and Description of Africa ... written by Al-Hassan Ibn-Mohammed Al-Wezaz Al-Fasi, a Moor, baptized as Giovanni Leone, but better known as Leo Africanus*, ed. Robert Brown, 3 vols. London: Hakluyt Society, 1896.

② Amin Maalouf, *Leo Africanus*, translated by Peter Sluglett, Chicago: New Amsterdam Books, 1992.

③ *Leo Africanus: A Man Between Two Worlds*, BBC 纪录片, 2011, http://www.bbc.co.uk/programmes/b01222rz; https://youtu.be/nxMbTbndGrA。

入另册、列为禁书。

戴维斯将这个插曲醒目地放在书的结尾处,虽未做更进一步的阐发,但其深意似乎是想要唤起读者的共鸣和反思,是作者与读者、历史与现实之间的某种互动。

作者与行者

传统的思想史研究,一般讲究追本溯源,强调研究对象的主体性及其文本与观念的原创价值和典范意义,挖掘和阐释其中的微言大义,思想史也因此常常被描绘成人类历史中的群星闪耀。但是,本书的作者戴维斯却在研究中另辟蹊径,她更加关注文本的传播与接受,对于文本的创造者,则倾向于将他们置于特定时空和文化的语境中加以考察,注重他们与外界的互动。思想和观念以文本为载体,自被创造始,便处于一种动态的变化之中,它们不仅会在传播过程中发生形式和内容上的改变,更在读者的接受过程中产生不同程度的重塑。

一如其以往的研究,戴维斯的写作从手抄本、古籍和档案入手,选择了一个生动而神秘的普通人物,将微观、具体的个案研究置于16世纪初地中海世界的宏大历史叙事之中。其笔下的瓦桑或利奥,形象并不固定,跟他自述中的两栖鸟一样,因时因地变换着身份。为了说明这种身份和立场的转换,戴维斯在行文中刻意地根据不同的语境使用他的阿拉伯名字瓦桑或其在意大利时自称的约安拿·阿萨德,这个人物藉此周旋于北非与意大利、伊斯兰教与基督教这两个世界当中。同时,戴维斯借伊斯兰教教义中被称为"塔基亚"的隐昧真实信仰的做法,为瓦桑的身份变换寻找法理上的依据,以此解释其在意大利生活近十年的心路历程。

本书英文原版的标题为 Trickster Travels,之前在中文学界的有关介绍中通常直译为《骗子游历记》,另在不同的英文版本中还出现过两个不同的副标题——A Sixteenth-Century Muslim Between Worlds 和 The Search for Leo

Africanus。细细品味其标题,可以体会到主人公的身份变换在整个历史叙事中的重要性,两个副标题中对人物的指称分别反映了从北非伊斯兰教世界和基督教欧洲出发的不同视角,而"身处两个世界之间"则显示出其特殊的人生际遇和内心矛盾,由此引出后世学者们的苦苦"搜寻"。过去被译作"骗子"的"trickster"一词,实际上反映了戴维斯对瓦桑这个人物的理解,在此她借用了克劳德·列维－斯特劳斯(Claude Lévi-Strauss)有关"trickster"的人类学概念,列维－斯特劳斯在《神话学》(*Mythologiques*)中根据北美原住民的神话传说,指出在二元对立的神话思想中,存在着某些处于两个极端之间的"trickster"的角色,他们保留了二元性质中的某些成分,具有模糊的、矛盾的,或模棱两可的甚至"狡诈"的特性,在对立的矛盾之间发挥着中间调和的作用。戴维斯在瓦桑叙述的鸟的故事里,发现了这种性格特征;在伊斯兰—阿拉伯和欧洲的文化传统中,也找到了相似的主题;瓦桑的经历以及教义中"塔基亚"的隐晦原则也证明了其可能具有类似的性质。因此,"trickster"作为一个人类学、神话学的理论概念,也适用于对本书主人公的心理、性格和命运的概括,因而被素来青睐历史人类学研究路径的戴维斯采用作为书名。

然而,在翻译的过程中,"骗子"一词在现代汉语中相对较为明显的负面含义似乎并不能反映戴维斯使用"trickster"时的深意,简单的直译可能会误导读者对人物的理解。推敲再三,又与作者反复讨论,我们决定以"行者诡道"四字作为中文译本的书名,一方面借用并转换了《孙子兵法》中"兵者,诡道也"的句式,用"诡道"来对应"trickster"词义里的机智、狡诈和计谋等意;另一方面,"行者"一词,既反映了瓦桑旅行家、外交官的身份,又呼应到旅行在伊斯兰教传统中所带有的修行、求知等内涵。[1]

---

[1] 另可参见本书法文和德文版在书名翻译上的处理:*Léon l'Africain: un voyageur entre deux mondes*, Dominique Letellier, trans., Paris, 2006; *Leo Africanus. Ein Reisender zwischen Orient und Okzident*, Wagenbach Verlag, trans., Berlin, 2008. 两个译本都直接以法语和德语中对瓦桑的称呼为标题,副标题则说明他是在两个世界或东方与西方之间的旅行者。

"行者"瓦桑的足迹,遍及当时伊斯兰世界的大部分地区——格兰纳达、菲斯、突尼斯、阿尔及尔、开罗、麦加、伊斯坦布尔……又远涉撒哈拉沙漠,南下深入到少有人知的黑非洲;更为难得的是,他在机缘巧合之间来到文艺复兴盛期的意大利,与罗马的教会上层和人文主义者皆有往来。凭着这不同寻常的经历和见识,当受洗成为基督徒的约安拿·阿萨德在罗马坐定著述、也成为一名作者的时候,在他为后世留下的文字中,展现了他所经历过的那些丰富多彩、交错盘结的世界及其文化。戴维斯在本书中所做的,便是由这些文本抽丝剥茧般地为我们展现瓦桑的人生经历和精神世界,试图透过这个微观而具体的历史个案来反思现实世界中的文化差异,乃至矛盾与冲突。

文化与空间

　　瓦桑的"诡道",既有其自身阿拉伯—伊斯兰文化的根源,更受到了所处时代的深刻影响。15世纪末、16世纪初的地中海世界,处于急剧的动荡之中,政治和宗教的冲突不仅发生在伊斯兰教与基督教、东方与西方之间,也存在于它们各自的内部,瓦桑独特的人生经历,以不同寻常的方式将各种文化因素和矛盾冲突交织串联在一起,而他也在不同的时空语境中变换着自己的身份和立场。

　　作为研究者,必须在这样的过程中调整自己的主体意识,更好地适应历史的语境,"我不再把自己看作是'一个欧洲主义者',而是一个可以挪移位置的历史学家。而且,当我在欧洲或其他任何地方进行写作时,我总是试图通过世界其他地方人们的眼睛来讲述故事,即便只是一种精神上的神游"[①]。也就是说,历史学家的叙事是随着人物及其语境的变化而转变的,

---

[①] Natalie Zemon Davis, "Decentering History: Local Stories and Cultural Crossings in a Global World," *History and Theory*, 50 (May 2011), 194.

这种特殊的研究视角充分反映了戴维斯晚年的史学认识。2010年在挪威接受霍尔堡奖时,她用"去中心的历史"这一概念来阐释如何在历史叙事中将宏观的全球视野与微观的地方性知识融汇整合在一起,她指出:"去中心的历史学家讲述过去的故事,并不仅仅从世界某一地域或有权势的精英阶层的优势立场出发,而是在社会和地理层面扩大他或她的视野,引入多重的声音。"①

她所主张的"去中心",不仅是所谓"自下而上"或是"从边缘到中心"等在研究领域上的拓展,更是一种研究视角的多元化;历史不是单线程的、孤立的演进,而是扩展为一种立体的、多重的、交错的往复关系,也就是本书导论部分的主题——"交错盘结"的历史;她不是用某个新的"中心"代替传统的分析体系,而是将分散的、个体的和微观的"地方性知识"置于全球史的视野之下,从而完成去除中心的任务。

具体来说,在戴维斯的笔下,瓦桑的故事成为一个跨越地理空间、跨越不同宗教文化的历史叙事;为了提醒读者注意,戴维斯在行文中往往根据特定的情境使用不同的名字指称瓦桑,在年份的标记上同时使用伊斯兰历法和公元纪年。她在本书中写道:"我尽可能全面地将哈桑·瓦桑置于16世纪北部非洲的世界中,那里聚居着柏柏尔人、安达卢西亚人、阿拉伯人、犹太人和黑人,而欧洲人正一步步在边境蚕食渗入;尽力阐明他去意大利时所怀有的对外交、学术、宗教、文学和性别的观点;揭示他对基督教欧洲社会的反应——他所学到的、他的兴趣和困扰、他所做的事情、他是如何改变的,尤其是他在欧洲时是如何写作的。我所描绘的肖像是这样一个人,他具有双重的视野、维系着两个文化世界、时常想象面对两种类型的读者、运用由阿拉伯和伊斯兰文化中习得的技巧并以自己特殊的方式融入欧洲的元素。"②

在过去的许多研究中,我们一直把戴维斯看作当代西方新文化史的领

---

① Natalie Zemon Davis, "Decentering History," 190.

② Natalie Zemon Davis, *Trickster Travels*, 12-13.

军人物；而在进入 21 世纪后，新文化史热潮渐趋平静，许多参与者纷纷转向反思，或是嗟叹"新文化史正在走向其生命周期的终结"，或是提出要"超越文化转向"①，戴维斯的史学实践也没有止步不前，在晚年依旧勤勉治学，结合了现时代的全球化趋势，以"文化交错"的概念整合新文化史和全球史的研究路径，探索出了一条进一步推进历史学"去中心"的路径。根据她所提出的"交错的历史"（braided histories）之说（戴维斯也因此被戏称为"编辫子的历史学家"），有学者评价："在她的作品中，秩序与僭越、高雅文化与通俗文化、引人入胜的细节与宏大的图景、同情、学术、想象的世界与现实的关怀，总是交织其间。她喜欢将自己故事里的历史人物以及他们的所思、所想和所言与我们的方式相互推敲、往复。她是一个完美的编织匠，把近代早期欧洲的伟人（和不那么著名的普通人）同无数的朋友、同事、学生和世界各地的读者联系在了一起。"② 远在中国的读者，即使在时代和文化上距离本书所讲述的主题十分遥远，仍可从中深刻地感受到不同文化之间及文化内部的动态关系，体会到个人在其中的情感、经验和命运。

历史与现实

娜塔莉·戴维斯的学术和人生，从来不是封闭在象牙塔里的，现实的关照和历史的反思在她的研究中时时发人深省。

因为犹太人的身份，戴维斯自幼就对少数族裔在北美主流社会中的地

---

① Peter Burke, *What is Cultural History*? Cambridge: Polity, 2004; Victoria Bonnell and Lynn Hunt, eds., *Beyond the Cultural Turn: New Directions in the Study of Society and Culture*, Berkeley: University of California Press, 1999.

② Randolph Starn, "Preface," in Natalie Zemon Davis and Timothy Hampton, *Confronting the Turkish Dogs: A Conversation on Rabelais and His Critics*, Occasional Paper Series 10, Berkeley: Hunza Graphic, 1998, v.

位有切身而自觉的感受；在学生时代她便倾心于马克思主义的理论，在政治上倾向于左派激进主义的立场，博士论文研究的选题也以底层劳工史为对象、以社会史为路径。她的丈夫钱德勒·戴维斯更出生于一个左派知识分子家庭，父子都是坚定的美共党员；1950年代，戴维斯夫妇因为政治倾向而受到麦卡锡主义的审查和迫害，两人被当局没收护照、禁止出境，钱德勒更被记入黑名单而失去教职，并一度获刑入狱。1960年代初，戴维斯夫妇不满于当时美国的政治和学术气氛，一俟钱德勒获释出狱，便选择离开美国、移居加拿大，在多伦多大学继续他们的学术生涯，并以此为终老之地。

1950年代的极端政治气候，让正值博士论文写作关键时期的娜塔莉被没收了护照，她因此无法再去法国收集资料和阅读档案，研究工作一度陷入困境，也使她对其所关注的16世纪法国出版商和印刷业主们有了感同身受的理解，"那些早期新教印刷业主，因为私自出版反天主教言论的论著和本国语言版《圣经》，要面对更为严峻的风险：他们可能会被处死在火刑柱上"①。出于种种现实与历史的联系，她将研究方法转向利用美国国内各大图书馆所藏的欧洲近代早期印刷书稿，通过分析文本，对16世纪法国里昂印刷工业进行社会史的研究，从而另辟一条历史研究的新路径。

循着这一路径，戴维斯穿梭于现实与历史之间。1960年代，戴维斯凭借在多伦多大学获得的临时教职，颇为艰难地开始了职业历史学家之路。在当时仍然由男性白人占据主导的北美学术体制内，戴维斯同许多女性学者一起，积极致力于通过学术研究和政治斗争的方式突破性别歧视、推动女性地位提升。在16世纪里昂女性手工业者的研究中，她发现了妇女在近代早期欧洲社会中的重要经济地位；通过考察克里斯蒂娜·德·皮

---

① Natalie Zemon Davis, "How the FBI Turned Me On to Rare Books," *The New York Review of Books*, July 30, 2013, http://www.nybooks.com/daily/2013/07/30/fbi-turned-me-on-to-rare-books/.

桑（Christine de Pisan）等女性作家，她还原了妇女在历史写作和文学创作中的积极作用；在《边缘妇女》（Women on the Margins: Three Seventeenth-Century Lives）一书里，她重新审视了女性在历史中的边缘化地位。在多伦多大学，戴维斯与吉尔·康维（Jill Conway）等妇女史家合作，开设了北美高校中最早的妇女史和社会性别史研究课程，她们也在大学内部积极地为女性教职员工和学生争取更为平等的工作、学习的机会和待遇。妇女史和性别研究的治史路径与女性主义的政治立场，是戴维斯毕生倾力坚守的重要原则。1987年，戴维斯顺利地被推选为美国历史学会主席，这也是素来保守的美国历史学会在历史上的第二位女主席，前一位女历史学家当选主席还是在第二次世界大战硝烟正酣的1943年。

在现实的工作和生活中，戴维斯以非常积极的态度参与社会和政治活动，实践自己的政治立场。而在学术中，则以严谨的治史态度，通过著作中"批判性的锋芒"来实现自己的"执着和践履"，"我作为一名历史学家的首要任务，就是要去理解过去，围绕着它进行研究以获得尽可能多的证据，检验我手头的证据，尽我所能来解释它，使提出的各种问题和材料所显示出来的东西有一个好的结果"。她接着又具体谈到史学与现实的关系问题，认为："历史学通过它所能赋予你的视野、通过你可以据以作为出发点来观察和领会当前的有利位置、通过它所能给予你的智慧或耐心以及那种令人沉稳下来的对于变革发生的可能性的希望，来为人们提供服务。"①

在本书中，这种观念主要体现在瓦桑所身处的两种文化、两种宗教之间的特殊位置与当代现实的对照当中。戴维斯试图透过这个历史人物，突破民族主义的狭隘性和宗教信仰的排他性，更好地理解个人、群体、信仰和民族在历史中的真实经验，用更为多元和变化的视角理解历史人物的身份认同及其具体的思想和行为。当这种观念被投射到当今时代，即转化成

---

① 玛利亚·露西娅·帕拉蕾丝－伯克编：《新史学：自白与对话》，第59页。

充满激情的现实情怀。①2009年，在为回顾个人学术生涯的访谈录《历史的激情》英文版所写的后记里，戴维斯用了相当的篇幅评论奥巴马作为第一位非洲裔美国总统的当选及其现实意义，称之为"一个伟大的充满希望的历史时刻"，对于未来寄予了美好期望。②时隔近八年，斗转星移，当现实政治再次发生变化时，也许我们只有回到历史当中才会有所理解。

历史与现实的相互关照，是戴维斯的学术生涯的写照，也是她对于历史学的理解。如其所言："我试图用一种现实主义的态度去理解历史和当今世界的悲喜剧；但在现实主义中仍怀有着对人类行为的热情关注与希望（毋宁说是一种信念）——总有人能挺身而出谴责不公、冷漠、残暴和压迫。"③在这一意义上，对于中文的读者而言，本书所讲述的16世纪的故事并不古老，北非和意大利并不遥远，瓦桑或是利奥也并不陌生。

---

① 2004年出版的法国历史学家德尼·克鲁塞（Denis Crouzet）对戴维斯的访谈集，以对话的方式回顾了戴维斯的学术生涯，法文版的书名即为《如火如荼的历史》（*L'Histoire tout feu tout flame: Entretiens avec Denis Crouzet*, Paris: Albin Michel S.A., 2004），英文版于2010年出版，定名为《历史的激情》（*A Passion for History: Conversations with Denis Crouzet*, Kirksville, Missouri: Truman State University Press, 2010）。
② Natalie Zemon Davis, *A Passion for History*, 181.
③ Natalie Zemon Davis, *A Passion for History*, 164.